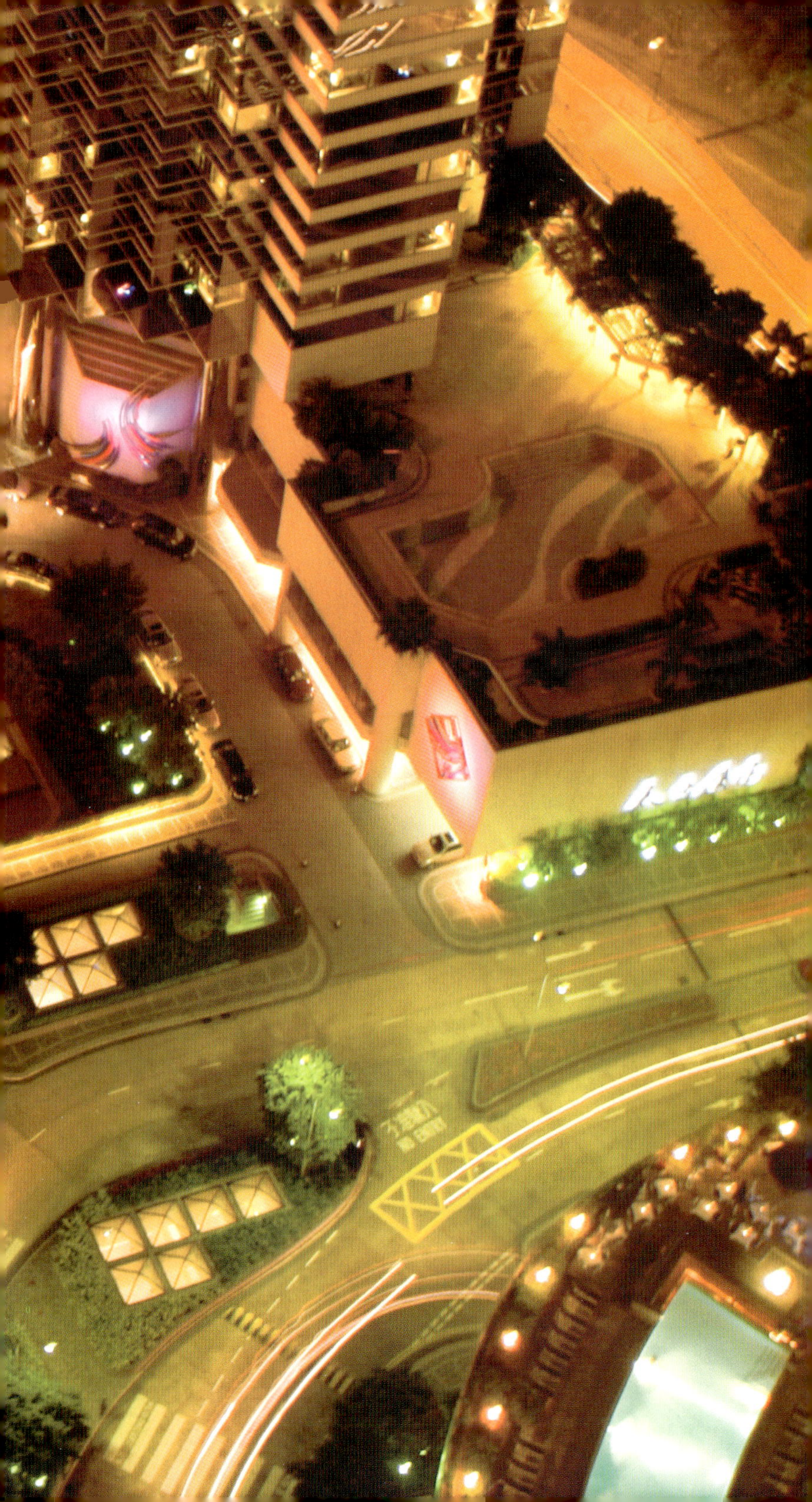

LONDON, NEW YORK,
MÜNCHEN, MELBOURNE und DELHI

*Dieses Buch ist jenen gewidmet,
die mich das Fotografieren lehrten.*

Redaktion Nicky Munro
Bildbetreuung Jenisa Patel
Lektorat Richard Gilbert
Designassistenz Hiren Chandarana
Bildrecherche Carolyn Clerkin, Anna Bedewell
DTP-Design Vania Cunha
Herstellung Heather Hughes
Cheflektorat Stephanie Farrow
Grafik Bryn Walls

Assistenz
Departure Lounge

Für die deutsche Ausgabe:
Programmleitung Monika Schlitzer
Projektbetreuung Silke Körber
Herstellungsleitung Dorothee Whittaker
Herstellung Gerd Wiechcinski

Bibliografische Information Der Deutschen Bibliothek
Die Deutsche Bibliothek verzeichnet diese Publikation in der Deutschen Nationalbibliografie; detaillierte bibliografische Daten sind im Internet über http://dnb.ddb.de abrufbar.

Titel der englischen Originalausgabe:
Photography

© Dorling Kindersley Limited, London, 2005
Ein Unternehmen der Penguin-Gruppe
© Text: Tom Ang

© der deutschsprachigen Ausgabe by
Dorling Kindersley Verlag GmbH, München, 2007
Alle deutschsprachigen Rechte vorbehalten

Übersetzung Susanne Ochs
Redaktion Julia Niehaus, Berlin

ISBN-13 978-3-8310-0952-7

Colour reproduction by Media Development Printing, UK
Printed and bound in China by L. Rex

Besuchen Sie uns im Internet
www.dk.com

Hinweis
Die Informationen und Ratschläge in diesem Buch sind von den Autoren und vom Verlag sorgfältig erwogen und geprüft, dennoch kann eine Garantie nicht übernommen werden.
Eine Haftung der Autoren bzw. des Verlags und seiner Beauftragten für Personen-, Sach- und Vermögensschäden ist ausgeschlossen.

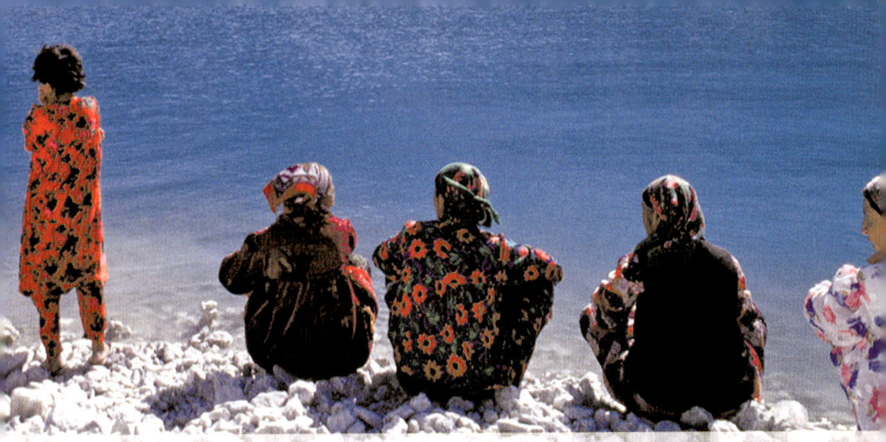

INHALTSVERZEICHNIS

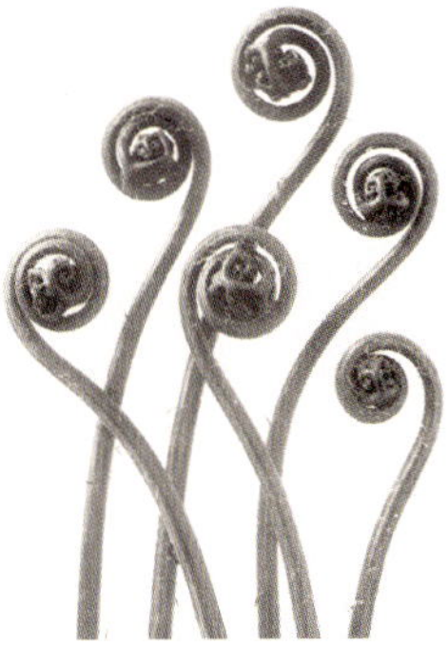

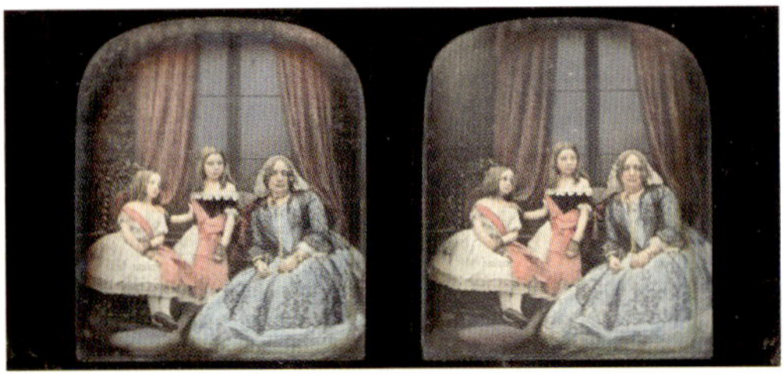

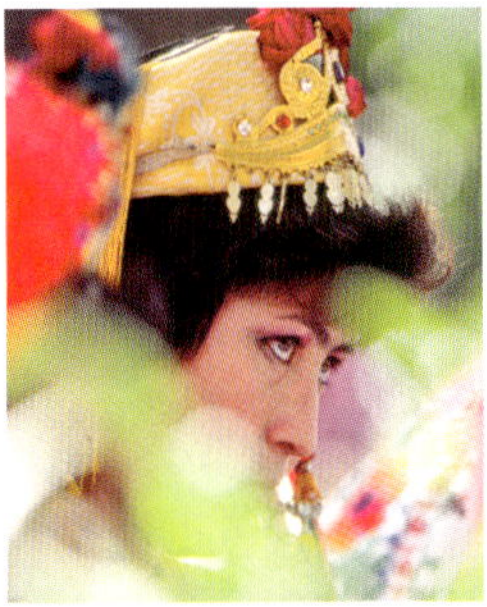

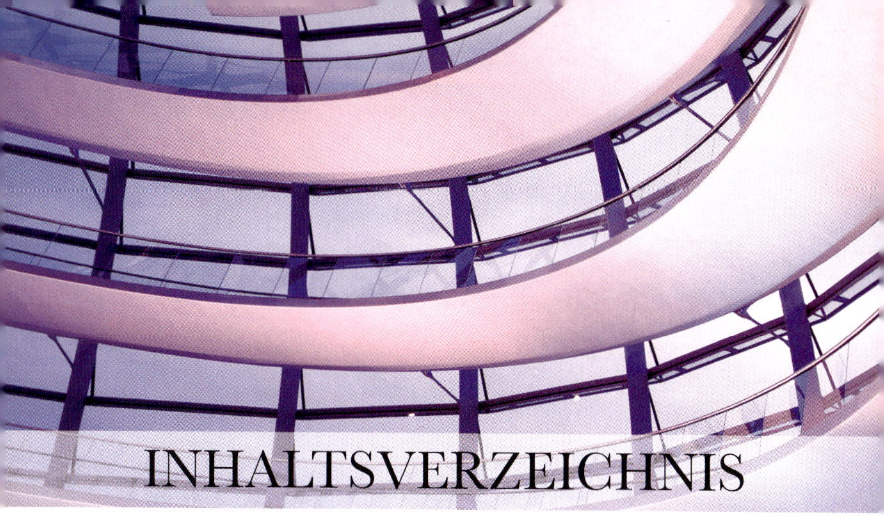

INHALTSVERZEICHNIS

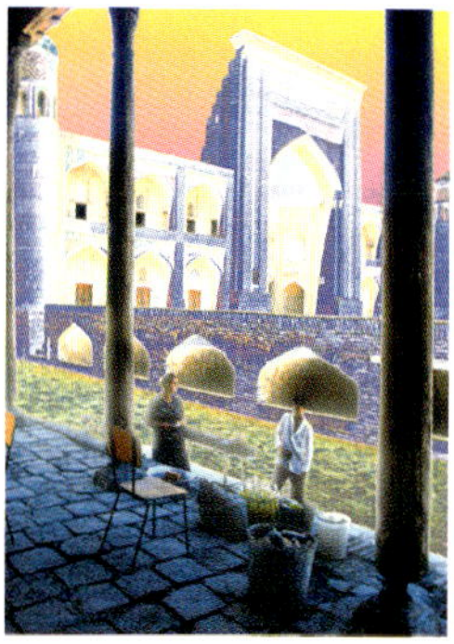

4. Kapitel

DIGITALE BILD-BEARBEITUNG

5. Kapitel

GRUND-TECHNIKEN

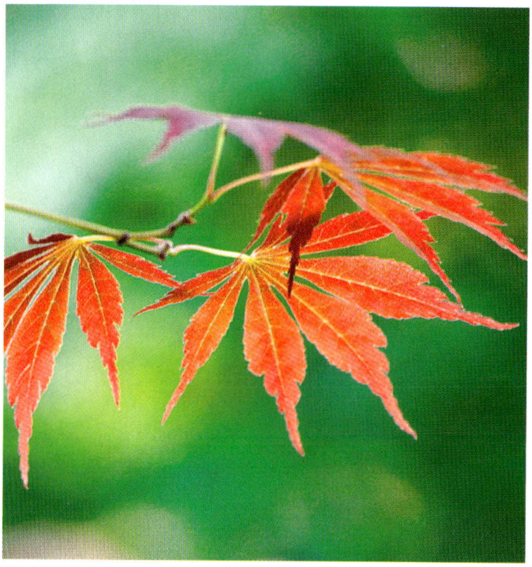

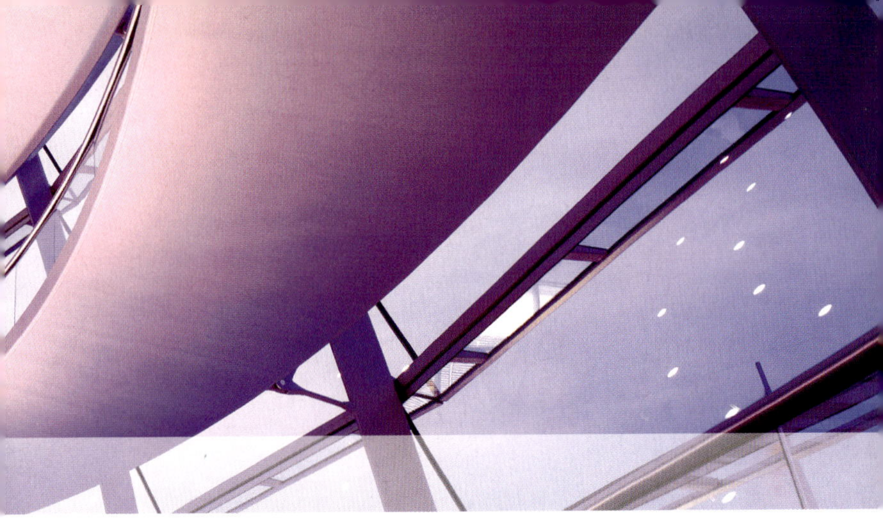

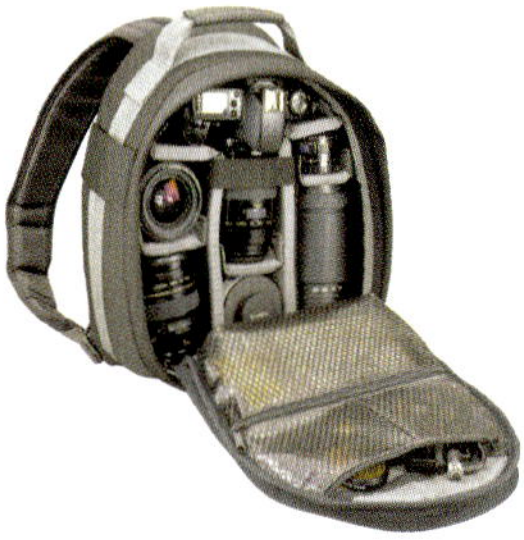

6. Kapitel

ERFOLGREICH FOTOGRAFIEREN

7. Kapitel

DER SCHRITT IN DIE ÖFFENTLICHKEIT

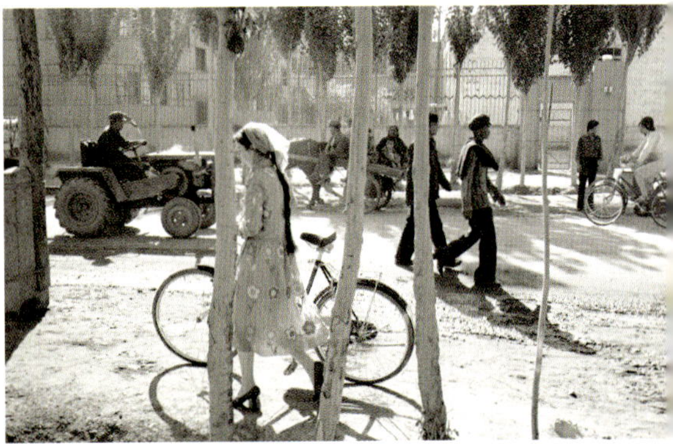

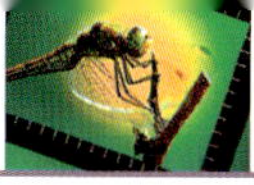

FOTOGRAFIE ALS »MALEN MIT LICHT« ZU BEZEICHNEN IST EINE ÄHNLICHE UNTERTREIBUNG WIE DIE DEFINITION VON LITERATUR ALS »SCHREIBEN MIT EINEM STIFT«. FOTOGRAFIE BEDEUTET WEITAUS MEHR: IHRE AUSWIRKUNGEN AUF GESELLSCHAFT UND KULTUR SIND UNERMESSLICH.

Die Fotografie ist ein fester Bestandteil des modernen Lebens. Fotos sind allgegenwärtig, und spätestens seit der Integration von Kameras in Mobiltelefone wird ständig und überall fotografiert. Fotografische Verfahren finden aber auch außerhalb der Fotografie Anwendung, nämlich im Fertigungsprozess elektronischer Bauelemente, zum Beispiel bei der Herstellung von Mikroprozessoren und Schaltungen und der Produktion von Mikrochips – einem Verfahren, bei dem eine lichtempfindliche Lackschicht durch eine Maske hindurch mit Licht bestrahlt wird. Gleichzeitig beeinflusst die Fotografie unser Leben stärker als jemals zuvor: Ein einziges Foto, wie die Aufnahme von der Stationierung der sowjetischen Raketen in Kuba 1962, kann die Welt an den Rand eines Krieges führen. Ein Foto kann aber auch jene berühmten 15 Minuten Ruhm bescheren: Die kleinen Fehltritte von Stars und Sternchen halten ganze Heerscharen von Paparazzi auf Trab.

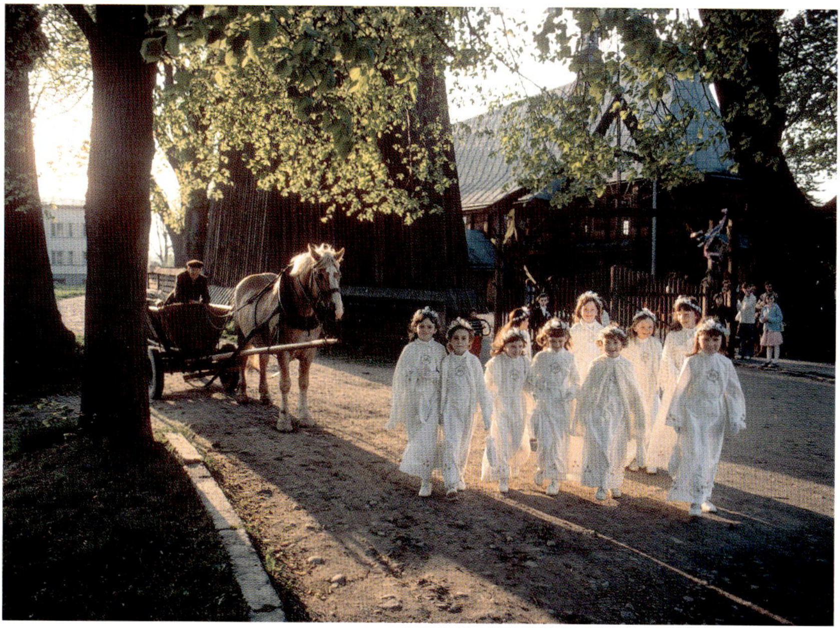

Die Wirkung des Lichts
Dieses Bild von einer Gruppe von Kindern auf ihrem Weg zur Erstkommunion ist eine Hommage an das Sonnenlicht.

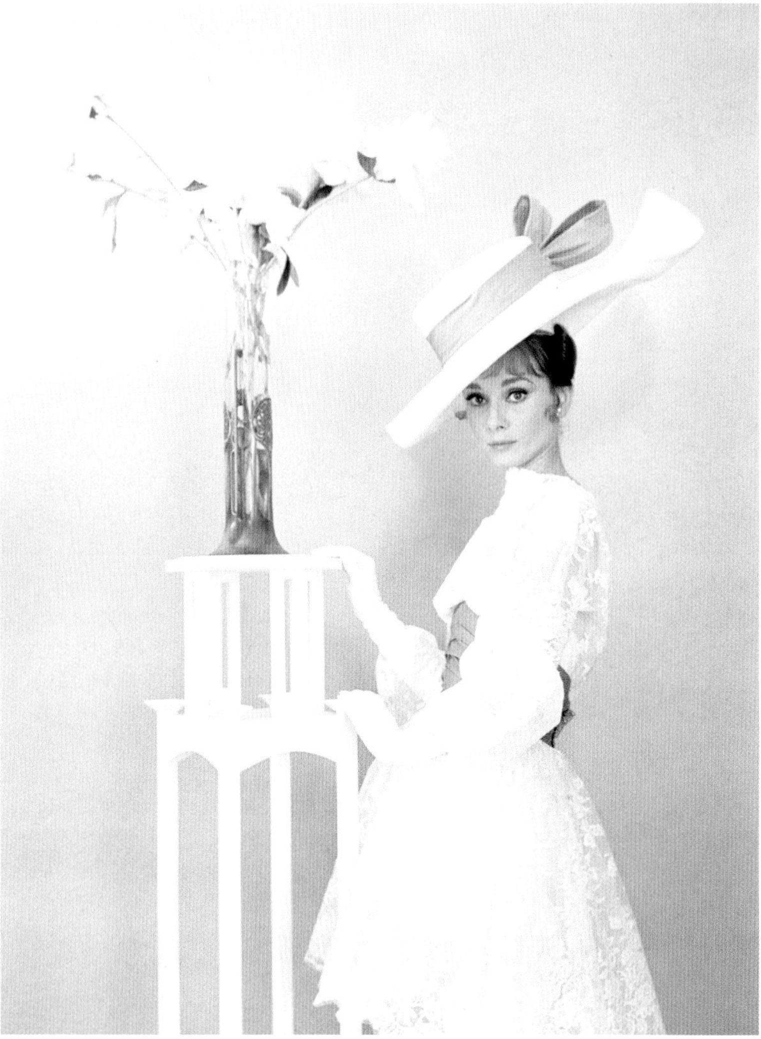

Vollendete Kunst
Ein Foto hält vergängliche Blicke und Schönheit für immer fest, wie Cecil Beatons Aufnahme von Audrey Hepburn beweist.

Als Kind des Viktorianischen Zeitalters mit seinem Mechanisierungswahn war und ist die Fotografie eine Trias von Kunst, Wissenschaft und Technik. Die gewaltigen Fortschritte in der Digitalfotografie innerhalb von nur wenigen Jahren zum Beispiel wären ohne jene Verfahren, die ursprünglich zum Beobachten von Sternen, zur Satellitenüberwachung und zur multispektralen Abbildung der Erdoberfläche entwickelt wurden, undenkbar.

Von den Teleskopbildern aus den Tiefen des Weltraums bis hin zu Aufnahmen von mikroskopisch kleinen Lebewesen – die Fotografie hat uns die Augen für die Schönheit unserer Welt geöffnet und macht Dinge sichtbar, die wir mit bloßem Auge gar nicht erkennen könnten. Fotos halten Erinnerun-

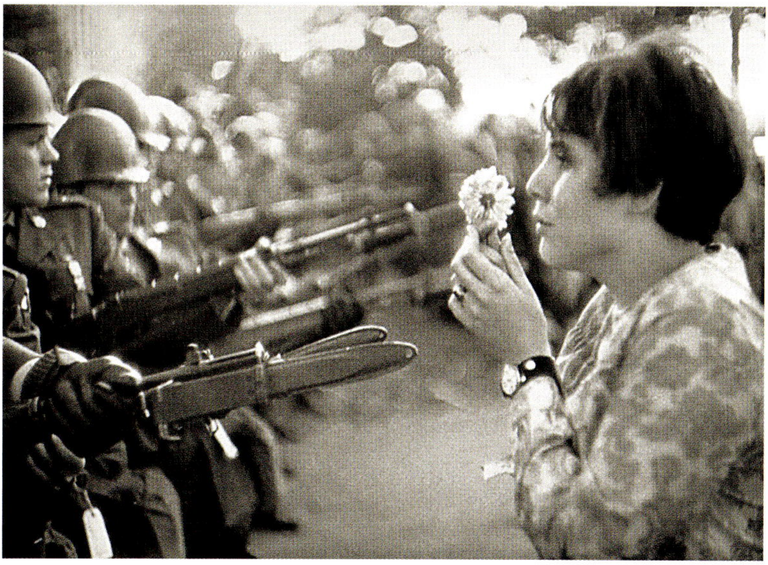

Flower Power
Diese Gegenüberstellung einer Blume und bewaffneter Streitkräfte brachte die Anliegen der Proteste gegen den Vietnamkrieg zum Ausdruck.

gen fest. Ein Bild kann die Wirklichkeit verzerren, Verführung oder Affront sein, es kann beim Betrachter Freude oder Trauer hervorrufen. Auf wissenschaftlichem Gebiet lassen sich mit Fotos höchst komplexe Inhalte vermitteln: Bilder von Krankheitsanzeichen oder Verletzungen werden zu Diagnosezwecken an Spezialisten gesandt, in der Forensik sind Fotos als Beweismittel zugelassen.

Die Fotografie vermag die universelle Wahrnehmung zu verändern, gleichzeitig beflügelt sie die Vorstellungskraft jedes Einzelnen: Dank der Erfindungen von Physikern, Chemikern und Ingenieuren ist heute jeder in der Lage, mit einer modernen Kamera im Handumdrehen und ohne große Vorkenntnisse ein Foto zu schießen. Die Attraktivität des Mediums wächst jedoch mit den Fertigkeiten und dem Talent des Fotografen. Gelingt es ihm, ein Foto zu machen, das den eigenen kreativen Vorstellungen genau entspricht und dem Betrachter diese Viion auch vermittelt, so schöpft der Fotograf daraus große Befriedigung. Wen wundert es da, dass die Fotografie zu den beliebtesten Hobbys zählt und Millionen Menschen von einer Karriere als Berufsfotograf träumen.

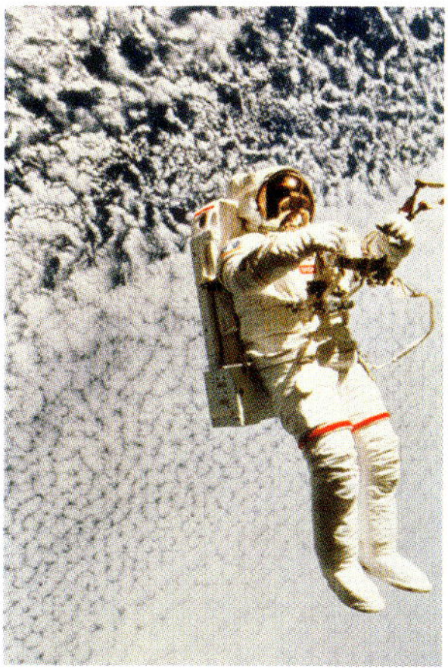

Bilder aus einer anderen Welt
Fotos aus dem Weltraum wirken oft so perfekt, dass ihre Echtheit angezweifelt wird.

Durch die Unmittelbarkeit und Ehrlichkeit der Darstellung hilft

uns die Fotografie, unbekannte Situationen besser zu verstehen. Sie hat dadurch einen großen Einfluss auf die öffentliche Meinung. Der Mensch nimmt einen Großteil seiner Umwelt mit den Augen wahr, sie sind sein wichtigstes Sinnesorgan. Außerdem kann ein Foto fast jedes menschliche Gefühl sofort vermitteln, selbst etwas so Subtiles wie etwa unterschwellige Spannungen zwischen zwei Personen. Trotz der Macht des geschriebenen Wortes bestimmen daher immer noch Fotos die internationale Kommunikation – ein Bild sagt vielleicht nicht unbedingt mehr als tausend Worte, es spricht aber eine universelle Sprache.

Von dem Philosophen und Medienkritiker Paul Virilio stammt der Ausspruch, die Fotografie sei ein Virus, der den Planeten befallen habe. Man muss diese Ansicht nicht teilen, aber eines ist richtig, zumindest in der Großstadt werden wir täglich von einer Flut von Bildern überschwemmt: Der Kunstdruck über dem Sofa, die glückliche, gesunde Familie auf der Frühstücksflockenpackung, nüchterne Zeitungsfotos und Hochglanzabbildungen in Zeitschriften, Produktfotografie auf Werbeplakaten am

Universelle Sprache
Fotos sind in jeder Sprache und Kultur verständlich, das zeigt dieses heitere Bild eines Tanzpaares des malischen Fotografen Malick Sidibe.

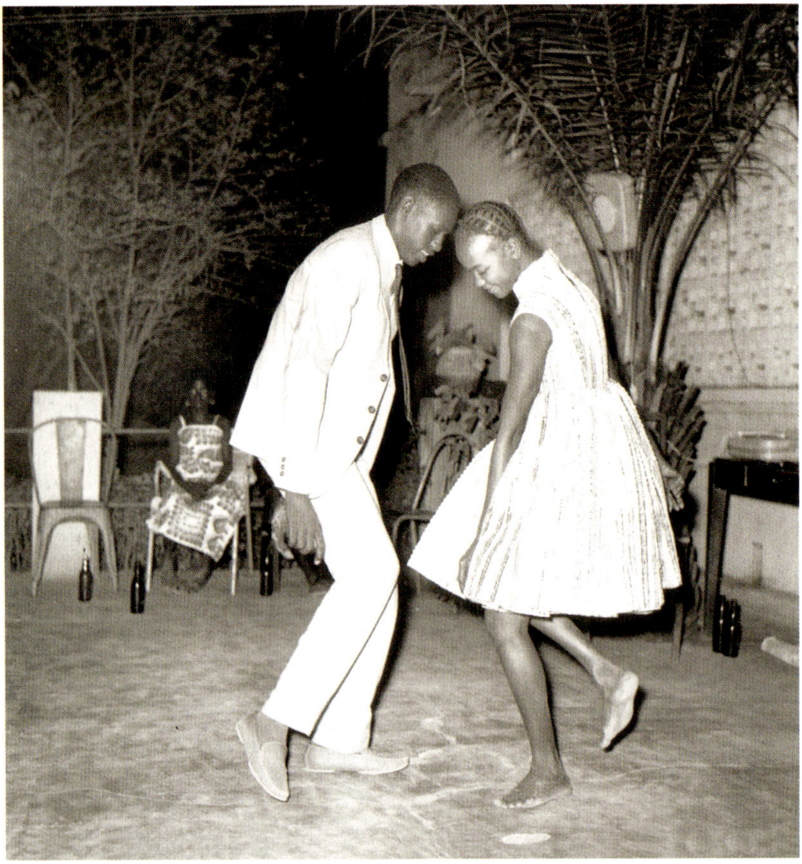

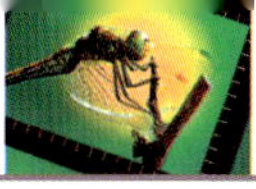

Straßenrand – wir können uns der Eindrücke kaum erwehren.

Die Werbefotografie ist für viele Branchen der Schlüssel zum Erfolg. Beim Anblick exotischer Landschaftspanoramen bekommen wir Fernweh, während verführerische, intelligent konzipierte Fotos den Wunsch nach einem bestimmten Auto, einem Möbelstück oder einer Kamera wecken. Auf diese Weise nimmt die Fotografie maßgeblichen Einfluss auf das Kaufverhalten der Verbraucher.

Einer der reizvollsten Aspekte der Fotografie ist jedoch ihr Potenzial, gesellschaftliche Veränderungen zu bewirken. Jahrzehntelang hat sie die Politik beeinflusst, bei humanitären Katastrophen die Hilfsbereitschaft der Menschen mobilisiert und Missstände in krisengeschüttelten Regionen offen gelegt. Fotografie spornt uns an. Bilder von sportlichen Höchstleistungen und Heldentaten zeigen uns, wozu der Mensch in der Lage ist. Die Fotografie sagt viel über die Menschheit aus – im Guten wie im Schlechten: Sie bringt unsere Stärken und Schwächen, unseren Mut und unsere Feigheit, unsere Güte und unsere Grausamkeit gleichermaßen ans Licht.

Dieses Buch ist ein Kompliment an alle Fotografen, die die Welt auf ihrer engagierten und manchmal schwieri-

Bewegungsstudien
Auf einem Foto lassen sich Bewegungen festhalten, die nur einen Bruchteil einer Sekunde dauern. So können wir Kraft und Anmut des Sportlers bewundern *(rechts)*, während andererseits selbst kleinste Haltungsfehler sichtbar werden.

Modestile
Die Fotografie ist für die Mode unverzichtbar geworden *(unten)*: Kein anderes Medium kann präzise Darstellung und subtile Andeutungen so perfekt miteinander kombinieren.

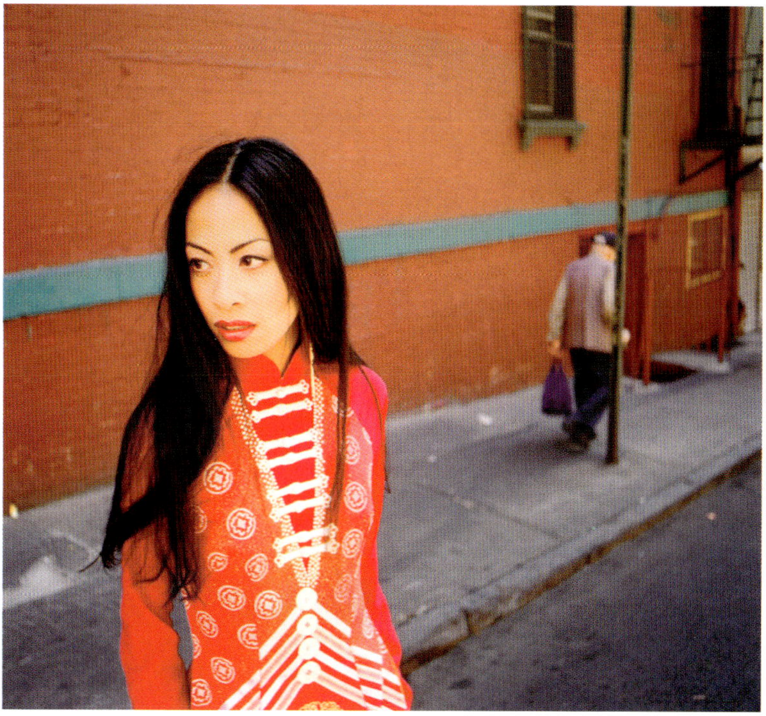

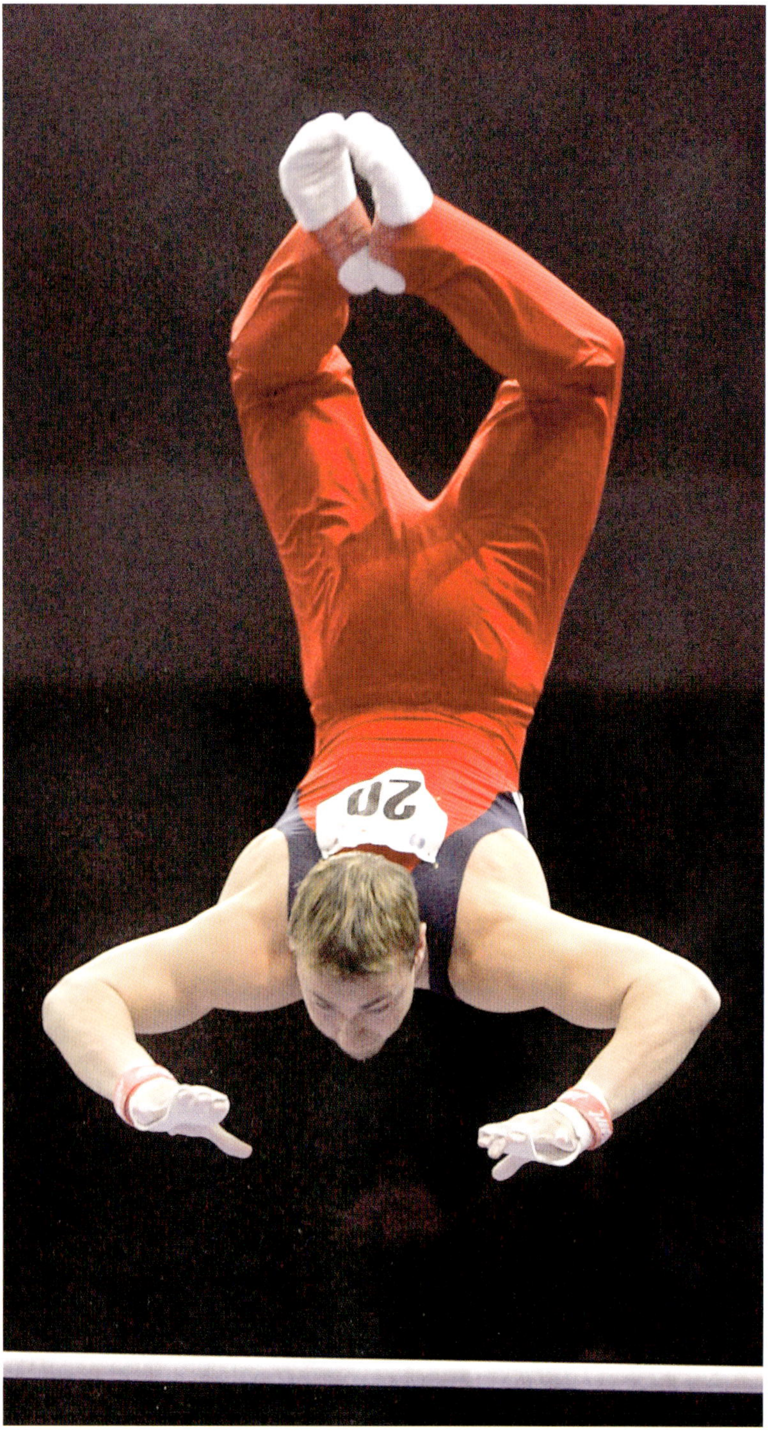

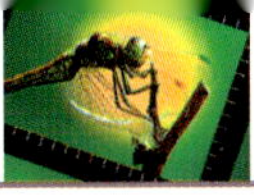

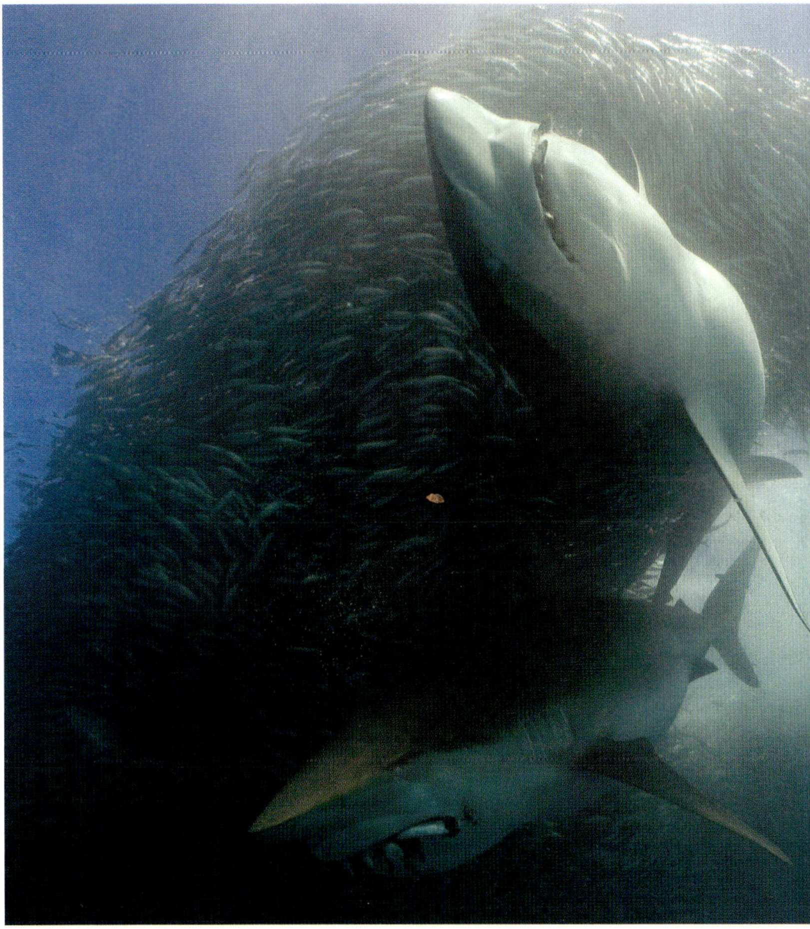

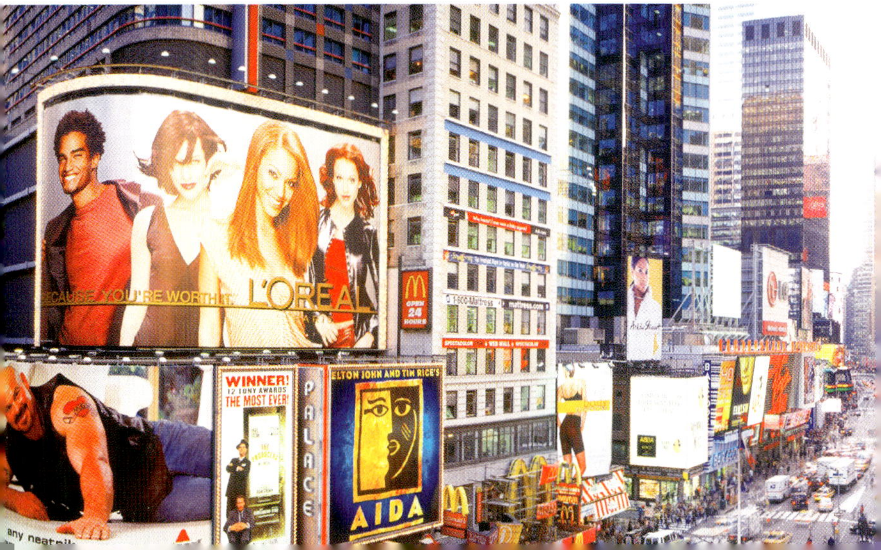
ECAUSE YOU'RE WORTH IT.
L'OREAL
OPEN 24 HOURS
WINNER!
12 TONY AWARDS
THE MOST EVER!
ELTON JOHN AND TIM RICE'S
AIDA
PALACE
1-800-Mattress
mattress.com

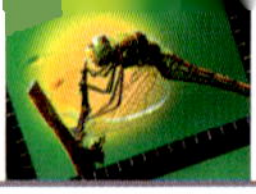

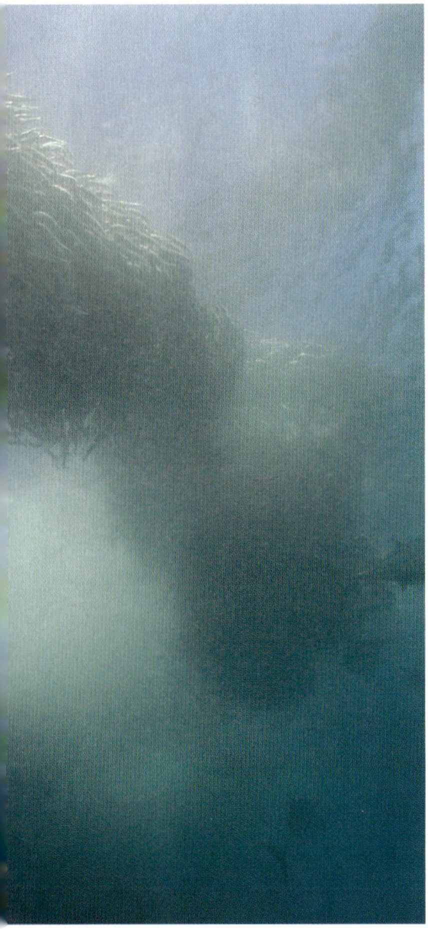

gen Suche nach Wahrheit und Schönheit und mit ihrer Vorstellungskraft verändert haben.

Ich hoffe, dass dieses Buch seine Leser animiert und inspiriert. Sie werden auch praktische Tipps zur Ausrüstung und zur Verbesserung ihrer Technik sowie Adressen zum Thema Weiterbildung darin finden. Vor allem aber wünsche ich mir, dass es den Lesern fortan gelingen möge, die Botschaft einer Fotografie zu erfassen und die unter der Oberfläche liegende Wahrheit zu erkennen.

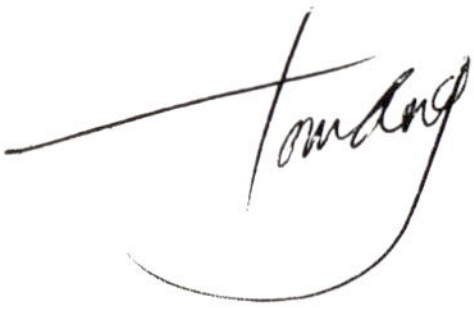

Naturfotografie
Faszinierende Aufnahmen mitunter wagemutiger Fotografen, wie dieses preisgekrönte Foto von zwei Haifischen *(links)* von Doug Perrine, haben unsere Vorstellung von der Natur geprägt.

Bilderwelt
Aus unseren Großstädten sind Fotos nicht mehr wegzudenken. Die Werbetafeln am Times Square, New York *(unten)*, bringen Farbe ins Stadtbild.

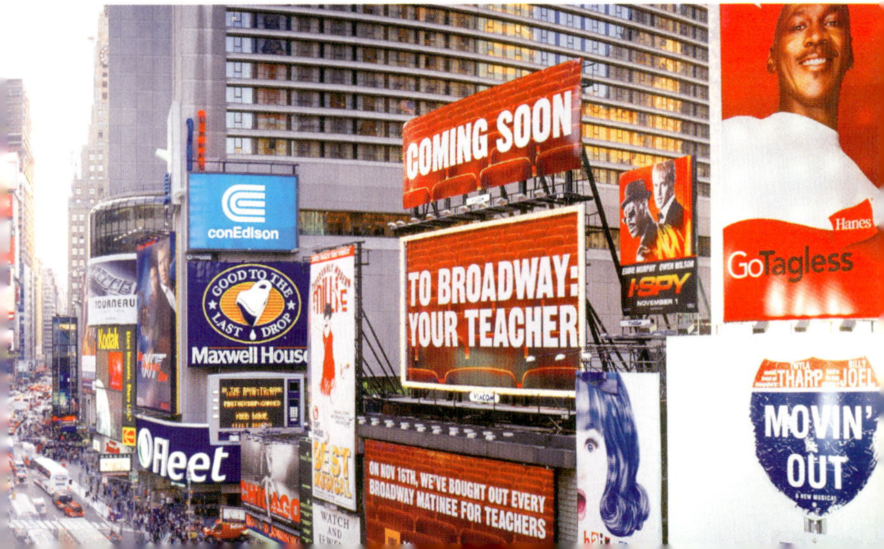

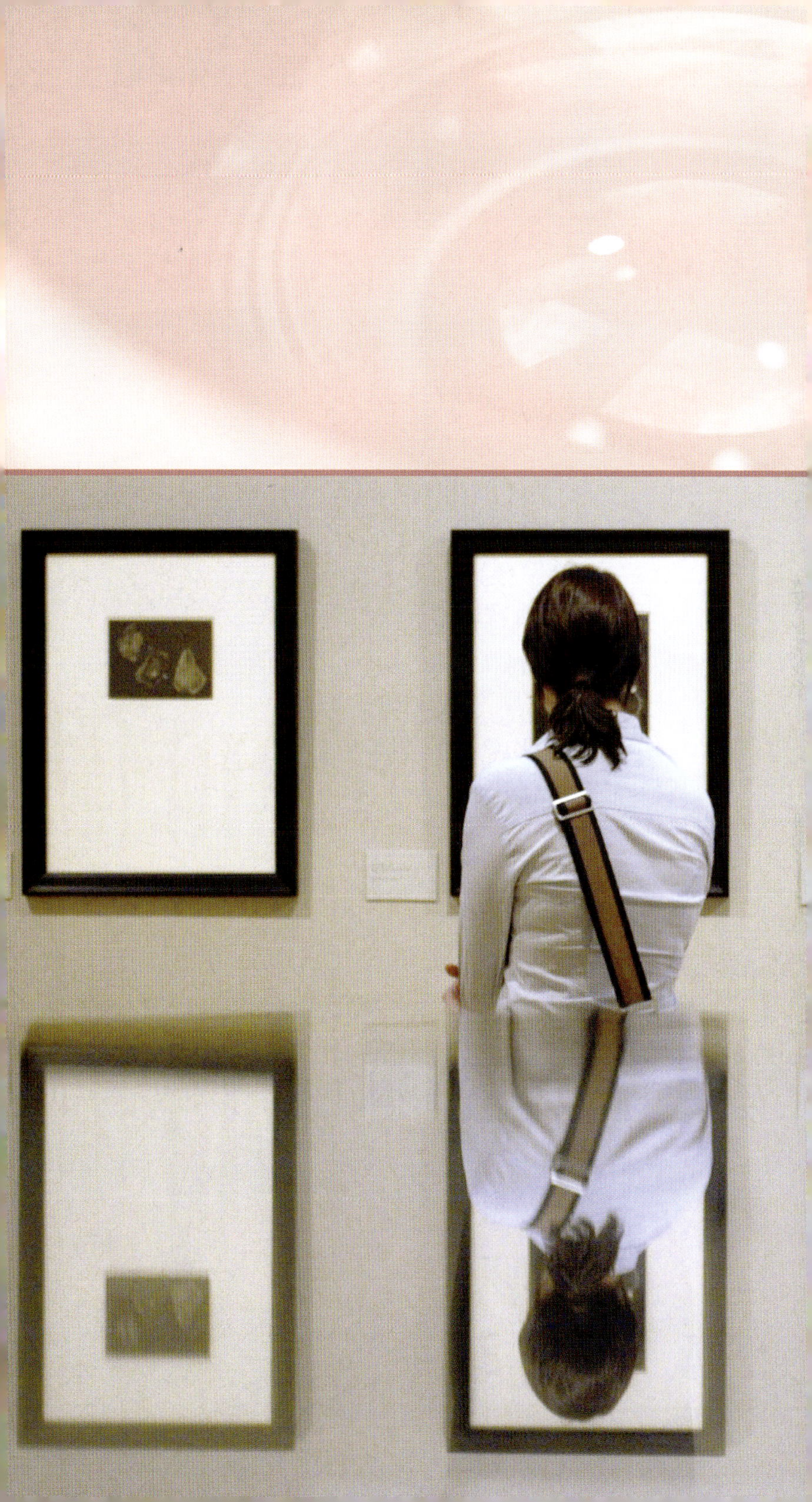

BERÜHMTE FOTOGRAFEN

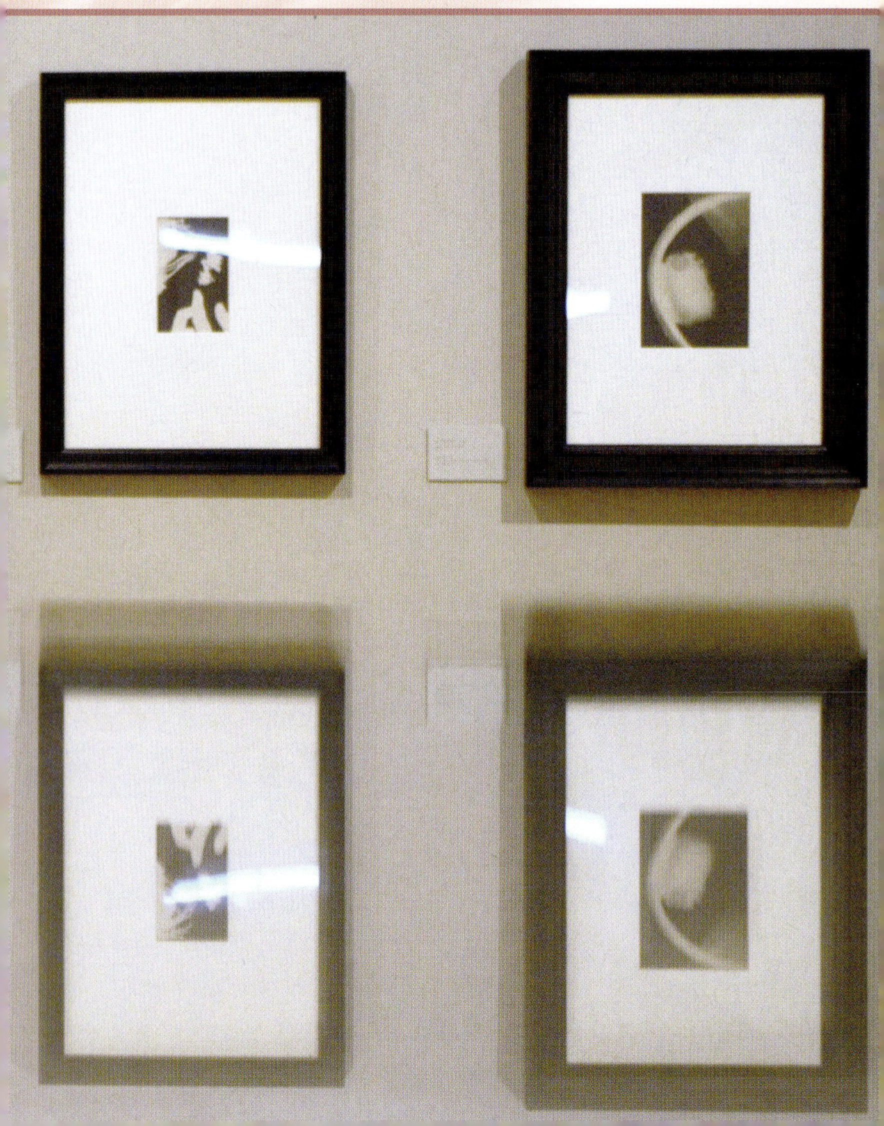

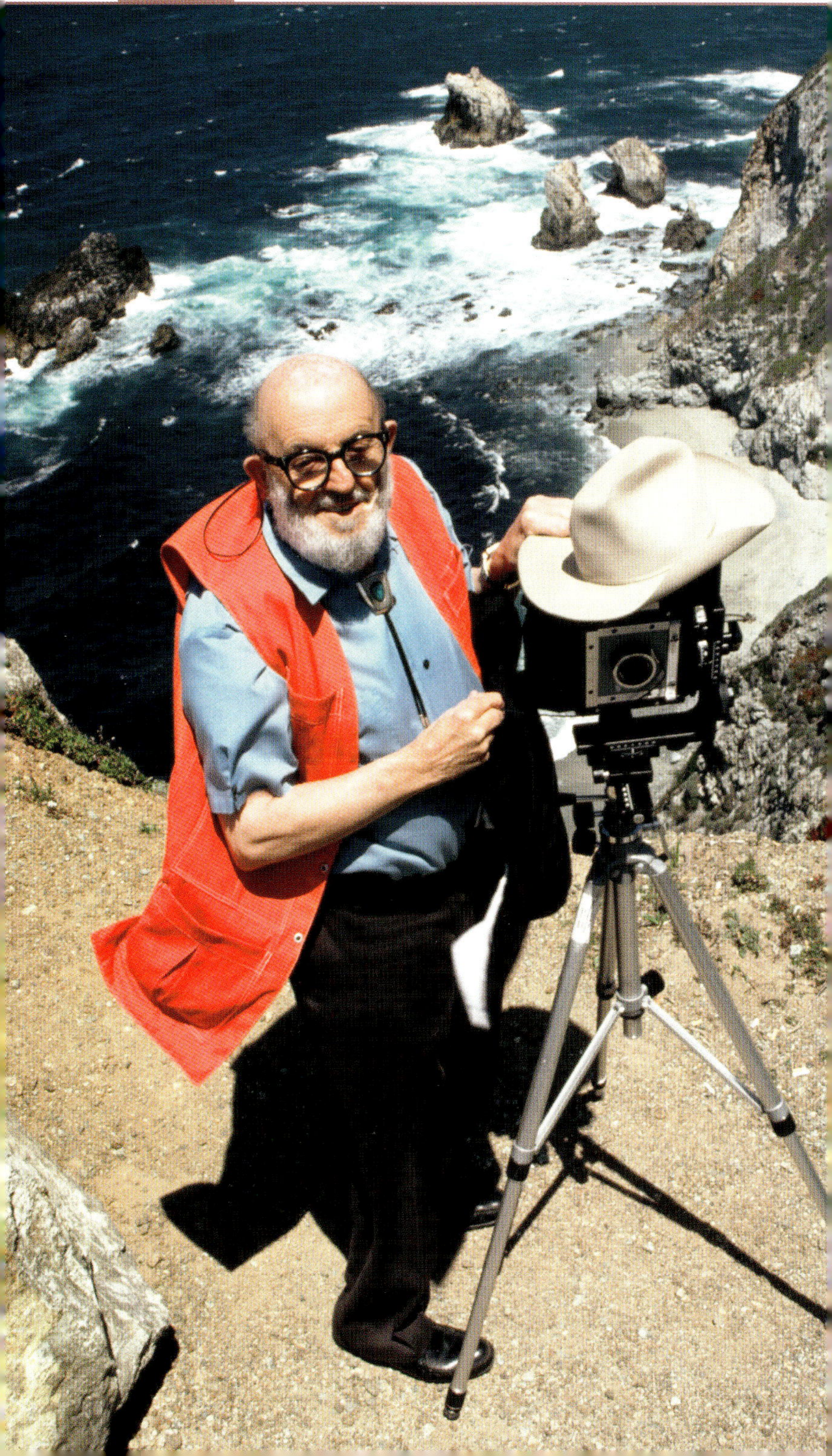

GROSSE FOTOGRAFEN HABEN UNSEREN VISUELLEN HORIZONT IMMER WIEDER IN FRAGE GESTELLT UND ERWEITERT UND UNS DAMIT EINE ANDERE SICHT DER DINGE ERÖFFNET. VON IHNEN KÖNNEN WIR VIELES LERNEN, IHR WERK INSPIRIERT UND MOTIVIERT UNS, IN UNSERER EIGENEN ARBEIT BESONDERES HERVORZUBRINGEN.

Als herausragende Fotografen kann man jene kreativen und technischen Genies bezeichnen, deren Arbeiten nicht nur von einer meisterhaften Beherrschung des Mediums zeugen, sondern auch von Vorstellungskraft, Entschlossenheit, Einfallsreichtum und Offenheit für neue Ideen. Zwar sind die Pioniere der Fotografie ohne Zweifel maßgeblich an der Entwicklung dieser Kunstform beteiligt, und ihre Bilder faszinieren auch heutige Fotografen noch immer. Aber eines hat die Fotografie mit anderen Künsten wie zum Beispiel der Musik und dem Schauspiel gemein: Man muss sie nicht erfunden haben, um sich dafür zu begeistern und sich einen Namen zu machen. Die meisten veröffentlichten und ausgestellten Fotos stammen von den Nachfolgern der Gründervätergeneration – allesamt Künstler der Superlative, die, häufig von den Werken aus der Anfangszeit der Fotografie inspiriert, selbst zu Meistern ihres Fachs wurden. Die Mehrzahl der Fotografen studiert die Bilder der Pioniere. Ihre eigene kreative Arbeit besteht zu einem nicht geringen Teil in der Entwicklung eines individuellen Stils, der sie von der Quelle ihrer Inspiration unterscheidet.

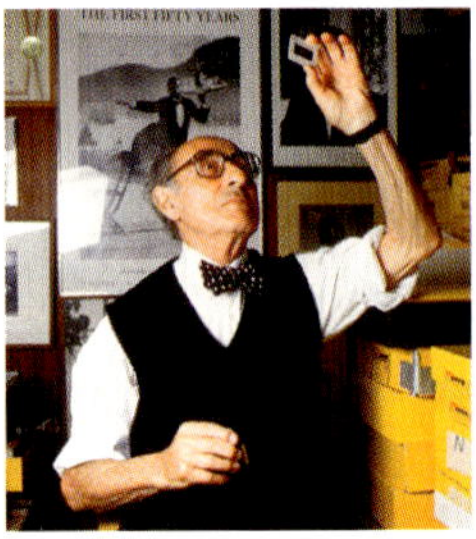

Alfred Eisenstaedt
Eisenstaedt gilt vielen als Wegbereiter des modernen Fotojournalismus *(s. S. 44)*.

Die nachfolgende Galerie der Fotografen ehrt jene Frauen und Männer, die in künstlerischer, konzeptueller oder technischer Hinsicht neue Wege beschritten haben. Aber auch die Verdienste solcher, die diese Wege weiter gegangen sind und kreativen Nutzen aus der Arbeit ihrer Vorgänger gezogen haben, sollen gewürdigt werden.

Einige dieser Fotografen haben für ein einziges Projekt die Welt viele Male umrundet. Andere haben ihr Leben aufs Spiel gesetzt und Gewalt und Entbehrungen in Kauf genommen, um sich mit ihren Fotos für die Armen und Benachteiligten einzusetzen. Wieder andere sind nicht über die Grenzen ihrer Heimatstadt hinausgekommen oder haben ihre Arbeit zeit ihres Lebens einem einzigen Aufnahmegegenstand gewidmet. Schließlich finden sich auch einige Allroundgenies

Ansel Adams
Der vielfach ausgezeichnete Landschaftsfotograf bannte die schönsten Flecken der Erde auf Film *(s. S. 26)*.

unter ihnen, die sich sowohl im Fotojournalismus und in der Werbefotografie als auch in der Landschafts- und Stilllebenfotografie zu Hause fühlen.

Die Verschiedenheit der Künstler, die auf den folgenden Seiten vorgestellt werden, beweist, dass viele Wege zu einem gelungenen Foto führen. Gemeinsam ist ihnen allen jedoch die Demut, Offenheit und Unvoreingenommenheit, mit der sie mit immer neuen Ideen an ihre Motive herangehen. Denn in der Fotografie zählt nicht so sehr der Glaube an die eigene Begabung, als vielmehr das Verständnis und der Respekt für das Motiv.

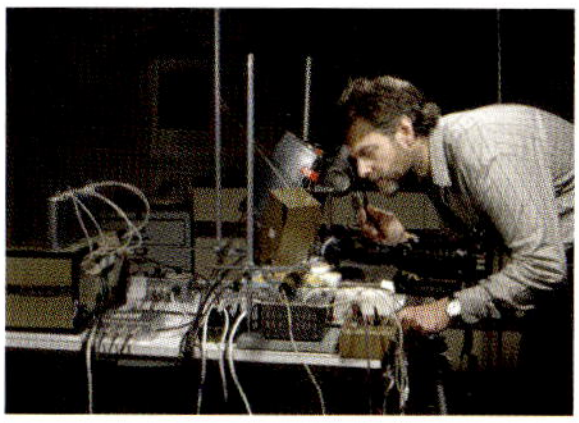

Stephen Dalton
Dalton nimmt seine Naturfotos mit modernster Kurzzeittechnik auf *(s. S. 42)*.

In einer Welt, in der es von Bildern nur so wimmelt, kann sich selbst ein großartiges Foto nur dann im Gedächtnis des Betrachters festsetzen, wenn Form, Licht und Bedeutung zu einem Ganzen verschmelzen. Gelingt das, so stellt das Foto eine Verbindung her zu einem Moment in der Geschichte. Es kommt daher, unabhängig vom Motiv, alles darauf an, dass der Fotograf, der technisch sicher und den Anforderungen entsprechend ausgerüstet sein muss, vor Ort den entscheidenden Augenblick erkennt. In dieser Sekunde der Enthüllung entsteht das Kunstwerk.

Eve Arnold
Arnold *(unten)* wurde berühmt für ihre Dokumentarfotos – insbesondere für ihre Filmstandbilder. Am Set arbeitete sie schnell und so unauffällig wie möglich, um aussagekräftige Momente festzuhalten *(s. S. 30)*.

Margaret Bourke-White
Die Fotojournalistin Bourke-White *(rechts)* scheute keine Gefahren, wenn es darum ging, ein Bild zu bekommen. Hier fotografiert sie unerschrocken hoch oben auf dem Chrysler Building, New York *(s. S. 35)*.

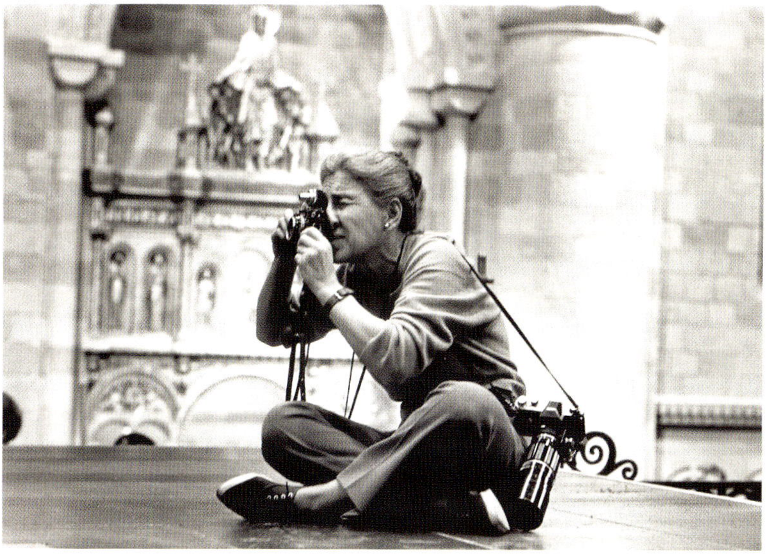

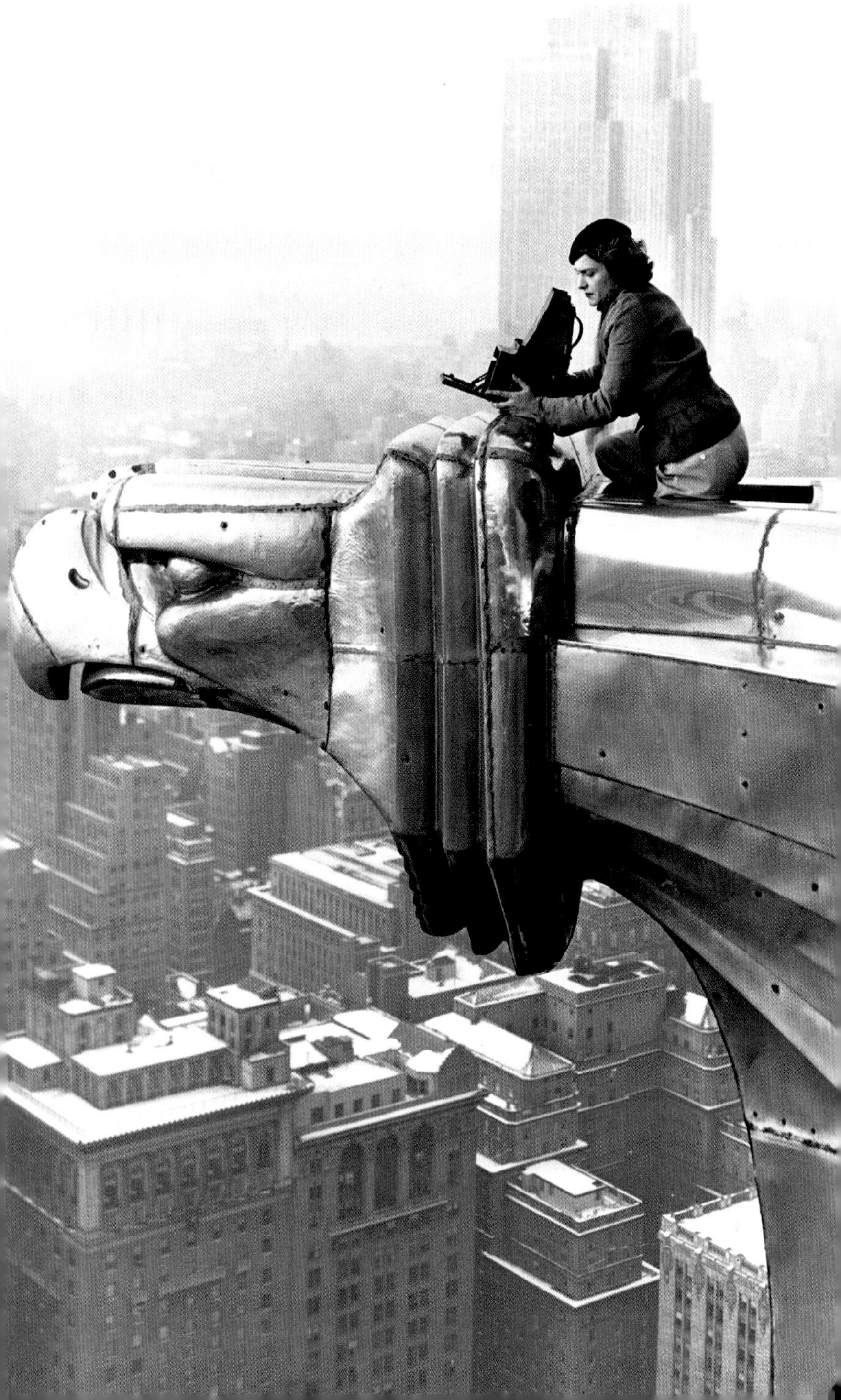

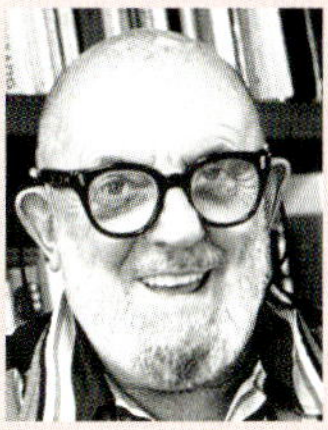

Ansel Adams

Amerikaner 1902–1984

Seine monumentalen Landschaftsaufnahmen machten Ansel Adams berühmt. Er war ein vielseitiger, allseits anerkannter Fotograf, der sein Medium meisterhaft beherrschte.

Ansel Adams sagte: »Man nimmt ein Foto nicht auf, man macht es.« Die eindrucksvollsten Beispiele seines Beitrags zur Geschichte der Fotografie sind überwiegend mit einer Großbildkamera aufgenommene detailreiche, gestochen scharfe und perfekt ausgeleuchtete Landschaftsfotos. Seine Aufnahmen, die die Schönheit der amerikanischen Natur zeigen, waren so bekannt, dass sie in der Naturschutzbewegung eingesetzt wurden und damit politisches Gewicht bekamen.

Adams stand unter dem Einfluss des Piktorialismus und der Ideale der »reinen Fotografie«, wie sie von zeitgenössischen Fotografen wie Paul Strand und Edward Weston vertreten wurden. Er trug zur Entwicklung des Zonensystems bei *(gegenüberliegende Seite)*, mit dem Generationen von Amateur- und Profifotografen auf der ganzen Welt gearbeitet haben.

Adams eröffnete eine Galerie im Yosemite Nationalpark, er gründete in San Francisco ein wissenschaftliches Institut für Fotografie, trug zur Einrichtung der Fotoabteilung des Museum of Modern Art in New York bei und schrieb eine Vielzahl von Büchern, die allesamt Klassiker geworden sind.

KARRIEREHÖHEPUNKTE

1916 Erste Aufnahmen vom Yosemite-Nationalpark, Kalifornien

1927 Veröffentlichung des ersten Portfolios, *Parmelian, Prints of the High Sierras*

1931 Einzelausstellung im Smithsonian Institute, Washington D.C.

1935 Veröffentlichung seines ersten Buches *Making a Photograph*

1960 Veröffentlichung von *Portfolio 3: Yosemite Valley*

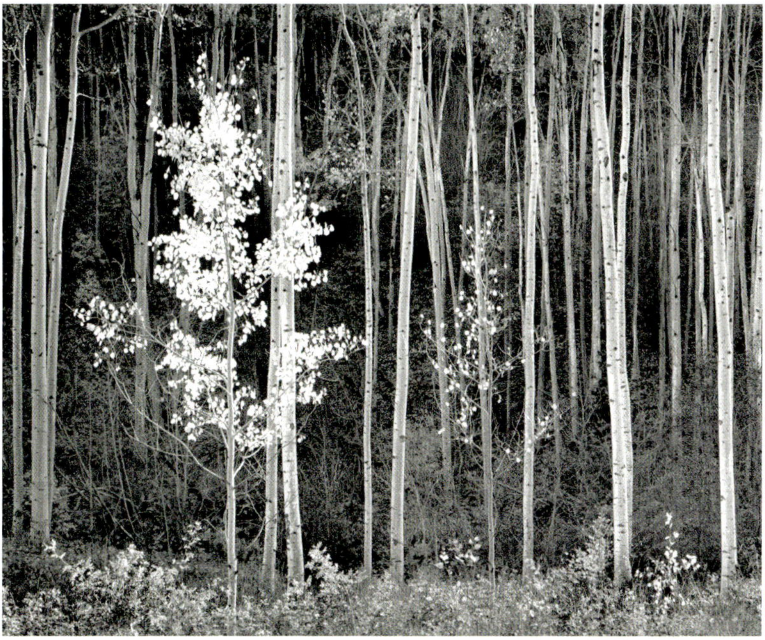

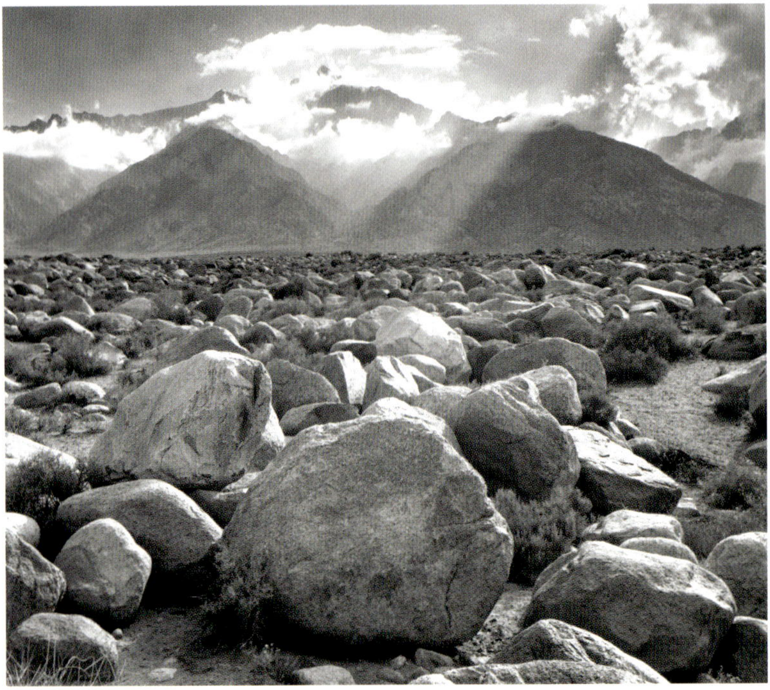

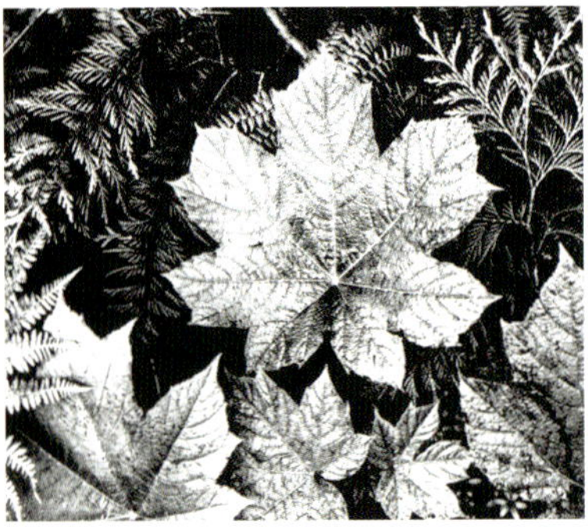

Mount Williamson, Kalifornien, von Manzanar aus gesehen
Dank der großen Schärfentiefe, die Adams durch Kameraverstellungen erreichte, fing er, bei gleichzeitiger scharfer Abbildung der Felsen im Vordergrund, diesen entfernten Sonnenstrahl ein *(oben)*.

Blätter, Glacier National Park
Selbst Nahaufnahmen wie diese wirken durch die ausdrucksstarke Komposition und die scharfe Abbildung aller Bildelemente monumental *(oben)*.

Espen, Nördliches New Mexico
Zur Grundausbildung eines jeden Fotografen sollte es gehören, diese berühmte Aufnahme mit ihrer feinen Palette von Silbertönen *(links)* einmal im Original zu sehen.

DAS ZONENSYSTEM

Mit Hilfe des Zonensystems kann der Fotograf sein Motiv in das fotografische Medium übertragen. Der dreistufige Prozess Visualisierung, Belichtung und Entwicklung basiert auf einer Analyse der Szene anhand einer Skala mit neun Zonen von Tiefschwarz bis Hochweiß. Auf der Grundlage seiner Vorstellung von der Abbildung nimmt der Fotograf vor der Aufnahme die Einstellung der Belichtung an der Kamera vor. Bei der Entwicklung kann der Kontrastumfang verändert werden, um auf dem Positiv den beabsichtigten Grauwert zu erhalten. Beim Vergrößern wird das Ergebnis weiter an die Vorstellungen angepasst. Mit dem Aufkommen kleiner Bildformate und Automatikkameras verlor das Zonensystem an Bedeutung.

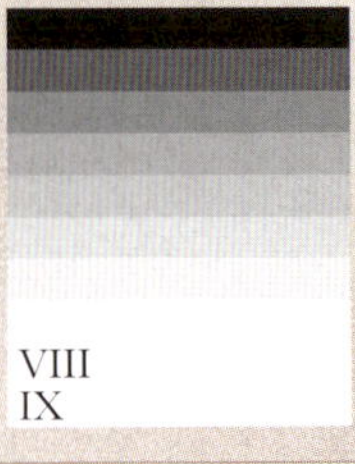

Die Skala
Die Motivhelligkeiten werden in neun Grauwerte eingeteilt, die sich jeweils durch eine Blendenstufe in der Belichtung unterscheiden. Zone V ist der Mittelwert und entspricht dem Grau der Graukarte.

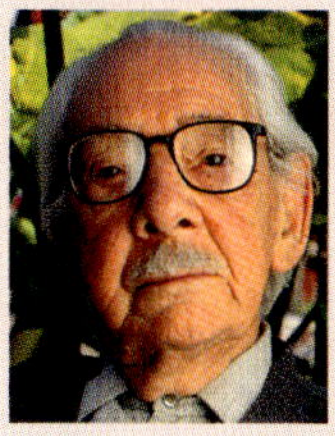

Manuel Alvarez Bravo

Mexikaner 1902–2002

Alvarez Bravo kombinierte surrealistische und dokumentarische Ausdrucksformen miteinander. Seine Bilder, die der Schriftsteller Octavio Paz als »Realität in Bewegung« bezeichnete, lassen viel Raum für Interpretationen.

Der Autodidakt Alvarez Bravo erlebte als Kind die mexikanische Revolution von 1910. Ab 1928 arbeitete er für die kulturhistorische Zeitschrift *Mexican Folkways*. Bravos Stil entwickelte sich aus den Mythen und Traditionen der mexikanischen Mestizen, den Nachkommen von Eltern europäischer und indianischer Herkunft. Gleichzeitig war er vom Stil europäischer Kollegen wie Henry Cartier-Bresson *(s. S. 40/41)*, mit denen er in Kontakt stand, beeinflusst. Seine Arbeiten vermitteln eine poetische Sicht auf das moderne, aufstrebende Mexiko. Der hundertste Geburtstag des Fotokünstlers wurde landesweit gefeiert.

Röntgenfotografie
Als einer der ersten, die die Röntgenfotografie zur Kunstform erhoben, behandelte Alvarez Bravo das Thema der mörderischen Liebe *(rechts)* auf scheinbar sachliche Art und Weise.

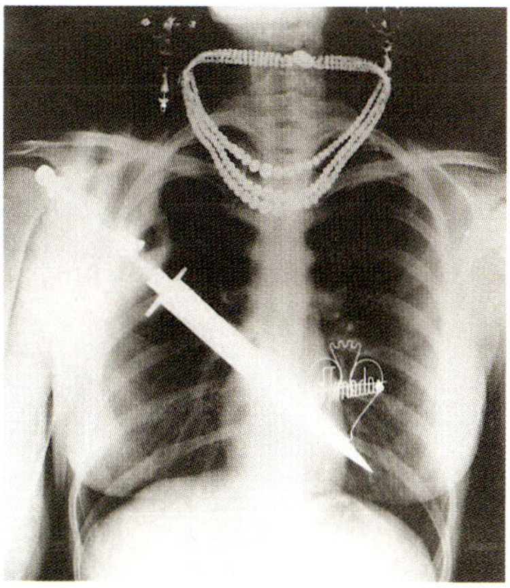

KARRIEREHÖHEPUNKTE	
1930	Lehrtätigkeit an der San Carlos Academy
1943	Beginn der Arbeit als Standbildfotograf
1975	Guggenheim-Stipendium
1984	Hasselblad-Preis

Erfundene Landschaft aus *Fifteen Photographs*
Ein beliebtes Thema der Surrealisten war das Spiel mit künstlichen und natürlichen Objekten. Bei dieser Aufnahme *(unten)* deuten die Schatten alles an und erklären nichts.

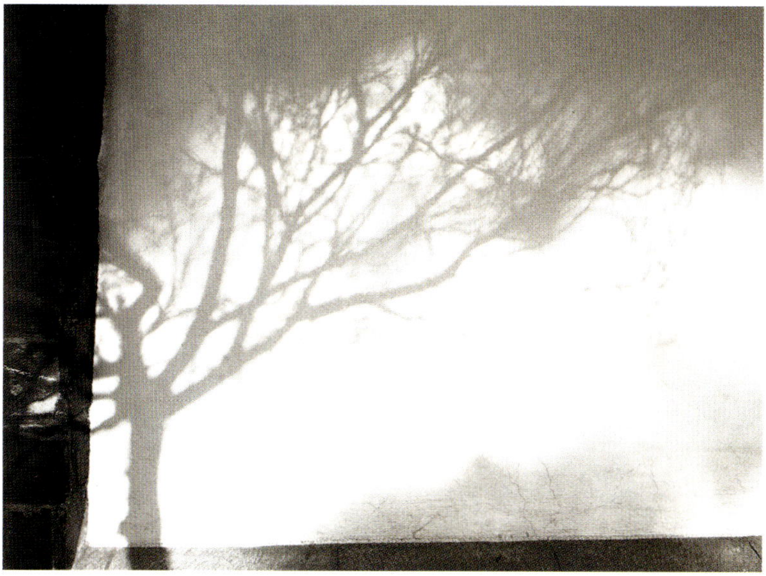

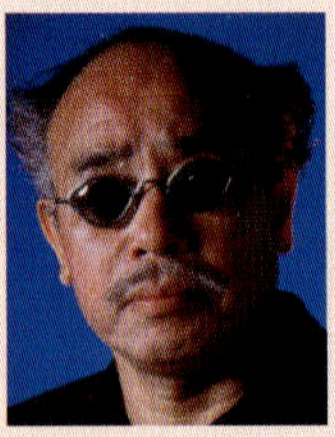

Nobuyoshi Araki

Japaner geboren 1940

Nobuyoshi Araki ist einer der umstrittensten Fotografen Japans. Seine Arbeiten reichen von Darstellungen des modernen Japans bis zur Pornographie. Sein voyeuristischer Schnappschuss-Stil ist weithin einflussreich.

Nach Jahren in der Werbefotografie machte Araki die Doppelmoral der japanischen Gesellschaft zu seinem Thema und fotografierte insbesondere Animierdamen und Prostituierte. Der gefeierte Fotograf zog jedoch auch den Unmut von Zensoren auf sich, die das Dokumentarische seiner Arbeit nicht anerkennen wollten.

KARRIEREHÖHEPUNKTE

1972	Veröffentlichung der Serie *Tokyo Autumn*
1989	Veröffentlichung von *Akt – Tokyo*
1999	Veröffentlichung der Serie *Vaginal Flowers*

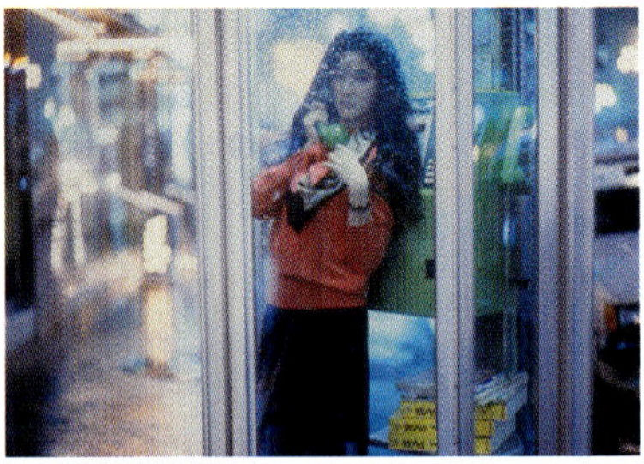

Telefonzelle aus *Tokyo Nostalgia*
Selbst das einzelne Bild deutet einen größeren Zusammenhang an. Offen bleibt, ob es sich um einen Schnappschuss handelt oder nicht.

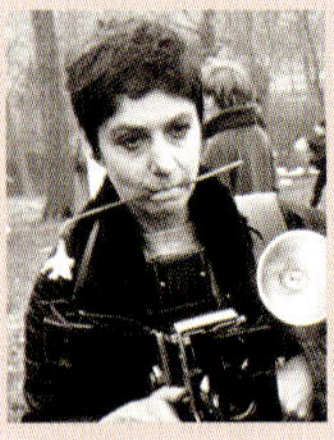

Diane Arbus

Amerikanerin 1923–1971

Die kompromisslos ehrlichen Porträts von Diane Arbus verfolgen den Betrachter. Und doch sagte die Fotografin: »Ein Foto ist ein Geheimnis über ein Geheimnis. Je mehr es einem verrät, desto weniger weiß man.«

Nachdem sie sich an der Seite ihres Mannes, des Modefotografen Allan Arbus, einen Namen als Modestilistin gemacht hatte, begann Diane Arbus erst mit Mitte 30, selbst zu fotografieren. Es folgte eine Karriere in Mode und Werbung. Als eine der ersten verwendete sie für ihre Porträts einen Aufsteckblitz bei Tageslicht. So schuf sie eine künstliche, flache Beleuchtung, die das Modell schmucklos und bloß darstellt. Er wurde eines ihrer Markenzeichen.

KARRIEREHÖHEPUNKTE

1960	Veröffentlichung der ersten Bilder in der Zeitschrift *Esquire*
1963	Guggenheim-Stipendium (1966 erhielt sie ein weiteres)
1967	Ausstellung im Museum of Modern Art, New York

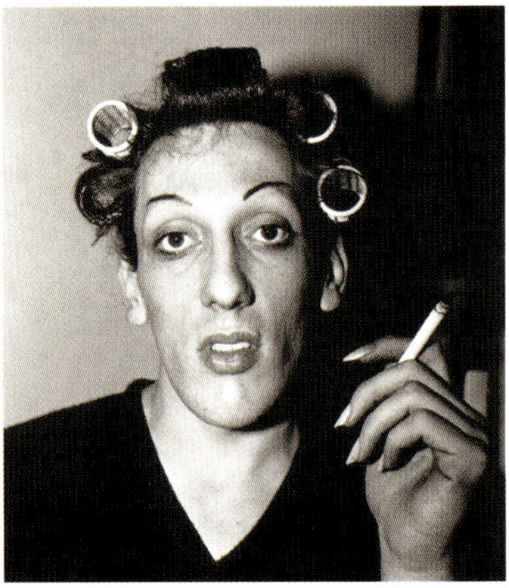

Junger Mann mit Lockenwicklern
Das Porträt scheint zunächst wenig schmeichelhaft, erweist sich dann aber als voller Mitgefühl für das trotzige Unbehagen des Modells.

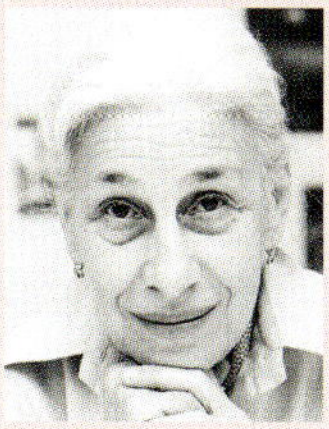

Eve Arnold

Amerikanerin geboren 1913

Eve Arnold zählt seit über 50 Jahren zu den Topfotografen der Welt. Ihr überaus zurückhaltender Stil in der Dokumentarfotografie enthüllt alles über das Motiv und verrät nichts über die Fotografin.

Ihr rasanter Aufstieg hat Eve Arnold in der Branche zu einer Legende gemacht. Nach nur sechs Wochen Ausbildung bei dem berühmten und als äußerst kritisch bekannten Alexey Brodovitch, damals Art Director bei *Harper's Bazaar*, erhielt sie ihren ersten Auftrag von eben dieser Zeitschrift. Drei Jahre später trat die nicht weniger anspruchsvolle Agentur Magnum an sie heran. Arnold wurde 1955 als erste Frau Vollmitglied der Agentur. Für *LIFE* und *The Sunday Times Magazine* bereiste sie zwar die ganze Welt, insbesondere China, wurde aber vor allem wegen ihrer Fotos an Filmsets bekannt. Durch ihre Einfühlsamkeit gelang es ihr, das Vertrauen der Stars zu gewinnen, darunter Marilyn Monroe und Joan Crawford. Ihre Standbilder von Dreharbeiten setzten Maßstäbe, die bis heute Gültigkeit haben.

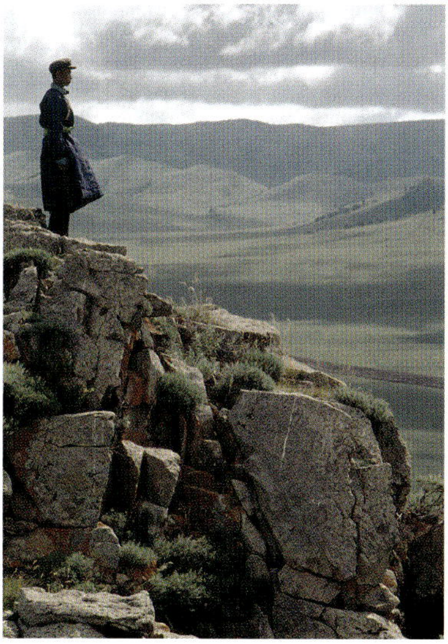

KARRIEREHÖHEPUNKTE

1980	Auszeichnung als Master Photographer vom International Center of Photography
1986	Krasna-Krausz-Buchpreis für *In Retrospect*
2003	Ernennung zum Officer of the British Empire ehrenhalber

Kuhhirte in der Steppe der Inneren Mongolei, China
Die Aufnahme *(links)* zeigt Arnolds Gespür für Zeitschriftenfotografie. Die Komposition vermittelt Stimmung und den Eindruck von Bewegung und bietet gleichzeitig Platz für Text.

Anthony Quinn und Anna Karina
Diese Aufnahme im Dokumentarstil bringt Charisma und Charme der Stars am Set von »Teuflische Spiele«, 1967 *(unten)*, voll zur Geltung.

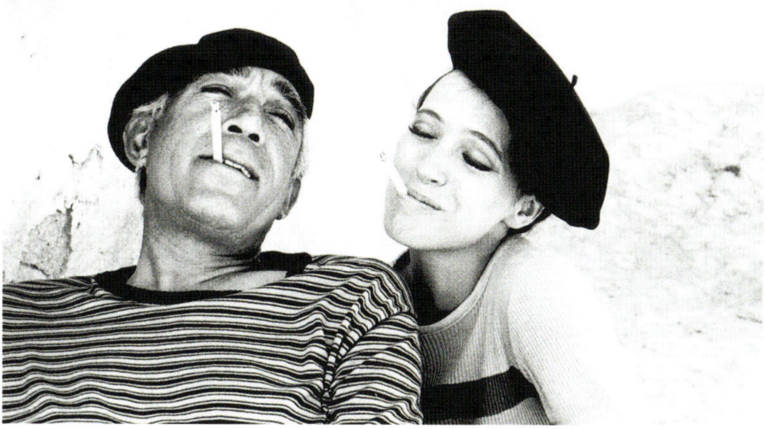

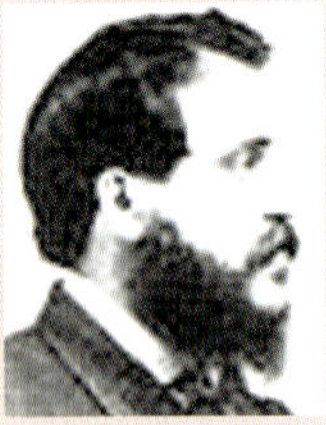

Felice Beato

Brite 1825–1908

Die Bedeutung der Reisefotografie Felice Beatos wird erst heute anerkannt. Seine Bilder von Japan sind ein einzigartiges Dokument der Kultur dieses Landes in den 60er- und 70er-Jahren des 19. Jahrhunderts.

Der in Italien geborene Brite Beato hetzte zeit seines Lebens von einem Projekt zum anderen. Er dokumentierte die Folgen des Krimkriegs in den Mittelmeerländern und die Aufstände in Indien 1858. 1863 zog er nach Japan, wo er 14 Jahre lang das tägliche Leben dokumentierte, ehe er sich schließlich in Burma niederließ.

KARRIEREHÖHEPUNKTE

1856	Ausstellung der Fotos von der Schlacht von Balaclava in London
1863	Beginn seiner Arbeit in Yokohama
1878	Arbeit in Burma

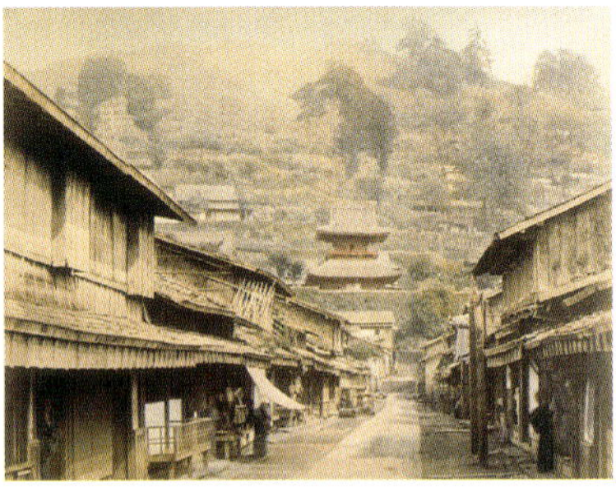

Tempel, Nagasaki
Diese Aufnahme einer Tempelstraße zu Füßen der Kazagashira-Berge zeigt Beatos künstlerisch-dokumentarischen Stil.

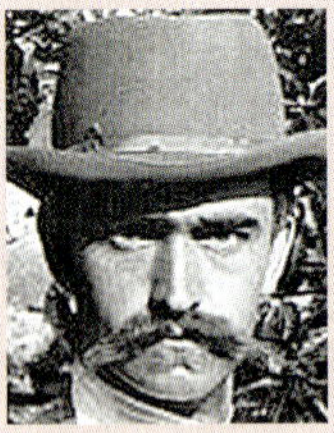

Karl Blossfeldt

Deutscher 1865–1932

Der Kunstdozent Blossfeldt fotografierte, um seinen Studenten den Formenreichtum von Pflanzen nahe zu bringen. Der Schönheit der Natur widmete er ein einzigartiges Gesamtwerk von beispielloser Geschlossenheit.

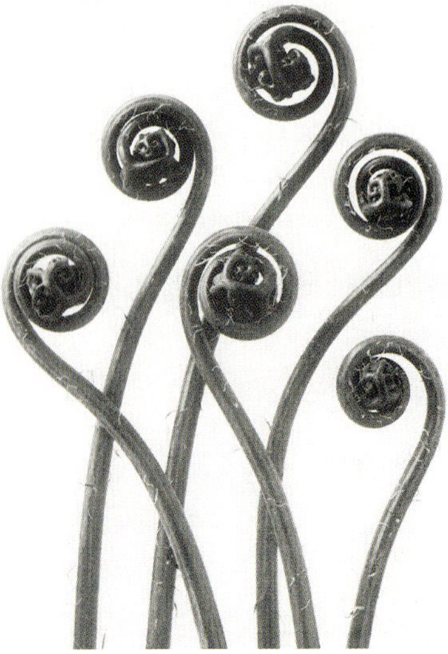

Blossfeldt begann um 1890 mit der naturalistisch-dokumentarischen Pflanzenfotografie und schuf Tausende von botanischen Studien. Er bewunderte die »aus Zweckmäßigkeit« geborene und dennoch »höchste künstlerische Form« der Pflanzen. Blütenpflanzen eigneten sich für Blossfeldts fast zeichnerische Fotografien weniger und sind daher in seinem Werk die Ausnahme.

Haarfarn
Mit der in seinen fast 30-fachen Vergrößerungen zu Tage tretenden Formenvielfalt versetzte Blossfeldt die Kunstwelt in Erstaunen.

KARRIEREHÖHEPUNKTE

1928	Veröffentlichung von *Urformen der Kunst*
1932	Veröffentlichung von *Wundergarten der Natur*

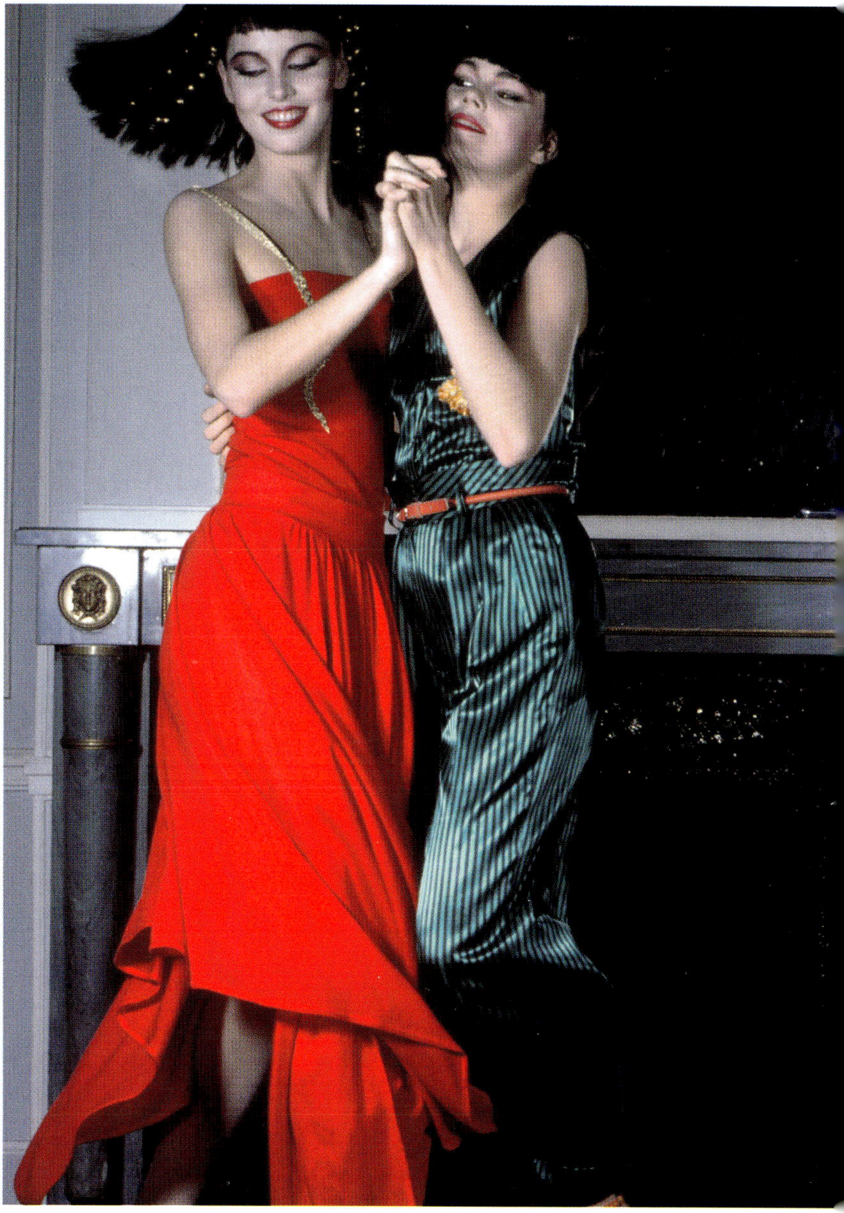

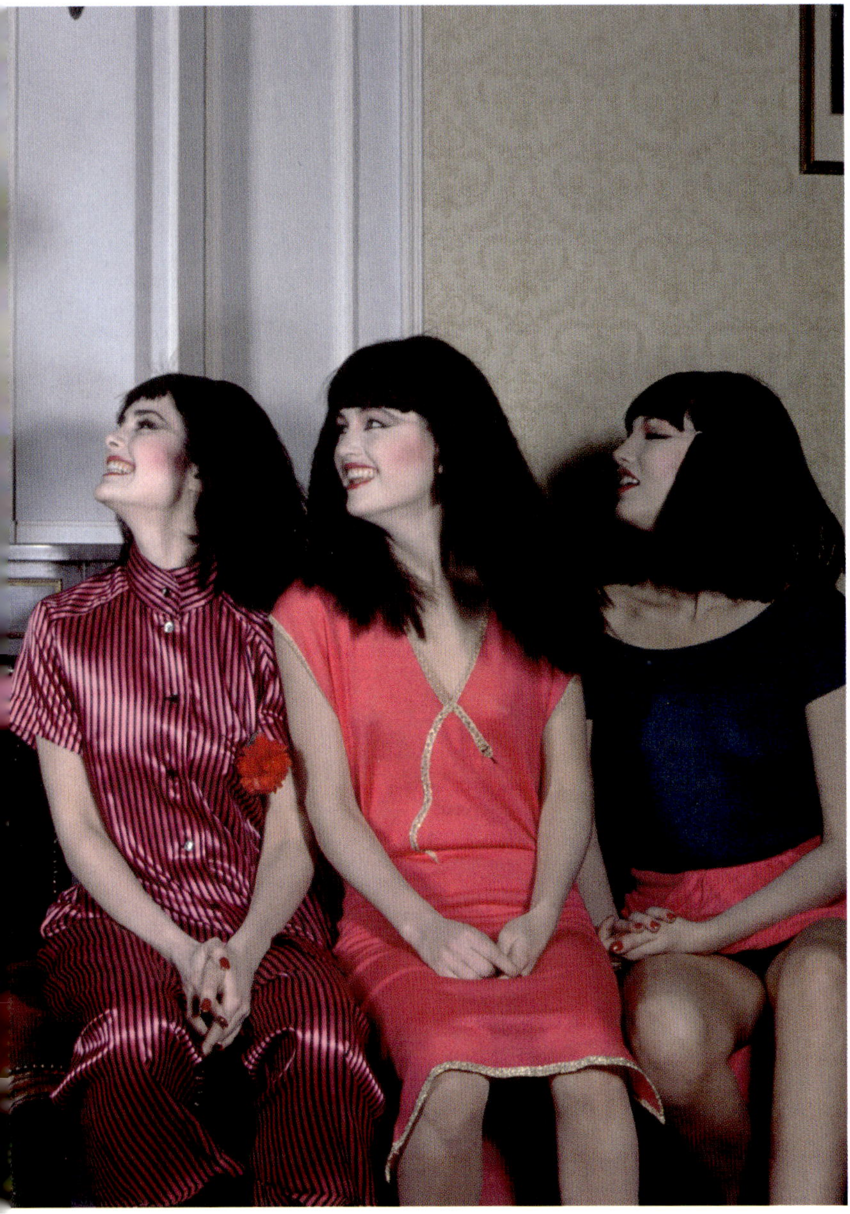

Guy Bourdin
Dieses Bild des Modefotografen Bourdin, der ansonsten für besonders dramatische Bildinszenierungen bekannt war, vermittelt Leichtigkeit und Frivolität. Die präsentierte Mode bringt es hervorragend zur Geltung.

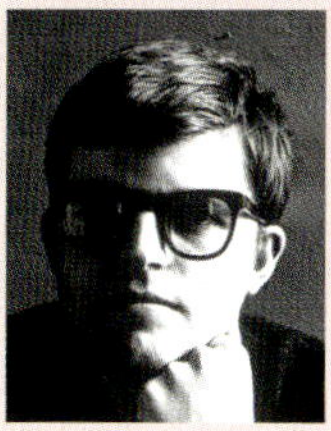

Guy Bourdin

Franzose 1928–1991

Als einer der bekanntesten Modefotografen seiner Generation wurde Guy Bourdin mit Aufnahmen berühmt, die zur damaligen Zeit schockierten. Heute wirken seiner Bilder eher heiter, stilvoll und elegant.

Guy Bourdin, ursprünglich Kunstmaler, zog mit seinen surrealistischen und elegant-anarchischen Bildern schnell die Aufmerksamkeit der Macher von *Vogue* auf sich. 30 Jahre lang wurden seine Fotos ausschließlich in Modezeitschriften gezeigt. Seine erste Einzelausstellung fand erst zehn Jahre nach seinem Tod statt, aber er stellte zu Lebzeiten immer wieder seine Zeichnungen aus. Seit Mitte der 1970er-Jahre arbeitete Bourdin an Werbekampagnen für Miyake, Jourdan und Chanel. Bourdin hatte den Ruf eines unerbittlichen »Zuchtmeisters«, der seine Modelle bis an ihre Grenzen trieb. Das Thema Gewalt – ausgedrückt in Schockfarben und Kontrasten – zieht sich wie ein roter Faden durch seine Bilderwelt.

KARRIEREHÖHEPUNKTE

1952	Ausstellung in der Galerie 29, Paris
1955	Beginn seiner Tätigkeit für *Vogue*
1975	Fotos für Werbekampagnen des Modedesigners Issey Miyake
1988	Auszeichnung mit dem Infinity Award des International Center of Photography

Charles Jourdan, Frühling 1978
Bourdins Werbeaufnahmen waren durchaus selbstironisch. Hier *(rechts)* entsteht durch die Abbildung der Polaroid-Probeaufnahme in der Szene eine Spannung zwischen den Bildebenen.

Charles Jourdan, Sommer 1977
In dieser meisterhaften Komposition *(unten)* wird der Blick des Betrachters trotz einer Fülle von Bildelementen und Lichtquellen geradewegs auf die Schuhe gelenkt.

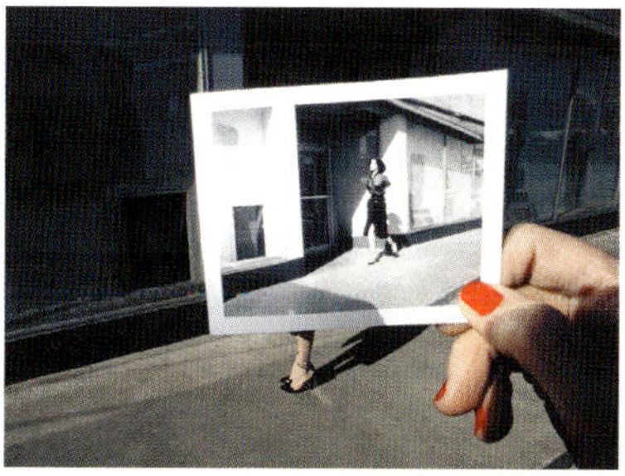

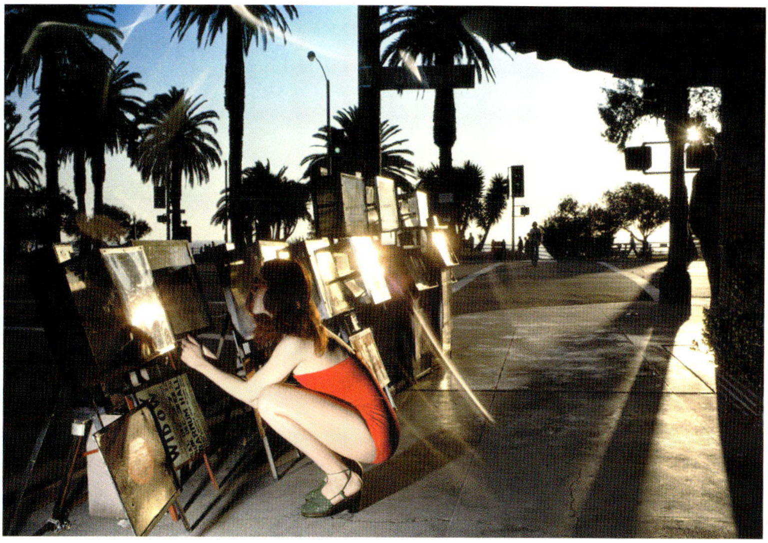

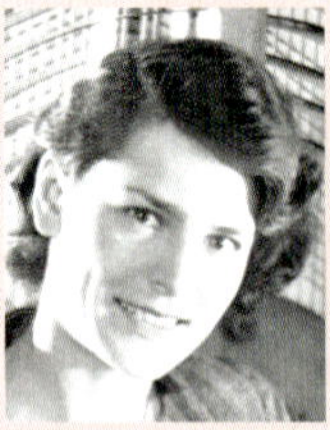

Margaret Bourke-White

Amerikanerin 1904–1981

Als Inbegriff der kompromisslosen Fotojournalistin unternahm Bourke-White für ein Bild jede erforderliche Anstrengung. Der technischen Virtuosin gelangen auch unter widrigsten Umständen makellose Aufnahmen.

1929 begann Bourke-White ihre Laufbahn als Industriefotografin für das amerikanische Wirtschaftsmagazin *Fortune*. Später wechselte sie zum *LIFE Magazine*. Ihr Ausspruch »Wenn du die Angst ignorierst, kann dir nichts Schlimmes passieren« macht ihre unerschrockene Herangehensweise an ihre Arbeit deutlich. Ihre in den 1930er-Jahren in der Sowjetunion entstandenen Aufnahmen sind ein frühes Dokument einer aufstrebenden Nation. Die Beharrlichkeit von Bourke-White zeigte sich bei Aufnahmen mit Mahatma Gandhi: Bevor sich Gandhi bereit erklärte, neben einem Spinnrad fotografiert zu werden, verlangte er, dass die Fotografin spinnen lernte. Sie tat es und bekam ihr Foto.

KARRIEREHÖHEPUNKTE

1936	Beginn ihrer Tätigkeit für *LIFE*
1937	Aufnahmen für das Buch *You Have Seen Their Faces* von Erskine Caldwell
1945	Fotos vom Besuch General Pattons im Konzentrationslager Buchenwald

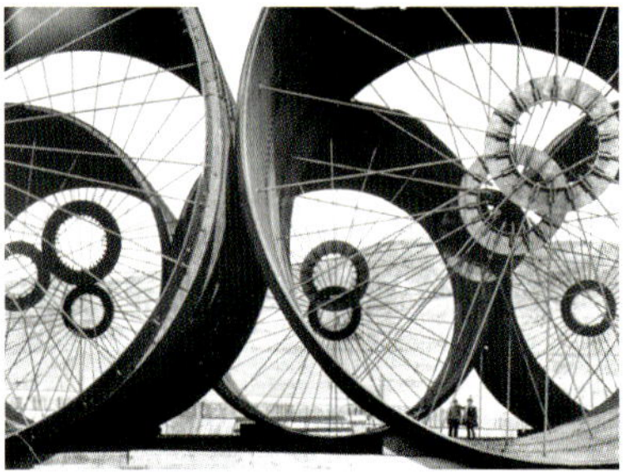

Bau des Fort-Peck-Damms
Bourke-Whites frühe Industriefotos vermitteln dem Betrachter durch ihre elegante Formensprache die technische Kühnheit der gezeigten Objekte.

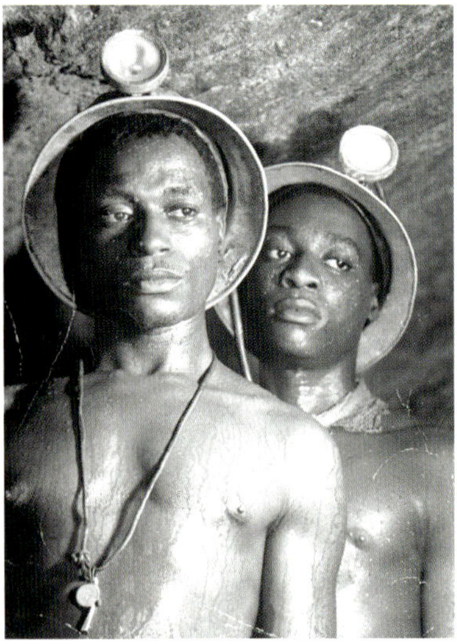

Arbeiter in der Goldmine, Robinson Deep
Trotz erschwerter Bedingungen unter Tage verwendete Bourke-White eine Großbildkamera für dieses technisch perfekte und ausdrucksstarke Foto von den Bergleuten.

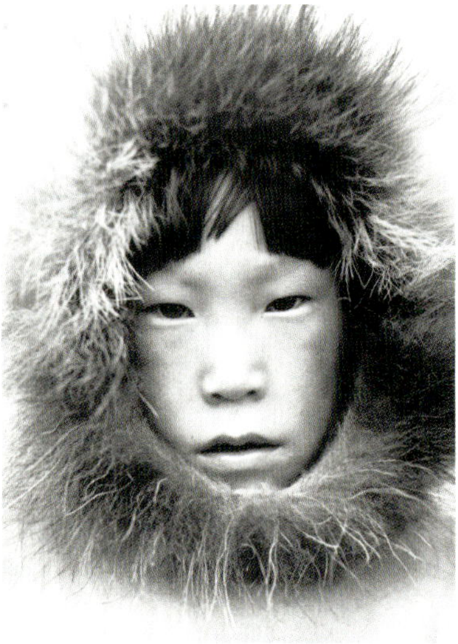

Eskimo, Kanada
Hier erkennt man den späteren Stil der Fotografin, der auf das Wesentliche reduziert ist. Wieder scheute sie die Unbequemlichkeit, die die Arbeit im Eis bedeutete, nicht.

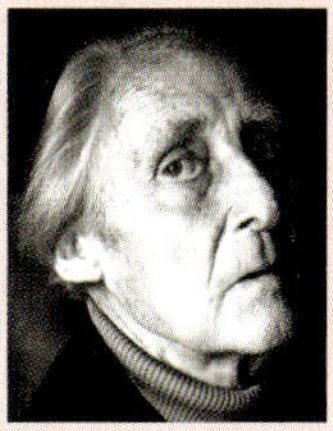

Bill Brandt

Brite 1904–1983

Die Motive der Fotos von Bill Brandt scheinen klar und direkt zum Betrachter zu sprechen. Der Meisterfotograf hinterließ ein schmales Gesamtwerk. Seine Bilder sind jedoch nach wie vor Ikonen der Fotografie.

Der aus einer reichen deutschen Familie stammende Bill Brandt wandte sich während seines Architekturstudiums der Fotografie zu. Der surrealistische Grundton seiner Fotos geht möglicherweise auf den Einfluss von Man Ray *(s. S. 62)* zurück, dessen Assistent er war.

Nach der Übersiedlung nach England 1931 trat er verstärkt für seine humanistischen und linken Ideale ein und arbeitete als Dokumentarfotograf, er fotografierte aber auch Schauspieler und Models.

Nach dem Zweiten Weltkrieg verlor er das Interesse an der Dokumentarfotografie und beschäftigte sich mit Aktaufnahmen, Porträts und abstrakter Fotografie. Seine mit einem Weitwinkelobjektiv aus nächster Nähe aufgenommenen Akte in der Landschaft schockierten die Öffentlichkeit trotz ihres Bezugs auf Werke von Picasso und Henry Moore. Abzüge seiner Fotos, die sich durch eine wirkungsvolle Inszenierung von Licht und Form auszeichnen, sind bis heute begehrte Sammlerstücke.

KARRIEREHÖHEPUNKTE

1929	Assistent von Man Ray
1936	Veröffentlichung von *The English at Home*
1951	Veröffentlichung von *Literary Britain*
1961	Veröffentlichung von *Perspective of Nudes*

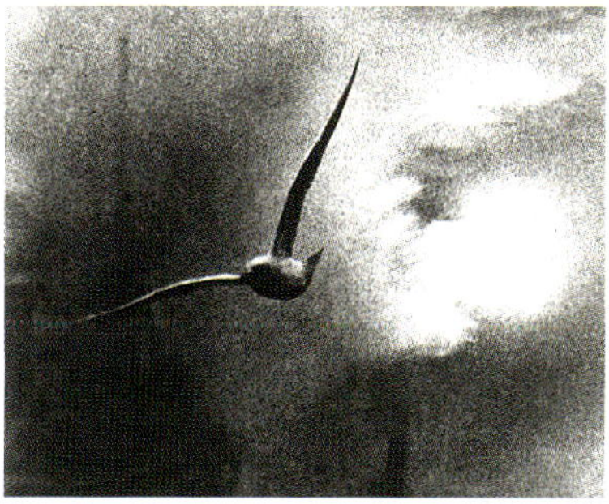

Nebel, London Bridge
Reportagefotos wie diesem Bild einer Möwe über der Themse *(rechts)* verdankt London sein Image als düster und nebelverhangen.

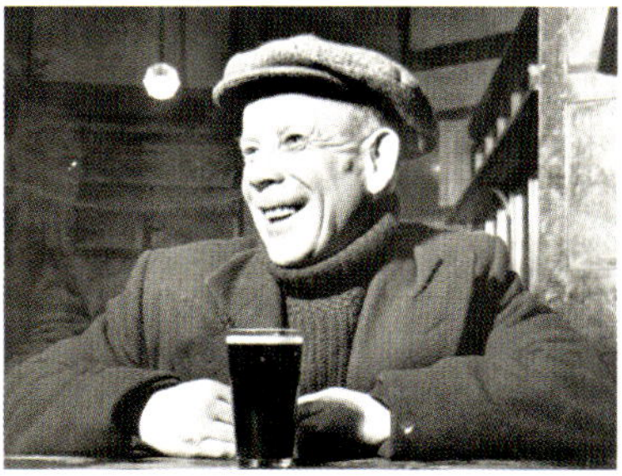

Mann im Pub, London
Brandt arbeitete häufig mit Modellen. Diese Aufnahme *(oben)* von 1946 illustrierte einen Essay in der *Picture Post* über den Wiederaufbau Londons nach dem Krieg.

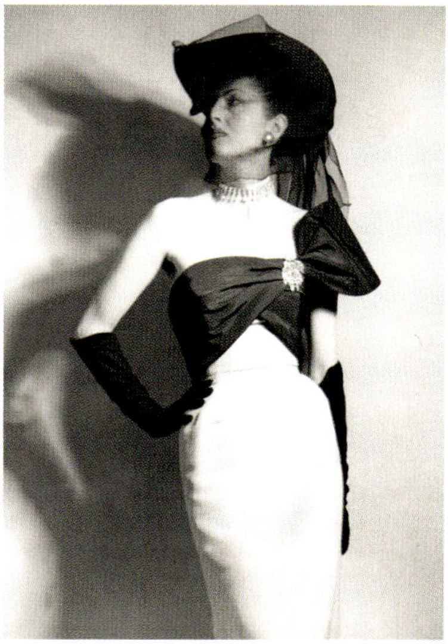

Nachmittag und Abend
Selbst Modefotos von Brandt *(rechts)*, wie dieses 1951 in der *Picture Post* veröffentlichte, haben bedrohliche Untertöne: Der Schatten scheint immer näher an das Modell heranzurücken.

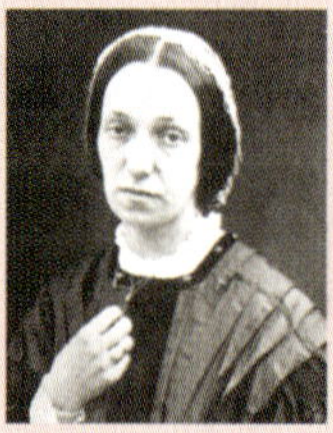

Julia Margaret Cameron

Britin 1815–1879

Die Einzigartigkeit der Fotos von Julia Margaret Cameron liegt in der Intensität ihrer Porträts. Obwohl ihre Laufbahn nicht mehr als 14 Jahre umfasst, gehört sie zu den bedeutendsten Fotografen des 19. Jahrhunderts.

Man könnte sie als Schutzpatronin der Amateurfotografie bezeichnen. Cameron, die im Alter von 48 Jahren ihre erste Kamera geschenkt bekam, fotografierte mit einer Leidenschaft, die an Besessenheit grenzte. Umstandslos ließ sie Familienmitglieder, Bedienstete oder auch Gäste des Hauses – darunter illustre Persönlichkeiten wie den Historiker Thomas Carlyle – posieren. Sie entlockte ihren Modellen, denen sie häufig das Äußerste abverlangte, eine außergewöhnliche Gefühlsintensität. Der Dichter Alfred Lord Tennyson soll seinen Kollegen Henry Longfellow mit den Worten instruiert haben: »Tu, was immer sie von dir verlangt. Ich werde bald zurückkommen, um zu sehen, was von dir übrig geblieben ist.«

Cameron bevorzugte ein weiches, schwaches Licht, so dass eine Aufnahme mit der Plattenkamera mehrere Minuten dauern konnte. Zeitgenössische Kritiker beurteilten ihre Arbeit, so fand sie, zwar häufig »ungerecht«, aber in den 1870er-Jahren waren die Abzüge ihrer Bilder sehr gefragt. Cameron lebte ab 1877 in Ceylon (heute Sri Lanka) und gab die Fotografie auf.

Ihre heutige Bekanntheit verdankt sie der Präsentation ihrer Werke in der Zeitschrift *Camera Work*, die Alfred Stieglitz zu Beginn des 20. Jahrhunderts herausgab.

KARRIEREHÖHEPUNKTE

1863	Erste Aufnahmen
1865	Erste Ausstellung
1867	Ausstellung in Paris
1868	Ausstellung in London
1874	Illustration des Gedichtzyklus' *Idylls of the King* von Tennyson

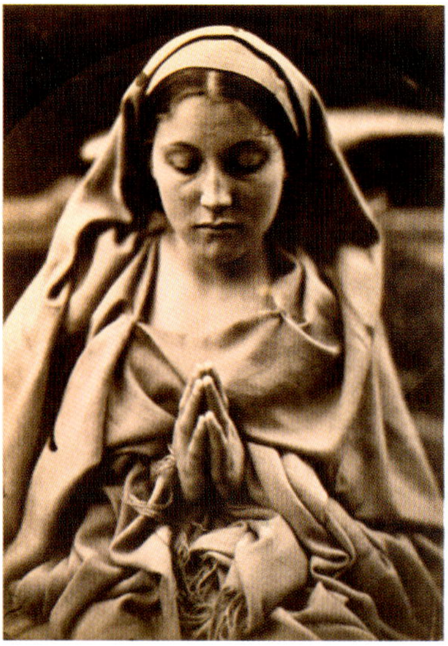

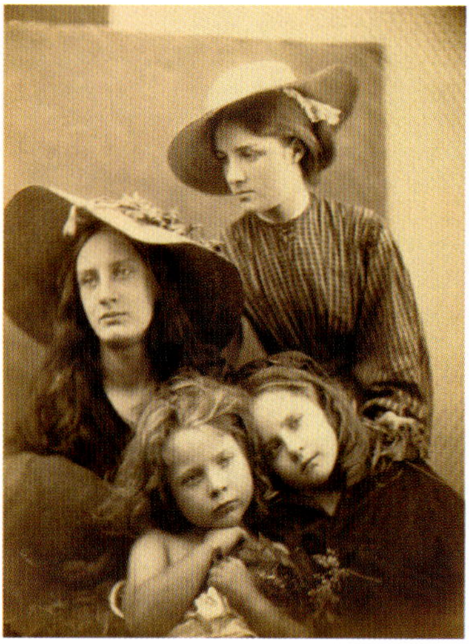

Sommertage
Angesichts der zeitraubenden Vorbereitungen und langen Belichtungszeiten sind Anmut und Grazie dieses Gruppenbilds *(oben)* ein Beweis für Camerons Meisterschaft.

St. Agnes
Dieses Tableau *(links)* lebt von der Spannung zwischen klassischer Heiligendarstellung einerseits und der typisch viktorianischen Andeutung von Sinnlichkeit andererseits.

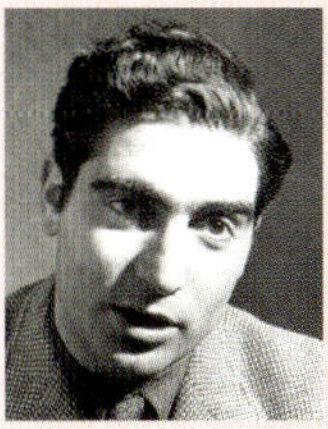

Robert Capa

Ungar 1913–1954

Robert Capa begründete die Vorstellung vom Fotografen als Abenteurer. Er galt als Inbegriff eines Fotojournalisten, der zur rechten Zeit am rechten Ort ist und noch im Kugelhagel sein Bild bekommt.

Robert Capa, ursprünglich Endre Friedman, nahm sein erstes veröffentlichtes Foto (von Trotzki) während seines Studiums der Politikwissenschaft um 1930 in Berlin auf. Nach der Machtergreifung Hitlers floh er nach Paris, wo er, um seine hohen Preise zu rechtfertigen, den »berühmten amerikanischen Fotografen Robert Capa« erfand. Auf seinen Streifzügen durch die wilde Pariser Kunstszene der Vorkriegsjahre machte er Bekanntschaft mit illustren Persönlichkeiten wie Ernest Hemingway und Pablo Picasso sowie einflussreichen Fotografen wie Henri Cartier-Bresson *(s. S. 40/41)*.

Seine Reportagen über den Spanischen Bürgerkrieg (1936–39) werden zu Recht als perfektes Beispiel für engagierten und humanistischen Fotojournalismus gepriesen. In dieser Zeit entstand das berühmte Bild eines Soldaten im Augenblick des Todes. Capas Motto lautete: »Wenn deine Bilder nicht gut genug sind, warst du nicht nah genug dran.« Die technischen Möglichkeiten seiner Leica und deren Grenzen prägen seinen auf das Wesentliche reduzierten Stil. Trotz seines Images als Draufgänger verabscheute Capa den Krieg: »Es ist nicht immer leicht, daneben zu stehen und nichts tun zu können, außer das Leid um sich herum aufzuzeichnen.« Er hoffte inständig, dass er bis zum Ende seines Lebens als Kriegsfotograf arbeitslos würde.

Ein anderer wichtiger Beitrag Capas zur Fotografie ist die Gründung der Agentur Magnum gemeinsam mit dem polnischen Fotojournalisten David »Chim« Seymour, dem Franzosen Henri Cartier-Bresson, dem Briten George Rodger und dem Amerikaner William Vandivert.

KARRIEREHÖHEPUNKTE

1936	Fotos vom Spanischen Bürgerkrieg
1938	Veröffentlichung eines Portfolios in der *Picture Post*
1942	Anstellung bei *Collier's Weekly*
1943	Anstellung beim *LIFE Magazine*
1947	Mitbegründer der Agentur Magnum

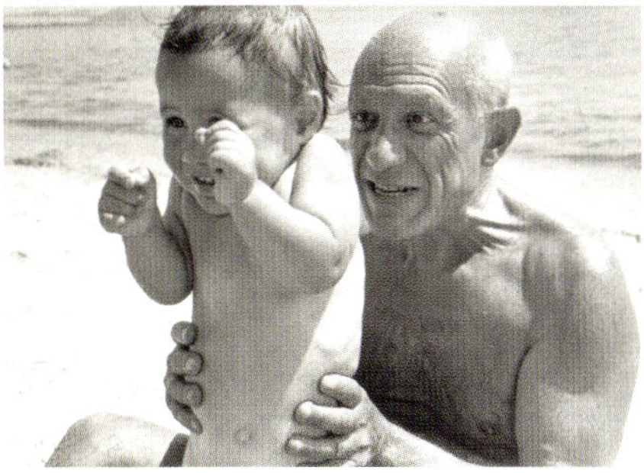

Picasso und Sohn
Capas wenige Bilder von Picasso und Matisse wurden zu Ikonen, unter ihnen dieses Foto von Picasso und seinem Sohn Claude aus dem Jahr 1948.

Chinesischer Kindersoldat
Capa nahm dieses Foto 1938 in Hankow (heute Wuhan) in China auf. Die niedrige Perspektive verstärkt auf spöttische Weise die vermeintliche Bedrohlichkeit des Soldaten, der offensichtlich noch ein Kind ist.

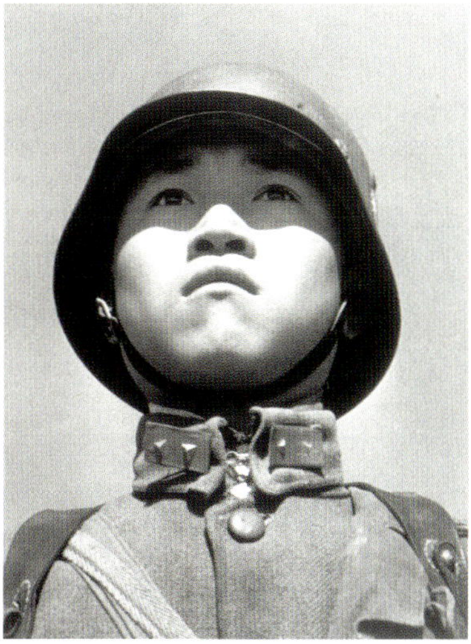

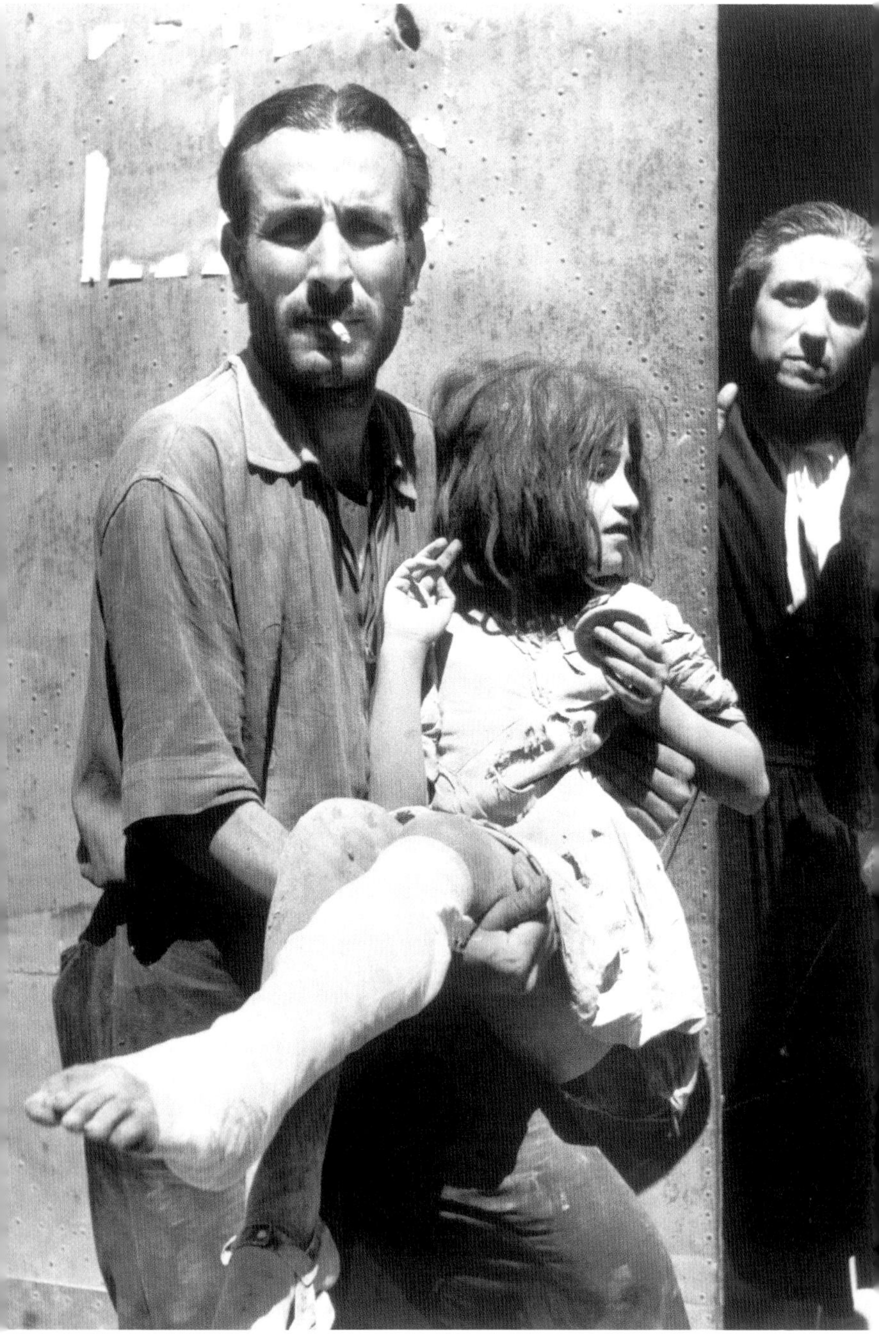

Der Kampf von Troina, 1943
Capa interessierte sich für die menschlichen Seiten des Krieges und bannte mit viel Sensibilität die Gefühle der Beteiligten auf Film. Dieses bewegende Bild, das im Zweiten Weltkrieg nach der Bombardierung der von den Deutschen besetzten sizilianischen Stadt Troina durch die Amerikaner entstand, macht die Angst, die Wut und das Leid der Betroffenen deutlich.

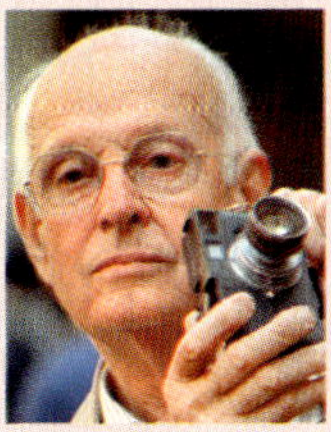

Henri Cartier-Bresson

Franzose 1908–2004

Der als Mensch unzugängliche, aber als Fotograf offenherzige Henri Cartier-Bresson diente unzähligen Fotografen als Vorbild. In seiner Arbeit verschmolzen Intellektualität und humanistische Überzeugungen zu einer Einheit.

Nach eigenem Bekenntnis inspiriert von der Lebendigkeit jenes Fotos des ungarischen Fotojournalisten Martin Munkacsi, auf dem drei schwarzen Jungen nackt in den tansanischen Tanganyika-See laufen, gab Cartier-Bresson sein Kunststudium auf und wandte sich der Fotografie zu. Wie sein umfangreiches Œuvre bezeugt, wanderte er mit seiner Kamera von früh bis spät rastlos durch die Straßen von Paris. Viele seiner Arbeiten entstanden zwischen 1930 und 1940, es waren seine produktivsten Jahre. Voller Entschlossenheit (und vom Glück gesegnet) fotografierte er im Spanischen Bürgerkrieg, entkam den Nazis, arbeitete im französischen Widerstand und filmte die Befreiung von Paris 1944.

Nach dem Zweiten Weltkrieg beteiligte sich Cartier-Bresson an der Gründung der Fotoagentur Magnum und blieb in den Anfangsjahren ihr Übervater und berühmtestes Mitglied. Seine eigenen Worte »nichts existiert unabhängig vom anderen ... eine Sache reimt sich auf eine andere, und das Licht gibt den Dingen ihre Form« erklären die Philosophie seiner Arbeit besser als jede Studie.

Balthus mit Frau und Tochter
Dieses scheinbar ungezwungene Familienfoto *(rechts)* zeigt das kompositorische Können Cartier-Bressons. Sein direkter Blick isoliert Balthus von den beiden Frauen, die sich über etwas für den Betrachter nicht Sichtbares amüsieren.

Hyères, Frankreich
Auch ohne den Radfahrer, den eine optische Täuschung kleiner wirken lässt, ergeben die Linien der Treppe, des Geländers und der Straße eine gelungene Komposition *(unten)*.

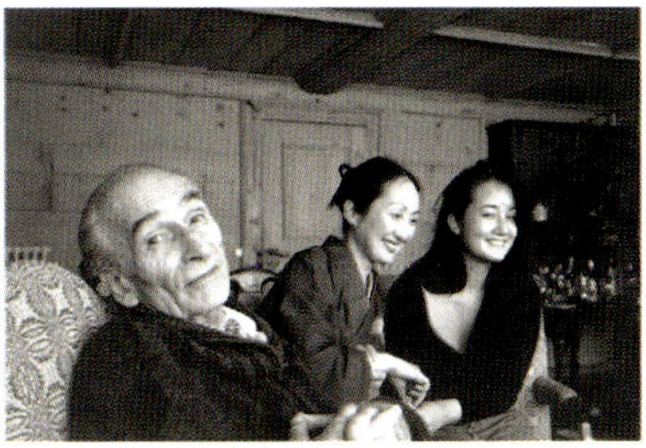

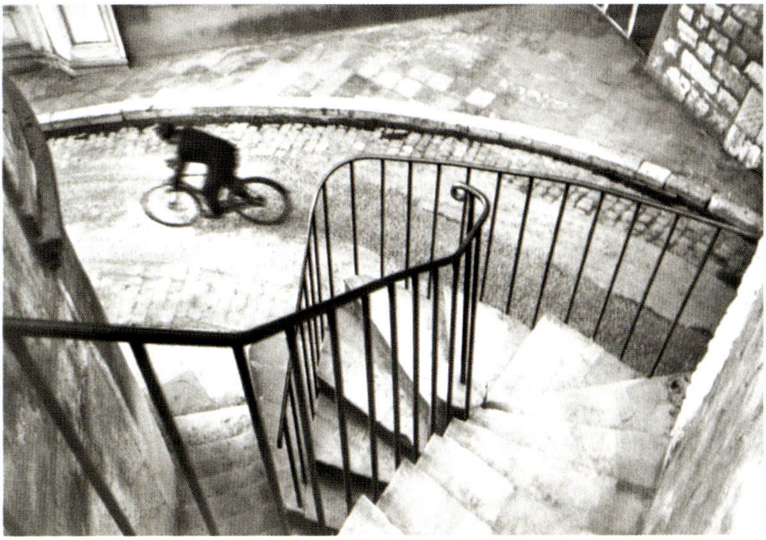

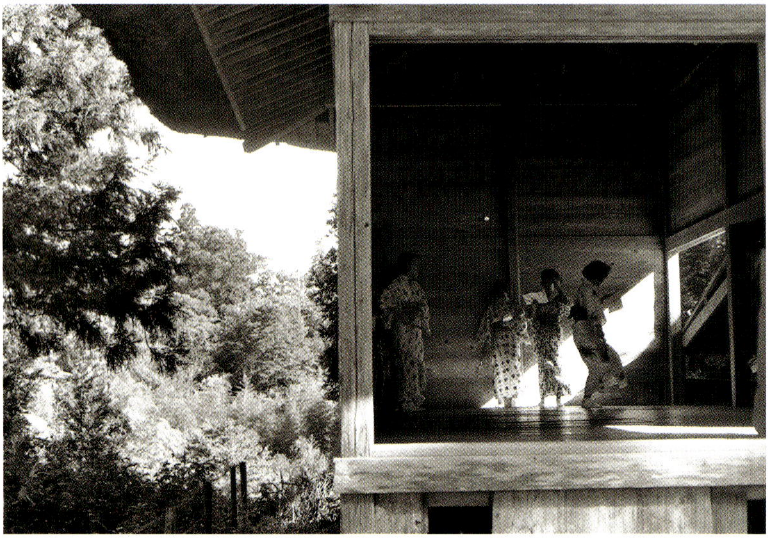

Japan, 1965
Die Proben für die Aufführung eines No-Theaterstücks von der Seite anstatt von vorne aufzunehmen, ist ein Beispiel für Cartier-Bressons unorthodoxen Ansatz. Die Wände, welche die Bühne begrenzen, umschließen zugleich die künstliche Welt des Schauspiels.

KARRIEREHÖHEPUNKTE

- **1935** Einführung in die Filmarbeit durch Paul Strand; Produktionsassistent des Filmemachers Jean Renoir
- **1937** Dokumentarfilm über den Spanischen Bürgerkrieg
- **1947** Mitbegründer der Agentur Magnum
- **1952** Ausstellung im Louvre, Paris
- **1973** Menil-Stiftung, Houston, nimmt seine Arbeiten auf
- **2003** Retrospektive in der Bibliothèque de France, Paris

STANDARDOBJEKTIV

Cartier-Bresson arbeitete mit minimaler Ausrüstung. In den allermeisten Fällen verwendete er ein einfaches 50-mm-Objektiv und wählte verschiedene Brennweiten. Er sagte: »Die Kamera ist für mich ein Skizzenblock, ein Instrument der Intuition und Spontaneität, der Meister des Augenblicks, der mit den Mitteln des Visuellen gleichzeitig fragt und entscheidet.«

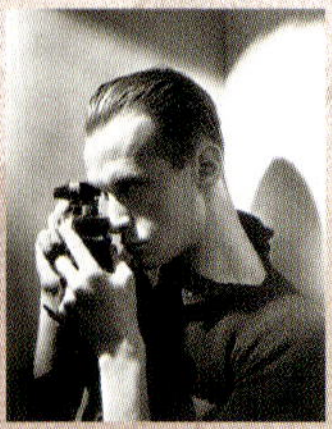

Sucher
Ein frühes Porträt von Cartier-Bresson zeigt ihn beim Blick durch den Universalsucher der von ihm bevorzugten Leica. Dieser Sucher lässt sich auf verschiedene Brennweiten einstellen.

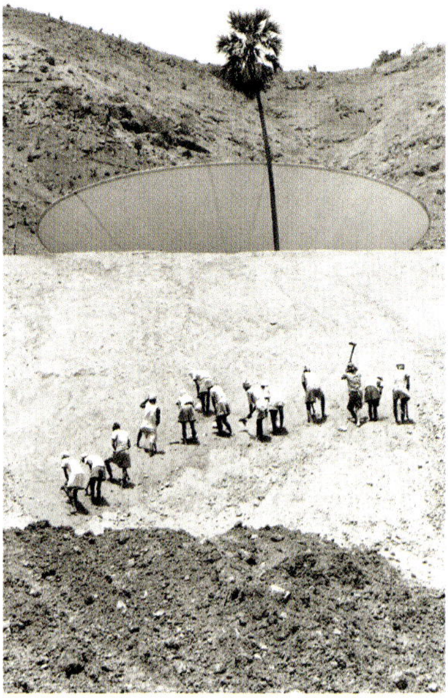

Kernkraftwerk in Indien, 1997
Die drei Ebenen in dieser Aufnahme stehen in unterschiedlichen Winkeln zueinander, was bei längerer Betrachtung eine zunehmend beunruhigende Wirkung hat.

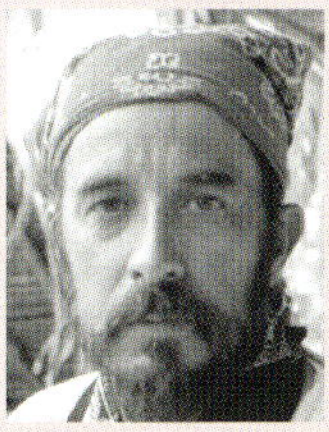

Valdir Cruz

Brasilianer geboren 1954

Die Dokumentarfotos von Valdir Cruz beweisen, dass sich ein Fotograf, der von seiner Sache überzeugt ist, mit den einfachsten Mitteln erfolgreich für die Ärmsten der Armen einsetzen kann.

Mit Ende 30 begann Valdir Cruz in New York als Fotograf zu arbeiten. In seinem Heimatland Brasilien fand er einen Schwerpunkt für seine Arbeit. Seine Bilder wollen die Aufmerksamkeit der Öffentlichkeit auf die Not der bedrohten Minderheit der Indios im brasilianischen Regenwald lenken. Sein Ansatz ist scheinbar naiv, einfach und bar jeder visuellen Spielerei.

KARRIEREHÖHEPUNKTE

1996 Ausstellung beim Fotofest, Houston; Guggenheim-Stipendium

2003 Veröffentlichung von *Faces of the Rainforest*

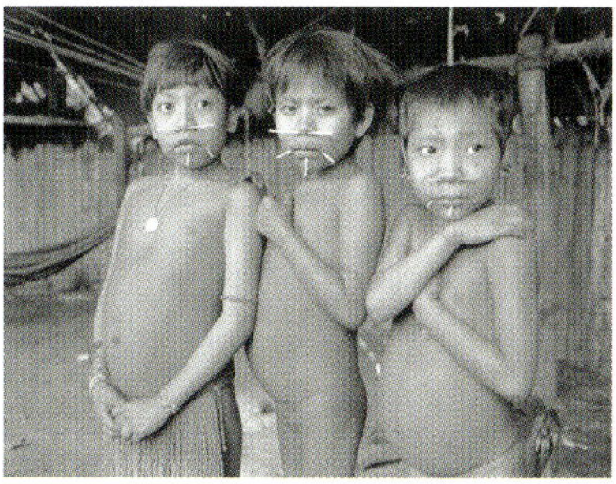

Irokai-teri, Venezuela, 1997
Dieses Foto wurde ohne besondere Effekte aufgenommen; die anmutige Körperhaltung und die würdevollen Gesichter der Kinder sprechen für sich selbst.

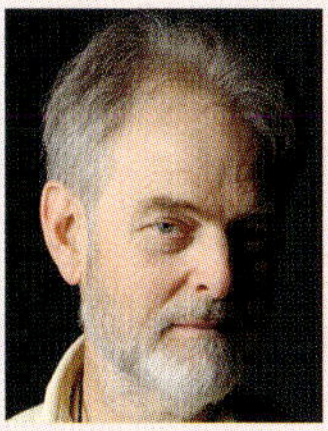

Stephen Dalton

Brite geboren 1937

Dalton setzte durch technische Erfindungen und künstlerische Visionen neue Maßstäbe in der Kurzzeit-Naturfotografie und enthüllt die Schönheit der Natur, indem er Abläufe einfängt, die mit bloßem Auge nicht zu sehen sind.

Zwar ist die Kurzzeitfotografie nichts Neues – Harold Edgerton fotografierte schon in den 1930er-Jahren Gewehrkugeln im Flug –, aber Dalton setzt diese Technik beim Fotografieren von Vögeln und winzigen Insekten wie Motten, Bienen und Wespen ein. Dazu benötigt er eine Blitzdauer von 1/25000 s oder weniger und extrem leistungsfähige Blitzgeräte sowie Lichtschranken. Seine Studioaufnahmen haben diesem Spezialgebiet neue Aufmerksamkeit beschert.

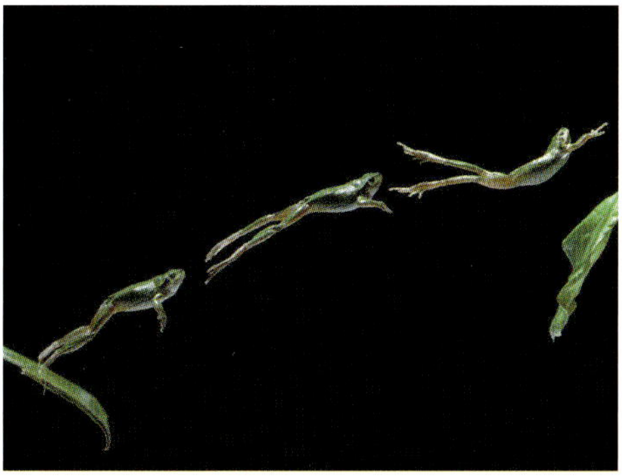

KARRIEREHÖHEPUNKTE

1975 Veröffentlichung von *Im Flug gestoppt*

1978 Forschungsstipendium der Royal Photographic Society

1999 Veröffentlichung von *Secret Worlds*

Europäischer Laubfrosch
Der Einsatz von drei Stroboskopblitzgeräten ermöglichte es, diesen graziösen Sprung auf KB-Farbfilm zu bannen.

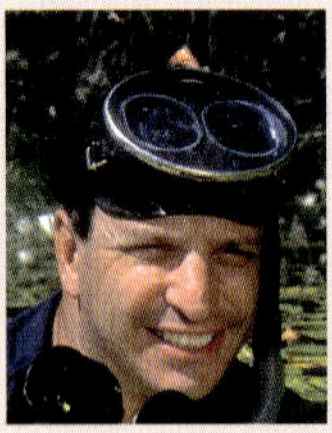

David Doubilet

Amerikaner geboren 1946

Beobachtungsgabe und seine meisterhafte Beherrschung der Technik machten David Doubilet zu einem der besten Unterwasserfotografen der Welt. Seine Arbeiten haben die Ästhetik von Naturfilmen beeinflusst.

Schon in jungen Jahren lernte Doubilet Schnorcheln und Tauchen, und bereits im Alter von 13 Jahren machte er mit einer Brownie-Kamera, die er in einen wasserdichten Beutel packte, seine ersten Unterwasseraufnahmen. Seit 1972 arbeitet er regelmäßig für *National Geographic* und hat bislang über 60 Aufträge für die Zeitschrift ausgeführt.

KARRIEREHÖHEPUNKTE

1989	Veröffentlichung von *Light in the Sea*
2001	Forschungsstipendium der Royal Photographic Society

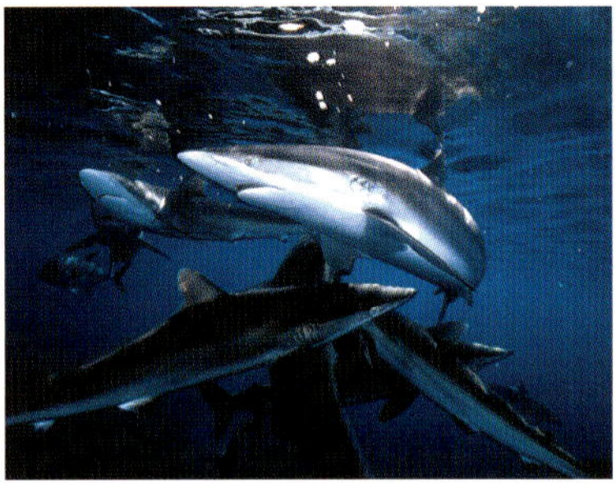

Brillante Schwimmer
Atemberaubende Kompositionen und klare Details sind Doubilets Markenzeichen. Hier wird der Blick des Betrachters mit sorgfältig dosiertem Blitzlicht auf das Motiv gelenkt.

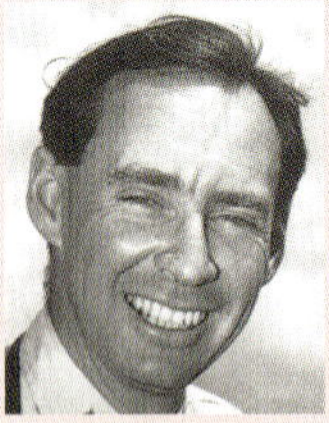

Max Dupain

Australier 1911–1992

Als wichtigster Dokumentarist des alltäglichen Lebens und der Architektur Australiens hinterließ Max Dupain einen unerschöpflichen Fundus an Bildern, welche die Kultur Australasiens widerspiegeln.

Seine Heimat Australien, der er eng verbunden war, war das Thema des Fotografen. Vom Modernismus beeinflusst, entwickelte Dupain einen minimalistischen Stil, wobei er die in Australien herrschenden harten Beleuchtungsbedingungen vielfach für sich nutzen konnte. Im Laufe seiner langen Karriere wechselte er mühelos zwischen Architektur-, Industrie- und Porträtfotografie sowie zwischen Werbe- und Dokumentarfotografie.

KARRIEREHÖHEPUNKTE

1934	Beginn der Arbeit als Berufsfotograf
1948	Veröffentlichung von *Max Dupain Photographs*
1975	Retrospektive im Australian Centre of Photography, Sydney

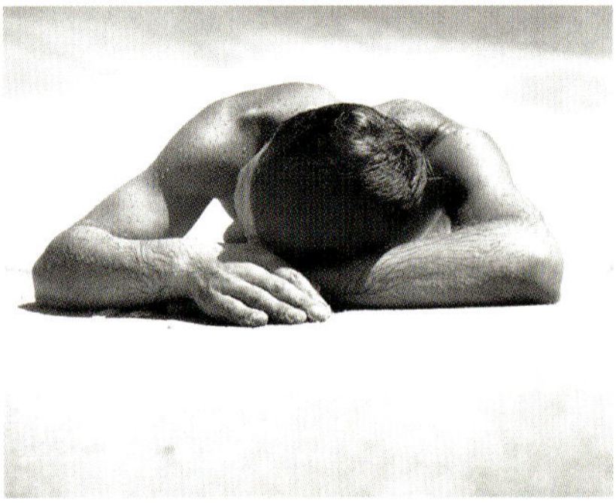

Sunbaker, 1937
Dieses Bild machte Dupain international bekannt. Seine Spannung ergibt sich aus der uneindeutigen Körperhaltung einerseits – der Mann könnte verletzt sein –, und der Schönheit des bronzenen Körpers andererseits.

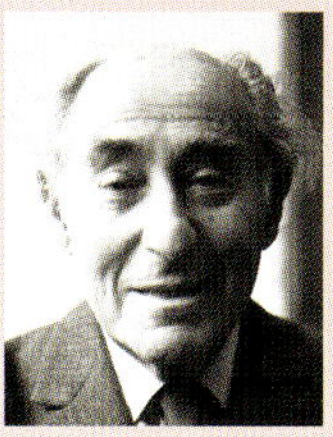

Alfred Eisenstaedt

Deutscher 1898–1995

Alfred Eisenstaedt wird von vielen als Wegbereiter des Fotojournalismus betrachtet. Er war ein Meister seines Fachs, der trotz aller Professionalität niemals seine Bescheidenheit und seine Begeisterungsfähigkeit verlor.

Eisenstaedt reduzierte seine Ausrüstung im Laufe seiner langen Karriere auf das Wesentliche und arbeitete häufig mit nur einer Kamera. Er besaß die Gabe, selbst völlig in den Hintergrund zu treten, so dass er ein wahrer Meister des Schnappschusses wurde. In *LIFE* veröffentlichte etwa 2500 Reportagefotos und 90 Titelbilder. Weniger bekannt ist die Tatsache, dass Eisenstaedt die Bildreportage aus der Welt der Reichen und Schönen salonfähig machte. Seine bodenständige Herangehensweise spiegelt sich in seinem Ratschlag wider, nicht der Druck auf den Auslöser sei das Wichtigste, sondern die Harmonie mit dem Motiv.

KARRIEREHÖHEPUNKTE

1935	Kauf einer Rolleiflex; Emigration in die USA
1954	Ausstellung im George Eastman House, Rochester, New York
1966	Veröffentlichung von *Witness to Our Time*
1971	Veröffentlichung von *Photojournalism*
1981	Veröffentlichung von *Germany*

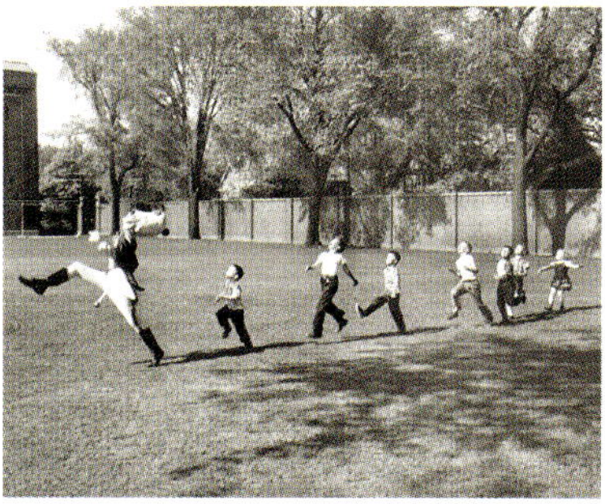

Tambourmajor, Ann Arbor, 1950
Dieses Foto von Kindern, die einen probenden Tambourmajor nachahmen, ist eines der beliebtesten Bilder von Eisenstaedt. Er hatte oft das Glück, zur rechten Zeit am rechten Ort zu sein.

Sophia Loren
Die für ein Architekturfoto nicht ungewöhnliche statische Wirkung des Bildes wird durch die entspannte Pose der Loren aufgebrochen.

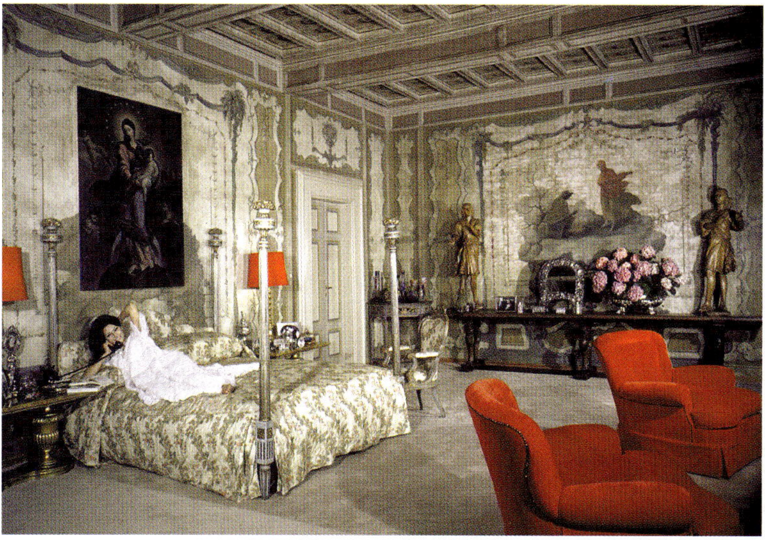

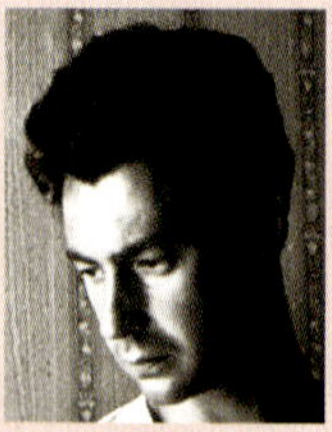

Elliott Erwitt

Amerikaner geboren 1928

Die seltene Begabung, einen flüchtigen Moment zu verewigen, macht Elliott Erwitt zweifellos zu einem der Größten der Zunft. Er besitzt eine exzellente Beobachtungsgabe und die Fähigkeit, vorausschauend zu denken.

Erwitt ging während des Zweiten Weltkriegs als Kriegsfotograf nach Deutschland und Frankreich und setzte danach sein Studium der Fotografie- und Filmtechnik fort. Bis 1960 hatte er sich einen Namen als Komiker der Fotoszene gemacht. Ein Image, das die Veröffentlichung eines Hunde-Bildbandes unter dem Titel *Son of Bitch* besiegelt haben dürfte, sicherlich eines der humorvollsten Fotobücher überhaupt. In den 1970er-Jahren begann er, Filme zu drehen. Als Dokumentar- und Werbefotograf genießt er den Ruf, stets mit äußerster Gelassenheit ans Werk zu gehen. Sein Rat: »Mach weiter, denn im Laufe der Arbeit ... geschehen die Dinge irgendwann von selbst.«

KARRIEREHÖHEPUNKTE

1942	Studium der Fotografie am Los Angeles City College
1948	Studium der Filmtechnik an der New School for Social Research, New York
1954	Mitgliedschaft bei Magnum
1971	Film *Beauty Knows No Pain*
1977	Dokumentarfilm *Glassmakers of Herat, Afghanistan*

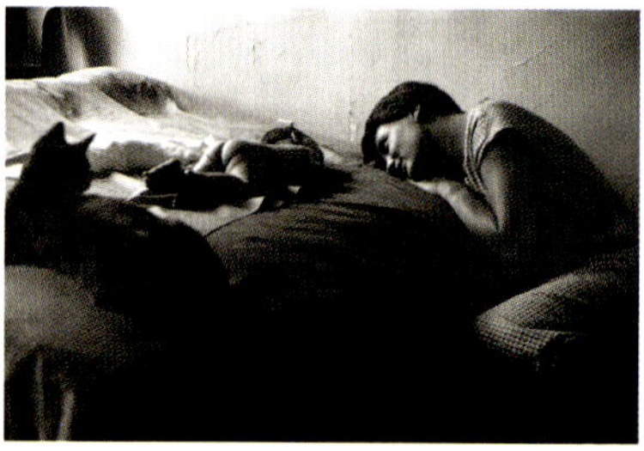

New York City, 1953
Diese Aufnahme der Familie von Erwitt entstand zu Beginn seiner Laufbahn. Es zeigt sich bereits sein Auge für subtile Komposition und emotionale Augenblicke.

St. Tropez, Frankreich, 1968
Beim Betrachten von Erwitts Bildern lacht man nicht über andere Menschen, sondern über die grotesken Augenblicke des Lebens.

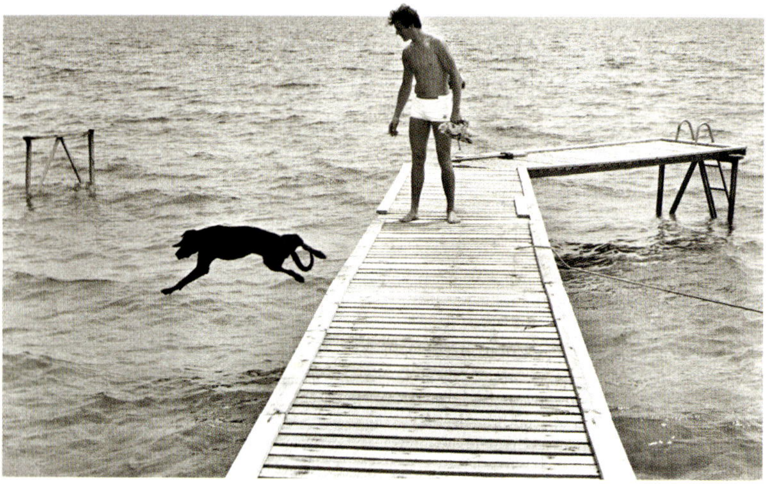

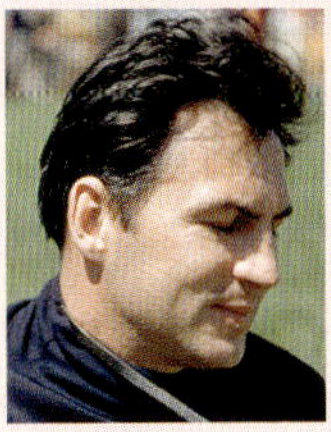

Ernst Haas

Österreicher 1921–1986

Mit seinen außergewöhnlich klar verständlichen Bildern und Texten lehrte uns Ernst Haas buchstäblich alles, was wir heute über Farbe in der Fotografie wissen. Er war ein technischer Pionier mit dem Auge eines Malers.

Erst mit 26, nach einem abgebrochenen Medizinstudium und ersten Versuchen als Maler, fand Ernst Haas seine Berufung und war fortan nicht mehr aufzuhalten. Sein erster Fotoessay – über die Heimkehr der Soldaten in seine Heimatstadt Wien 1947 – war ein faszinierendes Debüt: Fast jede Aufnahme auf dem ersten Film konnte veröffentlicht werden. Der Fotograf wurde Mitglied von Magnum und arbeitete für das *LIFE Magazine*.

Bei Aufnahmen in den USA ließ sich Haas von den Farben New Mexicos inspirieren und gab die Schwarzweißfotografie zugunsten der Farbfotografie mit einer Leica auf Kodachrome auf. Beim Fotografieren eines Rodeos entdeckte er die Bewegungsunschärfe als Stilmittel.

Viele Fotoessays des Fotografen, der fast in jedem Jahr seines Schaffens eine Auszeichnung erhielt, gelten auch heute noch als beispielhaft. Von ihm stammt der Ausspruch: »Die Grenzen der Fotografie sind in uns selbst, denn was wir sehen, ist nur, was wir sind.« Und jene Überlegung, die die Philosophie des geistreichen Fotografen vielleicht am treffendsten zum Ausdruck bringt: »Wenn das Schöne nicht in uns selbst läge, wie könnten wir es dann erkennen?«

AUFNAHMEN VON BEWEGUNGEN

Beim Fotografieren mit geringempfindlichen Filmen (12 ASA) in Innenräumen betrat Haas Neuland. Bei schwachem Licht und den erforderlichen langen Belichtungszeiten können Bewegungen auf eine Art dargestellt werden, wie es mit keinem anderen Medium möglich ist. Um die andernfalls unvorhersehbaren Ergebnisse besser überwachen zu können, verwendete Haas eine Sucherkamera, durch die er die Szene, anders als bei der SLR, während der Aufnahme beobachten konnte.

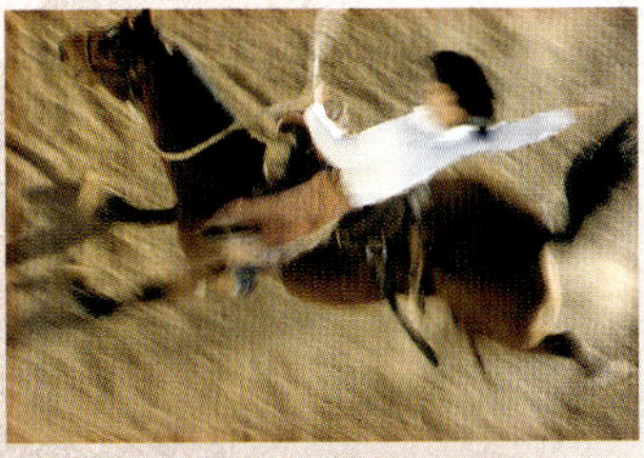

Bronco-Reiter, Kalifornien 1957
Die blitzschnellen Bewegungen eines Rodeoreiters können nur mit einer extrem kurzen Belichtungszeit eingefroren werden. Mit einer Verschlusszeit von 1/8 bis 1/4 s werden die Bewegungen unscharf abgebildet. Bei längerer Belichtung wäre das Motiv nicht mehr erkennbar. Hier hat Haas gerade so lang belichtet, dass die Umrisse des Motivs klar sind.

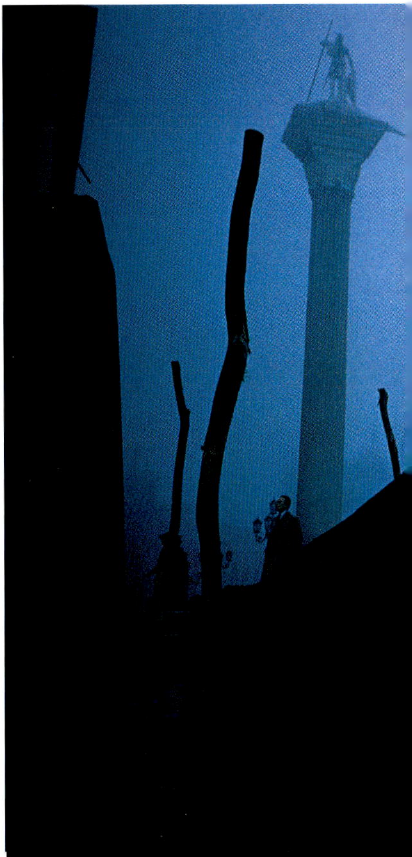

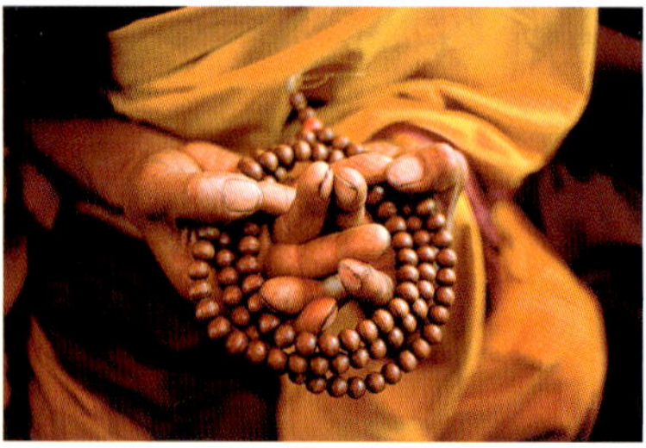

Mandala Mudra Gebetskette, Indien, 1974
Dieses Bild *(links)*, dessen harmonische Farben der inhaltlichen Aussage entsprechen, zeigt eine Gebetskette in den Händen eines Mönchs. Finger- und Handstellung symbolisieren Erleuchtung.

Regentropfen auf Blatt
Bei der Weiterentwicklung des traditionellen Stilllebens versenkte sich Haas tief ins Detail. Seine Pflanzenbilder *(unten)* gehören zu seinen bekanntesten und meistveröffentlichten Fotos.

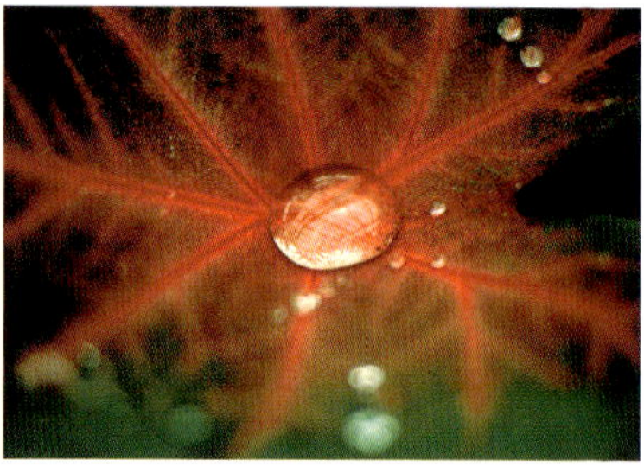

KARRIEREHÖHEPUNKTE

1943	Studium der Fotografie an der Graphischen Lehr- und Versuchsanstalt, Wien
1945	Aufnahmen für das amerikanische Rote Kreuz
1953	Veröffentlichung von *Magic Images of New York* in *LIFE*
1962	Retrospektive im Museum of Modern Art, New York
1962	Dreharbeiten zum Film *The Art of Seeing*
1971	Veröffentlichung von *Die Schöpfung*
1986	Hasselblad-Preis

Dogenpalast, Venedig, 1955
Diese Aufnahme von zeitloser Schönheit gelang widrigsten Beleuchtungsbedingungen zum Trotz *(unten)*.

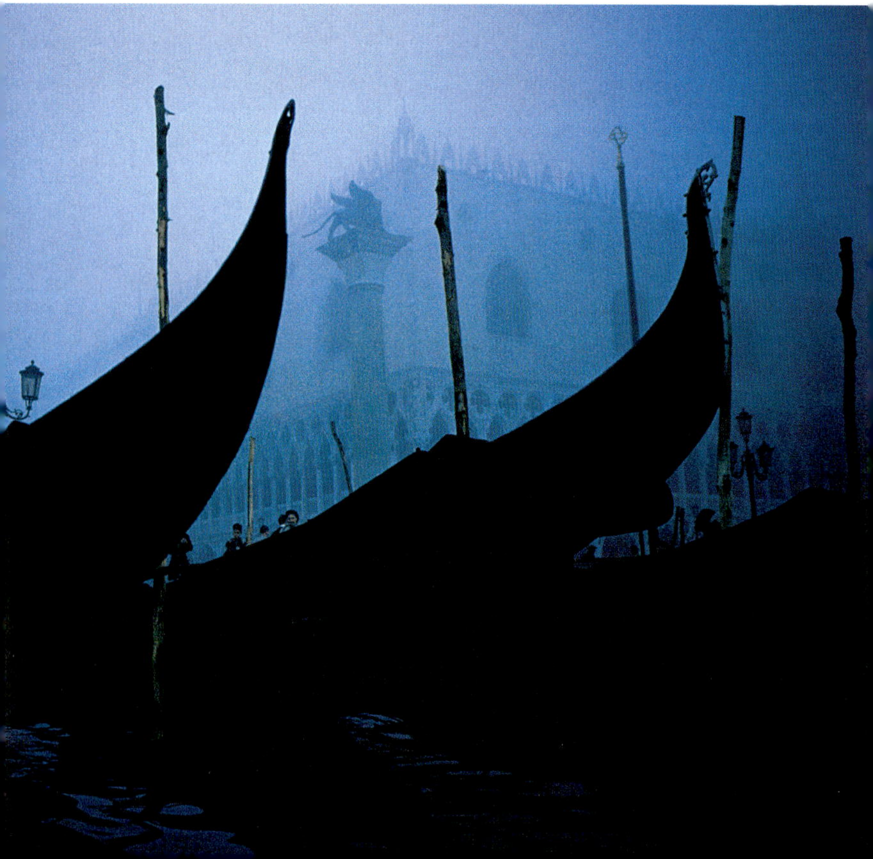

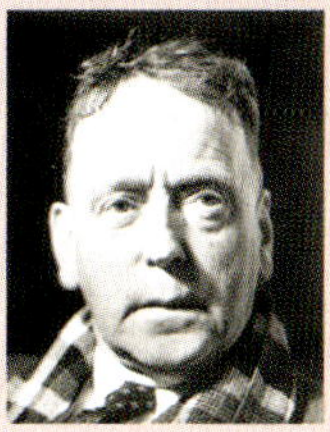

John Heartfield

Deutscher 1891–1968

Der politisch engagierte Mitgründer der Berliner Dada-Gruppe John Heartfield schuf subversive dadaistische Fotomontagen, die von beachtlichem Gespür für die gesellschaftliche Situation, aber auch von Humor zeugen.

Der als Helmut Herzfeld geborene Heartfield begann seine Laufbahn als Grafiker. Unter dem Einfluss des Dadaismus fand der zunehmend politisch agierende Künstler in der Fotomontage das Ausdrucksmittel für seinen Protest gegen die Weimarer Republik und den Aufstieg der Nazis.

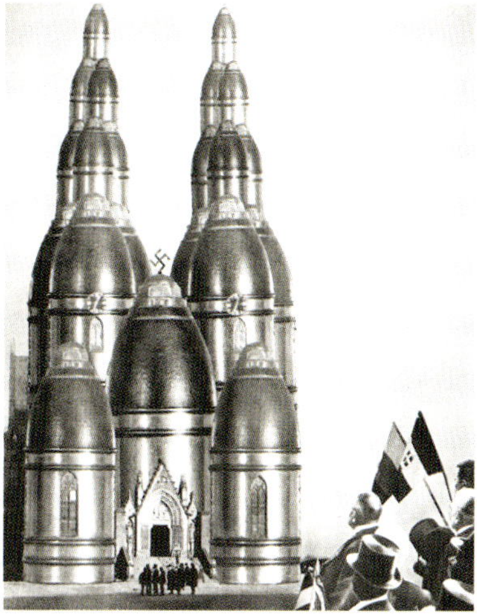

Chor der Rüstungsindustrie: »Ein feste Burg ist unser Genf«, 1934
Diese Fotomontage aus Artilleriegeschossen kommentiert den Rüstungswahn der Zeit.

KARRIEREHÖHEPUNKTE

1920	Organisation der ersten Internationalen Dada-Messe, Berlin
1940	Ausstellung *One Man's War against Hitler*, London
1954	Aufnahme in die Deutsche Akademie der Künste

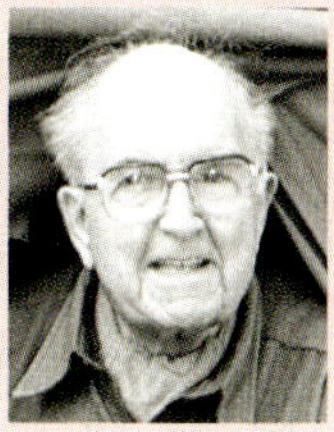

Eric Hosking

Brite 1909–1991

Eric Hosking ist einer der Gründerväter der modernen Naturfotografie. Der engagierte Naturfreund stellte seine Fotografien auch für zahlreiche Naturschutzkampagnen zur Verfügung.

Mit tiefem Respekt vor der Natur, unendlicher Geduld und größtem technischem Geschick stellte Hosking das erste große Archiv für Vogelfotografie zusammen. Er wurde zu einem Experten für Vogelverhalten und war einer der ersten, der in der Naturfotografie Farbfilm – Kodachrome – verwendete. Hosking war es auch, der 1948 erstmalig den Flug eines Vogels mit Hilfe von Elektronenblitz festhielt.

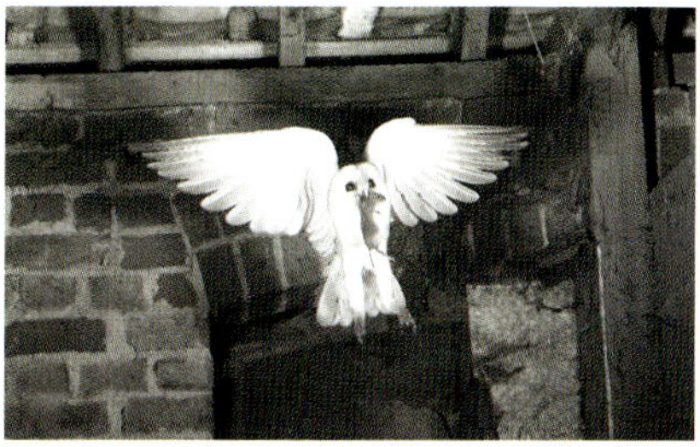

KARRIEREHÖHEPUNKTE

1929	Beginn seiner Karriere als Naturfotograf
1944	Veröffentlichung von *Birds of the Day*
1955	Veröffentlichung von *Birds*

Schleiereule
Dieses gefeierte Bild einer Schleiereule im Flug mit einer Wühlmaus im Schnabel aus den 1950er-Jahren ist eines der am häufigsten veröffentlichten Naturfotos.

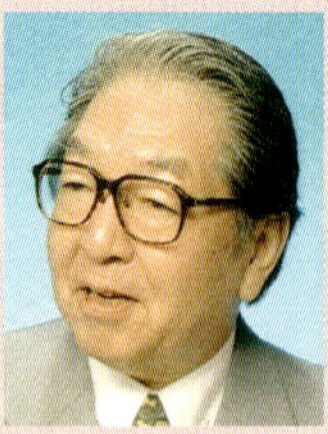

Eikoh Hosoe

Japaner geboren 1933

Die eindringlichen Bilder von Eikoh Hosoe sind überaus vielschichtig – sie sind Kunstobjekte und symbolhafte Inszenierungen von Identitätskrisen. Eines seiner Themen ist der Dualismus zwischen Mann und Frau.

Auf den ersten Blick wirken die Bilder von Hosoe wie einfache Aktstudien oder Tableaus, aber sein gesamtes Werk beschäftigt sich mit der Suche nach Identität. Für seine Projekte fand er kongeniale Partner, wie den Schriftsteller Yukio Mishima, der für die düster-erotische Serie *Barakei* Modell stand. Hosoe sagt: »Ein Fotograf, der seine Kamera beherrscht, kann seine unsichtbaren Erinnerungen sichtbar machen.«

KARRIEREHÖHEPUNKTE

1960 Veröffentlichung von *Man and Woman*

1963 Veröffentlichung von *Barakei* (Von Rosen getötet)

1998 Retrospektive im International Center of Photography, New York

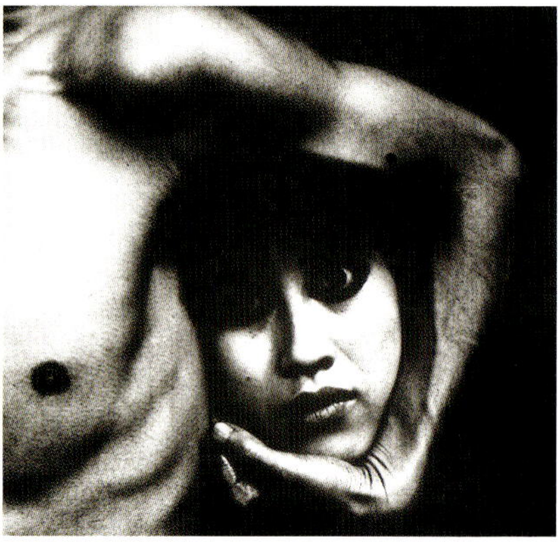

Manwoman aus *Man and Woman*
Wie bei dieser Aufnahme der Tänzerin Tatsumi Hijikata kombiniert Hosoe in seinen Bildern häufig Motive aus Tanz und Theater.

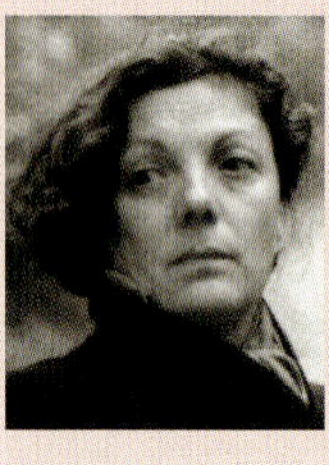

Graciela Iturbide

Mexikanerin geboren 1942

Die Bilder, welche die mexikanische Fotografin Graciela Iturbide von ihrer Heimat macht, entlarven die Oberflächlichkeit gängiger Reisefotografie, in der es häufig genug lediglich um spektakuläre Szenen geht.

Während ihrer Lehrzeit bei Manuel Alvarez Bravo *(s. S. 28)* fand Iturbide ihr Thema in der Beobachtung des Lebens der Einwohner Mexikos. Einer ihrer berühmtesten Fotoessays widmet sich den Zapotec-Indianern. Die Fotografin erforscht die Spannungen zwischen den verschiedenen Kulturen und Religionen Mexikos, wobei ihre Bilder fortwährend nach Auflösung der Gegensätze zu suchen scheinen.

KARRIEREHÖHEPUNKTE

1996 Veröffentlichung von *Images of the Spirit*

1998 Retrospektive im Philadelphia Museum of Art

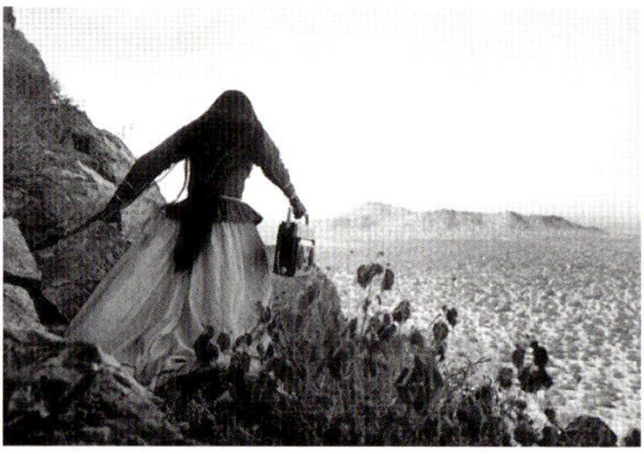

Mujer Angel (Engelsfrau)
Die für Iturbide charakteristische Verbindung von Surrealem und Realem, von Tradition und Moderne zeigt sich in diesem Bild.

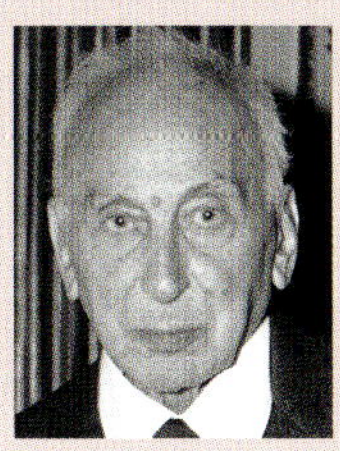

André Kertész

Ungar 1894–1985

André Kertész war ein Meister der zufälligen Komposition, der die Schönheit eines Moments festhalten konnte. Henri Cartier-Bresson gab zu: »Was auch immer wir unternommen haben, Kertész hat es zuerst getan.«

Kertész erkannte als einer der ersten das Potenzial der Leica. In den Zwischenkriegsjahren verkehrte er in Pariser Kunstkreisen, wo seine spontane Herangehensweise Fotografen wie Capa *(s. S. 38/39)* und Cartier-Bresson *(s. S. 40/41)* beeinflusste. Nach der Emigration in die USA arbeitete er für diverse Condé-Nast-Zeitschriften. Seinen Namen aber machte er sich mit unabhängigen Arbeiten von unaufdringlicher, zeitloser Qualität.

KARRIEREHÖHEPUNKTE	
1936	Tätigkeit für Keystone Studios, New York
1962	Auszeichnung mit der Goldmedaille der Biennale in Venedig
1975	Guggenheim-Stipendium

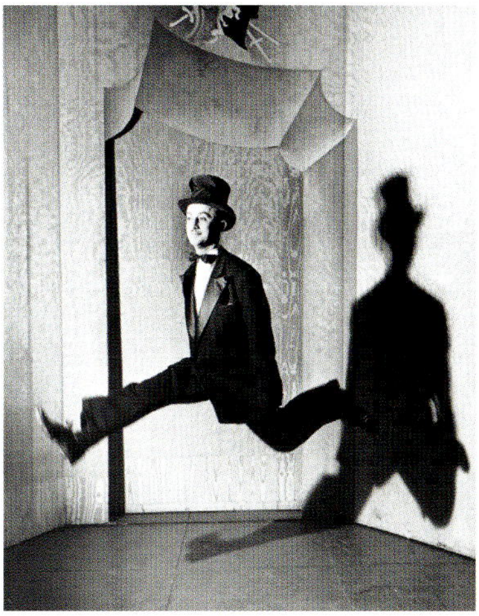

Brunnen in der Puszta, Ungarn
Kertész' frühe Dokumentarfotos zeigen seine Heimat. Diese Aufnahme *(unten)* eines Brunnens – Symbol der Armut – im hellen Sonnenlicht hat einen leicht ironischen Unterton.

Hal Sherman im Spagat in der Luft
Mit Sinn für das Absurde fotografierte Kertész den Tänzer und Komiker Hal Sherman *(oben)*. Für eine solche Aufnahme ist das präzise Auslösen mit der Leica unverzichtbar.

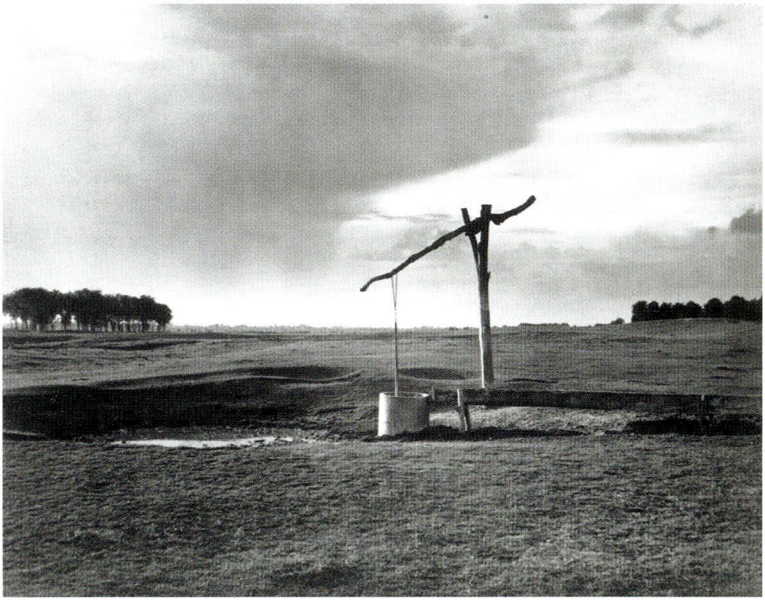

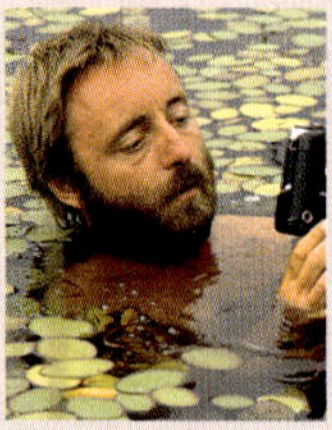

Frans Lanting

Niederländer geboren 1951

Lantings Arbeit als Naturfotograf wird stark durch seinen biografischen Hintergrund als Umweltökonom bestimmt. Seine ästhetische Fotografie hat es vermocht, die Natur stärker in das Bewusstsein der Öffentlichkeit zu rücken.

Lanting gab 1980 seine Universitätskarriere auf, um seine Leidenschaft für die Fotografie und seine Liebe zur Natur zum Beruf zu machen. Seine Weitwinkel-Nahaufnahmen sind einzigartig, weil er sich näher an seine Motive heranwagt als jeder andere Fotograf. Er verbringt Wochen in der Wildnis, um sie zu studieren. Für Lanting ist die Naturfotografie »zu einem Teil Wissenschaft, zu einem Teil Expeditionserfahrung und zu einem Teil Geschick im Umgang mit Menschen.«

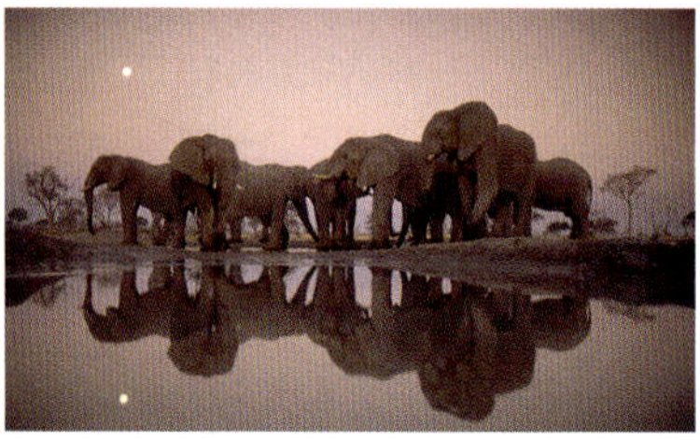

Afrikanische Elefanten
Die Ruhe der Tiere ließ eine lange Belichtungszeit zu, so dass Farben zum Vorschein kamen, die mit bloßem Auge nicht erkennbar wären.

Seerosen
Elektronenblitz und eine lange Belichtungszeit bei schwachem Licht bringen die Stille des Teichs zur Geltung.

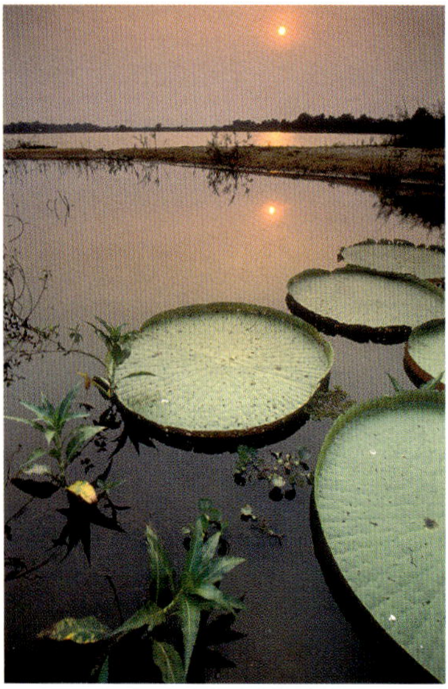

KARRIEREHÖHEPUNKTE

1972	Beginn der Arbeit als Fotograf
1980	Aufgabe der universitären Laufbahn als Umweltökonom, um sich auf die Fotografie zu konzentrieren.
1985	Erste Arbeiten für *National Geographic*
1988	World Press Photo Award
1991	BBC Wildlife Photographer of the Year
1994	Veröffentlichung von *Okavango, Africa's Last Eden*
1995	Kodak Fotokalender-Preis

BLITZLICHT IN FREIER NATUR

Ein wichtiger Beitrag Lantings zur Naturfotografie ist der Einsatz von auf das Umgebungslicht abgestimmtem Blitzlicht, wodurch er eine hervorragende Detailzeichnung erreicht. Um zu vermeiden, dass das Ergebnis künstlich wirkt, sind komplexe Beleuchtungsaufbauten erforderlich, das heißt sechs oder mehr tragbare Blitzgeräte, Stative und Softboxen (für weiches Licht).

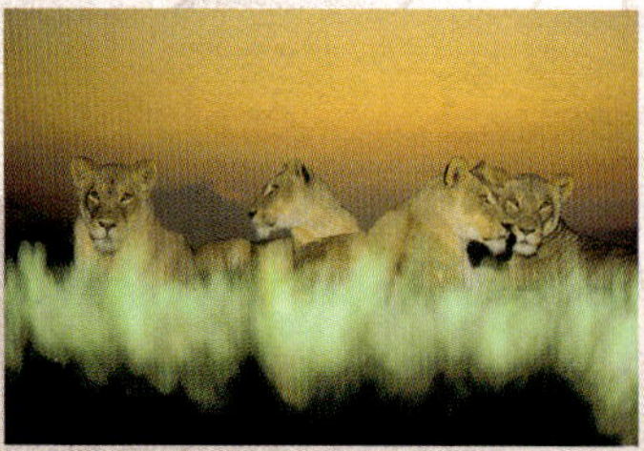

Afrikanische Löwen
Lantings gekonnter Einsatz von Blitzlicht zeigt sich in dieser Aufnahme von einem Löwenrudel in Botswana. Auch die unscharfen Gräser im Vordergrund wurden ausgeleuchtet, wodurch es erscheint wie Feuer.

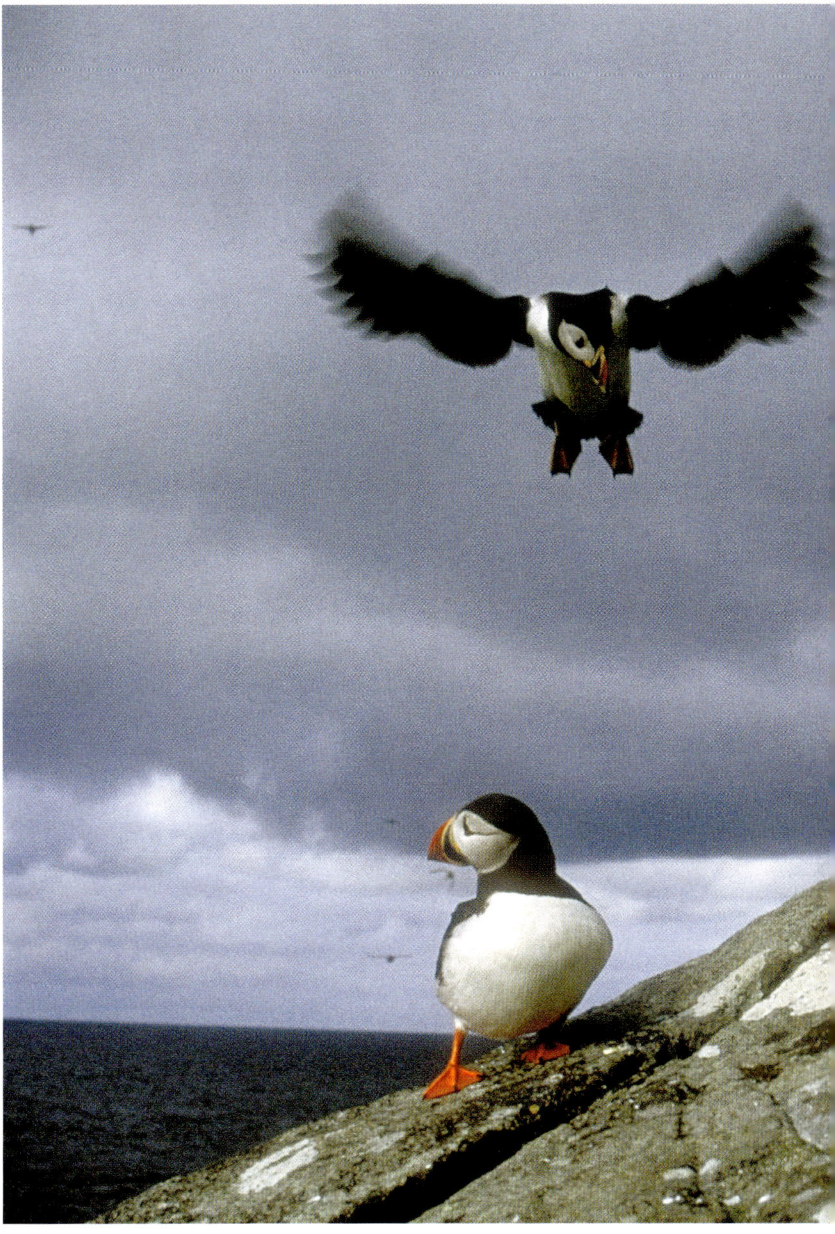

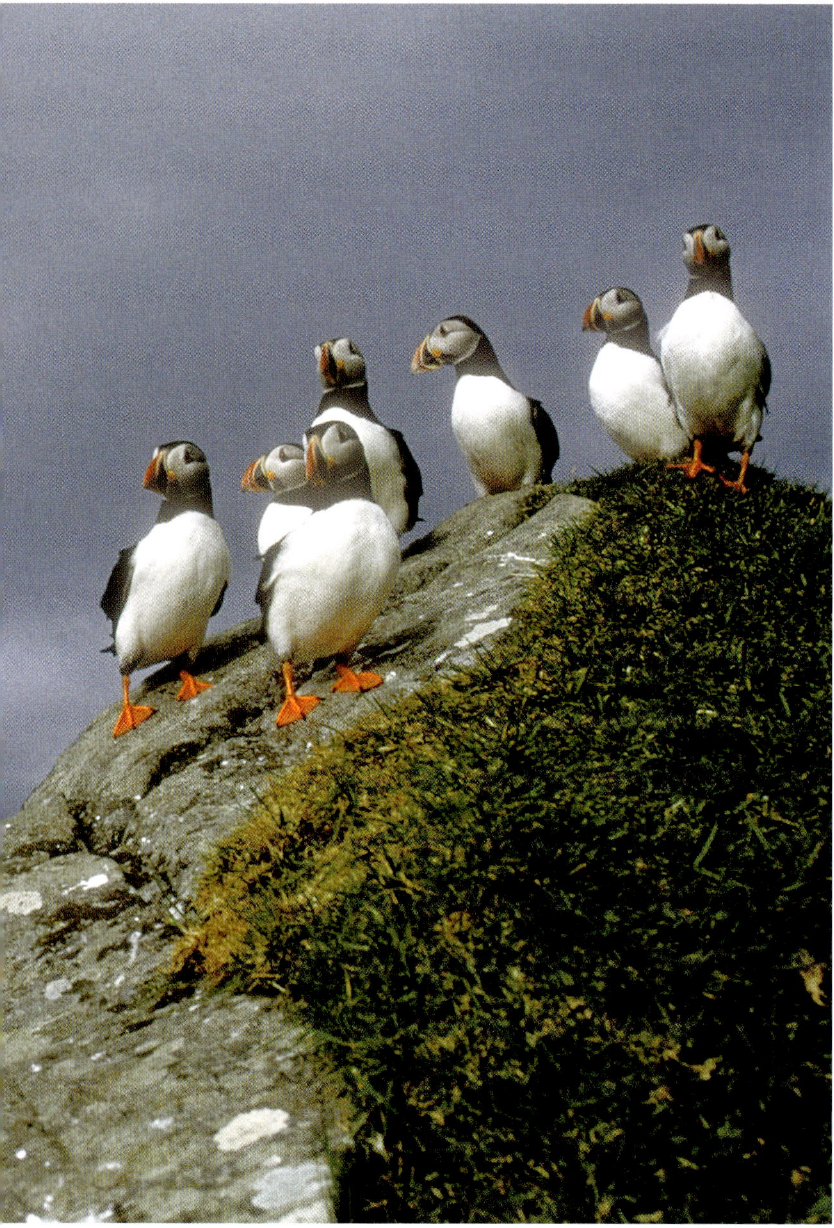

Frans Lanting
Dank seiner weitreichenden Kenntnisse des Verhaltens der Tiere gelingen Lanting scheinbar mit Leichtigkeit faszinierende Fotos, wie dieses markante und genau im richtigen Moment aufgenommene Bild von Papageientauchern vor der schottischen Küste.

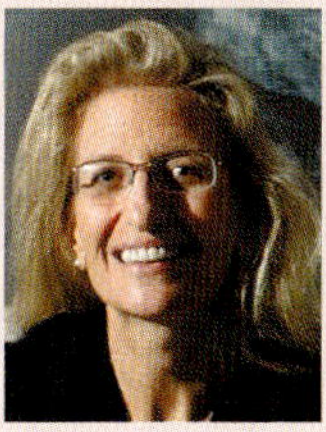

Annie Leibovitz

Amerikanerin geboren 1947

Extravagante Posen, sorgfältige Inszenierung und präzise Beleuchtung machen die immer wieder überraschenden Ganzkörperporträts von Annie Leibovitz aus. Einige ihrer Fotos wurden zu Ikonen der modernen Fotografie.

Dass Annie Leibovitz zu Anfang ihrer Karriere auf Rockbands spezialisiert war, tritt auch heute noch auf manchen Fotografien zu Tage, international bekannt wurde die Fotografin aber als Porträtistin berühmter Persönlichkeiten. Trotz komplexer Beleuchtungsaufbauten – häufig mit Blitz und Tageslicht im Freien – und aufwändigen Hintergründen behält sie sich vor, auf die Ereignisse vor Ort spontan zu reagieren. Bei allem technischen Aufwand ist es immer das Motiv, das im Mittelpunkt der Aufnahme steht, und ihre besten Fotos enthüllen etwas vom Wesen des Modells.

Der bildjournalistische Stil von Leibovitz eignet sich ideal für das Magazin, in dem sie viele ihrer Arbeiten veröffentlicht, der renommierten Zeitschrift *Vanity Fair*. Dabei können ihre persönlichen Kommentare den Artikel, den ihre Fotos begleiten, schon mal in den Schatten stellen. Ihre Erwartung an ihre Arbeit: »Ich bin an Leute gewöhnt, die nicht gerne fotografiert werden ... erst wenn es anders ist, mache ich mir Gedanken.« 1991 fand in der National Portrait Gallery, Washington, eine Retrospektive statt, die in den USA, Europa und Asien gezeigt wurde.

KARRIEREHÖHEPUNKTE

1971	Abschluss des Malereistudiums am San Francisco Art Institute
1973	Leitende Fotografin der Zeitschrift *Rolling Stone*
1983	Erste feste Fotografin der Zeitschrift *Vanity Fair*
1984	Auszeichnung Photographer of the Year
1987	Auszeichnung Clio
1990	Auszeichnung Infinity vom International Center of Photography
1999	Aufnahme in die Art Directors Club Hall of Fame, New York

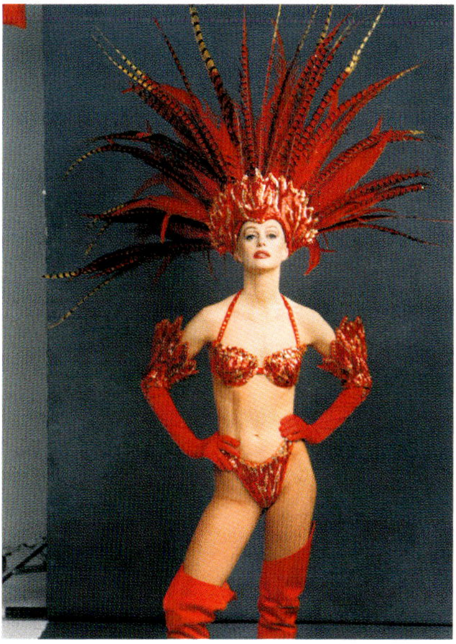

Akke Alama
Leibovitz zeigt die Tänzerin Akke Alama in einer kühnen, stolzen Pose. Die sichtbaren Ränder des Hintergrundkartons verstärken die theatralische Wirkung.

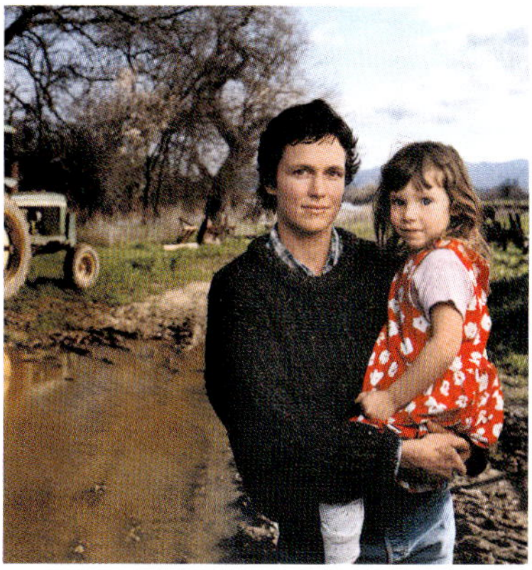

Trini Campbell
Das Porträt von Mutter und Kind aus der Serie *Women* ist ein Beispiel für Leibovitz' Fotos von »normalen« Menschen. Sie kommen, anders als die Starporträts, völlig ohne Glamour aus.

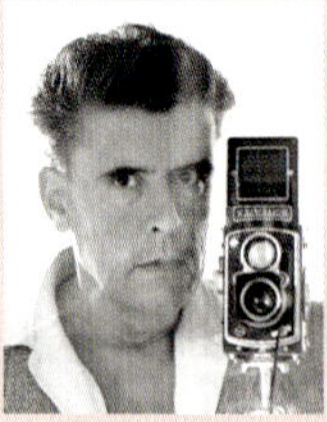

Herbert List

Deutscher 1903–1975

Als Mann der Gegensätze war Herbert List Kaufmann und Unternehmer, ehe er sich dem Fotojournalismus zuwandte. Die zeitlosen Fotos des Perfektionisten weisen einen avantgardistischen und stark formalistischen Stil auf.

Der Wendepunkt im geordneten Leben des Kaffehändlers List aus Hamburg kam 1929 bei einem Zusammentreffen mit dem deutschen Fotografen Andreas Feininger. List begann mit surrealistischer Fotografie und anderen avantgardistischen Kunstformen zu experimentieren. Sein Thema war der männliche Körper. List, der zwischen 1936 und 1940 für *Harper's Bazaar, Vogue* und *LIFE* arbeitete, ließ sich bei Kriegsausbruch in Griechenland nieder. Nach der Besetzung Griechenlands 1941 musste er nach Deutschland zurückkehren und wurde 1944 zur Wehrmacht einberufen und in Norwegen als Kartenzeichner eingesetzt. Nach dem Krieg fotografierte er die zerbombte Stadt München. 1951 wurde er Mitglied von Magnum. Da er finanziell unabhängig war, kam es vor, dass er Aufträge ablehnte und stattdessen eigene Projekte initiierte, die unter anderem in *LIFE* und in der *Picture Post* erschienen. Der Fotograf, der etwa seit 1920 Grafiken gesammelt hatte, gab die aktive Fotografie 1965 auf, um ausschließlich als Kurator einer der größten Privatsammlungen der Welt tätig zu sein.

KARRIEREHÖHEPUNKTE

1933	Ausstellung in der Galerie du Chasseur des Images, Paris
1936	Fotos für die Zeitschriften *Verve* und *Vogue*
1951	Beitritt zu Magnum
1953	Veröffentlichung von *Licht über Hellas*
1958	Veröffentlichung von *Caribia*
1965	Beendigung der Fotografenlaufbahn, um die eigene Sammlung von Grafiken alter Meister zu betreuen

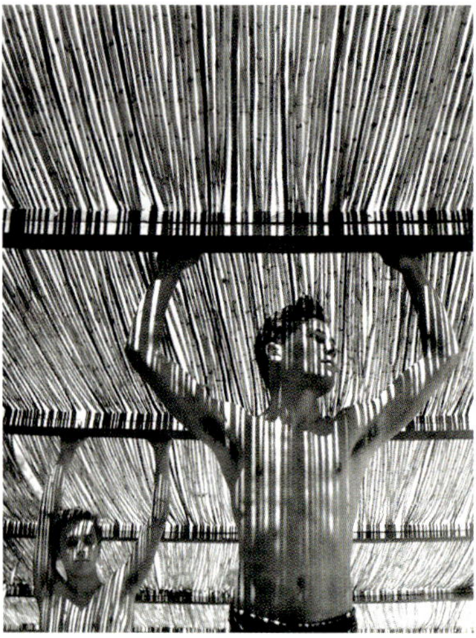

Torremolinos
In diesem homoerotischen Porträt zweier junger Männer stecken formalistische (grafische Linien aus Licht und Schatten) und surrealistische Elemente (Blickwinkel und Pose).

Mann und Hund, Portofino
Dieses entspannte Strandfoto *(unten)* zählt dank seiner koketten Sinnlichkeit und der perfekten Komposition zu den berühmtesten Bildern von List.

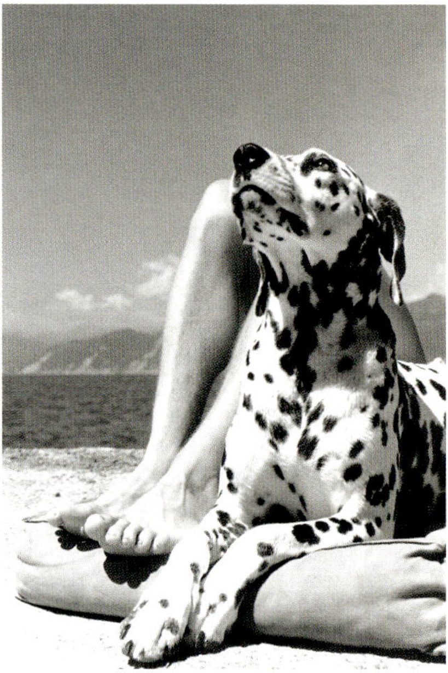

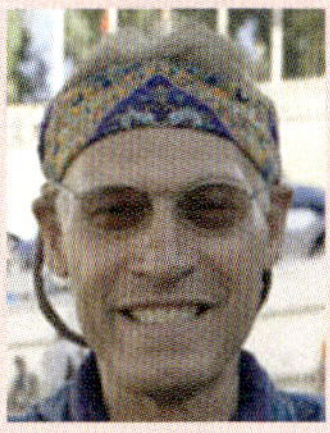

Leo Mason

Brite geboren 1952

Die Leidenschaft für Sport und Abenteuer durchdringt alle Bilder von Leo Mason. Mit modernster Technik wie extremen Teleobjektiven und Fernauslösern erweiterte er die Grenzen der Sportfotografie.

Der frühere Werbefotograf Mason sah als einer der ersten Sportveranstaltungen aus einem kreativen Blickwinkel, indem er sie als Abstraktionen von Farben und Formen zeigte. Immer auf der Suche nach neuen, überraschenden Ansichten, gelangen dem Fotografen derart faszinierende Bilder, dass er 1975 nach nur einem Jahr in der Sportfotografie leitender Fotograf im Sportressort des *Observer* wurde. Er erklärt: »Von Anfang an ging ich allein auf die Jagd. Immer auf der Suche nach einer persönlichen Form der Darstellung einer Sportart oder eines Sportlers, immer bereit, alles auszuprobieren, immer bemüht, ein Bild einzufangen, das die Schönheit und Anmut des Sports wiedergibt. Ich versuche, das Auge all jener zu sein, die nicht dabei sein können.«

KARRIEREHÖHEPUNKTE	
1981	Ausstellung in der Shelly Gallery, London
1984	Sports Photographer of the Year in der Sparte Portfolio Farbe
1993	Ausstellung in der Icon Gallery, London

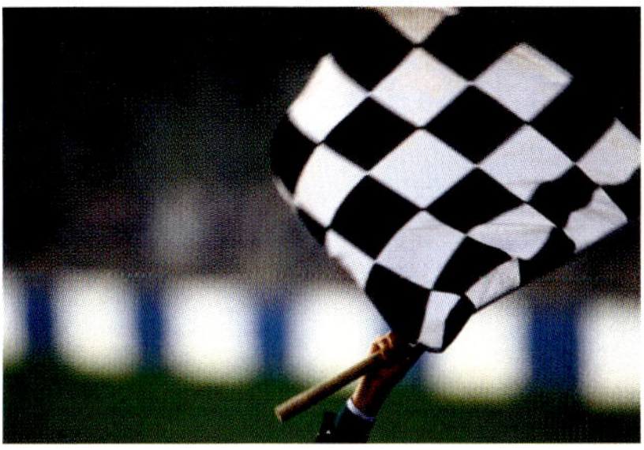

Karierte Flagge
Durch eine lange Brennweite bei großer Öffnung verschwimmt der Hintergrund, so dass die Bande mit der schwarzweiß karierten Flagge kontrastiert *(links)*.

Mannschaftsregatta
Die Aufnahme von den Ruderern *(unten)* ist technisch gesehen schwieriger, als man vermuten würde. Den richtigen Unschärfegrad erreicht man nur, wenn die Belichtungszeit genau stimmt. Das erfordert auch einige Kenntnis von der Sportart.

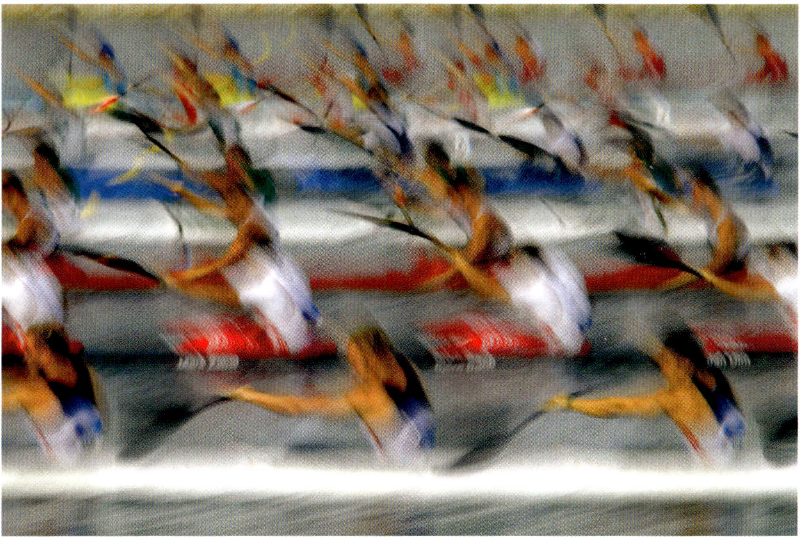

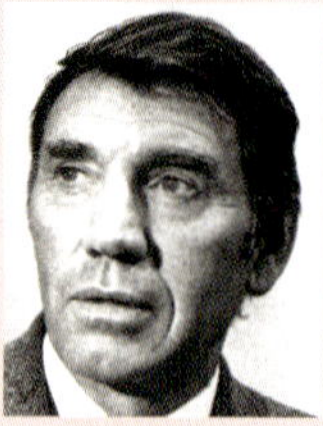

Don McCullin

Brite geboren 1935

Die in Worten wie in Bildern für sich sprechenden Arbeiten von McCullin offenbaren einen mitfühlenden Fotografen und sein Bestreben, leidenden Menschen eine Stimme zu geben, ohne dabei ihre Würde zu verletzen.

Der Durchbruch als Fotograf kam für McCullin schon früh, als seine Bilder einer Straßengang, die später mit einem Polizistenmord in Verbindung gebracht wurde, in der Zeitung *Observer* erschienen. Es folgten Aufträge von führenden britischen Sonntagszeitungen, die ihn international berühmt machen sollten. Am bekanntesten sind seine Kriegsfotos aus dem Kongo, Vietnam und Kambodscha, aber auch seine Studien der britischen Unterschicht, beunruhigende Landschaften und dunkel-leuchtende Stillleben sind Teil seines umfassenden Gesamtwerks.

Durch autobiografische Aufzeichnungen wissen wir über die Gefühle und Gedanken von McCullin bei seiner Arbeit mehr als von anderen Fotografen. Er sagte einmal: »Wenn Menschen leiden, richten sie den Blick nach oben, als ob sie auf Rettung hofften. In diesem Moment drücke ich auf den Auslöser.«
Der nach wie vor engagierte Fotograf dokumentiert seit 1999 die Folgen der Immunschwäche AIDS in Afrika: »Diese Arbeit könnte ich für den Rest meines Lebens machen – so lange, bis einige Türen eingetreten sind und nicht einfach nur offen stehen.«

KARRIEREHÖHEPUNKTE

1953	Beginn der Laufbahn als Fotoassistent bei der Royal Air Force
1959	Veröffentlichung von Bildern im *Observer*
1964	Aufnahmen vom Bürgerkrieg in Zypern für den *Observer*
1966	Anstellung bei *The Sunday Times Magazine* (bis 1984)
1977	Forschungsstipendium der Royal Photographic Society
1980	Retrospektive im Victoria and Albert Museum, London
1993	Dr.-Erich-Salomon-Preis

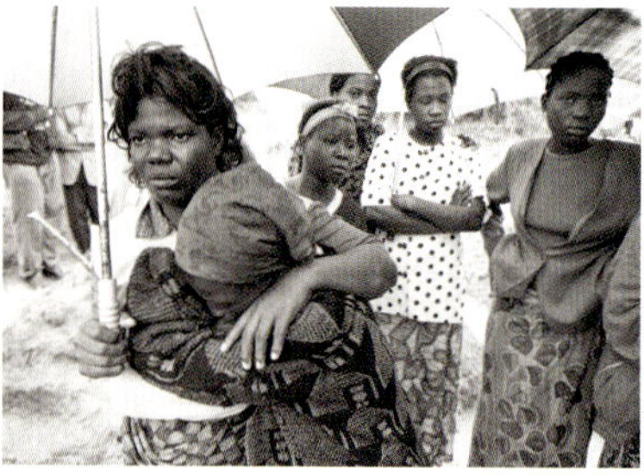

Beerdigung, Sambia
Dieses Bild war Teil der Christian-Aid-Ausstellung *Cold Heaven* und zeigt die Beerdigung eines AIDS-Opfers. Erst bei genauerer Betrachtung erschließen sich alle Facetten des Bildes.

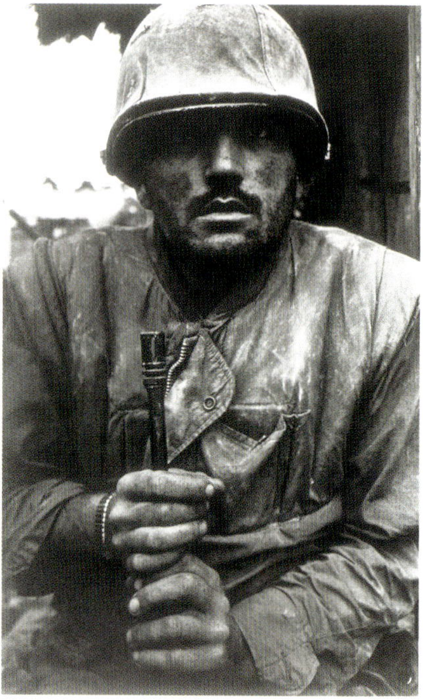

Von den Bomben traumatisierter Soldat, 1968
McCullin zeigt Kriegsleid von Angesicht zu Angesicht. Zu diesem Foto gibt es schriftliche Aufzeichnungen über den Soldaten.

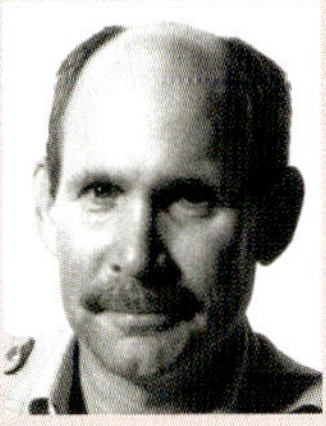

Steve McCurry

Amerikaner geboren 1950

Die Arbeiten des Fotokünstlers mit dem Instinkt eines Journalisten erscheinen wie eine Aneinanderreihung glücklicher Zufälle. Sie enthüllen Menschlichkeit, auch in Extremsituationen wie in Krieg und Elend.

McCurry, ein künstlerisch vollendeter Fotojournalist mit der besonderen Gabe, zur rechten Zeit am rechten Ort zu sein, arbeitet in Ländern wie Indien, Pakistan und Afghanistan, was seinem farbenprächtigen Stil entgegenkommt. Seine Aufnahme eines afghanischen Mädchens, die auf dem Cover des Magazins *National Geographic* erschien, zählt zu den berühmtesten Fotos des ausgehenden 20. Jahrhunderts. Weil McCurry am Leben der Menschen, die er fotografiert, teilnimmt, spricht aus seinen Geschichten und Bildern unübersehbar ein Sinn für Menschlichkeit. Er selbst erklärte es einmal so: »Wenn man abwartet ... wird die Seele sichtbar.«

Buddhistischer Mönch beim Studium, 1998
Das in Aranyaprathet, Thailand, entstandene Bild *(rechts)* ist ein Beispiel für gelungene Reisefotografie: Die Wärme und Stille vor Ort sind nahezu greifbar, und das Foto vermittelt dem Betrachter den Eindruck, selbst dort zu sein.

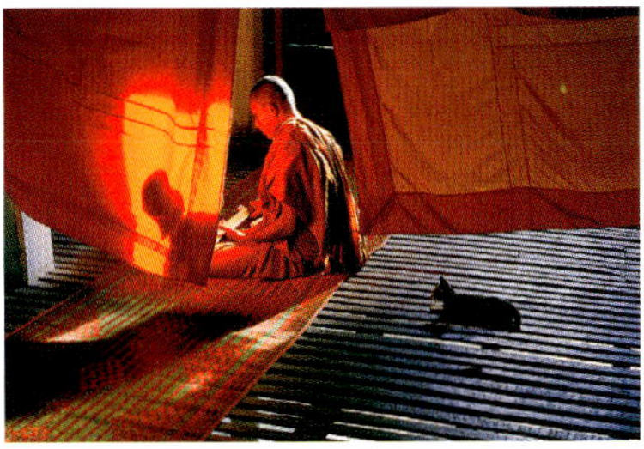

KARRIEREHÖHEPUNKTE

1978 freiberuflicher Fotojournalist in Indien

1984 Auszeichnung mit vier World-Press-Photo-Preisen

1999 Veröffentlichung von *Porträts*

DIE MACHT DER BILDER

Dieses Bild aus McCurrys Buch *Monsun* ist ein Beweis dafür, das ein Foto unerwartete Folgen haben kann. Nachdem es auf dem Cover des *National Geographic* erschienen war, bekam der Mann, der hier mit seiner zerstörten Nähmaschine durch das Hochwasser watet, von dem Nähmaschinenhersteller ein neues Gerät geschenkt.

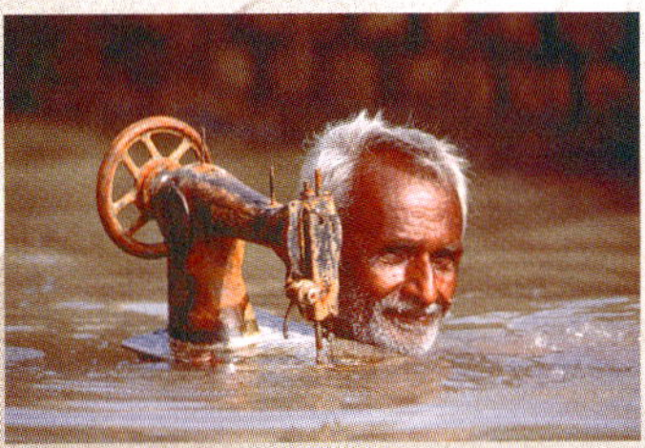

Indischer Schneider mit Nähmaschine, 1983
Trotz der Umstände lächelt dieser Mann, was man sowohl der Macht der Kamera als auch dem Charisma des Fotografen zuschreiben kann.

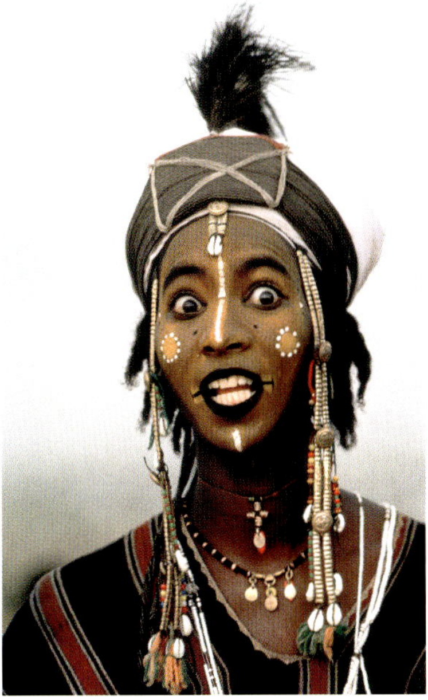

Tahoua, Niger, 1986
Ein Markenzeichen der Reiseporträts von McCurry ist der direkte Blick des Modells in die Kamera.

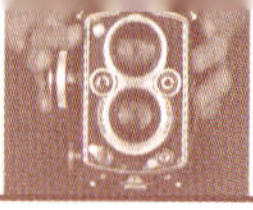

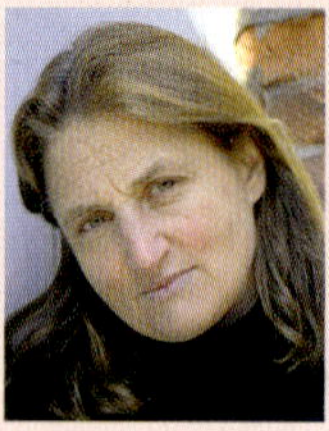

Susan Meiselas

Amerikanerin geboren 1948

Susan Meiselas, eine der führenden Fotojournalistinnen unsere Zeit, ist für ihren kompromisslosen Dokumentarstil bekannt. Bei ihrer Arbeit bewies sie immer wieder Mut und geduldige Beharrlichkeit.

Nach einer Begegnung mit dem Fotojournalisten Gilles Peress, der ihre Studien von Nachclubtänzerinnen und Stripperinnen sah und ihr den Weg zu einer festen Mitgliedschaft bei Magnum ebnete, gab Meiselas ihre Tätigkeit als Lehrerin auf. Im Alter von 30 Jahren reiste die Fotografin nach Nicaragua, wo sie den Bürgerkrieg dokumentierte. Es fehlte ihr weder an Wagemut noch an Zivilcourage. Sie fand Gefallen an dieser Arbeit und berichtete auch über den Bürgerkrieg in San Salvador, was ihr 1979 die Robert Capa Gold Medal eintrug. In Verbindung mit ihrem Buch *Kurdistan: In the Shadow of History* erschienen ihre vielerorts veröffentlichten und ausgezeichneten Arbeiten auch auf einer interaktiven Website. Als engagierte Kämpferin für die Entrechteten beschreibt sie ihre Arbeit als »Zeugnis von eingeborenen Völkern, die vom Aussterben bedroht sind«.

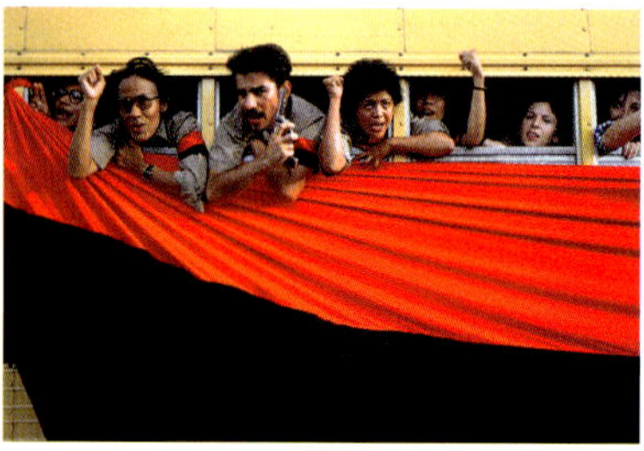

Managua, Nicaragua, 1979
Diese Aufnahme *(oben links)* ist ein gelungenes Beispiel für tagesaktuelle Zeitungsfotografie. Das Bild mit Symbolcharakter und ausdrucksstarker Komposition ist zum Abdruck in beliebiger Größe ideal geeignet.

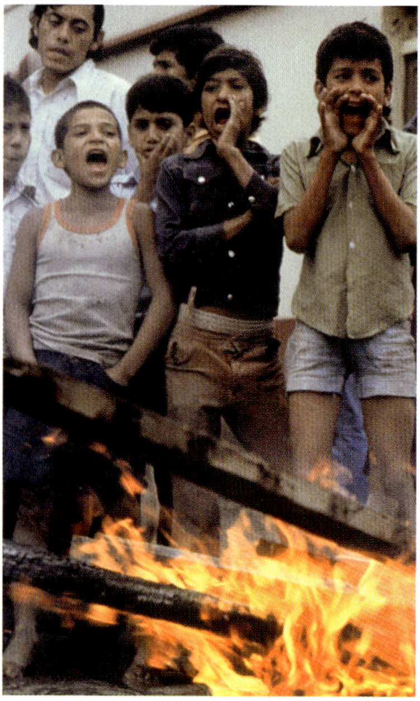

Matagalpa, Nicaragua, 1978
Kinder, die lautstark die Nationalgarde provozieren. Für dieses Foto mischte sich Meiselas mitten unters Volk.

KARRIEREHÖHEPUNKTE

1978	Reise nach Nicaragua
1980	Beitritt zu Magnum
1981	Veröffentlichung von *Nicaragua*
1982	Auszeichnung mit dem Leica Award for Excellence
1994	Auszeichnung mit dem Hasselblad-Preis

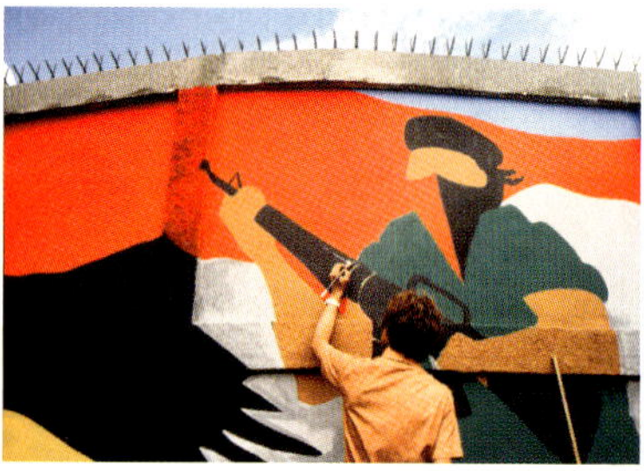

Managua, Nicaragua, 1979
Dieses bunte Wandgemälde ist ein großartiges Motiv. Doch die wahre Botschaft des Fotos ist der bedrohliche Bildinhalt.

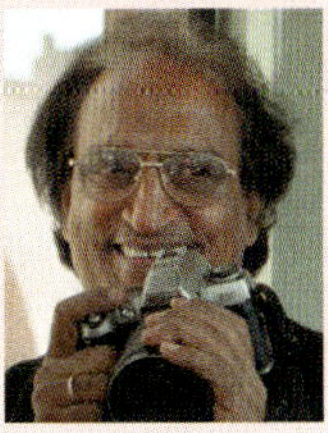

Raghu Rai

Inder geboren 1942

Die Bilder von Raghu Rai, einem Meister des Fotojournalismus in Farbe wie in Schwarzweiß, kennzeichnet eine scharfe Beobachtungsgabe und eine große Verbundenheit mit seinem Heimatland.

In seinem gesamten Berufsleben hat sich Rai ausschließlich auf das Thema Indien konzentriert. Dadurch gelang es ihm, seine Heimat und die Menschen dort auf einfühlsame und zurückhaltende Weise zu porträtieren. Rai arbeitet mit minimaler Ausrüstung: Meist verwendet er ein Weitwinkelobjektiv und eine Kleinbildkamera, gelegentlich eine Panoramakamera. Als Kameramann und Fotograf fühlt er sich sowohl in der Schwarzweiß- als auch in der Farbfotografie zu Hause.

Rais vielfach ausgestellte und veröffentlichte Arbeiten umfassen auch Porträts berühmter Persönlichkeiten wie Indira Gandhi und Mutter Teresa. Er nennt die Fotografie eine »starke Leidenschaft«, und seine Bilder spiegeln eine tiefe emotionale Reaktion auf seine Motive wider. Seine berühmtesten Fotos zeigen die Folgen der Giftkatastrophe 1984 in Bhopal, wo infolge eines Chemieunfalls Tausende von Menschen starben. Sein Buch über Bhopal überzeugt nicht zuletzt durch seine Eindringlichkeit, die auf Rais technische Virtuosität einerseits und sein Mitteilungsbedürfnis andererseits zurückzuführen ist. Rai erklärt: »Ich bleibe immer am Ball ... Wer weiß, wenn ich locker lasse, verpasse ich vielleicht die größten Chancen ... es gibt noch Tausende von Themen.«

Nihang in Amritsar
Porträt eines jungen Nihang in einem Lager in Amritsar. Rai verwendete eine Panoramakamera, um sein Motiv in dieser formvollendeten, statischen Bildkomposition zu präsentieren. Der Junge, der zur Bruderschaft von Guru Gobind Singh – 10. Guru – gehört, trägt die blaue Tracht der Sikh.

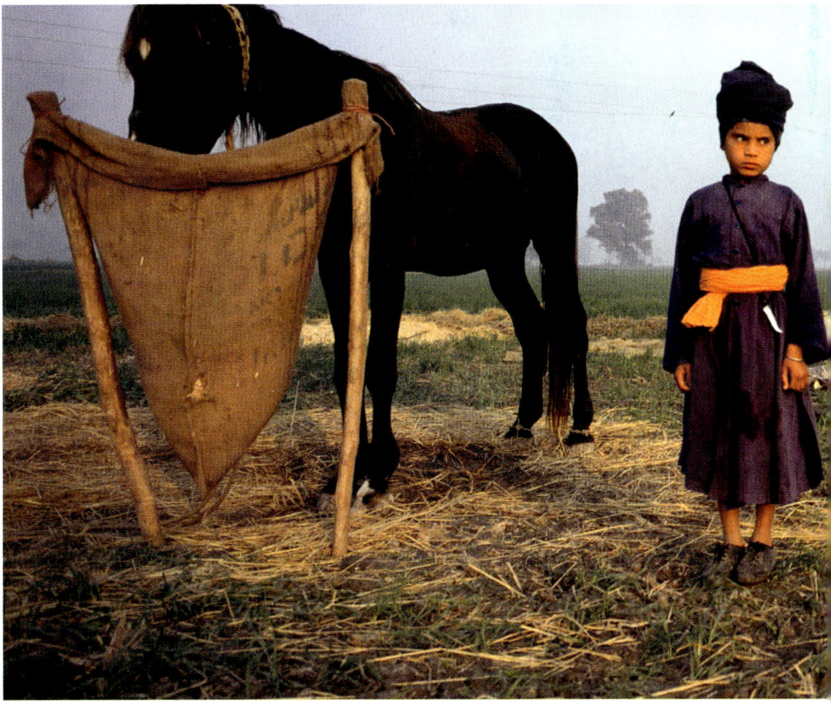

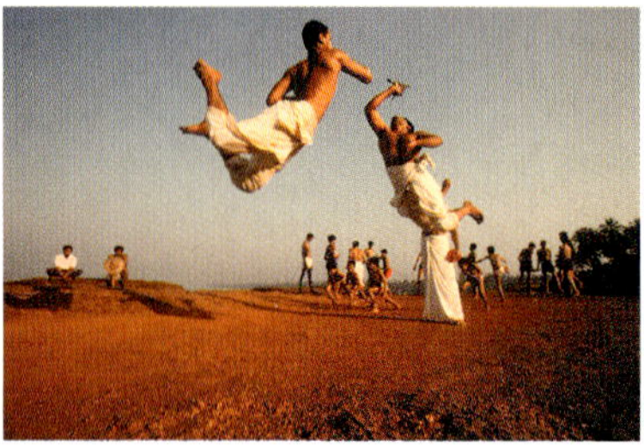

Kalarippayat-Vorführung
Zwei Meister der sehr alten und heute wenig bekannten indischen Kampfkunst Kalarippayat zeigen ihre Geschicklichkeit bei einem Schaukampf *(oben)*. Rai fotografierte aus einem extrem niedrigen Blickwinkel.

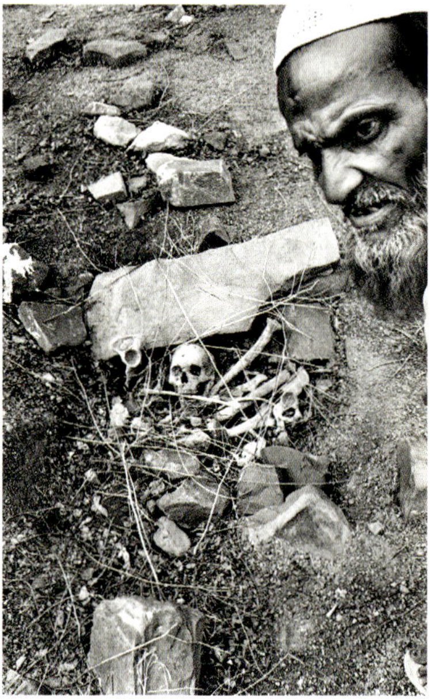

Friedhof, Bhopal
Die Rückkehr eines Überlebenden auf den Friedhof, auf dem in den ersten Tagen nach der Katastrophe 4000 Menschen begraben wurden *(oben)*, ist aus einem extremen Blickwinkel aufgenommen. Quälend stellt das Bild Leben und Tod einander gegenüber.

KARRIEREHÖHEPUNKTE

1974	Veröffentlichung von *A Life in the Day of Indira Gandhi*
1977	Retrospektive in der National Gallery of Modern Art, Delhi
1982	Leitender Fotograf bei *India Today*
1993	Auszeichnung als Photographer of the Year, USA
1996	Veröffentlichung von *Mutter Teresa*
1997	Mitgliedschaft bei Magnum
2002	Veröffentlichung von *Exposure: Portrait of a Corporate Crime*

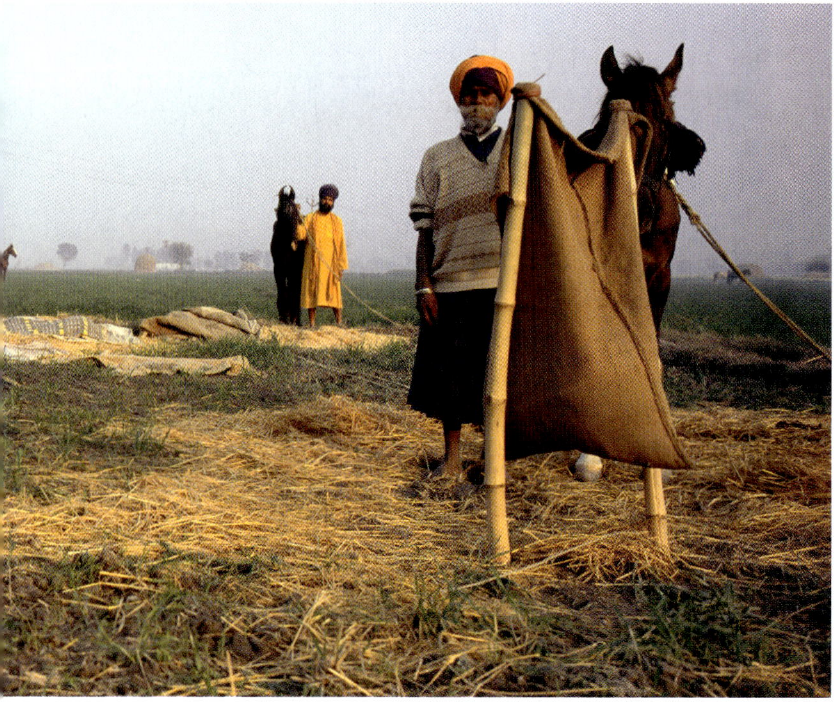

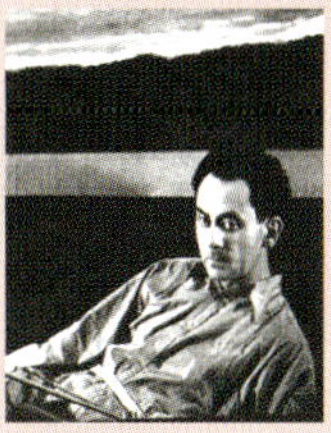

Man Ray

Amerikaner 1890–1976

Man Rays Werke sind von besonderer technischer Qualität und zeugen von Humor, Intelligenz und Freude am Experimentellen. Die Fotografie war für ihn eine Kunstform: »Ich fotografiere, was ich nicht malen möchte.«

Emmanuel Rudnitzky begann seine Laufbahn 1912 als Zeichner, fühlte sich aber bald zu den avantgardistischen Bewegungen in Europa hingezogen. Nach seiner Heirat im Jahr 1914 änderte er nicht nur seinen Namen in Man Ray, sondern auch die künstlerische Richtung. Zwar werden seine Arbeiten häufig mit den künstlerischen Entwicklungen in Paris assoziiert, wo Ray seit 1921 lebte, aber den größten Einfluss auf ihn hatte der amerikanische Fotograf, Verleger und Galerist Alfred Stieglitz *(s. S. 65)*. Bis 1923 hatte Ray sich mit verschiedenen Aufträgen für führende Modemagazine einen Namen gemacht.

Man Ray hatte berühmte Assistenten wie die Fotografen Berenice Abbott und Lee Miller und begeisterte sich für Experimente mit der Kamera und in der Dunkelkammer, wobei sein Arbeitsprinzip lautete: »Tu das, was man nicht tun sollte.« Seine Arbeiten machten ungewöhnliche Techniken wie den Sabattier-Effekt und Fotogramme populär.

KARRIEREHÖHEPUNKTE

1915	Kauf einer Kamera zur Aufnahme seiner Gemälde; erste Einzelausstellung in der Daniel Gallery, New York
1920	Zusammenarbeit mit dem Künstler Marcel Duchamp
1925	Fotos für die französische und die amerikanische Ausgabe der *Vogue*
1928	Film *L'Etoile de Mer (Der Seestern)*
1967	Ausstellung *Salute to Man Ray* im American Center, Paris

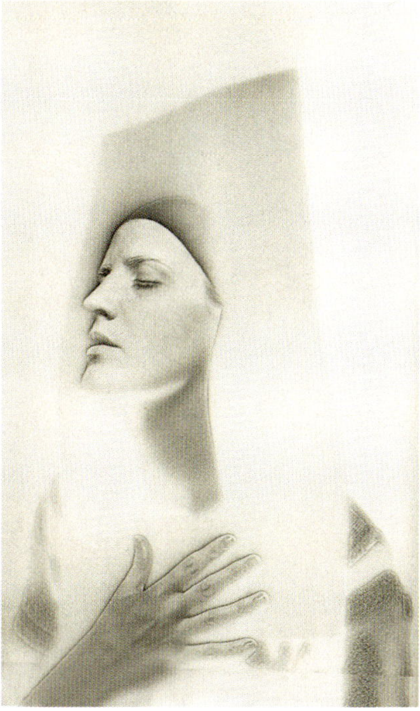

Jacqueline Goddard als Nonne
Goddard war eines der Lieblingsmodelle von Ray *(links)*. Durch den Sabattier-Effekt ist die Nonnentracht nicht mehr als solche zu erkennen und wirkt wie eine kubistische Form.

Rayographie 19
Man Ray bezeichnete die durch folgendes Verfahren hergestellten Werke als Rayographien *(unten)*: Die Objekte werden auf lichtempfindliches Fotopapier gelegt und belichtet.

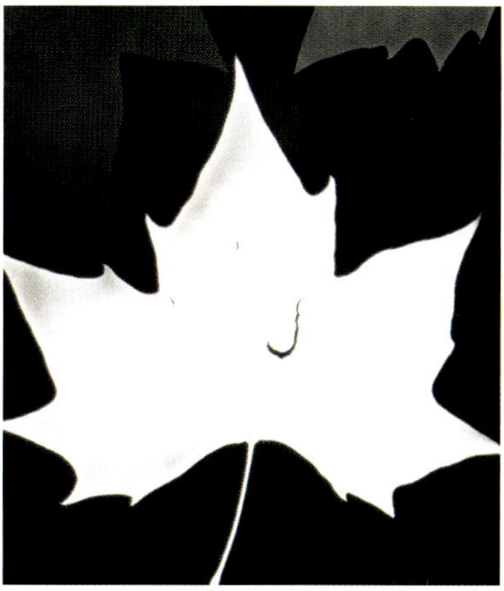

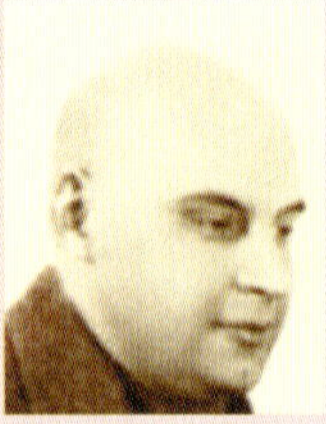

Alexandr Rodtschenko

Russe 1891–1956

Alexandr Rodtschenko verfolgte das Ziel, »ein Motiv aus mehreren Blickwinkeln aufzunehmen ... als ob man es von allen Seiten untersuchen würde«. Dieser Ansatz dient seither Fotografen und Kameramännern als Leitlinie.

Der Maler, Grafikdesigner und Bildhauer Rodtschenko stellte fest, dass sich ein Motiv mit der Kamera ähnlich wie mit den Augen von mehreren Seiten betrachten ließ. Die Fotografie eignete sich damit zur Manifestation seines konstruktivistischen Standpunkts: »Um den Menschen zu neuen Sehnsüchten zu erziehen, muss man ihm alltägliche Objekte aus völlig unerwarteten Perspektiven zeigen.«

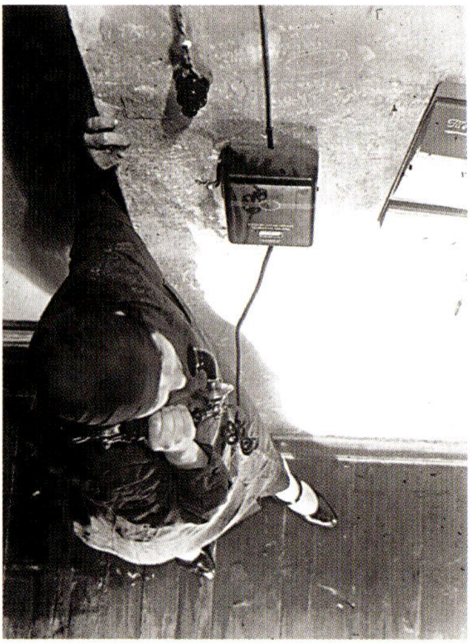

Am Telefon, 1928
Rodtschenkos ungewöhnliche Blickwinkel ergeben nicht nur neue Perspektiven, sie drängen das Vertraute in den Hintergrund.

KARRIEREHÖHEPUNKTE

1923 Veröffentlichung von Fotos in der Zeitschrift *LEF*

1932 Fotos von Sportereignissen und Paraden

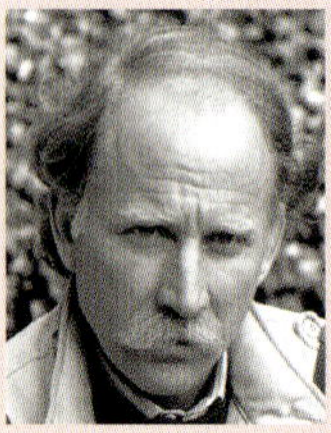

Sebastião Salgado

Brasilianer geboren 1944

Einer der bekanntesten Vertreter des Fotojournalismus, Sebastião Salgado, hat auf dem Gebiet des Fotoessays Meisterliches vollbracht und ganze Bildwelten zum Thema »Sozial benachteiligte Massen« geschaffen.

Salgado, der einen Doktortitel in Wirtschaftswissenschaften besitzt, geht mit akademischer Gründlichkeit an die Fotografie heran. Der Autodidakt fotografiert ausschließlich mit Schwarzweiß-KB-Film. Seine strukturierte Vorgehensweise zeigt sich in jeder einzelnen Aufnahme. Als UNICEF-Sonderbeauftragter kämpft er für die Rettung der brasilianischen Regenwälder.

KARRIEREHÖHEPUNKTE

1990 Veröffentlichung von *Die Würde des Menschen*

2000 Veröffentlichung von *The Children*

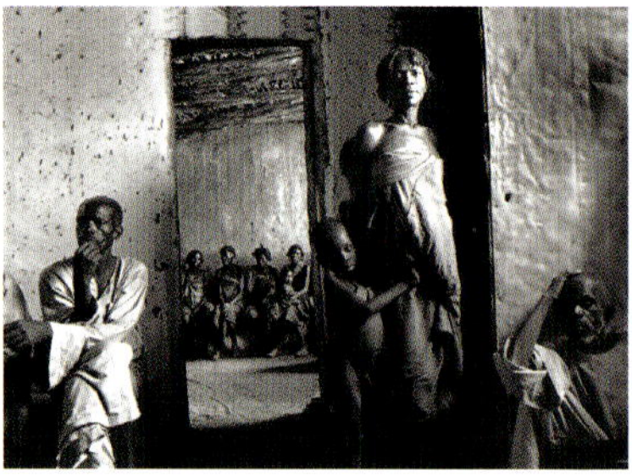

Wartezimmer beim Arzt, Tschad
Die Bilder von Salgado sind Meisterwerke der Komposition. Viele von ihnen wirken fast wie ein Gemälde.

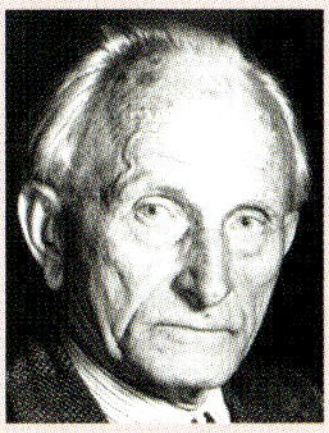

August Sander

Deutscher 1876–1964

August Sander, der Verfechter der Fotografie als Dokumentationsmedium, wurde durch sein umfassendes Porträtprojekt berühmt, das Künstler und Filmemacher ebenso inspiriert hat wie andere Fotografen.

Sander, der auch ein begabter Landschafts- und Architekturfotograf war, ist heute vor allem für sein Lebenswerk, die umfangreiche Dokumentation *Menschen des 20. Jahrhunderts*, bekannt. Die Nationalsozialisten lehnten seine Form der Darstellung der Deutschen allerdings ab, sie vernichteten die Druckstöcke für Sanders 1929 erschienenes Buch *Antlitz der Zeit*.

KARRIEREHÖHEPUNKTE

1925 Beginn der Arbeit an der Porträtsammlung *Menschen des 20. Jahrhunderts*

1952 Aufnahme in die Sammlung des Museum of Modern Art, New York

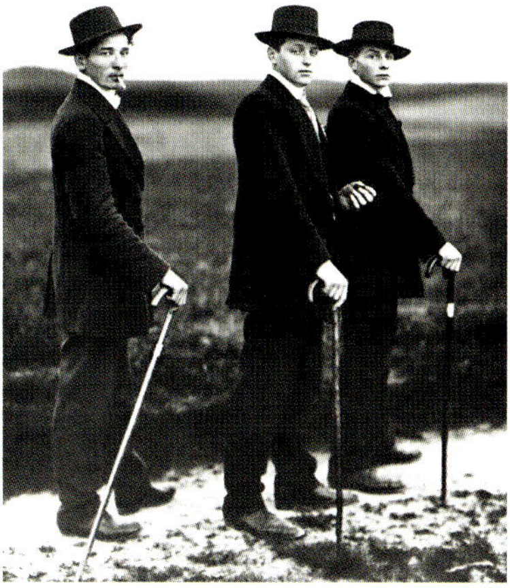

Jungbauern, 1914
Die jungen Männer *(rechts)* wollen wohl dem Fotografen seinen Wunsch nicht abschlagen, sind aber offensichtlich auf dem Sprung.

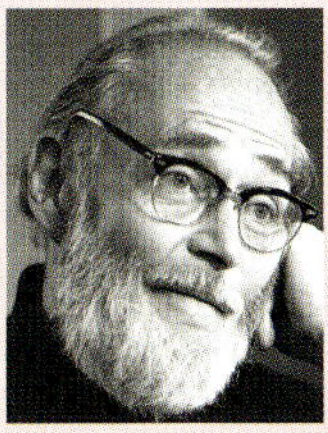

William Eugene Smith

Amerikaner 1918–1978

Durch sein Talent, kunstvoll gestaltete Bilder zu einer Geschichte zu verweben, perfektionierte William Eugene Smith den Fotoessay und setzte neue Maßstäbe auf dem Gebiet des künstlerischen Fotojournalismus.

Smith verkaufte bereits im Alter von 15 Jahren Bilder an Zeitungen. Der überzeugte Humanist stellte einmal die Frage: »Welchen Sinn macht eine große Schärfentiefe, wenn die Gefühlstiefe nicht ausreicht?« Sein Fotoessay über Pittsburgh, USA, aus dem Jahr 1956 ist die Krönung des Genres und war der Vorläufer eines größeren Projekts in Minamata, Japan, das viele Ikonen der Fotogeschichte enthält.

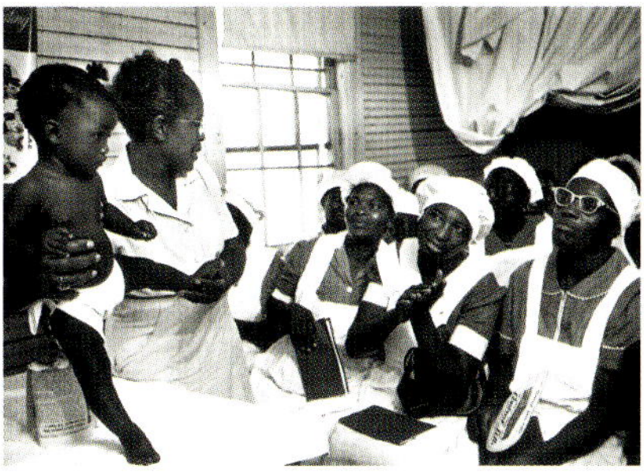

KARRIEREHÖHEPUNKTE

1939 Arbeiten für *LIFE*

1957 Mitgliedschaft bei Magnum

1971 Fotos in Minamata, Japan

Maude Callen, Hebamme, 1951
In den Arbeiten von Smith verschmelzen redaktioneller Inhalt und Bildkomposition. Diese Aufnahme zeigt eine Hebamme, die ihren Kolleginnen im ländlichen North Carolina Fortbildungsunterricht erteilt.

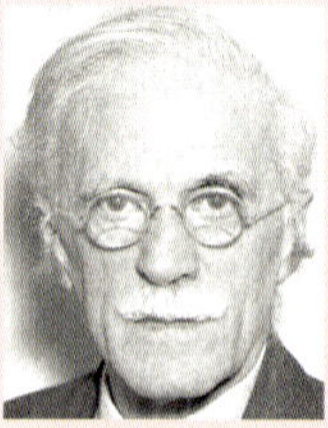

Alfred Stieglitz

Amerikaner 1864–1946

Die besondere Bedeutung von Alfred Stieglitz liegt darin, dass er auf zwei Gebieten entscheidende Beiträge zur Geschichte der Fotografie geleistet hat: als Fotograf und als einflussreicher Verleger und Galerist.

Der in den USA geborene, in Deutschland aufgewachsene Stieglitz betrachtete sich voll und ganz als Amerikaner, trug aber wesentlich dazu bei, europäische Einflüsse nach Amerika zu bringen. Auf seinem Feldzug für die moderne Fotografie investierte er viel Geld und Energie in Publikationen und Ausstellungen. Gegen Ende seines Lebens wandte er sich der Malerei zu. Seine legendäre Zeitschrift *Camera Work* war für Maler wie für Fotografen, deren Werke veröffentlicht wurden, gleichermaßen bedeutend. Voll des Lobes für die sachliche Klarheit eines Edward Weston *(s. S. 95)*, reichte Stieglitz' eigenes Werk von romantischen Stadtansichten bis zur zarten Erotik seiner Bilder von Ehefrau Georgia O'Keefe. Einem Brief entnehmen wir sein Credo: »Keine Schule, keine Kirche ist ein so guter Lehrer wie das Auge, das die vor ihm liegenden Dinge sieht und versteht.«

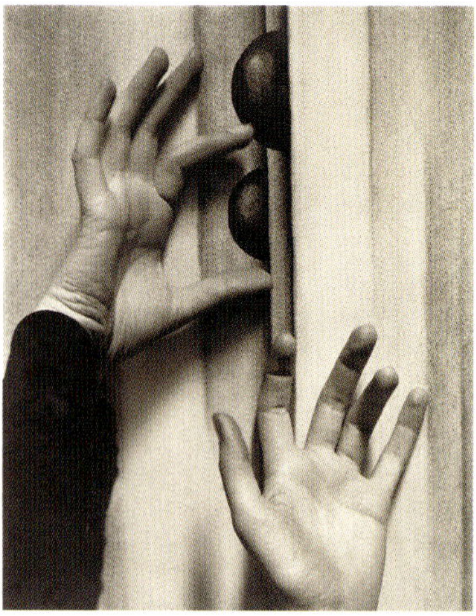

KARRIEREHÖHEPUNKTE

1902	Gründung der Photo-Secession Gruppe
1903	Erste Ausgabe von *Camera Work*
1905	Gründung der Photo-Secession Galerie

Georgia O'Keefe: ein Porträt
Stieglitz fotografierte die Künstlerin Georgia O'Keefe auf eine gefühlvolle und mitunter verklärende Weise. Diese Studie ihrer Hände *(links)* ist voller sinnlicher Anspielungen.

Zwei Türme – New York, 1911
Stieglitz war ein Verfechter der Modernität von Fotografen wie Weston und Paul Strand, dennoch mochte er auch verträumte Stadtlandschaften, wie diese verschneite Szene *(unten)*.

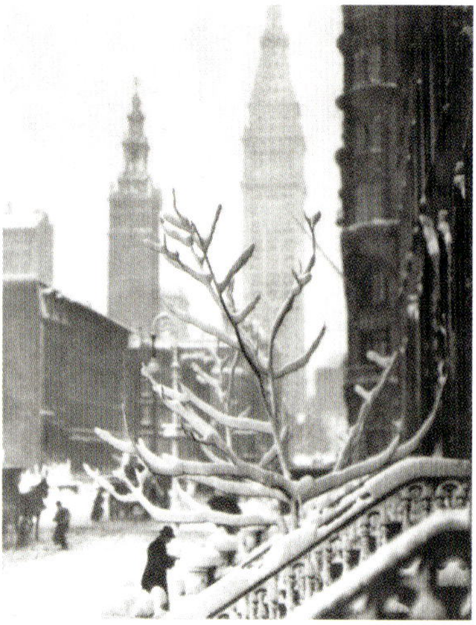

CAMERA WORK

Die Zeitschrift *Camera Work*, die Stieglitz zwischen 1903 und 1917 in unregelmäßigen Abständen herausgab, war ein einflussreiches Forum für den von Stieglitz geförderten Kreis von Malern, Schriftstellern und Fotografen. Sie hat die künstlerische Praxis des 20. Jahrhunderts maßgeblich beeinflusst und etablierte den Maßstab, an dem Kunstzeitschriften bis heute gemessen werden.

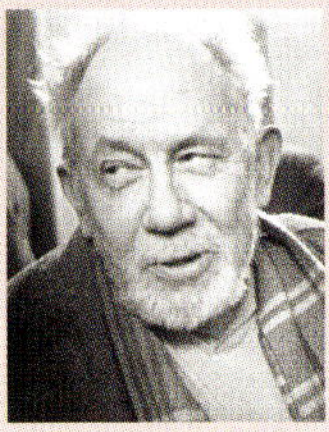

Josef Sudek

Tscheche 1896–1976

Der Beiname »Dichter von Prag« für einen Fotografen ist bemerkenswert. Josef Sudek schuf ein inspirierendes Werk, indem er in seinem Gartenhaus alltägliche Gegenstände fotografierte.

Nachdem Sudek im Ersten Weltkrieg einen Arm verloren hatte, konnte er seinen Beruf als Buchbinder nicht mehr ausüben. Daher begann er, die bereits einige Jahre zuvor aufgenommene Beschäftigung mit der Fotografie zu intensivieren. Die Kunst Sudeks fand ihren stärksten Ausdruck in Arbeiten, die in seinem kleinen Häuschen und in Prag entstanden. Trotz seiner Behinderung fotografierte er fast ausschließlich mit einer Großbildkamera und arbeitete geduldig an seinen Projekten, manchmal zehn Jahre lang. Neben Dokumentarfotos, etwa vom Wiederaufbau der Kathedrale St. Veit in Prag, veröffentlichte er acht Bücher. In seinen Studien mit Licht, angedeuteten Formen und verlassenen Räumen gelang es ihm, dem scheinbar Unbelebten Leben einzuhauchen.

Schloss Melnik, 1957
Dies ist eines der 284 Panoramen von Prag und Umgebung *(unten links)* aus Sudeks Monografie *Praha Panoramická.*

Gläser und Eier
Sudeks außergewöhnliche Stillleben *(unten rechts)* reichen von gestochen scharfen Detailstudien bis zu weichen, stimmungsvollen Bildern.

KARRIEREHÖHEPUNKTE

1927	Arbeit in seinem Gartenhaus in Prag
1933	Erste Einzelausstellung
1961	Als erster Fotograf Auszeichnung mit dem Artist of Merit Award
1974	Retrospektive im George Eastman House, Rochester, England

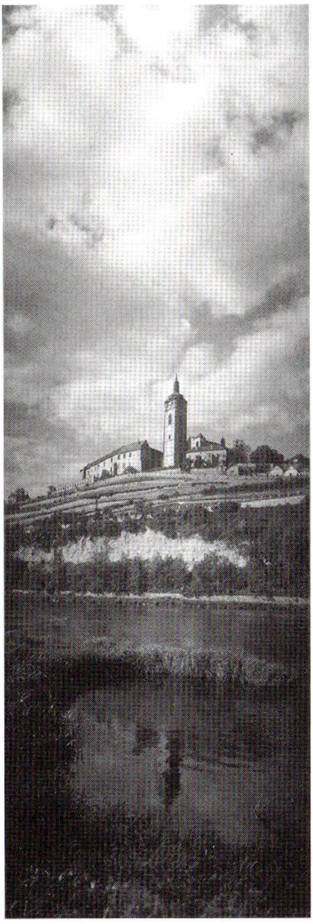

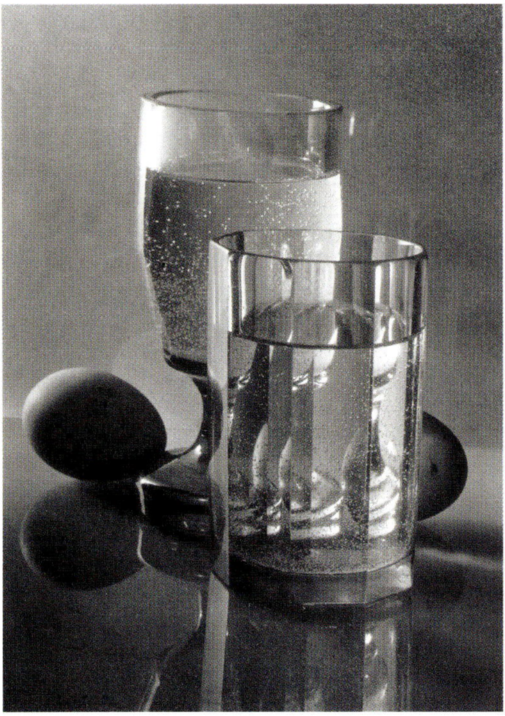

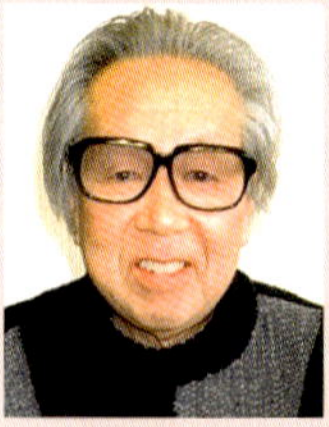

Shoji Ueda

Japaner 1913–2000

Die scheinbar aus einem Paralleluniversum stammenden Bilder von Ueda sind voller Raum und Leere zugleich. Seine von Understatement und Anspielungen geprägten Aufnahmen gelten als japanische Fotografie schlechthin.

Nach dem Besuch einer Schule für Fotografie, der Eröffnung eines Studios und der Gründung einer Fotografengruppe bedeutete der Zweite Weltkrieg eine vorübergehende Unterbrechung von Uedas Karriere. Seine bekanntesten Arbeiten sind jene, die in den Sanddünen von Tottori in Westjapan entstanden. Sie weisen surrealistische Tendenzen, inspiriert von René Magritte, auf und zeigen Uedas Vorliebe für Formen, die auf seiner Beschäftigung mit dem Zen-Buddhismus basiert. Immer wieder waren die Farbschattierungen und Linien der weitläufigen Sanddünen der Hintergrund für seine Motive. Ueda hinterließ dem Museum in Kishimoto, das 1995 in seinem Namen gegründet wurde, etwa 60 000 Schwarzweißfotos.

KARRIEREHÖHEPUNKTE

1951	Ausstellung in Ginza, Tokio
1960	Ausstellung im Museum of Modern Art, New York
1975	Dozent für Fotografie an der Kyushu-Sangyo-Universität
1983	Retrospektive in der Tokyo State Gallery

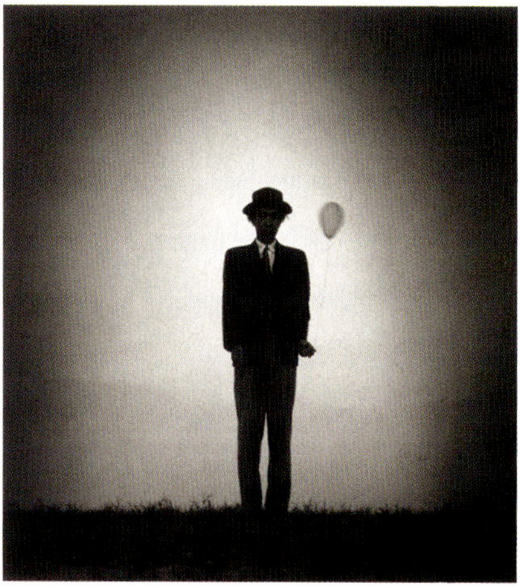

Selbstporträt mit Ballon
In diesem früheren Selbstporträt aus dem Jahr 1948 *(rechts)* kommt Uedas Verehrung für Magritte zum Ausdruck.

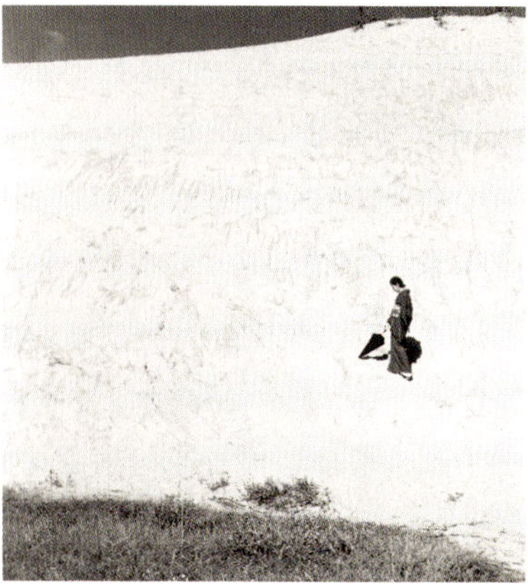

Ohne Titel, Sanddünen
Uedas Studie *(oben)* offenbart die ganze Bandbreite der fotografischen Möglichkeiten, die jene Sanddünen in Westjapan bereithalten.

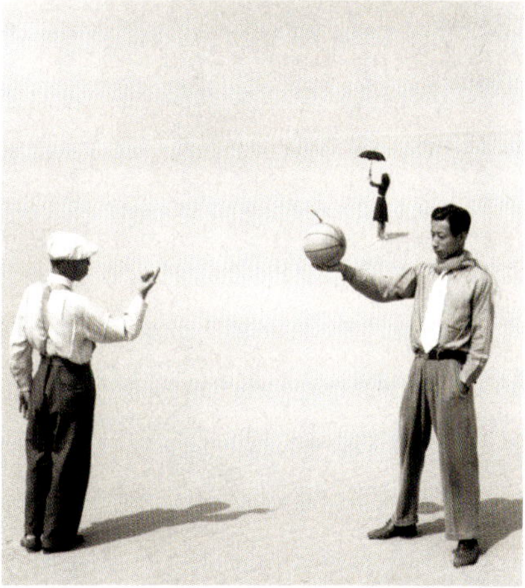

Ohne Titel, Sanddünen
Dieses Foto *(rechts)* ist ein sorgfältig inszeniertes Tableau. Die räumliche Wirkung verwirrt den Betrachter.

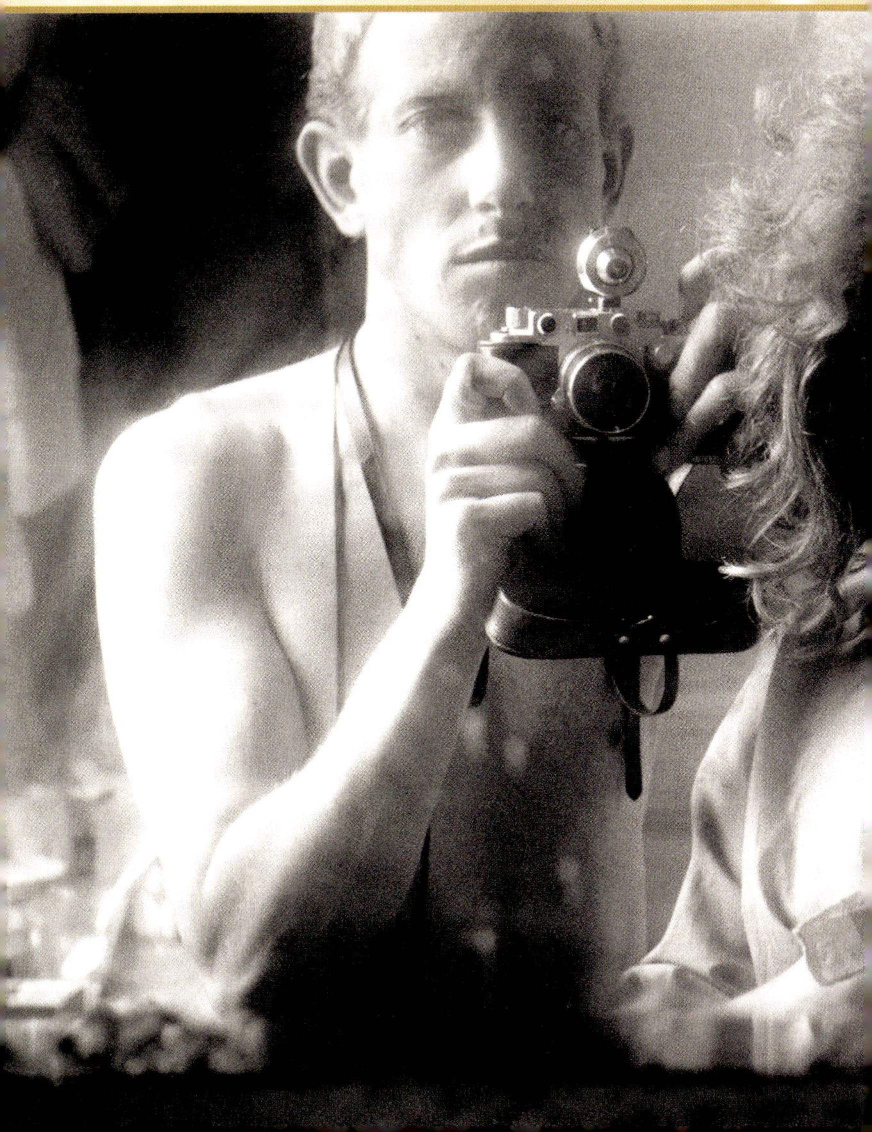

DIE GESCHICHTE DER FOTOGRAFIE

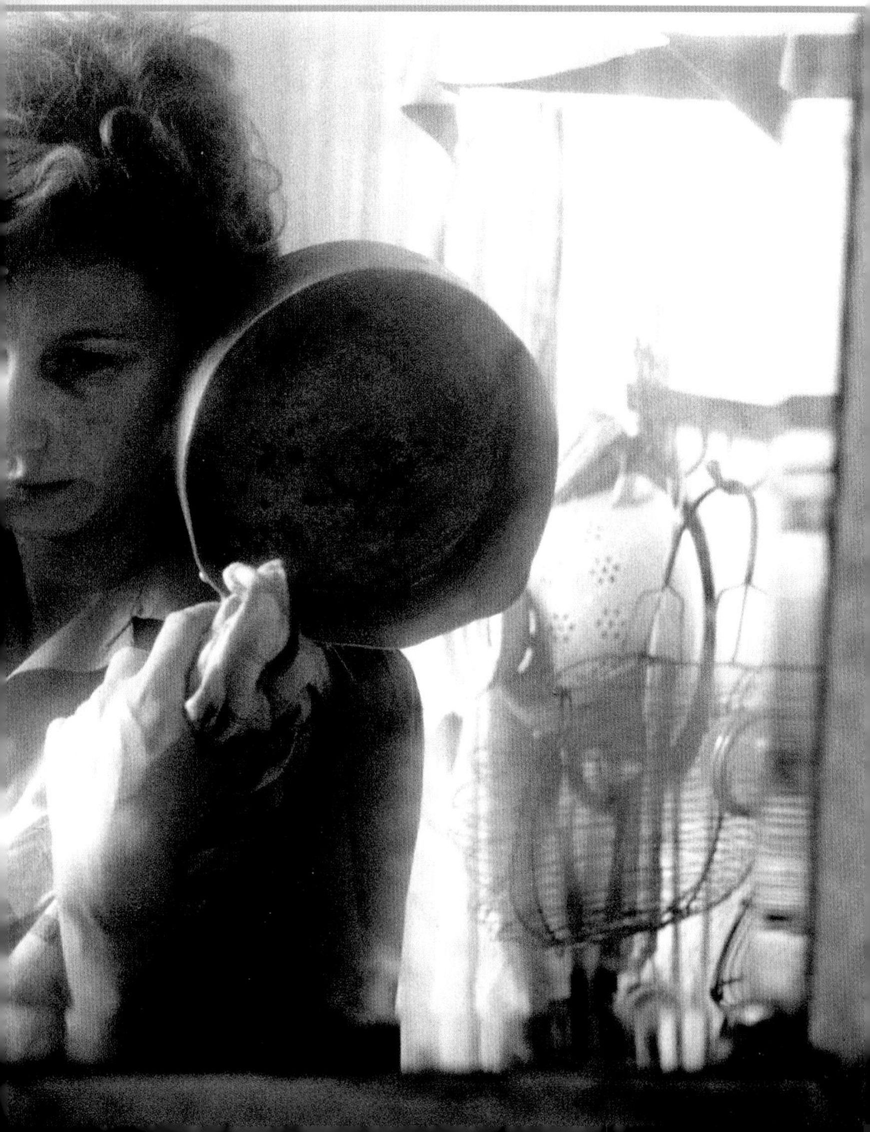

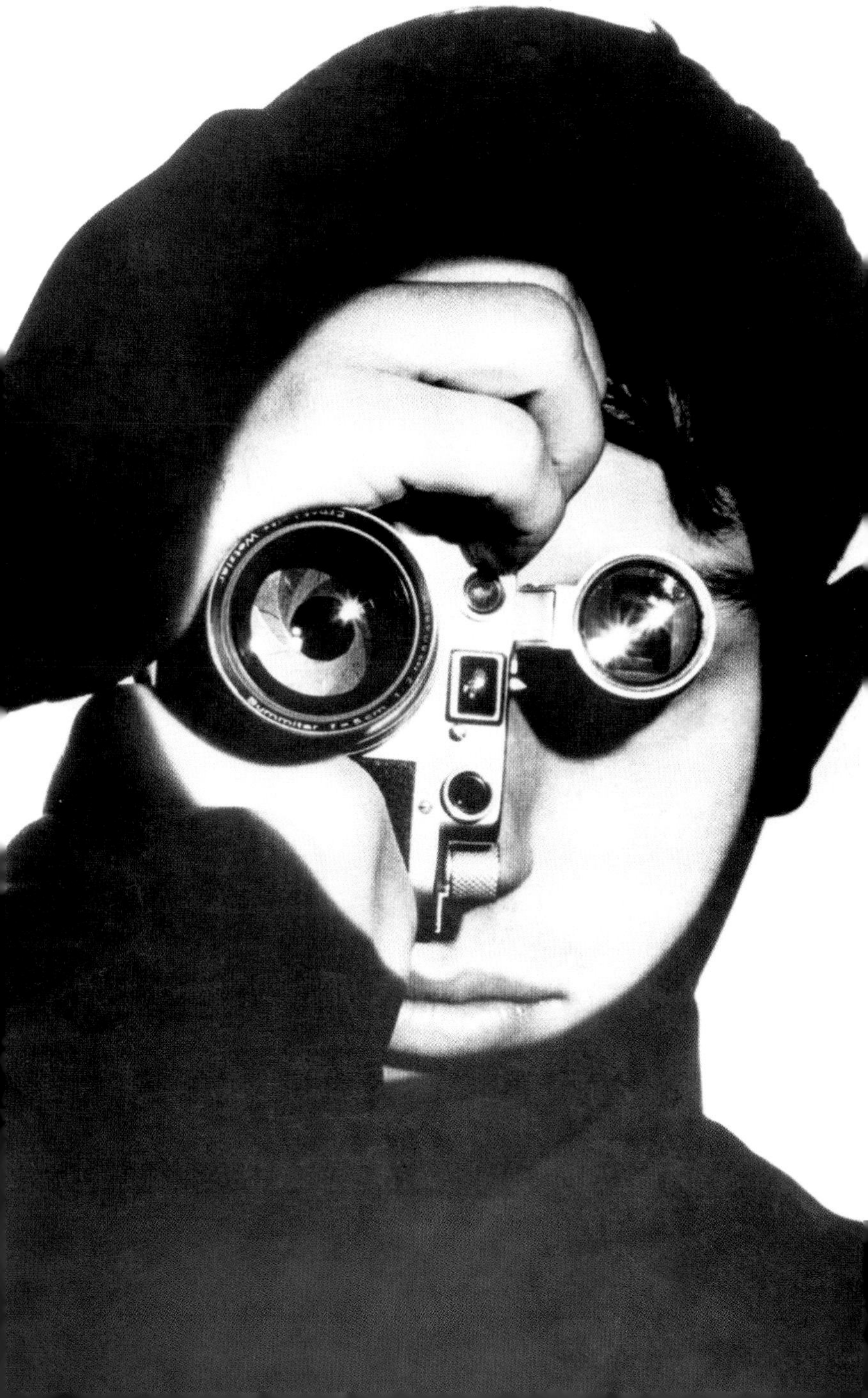

DIE FOTOGRAFIE IST DAS ERGEBNIS DER ARBEIT VON KÜNSTLERN, WISSENSCHAFTLERN UND TECHNIKERN DES 19. JAHRHUNDERTS. MITTLERWEILE SPIELT SIE IN VIELEN BEREICHEN DES LEBENS EINE ROLLE. VON DEN ERSTEN SCHWARZWEISSBILDERN BIS ZUM DIGITALFOTO – FOTOGRAFIE IST HERAUSFORDERUNG, INSPIRATION, INFORMATION UND VERGNÜGEN ZUGLEICH.

Die Fotografie ist ein facettenreiches Medium. Ihre Geschichte kennzeichnen drei ineinander verwobene Stränge: Zum ersten der Umstand, dass künstlerische Bewegungen Einfluss auf die Fotografie ausübten und von ihr beeinflusst wurden. Zweitens der andauernde Dialog zwischen Fotografie und Gesellschaft, der bis heute vor allem über Zeitungen und Zeitschriften stattfindet; er hat ihr ein großes Maß an Aufmerksamkeit und öffentlichem Interesse beschert. Drittens der technische Fortschritt, etwa die rasante Entwicklung der Digitalfotografie Ende des 20. Jahrhunderts, der Fotografen bis heute in die Lage versetzt, immer neue Wege zu beschreiten.

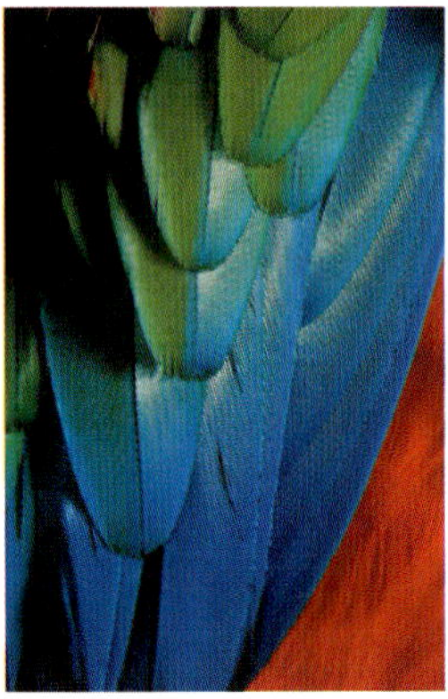

Grünflügelara
Diese gut durchgezeichnete, farbintensive Aufnahme von Stephen Dalton *(s. S. 42)* zeigt die Leistungsfähigkeit heutiger Objektive.

Diverse Kunstrichtungen führten zur Ausprägung unterschiedlicher ästhetischer Tendenzen auch in der Fotografie. So bewirkte der Dadaismus um 1920 die Kreation unorthodoxer Bilder, voller Hintergründigkeit und Witz, welche im denkbar größten Gegensatz zum düsteren, introspektiven Stil der Fotografie unter dem Einfluss der Postmoderne und der mit ihr verbundenen Verunsicherung stehen. Bilder, die sich wiederum deutlich vom Werk der Sezessionisten und deren Reaktion auf die Bemühungen der Moderne um Objektivität unterscheiden.

Die Gewichtung der verschiedenen Aspekte schwankt in den unterschiedlichen Stadien der Entwicklung. In der Anfangszeit war Fotografieren ausschließlich den Wohlhabenden vorbehalten. Die handgefertigten Geräte und Materialien wie Silber waren für die Allgemeinheit unerschwinglich. Entsprechend gering war der Einfluss der Fotografie auf die Gesellschaft. Als im 20. Jahrhundert Fotoapparate industriell gefertigt wurden, konnten sie auch von Angehörigen anderer Bevölkerungsschichten erworben werden. Der Einfluss der Fotografie auf die öffentliche Meinung stieg deutlich an – bis das

Porträt von Andreas Feininger, 1951
Dieses berühmte von Feininger aufgenommene Porträt von Dennis Stock stellt das fotografische Auge als scharf beobachtend und in gewissem Sinne bedrohlich dar.

Fernsehen ihren Platz als wichtigstes Medium der Massenkommunikation einnahm. Die Dokumentarfotografie wurde damals zu einem Instrument im Kampf für einen gesellschaftlichen Wandel.

Von der Anwendung der Camera obscura als Zeichenhilfe bis zur Entdeckung der ersten lichtempfindlichen Emulsion – immer wieder haben naturwissenschaftliche Erkenntnisse und technische Erfindungen der Kreativität der Fotografen den Weg geebnet. Das Aufkommen von Rollfilmen und Kleinbildkameras zu Beginn des 20. Jahrhunderts befreite sie aus der Enge des Ateliers und läutete die Ära des Fotojournalismus, der Reportage und der Schnappschussfotografie ein. Ähnlich revolutionär war die Einführung des Farbfilms, der eine größere Wirklichkeitsnähe in der Fotografie ermöglichte und neue Herausforderungen mit sich brachte. Später revolutionierten lange Brennweiten und lichtstarke Objektive die Natur- und die Sportfotografie. In heutiger Zeit hat die Computertechnologie die Fotografie für jedermann zugänglich gemacht: Selbst Menschen, die sich nicht für Fotografie interessieren, sind in der Lage, mit einem Kamerahandy im Handumdrehen Bilder aufzunehmen und über das Internet zu verbreiten. Die Satellitenfotografie schließlich hat uns neue Erkenntnisse über das Universum und unseren Planeten beschert.

Die Fotografie ist im 21. Jahrhundert vielfältiger und populärer als jemals zuvor. Das Zusammenspiel von künstlerischen, gesellschaftlichen und technischen Einflüssen ist nach wie vor eine optimale Grundlage für Kreativität und Innovationsfreude.

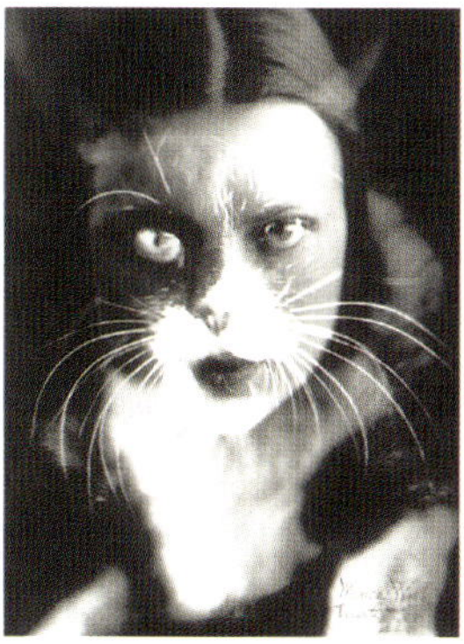

Ich und Katze, 1932
Für diese Fotomontage kombinierte Wanda Wulz ein Selbstporträt mit einem Foto von ihrer Katze.

Satellitenbilder
Dieses Falschfarbenbild vom Lake Carnegie in Westaustralien *(rechts)* wurde 1999 vom Landsat-Satelliten der NASA aufgenommen.

Porträtfotografie im Wandel
Der Wandel gesellschaftlicher Trends wird deutlich beim Betrachten einer viktorianischen Visitenkarte, eines Modefotos von 1940 und eines digital bearbeiteten Porträts von heute *(unten)*.

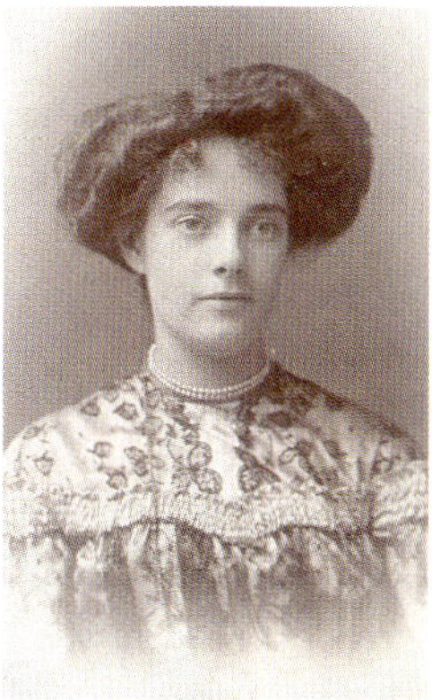

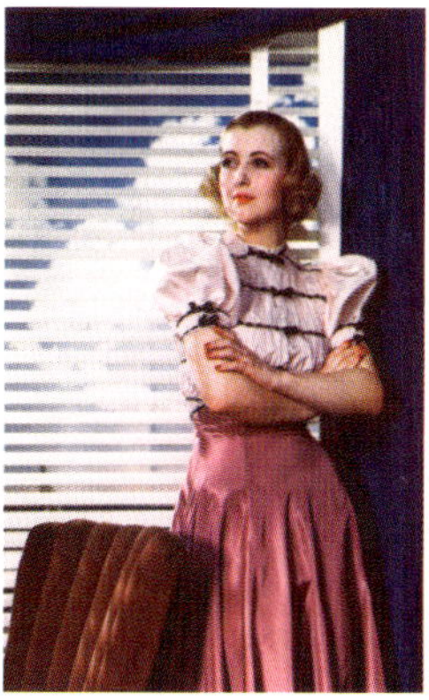

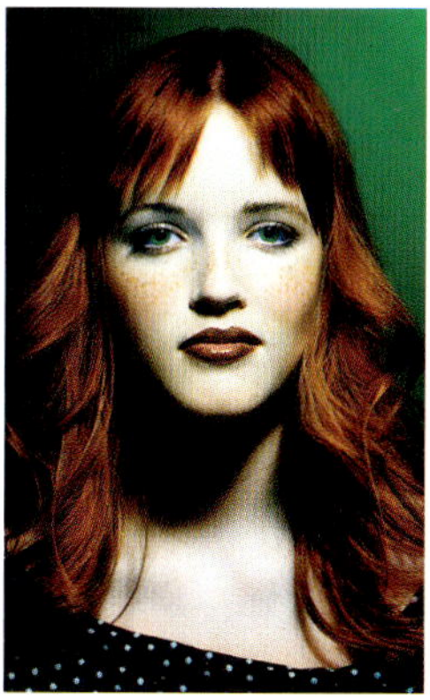

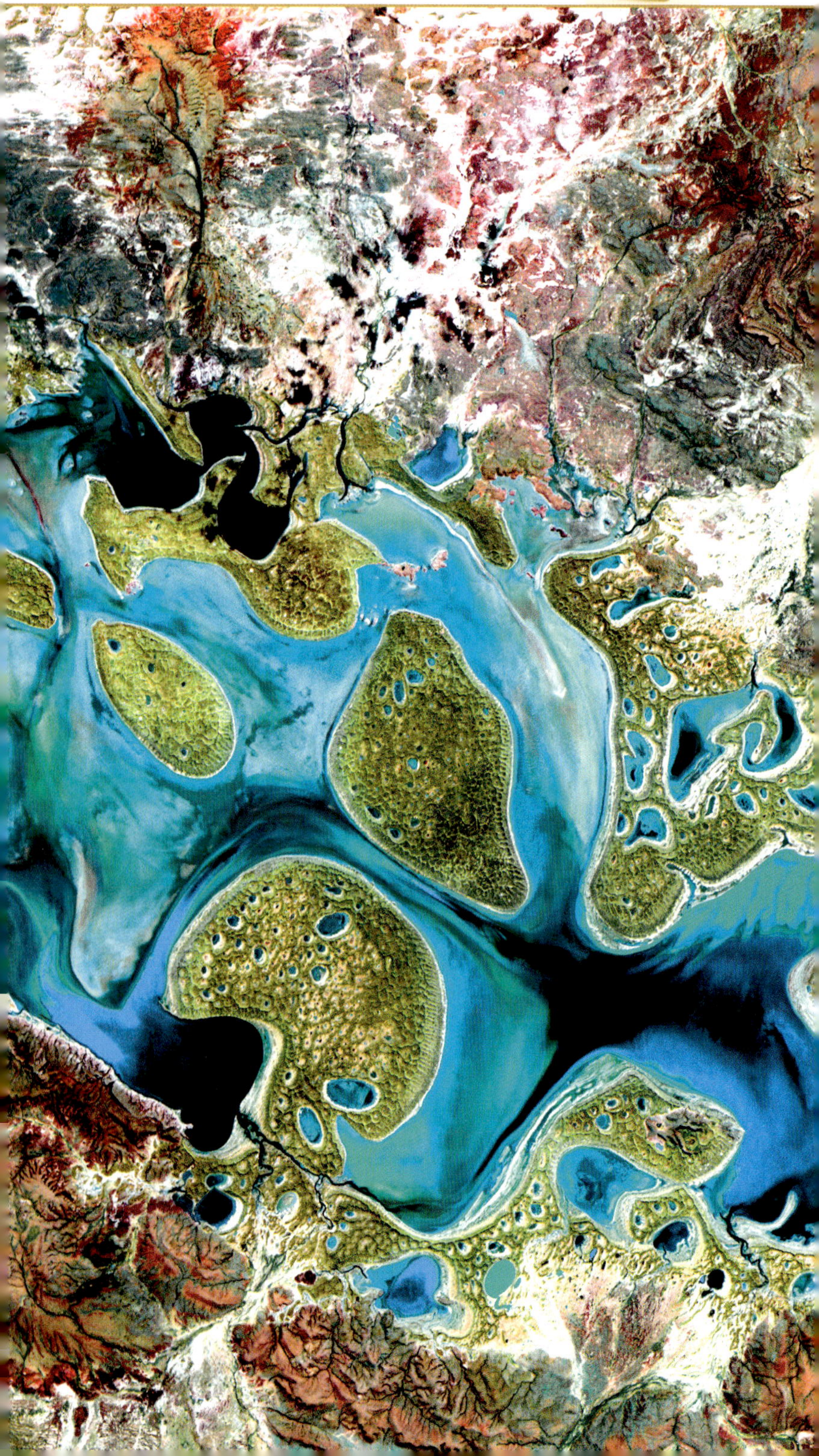

Die Anfänge (1820–1860)

Lichtbildnerische, auf dem Prinzip der Camera obscura basierende Experimente sind bereits im 5. Jahrhundert v. Chr. belegt. Joseph Nicéphore Niepce (1765–1833) nahm mit einer selbstgebauten Camera obscura das erste Foto auf. Es war jedoch sein Partner Louis Daguerre (1787–1851), der die Daguerreotypie, das erste brauchbare fotografische Verfahren, erfand.

Camera obscura

Die Camera obscura (lat. »dunkle Kammer«), der Vorläufer der modernen Fotoapparate, ist ein Kasten mit einem Loch auf einer Seite, durch das Licht auf die gegenüberliegende Fläche fällt, auf der ein auf dem Kopf stehendes Abbild der Außenwelt entsteht. Um 1826 projizierte Niepce mit Hilfe einer Camera obscura den Blick aus seinem Arbeitszimmer auf eine mit lichtempfindlichem Asphalt beschichtete Glasplatte. So entstand, bei etwa achtstündiger Belichtung, das erste Foto, das jedoch schon sehr bald an Kontrasten verlor.

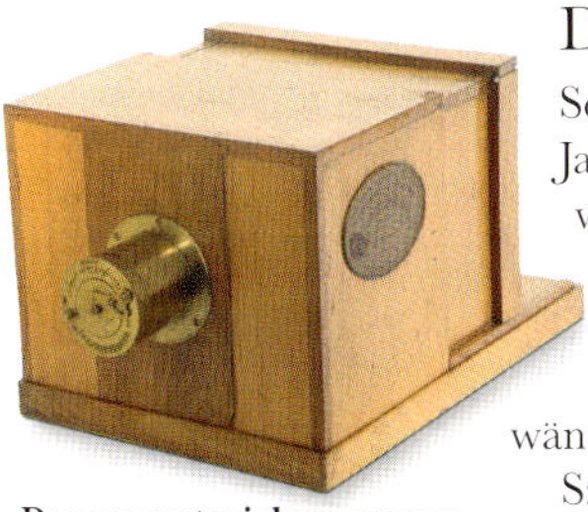

Daguerreotypiekamera von Giroux
Die erste im Handel erhältliche Kamera wurde 1839 in Paris hergestellt.

Daguerreotypie

Sein Landsmann Louis Jacques Mandé Daguerre war Theatermaler und Besitzer eines Dioramas, für das er bis zu 20 Meter breite Leinwände bemalte. Viele dieser Szenen schuf er mit einer Camera obscura und er suchte nach einer Methode, die Bilder ohne Zeichenstift aufzubringen. Mit der Unterstützung von Niepce, der 1833 starb, ohne dass sein Anteil an dieser Erfindung bekannt wurde, fand er eine Möglichkeit, das in der Kamera entstehende Bild mit Hilfe von Chemikalien dauerhaft aufzuzeichnen. Um 1837 erstellte er kleine, silbrige Bilder mit feiner Zeichnung und

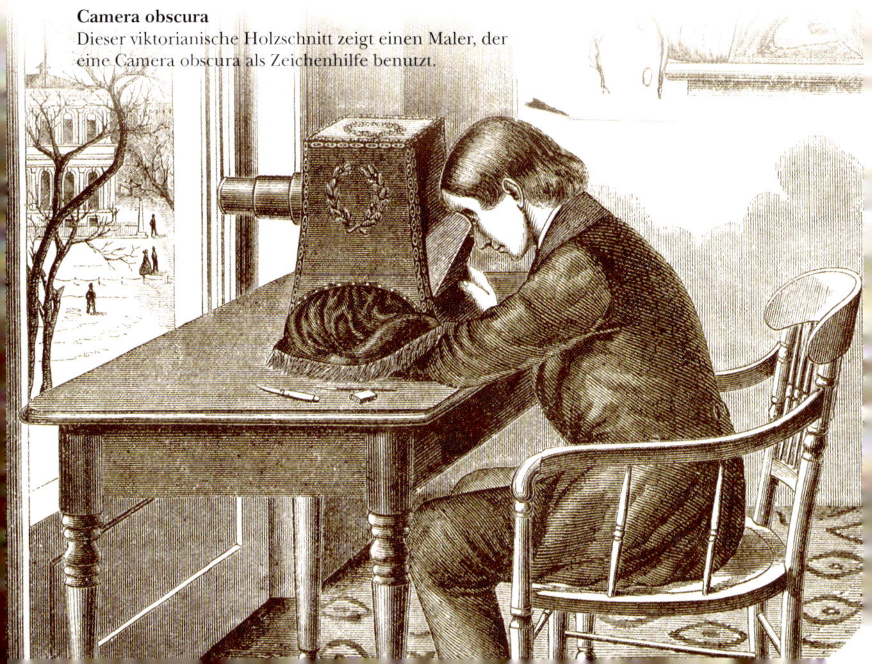

Camera obscura
Dieser viktorianische Holzschnitt zeigt einen Maler, der eine Camera obscura als Zeichenhilfe benutzt.

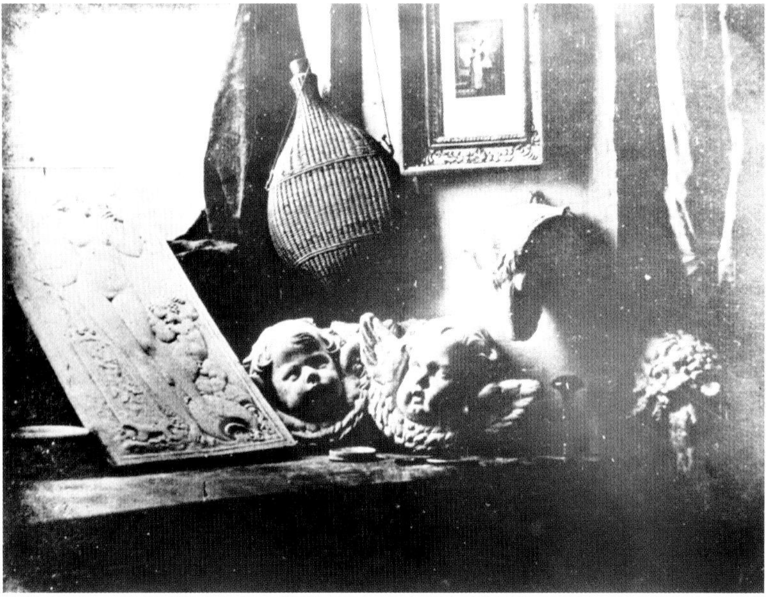

Daguerreotypie, 1837
Beim Daguerreotypie-Verfahren entstand ein positives Original, von dem keine weiteren Abzüge erstellt werden konnten.

von erstaunlicher Schärfe. Daguerre nannte das Verfahren Daguerreotypie und stellte seine Erfindung 1839 der Öffentlichkeit vor.

Kalotypie

Zur gleichen Zeit gelang es dem Engländer William Henry Fox Talbot (1800–1877), das Bild auf ein halbtransparentes, mit einer chemischen Lösung beschichtetes Papier zu bringen. Nach dem Umkopieren auf ein anderes Papier erhielt er seitenrichtige Bilder. Er stellte sein Kalotypie-Verfahren 1841 vor. Da erst dieses Negativ-Positiv-Verfahren den Abzug einer beliebigen Anzahl von positiven Bildern von einem Negativ ermöglichte, beanspruchen die Engländer heute die Erfindung der Fotografie für sich. Der Nachteil der Methode bestand in Belichtungszeiten von bis zu einer Stunde.

Patentierung

Mitte des 19. Jahrhunderts waren sowohl Daguerre als auch Talbot entschlossen, ihre Erfindungen, die sie mit so viel Geld und Mühe entwickelt hatten, patentieren zu lassen. Die französische Regierung erwies sich als weitsichtig. Sie erwarb die Rechte an der Daguerreotypie und machte sie einer internationalen Nutzung zugänglich. Daraufhin schossen in ganz Europa und in Amerika Daguerreotypie-Porträtateliers wie Pilze aus dem Boden.

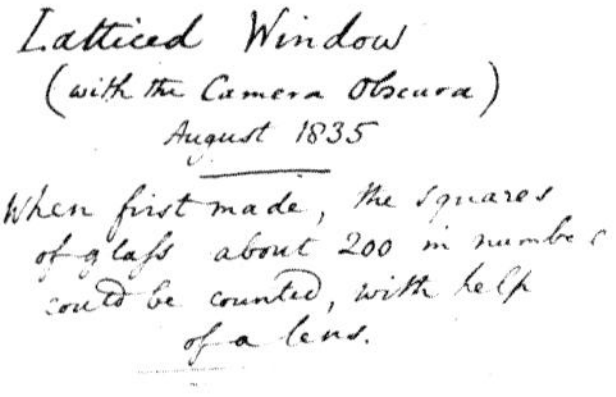

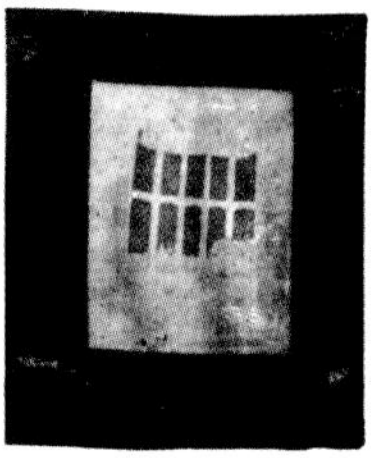

Negativ von Talbot
Das erste, im Sommer 1835 aufgenommene Negativ war trotz Briefmarkengröße erstaunlich gut durchgezeichnet. Talbot weist darauf hin, dass man in dem Gitterfenster 200 einzelne Vierecke erkennen kann.

Verbesserung der Verfahren

In ihrer Frühzeit war die Fotografie ein technisches Handwerk, das auch von ambitionierten Amateuren beherrscht wurde. Teils aufgrund der rigiden Lizenzpolitik von Talbot, teils aufgrund der geringen Detailschärfe seiner Kalotypien suchten die Fotografen nach neuen Verfahren. Häufig bewahrten sie jedoch gegenüber der Konkurrenz Stillschweigen über ihre Erfindungen. Es kursierte beispielsweise das Gerücht, Daguerre halte die Verwendung eines besonders lichtstarken Objektivs geheim.

Die grundlegenden Prinzipien der Fotografie waren um 1850 allgemein bekannt: Ein Bild wurde durch die Belichtung von mit Silbersalzen beschichtetem Papier aufgezeichnet. Das »latente«, für das menschliche Auge nicht sichtbare, Resultat wurde mit Hilfe eines alkalischen Entwicklers in ein sichtbares Negativ verwandelt. Anschließend musste das Foto durch Auswaschen der nicht entwickelten Silbersalze »fixiert« werden, da es ansonsten verblasste. Um einen positiven Abzug zu erhalten, wurde lichtempfindliches Papier unter das Negativ gelegt, belichtet und weiter entwickelt.

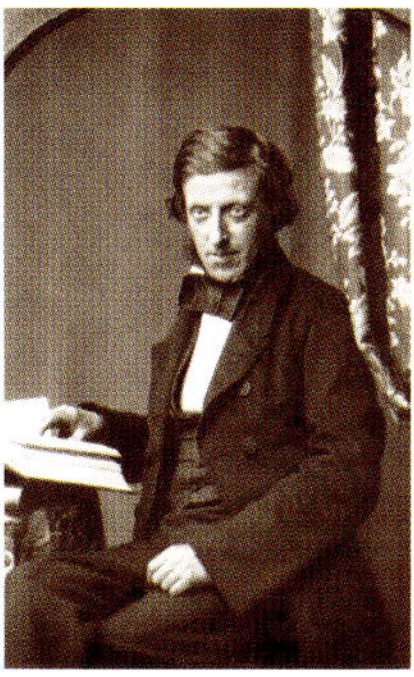

Frederick Scott Archer
Archer gab seine Erfindung zur allgemeinen Nutzung frei; er starb als armer Mann.

Die Kollodium-Nassplatte

In Konkurrenz zu Talbots Kalotypie-Verfahren entwickelte Frederick Scott Archer (1813–1857) das so genannte nasse Kollodiumverfahren, das einen entscheidenden Vorteil bot: Auf großen Glasplatten entstanden brillante, scharfe Bilder, deren Format nur durch die Größe der Glasplatte beschränkt war. Der Nachteil des Verfahrens bestand darin, dass die Platte unmittelbar vor der Aufnahme in völliger Dunkelheit in eine Silbernitratlösung getaucht, noch feucht belichtet und nach der Aufnahme sofort entwickelt werden musste.

Anders als seine Konkurrenten verzichtete Archer darauf, ein Patent für seine Erfindung anzumelden und stellte sie 1851 der Öffentlichkeit zur Verfügung. Dennoch kam es zu Streitigkeiten über die Urheberrechte des Verfahrens. Talbot behauptete, sein Patent decke auch Archers Erfindung ab. Nachdem jedoch das Patentamt Talbots Ansprüche zurückgewiesen hatte, war die freie Nutzung der Kollodium-Nassplatte möglich. Innerhalb weniger Jahre verdrängte sie Kalotypien und Daguerreotypien.

FRÜHE KRIEGSFOTOGRAFIEN

Der Krimkrieg (1853–1856) ist der erste militärische Konflikt, der fotografisch dokumentiert wurde. Fotos vom Schlachtfeld und von Leichen waren allerdings nicht erlaubt. Stattdessen entstanden Bilder von Soldaten, die für die Kamera posierten. Obwohl die Ausrüstung für das nasse Kollodiumverfahren in einem großen Wagen transportiert werden musste, waren die Fotografen dank der neuen Methode erstmalig mobil.

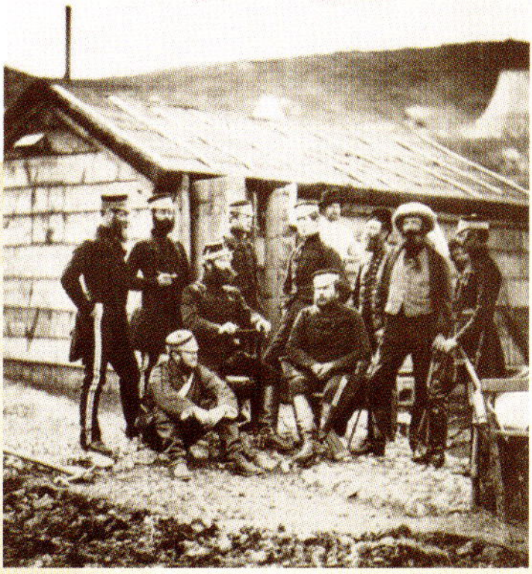

Gruppe von Soldaten im Krimkrieg (1855)
Die Arbeit des englischen Fotograf Roger Fenton (1819–1869) blieb aufgrund der sperrigen Gerätschaften für das nasse Kollodiumverfahren noch auf solche gestellten Gruppenfotos von Soldaten hinter der Gefechtslinie beschränkt.

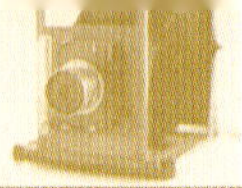

Der Siegeszug des Porträts

Die Möglichkeit der wenig zeitraubenden und mit geringen Mühen für das Modell verbundenen Anfertigung eines naturgetreuen Abbilds des menschlichen Anlitzes faszinierte die Menschen des Viktorianischen Zeitalters. Menschen waren nicht das erste Motiv der Fotografie gewesen, da es schwer fiel, während der damals notwendigen langen Belichtungszeiten (zwei oder mehr Minuten) still zu sitzen. Aber was waren ein paar Minuten der Regungslosigkeit im Vergleich zu den stundenlangen Sitzungen beim Porträtmaler?

Hinzu kam, dass die Porträtfotografie aufgrund des nahezu vollautomatisierten Verfahrens nicht allein wohlhabenden Bevölkerungsgruppen vorbehalten blieb. So kam es, dass sie eines der ersten Anwendungsgebiete der neuen Kunst wurde.

In Frankreich wurde es gängige Praxis, Visitenkarten mit Foto zu überreichen. Als selbst Königin Victoria von diesen Miniaturbildern Gebrauch machte, verbreitete sich die Manie binnen kürzester Zeit auch in England. Der großen Nachfrage nach den *cartes de visite* ließ sich nur mit Fließbandproduktion nachkommen. Das Porträtfoto wurde zum ersten Massenprodukt der Fotografie.

Um 1860 wurden spezielle Visitenkarten-Kameras entwickelt, die bald schon mit vier oder mehr Linsen ausgerüstet waren, um mehrere Bilder gleichzeitig aufnehmen zu können. In Großstädten auf der ganzen Welt eröffneten Geschäfte, in denen die Visitenkartenbilder vervielfältigt, zugeschnitten und auf Karton gezogen wurden.

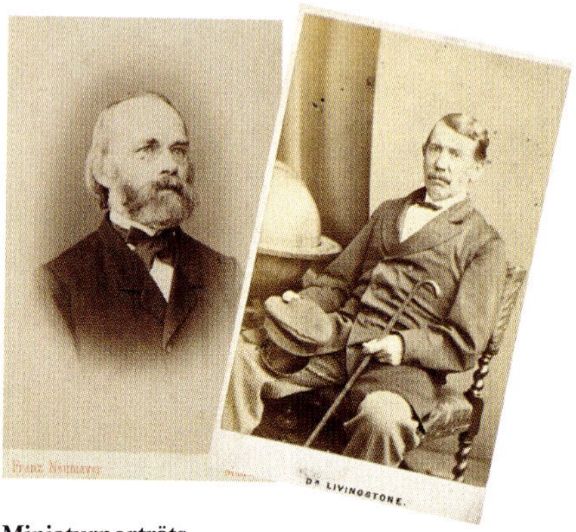

Miniaturporträts
Diese Porträts schmückten die Visitenkarten des schottischen Forschers David Livingstone und des deutschen Botanikers Carl Naegeli.

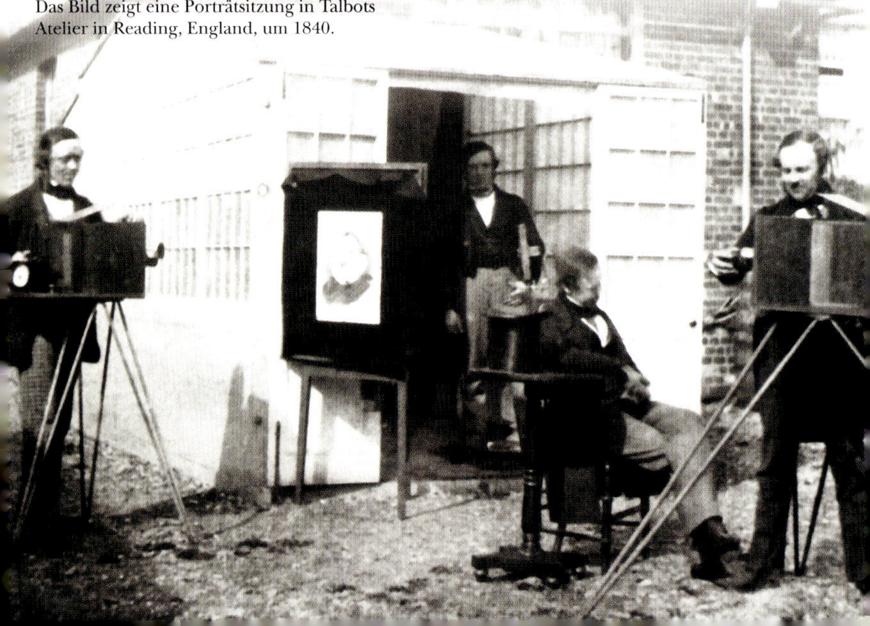

Porträtatelier
Das Bild zeigt eine Porträtsitzung in Talbots Atelier in Reading, England, um 1840.

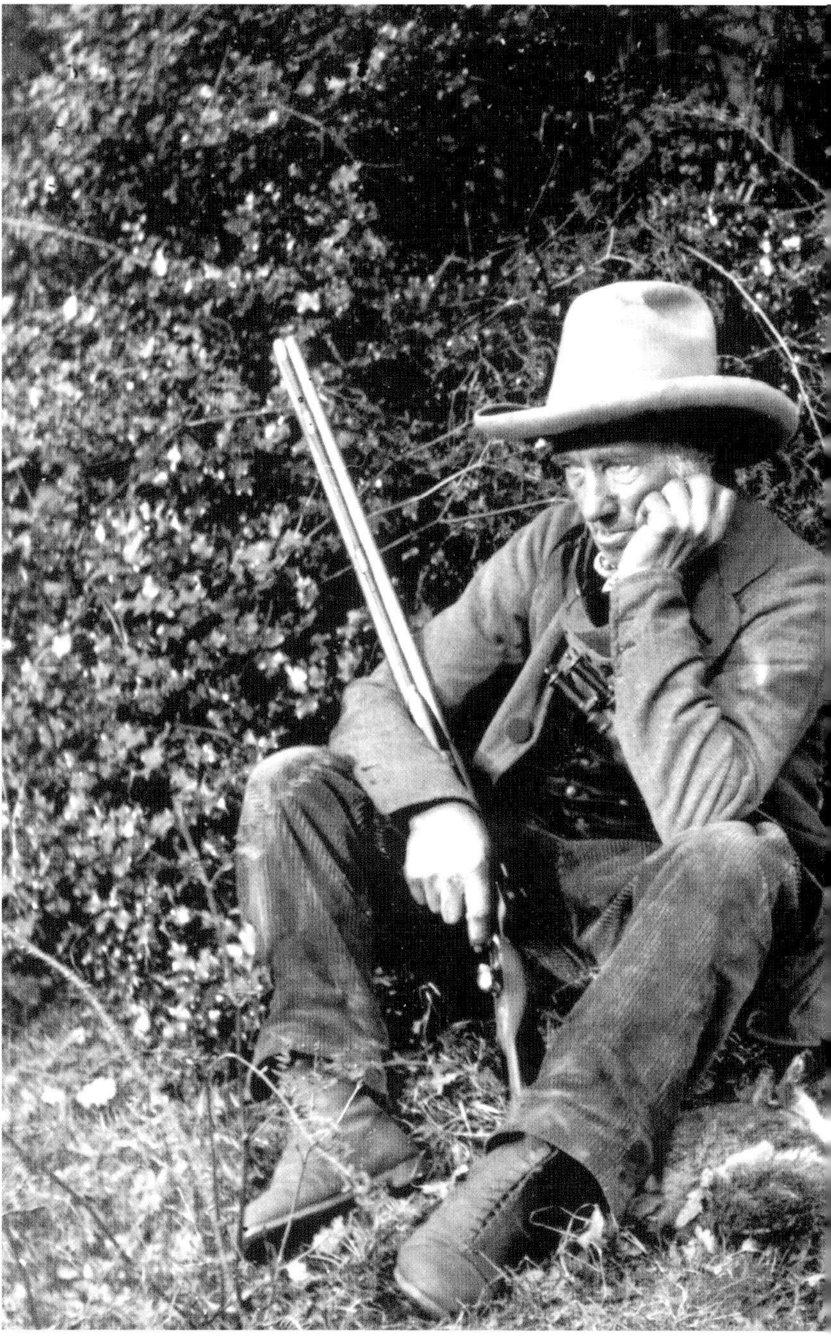

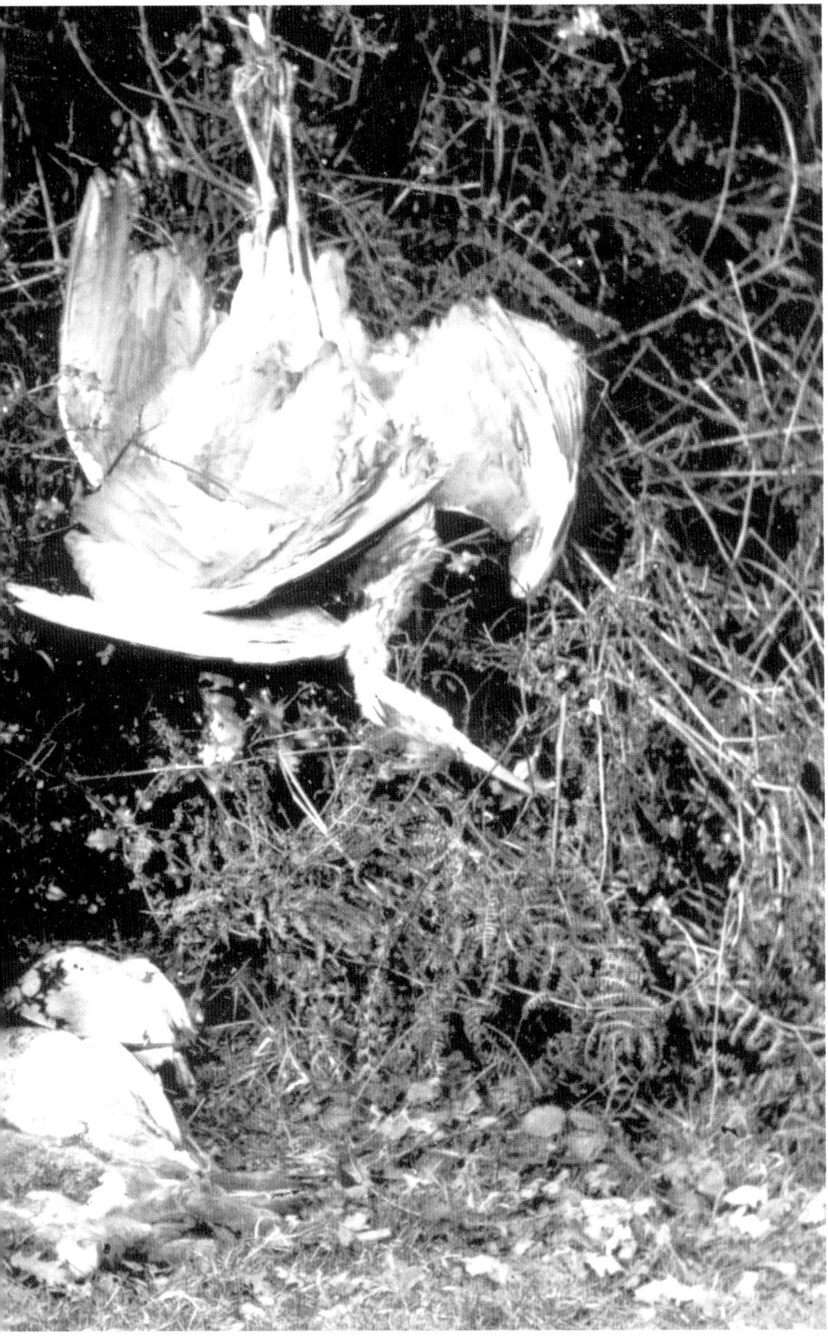

Zufälliges Jagdglück
Dieses sorgfältig arrangierte Porträt eines Jägers mit seiner Beute stammt von William Grundy, der in den 50er- und 60er-Jahren des 19. Jahrhunderts für seine Stereoskopbilder bekannt wurde.

Meister des Mediums (1860–1890)

Mit zunehmender Beherrschung des Mediums begannen die Fotografen, sich in unterschiedliche künstlerische Lager zu spalten. Schon bald wurde es möglich, farbige Bilder herzustellen. Durch die Verwendung bei der Aufzeichnung und Analyse von Bewegungsabläufen etablierte sich die Fotografie Ende des 19. Jahrhundert als wissenschaftliches Werkzeug.

Innovationen

Die wachsende Massenproduktion führte dazu, dass sich das, was ursprünglich Handwerk gewesen war, zu einem Industriezweig entwickelte. Es gab weiterhin Bestrebungen, mit Patenten Gewinn zu machen, und in der Hoffnung auf das große Geld begannen auch Chemiker, sich mit der Fotografie zu beschäftigen. An vorderster Front die beiden Engländer Vero Charles Driffield und Ferdinand Hurter, die mit der Erforschung der Sensitometrie der Fotografie eine wissenschaftliche Basis gaben. 1890 veröffentlichten sie jene heute als Schwärzungskurve bekannte »charakteristische Kurve«, die die Reaktion eines lichtempfindlichen Materials auf Licht und Entwicklung beschreibt. Diese Kurve kommt heute noch zum Einsatz, sogar in der Digitalfotografie.

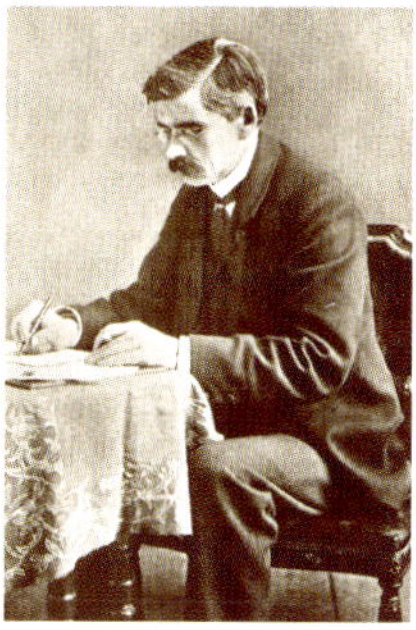

Ferdinand Hurter
Hurter (1844–94)und Driffield (1848–1915) erfanden einen der ersten Belichtungsmesser, den Aktinographen.

Künstlerischer Ansatz

Die Beziehung zwischen Fotografie und Malerei war von Konkurrenz gekennzeichnet, das zeigen Äußerungen wie »Die Fotografie ist der Tod der Malerei«, die von dem französischen Maler Paul Delaroche (1797–1856) stammen soll, oder die viel diskutierte Frage »Ist Fotografie überhaupt Kunst?«. Schon bald jedoch begannen Fotografen, Gemälde nachzuempfinden, und Maler experimentierten, wenn auch insgeheim, mit Kameras. Auf der Suche nach einer eigenen Ästhetik teilten sich die Fotografen in zwei Lager. Einige imitierten ganz unverhohlen die

Lady of Shalott von Henry Peach Robinson, 1882
Bei dieser Illustration zu Tennysons Ballade arbeitete Robinson mit Mehrfachbelichtungen und Collageelementen. Das Motiv ist Millais' Gemälde »Ophelia« nachempfunden.

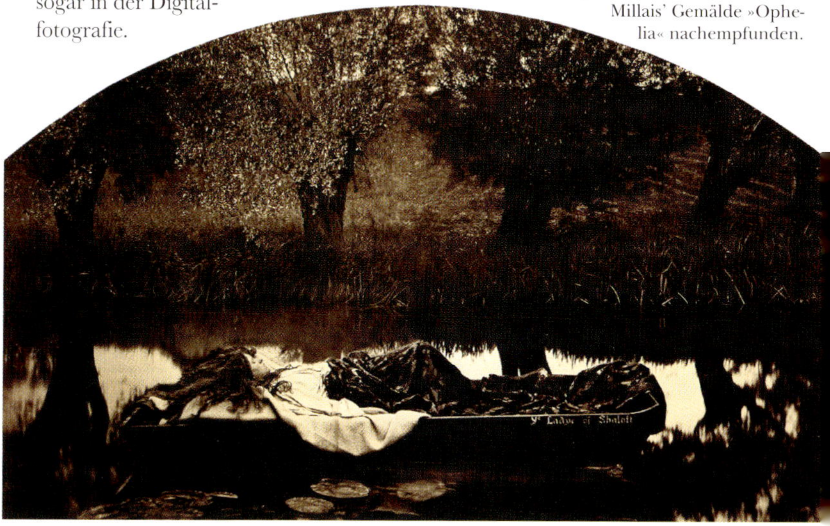

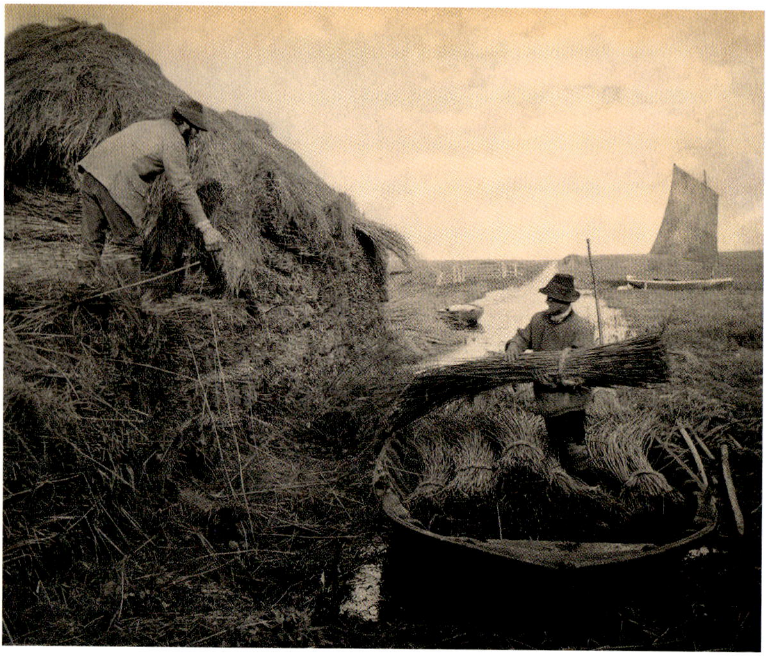

Piktorialismus
Das Bild *Ricking the Reed* (Bündeln des Rieds), entstanden in England um 1886, ist ein Beispiel für Emersons ländliche Szenen, in denen er die Schönheit des Landlebens zur Geltung brachte, die damit verbundenen Entbehrungen jedoch verbarg.

Malerei, was, wenn man so will, die noch notwendigen statischen Posen, aber auch die Parallelen zwischen Porträt- und Maleratelier nahelegten. Sie beabsichtigten, die Malerei zu übertrumpfen, und setzten dazu auf aufwändige Kostüme, Spiele mit Licht und Schatten, starke Hell-Dunkel-Kontraste und Anspielungen auf literarische Werke und Gemälde. Oscar Gustav Rejlander (1813–75), Julia Margaret Cameron *(s. S. 37)* und Henry Peach Robinson (1830–1901) verfolgten diesen Ansatz. Etwa um diese Zeit setzte auch ein neues Qualitätsbewusstsein ein. Hinter dem Streben nach dem perfekten Negativ und dem perfekten Abzug stand allerdings auch das Bedürfnis der Kunstfotografen, sich von mittelmäßigen Amateurfotografen abzugrenzen.

Andere Fotografen nutzten die Möglichkeiten des neuen Mediums dazu, alltägliche Szenen einzufangen und die Menschen, ihr Leben und auch das Licht naturalistisch abzubilden. Sie vertraten die Ansicht, dass die Fotografie eine eigenständige Kunstform sei und sich nicht auf bereits existierende Kunstwerke berufen müsse. Der eifrigste Verfechter dieser Richtung, Peter Henry Emerson (1856–1936), veröffentlichte Bücher und hielt Vorlesungen zu diesem Thema. Als um 1900 mit Hilfe neuartiger Techniken Bilder entstanden, die, wie er beklagte, »wie die Ablichtung eines Gemäldes« aussahen, wandte er sich gegen diese Entwicklung: »Das ist Handarbeit, keine Fotografie.«

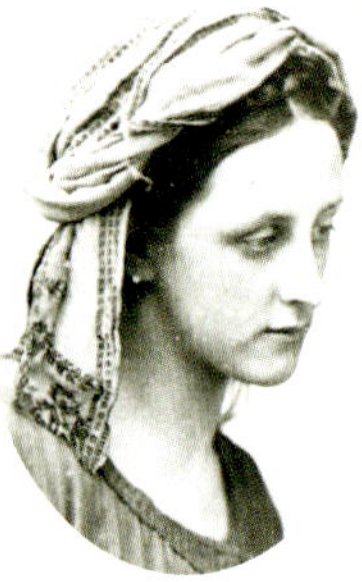

Kunstporträt
Der schwedische Fotograf Oscar Gustav Rejlander nahm dieses Porträt einer unbekannten Frau um 1870 in London auf.

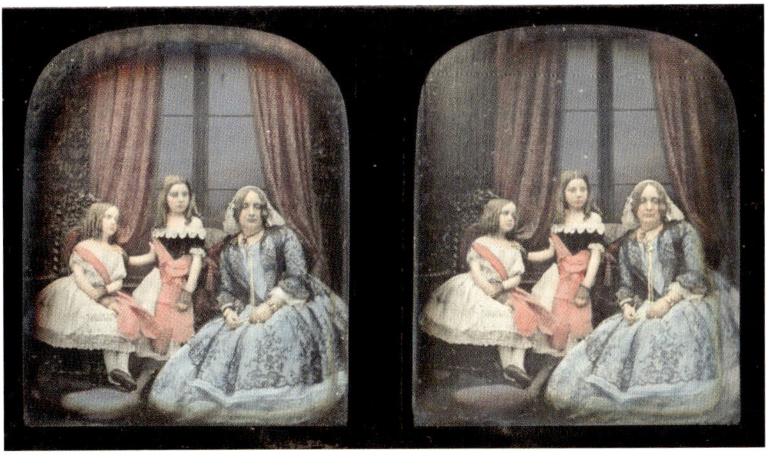

Die Geburt der Farbfotografie

Handkolorierte Daguerreotypie
Diese Stereoskopie von Antoine Claudet erscheint bei der Betrachtung durch ein spezielles Betrachtungsgerät wie ein einziges 3-D-Bild.

Kaum war es gelungen, die ersten Vergrößerungen anzufertigen, machte man sich daran, nach Methoden der Bildaufzeichnung in Farbe zu suchen. Zunächst kolorierte man die Abzüge von Hand. Plötzlich war das Können der Maler, die durch die wachsende Beliebtheit der Fotografie etwas ins Hintertreffen geraten waren, wieder gefragt. Einige dieser kleinen, zart getönten Bilder sind noch erhalten; es sind ausgezeichnete Porträtminiaturen.

Entscheidende Fortschritte bei der Entwicklung der Farbfotografie gelangen Louis Ducos du Hauron (1837–1920). Aufbauend auf die Erkenntnisse und Veröffentlichungen der Physiker Thomas Young und James Clerk Maxwell, entwickelte er 1869 ein brauchbares Verfahren im Sinne der Dreifarbentheorie, bei dem durch Rot-, Blau- und Grünfilter fotografiert wird. Der Entwicklung von Ausrüstung und Verfahrenstechniken um Jahrzehnte voraus, umfasste Ducos du Haurons Forschung auch schon Modelle der additiven und subtraktiven Farbmischung.

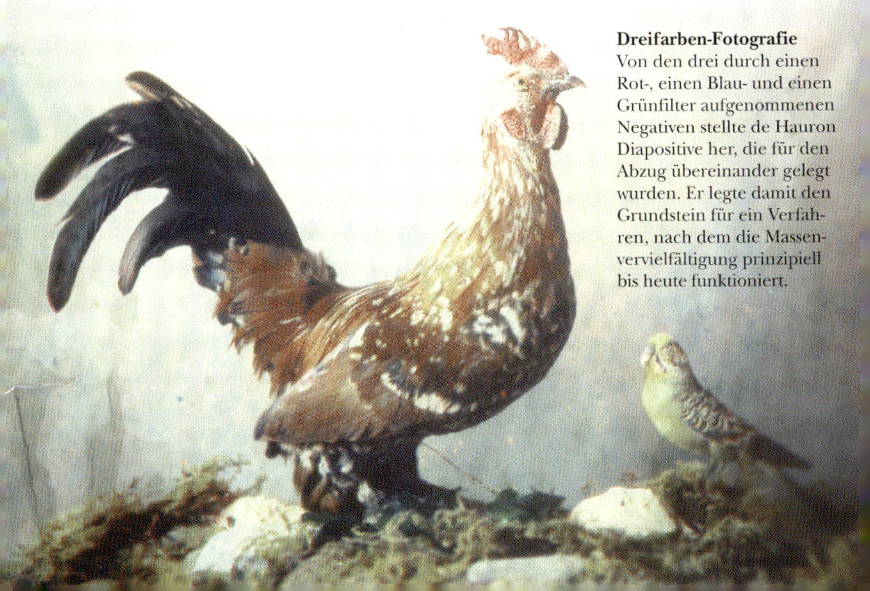

Dreifarben-Fotografie
Von den drei durch einen Rot-, einen Blau- und einen Grünfilter aufgenommenen Negativen stellte de Hauron Diapositive her, die für den Abzug übereinander gelegt wurden. Er legte damit den Grundstein für ein Verfahren, nach dem die Massenvervielfältigung prinzipiell bis heute funktioniert.

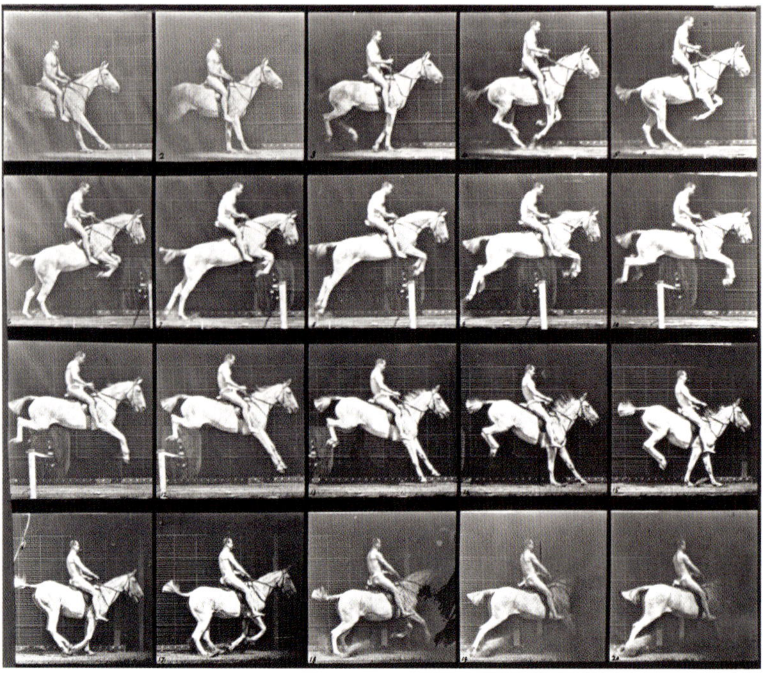

Bewegungsstudie
Diese Reihenaufnahme eines Springreiters stammt aus Muybridges elfbändiger Veröffentlichung *Animal Locomotion.*

Frühe Reisefotografie

Mit der Weiterentwicklung der Ausrüstung und Materialien wuchs die Mobilität der Fotografen. Manche durchstreiften die ganze Welt, um der begeisterten Öffentlichkeit Bilder von fernen Ländern zu präsentieren. Der Amerikaner William Henry Jackson (1843–1942) transportierte riesige Kameras zur Belichtung 50 x 60 cm großer Glasplatten in die noch unberührten Naturlandschaften des amerikanischen Westens. Seine überwältigenden Aufnahmen trugen wesentlich zur Gründung der ersten Nationalparks in den USA bei.

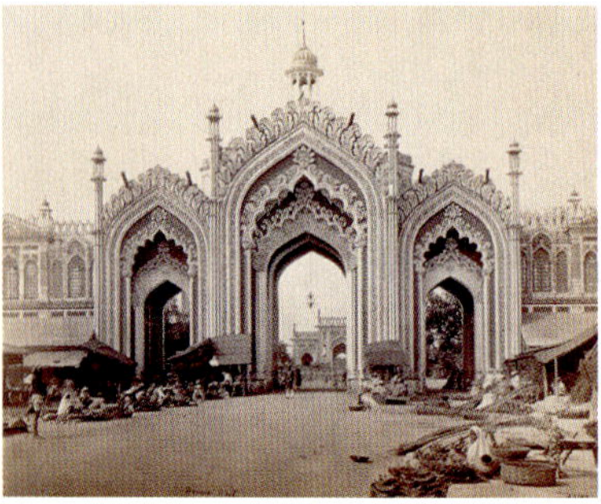

Frühes Reisefoto
Das Tor zum Hoospinad Bazaar in Lucknow, Indien, wurde um 1860 von Samuel Bourne (1834–1912) fotografiert.

Bewegungsaufnahmen

Um 1870 waren Aufnahmen in Sekundenbruchteilen möglich. Der Engländer Eadweard Muybridge (1830–1904) nahm erstmals einzelne Bewegungsphasen eines galoppierenden Pferdes auf. Er stellte dazu zwölf Kameras entlang der Rennbahn auf, die über Kontaktdrähte ausgelöst wurden. Auf diese Weise gelang ihm der Nachweis, dass ein galoppierendes Pferd alle vier Hufe vom Boden abhebt. Er fand außerdem heraus, wie er mit den Reihenaufnahmen die Bewegung selbst wiedergeben konnte: 1879 entwickelte Muybridge das Zoopraxiskop, ein Projektionsgerät, bei dem man durch eine Öffnung auf die Bilder auf der Innenwand einer rotierenden Trommel blickt.

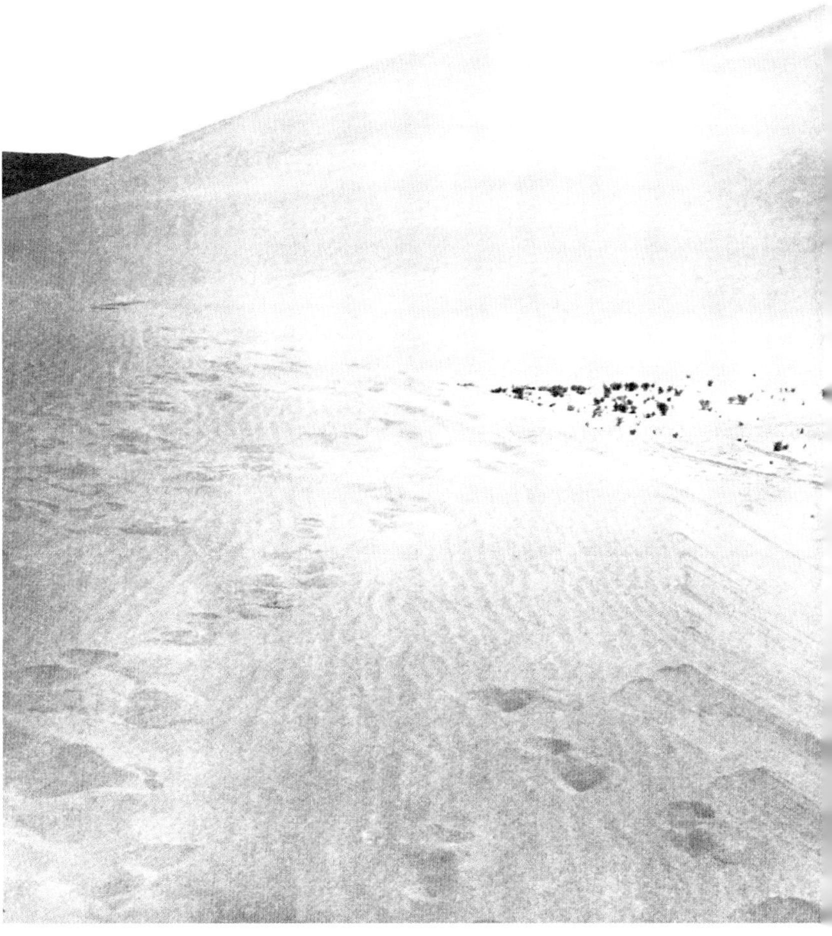

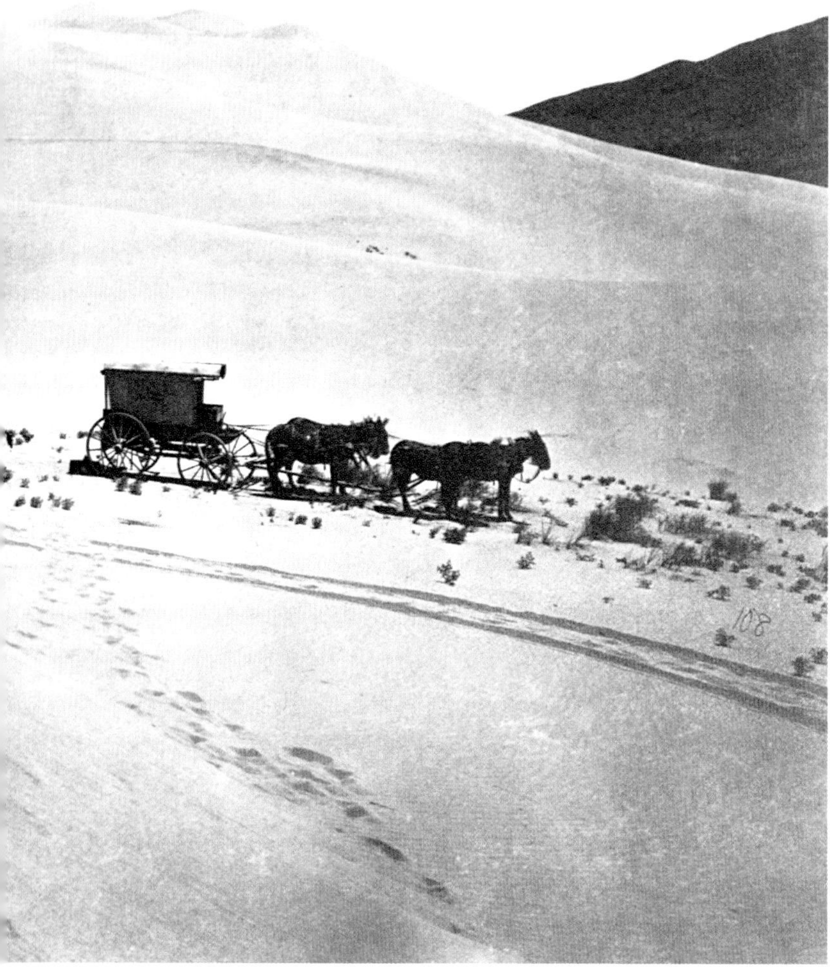

Ambulanzwagen in der Wüste
Diese Studie nahm Timothy O'Sullivan (1840–1882) auf einer Expedition zur Erforschung des 40. Breitengrades 1867 in der Carson-Wüste, Nevada, auf.

Neue Horizonte (1890–1920)

Ende des 19. und Anfang des 20. Jahrhunderts erreichte die Fotografie einen neuen Höhepunkt. Laterna-magica-Vorführungen waren ein Publikumsmagnet, benutzerfreundliche Kameras waren überall im Handel. Die Fotografen spezialisierten sich auf verschiedene Stilrichtungen und Genres, die von Schnappschuss- und Reportagefotografie bis zu Modeaufnahmen reichten.

Bebilderte Zeitungen

Das Aufkommen illustrierter Zeitungen um 1890 erregte großes Aufsehen. Die ersten Fotos waren als Holzschnitte oder Lithografien erschienen, aber dem *Daily Graphic* gelang es 1880, diese Techniken durch das fotomechanische Halbton-Reproduktionsverfahren zu ersetzen. Nachdem die Bebilderung zunächst als unintellektuell abgelehnt worden war, führte die Entwicklung zur vollständig illustrierten Berichterstattung. Die ersten Dokumentarfotos erschienen 1890, ab 1919 wurden Fotos routinemäßig abgedruckt.

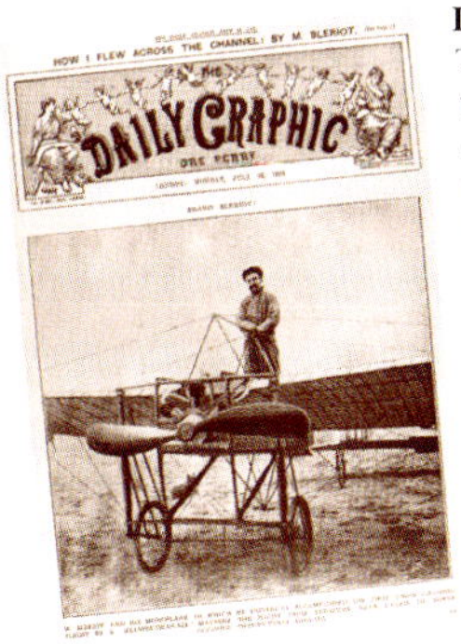
HOW I FLEW ACROSS THE CHANNEL: BY M. BLERIOT.
THE DAILY GRAPHIC

Illustrierte Zeitung
Titelseite der illustrierten Zeitung *Daily Graphic*, erschienen 1909 in London.

Laterna magica

Einer Zuschauermenge gleichzeitig ein und dasselbe Bild zu zeigen, war ein großer Schritt in der Entwicklung der Fotografie. Bereits Mitte des 17. Jahrhunderts war die Laterna Magica erfunden worden, aber erst im Viktorianischen Zeitalter wurde sie zu einem beliebten Bildungs- und Unterhaltungsmedium für die breite Masse. Eine Gas- oder Öllampe mit mehreren Dochten

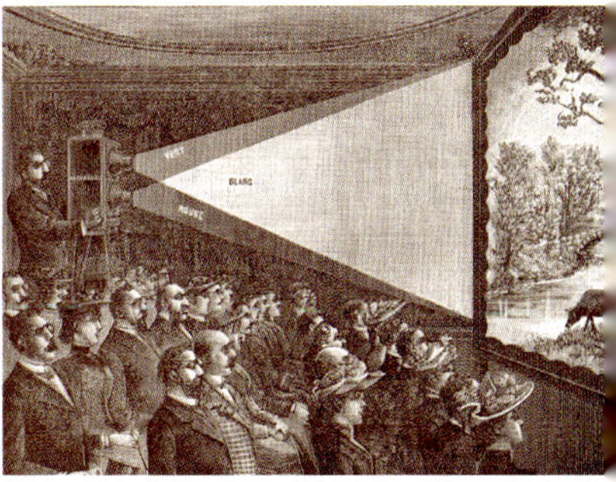

Laterna-magica-Projektor
Eine Abbildung auf einem transparenten Glasstreifen zwischen einer Lichtquelle und einer Linse wird auf eine Fläche projiziert und erzeugt dort ein scharfes Bild. Moderne Diaprojektoren beruhen auf demselben Prinzip.

HUMOR IN DER FOTOGRAFIE

Ab 1900 waren auch Hobbyfotografen technisch und finanziell in der Lage, ihr Leben und ihre Freizeitaktivitäten in »Schnappschüssen« festzuhalten. Das erste Schnappschuss-Genie war Jacques Henri Lartigue (1894–1986). Seine Bilder belegen eine scharfe Beobachtungsgabe und seinen Sinn für Humor.

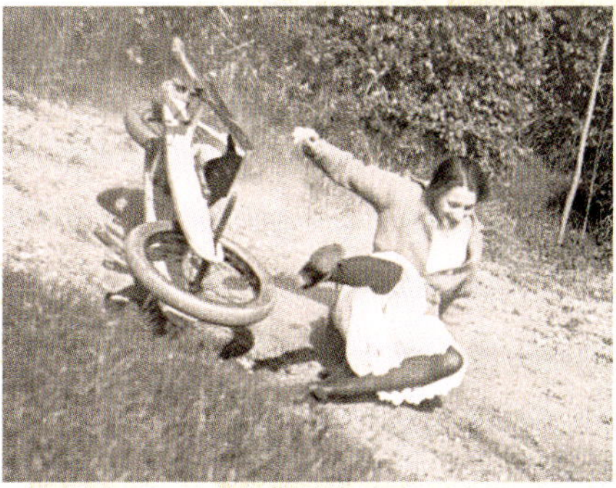

Der Sturz
Bei Lartigues Bildern, wie diesem aus dem Jahr 1913, besteht die Komik häufig darin, dass ein alltägliches Ereignis ins Dramatische gesteigert wird.

warf ihr Licht, verstärkt durch einen Spiegel, durch die Öffnung eines Kastens auf lichtdurchlässige, bemalte Glasstreifen, die so genannten »Positive«. Mittels Linsen wurde die Abbildung auf eine weiße Wand projiziert. Die Laterna magica ist der Vorläufer des Diaprojektors und von Vergrößerungsgeräten.

Um 1900 waren öffentliche Laternamagica-Vorführungen die wichtigste Informationsquelle. Viele sahen hier zum ersten Mal Bilder von fremden Ländern, aber auch von der eigenen Heimat.

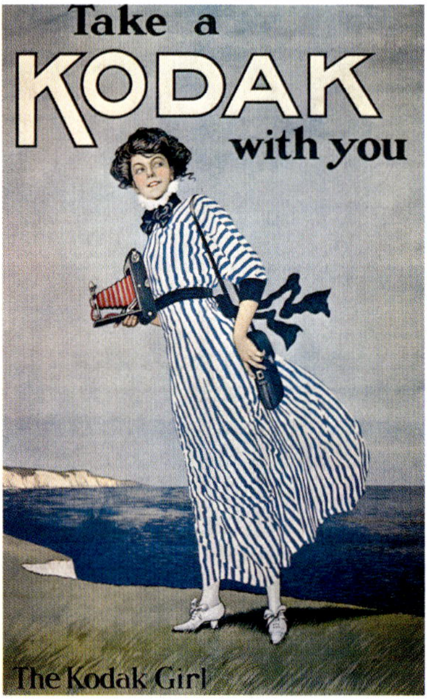

Kodak-Werbung
George Eastman hatte ein Gespür für Slogans und Produktnamen. Für sein Unternehmen erfand er den Phantasienamen »Kodak«, weil ihm der Buchstabe »K« gefiel.

Kameras für jedermann

George Eastman (1854–1932) aus Rochester, New York, war einer der vielen Hobbyfotografen im ausgehenden 19. Jahrhundert. Die teure Freizeitbeschäftigung erforderte jedoch nach wie vor eine sperrige Ausrüstung und komplizierte Entwicklungstechniken, weshalb der Erfinder begann, mit einfacheren und erschwinglicheren Methoden zu experimentieren.

Eastman konzentrierte sich zunächst auf die Entwicklung und Vermarktung von mit Gelatine beschichteten Trockenplatten, später produzierte er gelatinebeschichtete Zelluloidfilme. Ab 1888 stellte die Eastman Kodak Company auch Fotoapparate her, darunter die legendäre Kodak Nr. 1, die mit einem Rollfilm bestückt war. Zur Entwicklung des belichteten Films gaben die Benutzer die Kamera ab und erhielten sie mit einem bereits eingelegten neuen Film zurück.

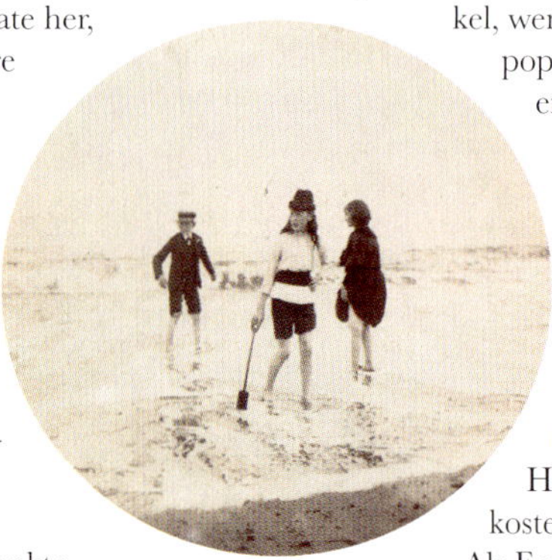

Frühes Kodak-Foto
Dieses Strandfoto wurde um 1900 von einem unbekannten Fotografen wahrscheinlich mit einer Kodak Nr. 1 aufgenommen, die runde Negative lieferte.

Seinen Erfolg verdankte Eastman auch seinem Marketing-Talent; Slogans wie »You press the button, we do the rest« (»Sie drücken auf den Knopf, wir erledigen den Rest«), mit dem die Kodak Nr. 1 eingeführt wurde, gingen ins Ohr. Die Kamera war bedienungsfreundlich und lieferte gute Ergebnisse. Mit einem Preis von 25 Dollar war sie jedoch immer noch ein Luxusartikel, wenn auch ein sehr populärer. Eine der erfolgreichsten Kameras von Eastman war die Brownie (nach dem Konstrukteur Frank A. Brownell). Der 1900 auf den Markt gebrachte Fotoapparat hatte ein Karton-Holz-Gehäuse und kostete nur einen Dollar. Als Eastman 1932 starb (er nahm sich das Leben und hinterließ die Worte »Meine Arbeit ist getan – warum warten?«), zählte Kodak zu den bekanntesten Marken der Welt.

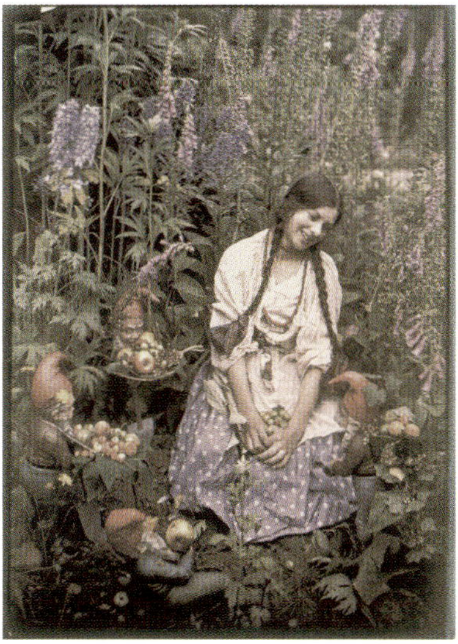

Autochrom-Porträt
Das Bild *Old Familiar Flowers* (Wohlbekannte Blumen) der Fotografin G.A. Barton aus dem Jahr 1919 zeigt, wie gut Hauttöne durch die zarten Pastellfarben des Autochromverfahrens wiedergegeben wurden.

Verbesserung der Farbverfahren

Zwar war die Fotografie durch die Fotoapparate Kodak Nr. 1 und Brownie für die Allgemeinheit zugänglich geworden, aber Enthusiasten strebten weiter nach Innovationen und Verbesserungen. Von den ersten farbfotografischen Arbeiten von Du Hauron *(s. S. 82)* bis zur Entwicklung einer industriellen Methode der Farbaufzeichnung sollten noch 35 Jahre vergehen.

Das so genannte Autochromverfahren wurde 1904 von den Brüdern Auguste (1862–1954) und Louis (1864–1948) Lumière erfunden, die darauf bei der Weiterentwicklung ihres 1895 erstmals der Öffentlichkeit vorgestellten Cinématographen stießen. Blau, grün und rot eingefärbte Kartoffelstärkekörnchen wurden auf einer Glasplatte verteilt, die mit einer Bromsilberemulsion beschichtet war. Der Film wurde durch diesen »Filter« hindurch belichtet. Nach der Entwicklung entstand ein Diapositiv, das bei genauer Betrachtung sehr feine farbige Punkte aufwies. Trotz des aufwändigen Fertigungsprozesses wurden Autochromplatten ab 1907 kommerziell produziert, zu Spitzenzeiten bis zu einer Million Platten pro Jahr. Kriegsfotografen wie Jean-Baptiste Tournassoud (1866–1951) fotografierten im Ersten Weltkrieg an der Front auf Autochromplatten. Die Ergebnisse zeigen die Kampfhandlungen mit seltener Klarheit und Wirklichkeitstreue.

Die Macht der Bilder

Schon früh wurden Fotos zu ideologischen und politischen Zwecken eingesetzt, zum Beispiel von dem britischen Parlamentsabgeordneten Herbert Ingram (1811–60), der seit 1856 die *Illustrated London News* zur Verbreitung liberal-reformistischer Ideen nutzte. Nach seinem Tod blieb die Zeitung dabei, Missstände wie unzumutbare Arbeitsbedingungen, Kinderarbeit und Armut durch Fotos anzuprangern.

Etwa um 1890 etablierte sich die Dokumentarfotografie als eigenständige

Die Brüder Lumière
Louis und Auguste Lumière experimentierten für ihr Autochromverfahren mit vielen Trägerstoffen und entschieden sich schließlich für Kartoffelstärke.

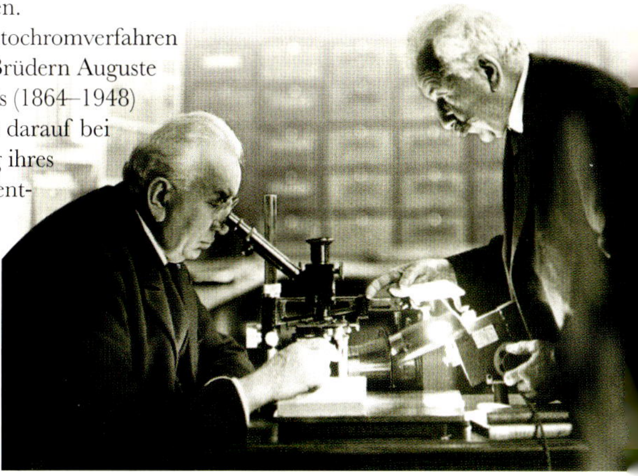

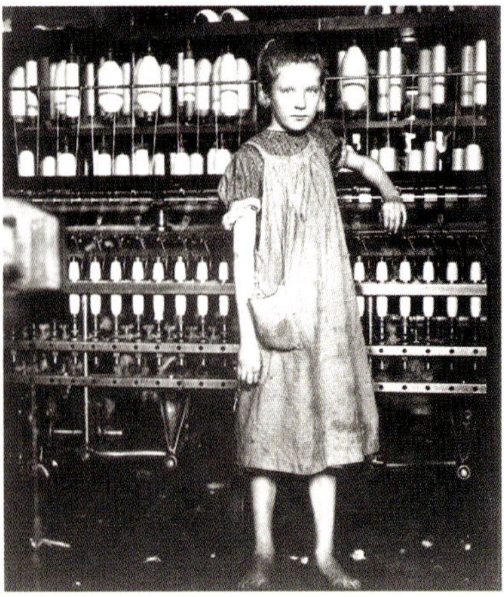

Enthüllungsfotografie
Dieses von Lewis W. Hine aufgenommene Porträt einer 10-jährigen Baumwollspinnerin in New England aus dem Jahr 1910 war eines der Bilder, das die US-Regierung zur Reformierung ihrer Gesetze über Kinderarbeit zwangen.

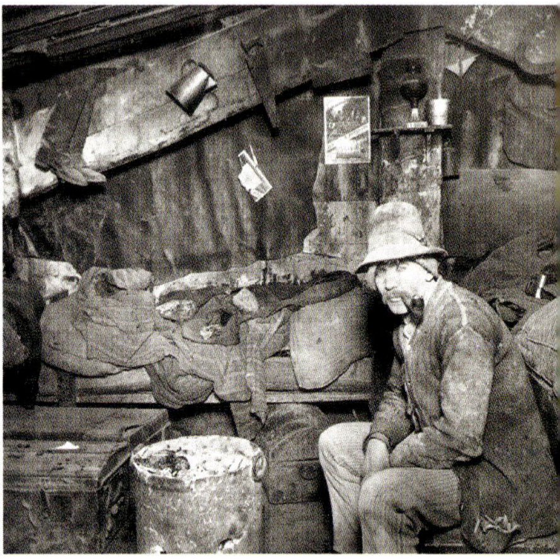

Anprangerung der Armut
Im Rahmen seines Kampfes für die Verbesserung der Lebensbedingungen in den Slums von New York nahm Jacob A. Riis 1891 dieses Foto eines Altwarenhändlers in seinem Elendsquartier auf.

Disziplin, die von den engagierten Reportagen von Jacob A. Riis (1849–1914), dänischer Immigrant und Polizeireporter der *New York Tribune,* nachhaltig beeinflusst wurde. Riis machte mit seiner Arbeit auf die Verhältnisse in den Elendsvierteln der Stadt aufmerksam. Lewis W. Hine (1874–1940) dokumentierte ab 1908 im Auftrag des National Child Labour Committee die Armut der unterprivilegierten Einwandererschicht in New York. Um auch dort fotografieren zu können, wo Fotografen nicht zugelassen waren, versteckte Hine seine Graflex-Kamera oft in einer Frühstücksdose. Paul Martin (1864–1942) zog mit einer als Paket getarnten Facile-Handkamera durch das viktorianische London. Für seine Serie »London by Gaslight« erhielt er die Medaille der Royal Photographic Society, doch viele angesehene Fotografen lehnten seine Studien des Alltags und der Armut ab. Sie meinten, die Fotografie solle sich vornehmeren Motive, etwa einem Berg oder einer Kathedrale, widmen.

FRÜHE MODEFOTOGRAFIE

Die Fotografie an sich hat die Tendenz, selbst Hässliches schön erscheinen zu lassen. Aber erst als Fotos in Massenmedien wie zum Beispiel Zeitungen veröffentlicht werden konnten, realisierte man das ganze Potenzial der Fotografie, die Wirklichkeit geschönt darzustellen. Ein Trend, der bis heute anhält – die Mode ist untrennbar mit der Modefotografie verknüpft.

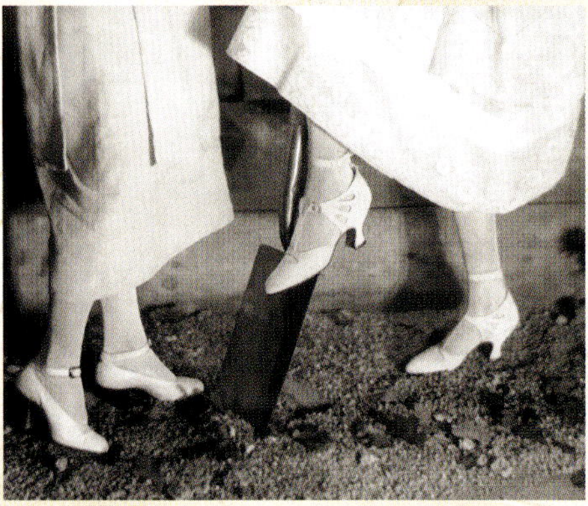

Damenfüße in eleganten Schuhen
Dieses 1919 von dem Franzosen Baron de Meyer aufgenommene Foto ist eines der ersten Beispiele für Werbefotografie.

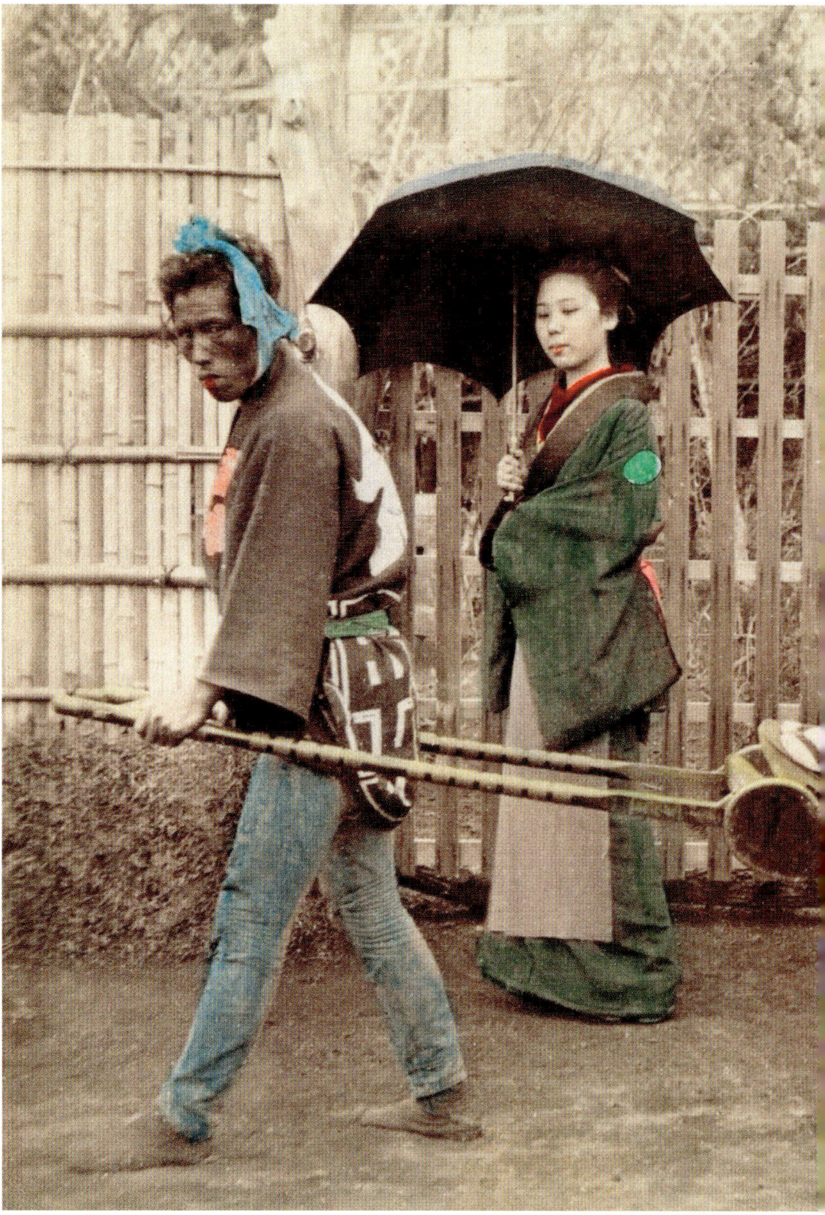

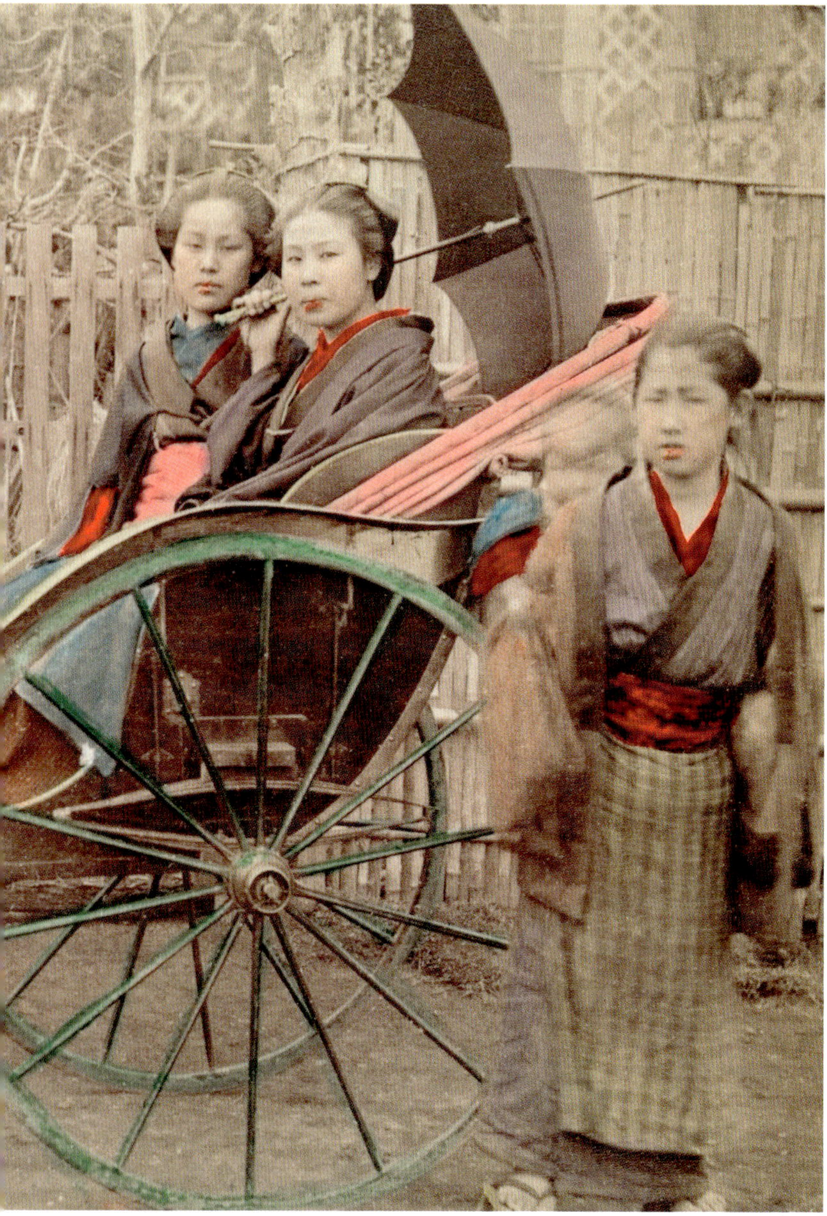

Handkolorierte Studie
Diese Aufnahme eines unbekannten Fotografen entstand zwischen 1900 und 1920. Die intensive Rotschattierung der hellen Bereiche legt die Vermutung nahe, dass die Kolorierung künstlerisch, nicht realistisch wirken sollte.

Erkenntnis und Vision (1920–1950)

Mit der Verbreitung der Fotografie als Massenmedium und der Weiterentwicklung der Technik nutzten Propagandisten und Reformer Bilder zur Verbreitung ihrer Botschaften. Auch die Künstler profitierten von den neuen Möglichkeiten, welche zu einer Erweiterung ihrer künstlerischen Ausdrucksfähigkeit führten.

Bahnbrechende technische Entwicklungen

Um 1920 wurde der Kleinbildfilm auf den Markt gebracht, eine der wichtigsten Erfindungen in der Fotografie. Von 1911 bis 1913 hatte der deutsche Konstrukteur Oskar Barnack (1879–1936) zunächst mit dem Halbieren von 70-mm-Kinofilm experimentiert. Das für damalige Verhältnisse winzige 24 x 36-mm-Filmstück musste später vergrößert werden. Da durch die Vergrößerung auch Mängel stärker sichtbar wurden, waren präzisionsgefertigte Geräte und hochwertige Objektive gefragt.

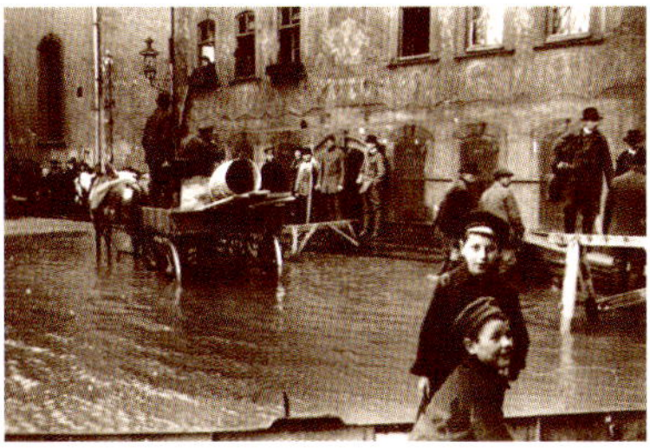

Frühes Leica-Foto
Oskar Barnack, der Erfinder der Leica, war ein geschickter Fotograf. Seine ersten Bilder, zu denen dieses um 1920 entstandene Foto zählt, zeigen, dass er die gewonnene Flexibilität voll zu nutzen wusste.

Man begegnete dem Kleinbildfilm mit Skepsis. In der Ermanox, der ersten, 1924 in Deutschland hergestellten Kompaktkamera, wurde ein 60-mm-Rollfilm verwendet. Ihr lichtstarkes Objektiv ermöglichte Aufnahmen in Innenräumen bei Umgebungslicht. Der Erfolg der Ermanox legte den Grundstein für die Herstellung der Leica 1925. Die bedienungsfreundliche Kompaktkamera wurde schnell zum unverzichtbaren Rüstzeug der Fotojournalisten.

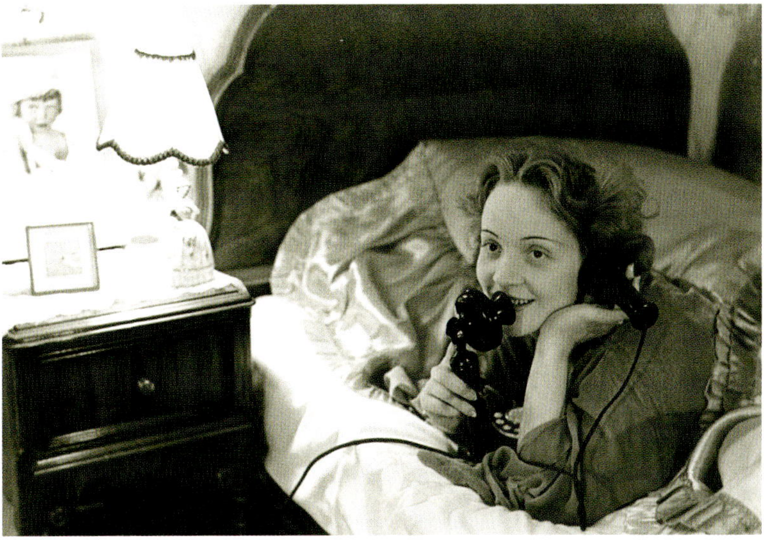

Frühes 60-mm-Ermanox-Foto
Erich Salomon, der 1929 dieses Bild von Marlene Dietrich aufnahm, war der erste, dem mit einer Ermanox meisterliche Schnappschüsse gelangen.

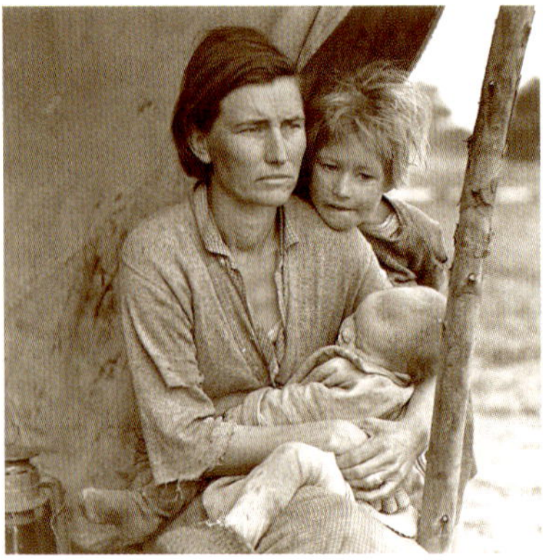

FSA-Dokumentarfoto
Eines der berühmtesten Fotos der im Auftrag der FSA entstandenen Serie war dieses Porträt einer heimatlosen Arbeiterin und ihrer Kinder, das Dorothea Lange 1936 in einem Lager in Kalifornien aufnahm.

Fotografie und Propaganda

Die Fotografie wurde zum machtvollen Mittel bei der Verbreitung politischer Ansichten. Nie zuvor war die Welt so scharf beobachtet worden. Der Soziologe Roy Stryker von der amerikanischen Farm Security Administration (FSA) beauftragte um 1930 ein Fotografenteam, das Leid der verarmten Farmerfamilien zur Zeit der Weltwirtschaftskrise festzuhalten. Mit den Aufnahmen und Fotoausstellungen sollte die Solidarität mit den Betroffenen gefördert werden. Zu den von Stryker ausgewählten Fotografen gehörten Ben Shahn, Walker Evans, Dorothea Lange und Carl Mydans. Die rund 270 000 Dokumentaraufnahmen werden auch heute noch veröffentlicht und ausgestellt.

In Deutschland nutzte das Propagandaministerium unter der Leitung von Joseph Goebbels die zu dieser Zeit bereits weit verbreitete Amateurfotografie zu ihren Zwecken. Um die Idee der arischen deutschen Familie – glücklich, gesund, stark – zu propagieren, wurden Hobbyfotografen angehalten, ihren Familienalltag auf erbauliche Weise festzuhalten.

Auf der anderen Seite fotografierte der in Russland geborene Jude Roman Vishniac (1897–1990), ein anerkannter Wissenschaftler und Kunsthistoriker, das Elend der Juden Osteuropas am Vorabend des Zweiten Weltkrieges. Seine Bilddokumente aus dem Warschauer Ghetto wurden weltbekannt.

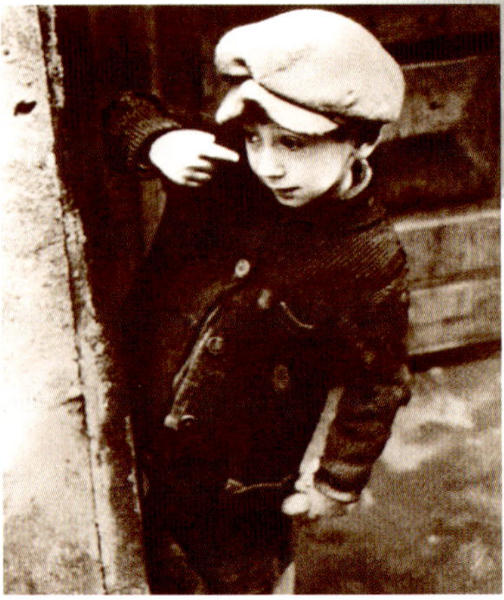

Enthüllung der Wahrheit
Vishniac tarnte sich zur Vermeidung einer Festnahme oft als Hausierer. Dieses Bild entstand nach dem Einmarsch der Nazis 1939 in Polen.

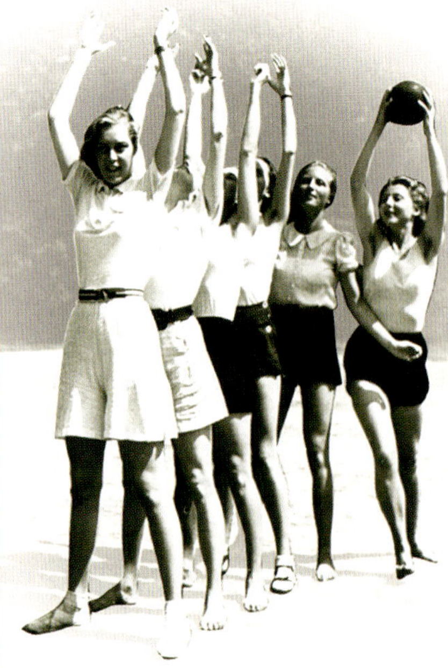

Nazi-Propaganda
Dieses Foto aus dem Jahr 1939 von Frauen bei der Leibesertüchtigung in einer Bräuteschule ist typisch für die Propaganda der Nazis.

Neue Kamerakonstruktionen

Nach dem Erfolg der – patentierten – Leica und ihres Kleinbildformates befassten sich die Hersteller mit neuen Konstruktionen. Dies führte zur Entwicklung der Spiegelreflexkamera (SLR), bei der das Licht im Strahlengang des Objektivs von einem Spiegel auf eine Sucherscheibe reflektiert wurde. Kurz vor der Aufnahme klappte der Spiegel nach oben, damit der Film belichtet werden konnte. Die erste industriell gefertigte 35-mm-SLR war wahrscheinlich die Kine-Exakta von 1936, obwohl die russische Sport möglicherweise bereits ein Jahr zuvor auf dem Markt war. Eine andere Entwicklung war die zweiäugige Spiegelreflexkamera (TLR). Diese fast geräuschlose Kamera war mechanisch einfacher konstruiert als die SLR. Auf Mittelformat-Rollfilm konnten hochwertige Bilder aufgenommen werden. Die bei Profis beliebte Kamera ermöglichte schnelles Arbeiten und eine präzise Scharfeinstellung. Ein Mangel der ersten SLRs und TLRs war die seitenverkehrte Abbildung, was 1948 mit Hilfe eines Fünfeckprismas korrigiert wurde *(s. S. 124)*.

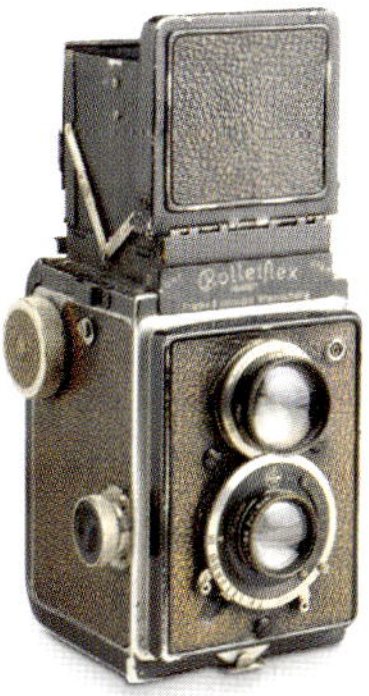

Zweiäugige Spiegelreflexkamera
Die Rolleiflex von Rollei (1929) war eine der ersten TLRs.

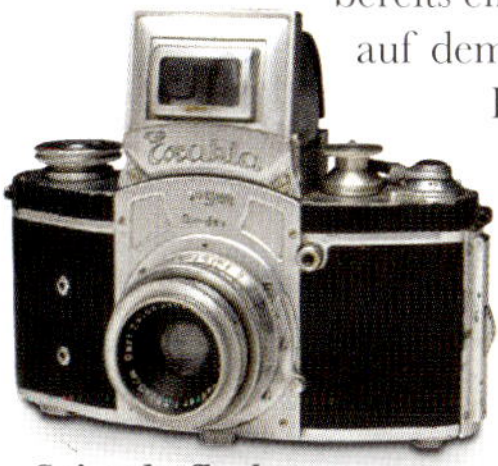

Spiegelreflexkamera
Die Kine-Exakta war die erste serienmäßige SLR-Kamera für das Kleinbildformat und mit einer Reihe von Wechselobjektiven ausgestattet.

Künstlerische Entwicklungen

In Europa führten die Ablehnung fragwürdig gewordener kultureller Werte um 1920 zur Entstehung verschiedener Kunstrichtungen. Darunter übten der Dadaismus und der Surrealismus den größten Einfluss auf die Fotografie aus, da die Unmittelbarkeit des Mediums der Radikalität ihres Kunstbegriffs entsprach. Die Arbeiten von Man Ray zeigen diese Verbindung deutlich *(s. S. 62)*.

***Runner in the City* (Läufer in der Stadt) von El Lissitzky**
Diese Fotomontage des russischen Malers, Grafikers und Architekten Lissitzky entstand 1930.

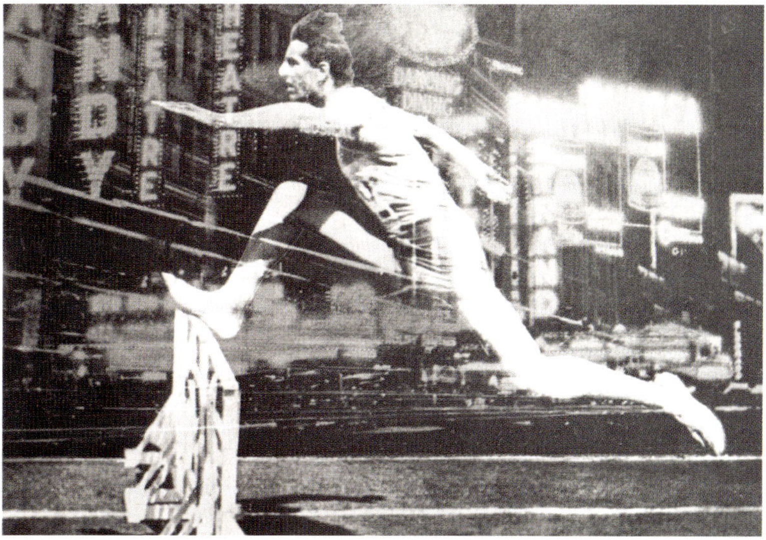

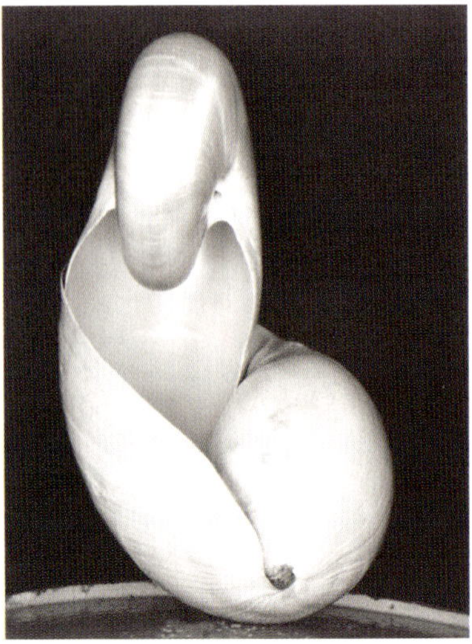

***Die Muschel* von Edward Weston**
Weston & Co. fotografierten Objekte wie Muscheln, Gemüse und Felsen aus nächster Nähe. Zeitlosigkeit prägt diese Bilder.

Die Qualität von Filmen und Objektiven verbesserte sich weiter, so dass die Fotografen erstmals in der Lage waren, ihre Vorstellungen genau zu realisieren, wie die technisch perfekten Arbeiten von Fotografen wie Ansel Adams *(s. S. 26/27)*, Paul Strand und Edward Weston zeigen. Ihre Begeisterung für Natur und Landschaft war so groß, dass der ansonsten eher wortkarge Henri Cartier-Bresson *(s. S. 40/41)* bemerkt haben soll: »Die Welt bricht in Stücke, und Leute wie Adams und Weston fotografieren Steine!« Spöttischen Kommentaren zum Trotz gründeten Weston, Adams und andere 1932 die Künstlergruppe »f/64«, die sich für eine Fotografie einsetzte, die durch größtmögliche Schärfentiefe (symbolisiert durch den Namen der Gruppe, der eine sehr kleine Blendenöffnung anzeigt) und maximale Detailgenauigkeit gekennzeichnet war.

Sofortbildfotografie

1944 experimentierte der Amerikaner Edwin Land (1909–1991) mit der Kombination von Entwickler- und Fixierflüssigkeit in ein und derselben Lösung. Bei Versuchen, bei denen Silbersalze von einer Schicht (dem Film) durch ein dünnes Gel auf eine andere Schicht (das Positiv) diffundierten, erfand er das Sofortbild. Seine erste Polaroid-Kamera, Modell 95, war ab 1948 erhältlich. 1963 wurden farbige Polaroidbilder auf den Markt gebracht; 1972 wurde das Trennbildverfahren durch das integrierte Verfahren ersetzt, bei dem ein einziges Bild in Postkartengröße entstand.

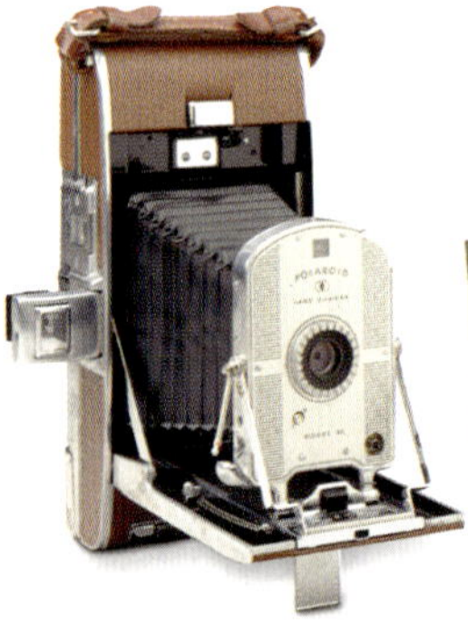

Polaroid-Kamera von Land
Die Kamera war ebenso genial wie das Verfahren selbst. Ausgestattet mit Präzisionswalzen, komplizierten Papierführungen und speziellem Fotopapier, war sie Aufnahmegerät und Fotolabor in einem.

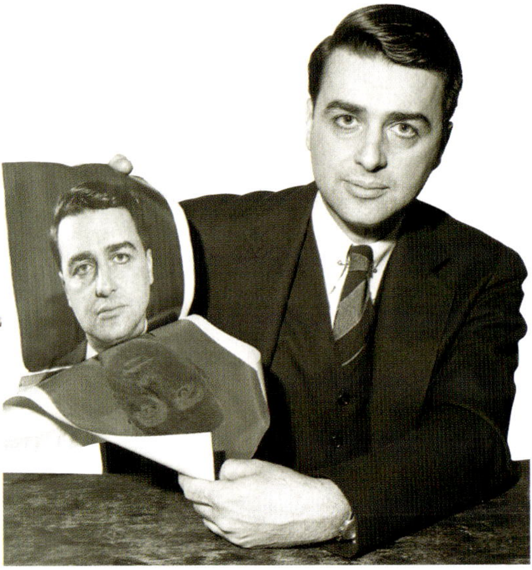

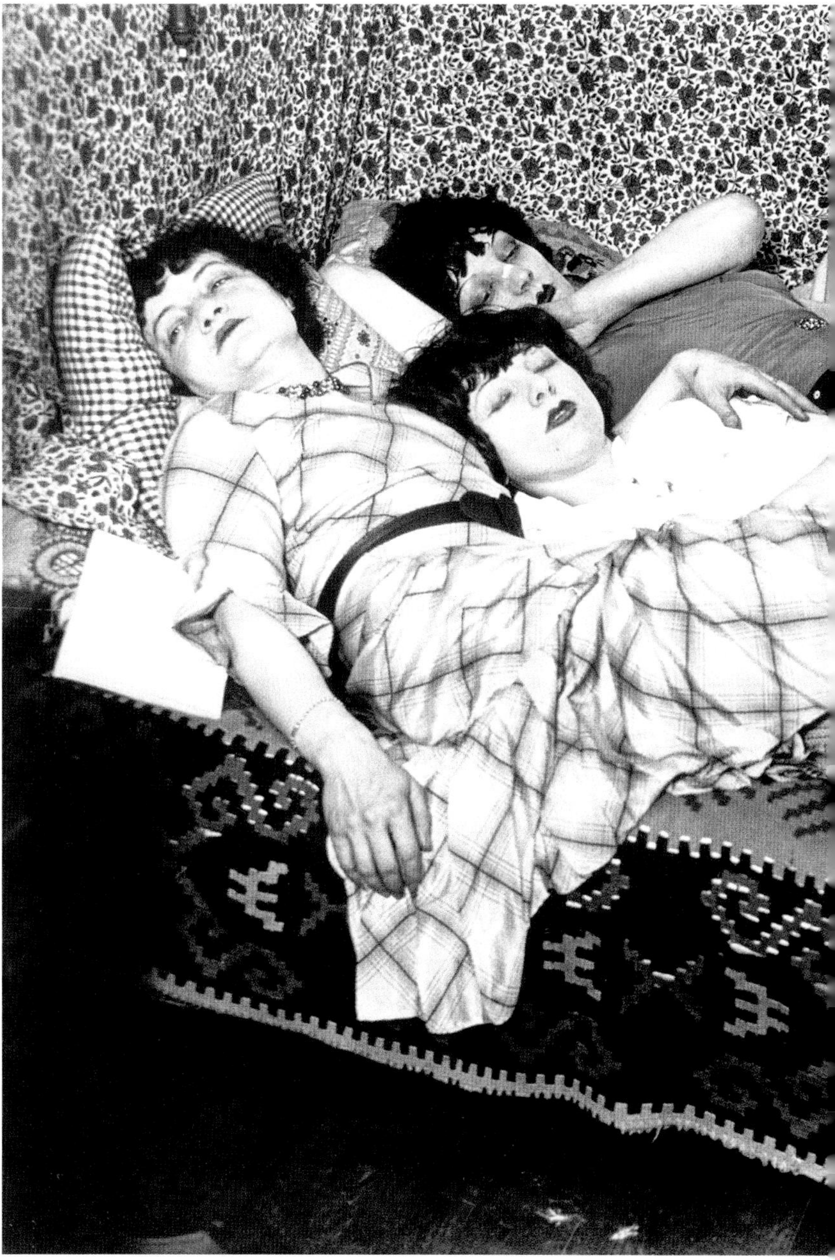

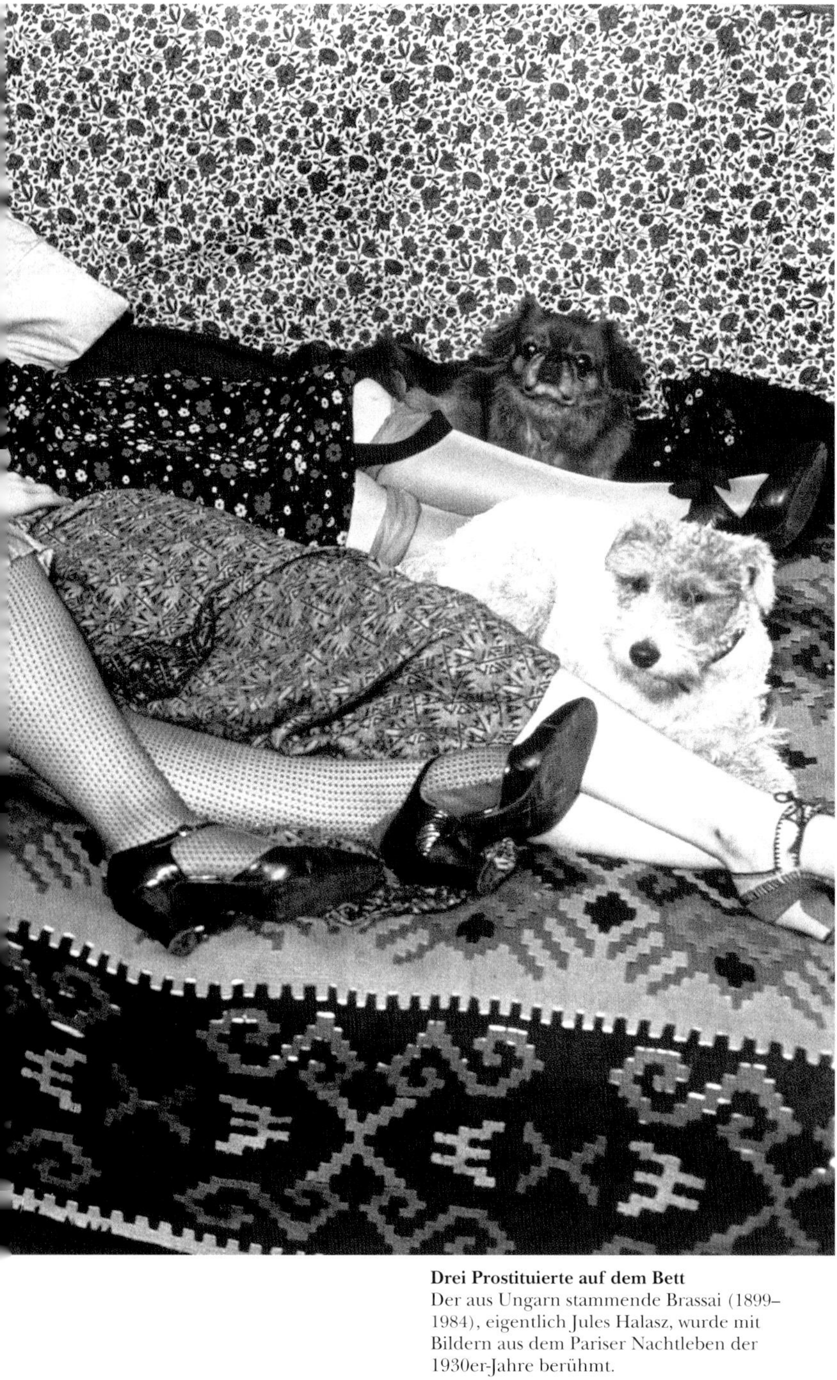

Drei Prostituierte auf dem Bett
Der aus Ungarn stammende Brassai (1899–1984), eigentlich Jules Halasz, wurde mit Bildern aus dem Pariser Nachtleben der 1930er-Jahre berühmt.

Innovation und Rebellion (1950–1970)

In den Nachkriegsjahren war die Fotografie von Zynismus einerseits und Reformgedanken andererseits geprägt. Mit ihren flexiblen Leica-Kameras deckten Fotojournalisten in cognito Sachverhalte auf, die anders nie ans Licht gekommen wären. Eine rasante Entwicklung der Modefotografie ebnete den Weg für die bevorstehende Moderevolution.

Die Fotosammlung *The Family of Man*

Die 1955 von Edward Steichen (1879–1973) organisierte Fotosammlung *The Familiy of Man* nahm mit ihrem zutiefst humanistisch geprägten Grundgedanken entscheidenden Einfluss auf die fotografische Praxis. Das engagierte Projekt umfasste 503 Bilder von 273 Fotografen aus aller Welt. Mit der Ausstellung sollte gezeigt werden, dass »die Kunst der Fotografie ein dynamischer Prozess ist, der Ideen Form gibt und dem Menschen den Menschen erklärt.« Die Ausstellung machte die Rolle der Fotografie als wichtigstes Kommunikationsmedium dieser Zeit deutlich. Die acht Jahre lang in 37 Großstädten auf der ganzen Welt gezeigte Schau zog zehn Millionen Besucher an.

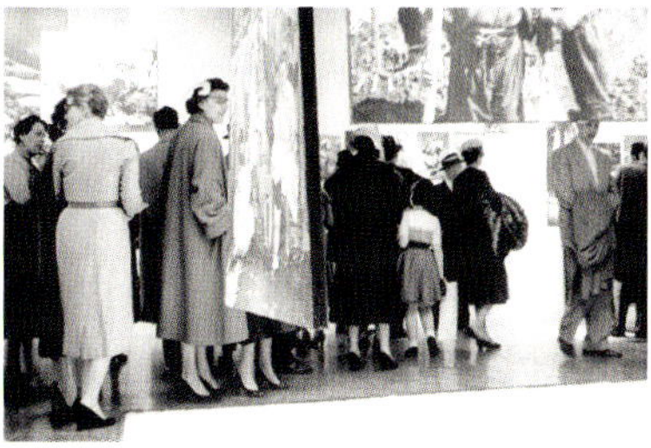

Ausstellungsbesucher
Viele Besucher sahen hier zum ersten Mal großformatige Fotos in Ausstellungsqualität.

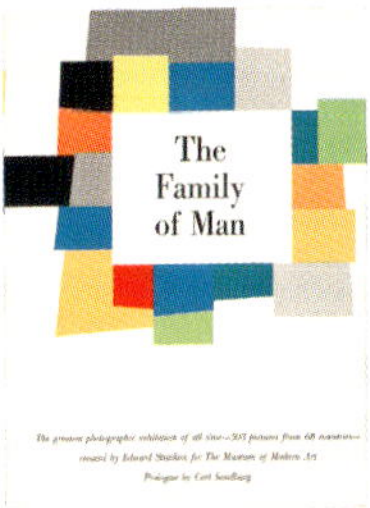

The Family of Man
Der Katalog der wahrscheinlich erfolgreichsten Fotoausstellung der Welt wurde über 50 Jahre lang immer wieder aufgelegt.

Die Ära der Fotojournalisten

Die Auflage der englischen *Picture Post*, die zu Kriegzeiten bereits bei einer Million gelegen hatte, stieg in den Nachkriegsjahren um weitere 30 Prozent. Das Interesse der Öffentlichkeit an Bildberichten ließ auch im Frieden nicht nach. Zwischen 1950 und 1970 hatten Zeitschriften Hochkonjunktur,

FRÜHE BILDVERFREMDUNG

Der 1899 in der heutigen Ukraine geborene Weegee, eigentlich Usher Fellig, wanderte 1909 in die USA aus. Als Zeitungsfotograf eilte ihm der Ruf voraus, bei Mord, Feuer, Verhaftung etc. immer einer der Ersten zu sein. Ab 1948 experimentierte Weegee mit manipulierten Fotografien, was um 1960 zu seiner Hauptbeschäftigung wurde. Zu seinen Methoden gehörte das Vergrößern durch gekrümmtes Glas, das Erhitzen von Negativen und das Fotografieren durch Aschenbecher.

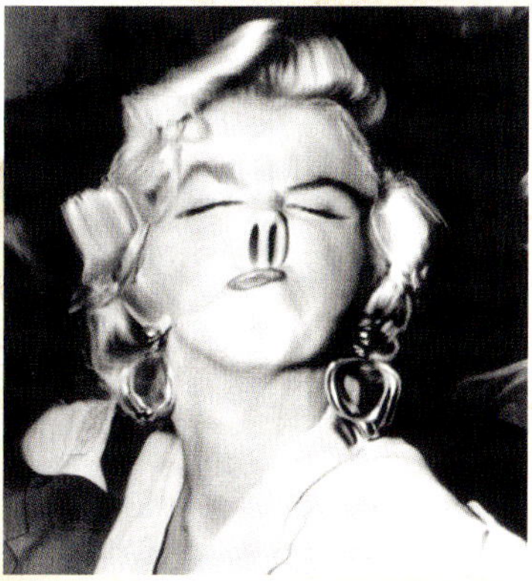

Marilyn Monroe
Bei diesem zu einer Serie gehörenden Bild fotografierte Weegee durch eine Kunststofflinse, die je nach Position unterschiedliche Verzerrungen schuf.

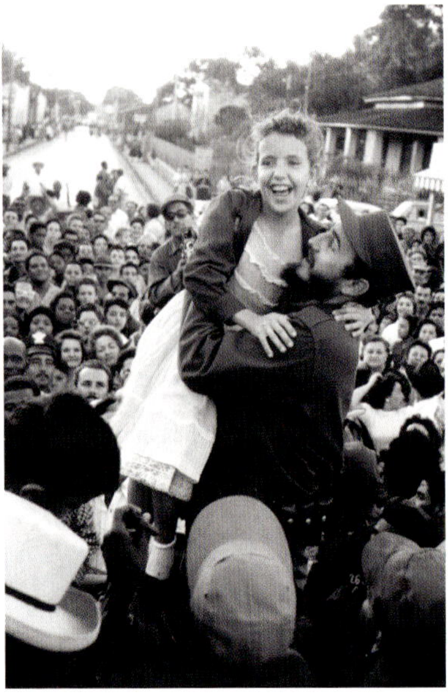

Fidel Castro
Dieses von Burt Glinn aufgenommene Bild von Castro in einer Menschenmenge auf seinem Triumphzug nach Havanna, Kuba, 1959, zeigt zugleich einen menschlichen Moment und das politische Ereignis.

von Modemagazinen wie *Harper's Bazaar* und *Vogue* über naturkundliche Zeitschriften wie *National Geographic* bis hin zu Nachrichtenmagazinen wie *Time* und *LIFE*, das in Spitzenzeiten eine Auflage von 30 Millionen erreichte.

Ab Mitte des 20. Jahrhunderts wurden Bildberichterstatter um die ganze Welt geschickt. Sie wurden selbst ein Thema der Presse, die über ihr abenteuerliches und scheinbar schillerndes Leben berichtete. Zeitschriftenfotografen wie Don McCullin *(s. S. 57)*, Margaret Bourke-White *(s. S. 35)* und Irving Penn waren sehr gefragt. Durch die Enthüllung von Missständen versuchten sie, den Wiederaufbau von zerbombten Städten und angeschlagenen Ökonomien anzukurbeln. In dieser Zeit erreichte der Fotoessay, dessen populärste Vertreter Henri Cartier-Bresson *(s. S. 40/41)*, William Eugene Smith *(s. S. 64)*, Bruce Davidson (geb. 1933), Robert Frank (geb. 1924) und William Klein (geb. 1928) waren, einen Höhepunkt.

Licht im Dunkeln

Die neue Generation von die Welt bereisenden Fotojournalisten brauchte eine Lichtquelle, die ebenso mobil war wie die KB-Kamera. Die Lösung des Problems fand der amerikanische Physiker Harold Edgerton (1903–1990), der Belichtungszeiten erforschte, die kurz genug waren, um Bewegungen wie den Flug einer Kugel einzufrieren. Zu den Erkenntnissen, mit denen er der modernen Blitzfotografie den Weg ebnete, gehörte die Beobachtung, dass die Belichtungszeit die Blitzdauer nicht überschreiten darf. Mit der Erfindung des Stroboskops, mit einem enormen Lichtausstoß in einem Sekundenbruchteil, schuf er die Basis für die spätere Entwicklung des tragbaren Elektronenblitzes. Edgerton selbst veröffentlichte in den 1950er- und 1960er-Jahren zahlreiche Bilder, zum Beispiel von Geschossen, die Spielkarten zerfetzen, oder von Sportlern in Bewegung, mit denen er bewies, dass ein Wissenschaftler gleichzeitig ein Künstler sein kann.

***Milchtropfenkrone* von Harold Edgerton**
Die Blitzbelichtung dauerte bei diesem Bild aus dem Jahr 1957 höchstens 1/50 000 s und zeigt ein Motiv, dessen Schönheit für das menschliche Auge nicht sichtbar ist.

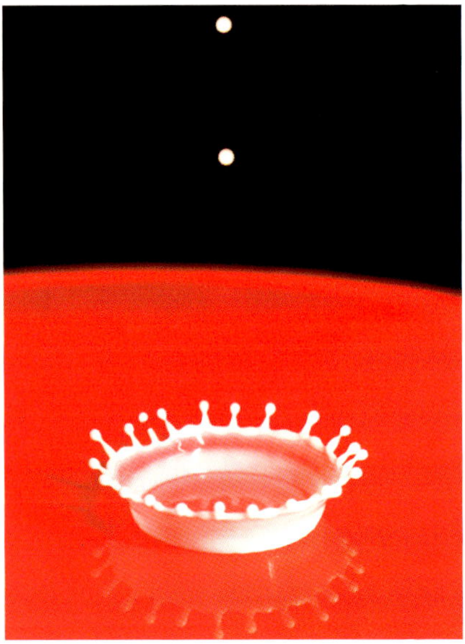

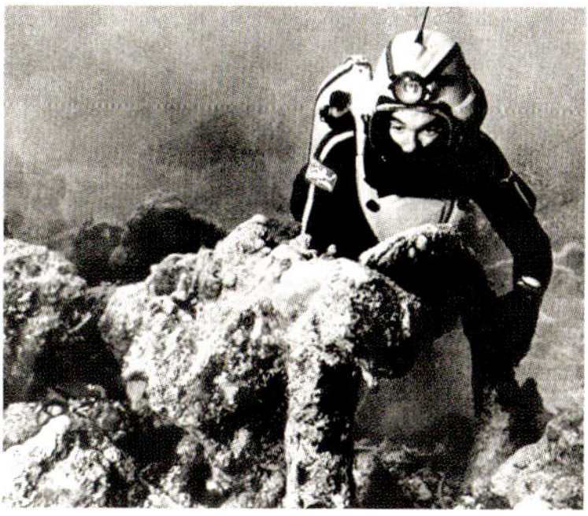

Unterwasserbeleuchtung
Aufgenommen mit Hilfe der Unterwasserbeleuchtung von Harold Edgerton, erforscht Jacques Cousteau 1969 den Meeresgrund.

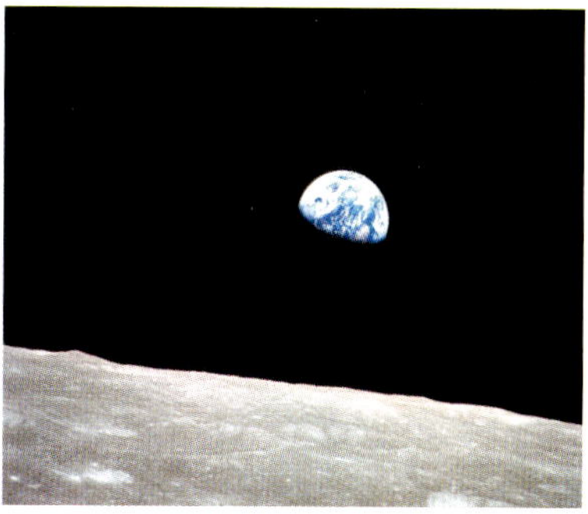

Fotografie im Weltraum
Dieser Anblick der Erde bot sich 1968 den Astronauten in der Apollo 8 nach einer Mondumkreisung.

Neue Grenzen

Heute ist es eine Selbstverständlichkeit, dass wichtige Ereignisse gefilmt oder fotografiert werden. Der Meeresforscher Jacques Cousteau (1910–1997) öffnete einem Millionenpublikum die Augen für die Wunder der Unterwasserwelt, nachdem er zusammen mit Edgerton die notwendigen Beleuchtungssysteme perfektionierte hatte. Erstaunlicherweise kam man, als 1961 Juri Gagarin als erster Mensch ins Weltall flog, nicht auf den Gedanken, ihm einen Fotoapparat mitzugeben. Die ersten Bilder vom Weltraum wurden mit einer Kamera aufgenommen, die der Astronaut John Glenn 1962 an Bord der Mercury schmuggelte. Diese Fotos überzeugten die NASA, bei Linhof, Nikon und Hasselblad speziell für die Raumfahrt geeignete Kameras in Auftrag zu geben.

Modefotografie

Zur selben Zeit revolutionierten Entwicklungen in der Modefotografie die gesamte Fotoszene. London war in den Swinging Sixties ein Zentrum der Mode, und britische Modefotografen wie David Bailey (geb. 1938) und Terence Donovan (1936–1996) waren international gefragt. Einerseits verdankte ihnen die Branche ihr gesteigertes Ansehen, andererseits brachten sie

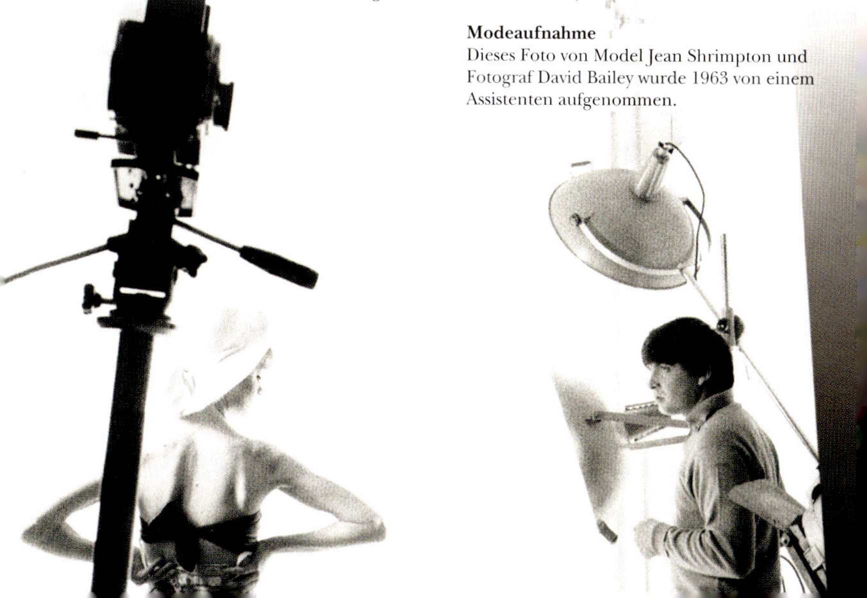

Modeaufnahme
Dieses Foto von Model Jean Shrimpton und Fotograf David Bailey wurde 1963 von einem Assistenten aufgenommen.

sie immer wieder in Verruf. Mode, Modedesigner und Modefotografen waren für Zeitungen und Zeitschriften immer ein Thema. Der Geist der Liberalisierung, der dieses Jahrzehnt prägte, zeigt sich in den Arbeiten von Helmut Newton (1920–2004) und Guy Bourdin *(s. S. 34)*, die Sex und Erotik als Werbemittel einsetzten. Die Karriere von High-Society-Fotografen wie Lord Snowdon (geb. 1930) und Lord Lichfield macht deutlich, dass die Fotografie längst nicht nur die jüngere Generation begeisterte und alle Gesellschaftsschichten, auch die obersten, in ihren Bann gezogen hatte.

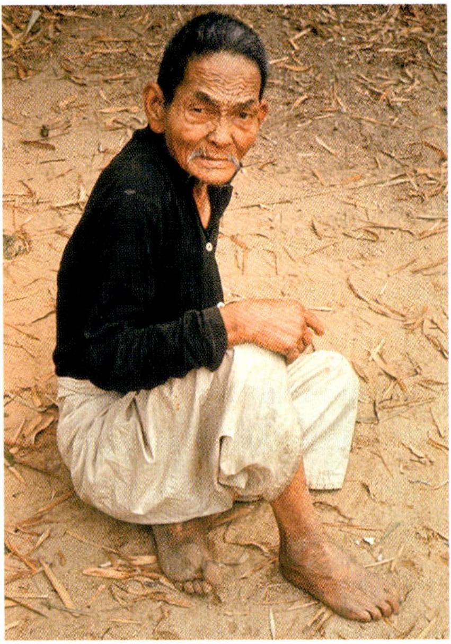

Massaker von My Lai
Zu den bekanntesten Aufnahmen aus dem Vietnamkrieg gehören die Fotos vom Massaker von My Lai von Ronald Haeberle. Dieser alte Mann wurde kurze Zeit später von den US-Soldaten erschossen.

Der Vietnamkrieg

Hunderte von Fotografen zogen aus, um Tod, Zerstörung und moralische Verkommenheit im Vietnamkrieg zu dokumentieren. Die Streitkräfte der USA hießen Journalisten und Fotografen willkommen, denn sie rechneten damit, dass die Berichterstattung ihren Interessen dienlich sein würde. In Vietnam begann die Karriere der Briten Larry Burrows (1926–1971) und Don McCullin *(s. S. 57)* sowie der amerikanischen Fotografen Eddie Adams (1933–2004) und Catherine LeRoy (geb. 1945). Dennoch stammt der schlagendste Beweis für die Macht der Fotografie als Dokumentationsmedium von einem Amateurfotografen: Ronald Haeberle hielt auf zwei Filmen das Massaker von My Lai fest, bei dem 500 Zivilisten getötet wurden. Die Bilder entsetzten die Weltöffentlichkeit, die erst durch sie von der Operation erfuhr. Zusammen mit einer Handvoll weiterer Fotos führten die Aufnahmen letztendlich dazu, dass die Zustände in Vietnam bekannt wurden und öffentliche Proteste gegen den Krieg begannen, bis die US-Truppen schließlich abgezogen wurden.

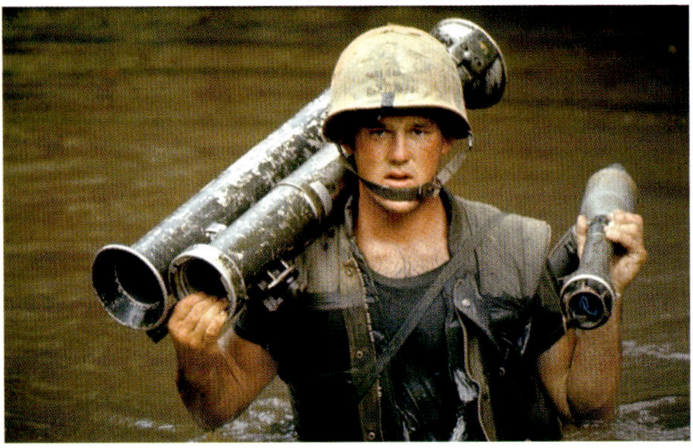

Porträt des Kriegs
Das Bild aus dem Jahr 1966 zeigt den Soldaten Philip Wilson, der in der demilitarisierten Zone ein Raktenabwurfgerät über einen Fluss trägt. Zwölf Tage später starb er im Gefecht. Es war die offene Sympathie mit den Vietnamesen, die die Bilder des Kriegsberichterstatters Larry Burrows bekannt machte.

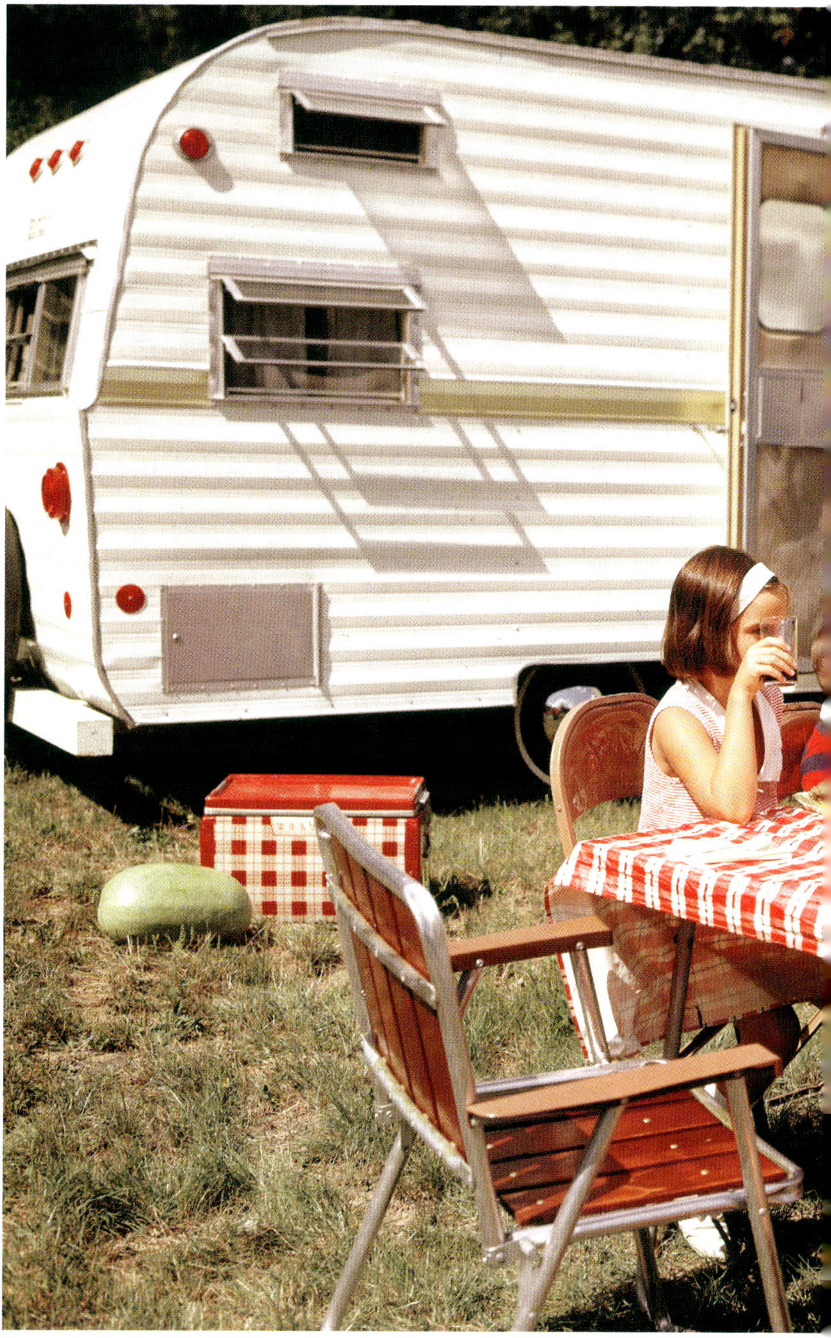

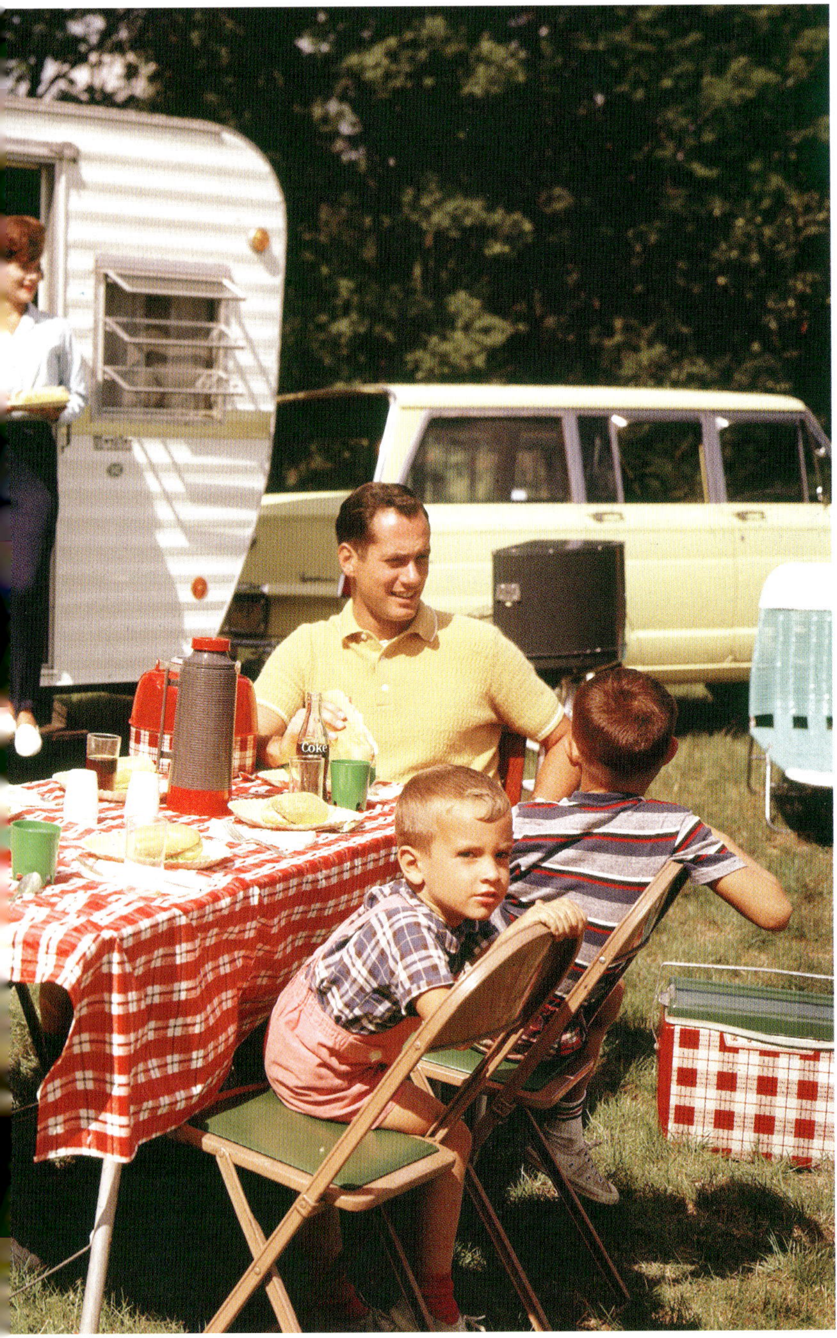

Picknick in der Sonne
Farbfotos enthüllten den Schrecken des Kriegs in Südostasien. Gleichzeitig wurde die Farbfotografie in den USA vor allem in der Produktwerbung und zur Propagierung eines modernen Lebensstils eingesetzt.

Strömungen (1970–1990)

Mit dem technologischen Fortschritt erschlossen sich der Fotografie neue Anwendungsbereiche. In der künstlerischen Fotografie lösten sich die klassischen Genregrenzen auf: Schnappschüsse wurden Kunst, und die Modefotografie ließ sich von der Dokumentarfotografie inspirieren. Die Fototechnologie bereicherte unser Wissen von uns selbst und über die Welt.

Neue Farbfotografie

Um 1970 kam eine zweite Welle der topografischen Fotografie auf. Als Reaktion auf die Ästhetik von Ansel Adams, Edward Weston und anderen Mitgliedern der Gruppe »f/64« *(s. S. 95)* war diese Strömung von einer Hinwendung zu flüchtigen Motiven und vor allem zur Farbe geprägt. Ihr wichtigster Vertreter war der Amerikaner William Eggleston (geb. 1939). In seinen bis heute enorm einflussreichen Bildern wandte er sich vermeintlich banalen Alltagsgegenständen und Nebensächlichkeiten zu – einem Straßenschild, einem Schuh oder dem Dreirad eines Kindes. Andere, wie seine Landsmänner Stephen Shore (geb. 1947), Richard Misrach (geb. 1949) und Joel Sternfeld (geb. 1944), fotografierten menschenleere Orte – Straßenecken, Swimmingpools und Parkplätze –, ganz so, als wollten sie sich über den Perfektionismus und die Naturmotive der frühen Visionäre mokieren.

Digitalfotografie

Bereits etwa zwanzig Jahre vor der Entwicklung von Adobe Photoshop rettete Howard Sochurek, Fotograf für *LIFE* und *National Geographic*, 1970 einen von der NASA ausrangierten Computer und nutzte ihn zur digitalen Bearbeitung seiner Bilder. Die Arbeiten von Sochurek waren zwar visionär, aber zu fortschrittlich für die ihm damals zur

Erkenntnis und Vision
Joel Sternfeld war ein scharfer Beobachter mit einem feinen Sinn für Komposition. Hier kauft ein Feuerwehrmann Kürbisse, während seine Kameraden ein Feuer löschen.

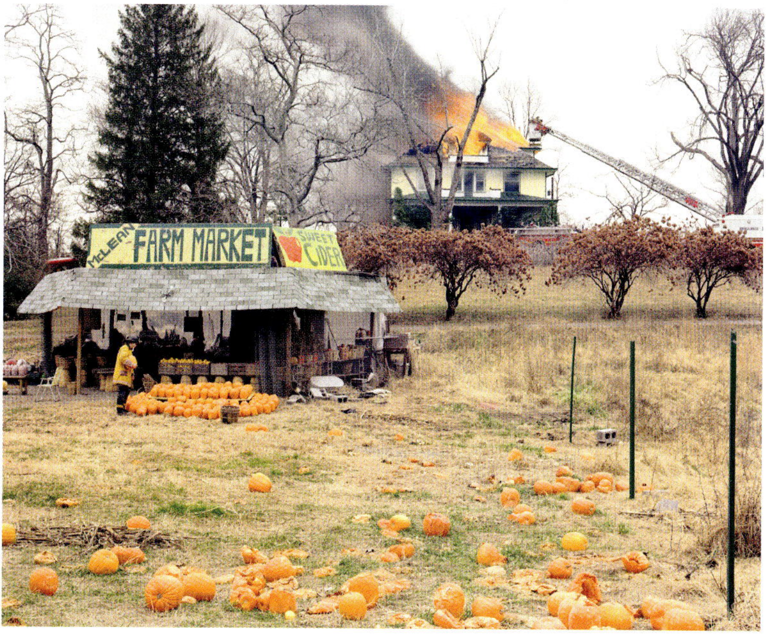

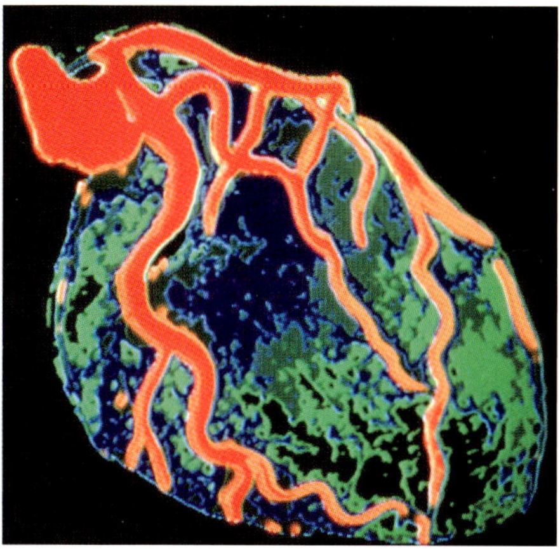

Frühe Bildbearbeitung
Durch die Verwendung von Farbe weckte Howard Sochurek das Interesse der Öffentlichkeit für wissenschaftliche Bilder wie diese Aufnahme eines Herzens.

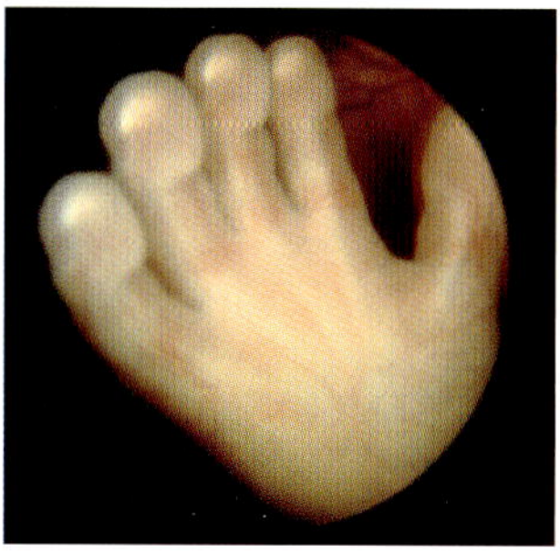

Medizinische Durchbrüche
Dieses Foto von der Hand eines drei Monate alten Fötus wurde im Mutterleib mit einem Endoskop aufgenommen, einer langen Röhre mit einer Linse am Ende.

Verfügung stehende Technologie. Er musste die bearbeiteten Bilder von einem Fernsehbildschirm abfotografieren, da sie sich nicht in ausreichender Qualität ausdrucken ließen. Die Welt musste noch bis 1990 warten, ehe Computer und Software aufgeholt hatten.

Das Sichtbarmachen bislang unsichtbarer Naturprozesse brachte die Naturwissenschaften einen großen Schritt weiter: Landsat-Satelliten übermittelten Bilder von der Erdoberfläche und beobachteten die Großwetterlage, und in der Medizin blickten Ärzte mit Endoskopen ins Leibesinnere.

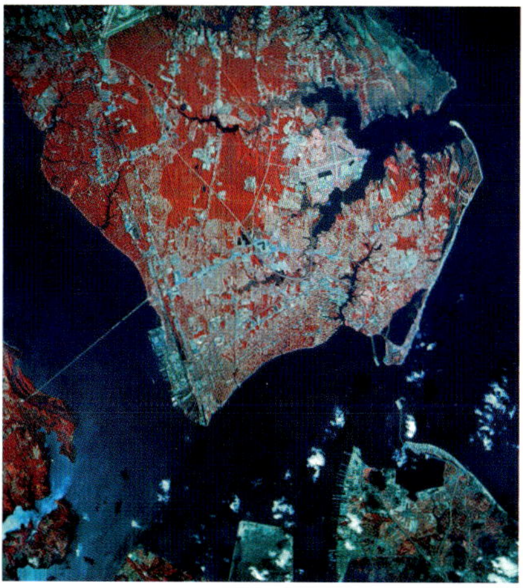

Landsat-Aufnahme
Ein Manko der Satellitenbilder waren ihre künstlichen Farben. Sie gehören zu den ersten Fotos, die digital bearbeitet wurden, mit der Absicht, sie in naturnaher Farbgebung zu veröffentlichen.

ELEKTRONISCHER FORTSCHRITT

Aufgrund der wachsenden Beliebtheit der Fotografie arbeiteten die Hersteller fieberhaft an weiteren Innovationen. Kameras enthielten immer mehr elektronische Bausteine, zum Beispiel eine integrierte Belichtungsautomatik. Den Konstrukteuren gelang es mit der Digitaltechnik erstmalig, ein Zoom-Objektiv herzustellen, dessen Leistungsfähigkeit einer Festbrennweite ebenbürtig war.

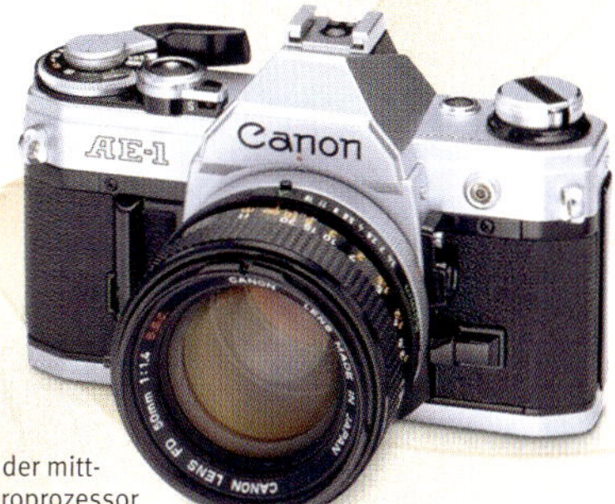

Canon AE1
Viele Funktionen dieser 1976 eingeführten Kamera der mittleren Preisklasse wurden erstmals durch einen Mikroprozessor gesteuert. Ihre Modulbauweise vereinfachte die Fertigung erheblich.

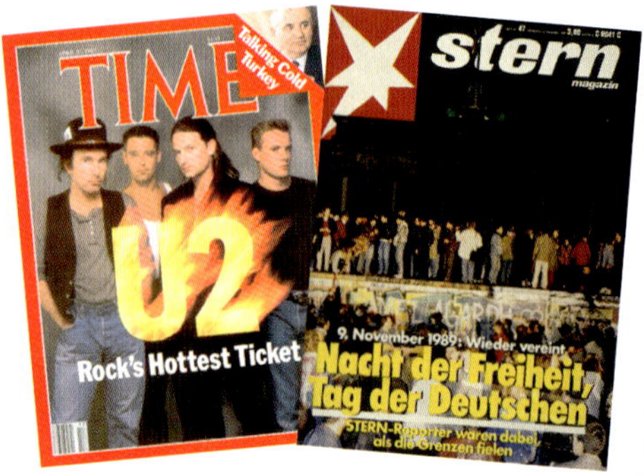

Die Zeitschriften *Time* und *Stern*
In der 1980er-Jahren versprachen Berichte über Popgruppen häufig höhere Auflagen als jede andere Titelstory. Die Beliebtheit von Klatschzeitschriften stieg spürbar an.

Prominente im Blickpunkt

Während Nachrichtenmagazine wie *LIFE*, *Stern* und *Paris Match* durch das Fernsehen Leserschaft einbüßten, gewannen solche Zeitschriften, die hauptsächlich von Stars und Sternchen berichteten, Leser hinzu. Mit dem Interesse an Bildern von Film- und Popstars begann der Aufstieg eines neuen Fotografentypus: des Paparazzo. Die nach dem aufdringlichen Pressefotografen in Fellinis Film *La Dolce Vita* benannte Zunft trotzte Wind und Wetter, war immun gegen Beleidigungen, verfolgte die Prominenz mit nie nachlassender Beharrlichkeit und interessierte sich nicht so sehr für die Personen selbst, als für den Rummel, der um sie gemacht wurde. Fotografen wie Alfred Eisenstaedt *(s. S. 44)*, Dirck Halstead und Harry Benson gingen für ihre Bildreportagen ähnlich hartnäckig vor, aber sie schossen ihre Fotos niemals ohne die Zustimmung der fotografierten Personen. Im Gegensatz dazu war für die Paparazzi Privatsphäre ein Fremdwort. Als äußerst hilfreich erwiesen sich Superteleobjektive (600 mm und mehr), empfindliche Filme und Motoraufzüge für Serienaufnahmen in schneller Abfolge.

Intelligente Werbung

Ein Höhepunkt in der Geschichte der Fotografie waren die Spitzenleistungen, mit denen sich Fotografen wie John Claridge und Steve Cavalier in der Werbebranche einen Namen machten. Die visuellen Tricks und die brillante

Fotos von Prominenten
Prinzessin Diana *(unten)* wurde zu einer der meistfotografierten Person der Welt. Ihre Beliebtheit bei den Paparazzi führte 1997 indirekt zu ihrem Tod bei einem Autounfall.

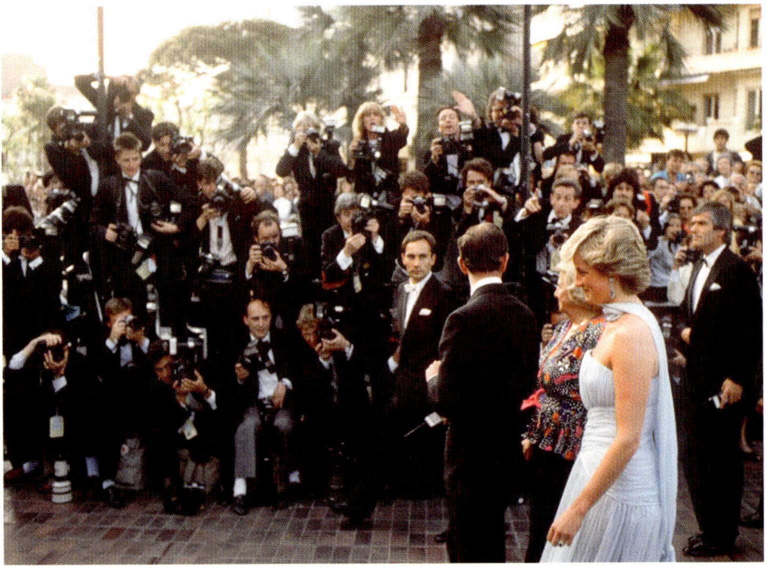

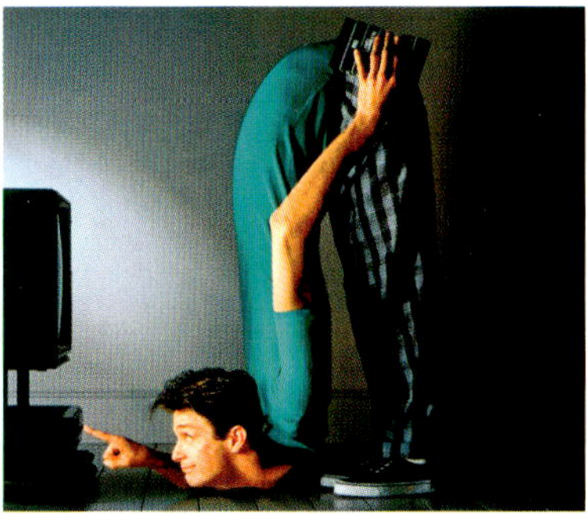

Schlangenmensch
Für eine Werbekampagne von Ferguson, 1987, verschmolz Steve Cavalier überzeugend drei einzelne Aufnahmen zu einem einzigen Bild mit nahtlosen Übergängen.

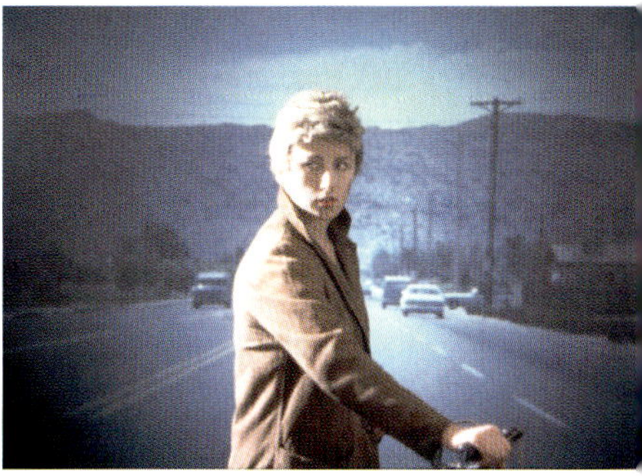

Videostandbild-Selbstporträt
Cindy Sherman nutzte die visuellen Merkmale eines Videos, um sich selbst als namenlose Darstellerin in einem namenlosen Video darzustellen.

Fotografie der innovativen Werbekampagnen zum Beispiel für Dunhill, Smirnoff und Ferguson, welche in Zusammenarbeit mit renommierten Bildbearbeitungsspezialisten entstanden, setzten ästhetische Maßstäbe.

Neue Porträtfotografie

Die ganze Geschichte der Fotografie ließe sich allein anhand der Porträtfotografie erzählen. Technische und künstlerische Vorlieben einer Epoche spiegeln sich direkt in den Porträtdarstellungen der Zeit wider. In den 1980er- und 1990er-Jahren war es der zunehmend sich selbst in Frage stellende Stil der Porträtfotografie, der nicht nur einen Verlust des Vertrauens in die Fotografie zum Ausdruck brachte, sondern auch zynische Tendenzen in der Gesellschaft spiegelte. Die Orientierungs- und Identitätskrise offenbart sich in den Werken von Cindy Sherman (geb. 1954): Ihrer Ansicht nach sagt ein Porträt nichts über das Modell aus (meist die Fotografin selbst), da das Erscheinungsbild der Person je nach fotografischem Stil immer unterschiedlich ist. Gleichzeitig warf die zunehmende Nutzung der digitalen Bildbearbeitung Fragen nach der Authentizität der Fotografie auf.

Holografie

Die Erfindung des Lasers ermöglichte 1960 die Erstellung eines dreidimensionalen Bildes – des Hologramms. Die ersten Hologramme zeigten wertvolle Artefakte, die auf die Weise von einem Massenpublikum wie reale Gegenstände von allen Seiten betrachtet werden konnten. In den 1970er- und 1980er-Jahren waren Hologramme der letzte Schrei: Wandgroße Formate wurden in Kunstgalerien ausgestellt, kleinste Anfertigungen als Schmuckstück getragen. Die Herstellung von Hologrammen war jedoch mühevoll, und lebendige Motive konnten nur mit fortschrittlichsten Lasern holografiert werden. Auch Streitigkeiten zwischen den Pionieren der Holografie behinderten ihre Entwicklung. Aufstieg und Fall der Holografie als Kunstform dauerten nur zehn Jahre. Heute besteht sie etwa in dem Regenbogenhologramm auf Kreditkarten fort.

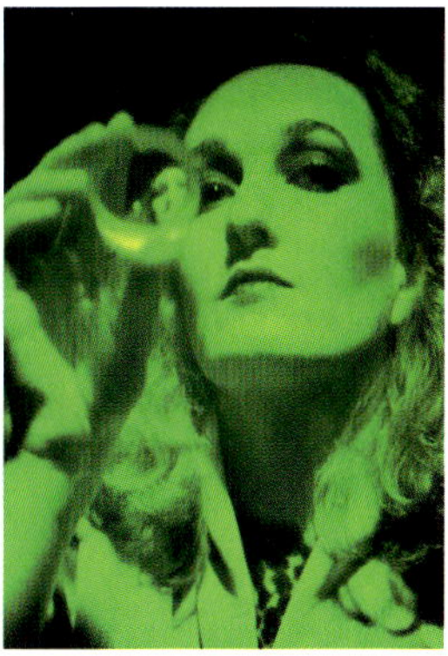

Holografisches Bild
Die Künstlerin Edwina Orr schuf 1982 mit Hilfe eines extrem starken und kurzen Laserstrahls ein Hologramm von sich selbst.

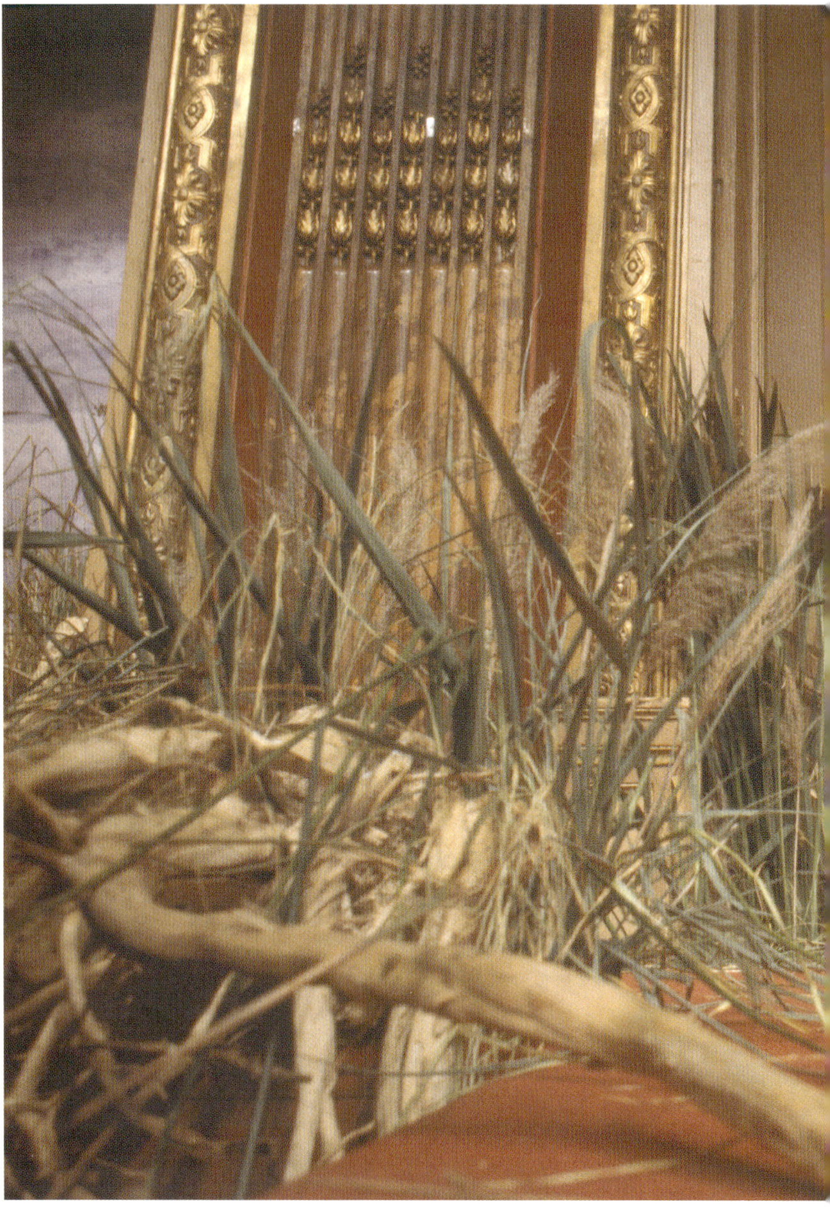

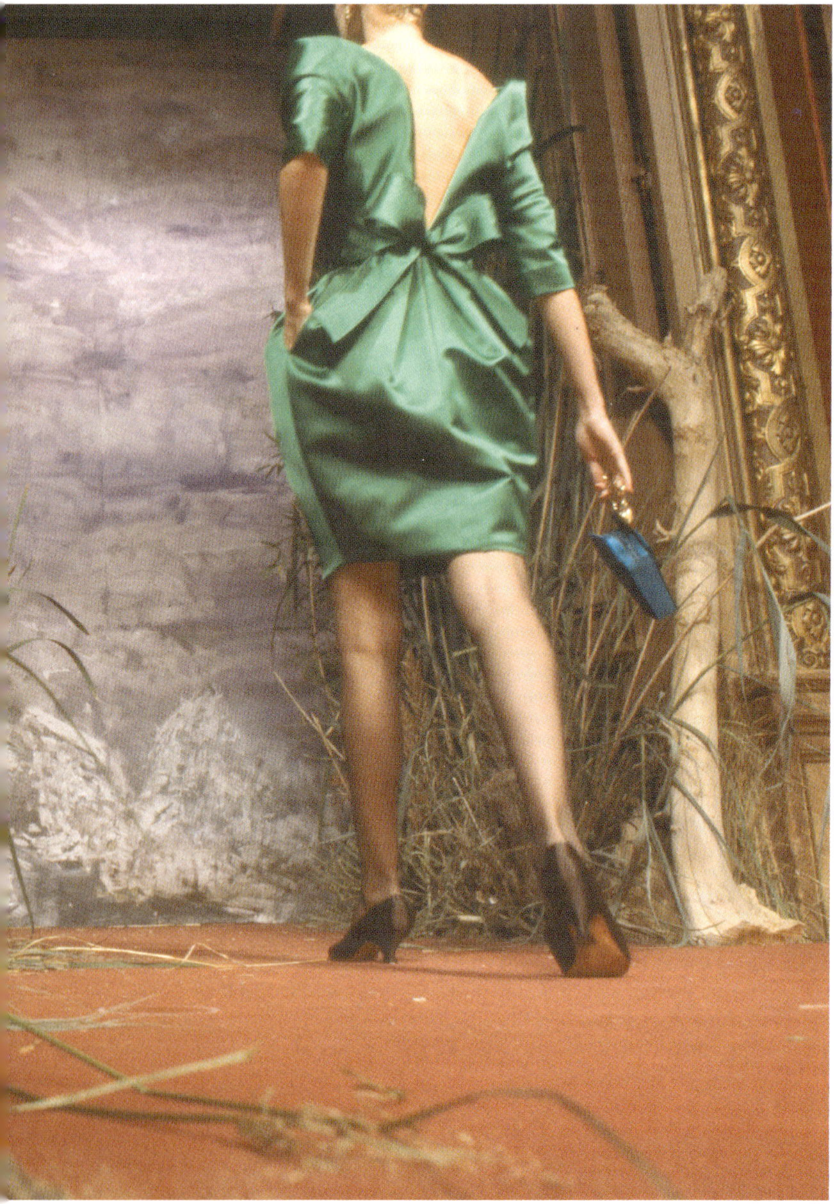

Mode von Christian Lacroix
Die 1980er-Jahre brachten jede Menge Stilmischungen hervor. Dieses 1987 von dem Iraner Abbas (geb. 1944) aufgenommene Modefoto nimmt ausdrücklich Bezug auf seine Arbeit als Dokumentarfotograf.

Perspektiven (1990 bis heute)

Die Einführung des Bildbearbeitungsprogramms Adobe Photoshop 1990 war ein Meilenstein in der Fototechnik und sorgte für einen gigantischen Aufschwung der Digitalfotografie. Digitale Kameras, Video und das Internet machten traditionellen Fotoapparaten und -verfahren Konkurrenz. Die Trennlinie zwischen Berufs- und Hobbyfotografie verwischte zusehends.

Die digitale Revolution

1991 brachte Kodak die erste professionelle Digitalkamera DCS-100 auf den Markt. Sie war mit einem Sensor von damals sagenhaften 1,3 Megapixel, einem Nikon-F3-Gehäuse und einem 200-MB-Speicher ausgestattet. Zur Bildbetrachtung und -speicherung konnten ein Schwarzweißmonitor und eine Festplatte angeschlossen werden. Kamera und Zubehör wogen allerdings 5 kg und kosteten circa 25 000 Euro. Vier Jahre später führte Apple die Quicktake 100 ein, die umgerechnet 750 Euro kostete. Allmählich begann der Bedienungskomfort die Bedenken hinsichtlich der Bildqualität zu überwiegen. 1994 wurde in Photoshop (Version 3) die Arbeit mit Ebenen eingeführt, so dass die Bilder übereinander gelegt und einzeln angepasst werden konnten. Der Fortschritt in der Digitalfotografie vollzog sich so schnell, dass bereits 2004 die Bildqualität der Digitalkameras die der traditionellen Kleinbildkameras übertraf.

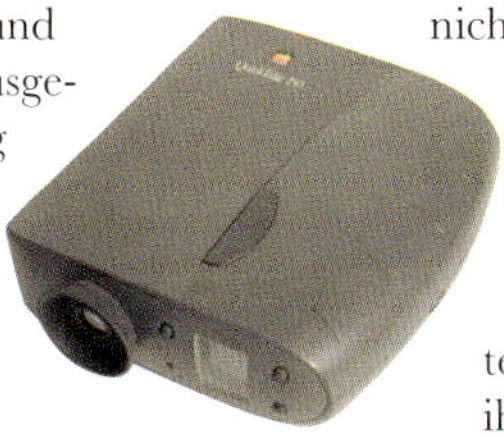

Apple Quicktake 100
Eine der ersten Digitalkameras, die auch für Amateure erschwinglich war, mit einer Auflösung von 480 x 640 Pixel.

Online-Zugang

Wachstum und Verbreitung des World Wide Web revolutionierten die Vermarktung, die Präsentation und die Verkaufswege von bzw. für Fotos. Mit einem Besuch auf der Webseite des Fotografen konnte ein Bild von Millionen Menschen gleichzeitig betrachtet werden, ohne dass es dessen Archiv verließ. Das Internet demokratisierte die Fotografie. Der Zugriff war nicht nur unabhängig von der geographischen Entfernung, sondern auch von Zeitzonen, Öffnungszeiten und Erscheinungsterminen. Fotografen brauchten für die Veröffentlichung ihrer Bilder keine Vermittler mehr. Von 2000 bis 2004 stieg die Anzahl der Webseiten mit fotografischen Inhalten von 30 auf 100 Millionen. Fast über Nacht wurden die Internetnutzer zu den wichtigsten Produzenten und Konsumenten von Fotos.

Fotojournalismus in Farbe

Nach 1990 wurde die in einen Nischenbereich gedrängte Schwarzweißfotografie nur noch von wenigen Enthusiasten und einer Handvoll Fotojournalisten praktiziert, deren Arbeiten ausgestellt oder als Kunstdrucke verkauft wurden.

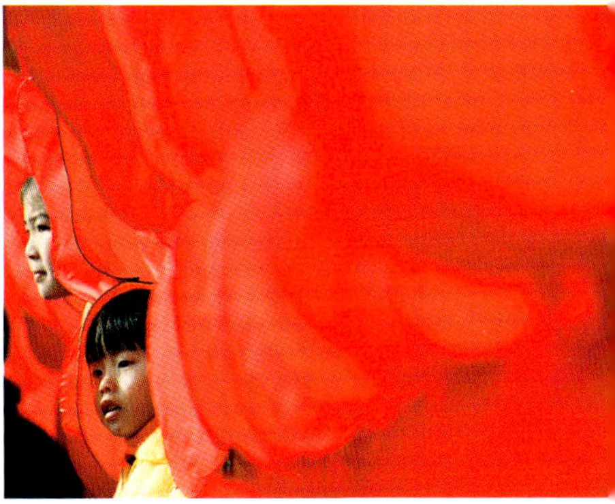

Kreativität in der Zeitungsfotografie
Einfallsreiche, anspruchsvolle Zeitungsfotografie wird allgemein geschätzt. Das bedeutet für die Fotografen großen kreativen Spielraum.

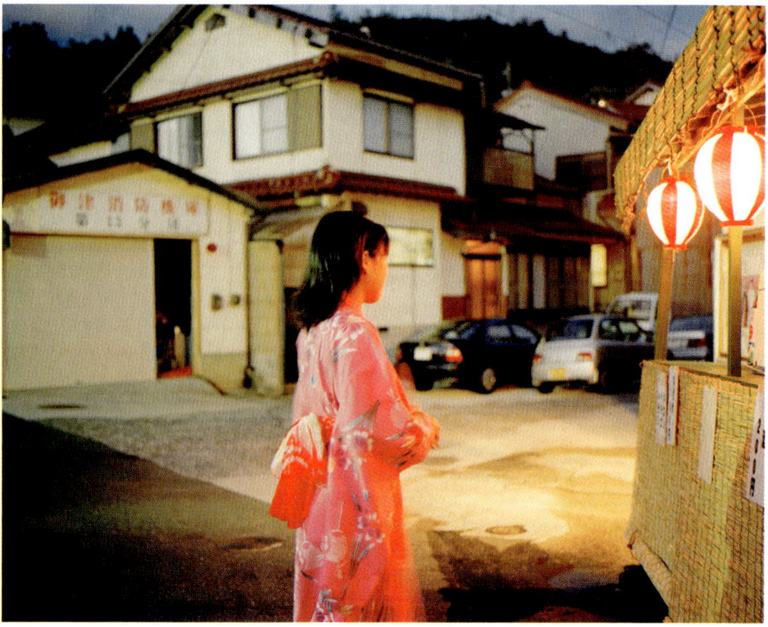

Neuer Fotojournalismus
Chris Steel-Perkins nahm dieses Bild 2000 in Japan auf. Es ist charakteristisch für seinen indirekten, piktorialistischen Stil.

Das Medium des Fotojournalismus war Farbe – möglichst viel davon und möglichst kräftig. Der Brite Chris Steele-Perkins (geb. 1947), der Amerikaner Alex Webb (geb. 1952) und der Belgier Harry Gruyaert (geb. 1941) waren die Vorreiter dieses neuen Stils. Sie nutzten dabei die Schwächen von Diafilmen für ihre künstlerischen Zwecke, zum Beispiel den Umstand, dass dunkle Schatten schwarz werden. Ihre Fotos mit den intensiv leuchtenden, reinen Farben und tiefschwarzen Bereichen haben weniger dokumentarischen Charakter, sie wollen beim Betrachter in erster Linie Gefühle wecken.

Vorstoß in die Tiefen des Weltalls

Mit dem Abschuss des Hubbleteleskops 1990 erlangte die Farbfotografie intergalaktische Reichweite. Das erste optische Teleskop in der Erdumlaufbahn konnte Sterne ohne atmosphärischen Schleier und mit unglaublicher Klarheit aufzeichnen. Durch einen Herstellungsfehler war die Bildqualität in den ersten Betriebsjahren allerdings begrenzt; die Bilder, die es zur Erde sandte, waren unscharf. 1993 wurde Hubble in der Umlaufbahn von Astronauten repariert und lieferte daraufhin atemberaubende Bilder von Tausende von Lichtjahren entfernten Sternen. Seine Leistung übertraf alle Erwartungen und erreichte die theoretische Grenze des Möglichen.

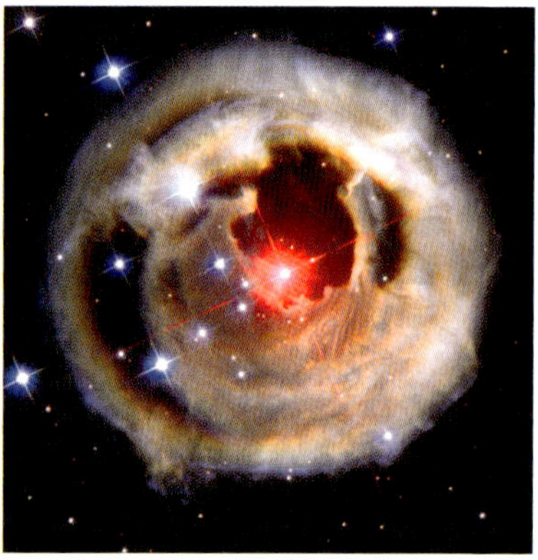

Hubblefoto, 2004
Ein etwa 20 000 Lichtjahre entfernter Stern, eingefangen von der Advanced Camera for Surveys (ACS) des Weltraumteleskops Hubble.

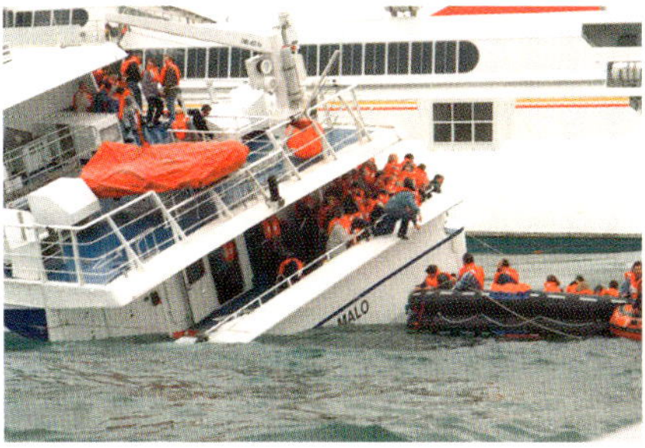

Amateur-Zeitungsfoto
Die 1995 vor der Küste von Jersey sinkende St.-Malo-Fähre wurde von Urlaubern aufgenommen. Die meisten Zeitungen veröffentlichen auch Amateur-Fotos.

Amateur-Pressefotos

Die allgemeine Verfügbarkeit von hochwertigen Kameras samt Zubehör hat im professionellen Bereich zu Veränderungen geführt. In einigen Bereichen, wie zum Beispiel der Reisefotografie für Bildarchive, fassten immer mehr ambitionierte Amateure Fuß. Auch in die Pressefotografie drangen sie vor. Die Wahrscheinlichkeit, dass sich ein gut ausgerüsteter Tourist im entscheidenden Moment an Ort und Stelle befindet, ist einfach größer als die, dass zufällig ein Fotojournalist anwesend ist. So wurden viele der in den Zeitungen veröffentlichten Bilder von der Tsunami-Katastrophe Ende 2004 in Südostasien von Urlaubern geschossen.

Pressefreiheit

Profifotografen, insbesondere solche, die über den Krieg berichten, müssen häufig gegen Beschränkungen der Pressefreiheit kämpfen. Seit dem Zweiten Weltkrieg suchen Streitkräfte und Journalisten nach Wegen der Zusammenarbeit. Politiker und militärische Befehlshaber legen Wert auf eine positive Presse und scheuen negative Berichte, die zu Protesten einer kriegsmüden Öffentlichkeit führen könnten. Seit dem Irak-Krieg wird die so genannte Einbettung von Journalisten in die kämpfende Truppe praktiziert, wodurch die Fotografen einerseits Zugang zu Ereignissen an der Front und dahinter bekommen, die für sie, wären sie auf sich selbst gestellt, nicht zugänglich wären. Andererseits gerät dadurch die freie Berichterstattung in Gefahr.

Auch die Fotojournalisten selbst handeln nicht immer verantwortungsvoll. Gerüchte von Fotografen, die auf den Moment des Todes eines verhungerten Kindes warteten oder aufständische

Aufdringliche Pressefotografen
Ein Kind, das an einer Gedenkstätte zur Erinnerung an die U-Bahnkatastrophe von Daegu, Südkorea, 2003, eine Blume niederlegt, wird von Heerscharen von Fotografen bedrängt.

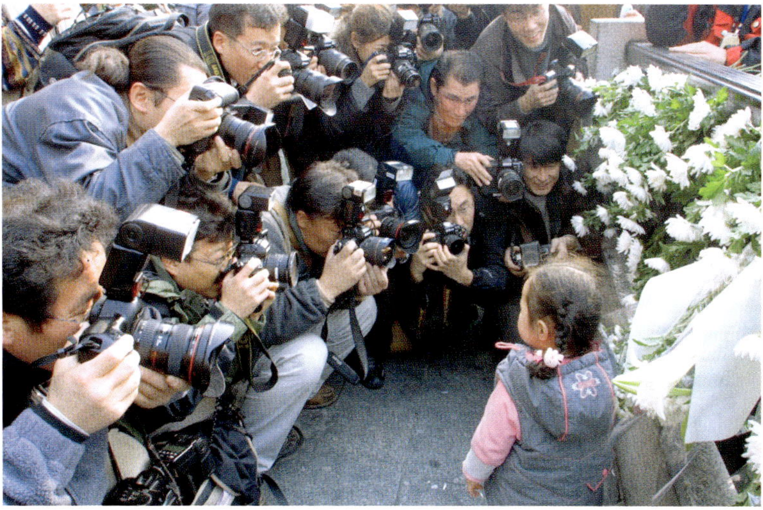

KAMERAHANDYS

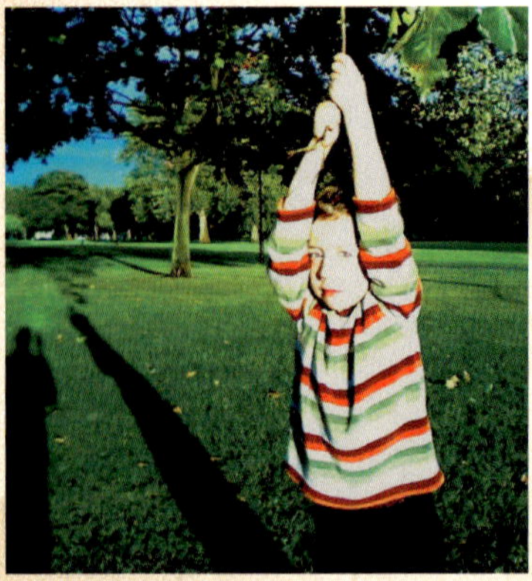

Im Kampf um den Mobilfunkmarkt wurde der finnische Telefonhersteller Nokia unbeabsichtigt zum größten Kameralieferanten der Welt. Mit einem weltweiten Marktanteil von 37 Prozent verkauft Nokia etwa zehn Millionen »Kameras« pro Jahr. Die Mobiltelefone, deren Kamerafunktionen in winzig kleinen Einheiten untergebracht sind, produzieren hochwertigere Bilder als die ersten Digitalkameras. In der nahen Zukunft werden die meisten Fotos mit Kamerahandys aufgenommen werden.

Fred zieht an einem Zweig
Dieses Foto nahm der Fotograf Harry Borden (geb. 1965) mit einem Fotohandy für den Nokia-Wettbewerb Fonetography auf.

Jugendliche zum Steinewerfen anhielten, haben den Ruf der Journalisten schwer geschädigt.

Bildervielfalt

Die Bandbreite der Fotografie umspannt mittlerweile eine Vielfalt von Technologien und Anwendungen, von fotogeätzten Platinen für mikroelektronische Schaltkreise bis zu Radarkontrollen und Überwachungsbildern. Gleichzeitig erweiterten Künstler wie Heather Barnett die künstlerischen Ausdrucksmöglichkeiten mit Methoden der wissenschaftlichen Bildverarbeitung.

Jeder Computerbesitzer hat die Möglichkeit der Bildbearbeitung und kann die Ergebnisse der ganzen Welt präsentieren. In Anbetracht von Millionen von Digitalkameras und Kamerahandys ist es heute denkbar, dass in einem einzigen Jahr mehr Bilder aufgenommen werden als in der gesamten Geschichte der Fotografie zusammen.

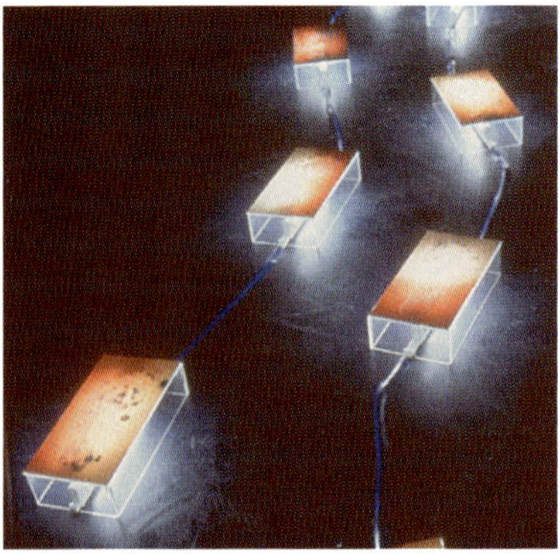

Fußabdrücke von Heather Barnett
Auf der Suche nach neuen Darstellungsformen schlägt Heather Barnett eine Brücke zwischen Wissenschaft und Kunst. In dieser Installation *(links)* sind organisch wachsende Fußspuren *(unten)* zu sehen, die sie mit biologischen Züchtungsverfahren erstellte.

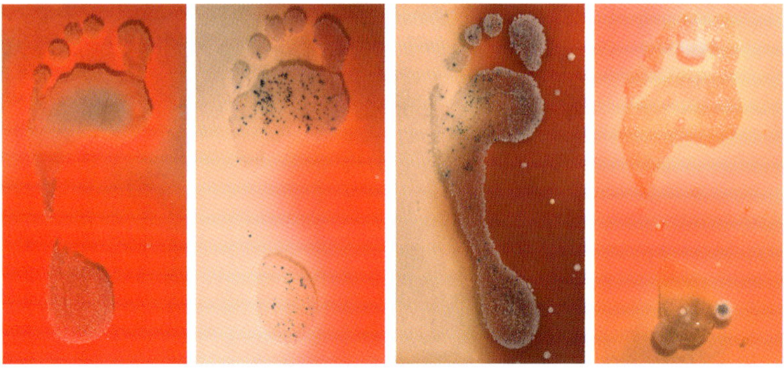

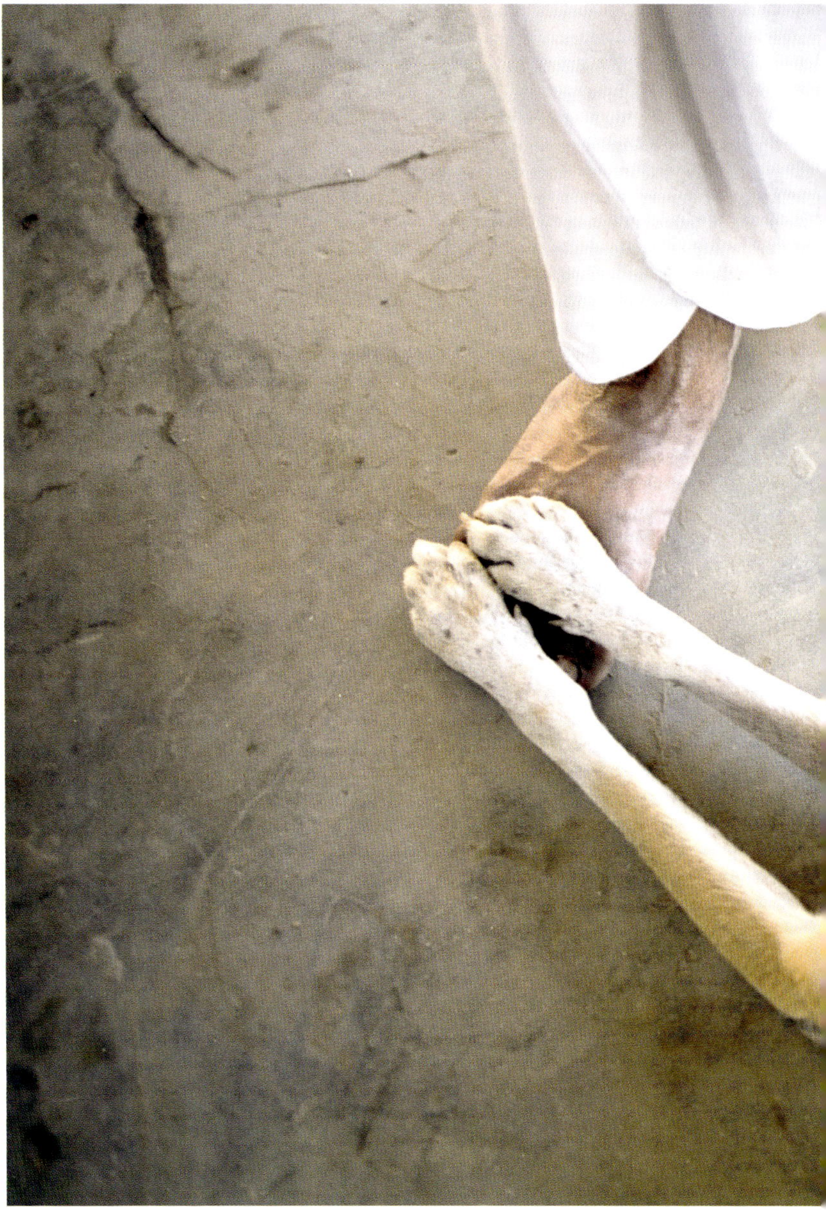

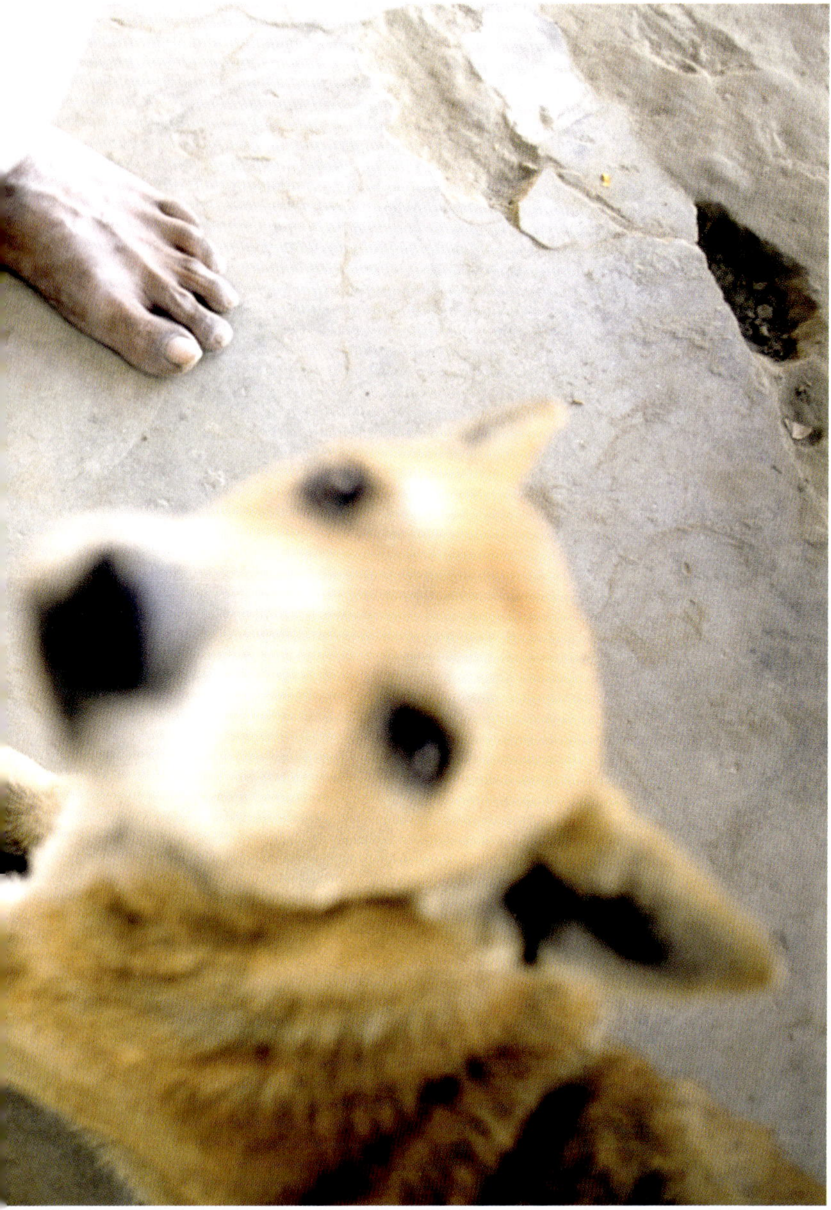

Uttar Pradesh, 1997
Diese Aufnahme des Sizilianers Ferdinando Scianna (geb. 1946) lebt vom effektvollen Einsatz der Bildunschärfe.

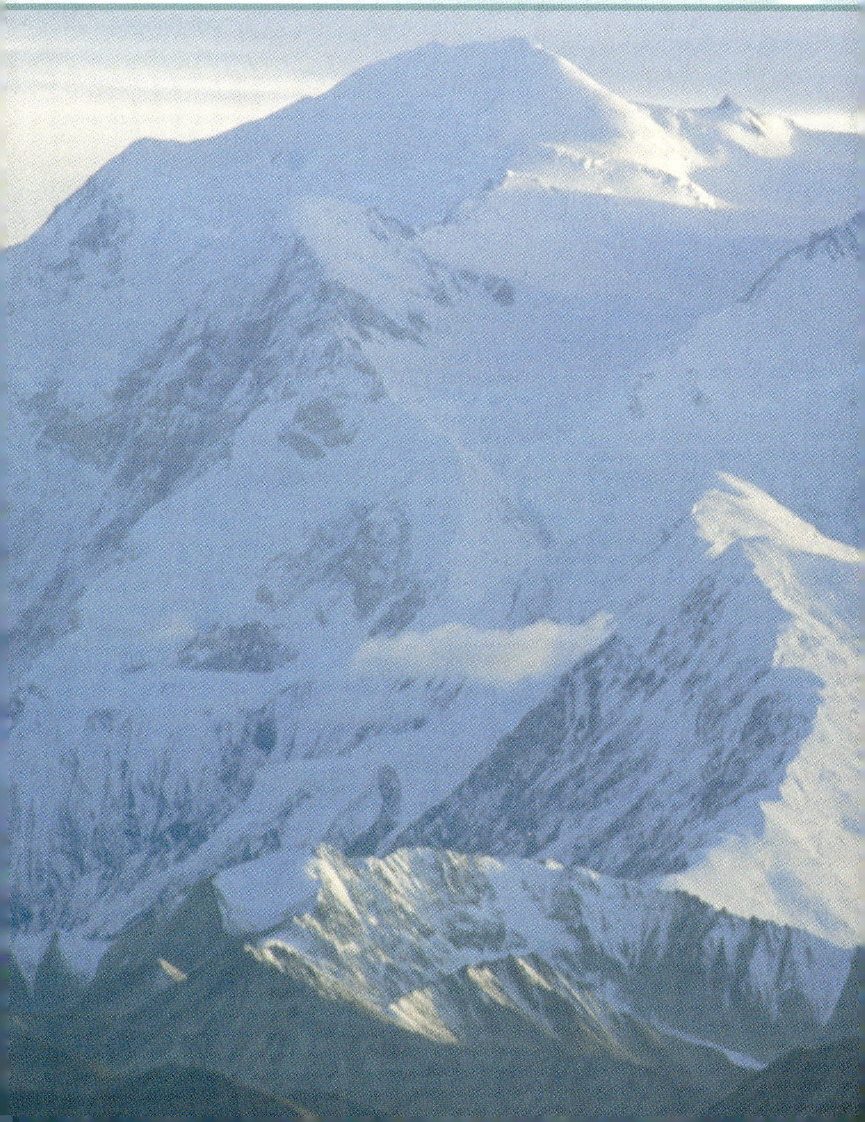

AUSRÜSTUNG

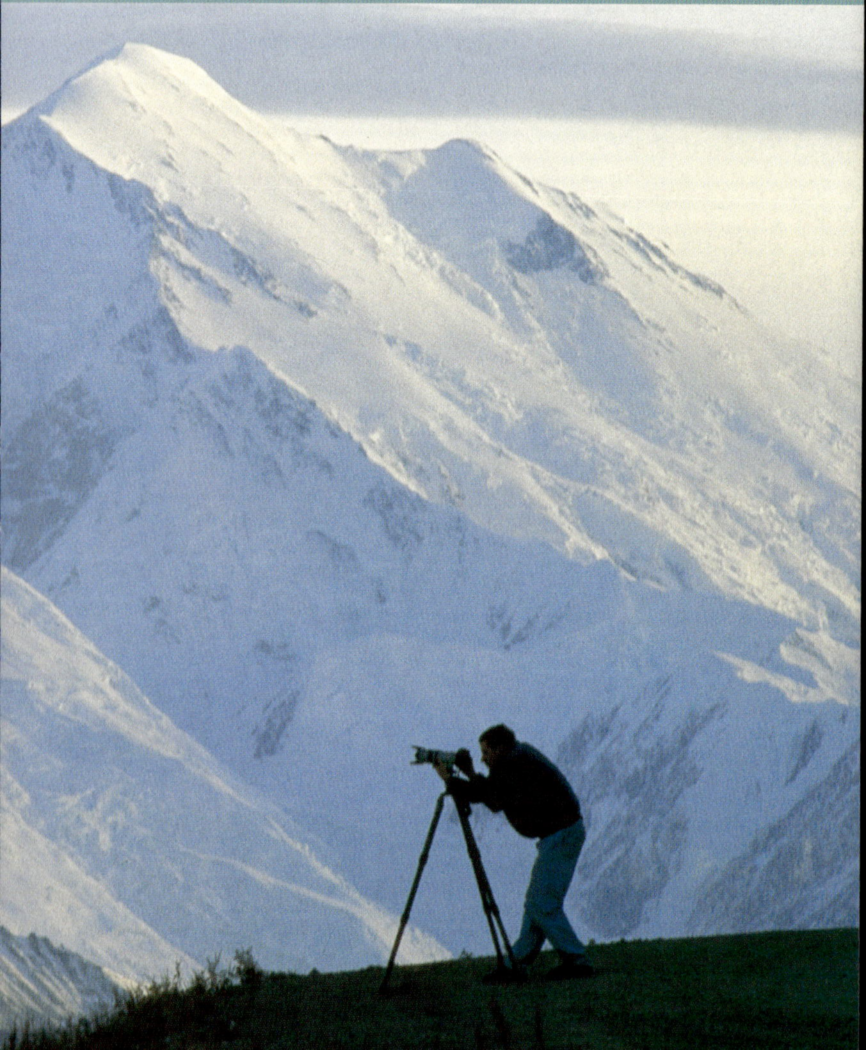

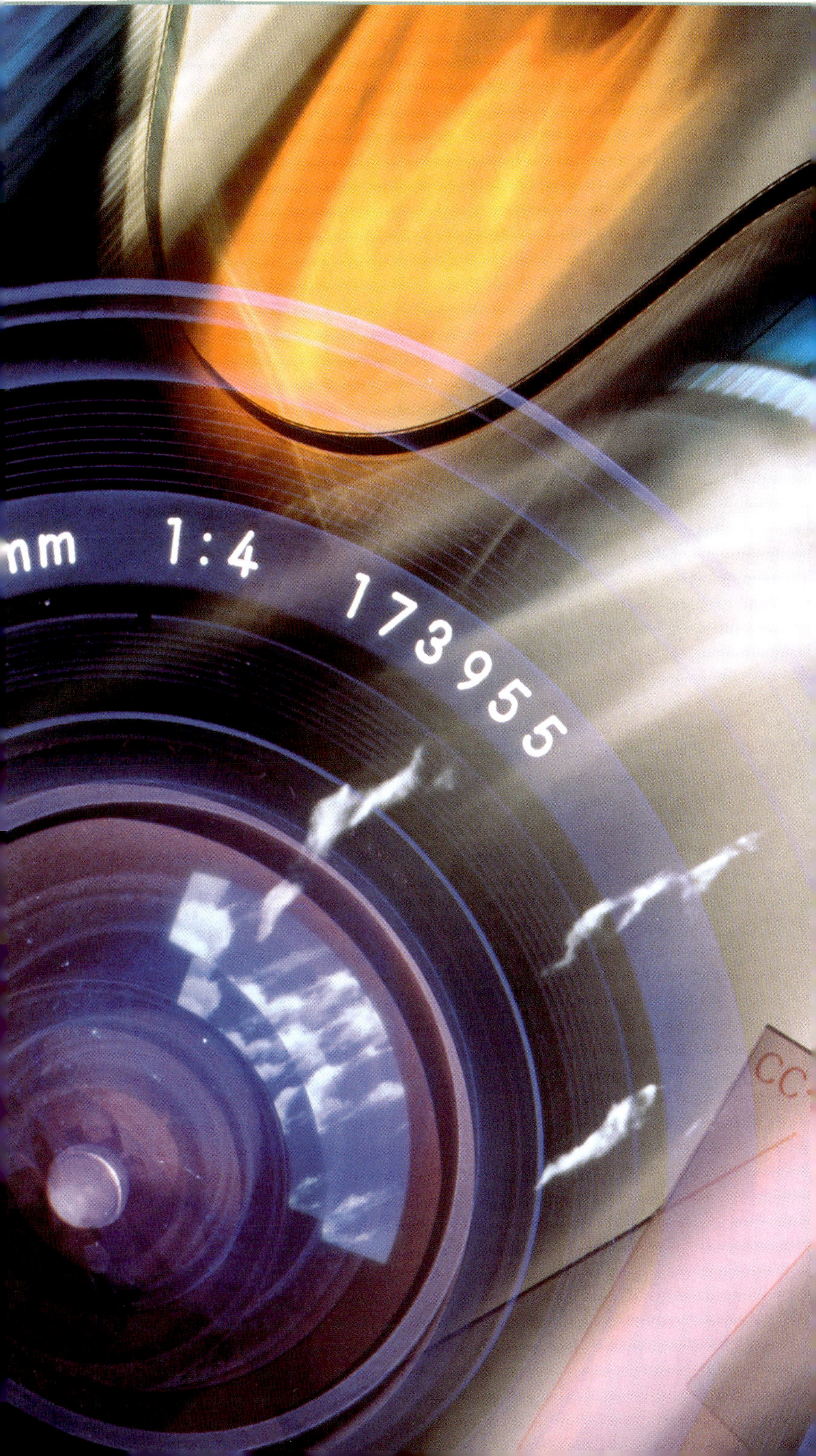
1:4
173955

DAS WICHTIGSTE WERKZEUG DES FOTOGRAFEN IST NACH WIE VOR DIE FILM- ODER DIGITALKAMERA. BEI ALLEN BILDAUFZEICHNUNGSSYSTEMEN WIRD EIN LICHTEMPFINDLICHES ELEMENT BIS ZUR AUFNAHME VOR LICHTEINFALL GESCHÜTZT. IN DEM MOMENT, IN DEM DAS LICHT AUF DIESES ELEMENT TRIFFT, BEGINNT DER FOTOGRAFISCHE PROZESS.

Zwar ist das Prinzip der Steuerung des Lichts, welches auf ein Aufnahmemedium fällt, das gleiche geblieben, aber ansonsten haben die Kameras unserer Tage kaum noch etwas mit ihren frühen Vorläufern gemein. Bei den ersten Modellen handelte es sich mehr oder weniger um große, leere Schachteln, die von den Pionieren der Fotografie mit etwas Aufwand selbst gebaut werden konnten. Moderne Kameras sind im Vergleich dazu nicht nur unglaublich klein, fast jeder Kubikmillimeter ist mit Elektronik, Optik, Mechanik und Power-Management-Bauteilen ausgefüllt. Und wo man früher lediglich eine Linse scharfstellen konnte, gibt es heute Knöpfe, Tasten und Displays.

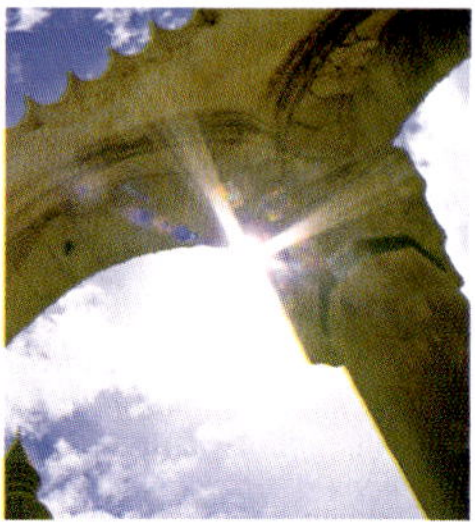

Gesteuerter Lichteinfall
Zur Bildaufzeichnung wird das Licht gesteuert und dann zur Erzeugung der Abbildung genutzt.

Die Fertigung erfordert bei den meisten Kameras einen solchen Grad an Präzision, dass diese nicht mehr von Hand erfolgen kann. Viele Bauteile sind so empfindlich, dass sie nur von computergesteuerten Maschinen ohne Beschädigung montiert werden können. Die einfachste Kamera enthält mehr filigrane Teile als das kunstvollste Fabergé-Ei.

Früher waren Kameras optisch-mechanische Geräte, bestehend aus Linsen und Feinmechanik. Inzwischen wurde ein Großteil der Mechanik sowohl bei filmbasierten als auch bei Digitalkameras durch Elektronik oder elektrische Bauteile ersetzt. Die Integration dreier separater Systeme – Optik, mechanische Bauteile und elektronische Funktionen – ist eine bemerkenswerte technologische Leistung. Trotzdem wurden viele der bekannten und gefeierten Bilder der Gegenwart mit Filmkameras aufgenommen und nicht digital. Viele Fotografen arbeiten nach wie vor lieber mit mechanischen Kameras wie Leica oder Hasselblad, weil diese nicht nur zuverlässiger und einfacher in der Handhabung sind, sondern einen stärkeren visuellen Bezug zum Motiv ermöglichen.

Zweifellos hat das Aufkommen der Digitalfotografie das Medium radikal verändert. Vor allem auf dem Gebiet

Objektive
Moderne Objektive bilden das Motiv farbtreu, scharf und verzeichnungsfrei ab; es gibt Optiken für jeden Geldbeutel und Verwendungszweck.

der Objektivkonstruktion war sie von bahnbrechender Bedeutung. Die wachsende Verbreitung der Digitalfotografie – zu Beginn des 21. Jahrhunderts spricht man von hundertprozentigen Zuwachsraten jährlich – hat eine Frage aufgeworfen: Sollten Fotografen das herkömmliche Aufnahmeverfahren einstellen, und wenn ja, wann? Die technischen Erläuterungen dieses Kapitels sollen Sie in die Lage versetzen, diesbezüglich Ihre persönliche Entscheidung zu treffen.

Nicht alle Arbeitsgänge sind durch die neue Technologie hinfällig geworden: Die Filmentwicklung in der Dunkelkammer und die Arbeit mit dem Vergrößerer sind höchst kreative Beschäftigungen. Das Wunderbare an der Fotografie ist, dass sie, den Bedürfnissen des Einzelnen angepasst, Unterschiedliches zu bieten hat: von digitalen oder filmbasierten Kompaktkameras, die dem Benutzer alle »Arbeit« abnehmen und dabei gute, manchmal geradezu erstaunliche Ergebnisse liefern, bis hin zu Großbildkameras, auf deren Bildqualität viele Fotografen immer noch schwören. Darüber hinaus stehen dem Fotografen eine Vielzahl von Vorsätzen und eine Fülle von weiterem Zubehör zur Verfügung. Auch über diese Produkte erhalten Sie einen Überblick – von Objektiven und Fototaschen bis zur Software, von der im nächsten Kapitel die Rede sein wird.

Panoramaaufnahmen
Die Fotografie prägt unseren Blick auf die Welt. Spezialkameras und -objektive ermöglichen einen Blickwinkel, der weiter ist als das menschliche Gesichtsfeld *(unten)*.

Die Fotografie ist in Bewegung
Ein Fotograf hat heute die Wahl zwischen hochentwickelten Geräten *(rechts)*. Ihm steht eine – leichtgewichtige – Ausrüstung zur Verfügung, von der seine Vorgänger nur träumen konnten.

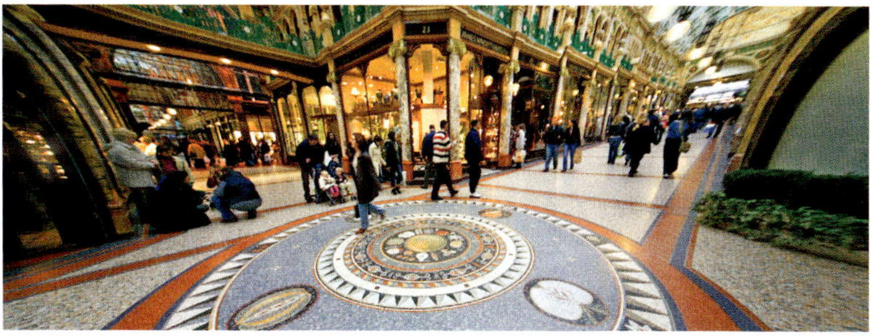

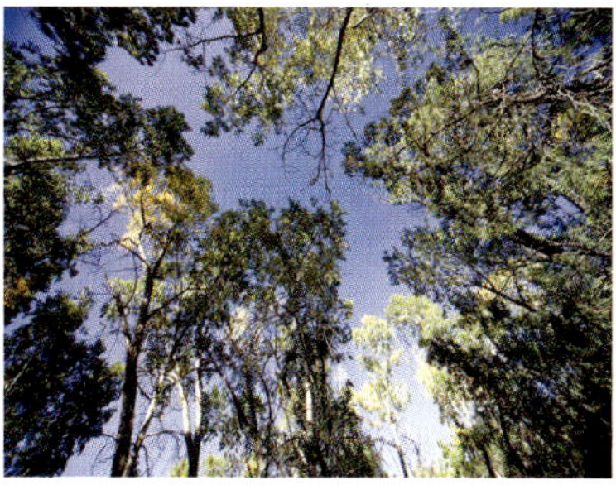

Weitwinkelansichten
Wegen seines großen Schärfentiefebereichs ist das Weitwinkelobjektiv in der Naturfotografie besonders beliebt.

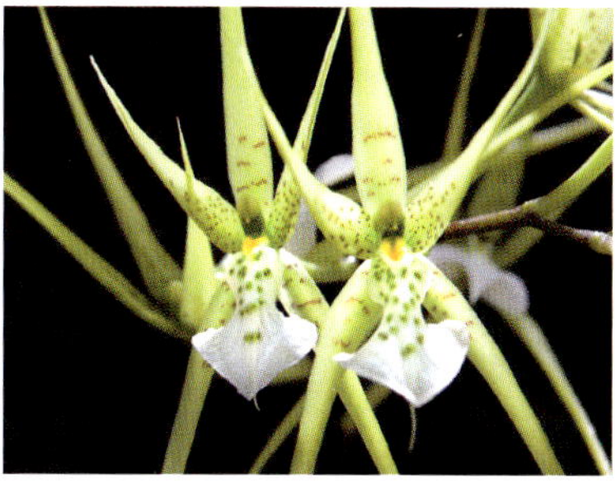

Nahaufnahmen
Nahfotografie war früher dem gut ausgerüsteten Spezialisten vorbehalten, ist heute jedoch auch auch mit einer Digitalkamera möglich.

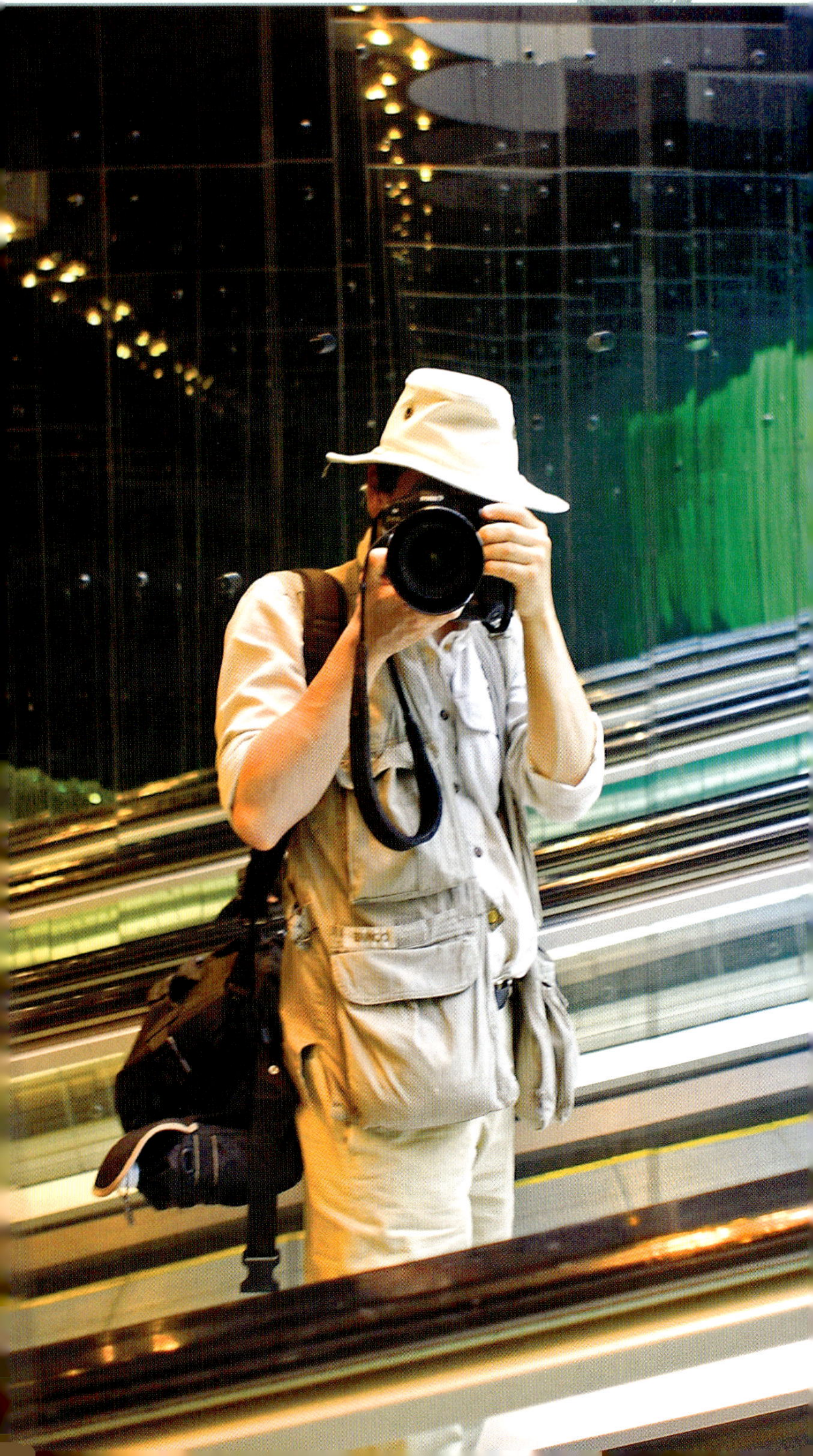

Filmbasierte Kameras

Seit über einem Jahrhundert liefert die Fotoindustrie in allen Bereichen des fotografischen Prozesses fortlaufend Verbesserungen, von der Konstruktion immer komplexerer Geräte bis zur Optimierung von Entwicklung und Vergrößerung. Der Vorteil der Film- gegenüber der Digitalkamera liegt in ihrer Unabhängigkeit von Computern und Software. Wir drücken auf den Auslöser und überlassen den Rest Fachleuten. Außerdem ist das Preis-Leistungs-Verhältnis unschlagbar – die Leistungsfähigkeit hochwertiger Amateurkameras übertrifft die früherer Profikameras um einiges.

Sucherkamera

Unter den filmbasierten Kameras sind bequem handhabbare, kleine und leichte Sucherkameras wie die Pentax *(unten)* bei weitem die beliebtesten. Auch die Profis greifen in ihrer Freizeit gerne auf diesen Typ zurück. Eine Schwierigkeit für den Benutzer besteht darin, dass sich, anders als bei der SLR *(s. S. 124)*, im Sucher nicht exakt das Bild zeigt, das auch auf den Film belichtet wird. Auch die Einstellmöglichkeiten sind beschränkt.

LEISTUNGSMERKMALE EINER SUCHERKAMERA

Mit eingebauten Zoomobjektiven und Spezialeffekten ermöglichen moderne, filmbasierte Sucherkameras ein gewisses Maß an kreativer Kontrolle.

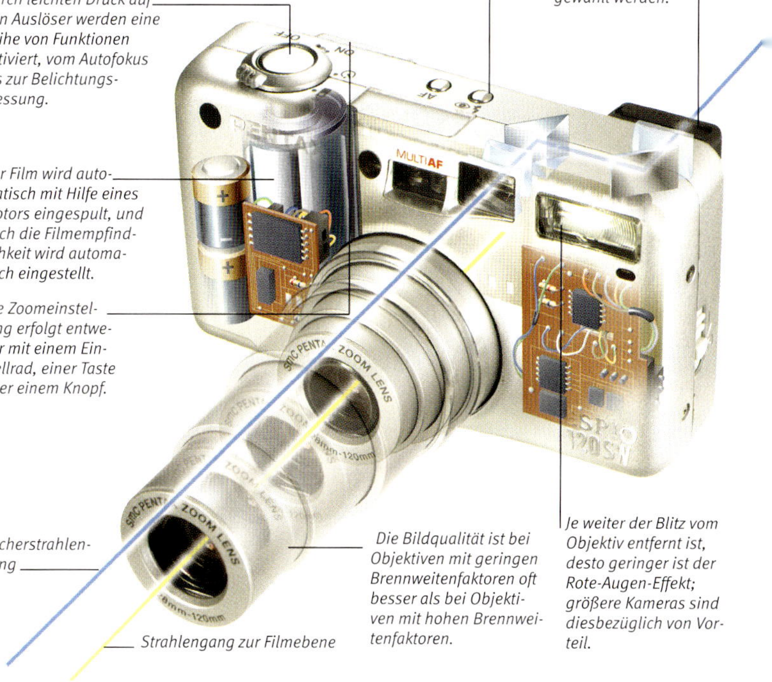

Typen von Sucherkameras

Bei Sucherkameras ist das Angebot sehr groß. So unterschiedlich das Spektrum an Konstruktionen ist, so groß sind auch die Preisunterschiede. Es gibt preisgünstige und sehr teure Produkte. Am unteren Ende der Preisskala liegt die Einmalkamera: bedienungsfreundlich, billig und unter den richtigen Bedingungen durchaus leistungsfähig. Am anderen Ende findet man hervorragend konstruierte Modelle mit Metallgehäuse und hochwertigen Optiken, zum Beispiel von Konica, Nikon und Leica.

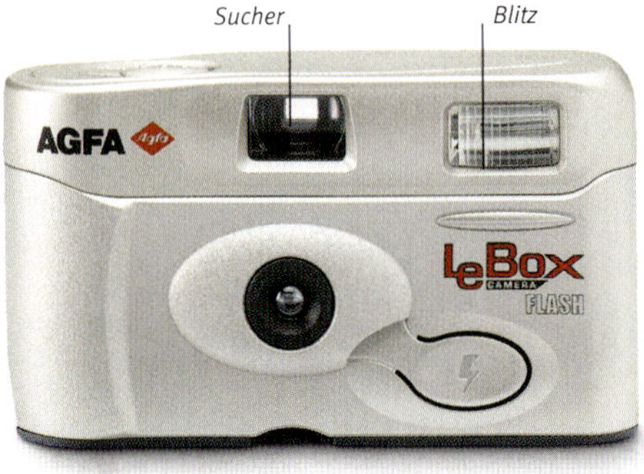

EINMALKAMERA

Die bei ihrer Einführung 1990 belächelte Einmal- oder Wegwerfkamera verkaufte sich bald besser als einige Standardmodelle. Zur Entwicklung wird die gesamte Kamera abgegeben – ähnlich wie 1900 die Kodak Brownie *(s. S. 87)*.

Agfa Le Box Flash
Mit dieser Einmalkamera gelingen selbst bei schwachem Licht gute Aufnahmen.

AUTOFOKUS-ZOOMKAMERA

Eine Autofokus-Kompaktkamera der mittleren Preisklasse von einem führenden Hersteller kann weitaus bessere Ergebnisse liefern als eine vergleichbare Digitalkamera und kostet nur halb so viel.

Fujifilm Zoom Date 90V
Dieses Autofokus-Modell mit Zoomoptik (38–90mm) und Motoraufzug liefert eine hervorragende Bildqualität.

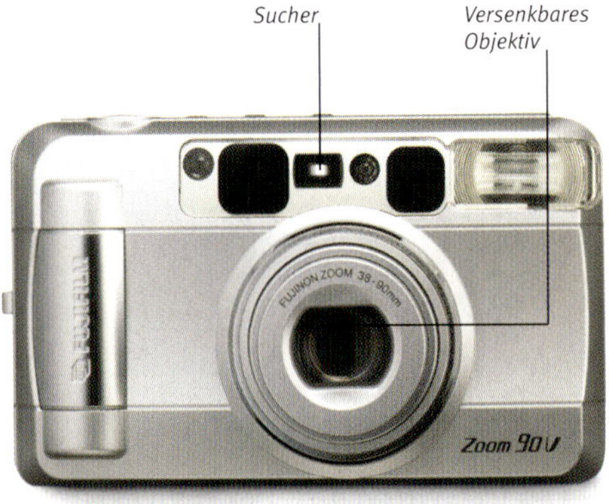

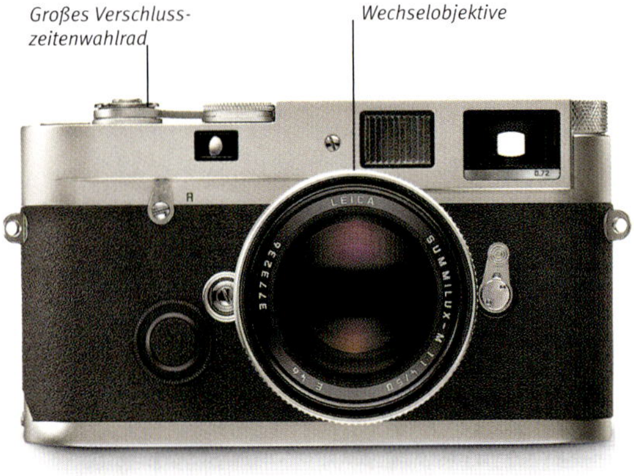

HOCHWERTIGE MESSSUCHER-KAMERA

Fotojournalisten schätzen Messsucherkameras wegen ihrer Zuverlässigkeit und Bildqualität. Die Auswahl an Objektiven ist zwar begrenzt, aber diese Kameras mit Weitwinkeloptiken liefern auch bei schwachem Licht hervorragende Ergebnisse.

Leica MP
Diese Kamera kommt ohne jede Elektronik aus und arbeitet unter allen Bedingungen.

Einäugige Spiegelreflexkamera (SLR)

Die moderne Autofokus-SLR mit Belichtungsautomatik bietet ein optimales Preis-Leistungs-Verhältnis. Die Konstruktion – bei der die Betrachtung der Abbildung, die Ausschnittwahl und die Scharfeinstellung durch das Objektiv hindurch erfolgt – ermöglicht eine präzise Bildgestaltung. Eine leicht handhabbare Scharfeinstellung und Steuerung der Schärfentiefe, Wechselobjektive und weiteres Zubehör garantieren dem Fotografen optimale kreative Kontrolle. Der Nachteil der SLRs liegt darin, dass sie sperriger und um einiges schwerer sind als Autofokus-Sucherkameras *(s. S. 122/23)*.

LEISTUNGSMERKMALE EINER SLR

Fortschrittliche SLRs wie die Minolta Dynax 7 *(unten)* sind mit diversen Leistungsmerkmalen ausgestattet, darunter mehrere Belichtungsprogramme und Verschlusszeiten, Autofokus-Betriebsarten für verschiedene Motive, Wechselobjektive, ein eingebautes Blitzgerät und die Option, zusätzliche Blitzgeräte und Studioblitzgeräte anzuschließen.

Im Sucher einer SLR werden wichtige Informationen angezeigt: Blende, Verschlusszeit, Belichtungskorrektur und Blitzeinstellungen.

Mit dem Belichtungskorrekturrad werden die gemessenen Belichtungsmesswerte angepasst.

Das eingebaute Blitzgerät liefert Aufhelllicht, sollte jedoch nie als Hauptlichtquelle eingesetzt werden.

Durch die DX-Kodierung wird die Filmempfindlichkeit automatisch erkannt. Es ist jedoch von Vorteil, wenn man diese Einstellung außer Kraft setzen kann, zum Beispiel wenn man beabsichtigt, den Film später einer Push-Entwicklung zu unterziehen.

Die Belichtungsfunktionsräder bieten diverse Einstellmöglichkeiten. Bei manueller Einstellung können Sie mit Belichtungszeiten experimentieren.

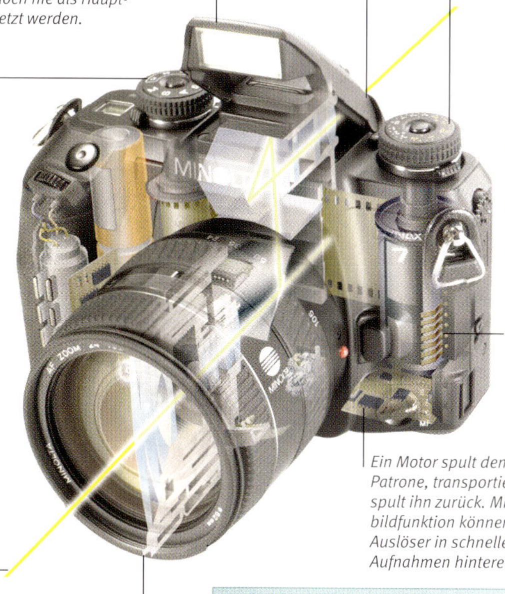

Ein Motor spult den Film aus der Patrone, transportiert ihn weiter und spult ihn zurück. Mit Hilfe der Serienbildfunktion können Sie bei gedrücktem Auslöser in schneller Abfolge mehrere Aufnahmen hintereinander machen.

Strahlengang

Unabhängig vom angesetzten Objektiv ermöglicht die SLR eine präzise Ausschnittwahl. Bei Weitwinkeloptiken und Objektiven mit kleiner maximaler Öffnung arbeitet der Autofokus weniger präzise.

DIE PRINZIPIEN EINER SLR

Bei einer SLR fällt das Licht durch das Objektiv ein, wird in einer Einstellscheibe eingespiegelt und mit Hilfe eines Prismas oder Spiegelsystems von dort zum Suchereinblick gelenkt, so dass der Fotograf die Abbildung sehen kann, wie sie auf dem Film erscheint. Zur Belichtung klappt der Spiegel kurz vor der Öffnung des Verschlusses nach oben, damit das Licht auf den Film treffen kann.

Typen von Spiegelreflexkameras

Aufgrund ihrer manuellen Scharfeinstellung und Halbautomatik (manuelle Einstellung der Blende und automatische Einstellung der Verschlusszeit oder umgekehrt) ist die Spiegelreflexkamera nach wie vor die optimale Kamera für Einsteiger, die die Grundlagen der Fotografie kennen lernen wollen. Selbst erstklassige SLR-Gehäuse sind nicht teuer, und man erreicht mit ihnen weitaus bessere Ergebnisse als mit Digitalkameras, die mitunter das Zehnfache kosten. Die Modelle der führenden Hersteller – Nikon, Pentax, Leica, Olympus, Canon oder Minolta – liefern durchweg hervorragende Bilder.

STANDARD-SLR

Diese gängigen und robusten Kameras mit manueller Scharfeinstellung, automatischer Belichtungsmessung und Motor liefern professionelle Ergebnisse und kosten nur einen Bruchteil dessen, was eine vergleichbare Digitalkamera kostet.

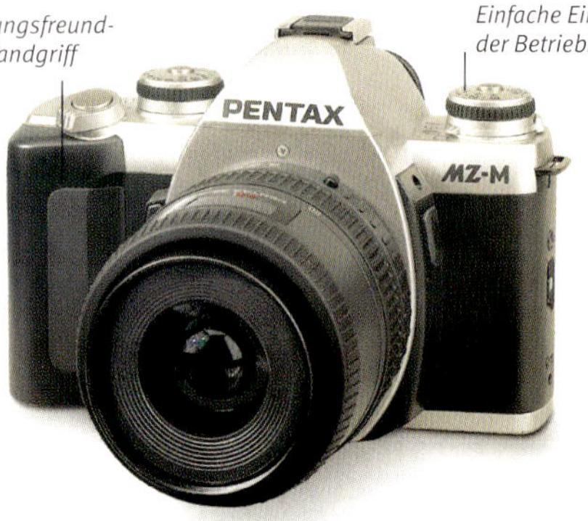

Pentax MZ-M
Diese kompakte, relativ leichte und kostengünstige Kamera eignet sich ideal für den Einstieg in die Fotografie.

SLR FÜR FORTGESCHRITTENE

Professionelle SLR-Kameras sind ihr Geld wert. Sie sind ausgesprochen bedienungsfreundlich, extrem haltbar, arbeiten selbst unter härtesten Bedingungen fehlerfrei und liefern konstant Bilder von hoher Qualität.

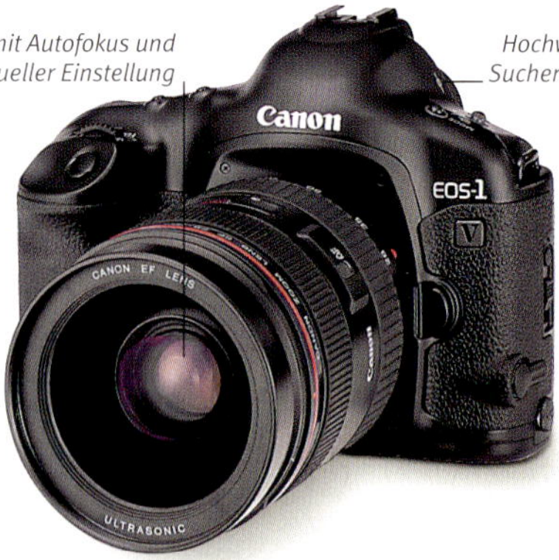

Canon EOS-1
Diese extrem robuste und zuverlässige SLR verträgt auch den harten professionellen Einsatz.

AF-MITTELFORMAT

Das Filmstück auf dem Rollfilm moderner Mittelformatkameras ist um einiges größer als das normale Kleinbildformat, so dass die Qualität für eine tragbare Kamera optimal ist. Auch diese Kameras sind mit vielen Automatikfunktionen ausgestattet, wie Autofokus und Motoraufzug.

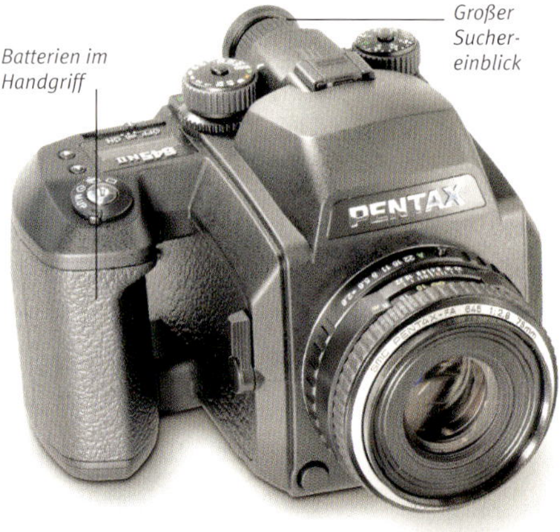

Pentax 645AF
Diese Mittelformatkamera kann mit außergewöhnlich hochwertigen Objektiven kombiniert werden und liegt gut in der Hand.

Spezialkameras

Ein Vorteil der konventionellen Fotografie, der von Verfechtern der digitalen Technik häufig vergessen wird, ist die Vielzahl von Spezialkameras für besondere Motive und Situationen. Gegen Aufpreis können diese Geräte sogar an individuelle Anforderungen angepasst werden. Diese Kameras, die allerdings meistens im Profibereich eingesetzt werden, sind unschlagbar, wenn höchste Qualität und maximale kreative Kontrolle gefragt sind.

PANORAMAFOTOGRAFIE

Der Blickwinkel einer echten Panoramakamera ist breiter als das Gesichtsfeld des Menschen. Häufiger ist jedoch die »unechte« Panoramakamera mit Weitwinkelobjektiv, bei der oberer und unterer Rand eines Breitbilds abgeschnitten werden. Auf diese Weise erreicht man mit dem Mittelformat die Bildqualität einer Großbildkamera *(s. S. 127)*.

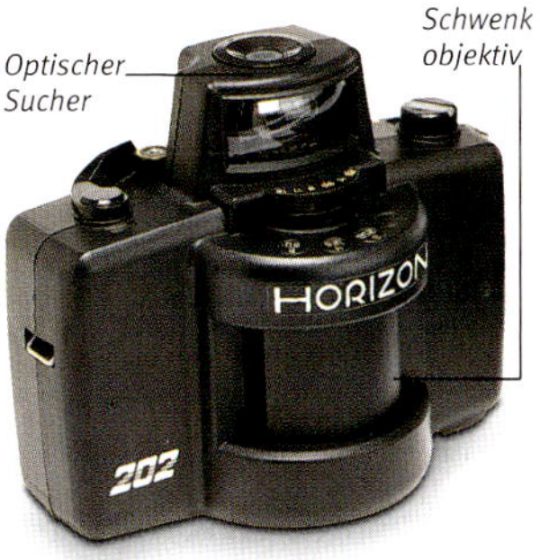

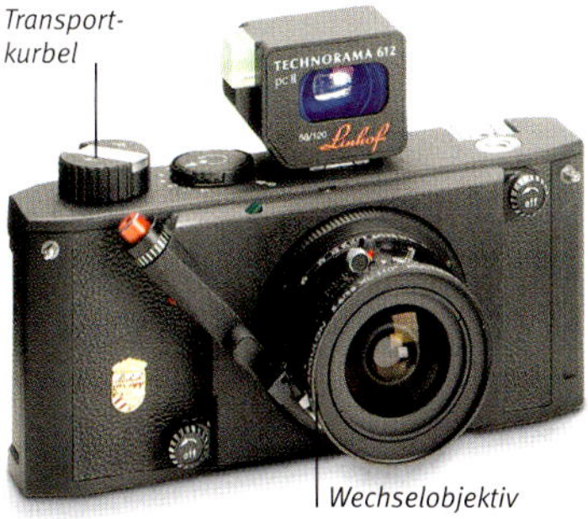

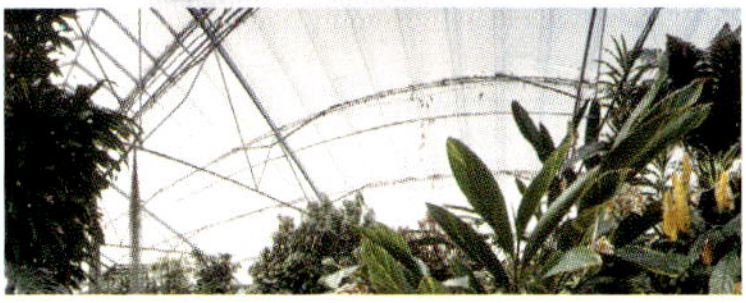

Horizon 202
Das Objektiv dieser echten Panoramakamera beschreibt bei der Belichtung einen Halbkreis und erfasst einen Bildwinkel von bis zu 120 Grad.

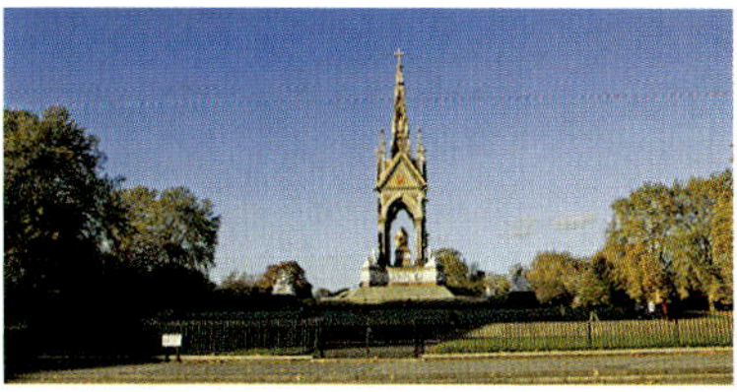

Linhof Technorama
Diese für Architektur- und Landschaftsfotos bestens geeignete Weitwinkel-Panoramakamera erstellt Panoramaaufnahmen in Spitzenqualität.

ARCHITEKTURFOTOGRAFIE

In der Architekturfotografie sind Kameras mit umfassenden Verstellmöglichkeiten von Film- und Objektivstandarte erforderlich, damit vertikale und parallele Linien auf dem Foto auch als solche erscheinen. Objektivverstellungen wie Verschieben, Neigen und Verschwenken bestimmen, wie viel Vordergrund abgebildet wird, und erhöhen die Schärfentiefe auf ein Maximum. Hochwertige Objektive garantieren, dass gerade Linien nicht gekrümmt erscheinen.

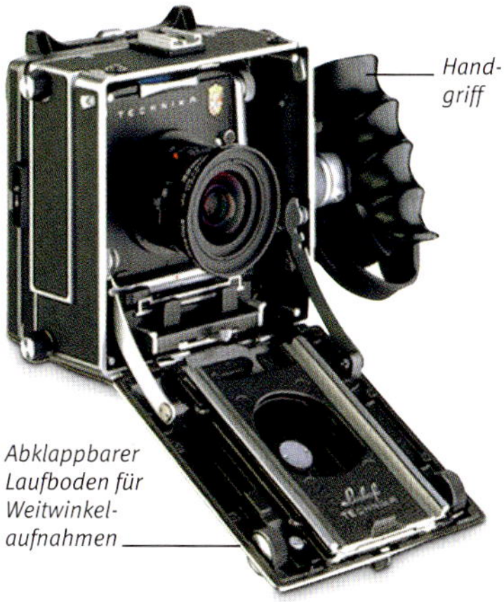

Linhof Technika
Diese hervorragend verarbeitete und perfekt konstruierte Laufbodenkamera mit Wechselobjektiven ist über 50 Jahre unverändert geblieben.

LANDSCHAFTSFOTOGRAFIE

Großbildkameras mit hochwertigen Objektiven sind in der Lage, feinste Details noch so kleiner Objekte mit unvergleichlicher Klarheit wiederzugeben und sind deshalb die Kameras der Wahl der meisten Landschaftsfotografen. Die beste Qualität erhält man mit den Formaten 10 x 13 cm, 20 x 25 cm oder größer. Das Mittelformat wird als eine Art Kompromisslösung zugunsten des Tragekomforts betrachtet, vorausgesetzt, die Kamera ist mit herausragenden Objektiven ausgestattet und wird beim Fotografieren mit Sorgfalt bedient. Die Qualität von Landschaftsfotos im Großformat übertrifft die der meisten Digitalfotos.

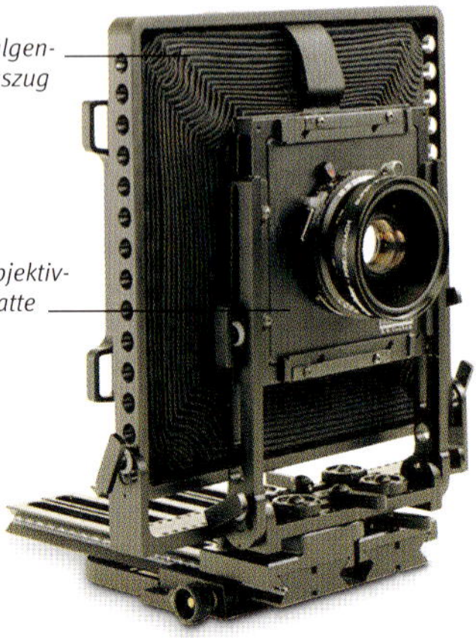

Canham MQC57
Moderne Großbildkameras wie dieses 12 x 17 cm-Modell zeichnen sich durch hervorragende Verarbeitung und Präzisionstechnik aus.

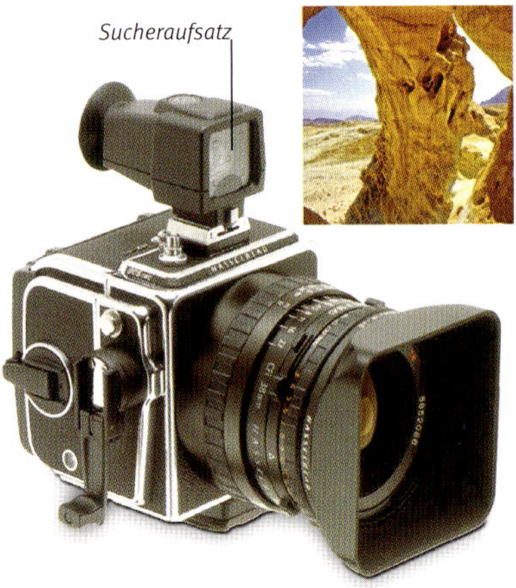

Hasselblad SWC
Aufgrund ihres extrem großen Bildwinkels ist diese 6 x 6 cm-Kamera bei Landschaftsfotografen besonders beliebt. Ihr Gehäuse ist kompakt, ihr Objektiv das wahrscheinlich beste Objektiv für das Mittelformat auf dem Markt.

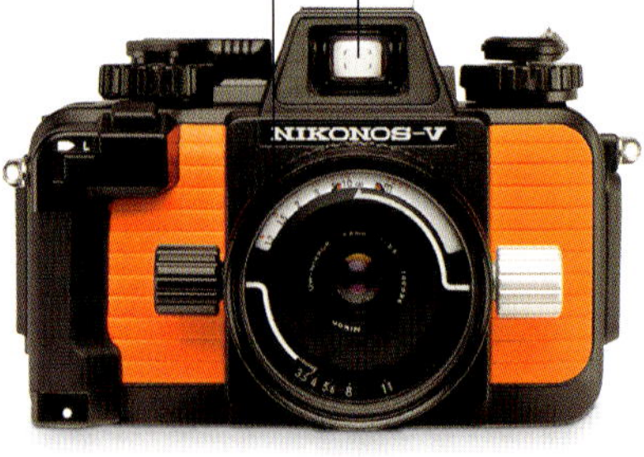

UNTERWASSERFOTOGRAFIE

Mit Hilfe von wasserdichten Gehäusen oder Schutzhüllen lassen sich viele normale Kameras auch unter Wasser einsetzen. Im Allgemeinen empfiehlt sich jedoch die Verwendung von Spezialkameras, die stabiler, zuverlässiger und leichter zu bedienen sind.

Nikonos IV
Diese robuste Unterwasserkamera kann mit einer Reihe von Objektiven und Zubehör kombiniert werden. Sie gehört zum Rüstzeug jedes Unterwasserfotografen.

SPIONAGEFOTOGRAFIE

Im extremen Gegensatz zu den sperrigen Großbildkameras passt die unauffällige Spionagekamera in die hohle Hand. Äußerste Präzision im Fertigungsprozess ist erforderlich, damit man auch mit so einer kleinen Kamera eine gute Bildqualität erreicht. Blende und Verschlusszeit können in gewissem Maße gesteuert werden, aber die Kameras haben weder Zoom noch ein eingebautes Blitzgerät.

Minox-Spionagekamera
Dieses legendäre Minox-Modell mit dem speziellen Miniaturformat von 8 x 11 mm wird seit den 1930er-Jahren hergestellt und gilt als Spionagekamera schlechthin.

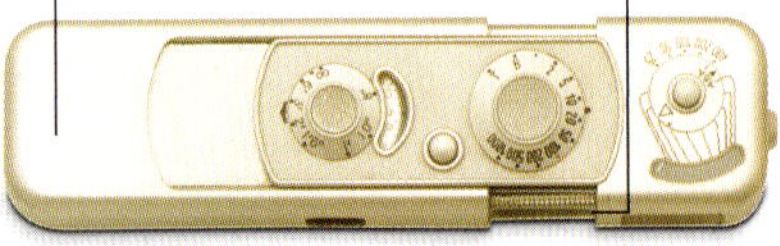

Filme und Formate

Moderne Farbfilme bestehen aus bis zu 20 einzelnen Schichten, und sogar Schwarzweißfilme weisen vier oder mehr Schichten auf. Auf diese Schichten, die dünner sind als ein menschliches Haar, werden ein präzise kontrollierter Trägerstoff aus winzigen lichtempfindlichen Silbersalzkristallen – in der Regel Jodsilber und Bromsilber – und lichtabsorbierende, sorgfältig aufeinander abgestimmte Farbstoffe aufgebracht. Die heutigen Filme geben eine Vielfalt von Farbnuancen und räumlichen Informationen zuverlässig und in wirklichkeitstreuen Farben wieder.

Der Film

Alle Filme reagieren auf Farben, geben sie jedoch entweder schwarzweiß oder in Farbe wieder. Grundsätzlich zeichnen alle Filme die Abbildung negativ auf, können jedoch entweder zu einem Negativ oder einem Positiv entwickelt werden. Der Dia- oder Umkehrfilm liefert als Endergebnis ein Positiv.

SO FUNKTIONIERT EIN NEGATIV

Der Begriff »negativ« weist darauf hin, dass die Tonwerte (Hell und Dunkel) und die Farben des Motivs auf dem Film umgekehrt wiedergegeben werden. Helle Bereiche des Motivs erscheinen aufgrund der höheren Dichte der Farbstoffe (oder der Silberkristalle bei SW-Filmen) auf dem Negativ dunkel. Ein Farbnegativ zeigt das Motiv in Komplementärfarben. Ein rotes Auto erscheint grün, ein blaues orange. Beim Vergrößern erscheinen wieder die natürlichen Farben.

FILMEMPFINDLICHKEIT

Die Filmempfindlichkeit beschreibt die für eine gute Bildqualität erforderliche Lichtmenge. Branchenweit wird die Empfindlichkeit in ISO angegeben. Eine niedrige ISO-Zahl wie100/21° weist darauf hin, dass ein Film mehr Licht braucht (eine geringere Empfindlichkeit hat) als ein Film mit ISO 400/27°. Für Digitalkameras wurde eine vergleichbare Maßeinheit aufgestellt, die ebenfalls in ISO angegeben wird.

FARBPALETTE

Die Filme unterschiedlicher Hersteller reagieren jeweils anders auf Licht und Farbe. Fuji Velvia wird wegen seiner satten und lebhaften Farben geschätzt, Kodak Elite hingegen steht für eine gedämpftere Farbwiedergabe. Probieren Sie unterschiedliche Fabrikate aus, ehe Sie Ihre Wahl treffen.

FILMFORMATE

Filme sind in unterschiedlichen Größen erhältlich, wobei kleinere Filmformate zwar kompakter und bedienungsfreundlicher sind, aber nicht das gleiche qualitative Potenzial bieten wie größere Formate.

Filmformattypen
Auswahl der gängigsten Filmformate in relativen Größen.

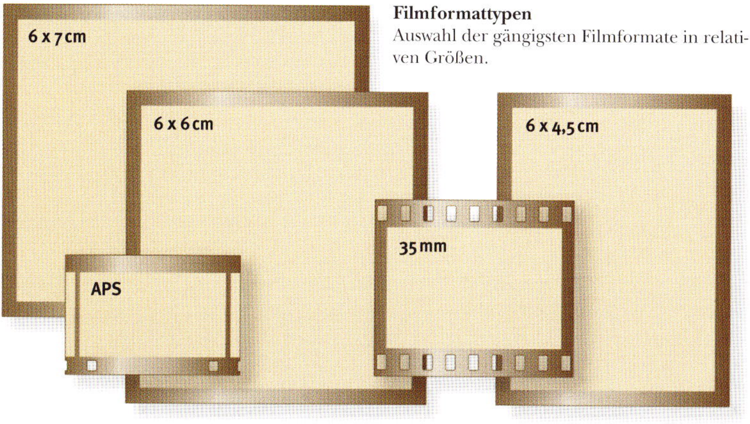

FILMTYPEN

Es gibt zwei Typen von Farbfilm, den Kunstlichtfilm und den Tageslichtfilm. Auch SW-Filme lassen sich in zwei Kategorien unterteilen: Panchromatische Filme zerlegen zur Aufzeichnung des Bildes das Licht mit Hilfe von ausentwickeltem Silber und können im Heimstudio entwickelt werden (s. S. 132). Chromogene SW-Filme absorbieren das Licht mit Hilfe von farblosen Farbkupplern und werden entwickelt wie Farbfilme.

FARBNEGATIV

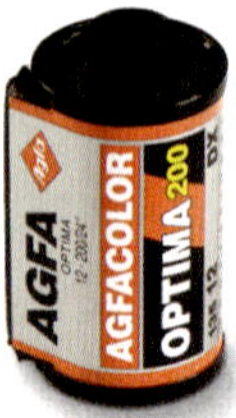

Farbnegativfilm

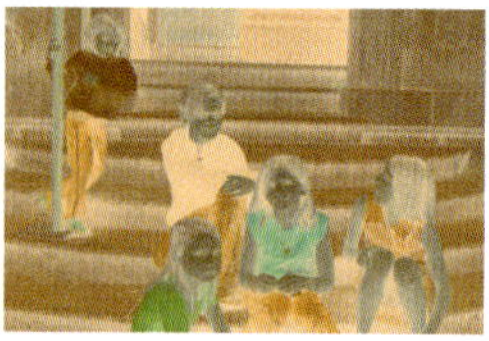

Farbnegativ
Ein gut entwickelter Film weist geringen Kontrast und schwache, umgekehrte Farben auf.

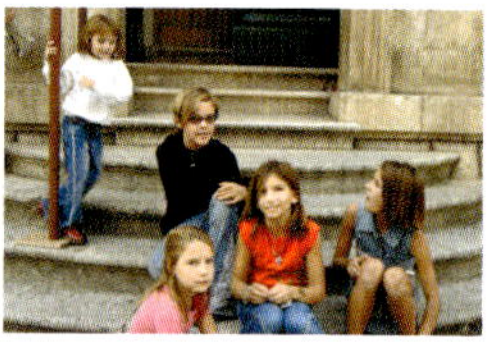

Farbbild
Das Papierbild hat brillante Farben, einen normalen Kontrast und Dichten.

FARBDIA

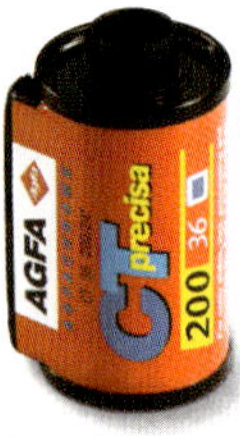

Farbdiafilm

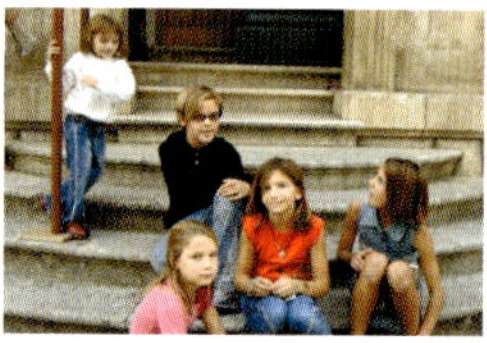

Farbdia
Ein Dia sollte möglichst perfekt sein, da eine Nachbearbeitung schwierig ist.

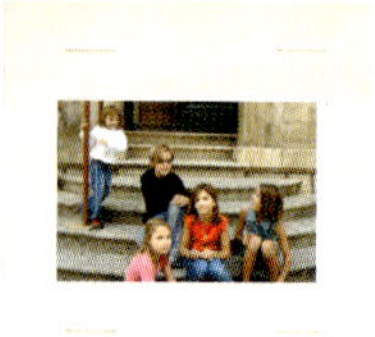

Gerahmtes Dia
Zum Schutz wird das Dia in einen Kunststoff- oder Papprahmen gefasst.

PANCHROMATISCH

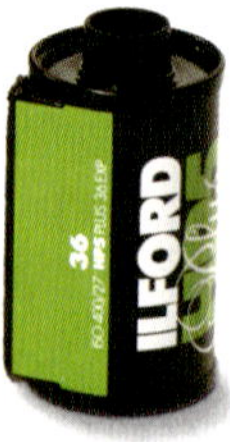

Panchromatischer Film

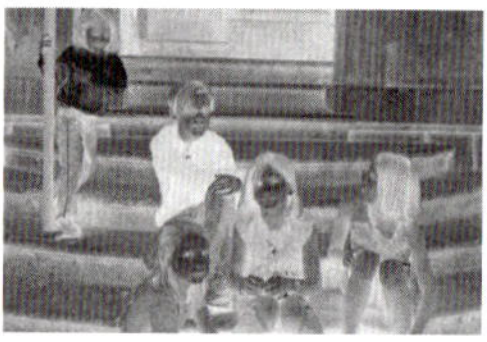

Panchromatisches Negativ
Je nach Art der Entwicklung kann der Negativfilm unterschiedlich aussehen.

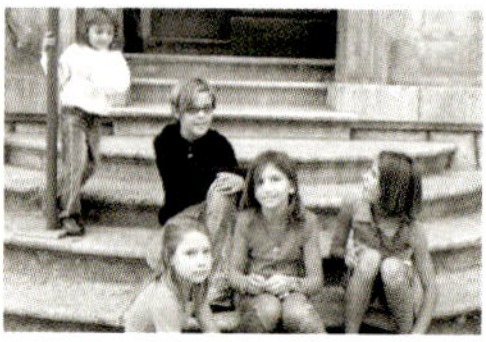

Panchromatisches Papierbild
Die Qualität des Ergebnisses ist von der des Negativs abhängig.

CHROMOGEN

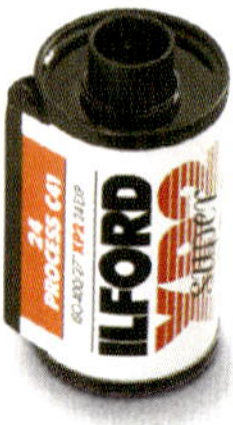

Chromogener Film

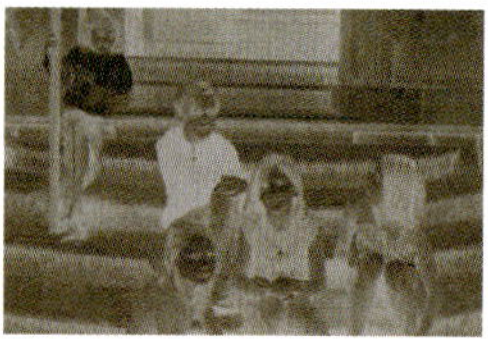

Chromogenes Negativ
Diese SW-Filme weisen wie die entsprechenden Farbnegativfilme einen geringen Kontrast auf.

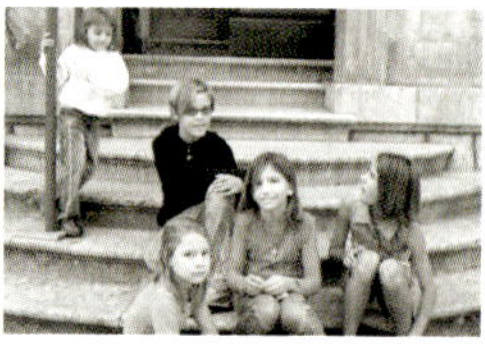

Chromogenes Papierbild
Chromogene Negative können auf normalem SW-Papier oder Farbpapier vergrößert werden.

Einrichtung einer Dunkelkammer

Bei aller Begeisterung für die Digitalfotografie wird schnell vergessen, wie viel Vergnügen die Entwicklung der eigenen Filme und damit die vollständige Kontrolle über das Endergebnis bereiten kann. Die Entwicklung von Farbfilmen ist zwar kompliziert, aber Schwarzweißaufnahmen können Sie mit überraschend wenig Aufwand selbst entwickeln.

Ausstattung einer Dunkelkammer

Die Abbildungen zeigen die Grundeinrichtung zur Entwicklung von Filmen und Bildern *(unten)* und zum Vergrößern von SW-Aufnahmen *(gegenüberliegend)*. Dieser Arbeitsgang erfordert Zeit, er führt jedoch trotz der recht unspektakulären technischen Geräte zu höchster Bildqualität.

DER NASSBEREICH

Im Nassbereich werden Chemikalien gemischt und angesetzt, Filme und Papier entwickelt und Vergrößerungen gewässert. Die Dunkelkammerleuchte darf bei der Papierentwicklung, nicht jedoch bei der Filmentwicklung eingeschaltet werden (*s. S. 132*).

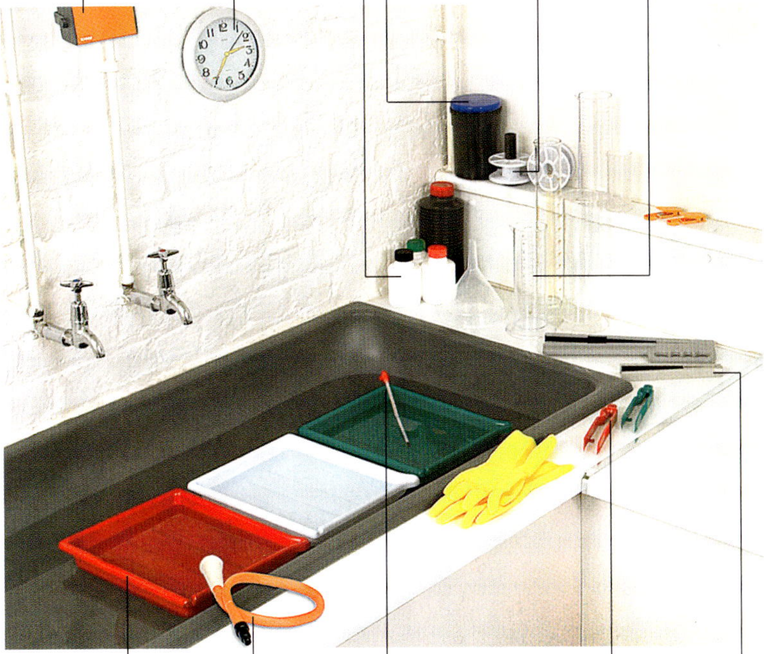

DER TROCKENBEREICH

Hier werden die Negative vorbereitet und Vergrößerungen erstellt. In diesem Bereich, der unbedingt immer trocken bleiben muss, befinden sich alle Elektrogeräte wie zum Beispiel das Vergrößerungsgerät.

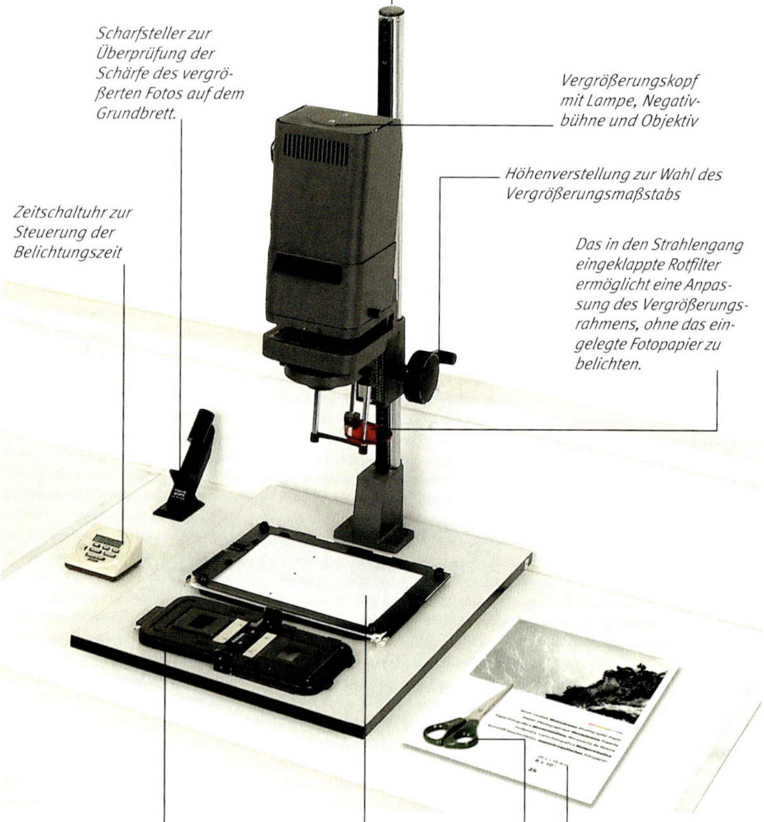

Die Vergrößerersäule hält den Vergrößerer während der Belichtung stabil.

Scharfsteller zur Überprüfung der Schärfe des vergrößerten Fotos auf dem Grundbrett.

Vergrößerungskopf mit Lampe, Negativbühne und Objektiv

Höhenverstellung zur Wahl des Vergrößerungsmaßstabs

Zeitschaltuhr zur Steuerung der Belichtungszeit

Das in den Strahlengang eingeklappte Rotfilter ermöglicht eine Anpassung des Vergrößerungsrahmens, ohne das eingelegte Fotopapier zu belichten.

Ausklappbare Negativbühne, in die das Negativ zur Vergrößerung eingelegt wird.

Fotopapier im Vergrößerungsrahmen, der auf verschiedene Formate eingestellt werden kann

Die Filmstreifen werden mit einer Schere auf handhabbare Länge zugeschnitten.

Das Fotopapier sollte bis zum Gebrauch im Umschlag aufbewahrt werden.

DIE ARBEIT IN DER DUNKELKAMMER

Alles kommt darauf an, in der Dunkelkammer systematisch vorzugehen und jeden Arbeitsschritt präzise zu planen. Dann ist es kein Problem, Bilder in Ausstellungsqualität selbst herzustellen. Achten Sie drauf, Papierbilder auf die Sekunde genau über die vom Hersteller empfohlene Dauer zu entwickeln. Filme sollten bei einer Temperatur von 20 °C entwickelt werden. Auch Ihre Vergrößerungen müssen auf die Sekunde genau belichtet werden. Notieren Sie sich Zeiten und Einstellungen. So können zufriedenstellende Ergebnisse jederzeit wiederholt werden. Sind Sie nicht zufrieden, können Sie die Entwicklungszeiten verändern. Manche Fotos benötigen vielleicht dichtere Schwärzen oder einen größeren Kontrast und profitieren daher von einer um 30 Sekunden verlängerten Entwicklungszeit. Auch Farbfilme und -bilder können prinzipiell zu Hause entwickelt und vergrößert werden. Das erfordert jedoch eine kostspielige Ausrüstung, die bei wesentlich höheren Temperaturen arbeitet.

Schwarzweißentwicklung

Ein Reiz der Schwarzweißfotografie besteht darin, dass die Entwicklung der Filme nur wenige, einfache Geräte erfordert. Eine eigene Dunkelkammer oder fließendes Wasser sind ein Vorteil, jedoch nicht unbedingt erforderlich; auch die Chemikalien sind kostengünstig. Mit akkurater Arbeit lassen sich ausgezeichnete Ergebnisse erzielen.

Entwicklung eines Films

Grundvoraussetzung für eine erfolgreiche Filmentwicklung ist eine gründliche Vorbereitung. Befolgen Sie beim Ansetzen der drei Chemikalien – Entwickler, Stoppbad und Fixierbad – die Anweisungen und halten Sie Mengenangaben und Angaben zur Konzentration genau ein. Achten Sie darauf, dass der Entwickler die korrekte Temperatur hat, ehe der Film mit ihm in Kontakt kommt. Wenn Sie sich an die Arbeit bei Dunkelheit erst gewöhnen müssen, können Sie einzelne Schritte, zum Beispiel das Aufwickeln des Films auf die Spirale, mit einem alten Film bei Tageslicht mit geschlossenen Augen üben.

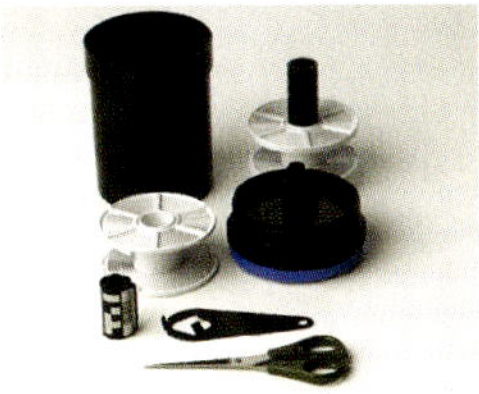

1. Vorbereitung der Geräte
Entwicklungsdose mit Spirale (manche Dosen fassen mehrere Spiralen), Schere mit stumpfen Enden und Filmpatronenöffner bereitlegen. Alle Geräte sollten Raumtemperatur haben und müssen vollkommen trocken sein. Das gilt auch für Ihre Hände.

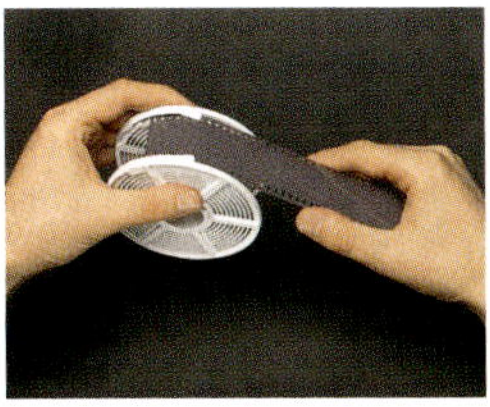

2. Aufwickeln des Films
Patrone bei völliger Dunkelheit öffnen und Ende der Filmrolle und Ecken beschneiden. Film in die Führungsrillen einführen und einspulen. Falls sich der Film verkantet, üben Sie keinen Druck aus, sondern versuchen es aufs Neue.

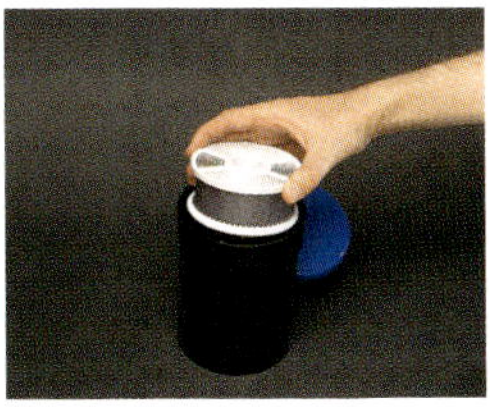

3. Einlegen in die Dose
Spirale in die Entwicklungsdose einlegen und diese fest verschließen. Temperatur des Entwicklers nochmals überprüfen (20 °C); bei einer anderen Temperatur müssen Sie die Entwicklungszeit gemäß den Angaben des Herstellers anpassen.

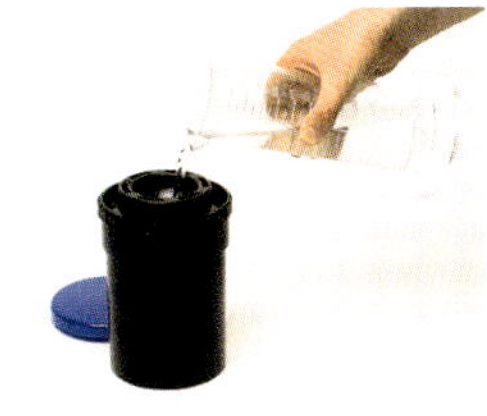

4.Hinzufügen des Entwicklers
Gesamte Entwicklerflüssigkeit in die Dose schütten. Ab jetzt läuft die Entwicklungszeit. Gegen die Dose klopfen, damit sich keine Luftbläschen auf dem Film festsetzen. Dose verschließen und eine Minute lang bewegen. Bewegung gemäß den Anweisungen des Herstellers fortsetzen.

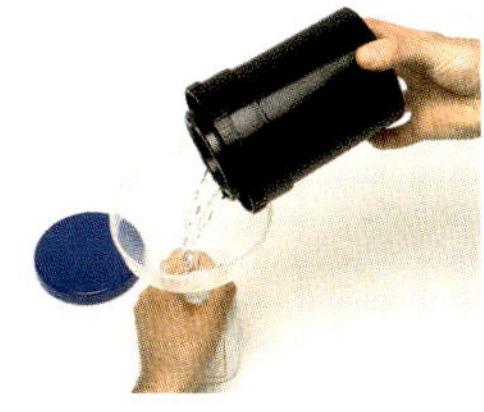

5. Fixierung
Nach Ablauf der Entwicklungszeit Entwickler sofort ausschütten. Stoppbad einfüllen, Dose 30 Sekunden lang bewegen. Stoppbad zurück in die Flasche schütten. Fixierbad einfüllen, Dose bewegen und Herstelleranweisungen befolgen. Anschließend Fixierbad zurück in die Flasche schütten.

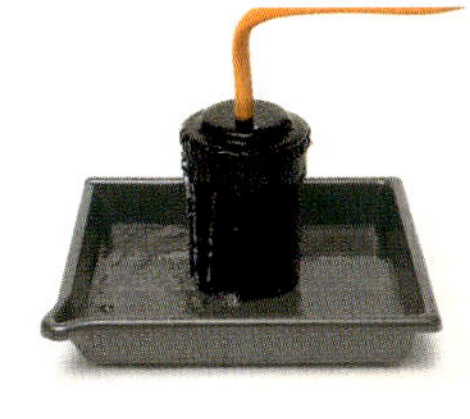

6. Wässerung des Films
Fixierbad abwaschen. Falls Sie kein fließendes Wasser haben, Wasser in die Dose geben und diese 10-mal wenden, Wasser ausschütten. 9-mal wiederholen. Beim letzten Mal einen Tropfen Netzmittel zugeben, Dose 15 Sekunden bewegen, Film herausnehmen und zum Trocknen aufhängen.

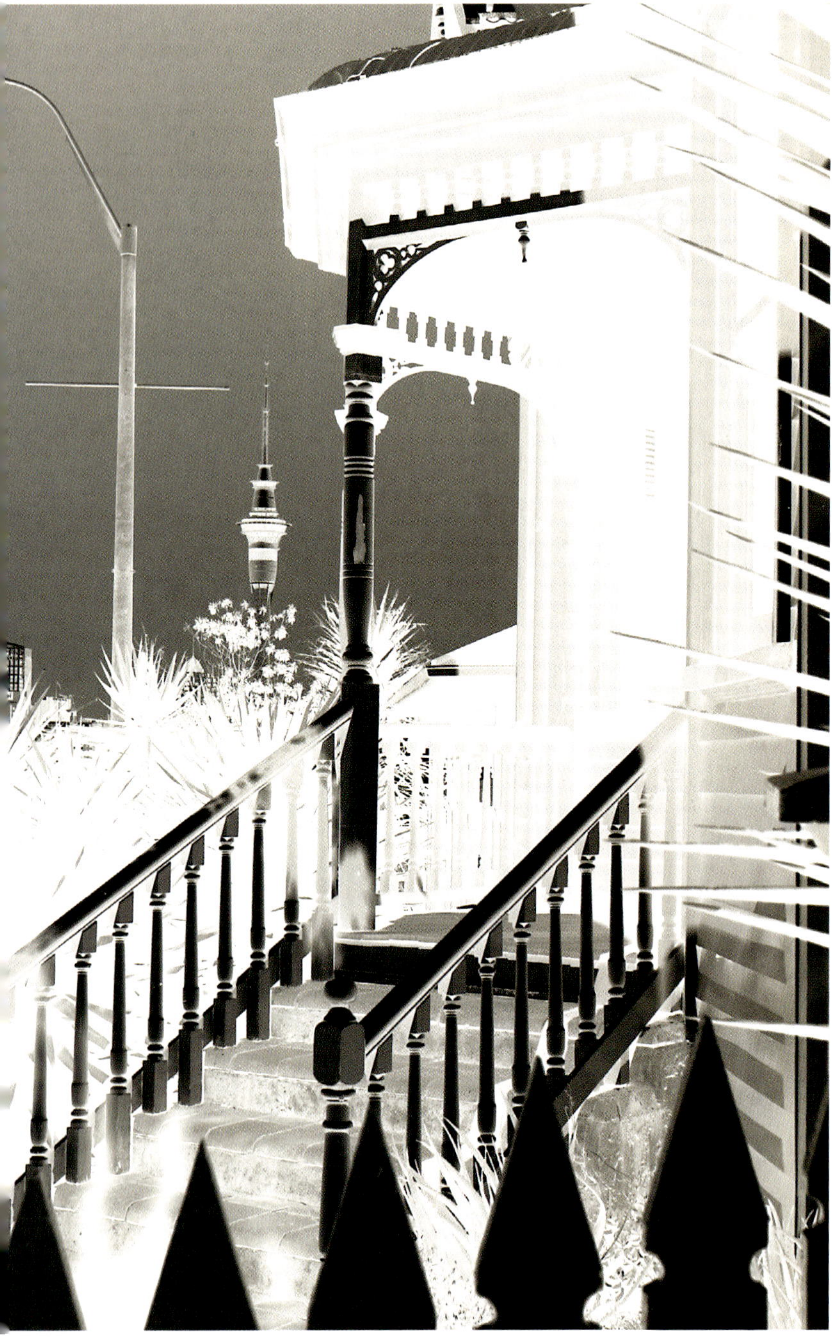

Negativ-Bilder
Architekturmotive wie dieses Gebäude in Auckland, Neuseeland, kommen auch als Negativ-Bilder sehr gut zur Geltung, denn die Umkehrung der Tonwerte betont die Grundstruktur des Fotos. Zur Erstellung eines Negativ-Bildes wird das Negativ entweder vor einer hellen Lichtquelle fotografiert oder ein Positiv wie ein Negativ verwendet.

Schwarzweißvergrößerung

Die Erstellung eines SW-Papierbilds ist ein ähnlicher Vorgang wie die Erstellung des Negativs: Durch die Projektion eines negativen Bildes auf Fotopapier erhält man wieder ein positives Bild. Auch das Fotopapier funktioniert mit Silberkristallen und wird umso dunkler, je stärker es belichtet wird. Während der Entwicklung taucht langsam das Gesamtbild auf dem Papier auf.

Vergrößerung

Wählen Sie die Bilder aus, die Sie vergrößern möchten, und überlegen Sie sich, wie stark der Kontrast im Ergebnis ausfallen soll. Das Vergrößern selbst ist erstaunlich einfach. Präparieren Sie zunächst Entwickler (der immer frisch sein muss), Stoppbad und Fixierbad. Säubern Sie mit einem Pinsel oder Druckluft – nie durch Anhauchen – das Negativ. Schalten Sie die Raumbeleuchtung aus und die Dunkelkammerleuchte ein.

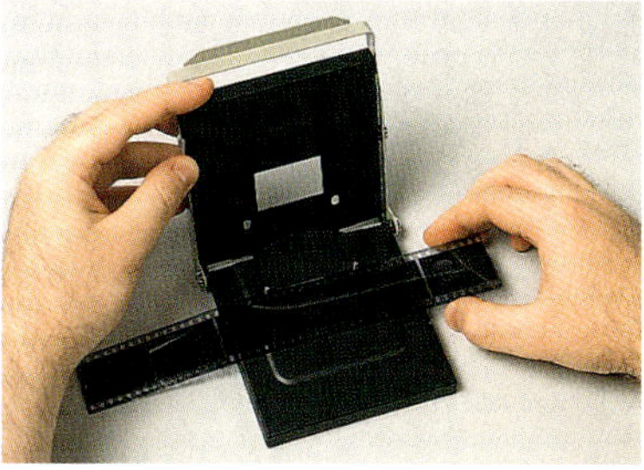

1. Einlegen des Negativs in die Negativbühne
Film auf passende Länge zuschneiden. Ausgewähltes Bild mit der Schichtseite nach unten und auf dem Kopf in die Bühne einlegen.

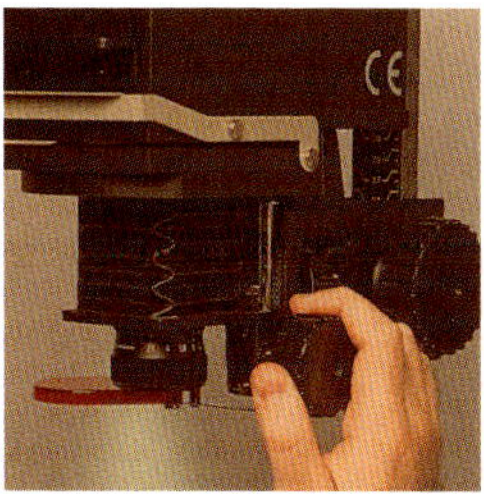

2. Höhe einstellen
Je nach Vergrößerungsmaßstab Höhe des Vergrößerungskopfs einstellen.

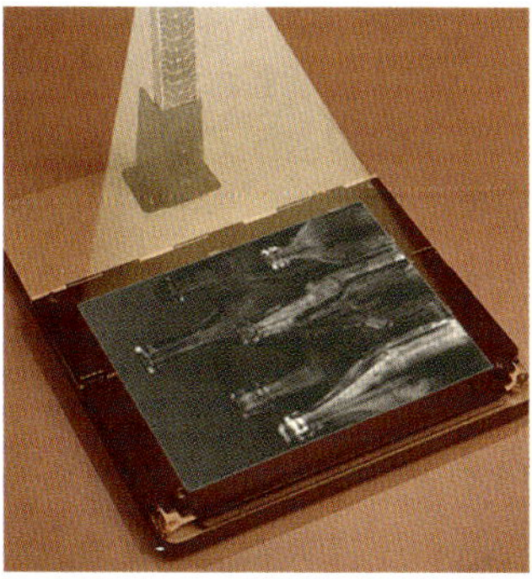

3. Ausschnitt wählen
Regeln Sie die größte Blende des Vergrößerungsgeräts ein, dadurch erreichen Sie maximale Helligkeit. Bei Bedarf Höhe des Vergrößerungskopfes anpassen. Bild innerhalb des gewünschten Ausschnitts genau anordnen und darauf achten, dass keine Ränder zu sehen sind.

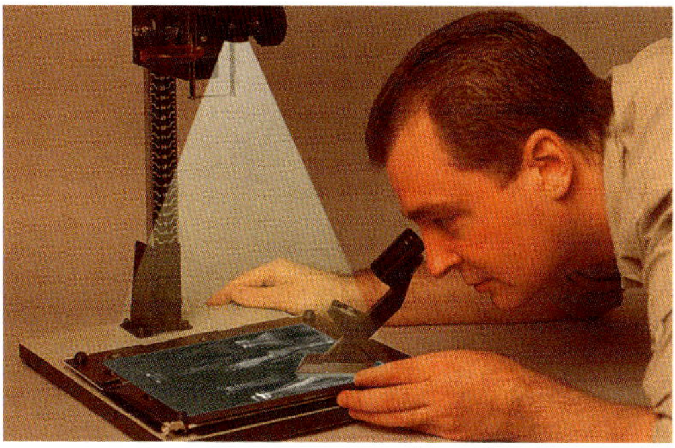

4. Scharfeinstellen
Mit dem Scharfeinstellgerät das Korn der Abbildung bei voller Öffnung des Objektivs prüfen. Dies ist nicht nur für die Schärfe, sondern auch für die Bildqualität ausschlaggebend.

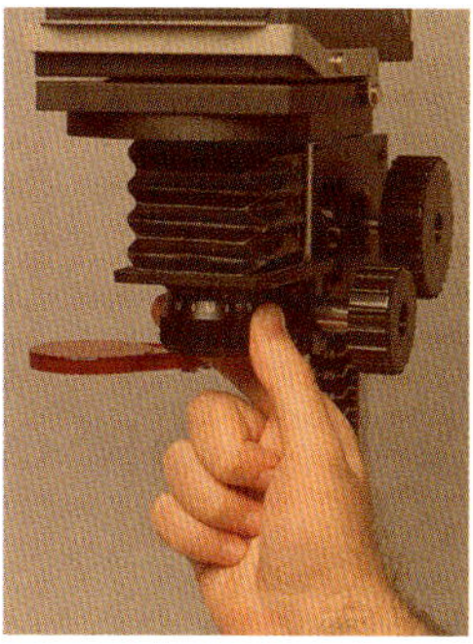

5. Abblenden
Zur Verbesserung der Schärfe auf eine kleinere Blende abblenden, zum Beispiel Bl. 5,6.

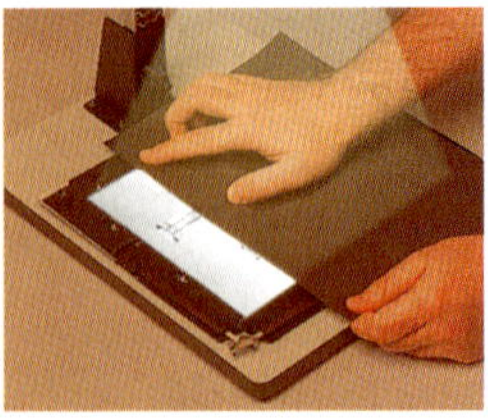

6. Probestreifen anfertigen
Abbildung in Streifen belichten; Belichtung stufenweise erhöhen. Papier entwickeln.

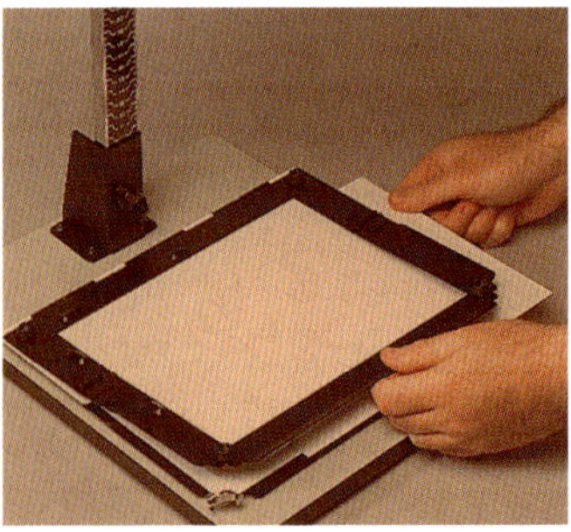

7. Papier belichten
Der Probestreifen dient dazu, die passende Belichtung zu ermitteln. Neues Papier in der gewünschten Position in den Vergrößerungsrahmen einlegen. Vergrößerungslampe einschalten und Papier über die ermittelte Dauer belichten.

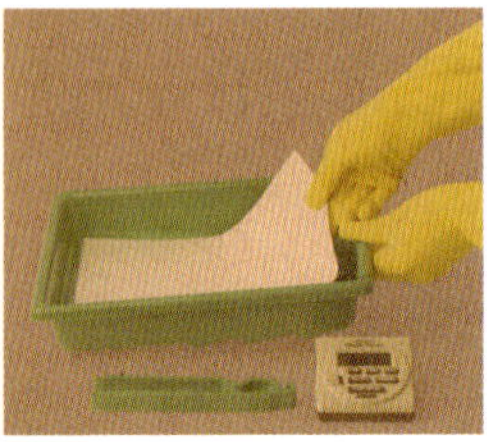

8. Papierbild entwickeln
Belichtetes Bild mit der Schichtseite nach unten in den Entwickler legen; Schale leicht bewegen. Papier an einer Ecke aus der Schale nehmen, Entwicklung prüfen.

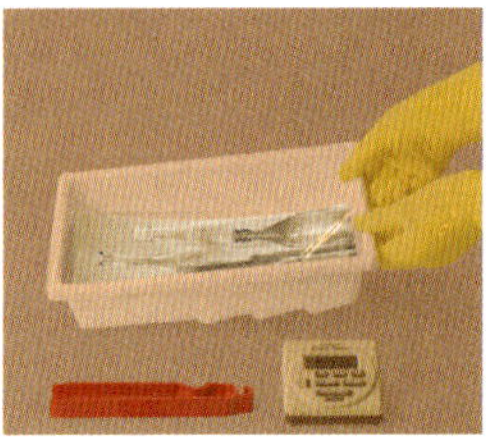

9. Entwicklung abbrechen
Nach der vom Hersteller empfohlenen Entwicklungszeit Papier aus der Entwicklungsschale nehmen, abtropfen lassen und anschließend ins Stoppbad legen.

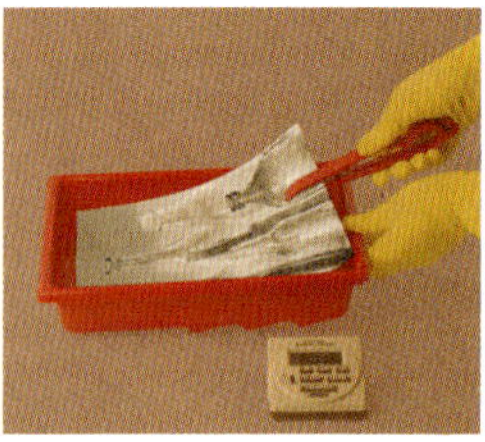

10. Papierbild fixieren
Nach 30 Sekunden im Stoppbad Bild an einer Ecke herausnehmen, abtropfen lassen und in das Fixierbad legen. Empfohlene Fixierzeit nicht überschreiten.

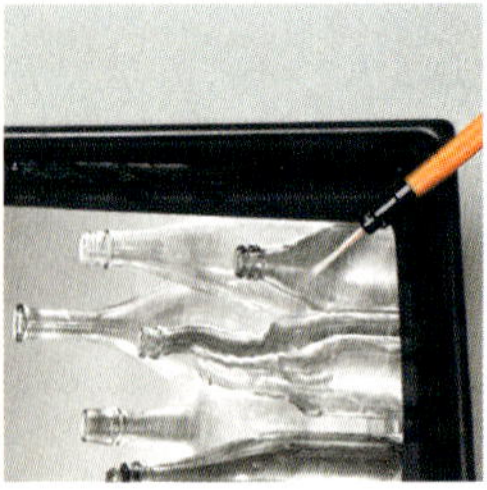

11. Papierbild wässern
Nach der Fixierung Chemikalien mit reichlich fließendem Wasser gemäß den Empfehlungen des Herstellers abwaschen. Bei einigen Papieren genügen fünf Minuten, andere brauchen länger.

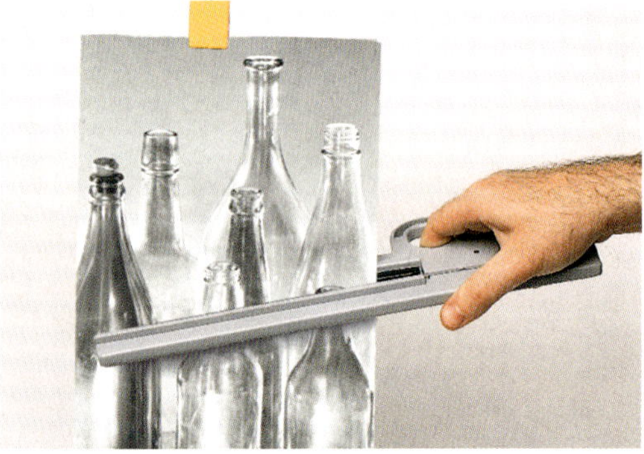

12. Papierbild trocknen
Moderne PE-Papiere trocknen auf einer flachen Oberfläche von selbst und müssen nur abgestreift werden. Barytpapiere wellen sich, weshalb sie beim Trocknen beschwert werden müssen.

FOTOPAPIERTYPEN

Es gibt zwei Haupttypen von SW-Fotopapieren. Barytpapiere bestehen aus einer Papierunterlage und einer Bariumoxidschicht als Träger für das Silber. Sie liefern beste Ergebnisse und sind besonders archivfest. PE(Polyethylen)-Papiere sind mit einer Kunststoffschicht über der Papierunterlage versehen, um die chemische Absorption zu verringern. Dadurch verkürzt sich die Entwicklung. Moderne Papiere haben eine variable Gradation und können Negative mit unterschiedlichen Kontrasten bewältigen. Der Kontrast wird durch die Anpassung der Belichtung mit Filtern oder über eine Einstellung am Vergrößerungskopf gesteuert.

Auswertung einer Schwarzweißvergrößerung

Bei der Betrachtung einer Szene stellen sich Ihre Augen kontinuierlich auf verschiedene Helligkeiten ein: Bei dunklen Bereichen weiten sich die Pupillen, bei hellen schließen sie sich wieder. Beim Vergrößern müssen Sie für einen ähnlichen Ausgleich sorgen, um eine zu dunkle Abbildung von Schwärzen und eine zu helle Wiedergabe von Lichtern zu vermeiden. Dazu belichten Sie verschiedene Partien der Abbildung unterschiedlich lange.

ABWEDELN UND NACHBELICHTEN

Zur Abstimmung der Tonwerte können Sie zu helle Bereiche durch Nachbelichten dunkler abbilden und das Zulaufen von Schattenpartien durch Abwedeln verhindern. Beides macht man entweder mit den Händen oder mit Masken. Eine Maske zum Nachbelichten ist ein Stück Pappe mit einem Loch, durch das das Licht einfallen kann. Wenn Sie diese Maske zwischen Vergrößerungsobjektiv und Papier halten, können Sie die Belichtung in ausgewählten Bereichen erhöhen. Eine Abwedelmaske – ein Stück Pappe an einem steifen Draht – funktioniert nach dem gleichen Prinzip, nur umgekehrt. Die Masken müssen ständig bewegt werden, um sichtbare Ränder zu vermeiden.

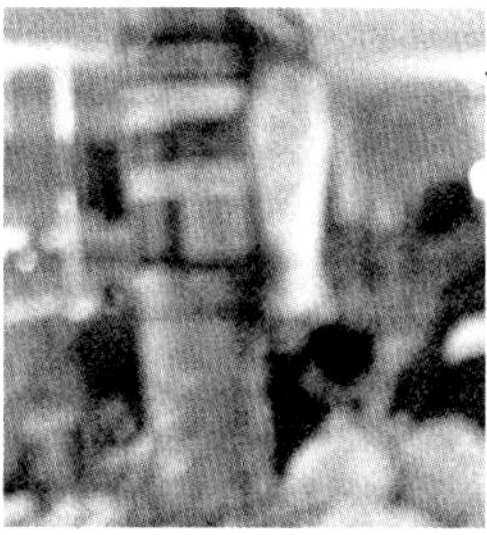

Verwischter Hintergrund
Ein unscharfer Hintergrund muss nicht sehr detailreich sein, darf aber weder zu hell noch zu dunkel wirken.

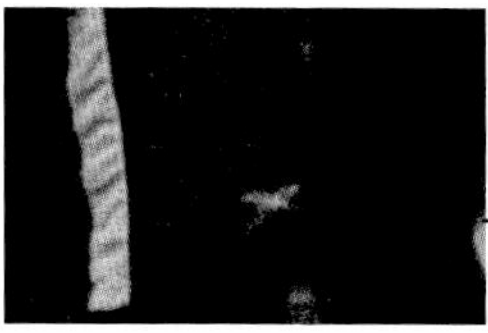

Abwedeln der Schatten
Ohne Abwedeln wäre dieser Bereich einheitlich schwarz geworden, so dass das Haar nicht mehr von der Jacke hätte unterschieden werden können.

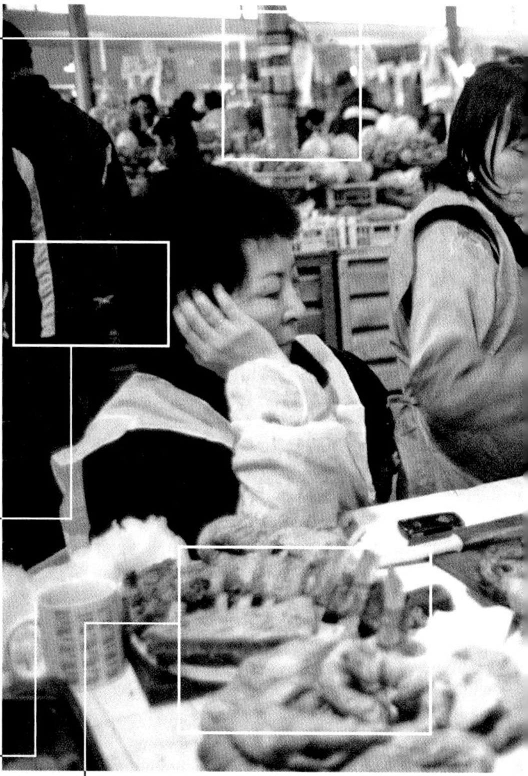

Das mittlere Weitwinkelobjektiv (35 mm an einer KB-Kamera) hat die Objekte an den Rändern, wie zum Beispiel den Becher, leicht verzerrt abgebildet. Durch Abwedeln wurden die Umrisse verwischt und der Effekt gemildert.

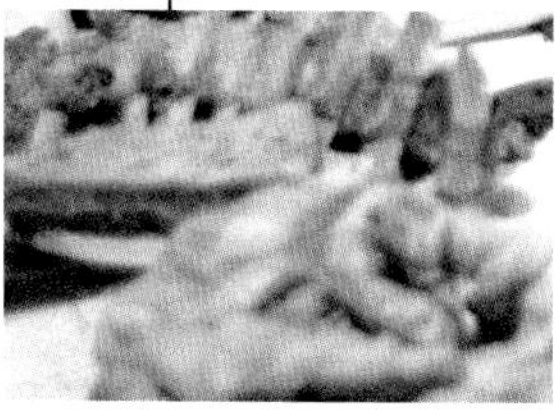

Mitteltöne
Wichtig bei SW-Aufnahmen sind die Details in den Mitteltönen. Hier wurden sie mit Hilfe einer Abwedelmaske aufgehellt, damit die Schatten nicht zu dunkel erscheinen.

DAS ORIGINAL

Diese schachspielenden Händlerinnen auf einem Markt in Kirgisistan wurden auf einen Film mit ISO 400/27° aufgenommen. Trotz einiger über dem Motiv hängender Lampen und einem hellen Hintergrund war das vorhandene Licht schwach.

Beurteilung des Fotos
Das Bild wäre auch ohne Nachbearbeitung akzeptabel *(rechts)*, gewinnt jedoch mit etwas Nachbelichten und Abwedeln erheblich *(unten)*.

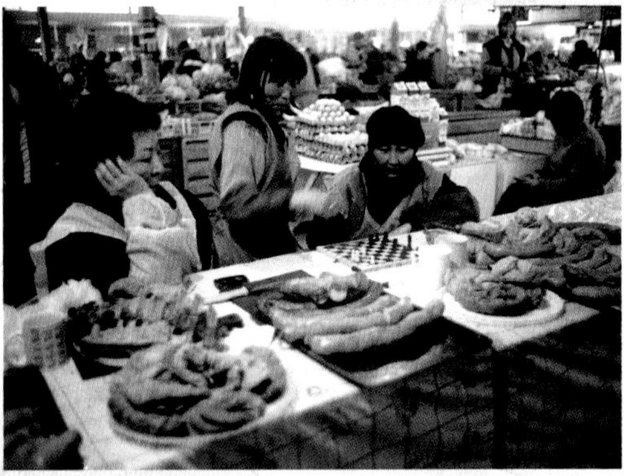

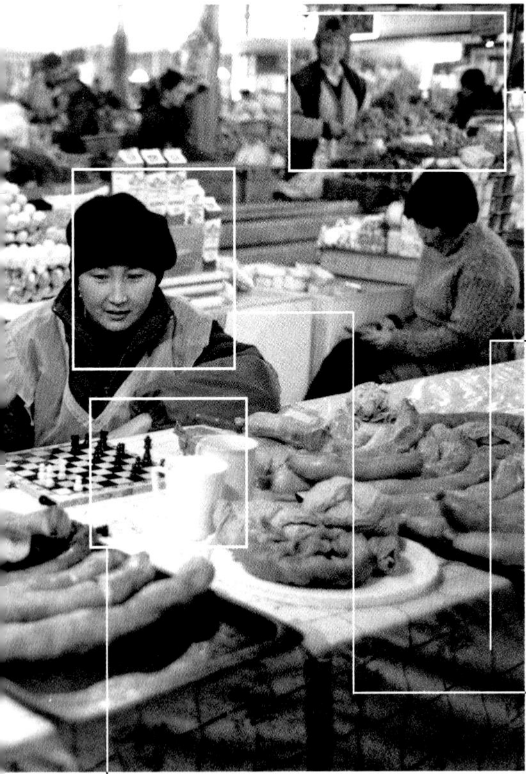

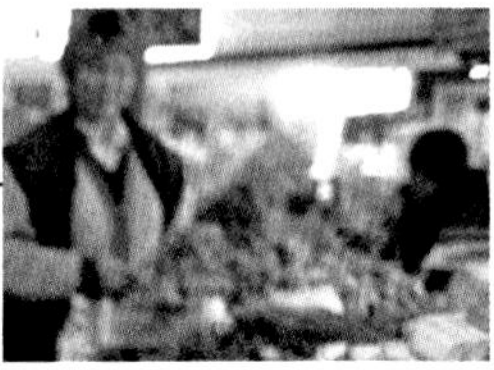

Überbelichtungen vermeiden
Damit Mitteltöne nicht zu dunkel erscheinen, dürfen angrenzende Lichter nicht nachbelichtet werden.

Der ohnehin dunkle Vordergrund wurde nachbelichtet, denn er soll das Hauptmotiv einrahmen.

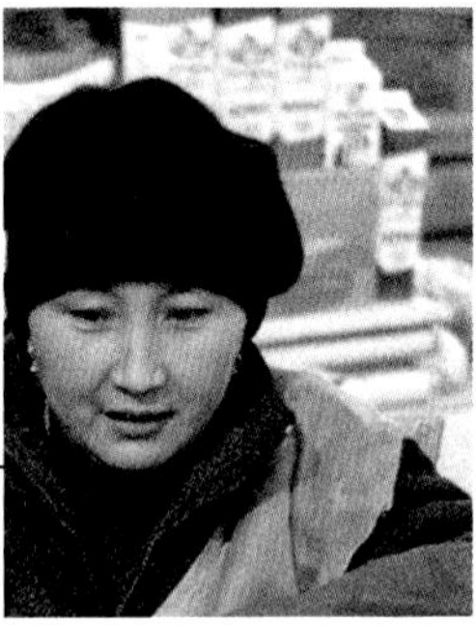

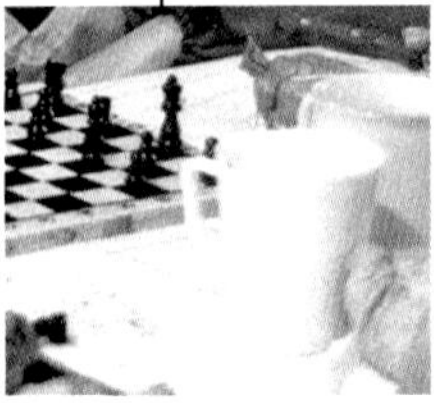

Nachbelichten von hellen Partien
Der hellste Bereich im Vordergrund waren diese beiden von einer Deckenlampe ausgeleuchteten Tassen. Sie mussten nachbelichtet werden, um die Formen deutlicher zum Vorschein zu bringen.

Abwedeln der Gesichter
Auf der unbearbeiteten Aufnahme liegt die untere Gesichtshälfte der Frau im Schatten. Zur Aufhellung wurde das Licht mit einer Abwedelmaske abgehalten.

Digitalkameras

Aufgrund der relativ niedrigen Preise selbst hochwertiger Modelle verkaufen sich Digitalkameras heute besser als konventionelle Kameras. Die Preisentwicklung, der Bedienungskomfort und die Vielseitigkeit von Digitalkameras haben der Hobbyfotografie einen enormen Aufwind beschert.

Die Vorteile

Ein großer Vorteil von Digitalkameras ist die Möglichkeit der unmittelbaren Kontrolle des Ergebnisses auf dem LCD-Bildschirm, auf dem die Fotos auch ohne den Sucher an das Auge führen zu müssen, gestaltet werden können. Die Aufnahme kostet nichts, man kann ein einziges Bild machen oder auch hunderte. Außerdem bieten selbst einfachste Modelle eine Vielzahl von Leistungsmerkmalen, die auf die Bedürfnisse der Benutzer abgestimmt sind.

LEISTUNGSMERKMALE EINER DIGITALKAMERA

Digitalkameras wie die Olympus E-20 *(unten)* zeichnen sich durch Präzisionselektronik und -optik und hoch entwickelte mechanische Teile aus. Das Zoomobjektiv ist fest eingebaut.

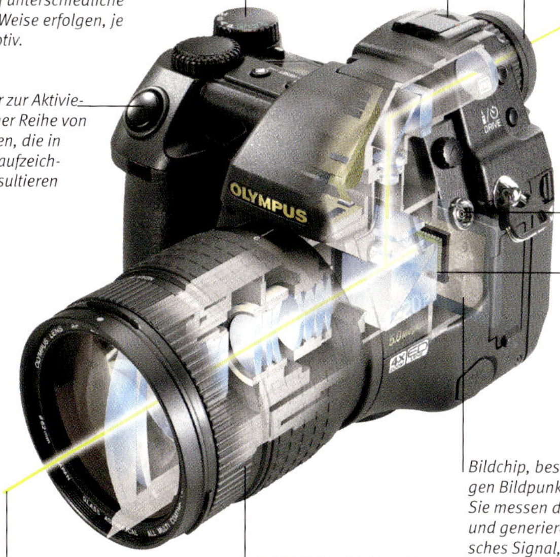

LEISTUNGSFÄHIGKEIT

Was beim Kauf einer Digitalkamera zählt, ist jedoch nicht die Anzahl der Merkmale, sondern die Leistungsfähigkeit der Kamera. Werden die Farben richtig wiedergegeben? Stellt die Kamera die Belichtung und Schärfe gleichbleibend korrekt ein? Ist die Bildschärfe korrekt, das heißt, ist das Foto gut durchgezeichnet, ohne dass die Kanten zu stark betont werden *(s. S. 169)*? Lesen Sie Testberichte in Fachzeitschriften, bevor Sie sich für eine Kamera entscheiden. Einigen Zeitschriften liegen CDs mit Probebildern bei, die Ihnen einen Eindruck von der Leistung einer Kamera geben. Auch spezielle Webseiten zur Digitalfotografie stellen Probebilder zum Herunterladen zur Verfügung..

DER DIGITALE SENSOR

Wenn Sie zur Bildgestaltung den LCD-Bildschirm Ihrer Digitalkamera benutzen, sehen Sie die Abbildung durch dasselbe Objektiv, das auch das Bild aufnimmt (wie bei einer SLR, *s. S. 124/25*). Das Objektiv projiziert die Abbildung auf einen Sensor, der die Bilddaten an den LCD-Bildschirm sendet. Während für konventionelle Kameras eine sehr beschränkte Auswahl an Filmformaten zur Verfügung steht, können Sensoren ganz verschieden groß sein. Die meisten sind allerdings nur etwa ein Viertel so groß wie das Kleinbildformat. Daraus folgt u. a. eine Erhöhung der Schärfentiefe, was die kreative Kontrolle einschränken kann.

Aufzeichnung eines Digitalfotos

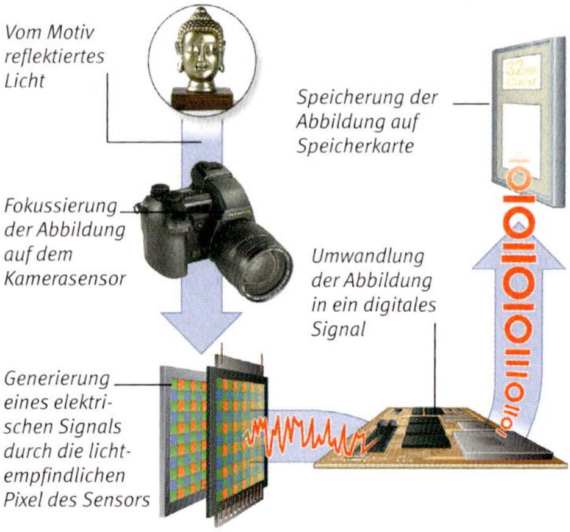

PIXELZAHL UND BILDQUALITÄT

Die Pixelzahl entspricht der Anzahl der Bildpunkte auf dem Bildsensor und gibt die obere Leistungsgrenze der Kamera an. Die inzwischen allgemein übliche Pixelzahl von 4 Megapixel reicht für die meisten Situationen aus. Bei der Auswahl einer Kamera sind daher andere Faktoren wichtiger, zum Beispiel die Art und Weise der Farbverarbeitung. Manche Modelle betonen Farben und Kontrast stärker als andere. Auch die Qualität der Optik ist von Bedeutung. Eine gute Optik an einer 3-MP-Kamera liefert bessere Ergebnisse als eine schlechte an einer 7-MP-Kamera. 3-MP-Kameras erlauben eine Ausdruckgröße bis zu A4. Profis arbeiten zur Erstellung von großen Dateien häufig mit 8 MP, was jedoch sehr viel Speicherplatz beansprucht.

SPEICHERKARTEN UND -KAPAZITÄT

Es gibt verschiedene Speicherkartentypen, viele Kameras sind auf einen festgelegt. Eine Speicherkapazität zwischen 256 MB und 1 GB bietet in der Regel die beste Leistung pro Speichereinheit. Die Karten lesen und schreiben Daten mit unterschiedlicher Geschwindigkeit. Bei hoher Pixelzahl oder wenn viele Aufnahmen gespeichert werden müssen, sind Hochleistungskarten erforderlich. In der Tabelle wurde der niedrigste Komprimierungsgrad vorausgesetzt.

KARTENKAPAZITÄT IN BILDERN

Kameratyp	Dateigröße	32 MB	64 MB	128 MB	256 MB	512 MB	1 GB	2 GB	4 GB
2 Megapixel	900 KB	34	79	149	289	565	1130	2270	4540
3 Megapixel	1,2 MB	25	55	103	210	420	850	1700	3400
4 Megapixel	2 MB	15	31	62	124	250	500	1010	2030
5 Megapixel	2,5 MB	11	23	50	100	200	400	800	1620
6 Megapixel	3,2 MB	9	18	37	75	150	310	620	1250

Einsteiger- und Mittelklassekameras

Vor nicht allzulanger Zeit waren Digitalkameras der unerschwingliche Traum eines jeden Amateurs. Heutzutage übertrifft die Leistung einer Einsteigerkamera die jener Profimodelle, die in den 1990er-Jahren zum Preis eines Familienautos zu haben waren, um Längen. Digitalkameras der mittleren Preisklasse sind inzwischen die Norm. So können bereits Anfänger auf eine intelligente, zuverlässige Technik zu bezahlbaren Preisen zurückgreifen und dürfen befriedigende Ergebnisse erwarten. Die hier vorgestellten Modelle sind Beispiele für verschiedene Kameratypen.

EINFACHE DIGITALKAMERA

Selbst einfache Digitalkameras sind mit Zoomobjektiv, eingebautem Blitzgerät und einer Reihe weiterer Automatikfunktionen ausgestattet. Allerdings funktionieren diese Kameras deutlich langsamer als teure Modelle.

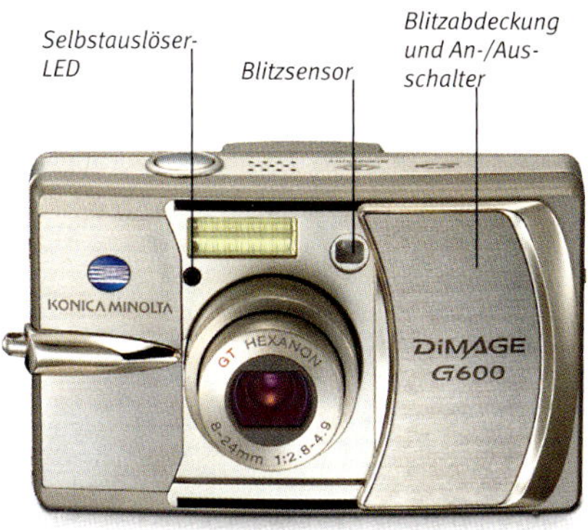

Konika Minolta DiMage G600
Diese kompakte und bedienungsfreundliche Kamera hat eine Pixelzahl von 6 MP und liefert eine gute Bildqualität.

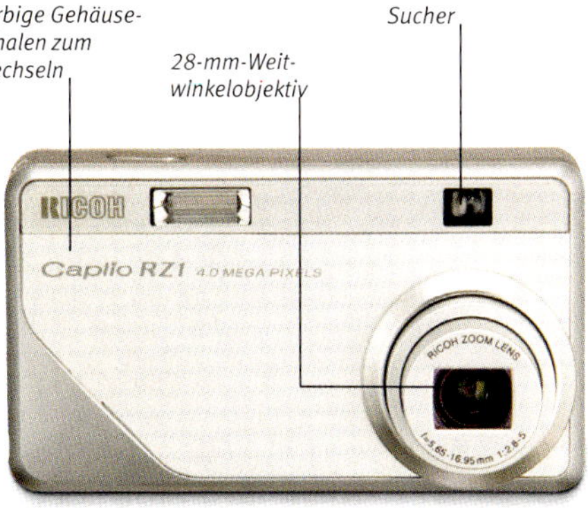

ULTRAKOMPAKTE DIGITALKAMERA

Da Sensorchips sehr klein sind und kein Film im Gehäuse untergebracht werden muss, können Digitalkameras extrem kompakt gebaut werden. Allerdings dürfen die Abmessungen nicht so gering sein, dass die Bedienungselemente nicht mehr bequem betätigt werden können.

Ricoh Caplio RZ1
Diese Kamera mit einer Tiefe von 25 mm bei versenktem Zoomobjektiv ist längst nicht die schmalste auf dem Markt.

5-MEGAPIXEL-HANDY

Binnen kürzester Zeit haben sich Mobiltelefonkameras von Modellen mit geringen Pixelzahlen zu 5-MP-Giganten mit brauchbaren Objektiven mit Zoomfunktion gemausert. Die Bildqualität der Fotos, die mit diesen Telefonen gemacht werden, entspricht damit der einfacher Digitalkameras – mit denen Sie allerdings nicht telefonieren können.

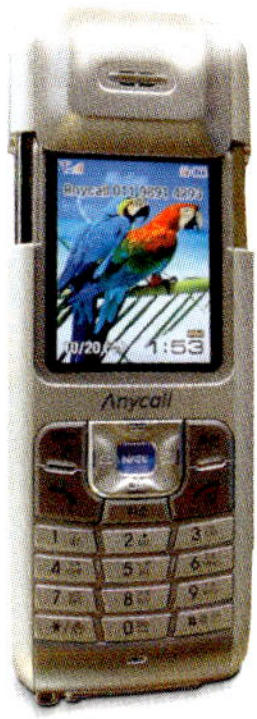

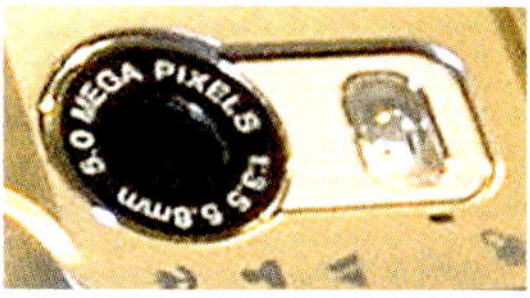

Objektiv eines Fotohandys

Samsung SCH-S250
Der südkoreanische Elektronikhersteller Samsung entwickelte das weltweit erste Mobiltelefon mit 5-MP-Kamera.

Kameras im oberen Preissegment

Spitzenmodelle bieten bis zu hundert verschiedene Einstellmöglichkeiten. Daraus resultieren tausende von Kombinationen, von denen man die wenigsten regelmäßig nutzt. Viele Leistungsmerkmale wurden wohl eher zu Marketing-Zwecken erfunden. Die Digitaltechnik ist so weit fortgeschritten, dass es sich kaum noch lohnt, auf das Kameramodell des nächsten Jahres zu warten.

KOMPAKTE DIGITALKAMERAS

Im Inneren dieser Digitalkameras, die sich äußerlich kaum von anderen unterscheiden, verbirgt sich ein weiterentwickelter Chip, der eine Bildaufzeichnung mit weitaus mehr Details gewährleistet.

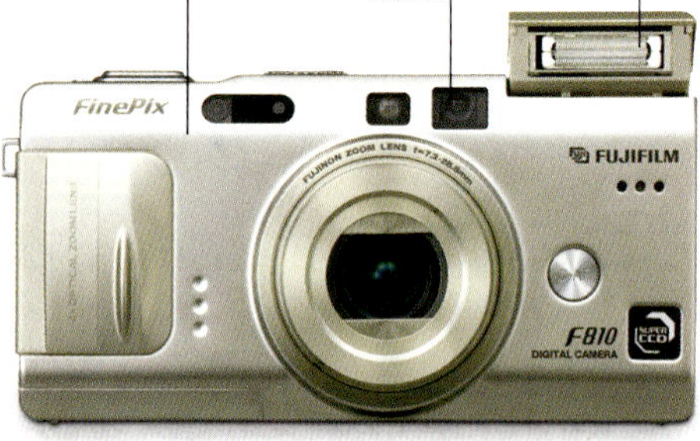

Fujifilm FinePix F810 Zoom

Diese Kamera ist wegen ihrer kurzen Reaktionszeiten und ihres kompakten Designs beliebt.

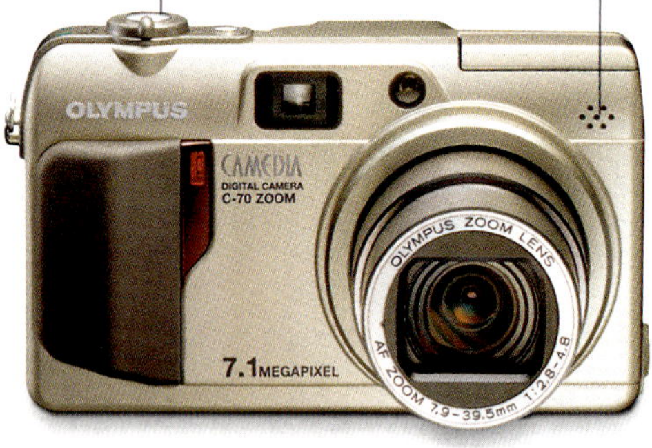

HOCHAUFLÖSENDE DIGITALKAMERAS

Kameras mit Pixelzahlen von 7 MP oder mehr und besseren Objektiven liefern reproduktionsfähige Bilddateien, die in A4 oder größer ausgedruckt werden können.

Olympus C70 Zoom

Ein besonders empfindlicher Sensorchip sorgt bei dieser Kamera für eine Auflösung von über 7 Millionen Pixeln pro Bild. Der Brennweitenbereich liegt zwischen 38 und 190 mm.

DIGITALKAMERA MIT CD-ROM-SPEICHER

Die Mehrzahl der Digitalkameras speichert die aufgezeichneten Bilder auf herausnehmbaren Speicherkarten, aber einige Modelle schreiben die Daten direkt auf eine CD. Das Verfahren ist zwar langsamer, aber äußerst zuverlässig.

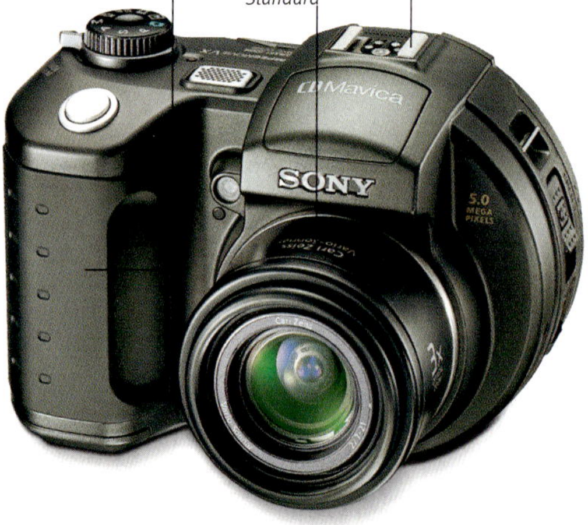

Sony MVC-CD500

Diese im Vergleich zu anderen Modellen sperrige und langsame Kamera schreibt die Daten direkt auf CD und ist vor allem bei Fotografen beliebt, die bei der Speicherung ihrer Bilder kein Risiko eingehen können.

EVF- und D-SLR-Kameras

Bei einer Electronic-Viewfinder-Kamera betrachten Sie Ihr Motiv durch das Okular auf einem kleinen LCD-Bildschirm. Allerdings muss die Kamera dazu eingeschaltet sein. Digitale SLRs haben das typische sperrige Gehäuse einer konventionellen Spiegelreflexkamera und arbeiten ebenso geräuschvoll, ermöglichen jedoch eine kontinuierliche Betrachtung des Motivs.

EVF-KAMERA

Weil der Bildschirm durch ein Okular betrachtet wird, ist der elektronische Sucher bei hellem Licht gegenüber einer normalen Digitalkamera mit Bildschirm auf der Rückseite von Vorteil. Die Abbildung ist allerdings nicht so klar und stabil wie bei einem optischen Sucher.

Leica Digilux 2

Dieses robuste Modell mit LCD-Bildschirm und relativ hoch auflösendem elektronischem Sucher bietet mehr manuelle Einstellmöglichkeiten als andere Digitalkameras.

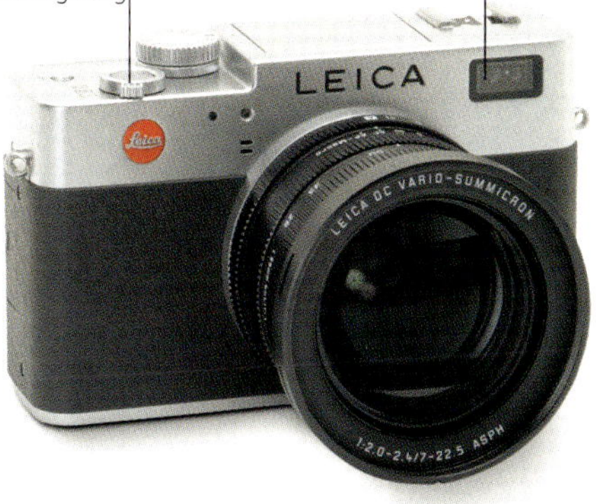

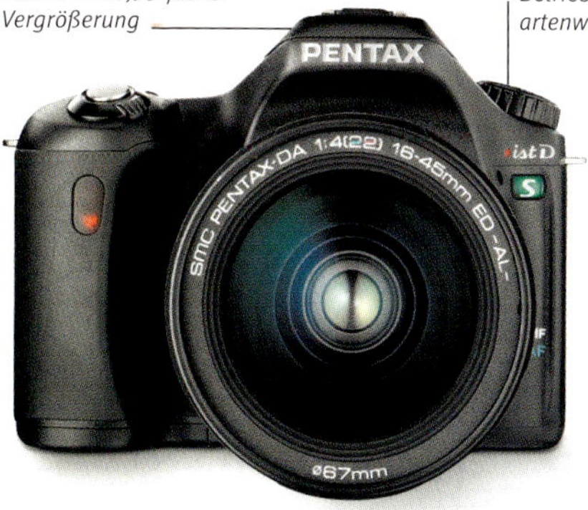

D-SLR

Die digitale SLR ist mit einem Bildchip ausgestattet und kann mit Objektiven für konventionelle KB-Kameras kombiniert werden. Ist der Sensor kleiner, erhöht sich allerdings die Brennweite *(s. S. 144)*.

Pentax ist DS

Dieses 6-MP-Modell zählt zu den kleinsten und leichtesten. Da es sich mit konventionellen Objektiven kombinieren lässt, eröffnete es vielen Fotografen den Weg in die Digitalfotografie.

STEHBILDER MIT DIGITALEN VIDEOKAMERAS

Viele digitale Videokameras bieten die Möglichkeit, Stehbilder entweder auf die Videokassette oder vorzugsweise auf eine separate Speicherkarte aufzunehmen. Pixelzahlen von 3 MP sollten als Mindestvoraussetzung gelten, da die Bildqualität aufgrund der Objektivkonstruktion und Einschränkungen bei der Verarbeitung schlechter ist als bei Digitalkameras.

Sony DCR-PC330

Dieser winzige digitale Video-Camcorder zeichnet Stehbilder auf einem Memory Stick auf. Anderen Camcordern hat er eine ausgezeichnete Bildqualität voraus.

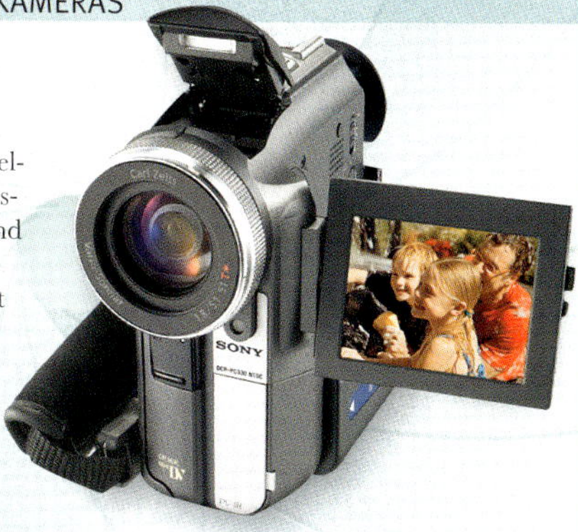

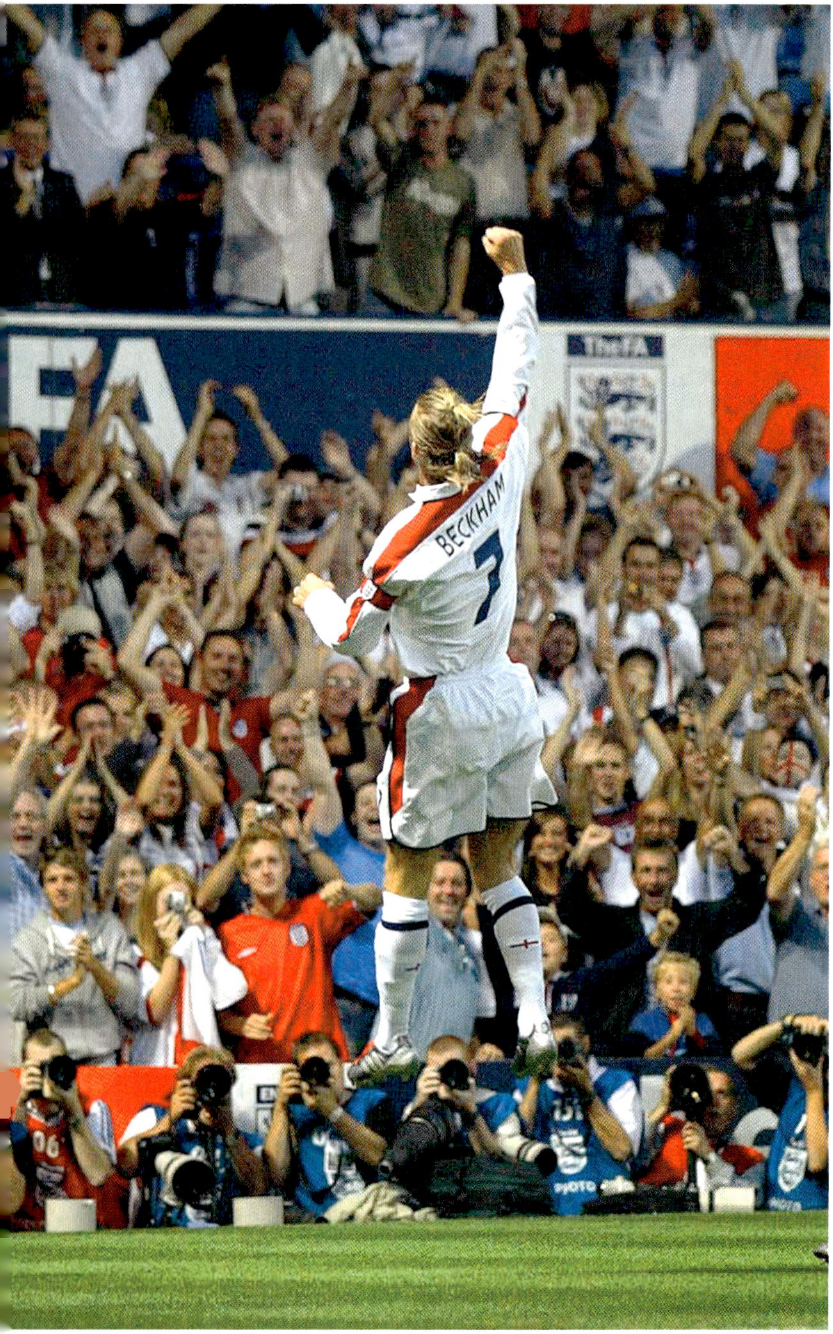

Sportfotografie

Dieses Bild eines berühmten Spitzensportlers vor der jubelnden Zuschauermenge und im Fokus der Fotografenriege ist ein Beispiel für die Vorteile der Digitaltechnik in der Sportfotografie: Digitalfotos können ohne Verzögerung oder Qualitätsverlust unmittelbar nach der Aufnahme an die Bildredaktionen von Zeitungen und Verlagen gesandt werden.

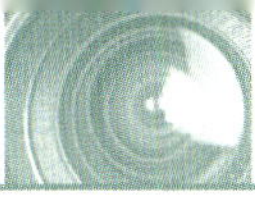

Objektive

Auch wenn sich Ihre Kamera nicht mit Wechselobjektiven kombinieren lässt, sind Ihre Möglichkeiten nicht zwangsläufig begrenzt. Einige große Fotografen arbeiten ausschließlich mit einer Brennweite. Aber ein an die fotografische Aufgabe angepasstes Objektiv kann von Vorteil sei. Auf dem Markt sind eine ganze Reihe von Objektivtypen erhältlich.

Objektivtypen

Das gängigste Objektiv in der Fotografie ist die Zoomoptik mit der variablen Anpassung der Brennweite *(s. S. 222/23)*. Bei SLRs mit Wechselobjektiven hat man die Wahl zwischen einem Zoom und einer Festbrennweite. Wenn Qualität zu einem bezahlbaren Preis gefragt ist, entscheidet man sich besser für eine Festbrennweite, trotz der guten Qualität hochwertiger Zoomobjektive. Die ausgezeichnete Abbildungsleistung macht die Unannehmlichkeiten des Objektivwechsels wett. Einige D-SLRs lassen sich sowohl mit normalen Objektiven als auch mit speziellen digitalen Objektiven verwenden.

AUFBAU EINES OBJEKTIVS

Ein Objektiv setzt sich aus verschiedenen Linsen und Linsengruppen zusammen, die sich zur Scharfeinstellung oder, bei Zoomobjektiven, zur Veränderung der Brennweite hin- und herbewegen.

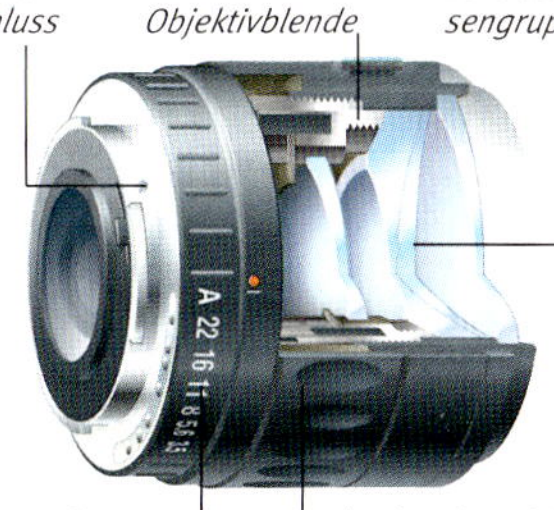

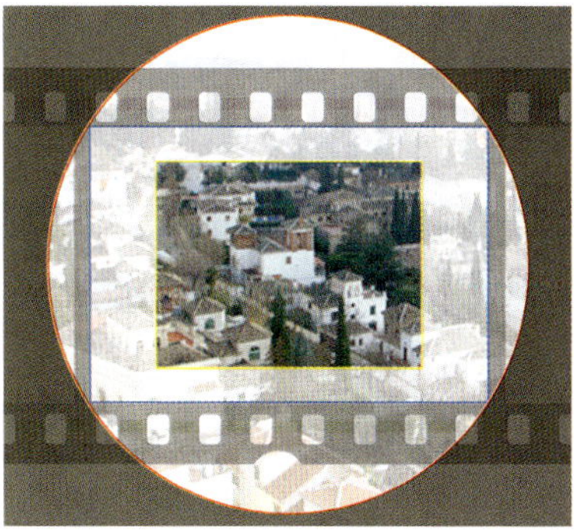

Größe des Sensors und Bildwinkel
Objektive für das KB-Format lassen sich mit Sensoren kombinieren, die kleiner sind als das konventionelle Filmstück. Dies reduziert den Bildwinkel und erhöht die effektive Brennweite.

NORMALOBJEKTIV

Brennweiten zwischen 40 mm und 55 mm bilden das Motiv auf natürliche, unverzerrte Weise ab. Sie eignen sich für eine Vielzahl von fotografischen Situationen, von Porträts bis zu Landschaftsaufnahmen.

Nikon 50 mm
Dieses Normalobjektiv ist hinsichtlich Lichtstärke (größte maximale Öffnung 1:2 oder besser) und Bildqualität bestens geeignet und es ist bezahlbar.

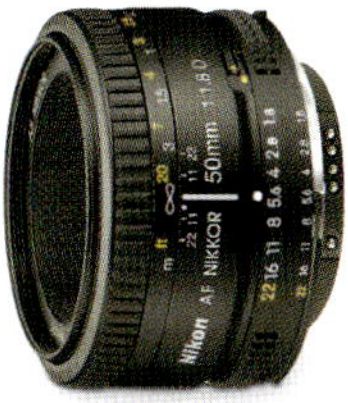

WEITWINKELOBJEKTIV

Weitwinklige Festbrennweiten gewährleisten eine außerordentliche Bildqualität mit minimaler Verzeichnung, gleichmäßiger Bildfeldausleuchtung und hohem Kontrast.

Nikon 35 mm
Weitwinkelobjektive wie dieses liefern hochwertige, verzeichnungsfreie Bilder. Die sehr große Lichtstärke bewirkt eine besonders helle Abbildung im Sucher.

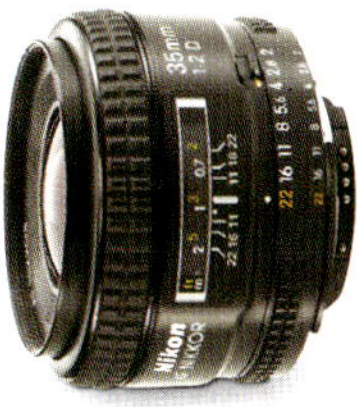

MAKROOBJEKTIV

Die für Nahaufnahmen gerechneten Makroobjektive bilden das Motiv in natürlicher Größe oder noch größer ab und bieten höchste Auflösung und Kontrast.

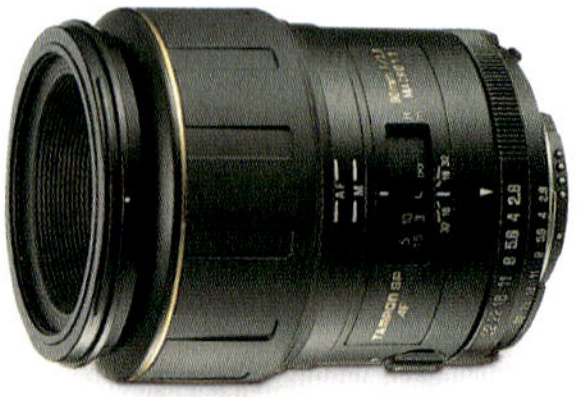

Tamron 90 mm
Dieses Objektiv mit Hochleistungsoptik galt lange Zeit als eines der besten auf dem Markt erhältlichen Makroobjektive.

WEITWINKELZOOM

Die leistungsstarken, ideal für die Landschafts- und Reisefotografie geeigneten Objektive kombinieren Flexibilität mit Bedienungskomfort.

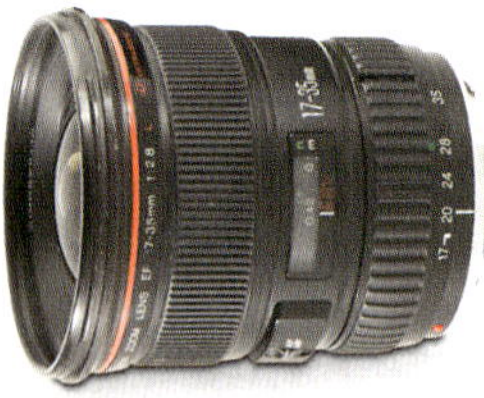

Canon 17–35 mm
Ein solches Objektiv mit extremen bis mittleren Weitwinkeleinstellungen ist ein unverzichtbares Werkzeug des modernen Fotografen.

TELE-ZOOM

Zoomobjektive mit mittleren (für Porträts) bis extrem langen (für Natur- und Reisefotografie) Brennweiten sind schwer und müssen auf einem Stativ abgestützt werden.

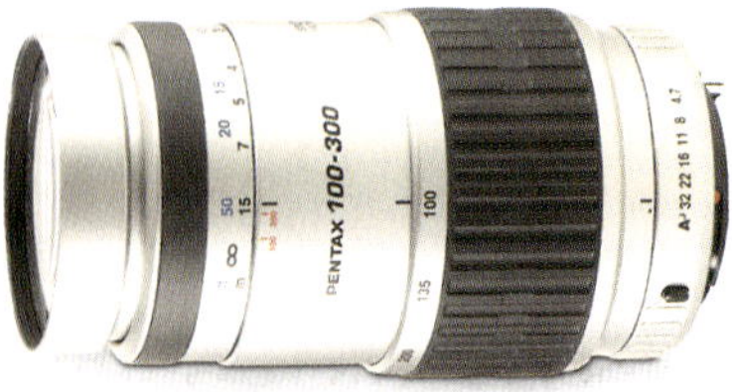

Pentax 100–300 mm
Mit seinem praktischen Brennweitenbereich kann dieses Objektiv mehrere Festbrennweiten ersetzen und liefert ausgezeichnete Ergebnisse.

OBJEKTIVFILTER

Filter ändern die Menge oder Qualität des in das Objektiv einfallenden Lichts und ermöglichen kaum merkliche Farbkorrekturen oder drastische Farbverschiebungen. Das beliebte Polfilter sorgt für eine dunklere Abbildung des blauen Himmels, die mit digitalen Methoden nicht erreicht werden kann. Andere Filter bieten Spezialeffekte wie Weichzeichnung (für eine schmeichelhafte Wiedergabe der Haut) oder Sterne und Regenbogen *(s. S. 226/27)*.

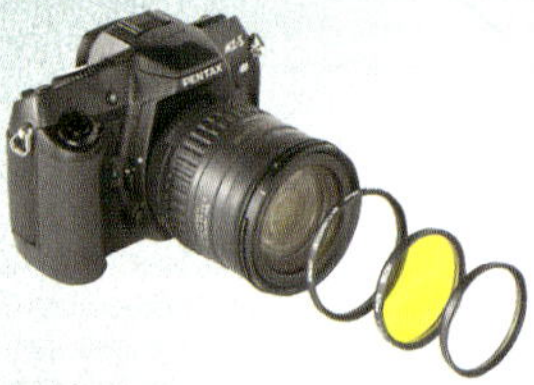

Rundfilter
Die hochwertigsten Filter bestehen aus Glas und sind mit einer Fassung ausgestattet, die zur Größe des jeweiligen Objektivs passt. Sie werden hauptsächlich zur Farbkorrektur oder -konversion eingesetzt. Ein UV- oder Klarglasfilter sollte als Schutz an jedes Objektiv angesetzt werden.

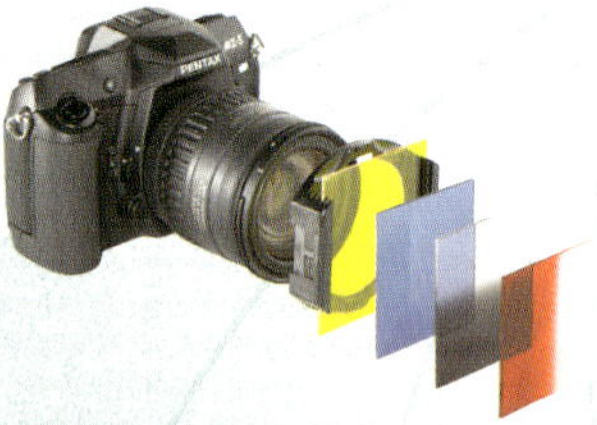

Quadratisches Filtersystem
Kunststofffilter können mit Hilfe von Adaptern an Objektiven in verschiedenen Größen verwendet werden. Dieses System ermöglicht eine Vielzahl von Effekten; seine Farbverlauffilter funktionieren ausgezeichnet.

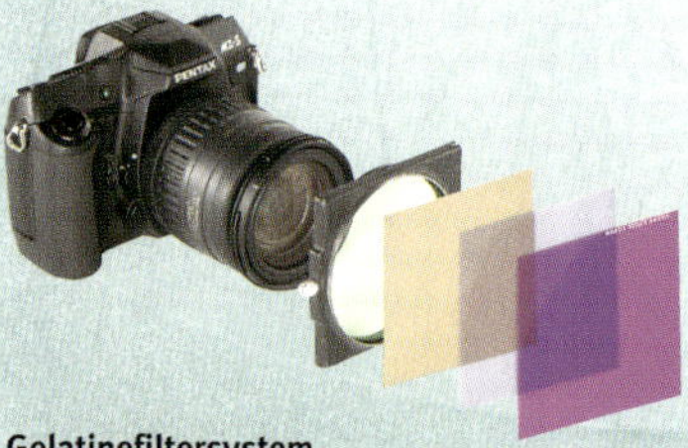

Gelatinefiltersystem
Gelatinefilter sind sehr dünn und zerbrechlich, haben aber so gut wie keinen Einfluss auf die Bildqualität. Mit Adaptern kann ein Filterset an Objektive in verschiedenen Größen angesetzt werden. Die Filter dienen der Farbkorrektur oder -konversion.

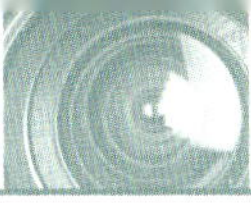

Kamerazubehör

In Anbetracht der verwirrenden Vielfalt an im Handel erhältlichen Produkten kann die Auswahl viel Zeit in Anspruch nehmen, aber das richtige Zubehör ist für professionelles Arbeiten unerlässlich. Je mehr Geräte man allerdings besitzt, desto mehr muss man tragen, aufbauen und zusammenhalten. Eine sichere Aufbewahrung schützt die Kamera beim Transport.

Basisausrüstung

Fototasche, Stativ und Beleuchtungsgeräte sind notwendige Zubehörartikel. Fototaschen schützen Ihre Kamera vor Wasser, Staub und Erschütterungen – eine ganz wesentliche Voraussetzung für einen guten Betriebszustand der Ausrüstung. Der Einsatz eines Stativs ermöglicht eine sorgfältige Bildkomposition und stellt die Bildschärfe sicher. Schließlich sind, um auch unter ungünstigen Lichtbedingungen fotografieren zu können, Geräte zur zusätzlichen oder ausschließlichen Beleuchtung und Lichtführung erforderlich.

STATIVE

Stative sind für die Arbeit bei schwachem Licht unverzichtbar (unter 1/60 s). Beim Fotografieren mit kompakten Digitalkameras und bei Verwendung des Selbstauslösers leisten bereits kleine Stative gute Dienste. Die leichten Ausführungen eignen sich für bis zu 1 kg schwere Kameras. Schwerere Stative führen jedoch aufgrund ihrer größeren Stabilität zu den besten Ergebnissen.

3-D-Stativkopf

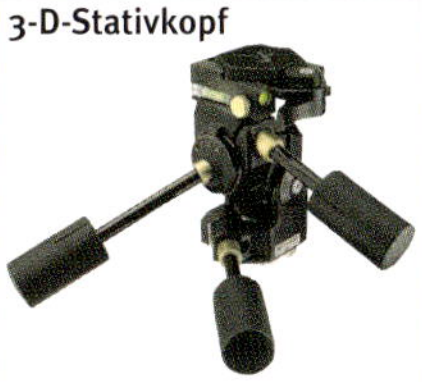

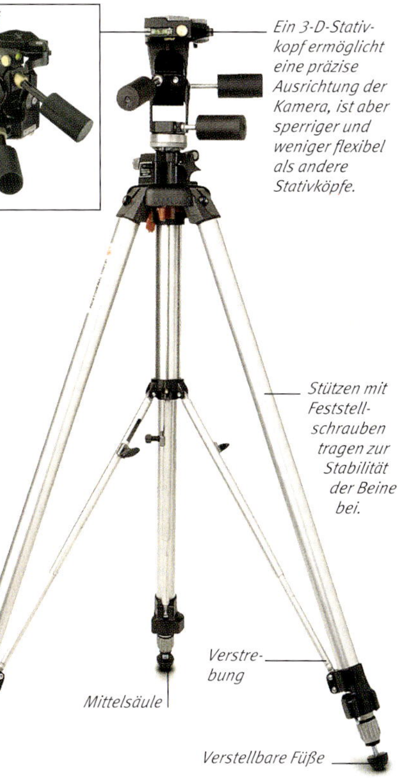

Schweres Stativ
Ein stabiles, schweres Stativ wie dieses mit einigem Zubehör ausgestattete leistet über viele Jahre gute Dienste.

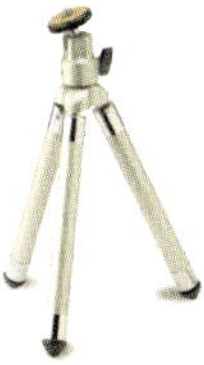

Ministativ

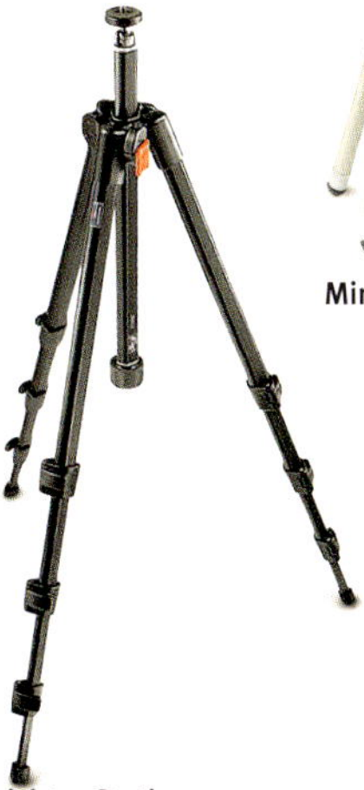

Leichtes Stativ

FOTOTASCHEN

Manche Fotografen sind ähnlich besessen von Fototaschen wie modebewusste Menschen von Designermarken. Viele Profis besitzen ein Dutzend verschiedene Modelle. Vor dem Kauf sollten Sie sich überlegen, was Sie unterbringen und wie weit Sie die Tasche tragen müssen.

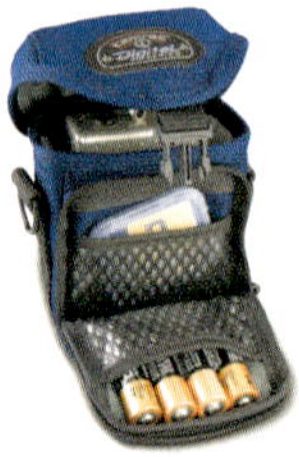

Ultrakompakte Tasche

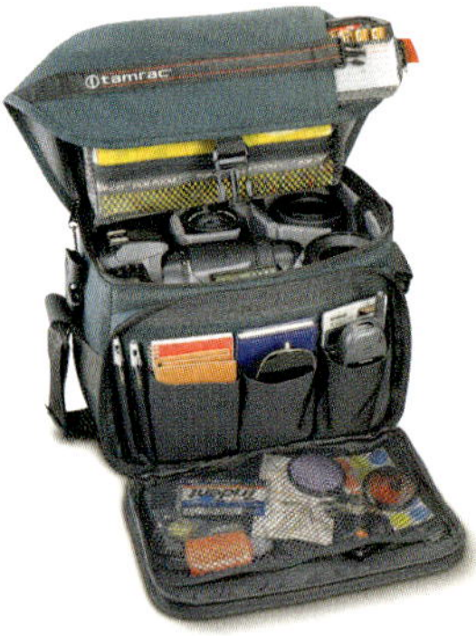

Kleine Gerätetasche

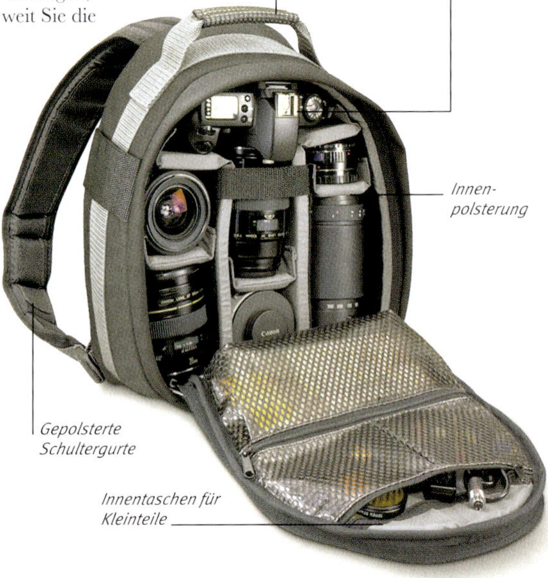

Fotorucksack
Da das Gewicht gleichmäßig auf beide Schultern verteilt wird, bieten Fotorucksäcke auf langen Strecken großen Tragekomfort. Die Geräte können jedoch weniger bequem aus der Tasche geholt und wieder verstaut werden als bei Schultertaschen.

BLITZZUBEHÖR

Das wichtigste und auch nützlichste Beleuchtungszubehör ist ein separater Aufsteckblitz. Moderne Geräte sind trotz Ihrer Kompaktheit erstaunlich leistungsstark und bieten effiziente Automatikfunktionen. Sie können damit im hellen Sonnenlicht Schatten aufhellen oder bei völliger Dunkelheit fotografieren. Auch eine silber- oder goldfarbene Reflexfläche zur sanften Aufhellung von Schatten kann sehr hilfreich sein.

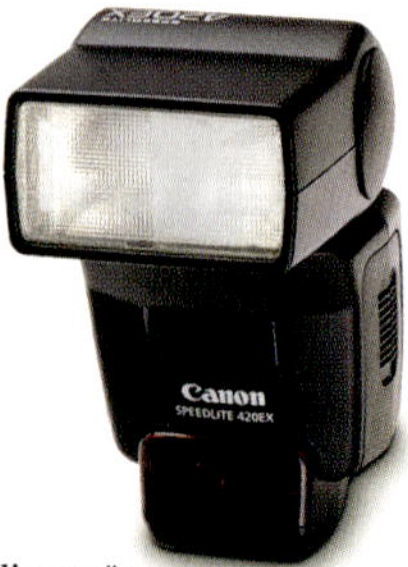

Aufsteckblitzgerät
Gute Blitzgeräte können geneigt und nach oben gerichtet werden, um die Lichtrichtung zu steuern.

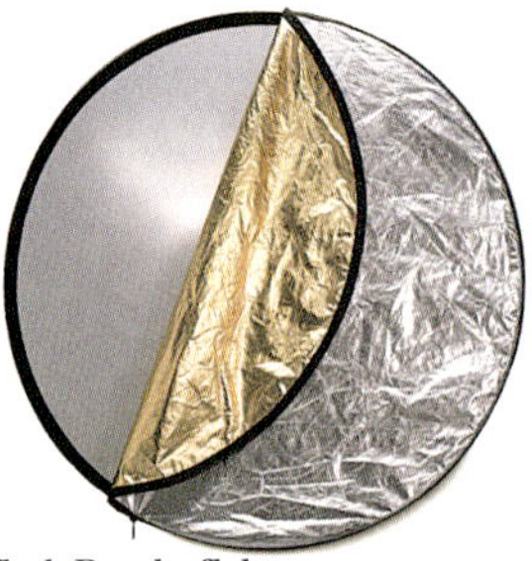

Portaflash-Rundreflektor
Trotz ihrer Einfachheit erzielen diese auf einen biegsamen Rahmen gespannten Stoffreflektoren eine große Wirkung.

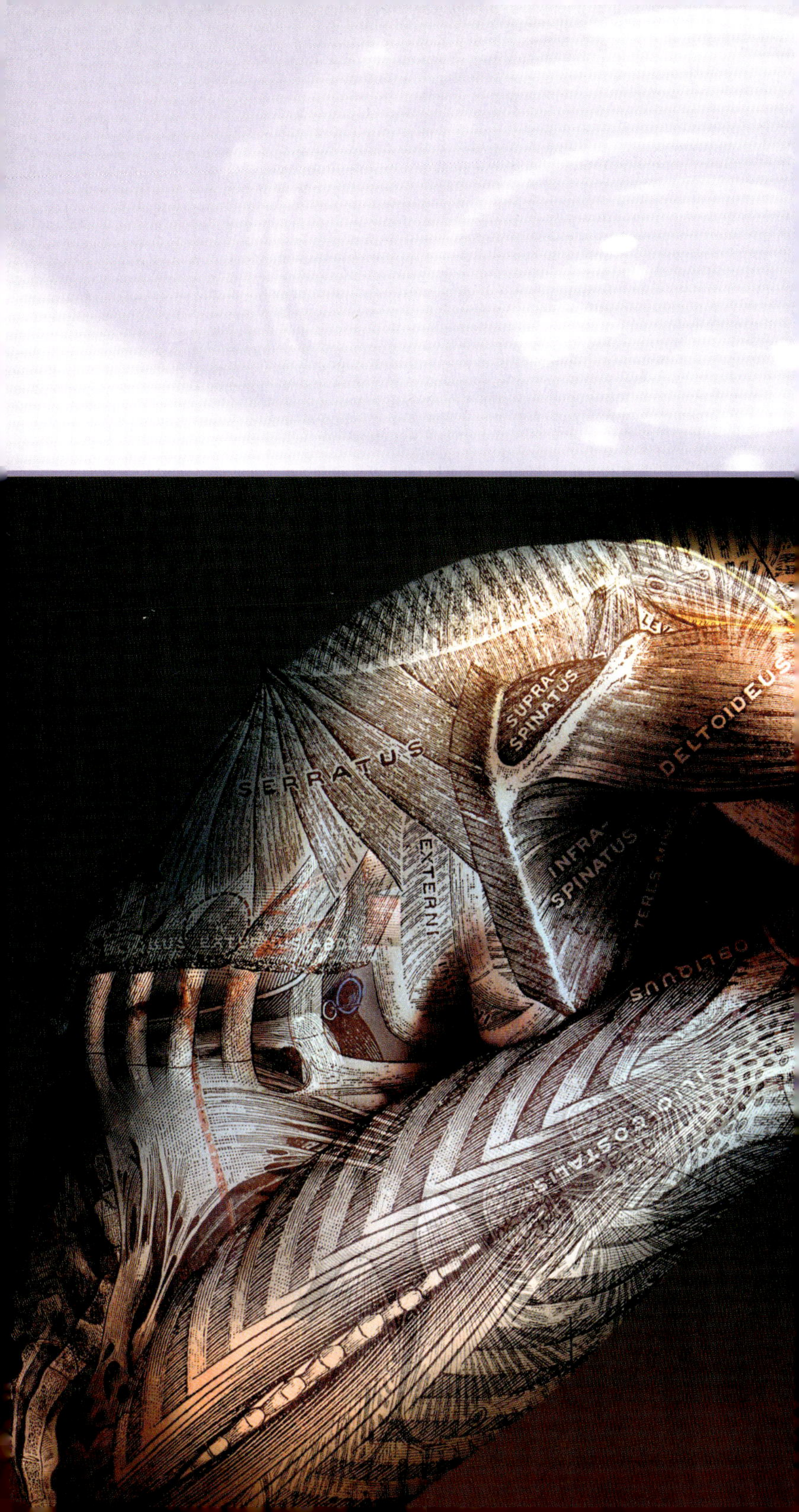
SERRATUS
EXTERNI
SUPRA-
SPINATUS
DELTOIDEUS
INFRA-
SPINATUS
TERES
OBLIQUUS

DIGITALE BILD-BEARBEITUNG

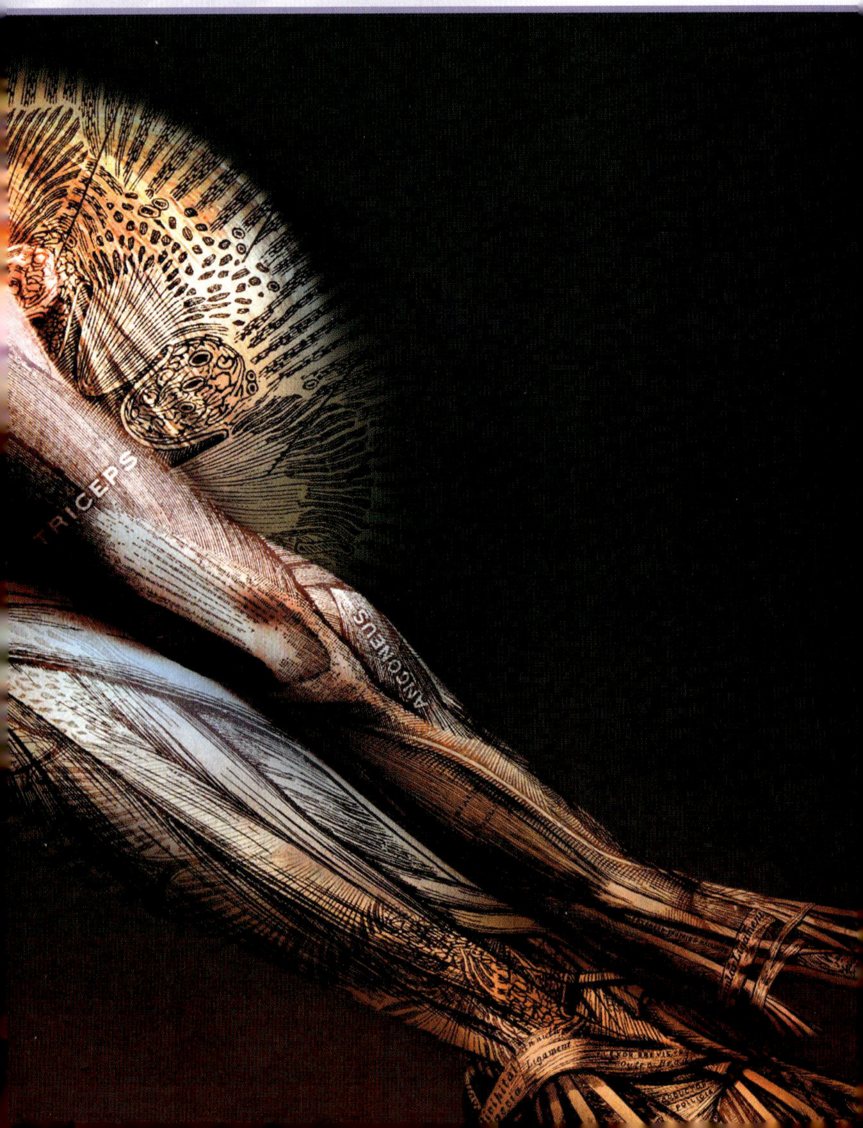

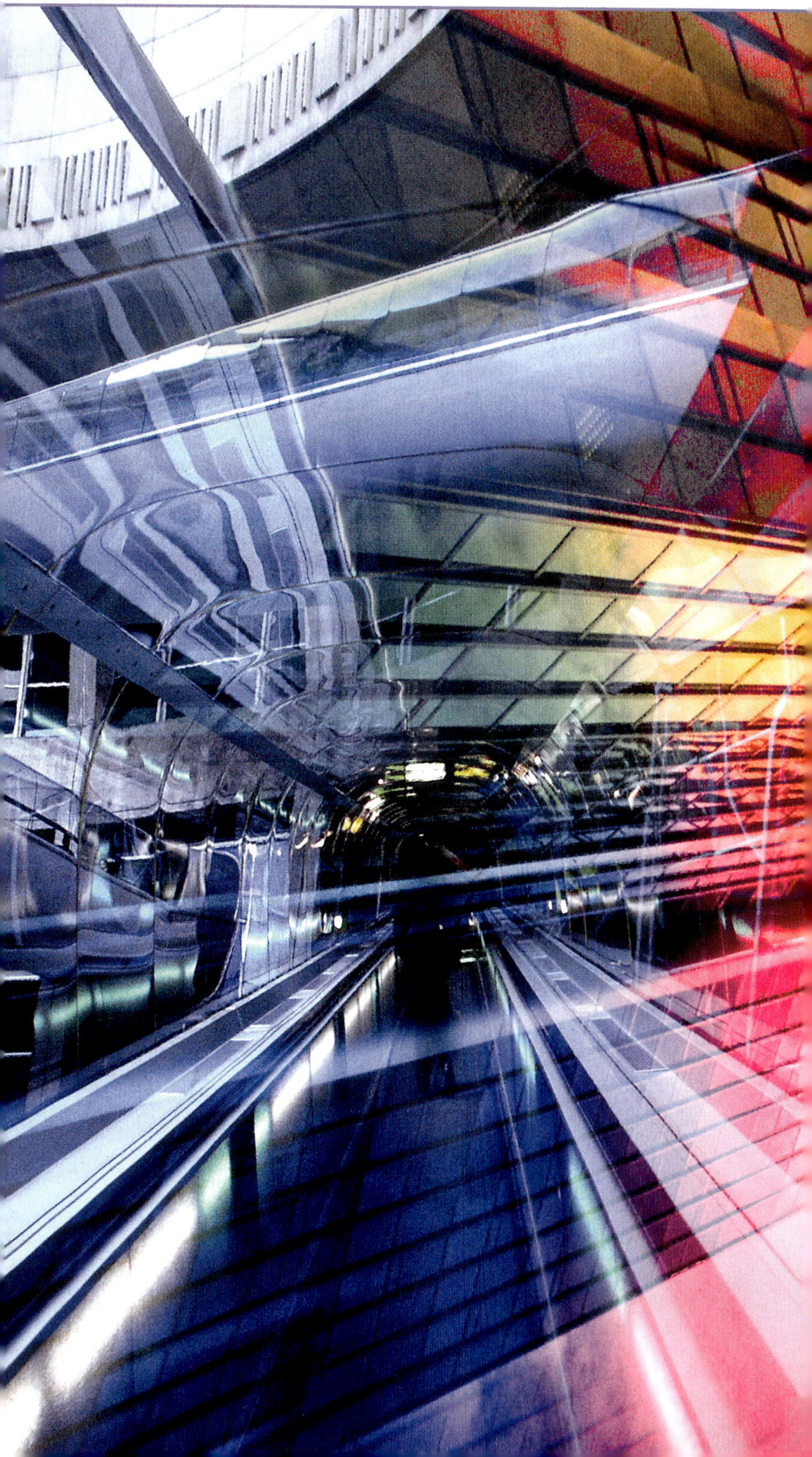

ERST IM JAHR 1993 KAM MIT ADOBE PHOTOSHOP, VERSION 2.5.1, DAS ERSTE BILDBEARBEITUNGSPROGRAMM AUF DEN MARKT, DAS AUCH FÜR AMATEURE GEEIGNET WAR. WEIL ABER KAUM EIN COMPUTER DIE FÜR DIE ARBEIT MIT DIGITALFOTOS ERFORDERLICHEN VORAUSSETZUNGEN ERFÜLLTE, WAR DIE BILDBEARBEITUNG MITUNTER ZEITAUFWÄNDIG UND FRUSTRIEREND.

Die heutigen Rechner mit ihrer gigantischen Verarbeitungsleistung sind dieser Aufgabe gewachsen und bewältigen riesige Datenmengen in wenigen Sekunden. Seit einigen Jahren funktionieren auch die Betriebssysteme zuverlässig und konstant. Wenn Sie erst jetzt in die Bildbearbeitung einsteigen, haben Sie sich die Mühen und Anstrengungen all der Fotografen erspart, die sich bereits vor 2000 damit beschäftigt haben. Zu dieser Zeit wurde die Arbeit durch unerklärliche Abstürze, unlogische Prozesse, unvollständige Funktionen und lange Reaktionszeiten erheblich erschwert. Nur mit Beharrlichkeit konnte man Fortschritte erzielen.

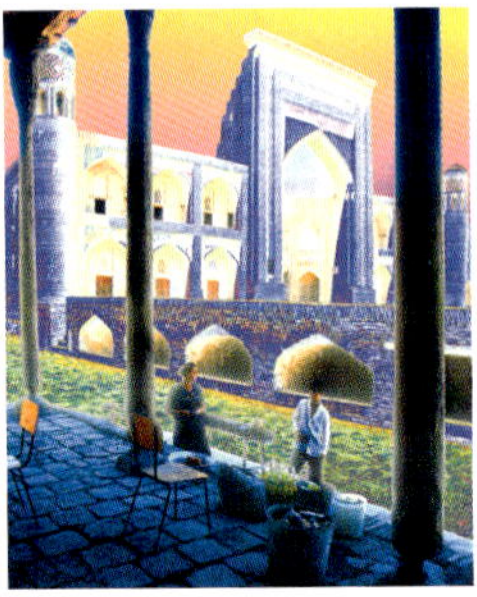

Künstlerische Effekte
Durch den Einsatz des Filters »Buntstiftschraffur« kann ein Foto wie eine Zeichnung wirken.

Dank enormer technischer Fortschritte und einem anspruchsvollen Wettbewerbsumfeld bieten moderne Softwares ebenso wie heutige Kameramodelle eine ganze Reihe unterschiedlicher Funktionen. Um den Anforderungen möglichst vieler Nutzer gerecht zu werden, arbeiten die Software-Entwickler an praktikablen Techniken für alle Bereiche, vom Hobby bis zu professionellen Anwendungen.

Doppelbelichtung
Der wichtigste Effekt – die Doppelbelichtung – wurde mit Film aufgenommen. Mit digitaler Bildbearbeitung wurden einige Farbdetails herausgearbeitet und die auf dem Original zu blassen Farben verstärkt.

Grundlegende Funktionen wie Belichtungsanpassung, Änderung der Bildgröße, Korrektur der Farbbalance und Änderung des Ausschnitts werden bereits von Einsteigerprogrammen angeboten. Anspruchsvollere Programme können auch schwierigere Aufgaben bewältigen, etwa die Steuerung der Farbwiedergabe, Spezialeffekte, Beseitigung von Bildfehlern und die Bearbeitung einzelner Bildelemente mit Ebenen.

Selbst die einfachste Software ist zu Beginn eine Herausforderung. Die Orientierung und Einarbeitung fällt leichter, wenn man einige Ratschläge beherzigt: Üben Sie mit einem kleinen Bild, maximal 1 MB, damit die Reaktionszeiten kurz sind. Bearbeiten Sie außerdem niemals das Original, erstellen Sie vor Beginn der Anpassungen immer eine Kopie. Verschaffen Sie sich systematisch einen Überblick über die Werkzeuge und Menüs und machen Sie

sich Notizen, wenn Ihnen eine Funktion hilfreich erscheint. Speichern Sie kleine Bilder, die Sie mit dem Namen des jeweiligen Befehls oder Filters versehen, als Merkhilfe ab.

Obwohl man theoretisch radikale Veränderungen an den Bildern vornehmen kann, verwenden die meisten Nutzer die Software in der Regel für kleinere Anpassungen zur Verbesserung ihrer Bilder. Es handelt sich dabei um folgende Änderungen, die auch in dieser Reihenfolge ausgeführt werden sollten: Überprüfung der Größe und Proportionen, um sicherzustellen, dass nur so viele Daten wie nötig vorhanden sind, und Beschnitt auf die gewünschte Form; Anpassung von Belichtung und Tonwerten zur Korrektur der Gesamthelligkeit und des Kontrasts; Anpassung der Farben. An diesem Punkt können Sie auch Filter oder Spezialeffekte einsetzen. Der letzte Schritt vor dem Drucken ist, bei Bedarf, die Verbesserung der Schärfe des Fotos.

Die Bildbearbeitung hat sich in relativ kurzer Zeit sehr weit entwickelt. Häufig ist es nicht mehr möglich, zwischen Originalen und bearbeiteten Bildern zu unterscheiden. Manche betrachten diese Entwicklung als negativ, sie halten sie sogar für bedenklich. Aber die meisten Nutzer sehen in der Bildbearbeitung einen aufregenden Fortschritt, der ihrer fotografischen Kreativität neuen Raum eröffnet.

Zusammengesetztes Panorama
Durch Zusammensetzung mehrerer Aufnahmen von kahlen Zweigen *(rechts)* entsteht ein abstraktes Panoramafoto.

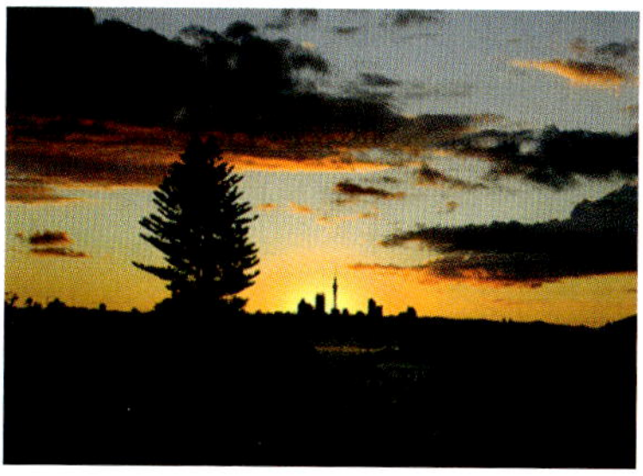

Original
In dieser Aufnahme eines Sonnenuntergangs sind die Schatten zu dunkel abgebildet und weisen einen zu großen Kontrast zur Sonne auf.

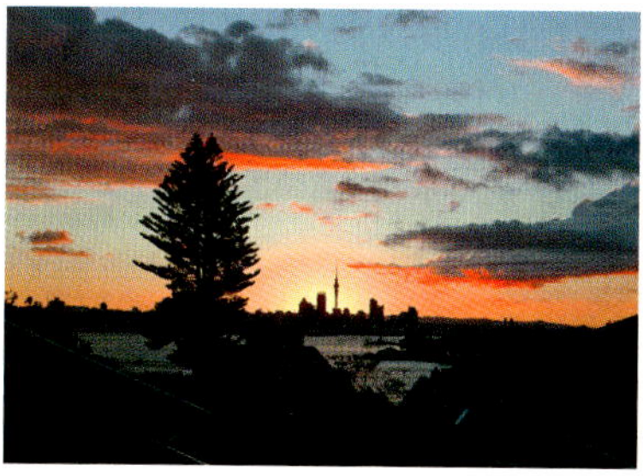

Anpassung der Schatten und Lichter
Die Anpassung der Schatten bewirkt eine Verbesserung der Detailzeichnung, die Anpassung der Lichter eine Korrektur der Farben.

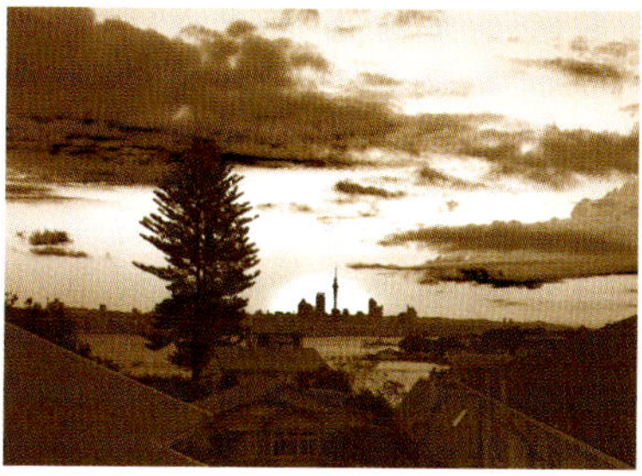

Sepiatonung
Die Tönung durch Umwandlung aller Farben in Brauntöne verleiht dem Bild eine nostalgische Anmutung.

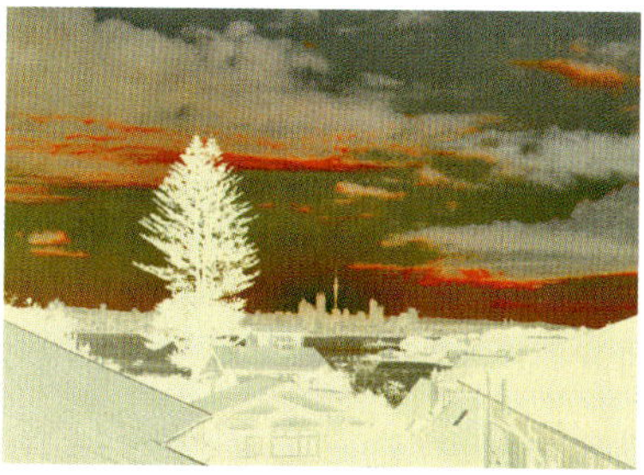

Spezialeffekte
Die Umkehrung der Tonwerte und Farben hat einen dramatischen Effekt, das Bild bekommt psychedelische Wirkung.

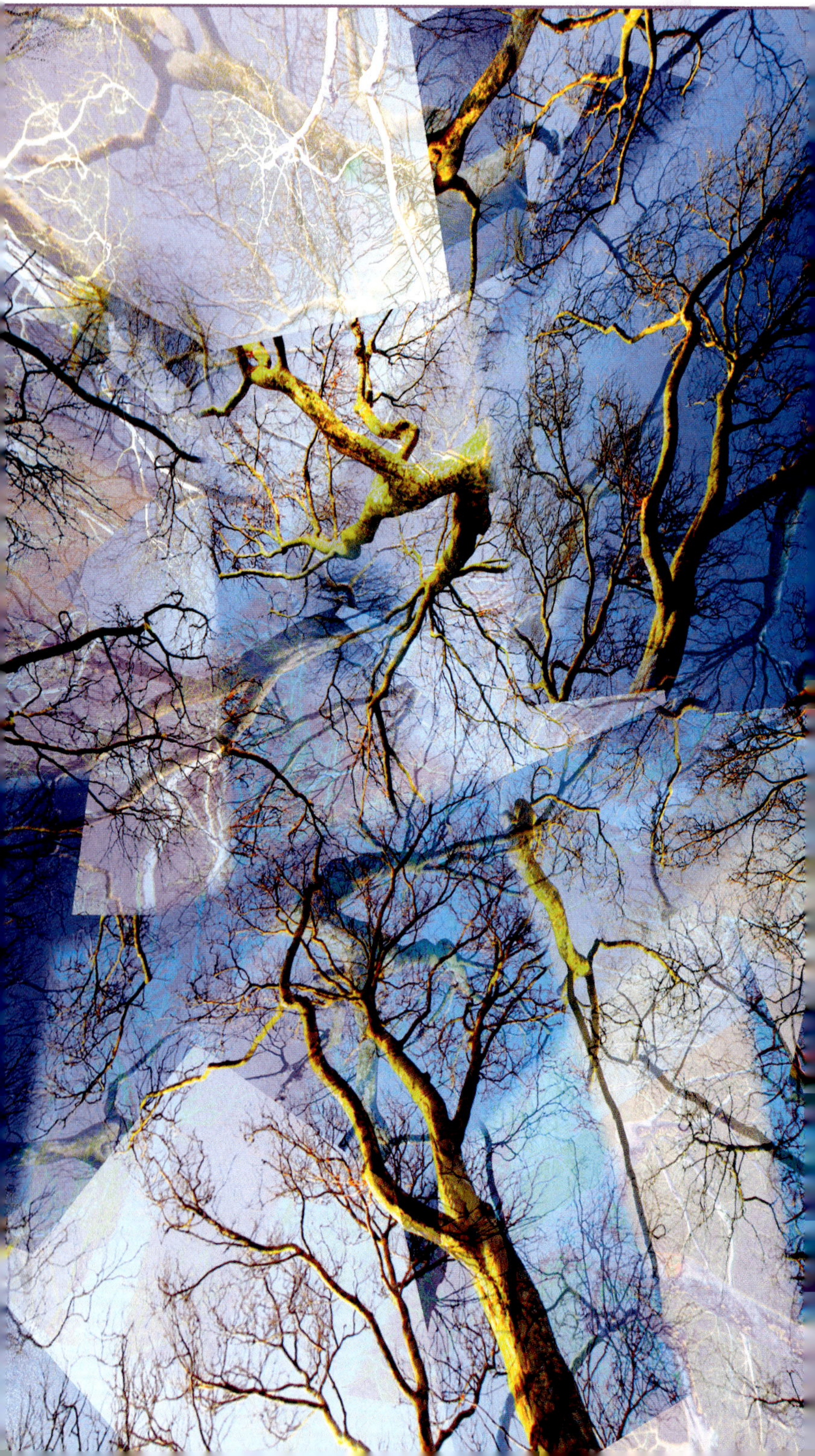

Die digitale Dunkelkammer

Der Hauptvorteil eines digitalen Fotostudios gegenüber einer konventionellen Dunkelkammer besteht darin, dass ein beliebiger (Büro-)Raum genutzt werden kann und keine zusätzlichen Kosten für einen Umbau oder besondere Einrichtungen anfallen. Ein bequemer Arbeitsplatz ist die wichtigste Voraussetzung, da man viel Zeit am Schreibtisch verbringt. Zwischendurch sollten Sie allerdings immer wieder Pausen einlegen.

Die Arbeitsumgebung

Da Computer, Bildschirme und andere Elektrogeräte im Dauerbetrieb schnell warm werden, muss Ihr Arbeitsraum gut belüftet sein. Staub kann in den Geräten Hitzestau verursachen und muss daher regelmäßig beseitigt werden. Die Fenster sollten bei Bedarf mit lichtundurchlässigen Vorhängen oder Jalousien abgedunkelt werden können. In Anbetracht der teuren Geräte in einer digitalen Dunkelkammer sollten Sie den Raum vor Einbruch schützen.

EINRICHTUNG DES ARBEITSPLATZES

Ihr Schreibtisch muss stabil und belastbar sein und die richtige Höhe aufweisen. Bei der Arbeit an der Tastatur müssen Ihre Unterarme horizontal oder leicht nach unten geneigt sein; sorgen Sie auch für genügend Beinfreiheit. Die obere Bildschirmkante sollte in etwa auf Augenhöhe liegen. Sie müssen die Füße flach auf dem Boden aufstellen und sich mit dem Rücken gegen die Rückenlehne Ihres Stuhl lehnen können. Es versteht sich von selbst, dass die Arbeitsfläche groß genug sein muss, nicht nur für die Geräte, sondern auch für weitere Arbeitsmaterialien wie Handbücher oder einen Notizblock.

BELEUCHTUNG

Zur Vermeidung von Lichtflecken und Spiegelungen dürfen Schreibtischlampen nicht direkt auf den Monitor scheinen. Kaufen Sie eine Speziallampe oder positionieren Sie den Bildschirm anders. Er sollte sich auch nicht gegenüber einem Fenster befinden. Sie können auch eine Lichtschutzblende kaufen oder aus schwarzer Pappe selber herstellen.

AUFBEWAHRUNG

Archivieren Sie Ihre Dateien sicher. Magnetische Medien wie Festplatten und Laufwerke sollten von starken Magnetfeldern, wie sie Bildschirme und Lautsprecher erzeugen, mindestens 30 cm entfernt stehen.

Grundausstattung
Hier sehen Sie die für ein digitales Fotostudio notwendigen Geräte. Einige davon benötigt man speziell für die Arbeit mit Abzügen oder Dias.

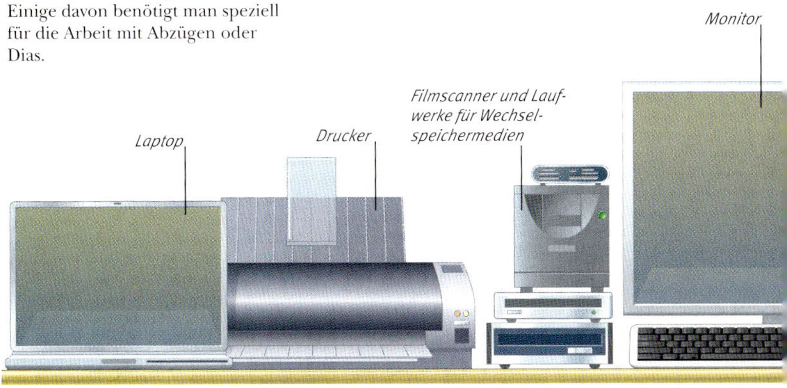

ERGONOMIE

Auch wenn Sie wahrscheinlich nicht so viel Zeit vor dem Computer verbringen werden, dass Sie vom Bedienen der Tastatur oder der Maus eine Sehnenscheidenentzündung bekommen, ist Vorsicht geboten. Viele Computernutzer leiden an Ermüdungserscheinungen der Augen und Rückenschmerzen. Hören Sie also auf Ihren Körper und legen Sie bei Bedarf eine Pause ein oder wechseln Sie Ihre Haltung.

- Zur Vermeidung von Rückenschmerzen sollten Sie sich bei der Arbeit am Computer nach einer Stunde eine kurze Pause gönnen: Stehen Sie auf und vertreten Sie sich die Beine. Nach zwei Stunden sollten Sie eine längere Pause einlegen.
- Sehen Sie etwa jede Stunde zur Abwechslung einmal aus dem Fenster, auf weit entfernte Objekte, um die Augen zu entspannen. Fernsehen in der Pause verschlimmert die Augenermüdung.
- Halten Sie die Geräte sauber. Verschmutzungen der Maus, des Bildschirms oder der Tastatur stören bei der Arbeit.

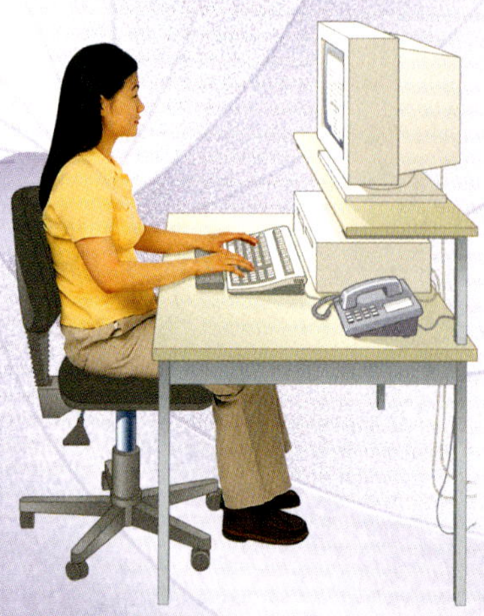

Körperhaltung
Langes Sitzen vor dem Computer erfordert eine korrekte Körperhaltung. Stuhl und Schreibtisch müssen die richtige Höhe haben, Monitor und Tastatur in der richtigen Entfernung stehen, wie diese Grafik zeigt.

ELEKTRISCHE LEITUNGEN

Die meisten Peripheriegeräte verbrauchen im Vergleich zu Haushaltsgeräten relativ wenig Strom. Das ist ein Vorteil, denn leicht kommen zehn oder mehr Geräte zusammen, die alle am Stromnetz hängen. Sollten Sie Bedenken hinsichtlich der Sicherheit haben, ist es ratsam, einen Elektriker hinzuziehen. Stecken Sie nicht mehrere Geräte in eine Steckdose. Benutzen Sie Steckdosen mit Überspannungsschutz zur Verhinderung von unzulässigen Spannungsspitzen und Überstrom. Ersetzen Sie durchgebrannte Sicherungen niemals durch Sicherungen mit höherer Leistung. Zur Vermeidung von Datenverlust oder Computerabstürzen sollten Sie die Geräte nicht mitten in einem Arbeitvorgang, angezeigt durch leuchtende oder blinkende Lampen oder Tonsignale, mit dem Computer oder anderen Geräten verbinden.

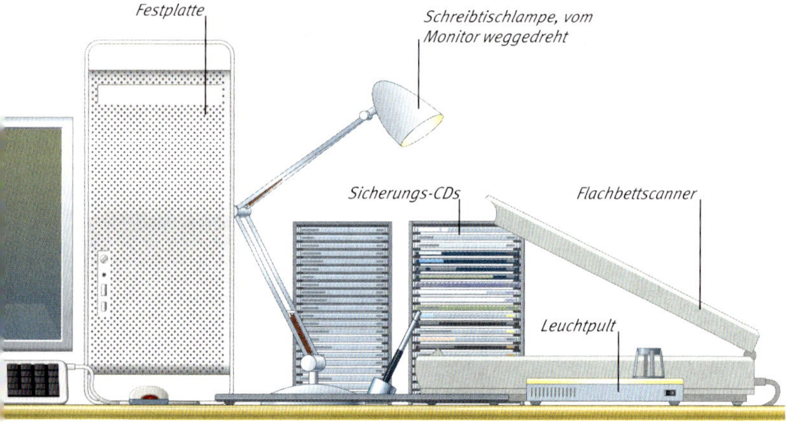

Datenübertragung und -speicherung

Eine der radikalsten Auswirkungen der Digitaltechnik auf die Fotografie ist die Ausdehnung von Zeit und Raum. Ein Abzug oder Dia kann nur an einem Ort sein, während das Digitalfoto an Millionen von Orten gleichzeitig gespeichert und betrachtet werden kann. Der Prozess der digitalen Übertragung und Speicherung ist daher von großer Bedeutung.

Digitale Übertragungstechnik

Digitale Dateien können auf unterschiedliche Arten von der Kamera zum Computer übertragen werden. Die beiden Industriestandards auf Kabelbasis sind USB (Universal Serial Bus) und FireWire (IEEE 1394 oder ILink). Zu den immer beliebter werdenden drahtlosen Methoden gehören die Infrarot-Übertragung, bei der beide Geräte in Sichtweite voneinander stehen müssen, und funkbasierte Methoden wie Bluetooth. Ein Schlagwort in der Verbindungstechnik ist Kompatibilität, das heißt, die Vernüpfbarkeit der Geräte.

Um sicherzugehen, dass zum Beispiel die Kamera mit dem Computer und der Computer mit dem Drucker kommunizieren können, sollten Geräte verwendet werden, die international anerkannten Normen entsprechen. Ein weiteres wichtiges Kriterium ist die Übertragungsgeschwindigkeit. Die maximale Übertragungsgeschwindigkeit wird nicht immer erreicht und bedeutet auch nicht immer einen geringeren Zeitaufwand. Die Geschwindigkeit moderner Systeme reicht für die meisten Anwendungszwecke aus.

VERBINDUNGEN UND PORTS

Die beiden wichtigsten Verbindungstypen sind USB, die Standardverbindung für PC und Apple Mac, und FireWire. FireWire ist die Verbindung der Wahl, wenn eine hohe Geschwindigkeit gefragt ist. Moderne Kabel wie USB, USB 2.0 und FireWire können bei eingeschaltetem Gerät angeschlossen und entfernt werden, aber trennen Sie nie ein Gerät von der Leitung, während es aktiv ist und zum Beispiel Daten kopiert.

Verschiedene Stecker
Industriestandard sind vier unterschiedliche Stecker, je nachdem, ob Leistung, Größe oder Bedienungsfreundlichkeit ausschlaggebend ist. Achten Sie darauf, dass Sie den Stecker passend zur Buchse am Gerät wählen.

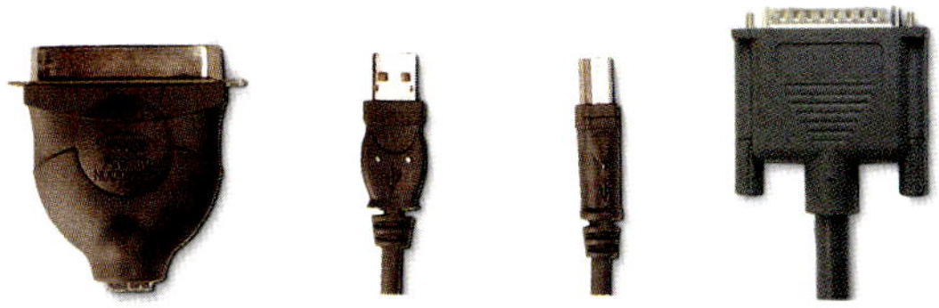

SCSI **USB** **USB** **Parallel-Port**

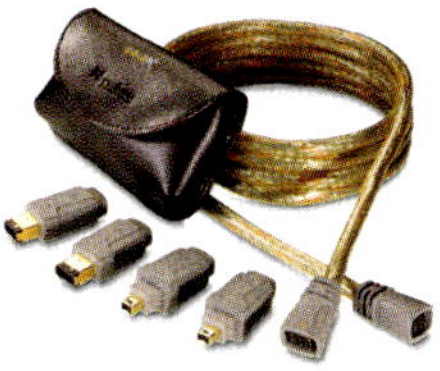

FireWire-Adapter
Ein Set von Anschlüssen für das FireWire- oder IEEE 1394-System kann sehr nützlich sein.

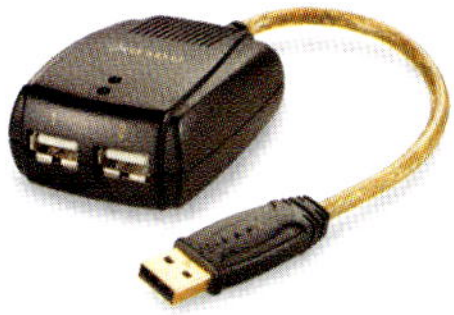

USB Hub
Ein USB-Hub ermöglicht den Anschluss mehrerer Geräte an einen einzigen USB-Port.

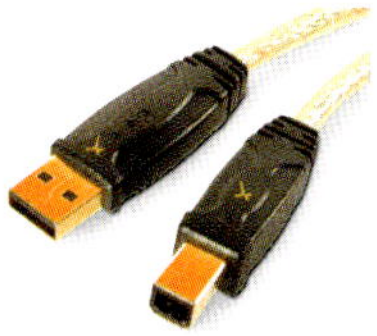

Hochwertiger Anschluss
Vergoldete Anschlüsse wie diese sind zuverlässiger als Standardmodelle.

BILDSPEICHERUNG IM INTERNET

Eine der spannendsten aktuellen Entwicklungen ist die Datenfernspeicherung im Internet. Es handelt sich hierbei um eine Möglichkeit, Bilder in gegen Verlust geschützten Systemen aufzubewahren. Die Speicherung auf einer Webseite, zum Beispiel von Kodak oder Apple, ist eine Sicherheitsmaßnahme und sorgt gleichzeitig für freien Speicherplatz auf Ihrer Festplatte. Außerdem können Sie überall auf der Welt Bilder abspeichern und auf Ihr Archiv zugreifen.

SPEICHERKARTENLESEGERÄTE

Mit einem Kartenlesegerät können Bilder problemlos an den Computer bzw. von Computer zu Computer übertragen werden. Viele lesen nur Daten von einem bestimmten Kartentyp ein, andere lassen sich mit verschiedenen Kartentypen verwenden.

Lexar-Kartenlesegerät
Lesegeräte wie dieses verfügen über mehrere Steckplätze und erkennen unterschiedliche Kartenformate verschiedener Hersteller.

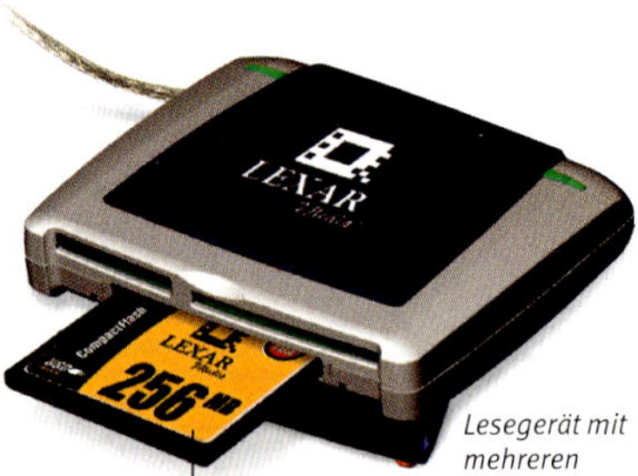

Lesegerät mit mehreren Steckplätzen

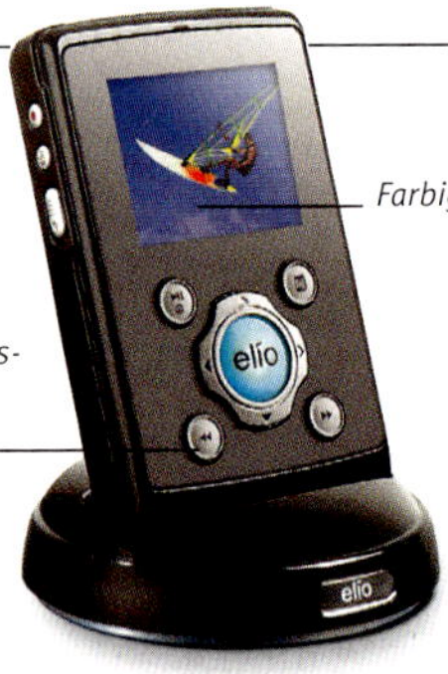

Farbiger LCD

Bedienungsknöpfe

FESTPLATTEN-FOTOMUSIKPLAYER

Mit tragbaren Festplatten können Bilder von Speicherkarten gesichert werden. Eine unkomplizierte Aufbewahrungsmöglichkeit, wenn man auf Reisen größere Mengen an Bildern speichern möchte.

Elio Photo Jukebox
Auf einem solchen Media Player können Musik, Bilder und sogar Videos gespeichert und auf einem kleinen Bildschirm abgespielt werden.

TRAGBARE FESTPLATTE

Bedienungsfreundliche Modelle sind »buspowered« , das heißt, sie werden über dasselbe Kabel mit Strom versorgt, über das die Daten gesendet werden.

LaCie Databank
Externe Festplatten wie diese sind kleiner als ein Satz Spielkarten, haben aber eine Speicherkapazität von 20 bis 40 GB.

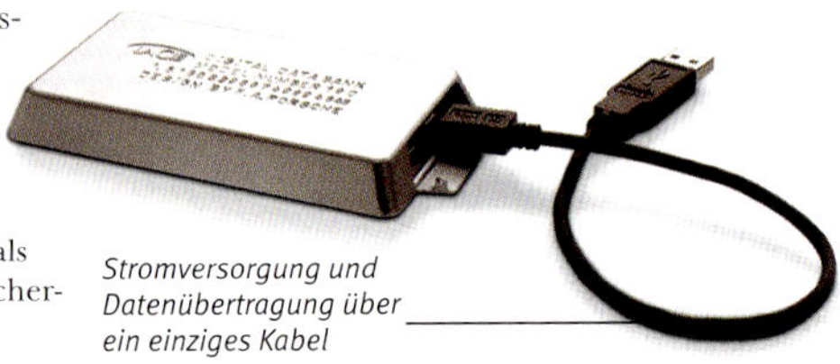

Stromversorgung und Datenübertragung über ein einziges Kabel

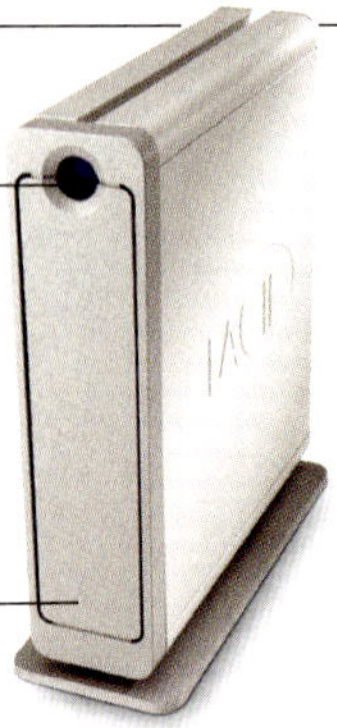

Statusleuchte

Vertikal aufstellbares oder Rack-montiertes Gehäuse

DESKTOP-FESTPLATTE

Auf Desktop-Festplatten können riesige Datenmengen gespeichert werden. Sie sind schneller als tragbare Modelle und bieten eine höhere Kapazität – 200 GB und mehr sind heute eine gängige Größe. Eine zweite Festplatte zur Datensicherung ist empfehlenswert.

LaCie D2
Dieses elegante, schmale Modell ist nicht nur ästhetisch ansprechend, sondern auch höchst funktionell.

Umwandlung eines Films

Die Erweiterung der kreativen Kontrolle durch die Digitaltechnik gehört zu den interessantesten Entwicklungen in der Fotografie. Ein Papierbild kann gescannt, verändert und anschließend ausgedruckt werden. Bei der Aufzeichnung einer Vorlage mit einem Scanner muss man mit der gleichen Sorgfalt vorgehen wie bei der Aufnahme des Originals auf Film.

Scannen von Bildern

Beim Scannen wird das Original zur Aufzeichnung der Farbwerte systematisch vom Scanner »untersucht«. Die entstehende digitale Datei kann am Computerbildschirm als Digitalfoto angezeigt werden, das sich aus Bildpunkten zusammensetzt. Diese Pixel sind es, die bei der Bildbearbeitung verändert werden, indem einzelne Pixel oder Pixelgruppen heller, dunkler, blauer, grüner usw. wiedergegeben werden. Die Vorlage sollte unmittelbar vor dem Scannen mit einem Blasepinsel oder Druckluft entstaubt werden. Beseitigen Sie Flusen und Staub niemals durch Anhauchen, da der Atem Feuchtigkeit enthält. Ordnen Sie das Original richtig an, damit Sie das Bild später nicht in einem zusätzlichen Arbeitsgang digital drehen müssen. Vor der eigentlichen Bildbearbeitung sollten Sie störende Ränder entfernen.

SCANNERTYPEN

Es gibt zwei Typen von Scannern. Der Flachbettscanner beleuchtet die Vorlage und liest das reflektierte Licht, während ein Filmscanner das durch ein transparentes Original hindurchscheinende Licht misst. Der gängigere Flachbettscanner ähnelt in Aussehen und Funktionsweise einem Fotokopierer und eignet sich zum Scannen von Abzügen, Ausdrucken und sogar flachen Gegenständen. Die Vorlage wird mit dem Gesicht nach unten eingelegt. Der Filmscanner, auch Durchlichtscanner genannt, ist nur für das Scannen von Negativen oder Dias ausgelegt. Zur Umwandlung ganzer Filme in digitale Dateien ist er ideal geeignet. Die besten Ergebnisse erzielt er bei 120-mm-Rollfilm, 35-mm-Film sowie kleineren Formaten. Manche Flachbettscanner verfügen über eine Durchlichteinheit im Deckel oder einen Diaaufsatz zum Scannen von Negativen und Dias, der sich besonders für größere Formate eignet. Der Umwandlungsprozess ist generell anfällig für elektrische Störungen, Erschütterungen und Rauschen, die die Qualität des Scans beeinträchtigen können.

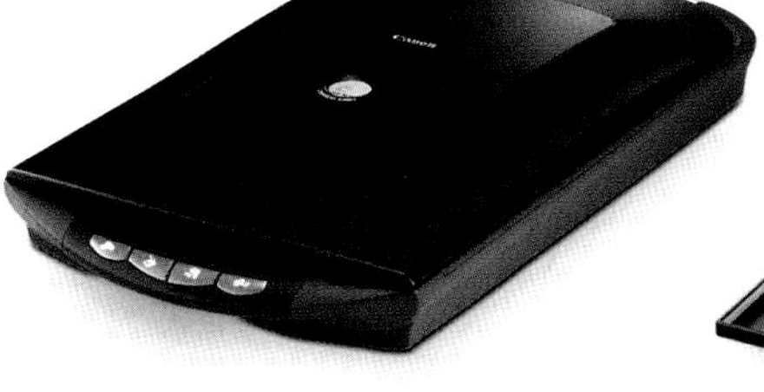

Flachbettscanner
Die ersten Scanner waren riesige Maschinen, die schlechtere Ergebnisse lieferten als die Geräte von heute. Das Modell oben scannt bis A4 mit einer Auflösung von über 3000 ppi, ist aber nicht größer als ein Telefonbuch.

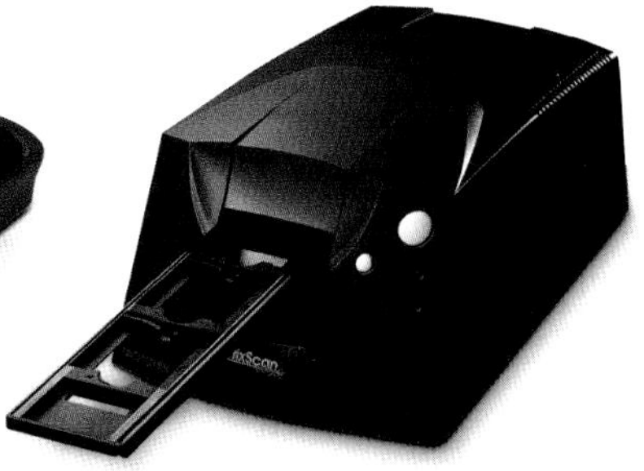

Filmscanner
Moderne Filmscanner können gerahmte und ungerahmte Dias oder einzelne Filmstreifen scannen und bieten eine Auflösung von 4000 ppi oder mehr. Sie liefern bessere Ergebnisse als ein Flachbettscanner.

FUNKTIONSWEISE EINES FLACHBETT-SCANNERS

Ein Flachbettscanner reproduziert eine Originalvorlage mit Auflicht bzw. ein Dia oder einen Film mit einem Diaadapter und Durchlicht. Dazu beleuchtet der Scanner die Vorlage mit einer Standardlichtquelle und bildet aus den von den Details der Vorlage erzeugten unterschiedlichen Helligkeits- oder Farbwerten des Lichts elektrische Signale, die in digitale Daten umgewandelt werden. Diese Daten werden von der Scanner-Software zur originalgetreuen Darstellung der Vorlage verwendet.

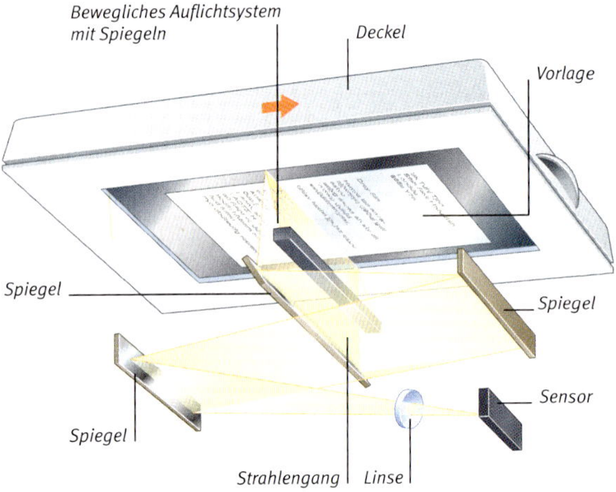

Aufsichtscan
Eine Leuchtdiode (LED) unter der Glasplatte beleuchtet das Original. Über ein System von Spiegeln und Linsen wird das Licht zum linearen Sensorsystem geführt.

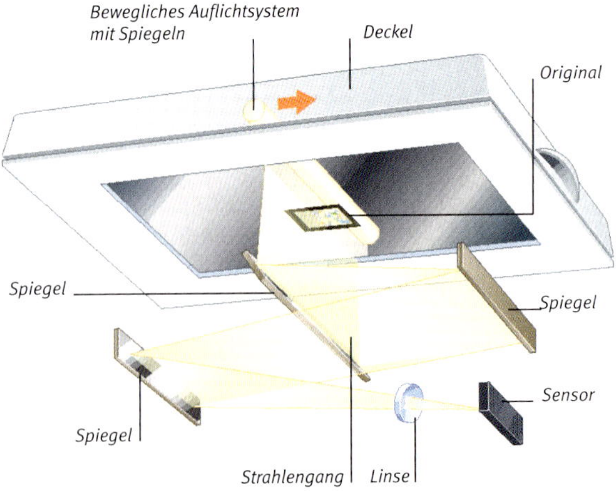

Durchsichtscan
Diese Abbildung zeigt einen Diaadapter für einen Flachbettscanner. Licht fällt durch die Vorlage und wird über ein System aus Spiegeln und Linsen zum Sensor geführt.

RICHTWERTE FÜR DIE DATEIGRÖSSE

Ein gescanntes Bild kann in unterschiedlichen Größen gespeichert werden, je nachdem, in welchem Format es ausgedruckt werden soll. Die Tabelle gibt die passenden Größen für offene, unkomprimierte RGB-Dateien an. Da diese Richtwerte für Tintenstrahldrucker recht großzügig bemessen sind, sollten Sie zur Prüfung der Qualität Probeausdrucke anfertigen.

Größe	mm	MB
A0	841 x 1189	150
A1	594 x 841	100
A2	420 x 594	75
A3	420 x 297	50
A4	297 x 210	25
A5	210 x 148	13
A6	105 x 148	6

Bildbearbeitungssoftware

Mit einer Bildbearbeitungssoftware haben Sie nahezu völlige Kontrolle über das Endergebnis. In ein solches Programm müssen Sie sich allerdings einarbeiten. Beginnen Sie mit der Anpassung von Belichtung, Farbe und Größe und einigen Spezialeffekten unter Verwendung einer einfachen Software und wagen Sie sich dann an ein komplexeres Programm mit mehr Funktionen heran.

Auswahl der Software

Die meisten Digitalkameras und Scanner und auch viele Computer werden mit einfachen Bildbearbeitungssoftwares ausgeliefert, so dass Sie sich auch ohne eine Neuanschaffung mit den Basistechniken vertraut machen können. Wenn Ihr Interesse geweckt ist, benötigen Sie voraussichtlich mehr Funktionen, als diese einfachen Programme bieten. Das Programm, für das Sie sich entscheiden, sollten der Leistungsfähigkeit Ihres Computers und Ihrem technischen Interesse entsprechen. Eine einfache Software benötigt weniger Speicherplatz, läuft daher schneller und ist einfacher zu handhaben. Ältere Versionen sind kostengünstiger, erreichen aber trotzdem zufriedenstellende Ergebnisse.

SCRAPBOOKING

Scrapbooking ist ein Trend aus den USA. Für die Anfertigung digitaler Fotoalben, etwa zur Erinnerung an einen besonderen Anlass, gibt es spezielle Softwareprogramme wie Photomix, aber auch immer mehr Standard-Bildbearbeitungssoftwares bieten die Möglichkeit, Fotos mit anderen Erinnerungsstücken wie Eintrittskarten, Einladungen etc. zu kombinieren und zusammen mit weiteren Gestaltungselementen in ein Seitenlayout einzufügen.

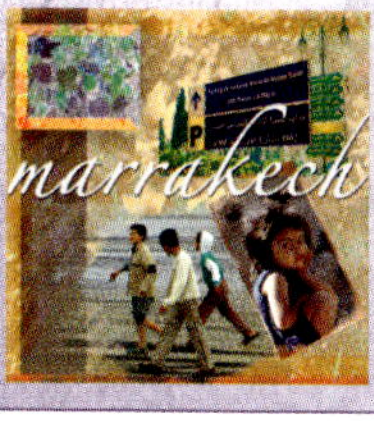

Scrapbook-Seite
Typische, 30 x 30 cm große Seite eines digitalen Sammelalbums. Es handelt sich um das Titelblatt eines Scrapbooks über eine Reise nach Marokko.

SOFTWARE DER MITTLEREN KATEGORIE

Auch Software der mittleren Kategorie bietet heute Funktionen, die früher nur auf professionellem Niveau erhältlich waren. Zusätzlich zu den Basisfunktionen wie Anpassung der Belichtung, Kontraste, Farben und Größe sowie Kopier- und Malwerkzeugen bieten diese Programme auch die Möglichkeit, mit Ebenen zu arbeiten *(s. S. 176/77)*, und viele Filtereffekte *(s. S. 170/71)*. Außerdem kann man mit ihnen Panoramen und Webseiten erstellen und seine Bilder archivieren.

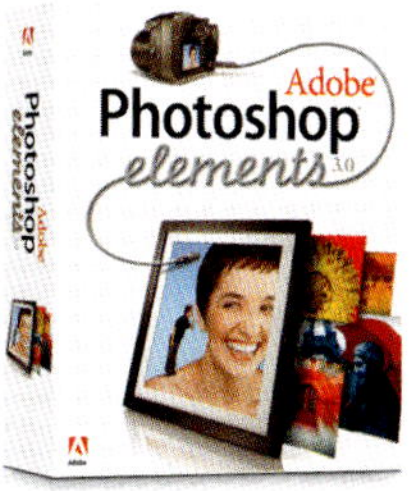

Adobe Photoshop Elements
Ein leistungsstarkes Bildbearbeitungsprogramm, das über einige komplexe Funktionen verfügt.

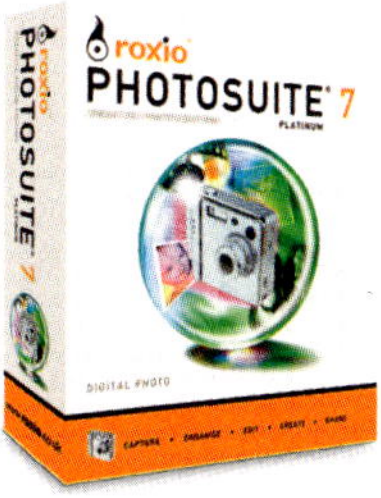

Roxio Photosuite
Beliebtes Bildbearbeitungsprogramm mit Automatikfunktionen, wie Projektvorlagen und Dia-Show.

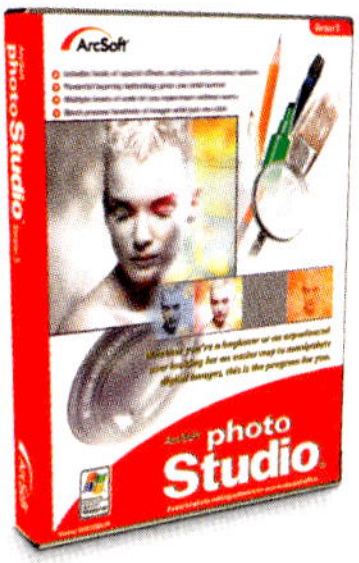

Arcsoft PhotoStudio
Das Programm bietet eine Reihe von Korrekturwerkzeugen und viele Spezialeffekte, wie die 3-D-Animation für Textdokumente.

SOFTWARE FÜR FORTGESCHRITTENE

Kompliziertere Software ist teurer, schwieriger zu handhaben und für professionelle Zwecke ausgelegt. Der Nutzer hat völlige Kontrolle über das Farbmanagement und verfügt über komplexe Kopier- und Malwerkzeuge. Die vorgestellten Programme sind flexibler und verarbeiten mehr Dateitypen als einfachere Software.

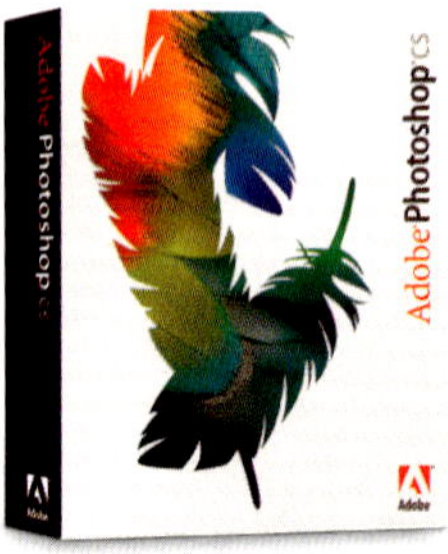

Adobe Photoshop
Ein schnelles und auf individuelle Ansprüche einstellbares Bildbearbeitungsprogramm mit umfassenden Handbüchern.

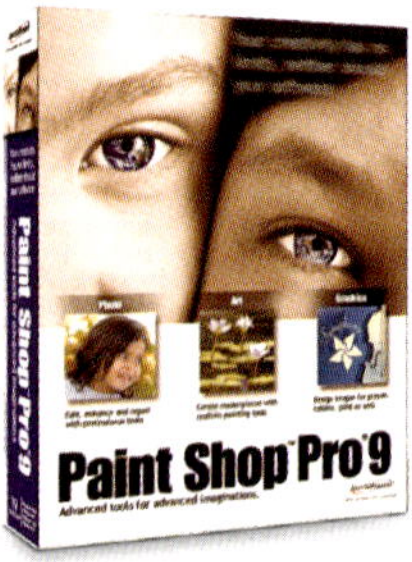

Corel Paint Shop Pro
Das Programm bietet Filter für die Behebung typischer Mängel, die Umwandlung von RAW-Dateien und komplexe künstlerische Effekte.

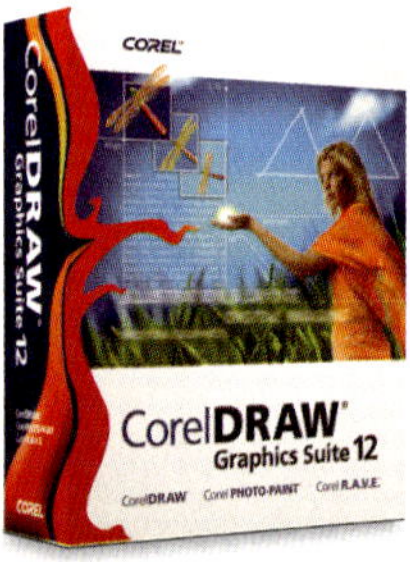

CorelDRAW Graphics
Ein benutzerfreundliches Programm für Illustrationen, Seiten-Layout, Animation und Bildbearbeitung mit vielen Extras wie Cliparts.

SPEZIALSOFTWARE

Fortgeschrittene Nutzer, die ihre Bilder schnell und effizient prüfen und verwalten oder ihre künstlerische Kontrolle oder Archivierungsmöglichkeiten erweitern möchten, können auf Spezialsoftware zurückgreifen. Die Verwendung einer an die jeweilige Aufgabe angepassten Software vereinfacht die Arbeit und schafft dadurch mehr Freiraum für Kreativität.

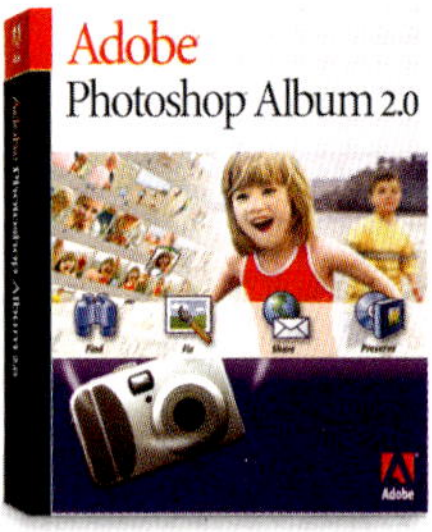

Adobe Photoshop Album
Zur Verwaltung und Benennung von Fotos inklusive des Anfügens von Notizen gerade bei größeren Beständen optimal geeignet.

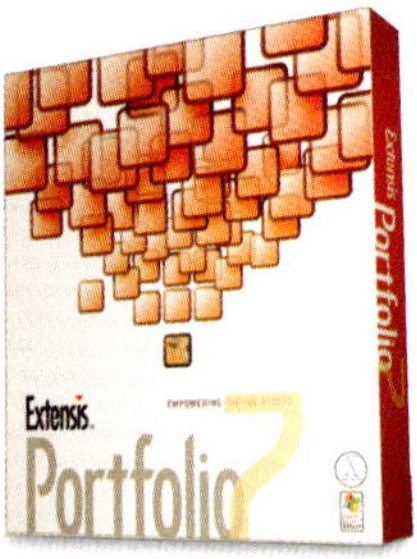

Extensis Portfolio
Dieses leistungsstarke Programm für webbasierte Vorgänge bietet eine hilfreiche Bilddatenbank mit vielen Suchoptionen.

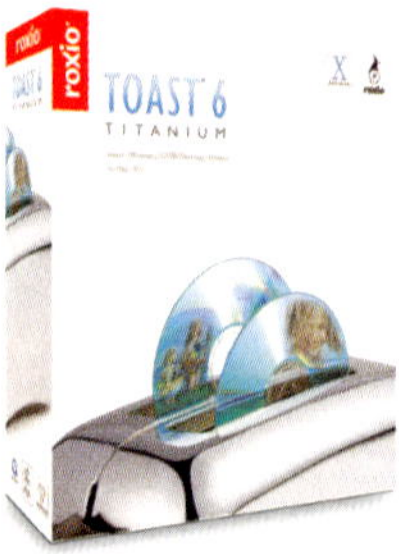

Roxio Toast
Software zur Erstellung von CDs oder DVDs, der einfachsten Art der Archivierung von Bildern.

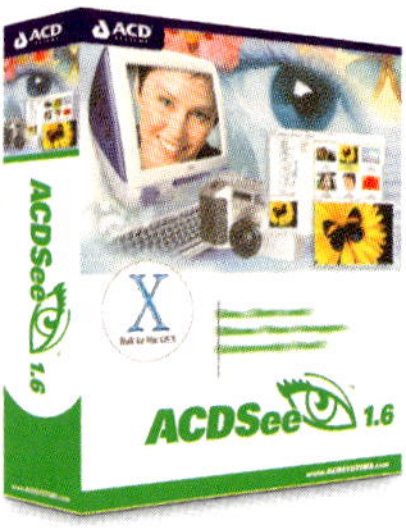

ACDSee
Schnelles Bildverwaltungsprogramm zur Durchsicht und Organisation großer Mengen von Digitalfotos.

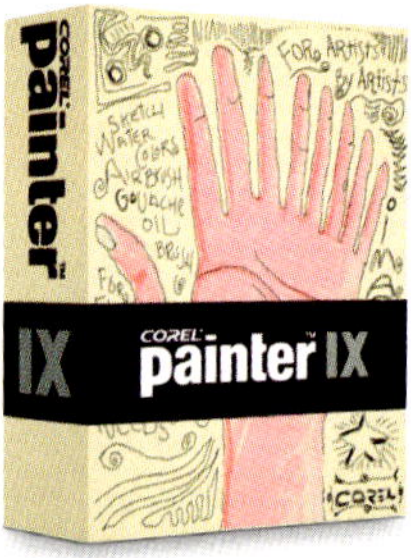

Corel Painter
Software mit Werkzeugen zur Erstellung von grafischen Effekten insbesondere zur Imitation von Kunstmaterialien.

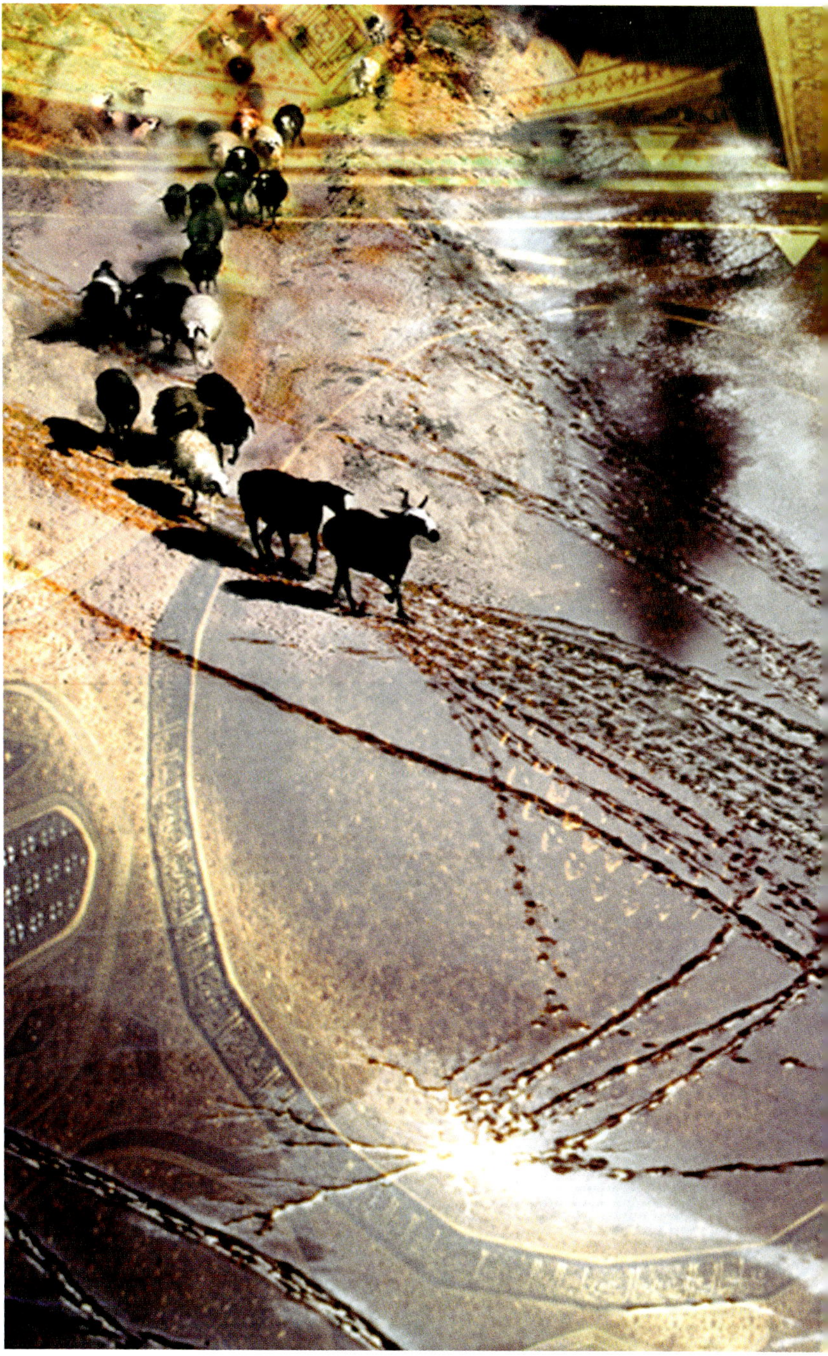

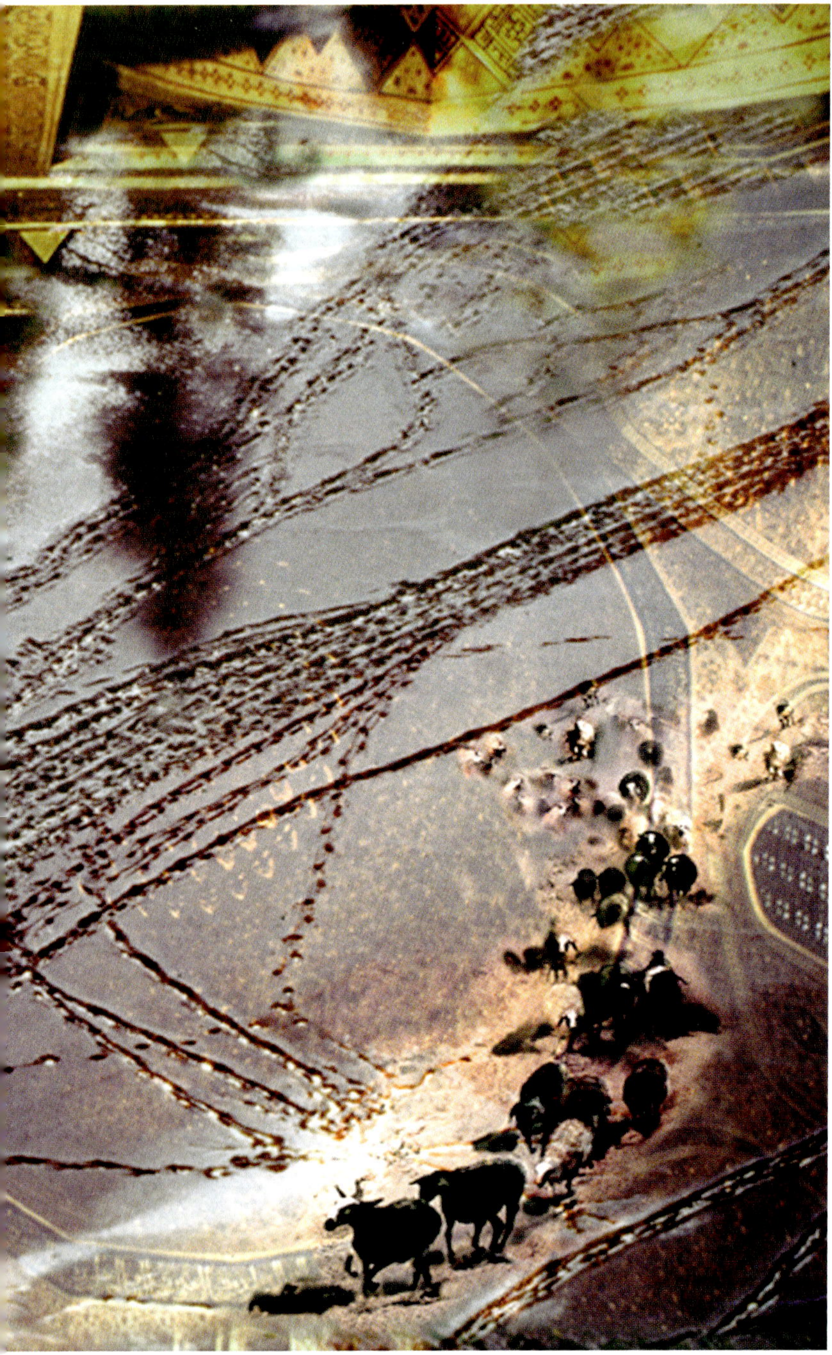

Zugefrorener See und Herde
Hier wurde eine Winterlandschaft in sich selbst gespiegelt und über das Bild eines Gebäudes gelegt. Anschließend wurde die Ziegenherde hineingesetzt.

Größe, Form und Helligkeit

Da die Bearbeitung um so länger dauert, je größer eine Datei ist, kann eine Reduzierung der Dateigröße angebracht sein. Entfernen Sie anschließend störende Ränder; mit dem Bildbeschnitt können Sie auch Format und Komposition des Bildes ändern. Im Anschluss an diese Anpassungen können Veränderungen der Helligkeit vorgenommen werden.

Festlegung der Bildgröße

Je größer eine digitale Datei ist, desto mehr Daten enthält sie und desto größer kann sie ausgedruckt werden. Abbildungen in Postergröße (A2 und größer) betrachtet man allerdings in der Regel aus einem größeren Abstand, so dass weniger Daten benötigt werden, als man vermutet.

BILDGRÖSSE
Im Dialogfenster Bildgröße können Änderungen der Bildgröße, Ausgabegröße und Auflösung vorgenommen werden. Sie sehen unten ein Beispiel aus Photoshop. Eine Vergrößerung des Bildes um mehr als das Doppelte hat deutliche Qualitätseinbußen zur Folge *(s. Richtwerte für die Dateigröße S. 159)*.

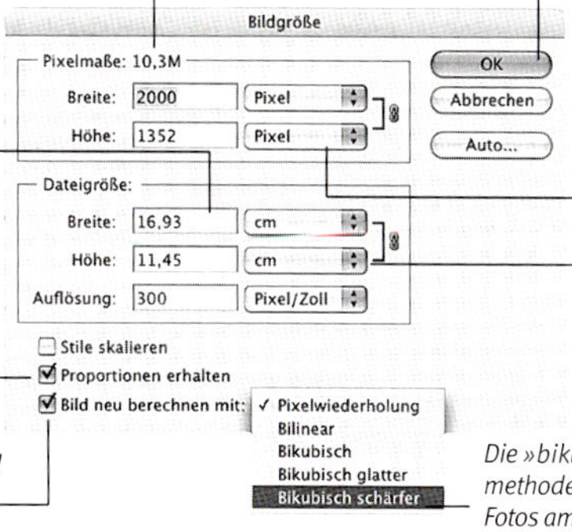

Größe der nicht komprimierten Datei

Die Ausgabegröße auf die gewünschte Druckgröße einstellen.

Bei Aktivierung von »Proportionen erhalten« wird das Seitenverhältnis des Fotos beibehalten.

Mit Aktivierung von »Neu berechnen« wird die Anzahl der Pixel verändert.

Schaltfläche für die Annahme der Änderungen. Die Annahme kann bei großen Dateien länger dauern.

Die Originalgröße wird entweder in Pixeln oder in Prozent angegeben.

Die Ausgabeauflösung bestimmt die Anzahl der Pixel, die zum Drucken erforderlich sind (300 ppi reichen in der Regel aus).

Die »bikubische« Interpolationsmethode ist zur Neuberechnung von Fotos am besten geeignet.

FREISTELLEN

Mit Hilfe des Freistellens können Sie störende Randpartien entfernen, die Proportionen des Bildes ändern oder aber die Komposition radikal verändern. Bei größeren Ausschnittänderungen sollten Sie darauf achten, dass das Bild danach noch genügend Daten für Art und Größe des gewünschten Ausdrucks aufweist.

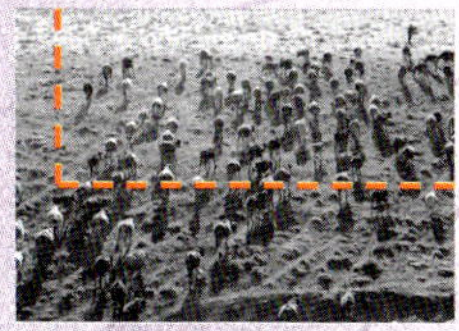

Original
Das Foto einer Viehherde weist viele kräftige horizontale Linien auf, die von dem einsamen Kuhhirten ablenken. In diesem Fall gilt das Motto: Weniger ist mehr.

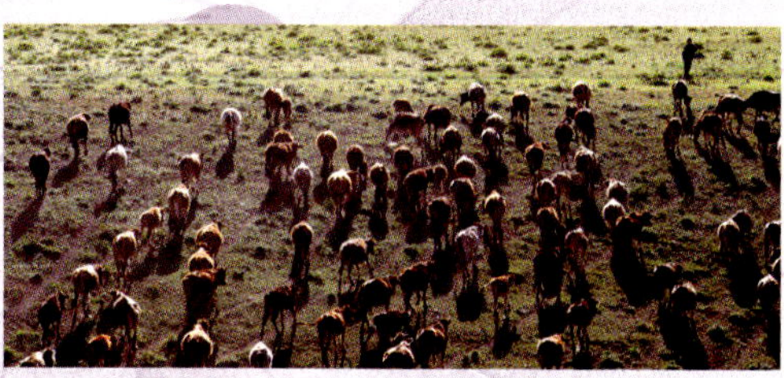

Freistellung
Die Ausschnittänderung trägt zur Betonung des Farbverlaufs entlang des Abhangs bei und lenkt die Aufmerksamkeit auf den Kuhhirten oben rechts.

Anpassung der Helligkeit

Eine der Hauptschwierigkeiten der konventionellen Fotografie ist die Anpassung der Belichtung nach der Aufnahme. Die Bildbearbeitung bietet eine Reihe von Möglichkeiten, Belichtungsfehler zu korrigeren. Die Tonwertkorrektur *(unten)* ist ein gelungener Kompromiss zwischen Bedienungskomfort und der Vermeidung von Daten- bzw. Qualitätsverlust. Der Befehl »Auto-Tonwertkorrektur« führt bei geringen Belichtungsfehlern zu guten Ergebnissen, nutzt aber bei Bildern von weniger guter Qualität kaum etwas.

KORREKTUR DER HELLIGKEIT

Die Anpassung der Helligkeit ändert die Gesamthelligkeit, die Farben und den Kontrast. Belichtungskorrekturen während der Aufnahme funktionieren etwas anders als die mit Hilfe des Bildbearbeitungsprogramms vorgenommenen Änderungen. Der gewünschte visuelle Effekt ist ausschlaggebend dafür, ob Sie die Helligkeit während oder nach der Aufnahme anpassen sollten.

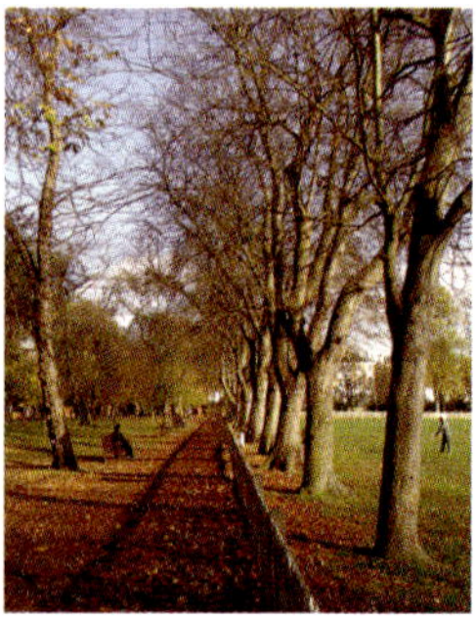

Original
Bei korrekter Belichtung können Teile des Motivs zu dunkel und andere zu hell erscheinen.

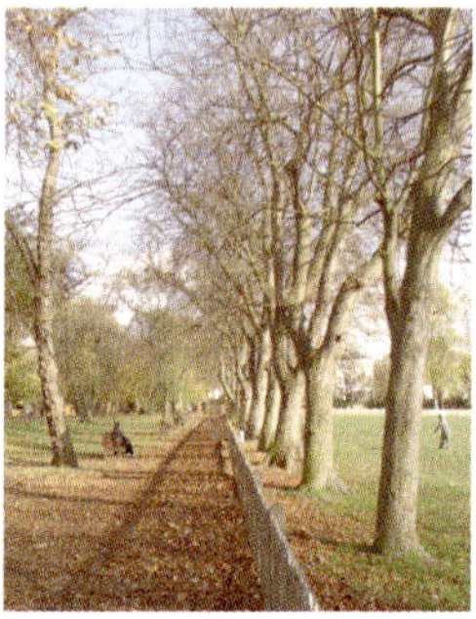

Helleres Bild
Eine Erhöhung der Helligkeit führt zu einer guten Zeichnung in den Schatten.

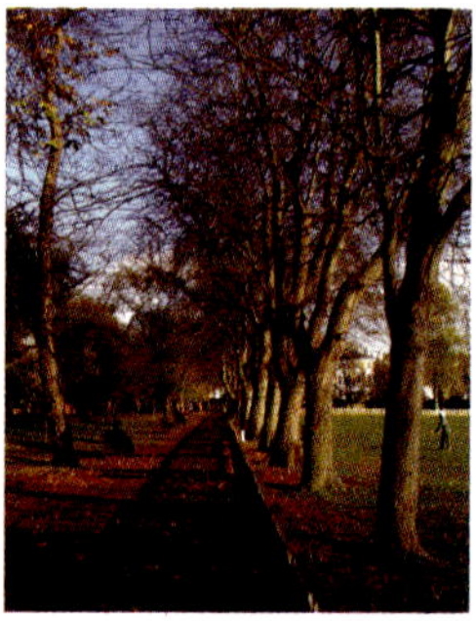

Dunkleres Bild
Eine Verringerung der Helligkeit bewirkt die Intensivierung der Farben in den Mitteltönen.

TONWERTKORREKTUR

Das Histogramm der Tonwertkorrektur zeigt, wie viele Pixel einer bestimmten Helligkeit in einem Bild enthalten sind, und misst ihre relative Helligkeit. Ein Ausschlag in der linken Hälfte weist auf ein dunkles Bild hin, während ein Ausschlag rechts bedeutet, dass das Bild insgesamt hell ist.

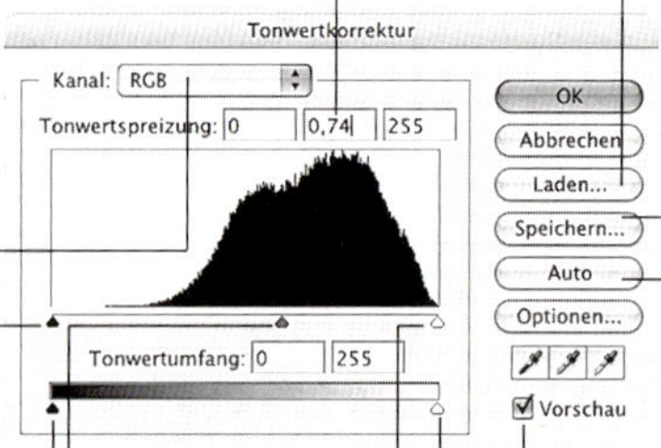

Liegt der mittlere Wert der Tonwertspreizung unter 1, wird das Bild dunkler. Liegt er über 1, wird es heller.

Die Farben können separat oder gleichzeitig angepasst werden.

Dieser Regler wird nach rechts verschoben, um die Pixel dunkler wiederzugeben.

Mit dem schwarzen Tonwertumfangsregler wird verhindert, dass reines Schwarz gedruckt wird.

Mit dem grauen Tonwertspreizungsregler lässt sich die Helligkeit am einfachsten ändern.

Wird dieser Regler nach links gezogen, werden bereits helle Pixel in reines Weiß verwandelt.

Diese Schaltfläche ermöglicht die Nutzung einer zuvor gespeicherten Einstellung.

Schaltfläche zur Speicherung der Einstellungen; verwenden Sie einen Namen, der die Änderung beschreibt.

»Auto« für schnelle Korrekturen. Eine große Helligkeitsveränderung erfordert in der Regel eine umfassendere Nachbearbeitung.

Nach Aktivierung dieser Option können Sie den Effekt der Bildbearbeitung sehen.

Mit dem weißen Tonwertumfangsregler wird verhindert, dass reinweiße Bildpunkte gedruckt werden. Der Wert sollte in den meisten Fällen zwischen 245 und 250 liegen.

Farbsteuerung

Früher war eine gelungene Farbwiedergabe das Werk geschickter Laboranten, die eine solche mit chemischen Prozessen erreichten. Im digitalen Zeitalter erfolgt die Farbverarbeitung kameraintern, wo sie unter den verschiedensten Bedingungen automatisch optimiert wird. Weitere Anpassungen der Farben lassen sich bei der Bildbearbeitung vornehmen.

Änderung der Farben

Digitalkameras geben Weiß ungefärbt oder rein wieder, was durch einen »Anpassung des Weißabgleichs« genannten Vorgang zu einer korrekten Wiedergabe aller Farben führt. Einige Kameras ermöglichen die Nutzung voreingestellter Werte, aber es kann sehr lohnend sein, die Farbbalance mit Hilfe des Bildbearbeitungsprogramms anschließend noch einmal zu bearbeiten.

FARBBALANCE

Kleinere Anpassungen können mit dem Dialogfeld »Farbbalance« schnell und effizient vorgenommen werden. Prüfen Sie das Foto zunächst auf unnatürliche Farbstiche, zum Beispiel Blau oder Grün. Meist genügt eine kleine Verschiebung des entsprechenden Reglers, um sie zu beseitigen.

Farbanpassungen können mit Hilfe der Eingabe der Farbtonwerte vorgenommen werden, wenn man mehrere unter den gleichen Bedingungen aufgenommene Bilder korrigieren möchte.

Aktivieren Sie die Vorschauoption, um die Anpassungen vor der Ausführung zu prüfen.

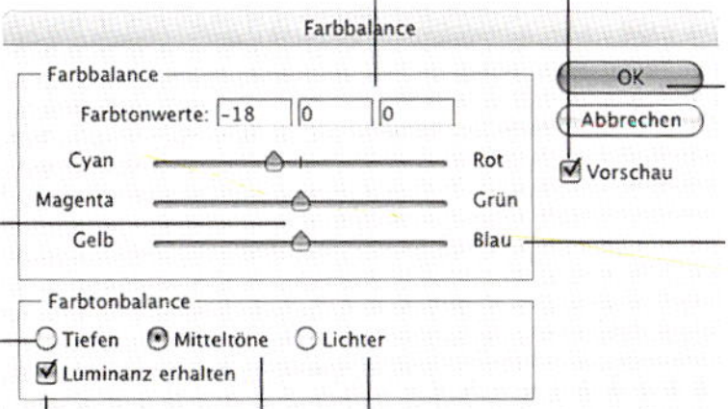

Die Farbanpassungsregler lassen sich zwischen Rot, Grün und Blau und ihren Komplementärfarben Cyan, Magenta und Gelb hin- und herschieben.

Mit der Schaltfläche »OK« speichern Sie das angepasste Foto.

Die Bandbreite der Primärfarben ist groß und reicht für die meisten Zwecke aus.

Das Kontrollkästchen »Tiefen« beschränkt die Änderungen auf die dunklen Töne. Da diese sehr dicht sind, können kleine Änderungen große Wirkung erzielen.

Mit der Option »Luminanz erhalten« kann die Gesamthelligkeit beibehalten werden.

»Mitteltöne« ist die Standardeinstellung und beschränkt die Anpassungen auf die Töne zwischen Tiefen und Lichtern.

Durch Anklicken der »Lichter« werden die Anpassungen auf Dreivierteltöne oder Lichter beschränkt. Helle Farben werden im Dialogfeld »Farbbalance« kaum verändert.

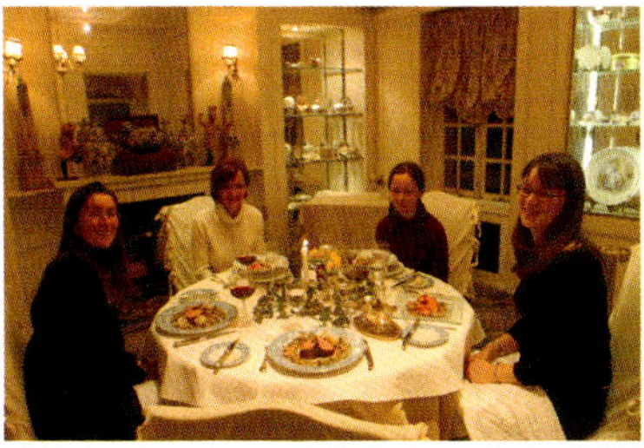

Umgebungslicht
Bei Aufnahmen bei Raumbeleuchtung ist häufig eine Farbkorrektur erforderlich. Hier sind die Lichter leicht gelblich.

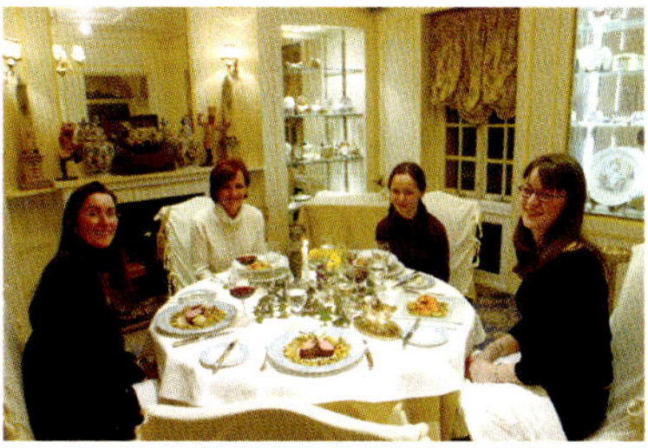

Korrigiertes Umgebungslicht
Durch eine Verstärkung der blauen Farbe im Dialogfeld »Farbbalance« und einer Tonwertkorrektur *(s. S. 165)* wurde der Gelbstich weitgehend entfernt.

ÄNDERUNGEN DER FARBBALANCE

Helle Farbstiche (meist Gelb oder Blau) können durch Korrekturen der Farbbalance neutralisiert werden. Das erreicht man, indem man auf eine farblose Wiedergabe der weißen, grauen oder schwarzen Bereiche achtet. Durch die Entfernung eines Farbstichs in einem grauen Bereich, etwa auf den Chromutensilien auf dem Bild unten, wird das allgemeine Farbgleichgewicht automatisch korrigiert. Sie können durch die Veränderung der Farbbalance auch eine bestimmte Stimmung hervorrufen, so sorgt zum Beispiel ein Rotstich für mehr Wärme.

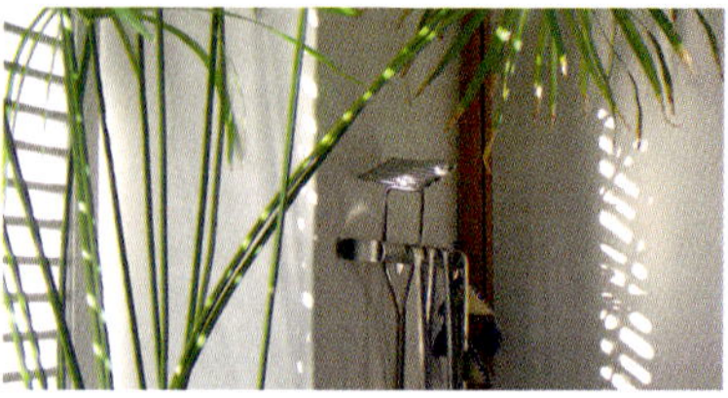

Original mit Mischlicht
Das Hauptlicht war das durch ein Fenster einfallende Sonnenlicht, aber der Innenraum wurde durch Raumlampen zusätzlich ausgeleuchtet.

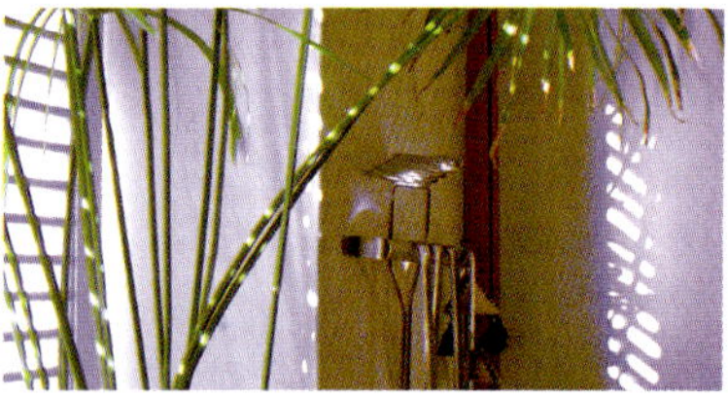

Korrektur der Gegenfarben
Die Lichter sind auf den maximalen Blauwert eingestellt, die Tiefen auf den maximalen Gelbwert und die Mitteltöne leicht magentafarben.

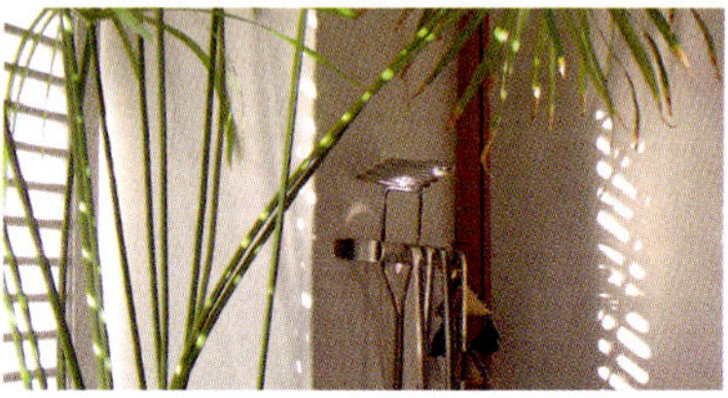

Rotstich
Ein leichter Rotstich kann warm wirken, aber die Lichter werden rosa und blauer Himmel oder grüne Blätter wirken flau.

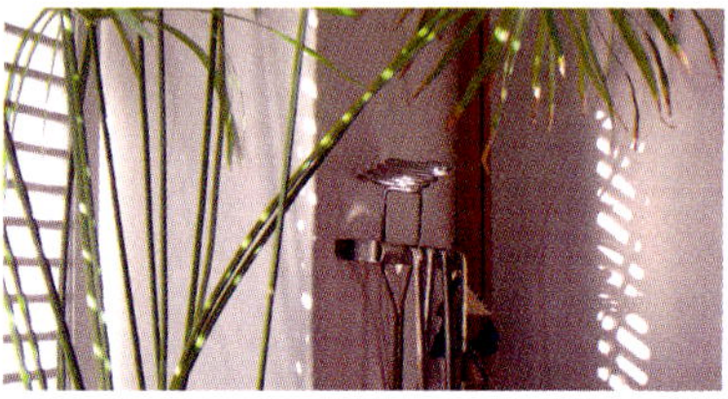

Magentastich
Ein häufiger Fehler beim Weißabgleich führt zu einem Magentastich, der viele Farben verblassen lässt.

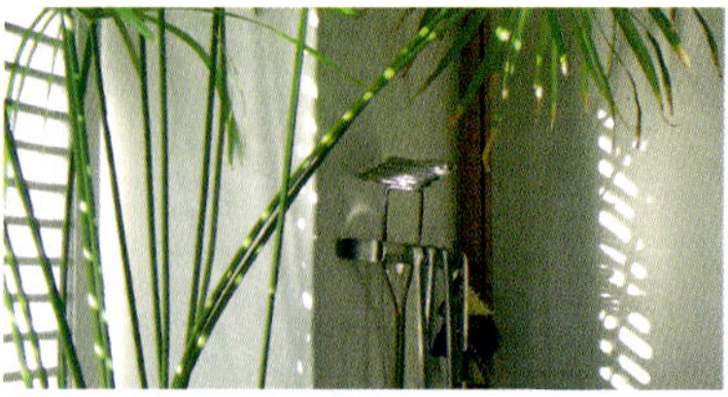

Grünstich
Bereits ein leichter Grünstich fällt sofort ins Auge. Besonders störend wirkt er bei Hauttönen.

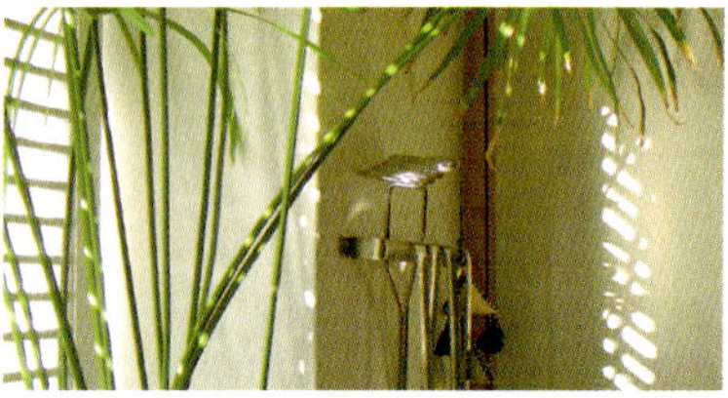

Gelbstich
Ein intensiver Gelbstich kann etwas unnatürlich, aber trotzdem ansprechend wirken. Nach der Beseitigung wird das Bild flauer aussehen.

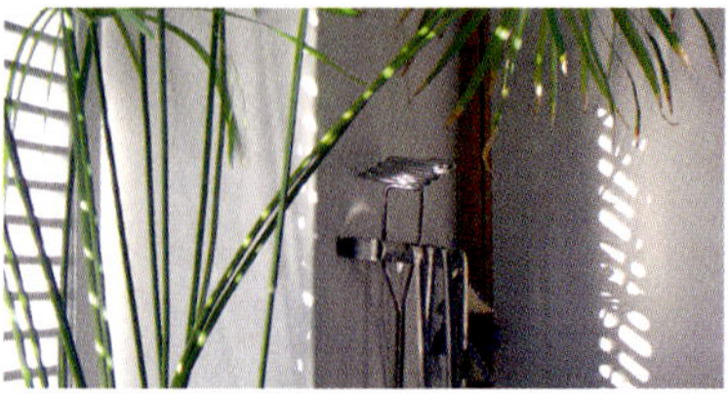

Blaustich
Ein Blaustich ist manchmal durchaus erwünscht, er lässt ein Bild aber auch kalt wirken. Die Entfernung des Blaustichs hellt die Aufnahme auf.

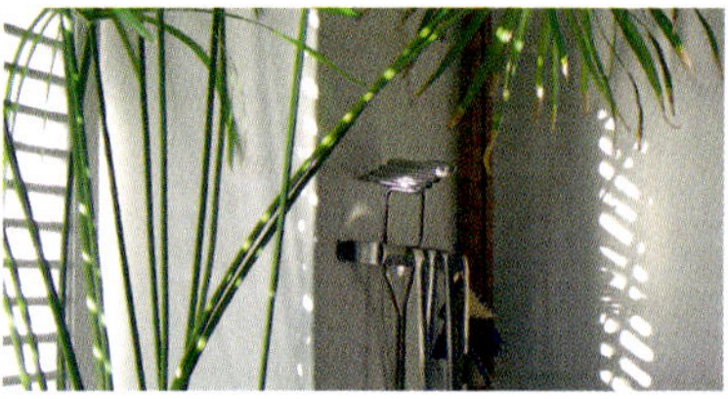

Cyanstich
Ein Cyanstich bewirkt eine Abschwächung der warmen Farben. Eine kleine Korrektur kann hier große Wirkung erzielen.

Anpassung der Schärfe

Früher verringerte sich die Detailschärfe eines Fotos tendenziell mit jedem Arbeitsschritt des fotografischen Prozesses. Mit viel Aufwand versuchte man, diesen Schärfeverlust in Grenzen zu halten. Mit der Erfindung von Bildbearbeitungssoftware ist es nun sogar möglich, ein Foto schärfer erscheinen zu lassen als es ursprünglich war.

Schärfe und Auflösung

Die Schärfe eines Fotos hängt vom messbaren Auflösungsvermögen eines fotografischen Systems, zum Beispiel einer Kamera oder eines Vergrößerungsgeräts, ab, das heißt, von der Fähigkeit, Details voneinander zu unterscheiden und somit sichtbar wiederzugeben. Der Begriff »Auflösung« bedeutet etwas anderes: Er bezieht sich auf die von einer Kamera aufgezeichnete oder in einem Foto enthaltene Menge von Informationen oder Bilddaten. Auflösungsvermögen und Auflösung sind insofern miteinander verbunden, als eine größere Menge Daten erforderlich ist, um mehr Details aufzuzeichnen.

SCHARFZEICHNEN

Die beste Methode zum Scharfzeichnen ist »Unscharf maskieren« (USM). Dieser Filter verstärkt den Kontrast an den Kanten und hebt die Konturen hervor. Eine Kante erscheint schärfer, wenn sie besser definiert ist.

Durch Anklicken von »OK« werden die Änderungen angenommen. Bei großen Dateien dauert dies mehrere Sekunden.

Bei Aktivierung der Vorschauoption können Sie die Änderungen vorab prüfen. Es verlangsamt jedoch den Betrieb und ist in diesem Fall nicht unbedingt erforderlich.

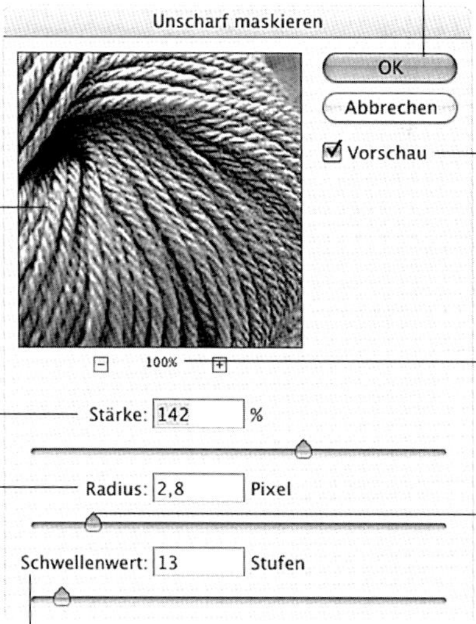

Das Vorschau-Fenster zeigt das Ergebnis der Änderung. Bei manchen Softwares wird wie bei Photoshop bei Anklicken des Fensters die ungeänderte Version angezeigt.

Beste Ergebnisse erhalten Sie bei der Betrachtung der Bilder bei 100 %. Bei anderen Vergrößerungen kann die Pixelstruktur des Fotos auf dem Bildschirm nicht mehr genau dargestellt werden.

Beginnen Sie mit einer Stärke zwischen 50 und 150. Nehmen Sie die Einstellung durch die Eingabe von Zahlen oder mit dem Regler vor.

Wählen Sie bei feinen Details einen kleinen Radius (siehe gegenüberliegende Seite). *Bei großen gleichfarbigen Bereichen sollte der Radius größer sein. Setzen Sie diesen Parameter sehr vorsichtig ein. Zur Beseitigung von Artefakten wählt man einen sehr kleinen Radius und eine hohe Stärke.*

Die Regler werden nach rechts oder links gezogen, um die Einstellungen zu ändern. Nehmen Sie keine Anpassung des Schwellenwerts über den Regler vor, da bereits kleine Änderungen einen großen Effekt haben können.

Mit dem Schwellenwert wird der Helligkeitsunterschied zwischen zwei Pixeln eingestellt, bevor die Unscharfmaskierung angewendet wird. Erhöhen Sie den Wert, falls das Bild verrauscht ist (das heißt, viele Flecken oder störende Punkte aufweist).

SCHARFZEICHNUNGSEFFEKTE

Der Filter »Unscharf maskieren« sollte sparsam eingesetzt werden. Die zu starke Scharfzeichnung einer Aufnahme kann zu Lichtsäumen an den Kanten führen und Nebensächlichkeiten oder sogar Fehler in den Blickpunkt rücken. Ein Foto sollte immer im Detail verbessert werden. Wählen Sie für feingezeichnete Bilder eine durchschnittliche Stärke und einen kleinen Radius. Bei Fotos ohne Feinheiten hingegen ist eine niedrige Stärke und ein größerer Radius angebracht. Bilder für das Web benötigen eventuell etwas mehr Schärfe als solche, die für den Druck bestimmt sind.

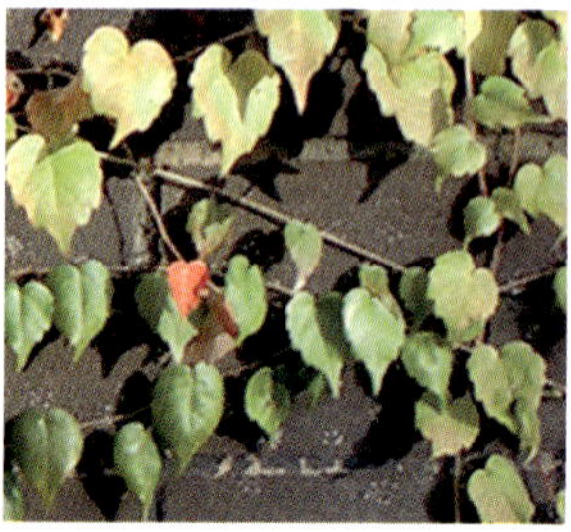

Original

Normale USM-Einstellung

Bei einer Stärke von 111, einem Radius von 1 und einem Schwellenwert von 11 erhöht der Filter »Unscharf maskieren« die Schärfe der meisten Scans und Digitalfotos. Der Schwellenwert kann zur Verstärkung des Effekts verringert werden.

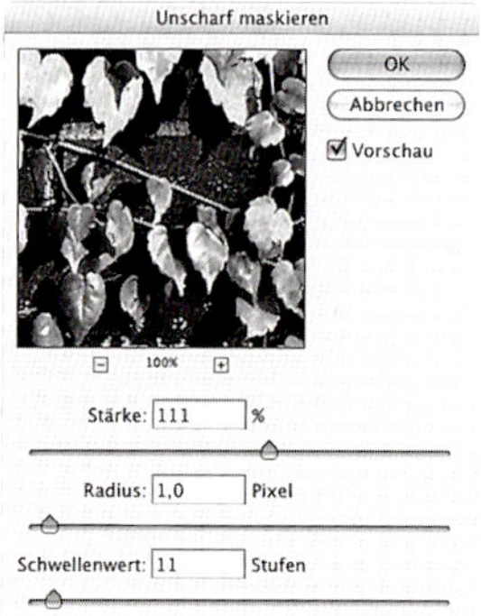

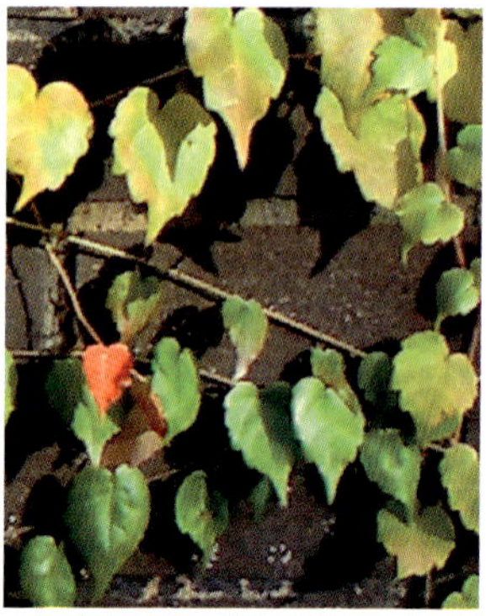

USM mit großem Radius

Mit einem großen Radius von 22 dehnt sich der Scharfzeichnungseffekt über die Auswahlgrenzen hinaus auf einen größeren Bereich aus. Damit wird der Gesamtkontrast erhöht, so dass die Brillanz eines Fotos verbessert werden kann.

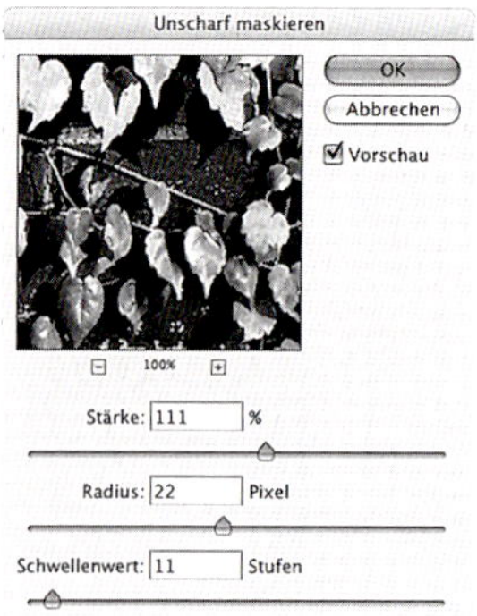

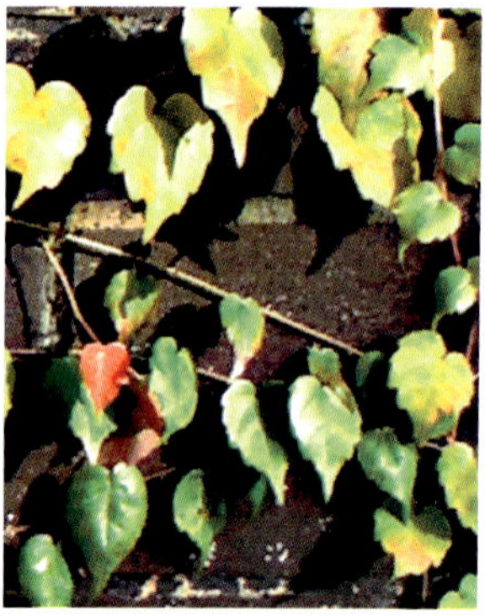

USM mit hoher Stärke

Ein hoher Stärkewert und ein kleiner Radius erzielen bei diesem Bild eine gute Wirkung, da der Kontrast an den Kanten und Konturen erhöht wird, aber auf einen kleinen Bereich beschränkt bleibt, so dass er keinen Einfluss auf die feinen Details hat.

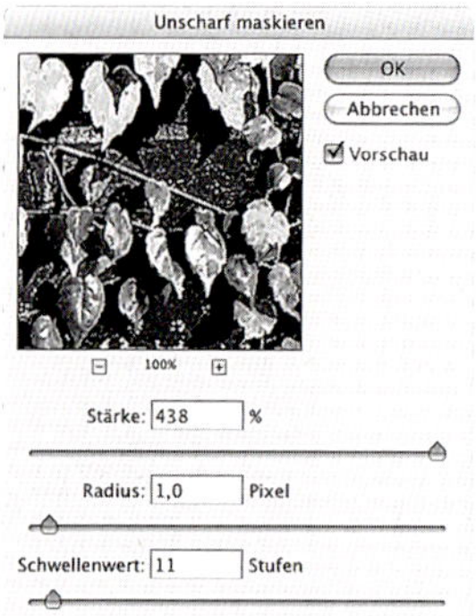

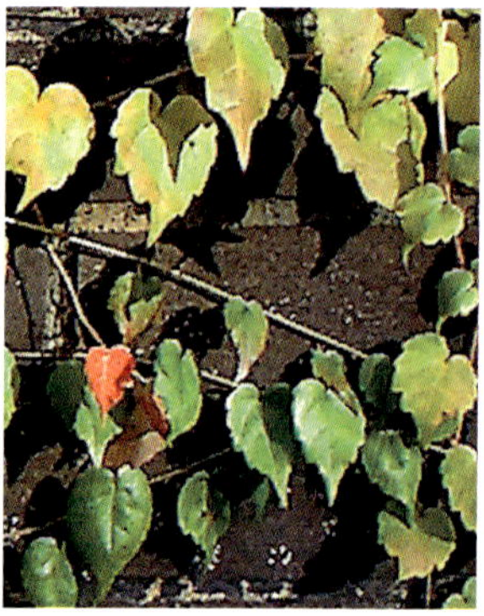

Filtereffekte

Die Möglichkeiten der digitalen Bildbearbeitung zeigen sich am deutlichsten bei den Filtern, mit denen man ein Bild durch Farben, Verzerrungen und Strukturierungen völlig verwandeln kann. Auch mit Filtern sollte man sparsam umgehen. Einige Effekte erzielen eine subtile Wirkung, während andere die ursprüngliche Bildaussage völlig verändern können.

Einsatz von Filtern

Probieren Sie die vielen verschiedenen Filter zunächst an kleineren Dateien aus. Motive mit einfachen, klaren Umrissen sind lohnende Versuchsobjekte, bei denen man auch als Anfänger reizvolle Ergebnisse erzielen kann, während detailreiche Fotos oder solche von Menschen zur Verfremdung weniger geeignet sind.

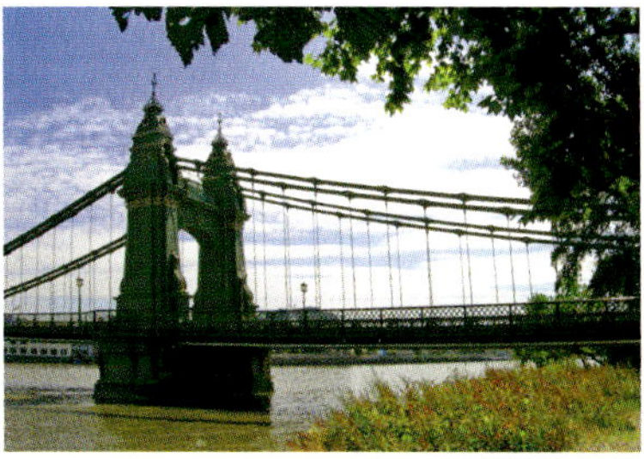

Original

VERZERRUNGEN

Auf Farben oder Helligkeit der Pixel haben Verzerrungen keinen Einfluss. Form und Größe der Abbildung werden durch eine Umverteilung der Pixel verändert. Es gibt dramatische und komplexe, aber auch subtile Effekte, die zur Korrektur von Linsenfehlern verwendet werden können.

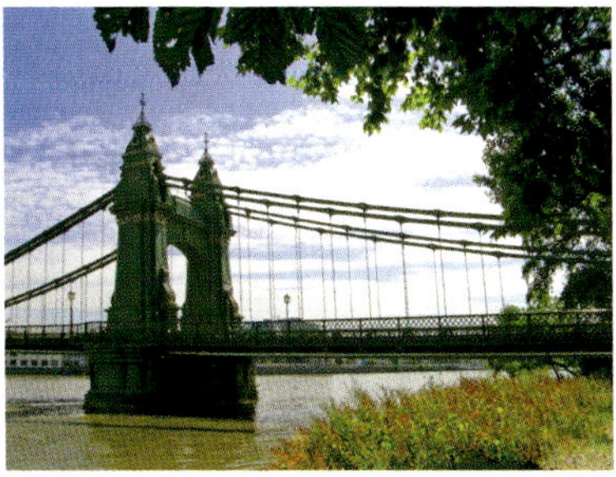

Wölben
Die Pixel werden wie um eine Kugel herum angeordnet. Dieser Filter kann, wie hier, zur Anpassung leichter Verzerrungen eingesetzt werden.

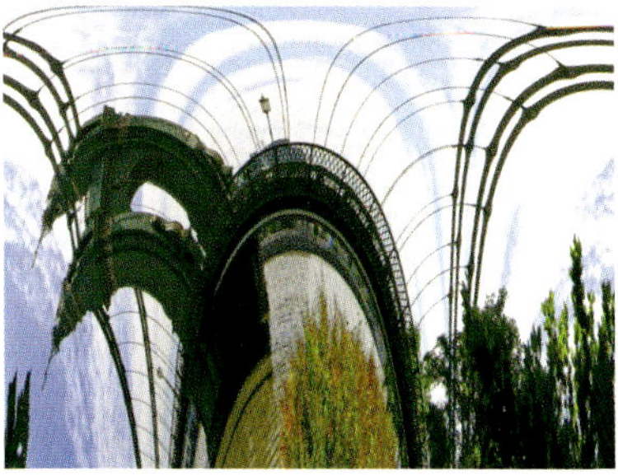

Polarkoordinaten
Dieser Filter ordnet die Koordinaten der Pixel oval an. Die Ergebnisse der Anwendung sind immer spannend, da unvorhersehbar.

KUNST- UND ZEICHENFILTER

Filter, die Buntstifte oder Ölfarben und die Struktur von verschiedenen Zeichenpapieren imitieren, kommen in Kombination mit anderen Filtern besser zur Geltung. Oft müssen Helligkeit und Kontrast angepasst werden.

Buntstiftschraffur
Bei einem kontrastreichen Foto mit intensiven Farben kann dieser Filter eine passable Imitation liefern. Besonders gute Ergebnisse erzielen Sie mit Corel Painter *(s. S. 161)*.

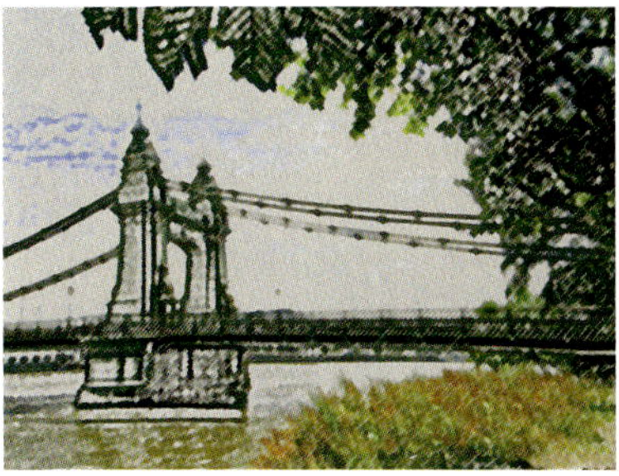

STILISIERUNGSFILTER

Diese Filter ermöglichen eine Vielzahl von Effekten; die Ergebnisse haben nur noch wenig mit dem Originalbild gemein. Konturen, Farben und Strukturen können bearbeitet und bis zur Unkenntlichkeit verfremdet werden. Stilisierungseffekte werden zur Erstellung von Abstraktionen eingesetzt.

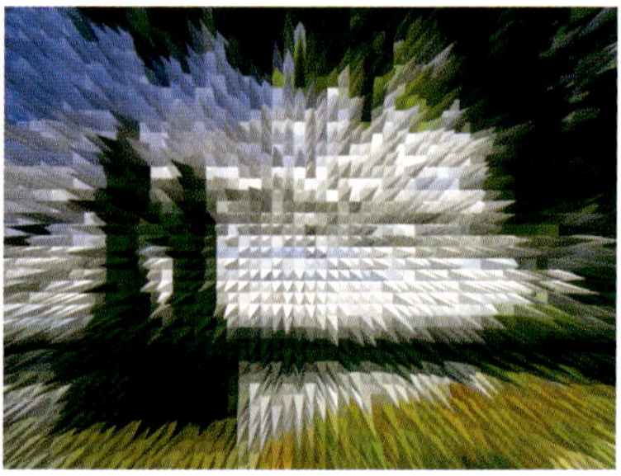

Extrudieren
Dieser Effekt schafft grafische Landschaften, die aus nach außen strebenden Quadern oder Pyramiden bestehen.

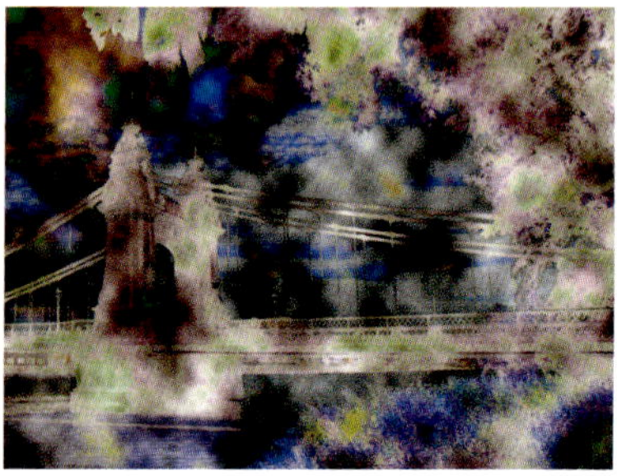

Differenzwolken
Der Filter überdeckt das Bild nach dem Zufallsprinzip mit einem Muster und wendet anschließend eine Füllmethode an *(s. Seite 176)*.

STRUKTURIERUNG UND VERGRÖBERUNG

Durch die Zusammenfassung von Pixelgruppen verändern Strukturierungs- und Vergröberungsfilter die Verteilung der Farben innerhalb der Gruppen, während die groben Umrisse des Motivs erhalten bleiben. Die Steuerung der Effekte erfolgt hauptsächlich über die Wahl der Größe der Pixelgruppe.

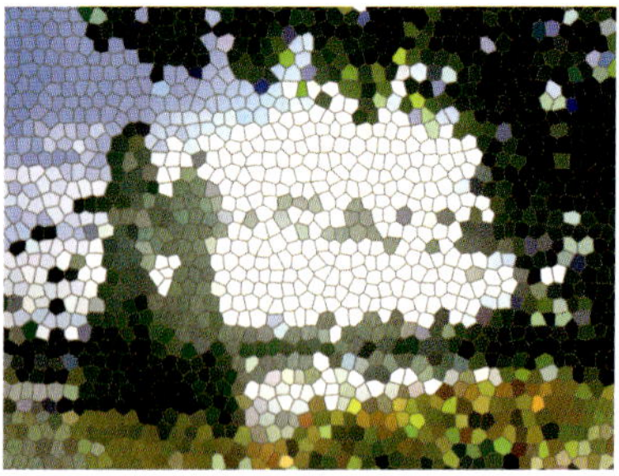

Buntglasmosaik
Dieser für bunte, grafische Bilder geeignete Filter erzeugt unregelmäßige Farbflecken mit neutraler Umrandung.

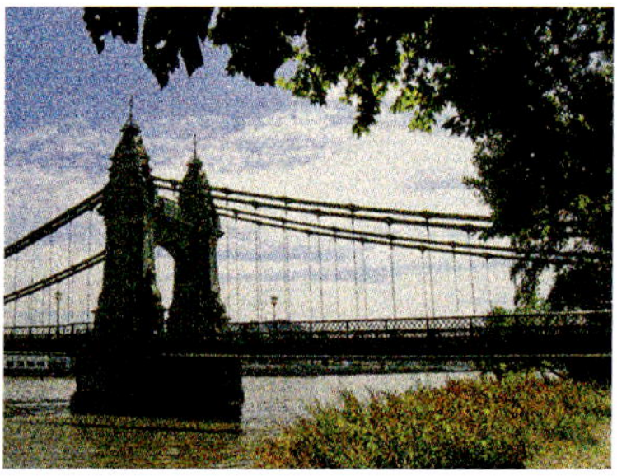

Körnung
Hier wird die Optik eines mit einem hochempfindlichen Film aufgenommenen Bildes nachgeahmt.

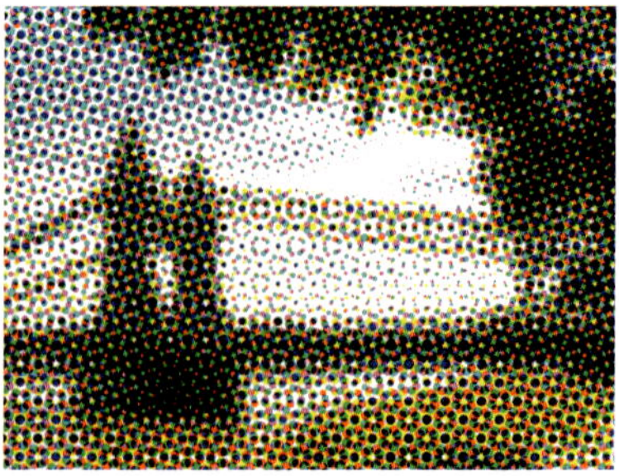

Farbraster
Dieser Filter erzeugt ein sehr grobes Farbraster; die Größe, aber nicht die Helligkeit der Punkte variiert.

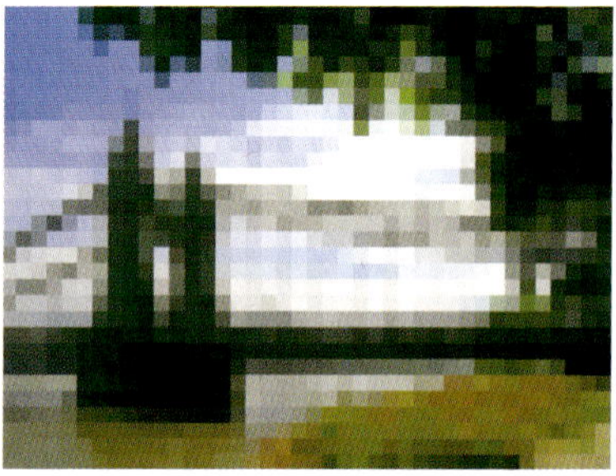

Mosaikeffekt
Der Filter, der die Pixelstruktur des Bildes imitiert und übertreibt, kommt in den Medien zum Einsatz, wenn eine Person anonym bleiben soll.

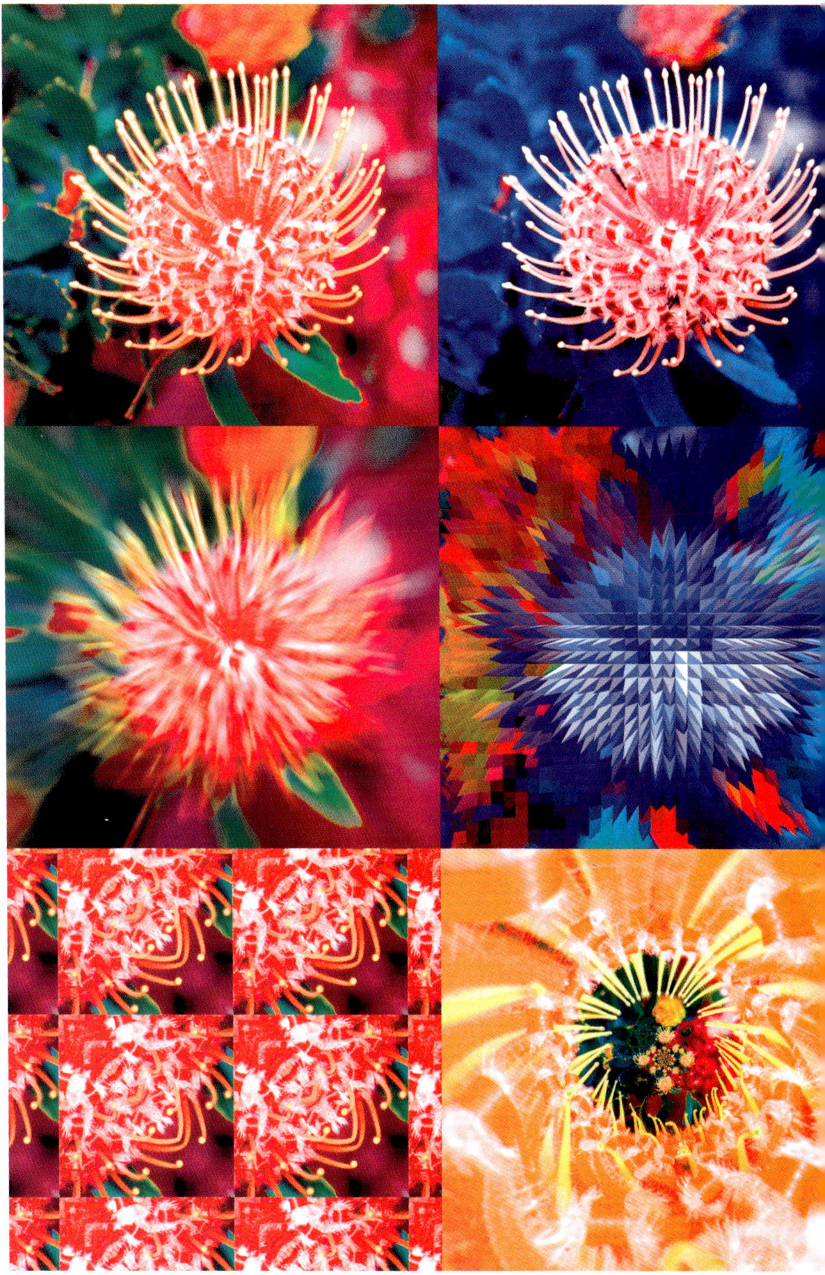

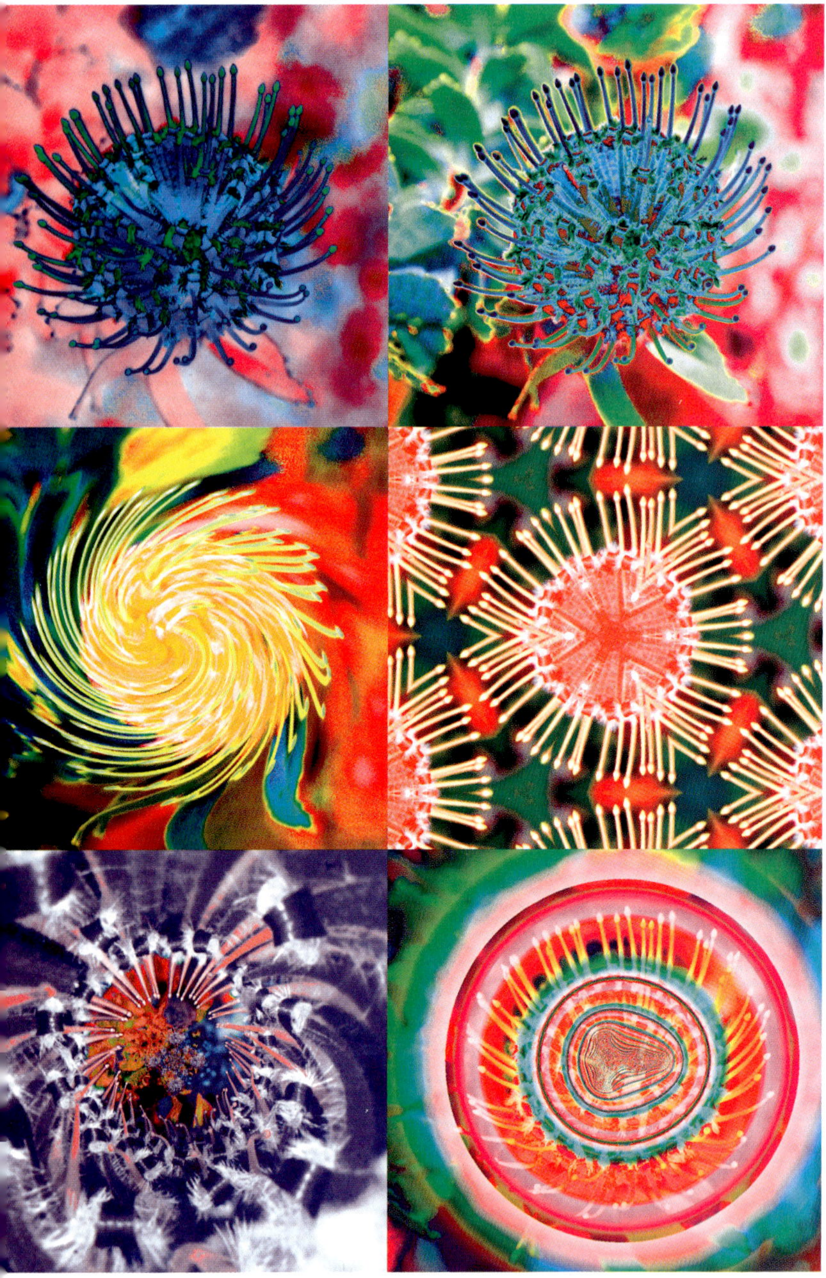

Galerie der Effekte
Das Original oben links wurde mit verschiedenen, unterschiedlich starken Effekten bearbeitet, darunter Verzerrungen, Extrusionen, Kachelungen, Farbänderungen und fraktale Muster.

Auswahl und Masken

Fotografen haben schon immer versucht, zur Verbesserung der Aufnahme in den fotografischen Prozess einzugreifen. Die Grundlagen dafür haben sich auch in der Digitalfotografie nicht geändert, aber die Leichtigkeit und Präzision, mit der Bildpartien zum Kopieren, Ausschneiden, Verfremden oder Kombinieren mit anderen Bildern ausgewählt werden können, stellt einen revolutionären Fortschritt dar.

Auswahl und Masken

Will man Effekte oder Anwendungen auf einen Teilbereich beschränken, muss man diesen zuvor auswählen. Das beliebteste Auswahlwerkzeug ist das Lasso, so genannt, weil es einen Pixelbereich mit einer Schlinge umschließt. Bei einer solchen Auswahl erstellen Sie gleichzeitig eine Maske, die den von der Bearbeitung betroffenen Bereich eingrenzt. Masken und Auswahlwerkzeuge haben prinzipiell die gleiche Wirkung, technisch gesehen versteht man unter einer Maske jedoch die Darstellung einer Auswahl in Grauwerten.

WEICHE KANTEN

Will man die Wirkung einer Anwendung im Bereich der Auswahlgrenze fließend in den Hintergrund übergehen lassen, kann man eine weiche Kante definieren, das heißt, auf jeder Seite der Auswahllinie werden, je nach Vorgabe, Pixel teilweise ausgewählt. Bei Bildelementen mit spitzen Ecken muss die Option »weiche Kante« auf einen niedrigen Wert oder auf null eingestellt werden. Bei Eingabe eines besonders hohen Werts erhält man eine ungenaue Auswahl mit abgerundeten Ecken, wie das Beispiel rechts zeigt, bei dem die Auswahl mit dem Lasso erfolgte.

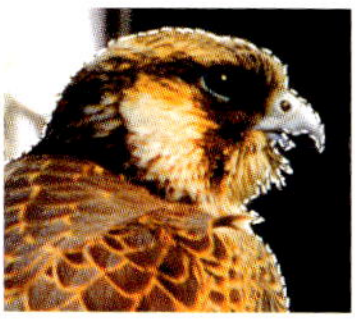

Niedriger Wert
Bei Eingabe eines niedrigen Wertes ist die Auswahl präzise. Sie folgt den Konturen des Motivs genau, es gehen keine Details verloren.

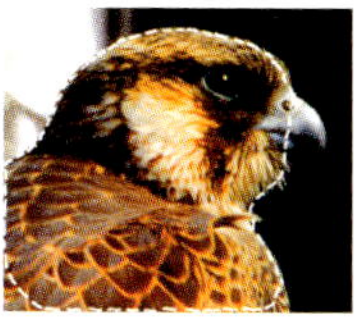

Hoher Wert
Bei Eingabe eines hohen Wertes lässt die Auswahl Bereiche mit kleinen, klar umrissenen Begrenzungen zumindest teilweise außer Acht.

ZAUBERSTAB

Der Zauberstab ist eine Alternative zum Lasso. Sie können damit einheitlich gefärbte Bereiche auswählen, ohne deren Konturen, wie mit dem Lasso, nachzeichnen zu müssen. Der Zauberstab sucht dabei je nach Vorgabe nach Pixeln, die den mit dem Werkzeug angeklickten Pixeln ähneln, wie das Beispiel der schwarzen Jacke auf dem Bild unten zeigt.

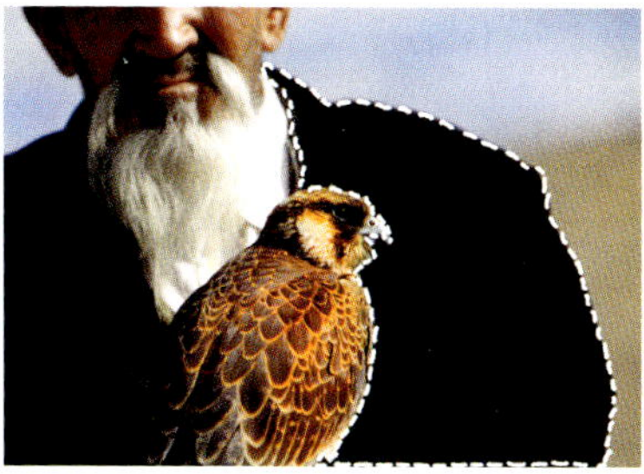

Fortlaufende Auswahl
Der Zauberstab in Kombination mit der Option »Fortlaufend« wählt ähnliche Pixel nur dann aus, wenn sie neben den Musterpixeln liegen.

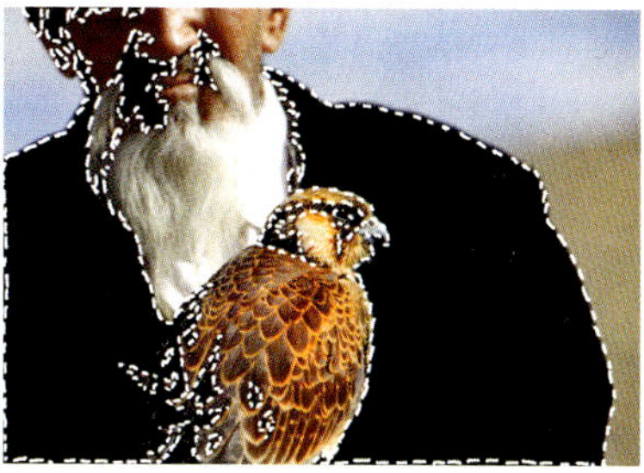

Nicht-fortlaufende Auswahl
Bei Aktivierung dieser Option wählt der Zauberstab alle Pixel der Abbildung aus, die den angeklickten Musterpixeln ähneln.

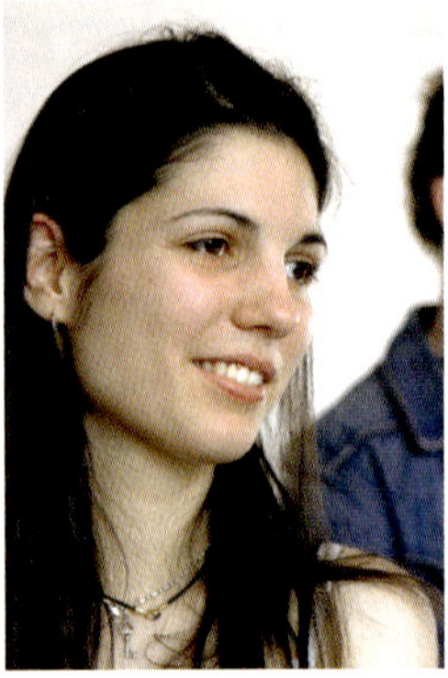

EXTRAHIEREN

Einer der gängigsten Schritte in der Bildbearbeitung ist das Ausschneiden eines Motivs aus einem störenden oder unerwünschten Hintergrund. Dabei funktionieren die verschiedenen Spezialsoftwares alle nach dem gleichen Prinzip. Die Übergänge oder Umrisse des Motivs müssen vor dem Extrahieren durch eine äußere und eine innere Umrandung definiert werden. Diese Aufgabe ist technisch weitaus schwieriger, wenn das Motiv feine, unscharfe Kanten aufweist, wie zum Beispiel Haare oder Fell. Durchscheinende Gegenstände wie Glasflaschen stellen ebenfalls eine Herausforderung dar.

Porträt vor dem Extrahieren
Die Person im Hintergrund sollte entfernt werden, da sie vom Hauptmotiv ablenkt.

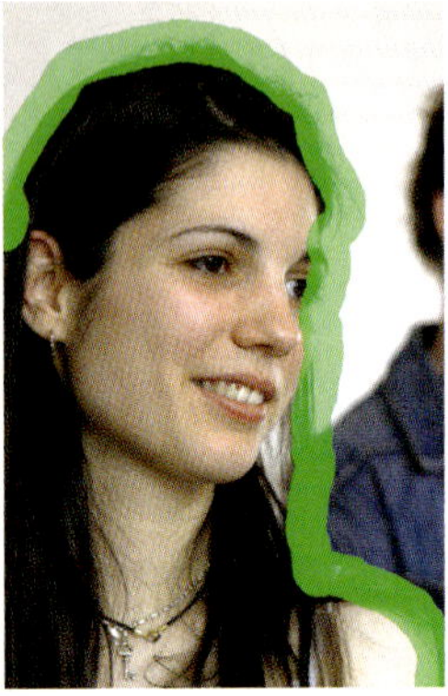

Umrandung
Die breite grüne Linie ist der erste Schritt zur Entfernung der störenden Bildelemente hinter dem Hauptmotiv.

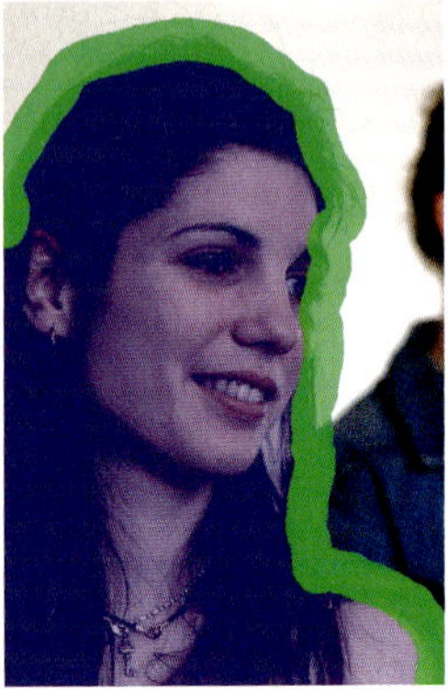

Kennzeichnung
Die Definition des Bildteils, der erhalten bleiben soll, erfolgt durch Füllen des zusammenhängenden Bereichs.

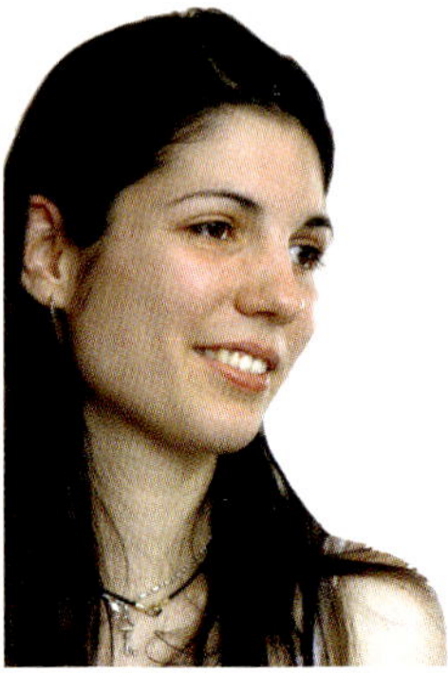

Extrahieren
Das extrahierte Motiv kann nun mit verschiedenen Hintergründen kombiniert werden *(s. S. 176/77)*.

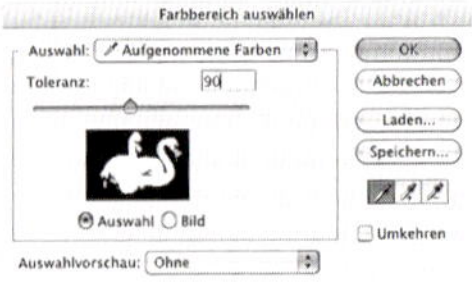

FARBBEREICH AUSWÄHLEN

Dem Zauberstab ähnlich ist der schnelle und effiziente Befehl »Farbbereich auswählen«. Er wählt Farben entweder in Übereinstimmung mit einer Musterfarbe (dann funktioniert er genauso wie der Zauberstab) oder in einem bestimmten Farbbereich (der aus einem Drop-Down-Menü ausgewählt wird) aus. Mit dem Toleranzregler lässt sich einstellen, wie ähnlich die ausgewählten Farben der Musterfarbe oder dem gewählten Farbbereich sein sollen.

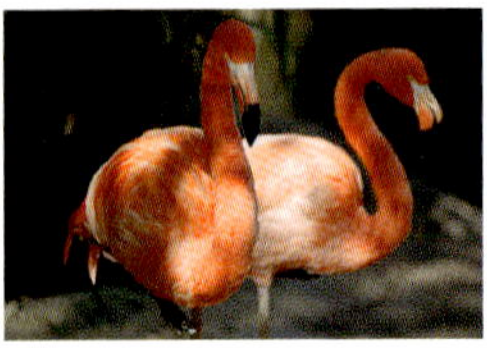

Original
Die Flamingos werden unter Anwendung des Befehls »Farbbereich auswählen« extrahiert.

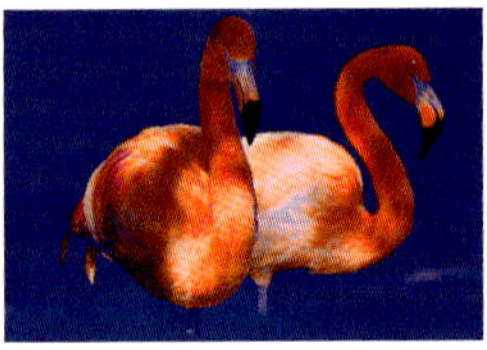

Maskierter Farbbereich
Nach der Anwendung können Sie den Hintergrund maskieren (in Blau).

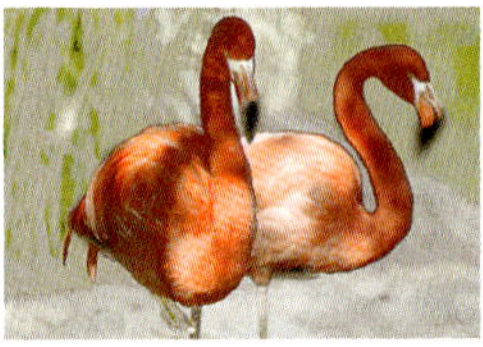

Trennung der Bildelemente
Das in zwei Teile geteilte Bild kann mit separaten Effekten bearbeitet werden.

Ebenen und Füllmethoden

Einer der kreativsten Prozesse in der Bildbearbeitung ist die Ebenentechnik, mit der unter anderem verschiedene Bilder wie auf Transparentfolien übereinander angeordnet und zusammengefügt werden können. Die Wechselbeziehungen zwischen den Bildern können sehr komplexer Natur sein. Hier ist viel Spielraum für Fotografen, die an künstlerischen Experimenten interessiert sind.

Die Tiefe eines Fotos

In der konventionellen Fotografie spricht man von Tiefe im übertragenen Sinn. Digital bearbeitete Bilder bekommen »Tiefe« durch das Erstellen von Ebenen. Man kann dieses Verfahren anwenden, um mehrere Fotos übereinander zu blenden; dabei steuert die Software, wie viel von jeder Ebene durchscheint: bei hoher Deckkraft wenig, bei geringer entsprechend mehr. Gelegentlich kommt auch die entgegengesetzte Funktion – Transparenz – zum Einsatz. Selbst die Kombination von nur zwei Ebenen führt zu überraschenden Ergebnissen. Kontraste, Farben und Komposition sind veränderbar. Außerdem kann auf jeder Ebene eine andere Füllmethode angewendet werden.

EBENENPALETTE

Die verschiedenen Bildebenen werden in der Ebenenpalette verwaltet. Die nachfolgende Abbildung zeigt einige Bearbeitungsoptionen. Eine neue Ebene wird automatisch über der ausgewählten Ebene eingefügt; die Reihenfolge lässt sich durch Anklicken und Ziehen in die neue Position ändern.

In diesem Fenster lässt sich die Deckkraft eines ausgewählten Bereichs prüfen oder ändern.

Die Füllmethode bestimmt die Art der Überblendung oder Interaktion zwischen der ausgewählten Ebene und der unmittelbar darunter liegenden Ebene.

Durch Anklicken dieser Schaltfläche werden eine Reihe weiterer Optionen angezeigt.

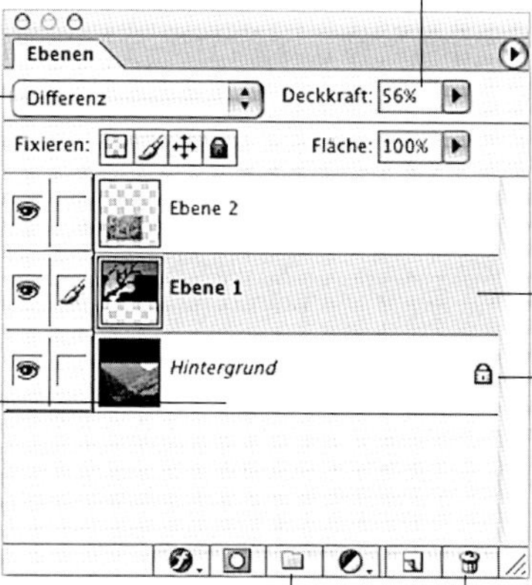

Das Auge zeigt an, dass der Inhalt der Ebene sichtbar ist, vorausgesetzt, er ist nicht durch Inhalte einer darüber liegenden Ebene verdeckt.

Die in Bearbeitung befindliche Ebene ist grau markiert. Die vorgenommenen Änderungen treffen ausschließlich sie.

Die Hintergrundebene ist die Grundlage für alle anderen Ebenen. Sie ist in der Regel gesperrt. Nach Fertigstellung sollten alle Ebenen wieder zu einer einzigen verknüpft werden.

Das Vorhängeschloss weist darauf hin, dass ein Merkmal gesperrt ist und nicht verändert werden kann.

Verschiedene Optionen ermöglichen die Erstellung neuer Ebenen und Ebenengruppen.

Nicht mehr benötigte Ebenen sollten zur Erhöhung der Arbeitsgeschwindigkeit in den Papierkorb gezogen werden.

FÜLLMETHODEN

Bei der Kombination von Bildern steht dem Fotografen mit den Füllmethoden eine fast grenzenlose Auswahl an Farbeffekten zur Verfügung. Die passende Füllmethode bringt Details zum Vorschein, die andernfalls verborgen bleiben würden.

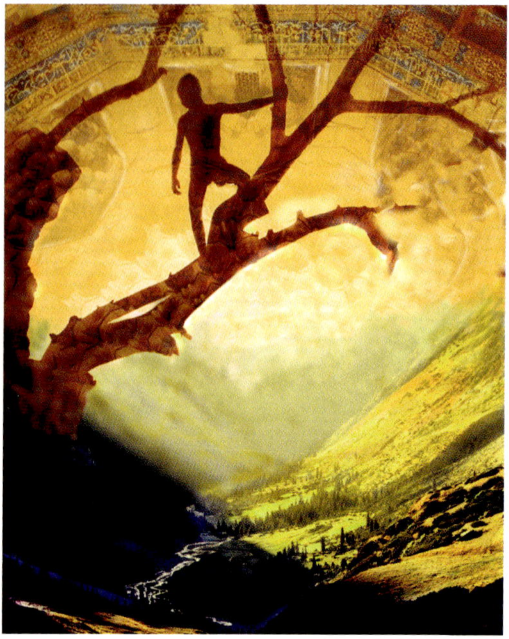

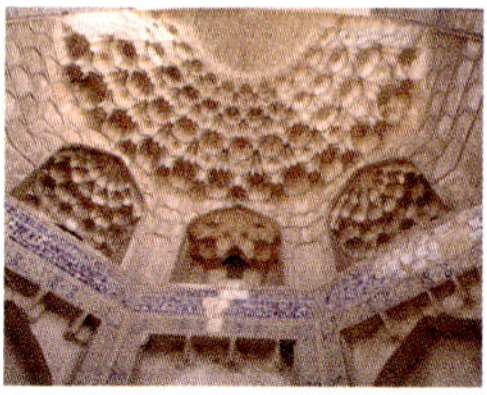

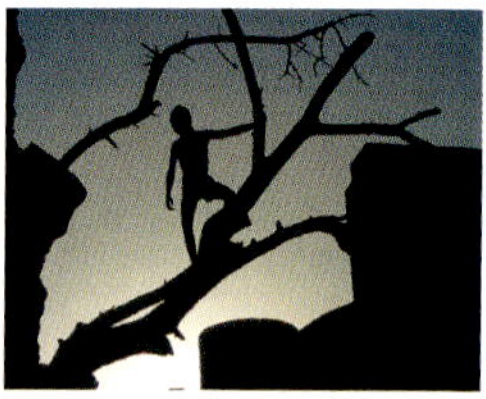

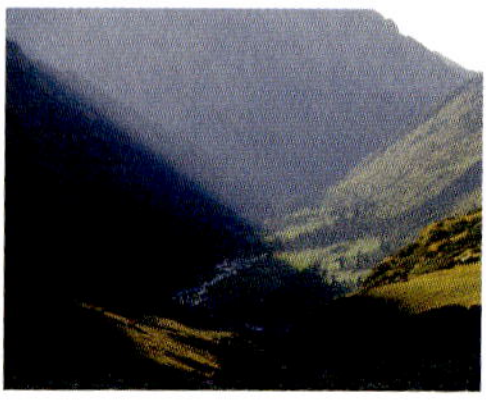

Überblendung
Für das Bild *(links)* wurde die Überblendung von zwei Bildern *(oben)* nach der Füllmethode »Ausschluss« mit dem Bild unten zusammengefügt.

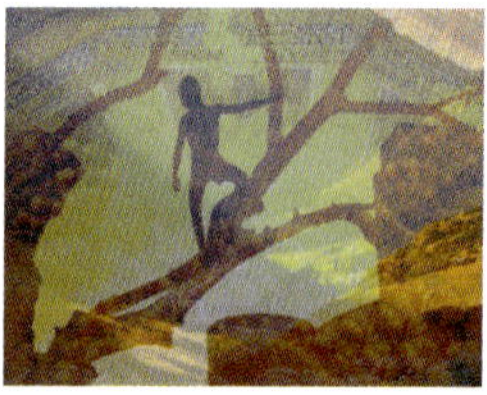

Füllmethode Normal
Die Füllmethode Normal lässt nichts durchscheinen. Doch bei einer Deckkraft von 50 % werden alle Ebenen sichtbar.

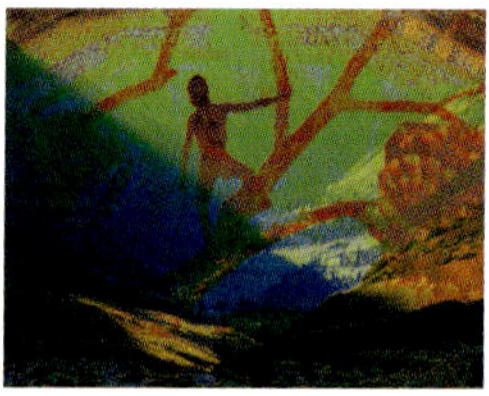

Füllmethode Abdunkeln
Bei dieser Füllmethode scheinen nur die Teile der oberen Ebene durch, die dunkler als die untere Ebene sind.

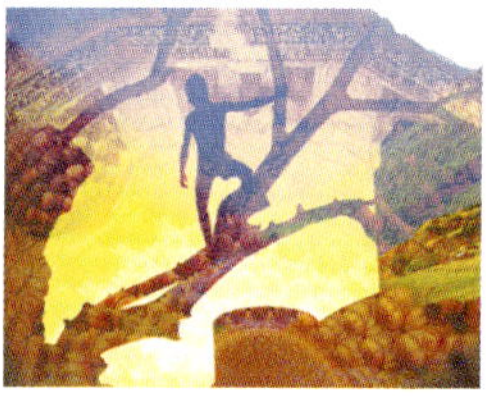

Füllmethode Aufhellen
Hier sind nur die Teile der oberen Ebene sichtbar, die heller als die untere Ebene sind.

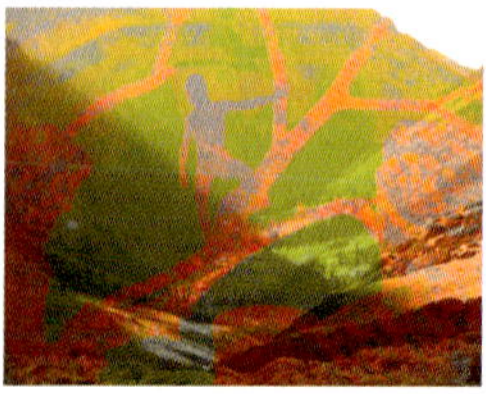

Füllmethode Farbe
Koloration ist möglich, wenn die Farbwerte des oberen Fotos zu den Grauwerten der unteren Ebene addiert werden.

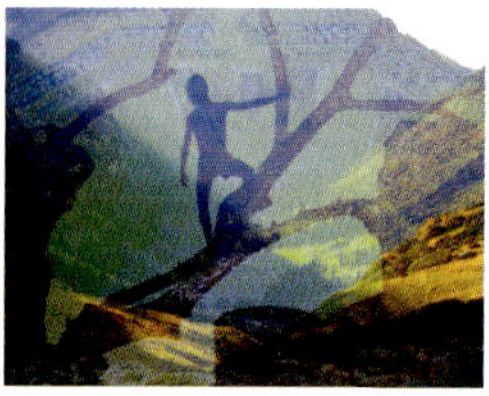

Füllmethode Weiches Licht
Dieser Effekt ähnelt der Projektion zweier Bilder übereinander und imitiert eine Doppelbelichtung.

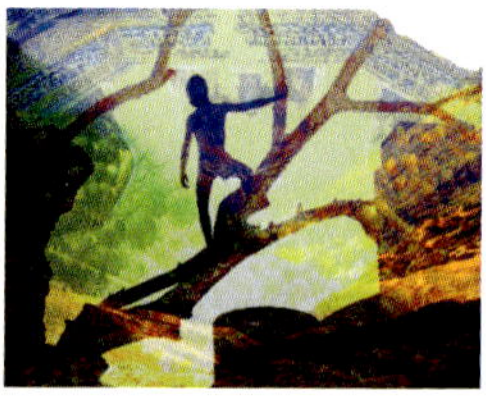

Füllmethode Strahlendes Licht
Aus der Anwendung dieser Methode resultiert eine Steigerung des Gesamtkontrasts.

Drucker

Der moderne Tintenstrahldrucker ist eine lohnende Investition, die ein ganzes Farbfotolabor und eine Druckerpresse ersetzt. In dem kleinen Kasten, der auf Ihren Schreibtisch passt, ist tatsächlich eine ganze Druckerei untergebracht. Sie brauchen nur noch Tintenpatronen und Papier und schon kann es losgehen.

Funktionsweisen

Die besten Ergebnisse liefert der Farbsublimationsdrucker: Ein fester Farbstoff wird aufgeheizt, bis er sich in eine winzige Gaswolke verwandelt, deren Pigmente sich direkt mit dem Spezialpapier verbinden. Diese Diffusion der Farbe in das Papier ist der Grund dafür, dass die Ausdrucke einem Abzug qualitativ gleichkommen. Laserdrucker schreiben mit einem Laserstrahl unter Druck und Hitze ein Muster aus elektrostatisch aufgeladenen Punkten auf das Papier. Sie drucken Texte schneller und besser, liefern aber schlechte Ergebnisse beim Drucken von Bildern. Die gängigsten Drucker sind Tintenstrahldrucker; sie spritzen die Tinte aus winzigen Düsen auf das Papier. Einer der beliebtesten Drucker dieser Bauart ist der Thermotintenstrahldrucker *(s. unten)*.

THERMOTINTENSTRAHL-DRUCKER

Auf Anweisung der Software verdampft ein Heizelement in der Düse Tinte. Die entstehende Dampfblase drückt ein Farbtröpfchen aus der Düse. Nach Abschalten des Heizelements fällt die Dampfblase in sich zusammen, und das Farbtröpfchen fällt auf das Papier. Gleichzeitig wird frische Tinte nachgefüllt.

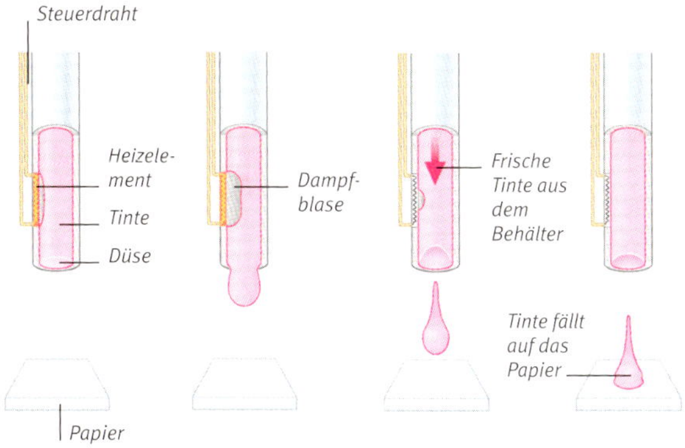

SCHWARZWEISSAUSDRUCK

Es mag abwegig scheinen, mit modernen Farbdruckern Schwarzweißausdrucke zu erstellen, aber Tintenstrahldrucker liefern bei der Verwendung von dunklen Tinten ganz ausgezeichnete Ergebnisse, die sich mit Silberbildern messen können. Tintenstrahldrucker lieferten sogar die ersten echten Schwärzen auf Papier, was zuvor nur in der Druckerei erreicht werden konnte.

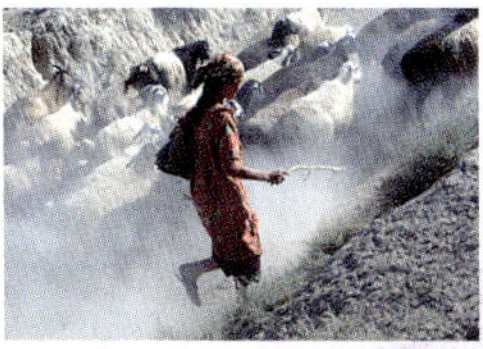

In Farbe
Die Farben sind zwar in Ordnung und passen zur Szene, könnten das Motiv aber auch verklären. Farben können auf verschiedene Arten herausgenommen werden, zum Beispiel durch die Konvertierung in Graustufen oder die Entfernung der Farben.

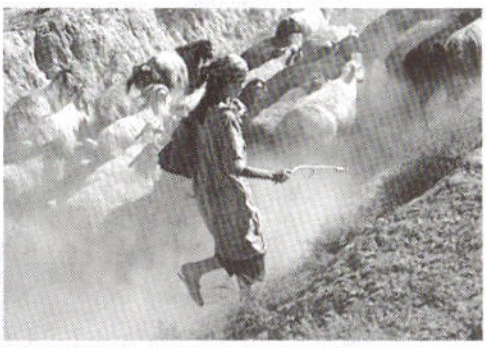

In Schwarzweiß
In Schwarzweiß ist das Foto weniger gefällig, die Aussage wird besser auf den Punkt gebracht. Es lässt sich vermutlich am besten als Graustufenbild ausdrucken; wenn Sie das Foto färben wollen, sollten Sie in den Farbmodus wechseln.

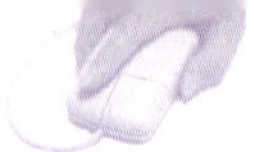

Wahl des Druckers

Ein Großteil der auf dem Markt erhältlichen Drucker wird sowohl den Anforderungen von Amateuren, die gelegentlich ein Foto ausdrucken möchten, als auch den Ansprüchen von Profis gerecht, die für den Verkauf oder für Ausstellungen geeignete Ausdrucke benötigen. Einige Drucker sind gleichzeitig auch Scanner und Faxgeräte. Die erste Überlegung bei der Wahl eines Druckers ist die gewünschte Ausdruckgröße. Die meisten Geräte drucken bis maximal A4, einige davon randlos, andere lassen eine kleine weiße Umrandung. Wenn Sie viel ausdrucken möchten, sollten Sie sich für einen Drucker mit separaten Patronen für die verschiedenen Farben entscheiden. Beim Papier sollten Sie immer die bestmögliche Qualität wählen. Es gibt verschiedene Arten und Oberflächen, von Metallglanz über Halbmatt bis hin zu Künstlerleinwandpapier.

DRUCKER DER MITTLEREN KATEGORIE

Diese Drucker können Ausdrucke in Fotoqualität in mittleren Größen erstellen und sind sehr zuverlässig. Einige Modelle können CDs und DVDs direkt bedrucken; andere sind mit einer Rollenzuführung für den Bannerdruck ausgestattet.

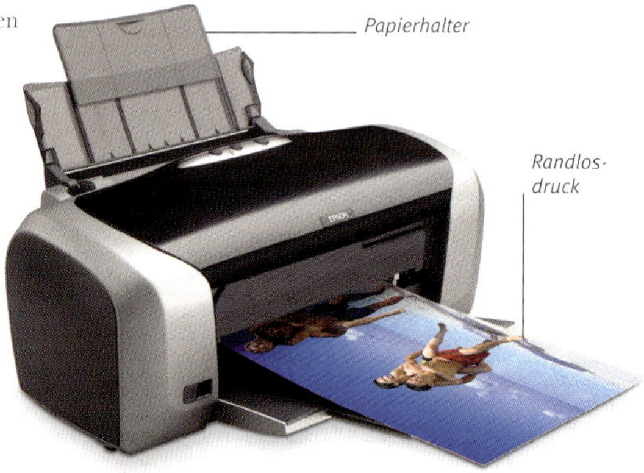

Epson R200
Dieses Modell verfügt über sechs Farbfototinten, hat eine Auflösung von bis zu 5760 x 1440 dpi und druckt Fotos in drei Standardgrößen randlos aus.

MULTIFUNKTIONSGERÄTE

Multifunktionsgeräte sind sinnvoll, wenn Sie Platz sparen müssen, da Scanner, Kopiergerät und Drucker in einem Gerät vereint sind.

TRAGBARE DRUCKER

Tragbare Drucker leisten gute Dienste, wenn Sie außer Haus arbeiten möchten. Einige Modelle sind batteriebetrieben.

FARBSUBLIMATIONSDRUCKER

Diese Drucker erstellen kleine, aber sehr realistische Foto-Ausdrucke. Viele lesen SmartMedia- und CompactFlash-Karten.

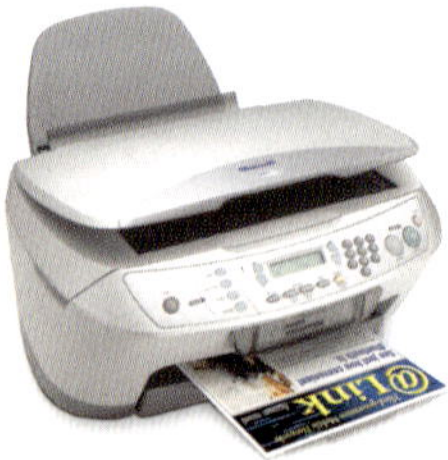

Epson CX6600
Dieser kombinierte Drucker, Scanner und Kopierer bietet eine ausgezeichnete Druckqualität.

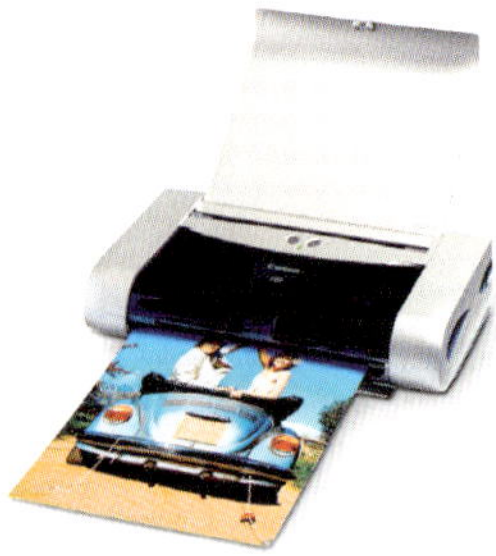

Canon i80
Die Druckgeschwindigkeit ist angemessen und die Qualität (4800 x 1200 dpi) für ein tragbares Gerät überdurchschnittlich.

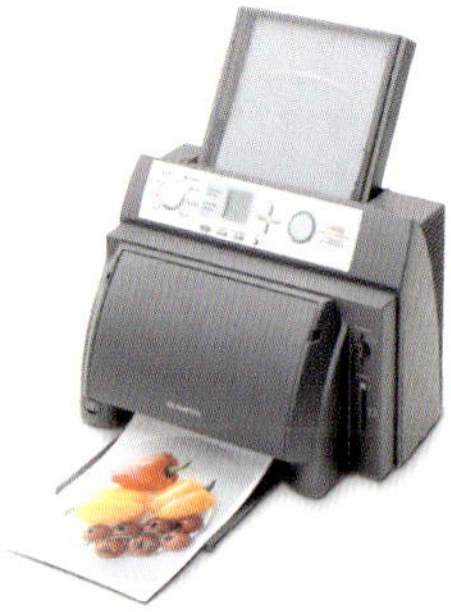

Olympus P400
Obwohl die Ausgabeauflösung von 314 dpi gering scheint, liefert dieser Drucker sehr gute Ergebnisse.

Der Ausdruck

Ein guter Ausdruck zeichnet sich durch eine feine Detailzeichnung und naturgetreue Farben aus. Sie dürfen jedoch nicht erwarten, dass der Ausdruck mit dem ursprünglichen Motiv oder auch nur mit der Abbildung auf dem Monitor Ihres Computers identisch ist. Drucktechnische Gegebenheiten führen zu Abweichungen, die keinen Qualitätsverlust bedeuten müssen.

Moderne Systeme

Mit einer Digitalkamera aufgenommene oder eingescannte Bilder lassen sich mit modernen Druckern auch ohne Anpassungen zufriedenstellend ausdrucken. Ergebnisse mit größerer Tiefe und von besserer Qualität sind jedoch nur möglich, wenn Sie die Standardeinstellungen von Kamera und Drucker umgehen und die Farbeinstellung per Bilddbearbeitung selbst steuern, was mitunter eine höchst anspruchsvolle Aufgabe sein kann.

FARBMANAGEMENT

Um eine einheitliche Farbausgabe sicherzustellen, müssen Farbinformationen von Gerät zu Gerät weitergegeben werden können. So genanntes Farbmanagement ermöglicht der »Profile Connection Space« (PCS), ein geräteunabhängiger Standardfarbraum. Die Qualität der Farbwiedergabe eines Gerätes definiert sich durch die Abweichung des Gerätefarbraums, das heißt der Farben, die es reproduzieren kann, von denen des PCS.

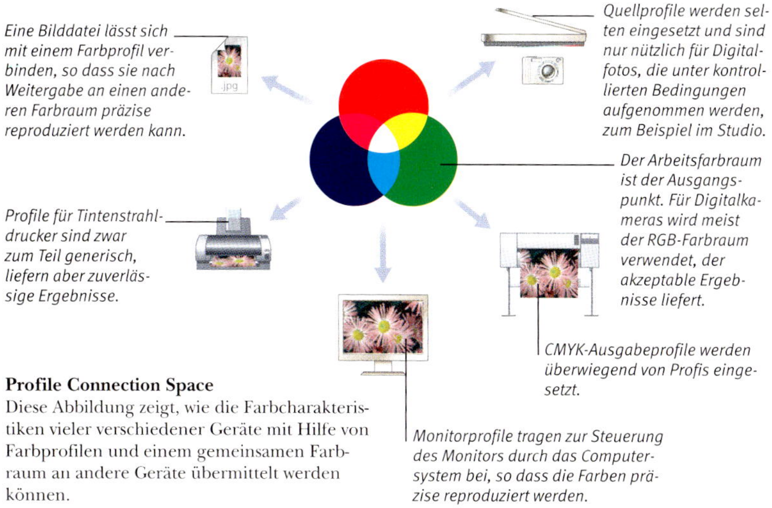

Profile Connection Space
Diese Abbildung zeigt, wie die Farbcharakteristiken vieler verschiedener Geräte mit Hilfe von Farbprofilen und einem gemeinsamen Farbraum an andere Geräte übermittelt werden können.

KALIBRIERUNG DES MONITORS

Ein kalibrierter Monitor ist die Vorbedingung für jedes Farbmanagementsystem. Über die Standardsoftware Ihres Computers kann der Bildschirm über die Systemsteuerung oder die Systemeinstellungen kalibriert werden. Suchen Sie dazu in der Hilfe des Betriebssystems nach Anweisungen. Sie sollten Ihren Monitor regelmäßig kalibrieren, damit eine akkurate Farbwiedergabe gewährleistet ist. Wenn der Bildschirm korrekt einstellt ist, wird auch Ihr Drucker verlässliche Ergebnisse liefern, und Sie müssen nicht mit kostspieligen Fehldrucken rechnen.

BILDSCHIRMEINSTELLUNGEN

Ihr Bildschirm sollte zur Betrachtung und Prüfung Ihrer Fotos Farben, Helligkeit und Kontrast korrekt anzeigen. Denn sollte Ihr Monitorbild zu dunkel sein, werden Sie Ihre Bilder bei der Bildbearbeitung aufhellen, mit dem Ergebnis, dass Sie zu helle Ausdrucke erhalten und umgekehrt. Sie finden unten die gängigen Standardeinstellungen aufgeführt.

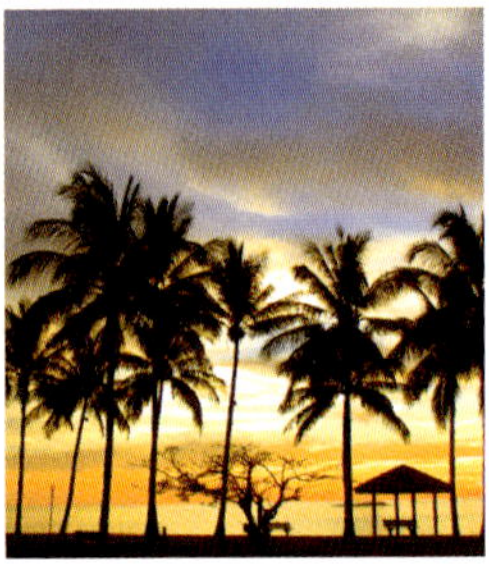

D50-Weißpunkt
Der D50- oder 5000°K-Weißpunkt ist Papierweiß im Licht einer hellen Halogenlampe. Dieser Standard wird von der Druckindustrie verwendet.

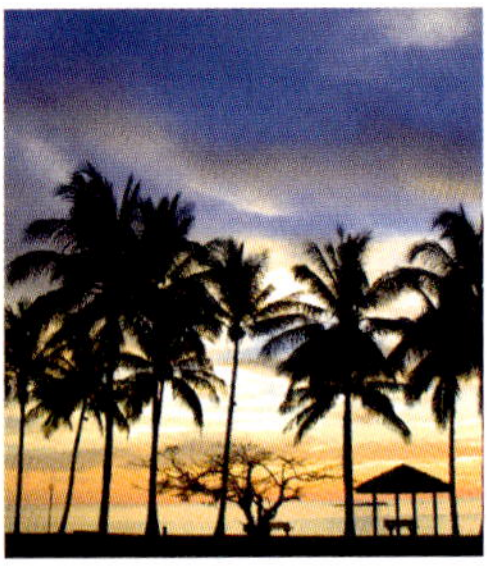

9300°K-Weißpunkt
Der 9300°K-Weißpunkt kommt in Fernsehgeräten zum Einsatz und liefert gute Farben, ist aber für die Beurteilung der Farbgenauigkeit ungeeignet.

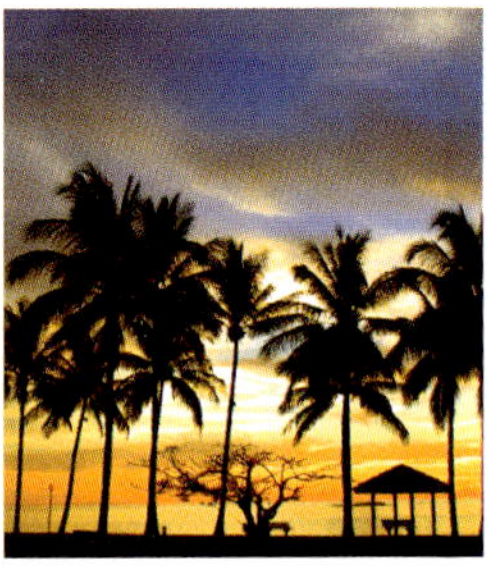

Gamma 2,2
Der Gamma-Wert eines Bildschirms gibt an, wie ein Bild projiziert wird: Standard ist 1,8, aber 2,2 führt zu kräftigeren Farben in den Mitteltönen.

DAS RICHTIGE PAPIER

Ein hochwertiges Fotopapier ist von entscheidender Bedeutung. In der Regel sollte es ein Gewicht von 180 g/qm haben, wenngleich auch dünnere Papiere mit entsprechender Oberfläche gute Ergebnisse liefern. Eine hochglänzende Beschichtung sorgt für den größtmöglichen Kontrast zwischen Schwarz und Weiß und hervorstechende Farben. Papiere mit einer matten Oberfläche führen zu geringerem Kontrast und gedämpften Farben.

TIPPS ZUM DRUCK

Überprüfen Sie, ehe Sie drucken, die Einrichtung des Dokuments bzw. Druckers. Stimmt die Ausgabegröße? Stellen Sie die höchste Auflösung und die geringste Druckgeschwindigkeit ein. Prüfen Sie, ob Papier (selbst wenn es von demselben Hersteller stammt) und Drucker kompatibel sind.

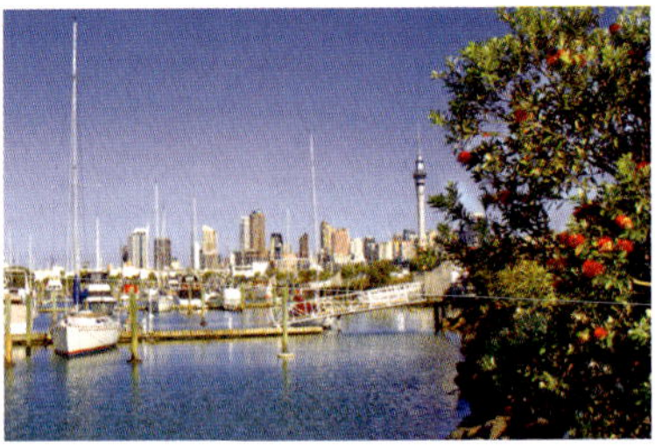

Drucken eines gleichmäßigen Farbbereichs
Gelingen gleichmäßige Bereiche wie dieser Himmel nicht, fügen Sie mit Hilfe eines Filters leichte Störungen hinzu. Dann werden die Tintentröpfchen nach dem Zufallsprinzip verteilt, so dass die Ungleichmäßigkeit nicht auffällt.

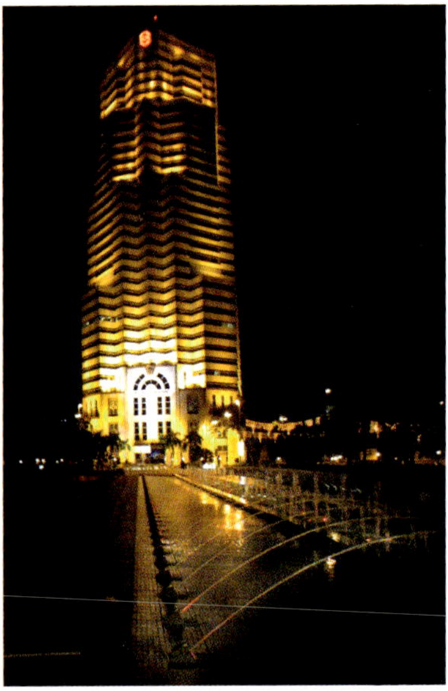

Drucken einer nächtlichen Szene
Das Ausdrucken dunkler Bilder kann sehr viel Tinte kosten. Durch die Reduzierung der Ausgabemenge der schwarzen Tinte senken Sie nicht nur den Verbrauch, sondern vermeiden auch die Entstehung von Flüssigkeitsinseln.

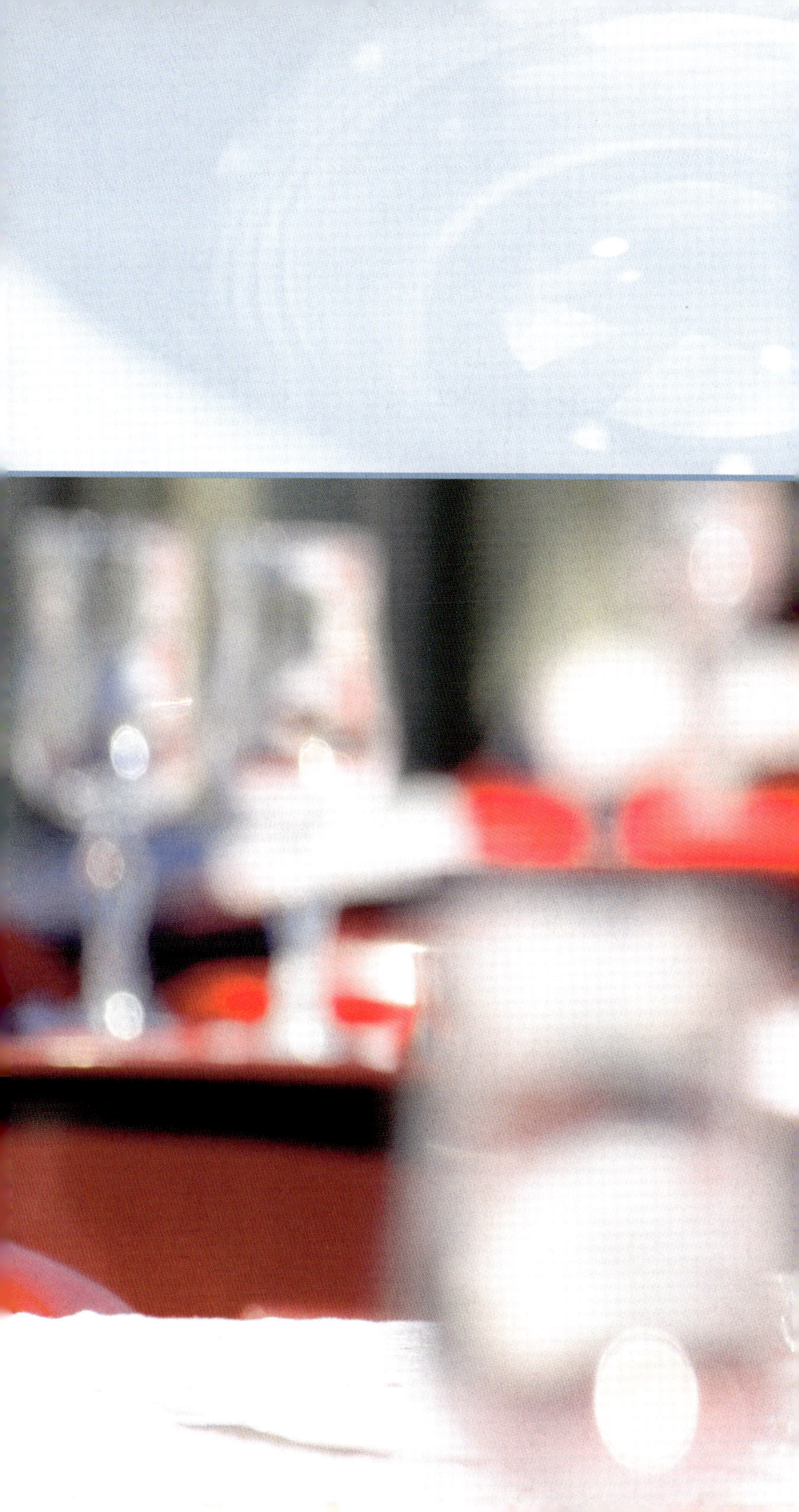

ELEMENTARE TECHNIKEN

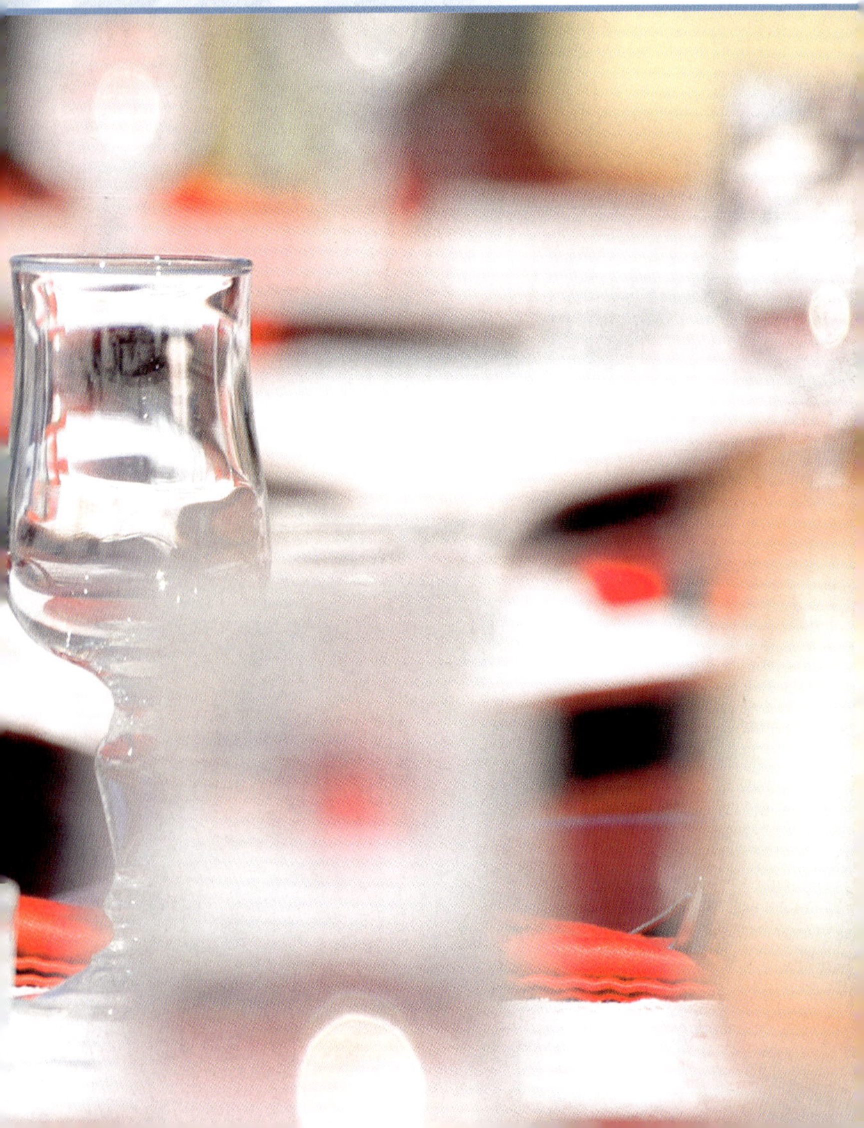

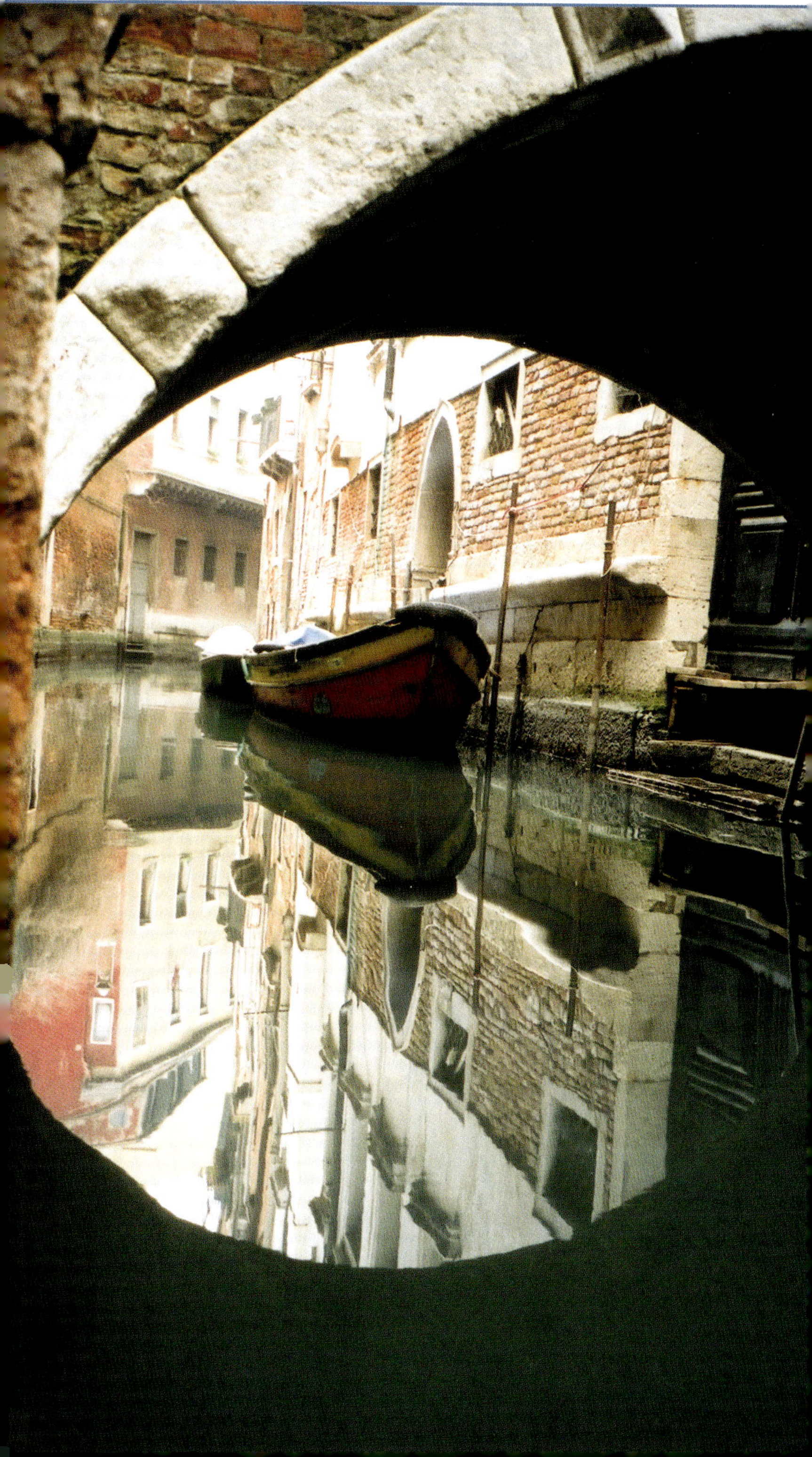

DAS WESENTLICHE EINER AUFNAHME IST IHRE TECHNISCHE QUALITÄT. ZWAR WARNTE SCHON DER GROSSE FOTOJOURNALIST EUGENE SMITH VOR ZU VIEL SCHÄRFENTIEFE BEI MANGELNDER TIEFE DES GEFÜHLS, DENNOCH SOLLTE MAN DIE TECHNIK NIEMALS VERNACHLÄSSIGEN. EIN SCHLECHT GEMACHTES BILD SPRICHT DEN BETRACHTER WEITAUS WENIGER AN ALS EIN GUTES.

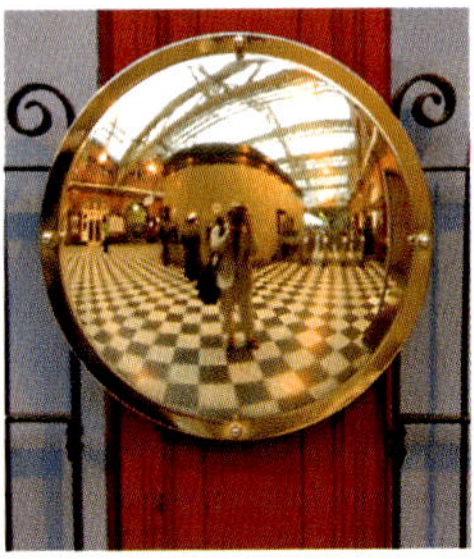

Bildschärfe
Für die Wirkung dieser Aufnahme ist präzise, durchgehende Schärfe unabdingbar.

Die technische Qualität eines Fotos hängt von mehreren Faktoren ab: Komposition, Schärfe, Belichtung und Farben. Mit der Komposition wird die Beziehung der verschiedenen Bildelemente zueinander festgelegt. Ob ein Foto gestochen scharf oder auch verschwommen ist, kommt darauf an, welchen künstlerischen Effekt der Fotograf erzielen möchte. Die Belichtung bestimmt die Gesamthelligkeit der Aufnahme. Die Farben beschreiben das Zusammenspiel von Licht und Motiv.

Ein gelungenes Bild zeichnet sich durch eine harmonische Komposition, präzise Scharfeinstellung und angemessene Schärfentiefe, korrekte Belichtung und wirklichkeitstreue Farben aus, die in einer fehlerlosen Vergrößerung bzw. Ausdruck voll zur Geltung kommen. Ein Fehler oder eine zu schwache Ausprägung eines dieser Faktoren kann die Bildwirkung ruinieren. Den größten Schaden kann eine fehlerhafte Belichtung anrichten, denn sie beeinflusst alle anderen Aspekte unmittelbar. Eine typische Bildbeeinträchtigung bei Digitalfotos ist das so genannte Rauschen, vergleichbar der Körnigkeit von hochempfindlichen Filmen. Ein gewisses Grundrauschen ist normal und kaum sichtbar. Ein starkes Rauschen kann jedoch Details verschwinden lassen und das empfindliche Gleichgewicht der Tonwerte zerstören.

Sie finden in diesem Kapitel einfache Anleitungen zur Verbesserung Ihrer Technik auf den genannten Gebieten. Wenn Sie sich in der Praxis zu stark auf diese Parameter konzentrieren, verlieren Sie allerdings schnell Ihre Umgebung aus den Augen und drücken möglicherweise im entscheidenden Moment nicht auf den Auslöser. Hilfreich sind drei Maßnahmen: Regelmäßiges Üben, bis die einzelnen Schritte in Fleisch und Blut übergehen, Visualisierung des Bildes vor der Belichtung und eine exakte Planung.

Verinnerlichen Sie, in welche Richtung Sie die Wahlräder der Einstellungen, die Sie immer wieder benutzen,

Perfekte Komposition
Die Brücke und ihre Spiegelung im Kanal dienen als Rahmen, durch den der Blick auf die Bildmitte gelenkt wird.

drehen müssen. Stellen Sie sich das gewünschte Ergebnis vor: Visualisieren Sie zum Beispiel einen farbenfrohen Abzug oder ein Porträt, ehe Sie die Aufnahme machen. Es wird Ihnen anfangs nicht leicht fallen, die Abbildung Ihrer Vorstellung entsprechend einzufangen, aber Sie werden Ihrem Ziel immer näher kommen. Ihr geistiges Auge unterstützt Sie bei der praktischen Umsetzung Ihrer Ideen. Schließlich ist es wichtig, ein Projekt vorzubereiten, um der Arbeit eine Richtung zu geben. Ganz gleich, ob Sie Ihren Garten in Szene setzen oder die Geschichte Ihrer Heimatstadt dokumentieren möchten – zielgerichtetes Vorgehen erleichtert das Vorankommen.

Ansicht im Spiegel
Experimentieren Sie mit unterschiedlichen Blickwinkeln. Die Aufnahme der Einkaufspassage *(rechts)* wirkt durch die Spiegelung.

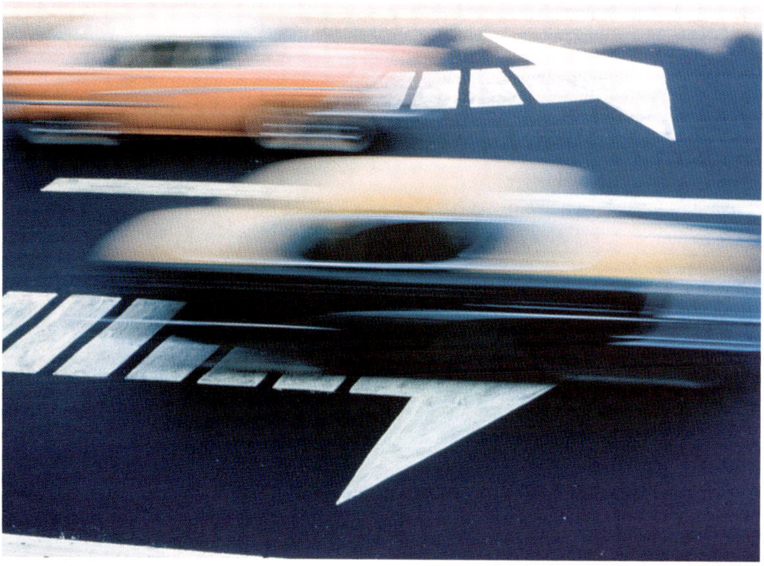

Langzeitbelichtung
Kenntnisse vom fotografischen Prozess ermöglichen Spezialeffekte. Bei dieser Aufnahme von Ernst Haas *(s. S. 46/47)* sind die beweglichen Objekte mit Hilfe einer Langzeitbelichtung verschwommen abgebildet, während die Fahrbahnmarkierungen scharf erscheinen.

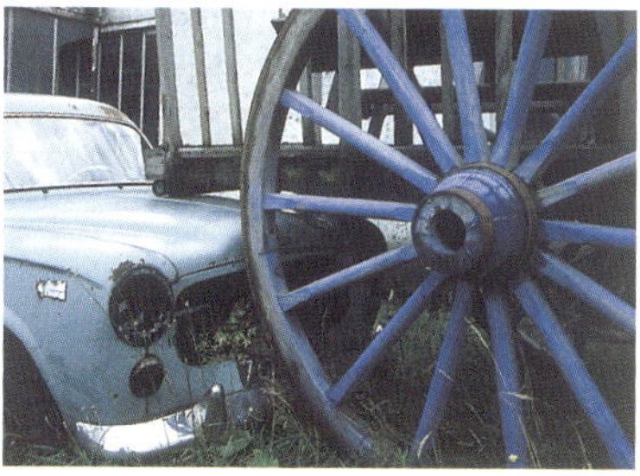

Gedämpfte Farben
Dieses Bild zeigt ein gutes Auge des Fotografen für Farben und Komposition. Die ausgewogenen Blau- und Grautöne ergänzen sich.

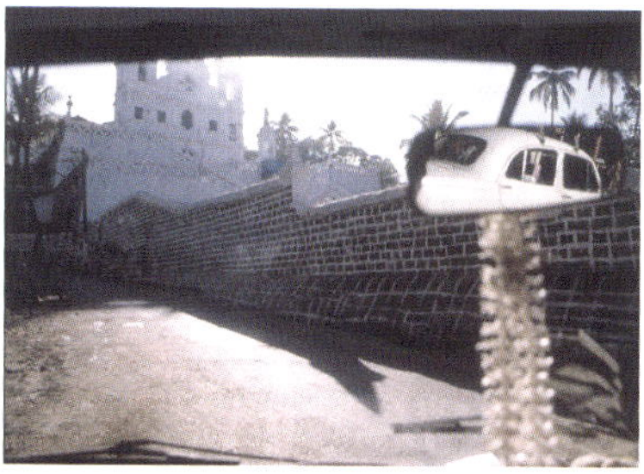

Visuelle Tricks
Kompositorische Experimente sind spannend – hier fotografierte Raghubir Singh *(s. S. 193)* durch die Windschutzscheibe eines Autos.

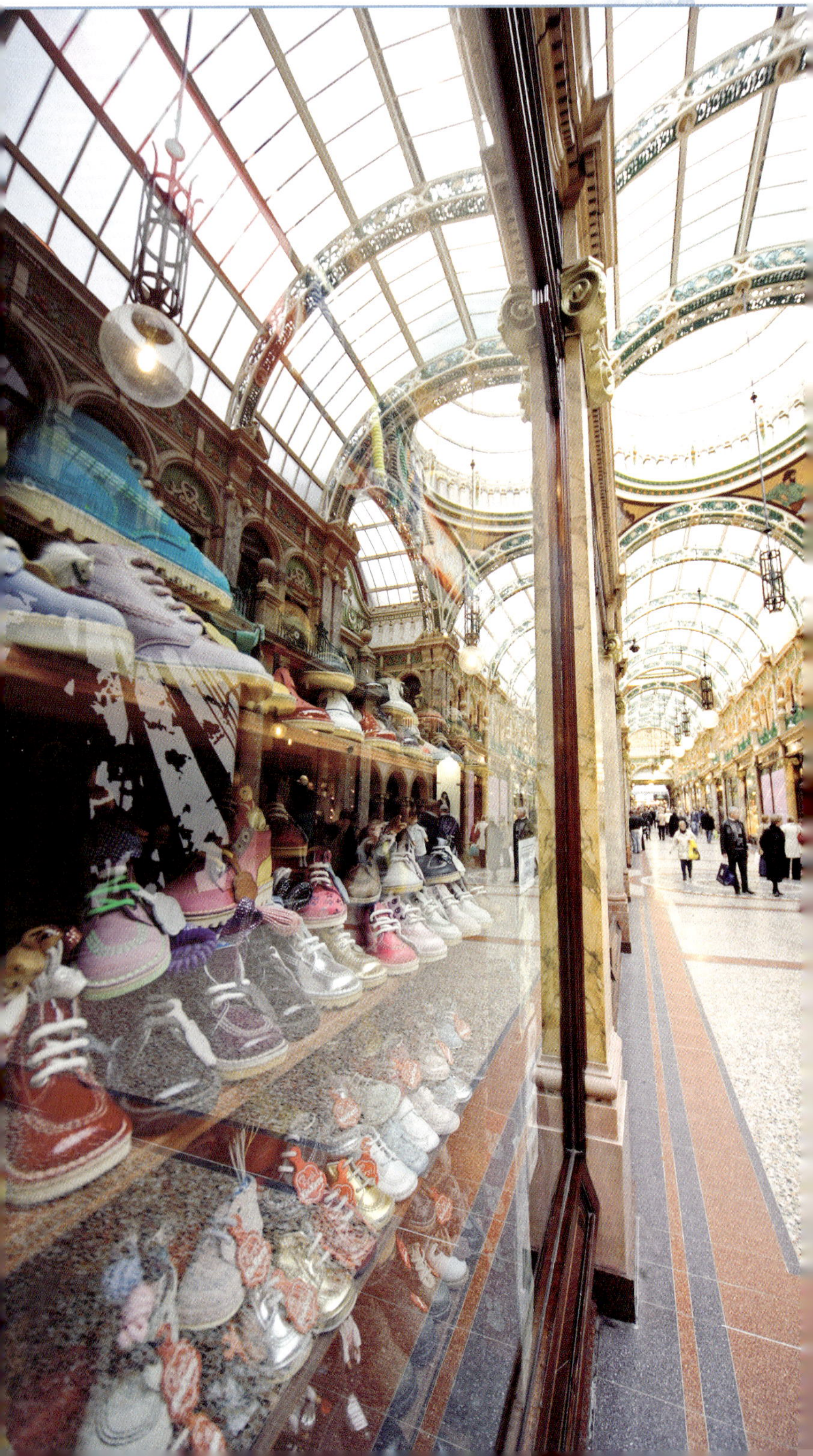

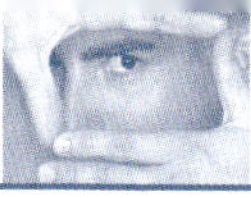

Bildgestaltung

Eine zu starke gedankliche Fixierung auf die Komposition behindert mehr als sie nützt: Die Kunst der Bildgestaltung wird all zu häufig in den Rahmen eines Regelwerks gepresst. Dabei beschneidet ein zwanghaftes Befolgen solcher Vorgaben nicht selten die kreative Reaktion des Fotografen auf sein Umfeld, von der das Gelingen eines Fotos auch abhängt. Scheitern ist vorprogrammiert.

Bedeutung der Strukturen

Bei der Analyse der Strukturen eines ansprechenden Fotos oder Gemäldes stellt man in der Regel fest, dass beide einfachen Mustern folgen. Die Bildelemente lassen sich in statische Elemente mit stabilisierendem Effekt und aktive Elemente, die Bewegung oder Spannung vermitteln, unterteilen. Eine erfolgreiche Komposition ergibt sich oft aus der Wechselbeziehung zwischen statischen und aktiven Elementen. Allerdings gibt es in der Bildgestaltung keine zwingenden Vorschriften, sondern lediglich Richtlinien.

AUSGEWOGENHEIT DER BILDELEMENTE

Bei einer gelungenen Komposition sind alle Bildelemente ausgewogen angeordnet. Die Bilddrittelung ist eine Struktur, die auf der Anordnung der Bildelemente an den Schnittpunkten horizontaler und vertikaler Trennlinien beruht. Andere Strukturen bestehen aus symmetrischen, diagonal oder radial verlaufenden Linien, die den Blick führen und fesseln *(s. gegenüberliegende Seite)*. Radiale Muster können sich aus einfachen Formen wie einem Kreuz oder aus vielen verschiedenen Linien ergeben. Ist der Punkt, an dem die Linien zusammenlaufen, außermittig, entsteht Dynamik, während er in der Bildmitte stabilisierend wirkt.

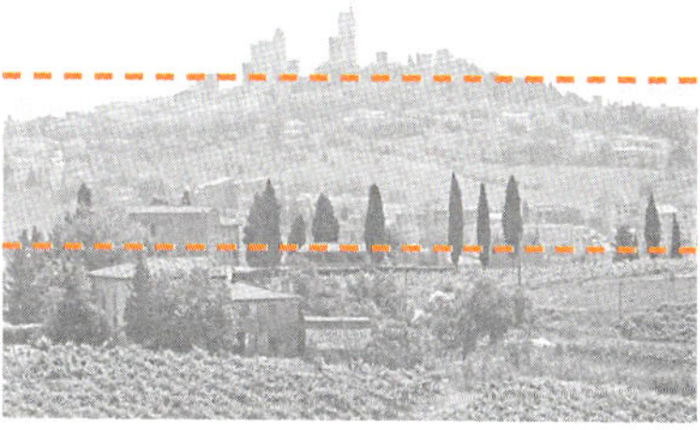

Horizontale Bilddrittelung
Diese toskanische Landschaft *(oben und unten)* lässt sich in Drittel teilen: Himmel, Hintergrund und Vordergrund. Die Farben von Hellblau bis Grün betonen die Komposition.

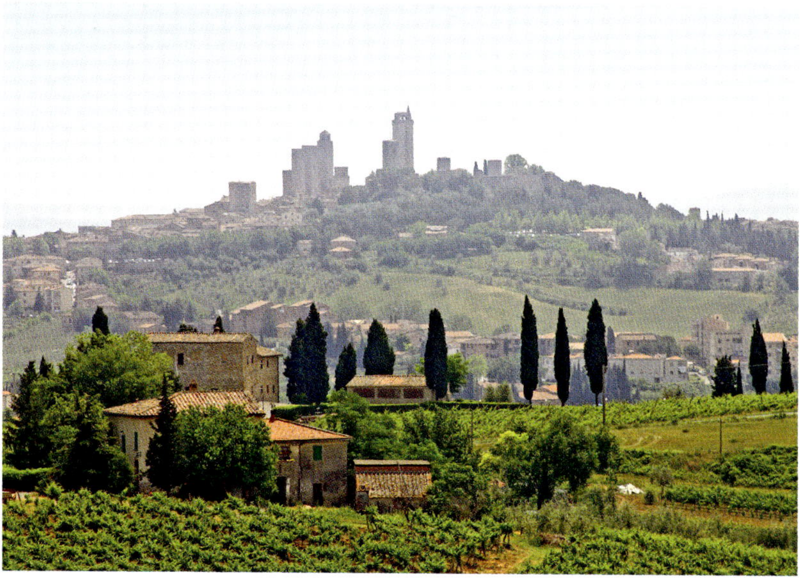

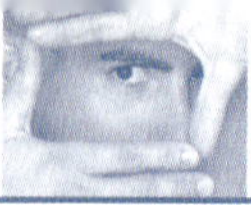

Diagonalen
Die von unten links nach oben rechts verlaufende Diagonale bildet die Grundstruktur dieser Morgendämmerungsaufnahme *(unten und rechts)*. Zugrunde liegt eine Komposition, die auf der horizontalen Bilddrittelung beruht.

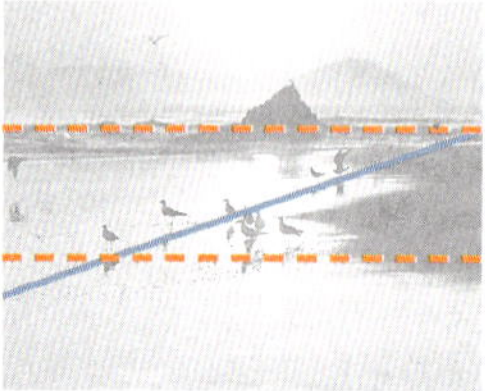

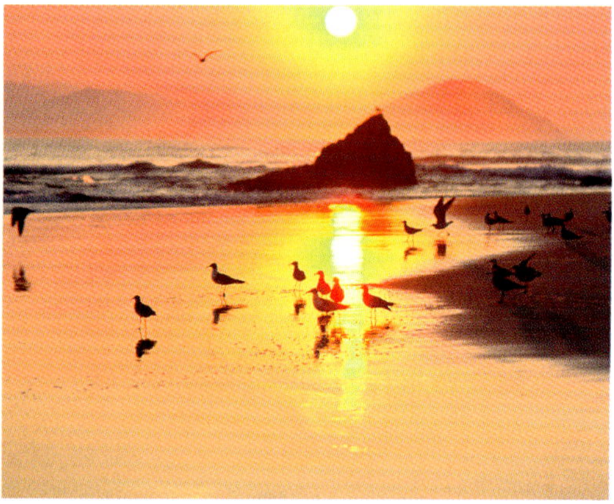

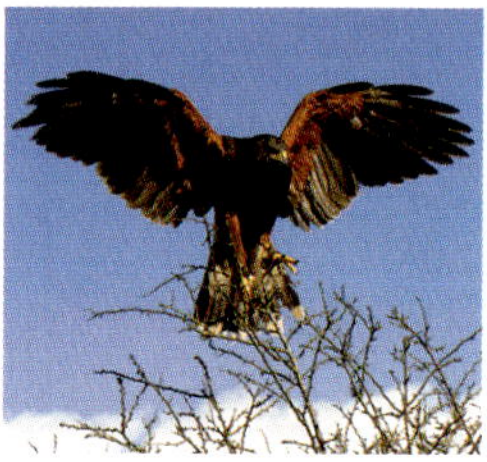

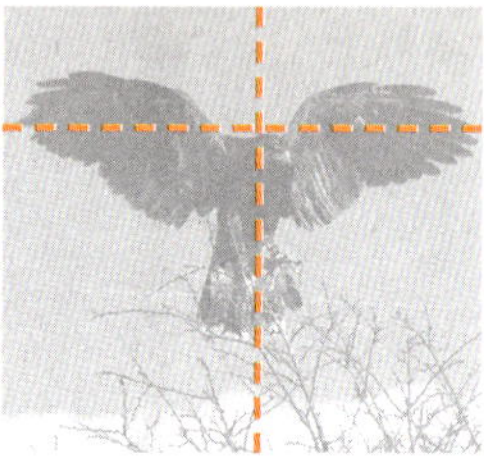

Symmetrisch
Ein symmetrisches Motiv wie dieser Raubvogel *(links)* liefert ein einfaches, aber sehr wirkungsvolles Foto. Bei der Bildkomposition empfiehlt sich eine bildmittige Anordnung des Motivs, durch die das Umfeld ebenfalls symmetrisch wirkt.

Radial
Diese Aufnahme eines kirgisischen Schäfers vor der untergehenden Sonne *(unten)* ist ein ausgezeichnetes Beispiel für eine radiale Komposition. Alle Linien – Abhang, Bäume, Wiese und Schatten – laufen strahlenförmig in einem einzigen Punkt zusammen und vermitteln gleichzeitig Struktur und Bewegung.

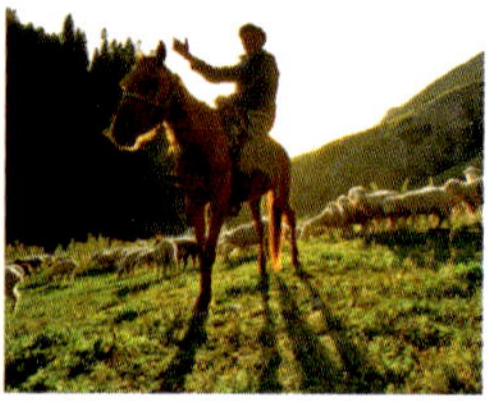

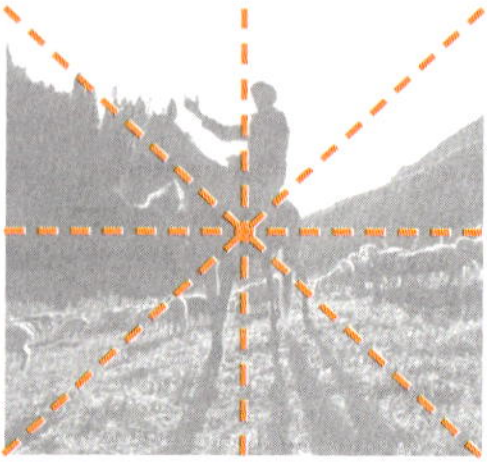

VON MEISTERHAND

Viele berühmte Fotografen legen bei ihrer Arbeit größten Wert auf Zeichnung, Tiefe und visuelle Überraschungseffekte. Die Komposition ist dabei von zentraler Bedeutung. Als wahrer Meister der Bildgestaltung hat sich Marc Riboud (geb. 1923), einer der größten Fotojournalisten des 20. Jahrhunderts, erwiesen.

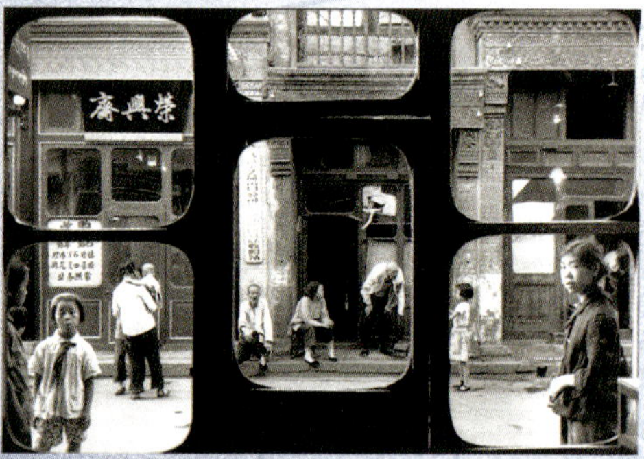

Marc Riboud
Der französische Fotograf Marc Riboud fotografiert spontane Szenen, eingebettet in fast zu vollkommen wirkende grafische Elemente. Dabei wartet er mit viel Geduld auf den richtigen Moment. Dieses Bild mit dem Titel *Fenster* (1965) wurde durch das Fenster eines Antiquitätenladens in Peking aufgenommen. Die Komposition ist atemberaubend einfach; sie beruht auf der regelmäßigen Struktur des Fensters. Der Augenblick der Auslösung ist perfekt gewählt: Alle Bildelemente, selbst die freien Flächen, sind optimal angeordnet.

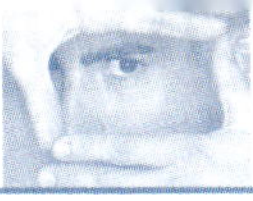

Komposition in der Praxis

Henri Cartier-Bresson *(s. S. 40/41)* meinte, die Komposition solle der beherrschende Gedanke des Fotografen sein, da sie die Vereinigung aller visuellen Bestandteile eines Bildes darstelle. Wenn Sie die Komposition als »andauernde Beschäftigung« betrachten, wird Sie Ihnen mit der Zeit so selbstverständlich werden, dass Sie nicht mehr darüber nachdenken. Damit sind Sie auf dem besten Weg vom Schnappschuss zur durchdachten Fotografie.

ANALYSE EINER KOMPOSITION

Mit etwas Übung wird einem die Bildgestaltung zur zweiten Natur. Auf einer Fahrt nach Essaouira, Marokko, fiel mein Blick auf einen streunenden Hund. Er verschwand wieder aus meinem Blickfeld, tauchte dann aber auf dem Dach eines Ladens auf, und die fotografische Gelegenheit war da. Noch während ich den Ausschnitt wählte, bog ein Junge auf einem Esel um die Ecke, und es war klar, dass damit ein noch besseres Motiv auf der Bildfläche erschienen war. Die Belichtung war bereits eingestellt, so dass ich nur noch scharfeinstellen und im richtigen Moment auf den Auslöser drücken musste.

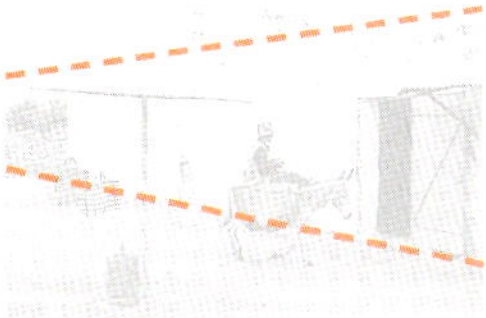

Diagonalen
Die Diagonale ist ein wichtiges gestalterisches Element und wirkt häufig dynamischer als vertikale oder horizontale Linien. Hier führen die beiden zusammenlaufenden Diagonalen den Blick durch das Bild.

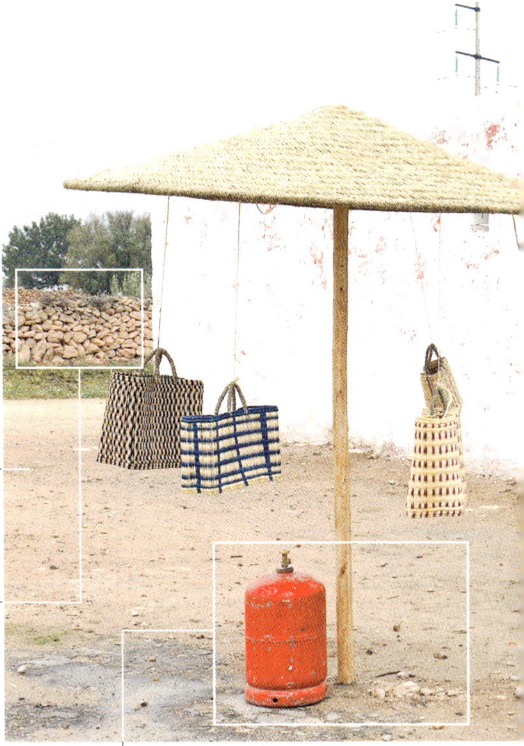

Freie Flächen wie der Boden und die Mauer können dazu beitragen, das Hauptmotiv zu betonen.

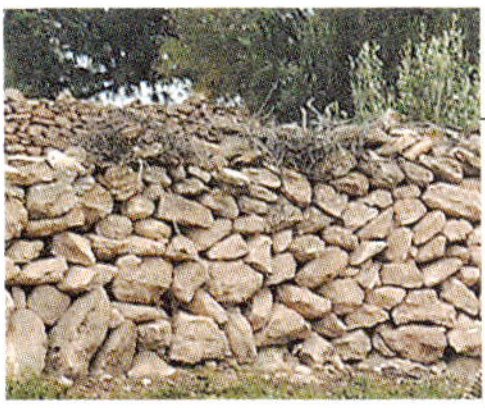

Entfernte Bildelemente
Untergeordnete Bildelemente wie diese Steinmauer vermitteln einen Eindruck von Räumlichkeit und machen eine Komposition lebendig.

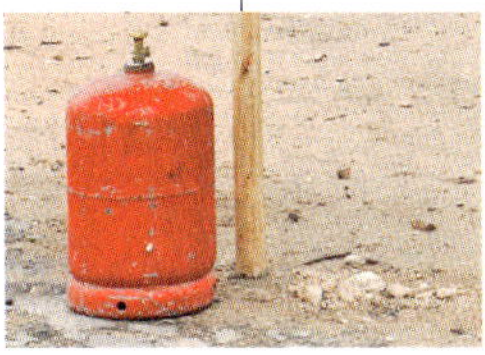

Farbkontrast
Die rote Gasflasche bildet einen starken Kontrast zur blauen Tür. Ausgeglichen wird diese Wirkung durch die gedämpften rötlichen Erdfarben.

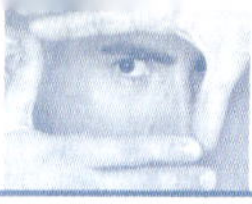

KOMPOSITION IST KOMMUNIKATION

Don McCullin *(s. S. 57)* beschreibt seinen Ansatz bei der Bildgestaltung folgendermaßen: »Selbst in kritischen Momenten, mitten im Kampfgeschehen, gestalte ich meine Bilder nicht so sehr künstlerisch, sondern ich strebe an, dass sie stimmig wirken und ihre Struktur vom Betrachter verstanden wird.« Bei Bildern geht es wie bei Texten um Kommunikation, die entweder gut oder schlecht funktionieren kann. Es lohnt sich daher, die Komposition im Sucher sorgfältig zu prüfen. Wie bei der Sprache muss man zunächst auf Klarheit achten. Mit etwas Übung kann man sich dann gewisse künstlerische Freiheiten nehmen.

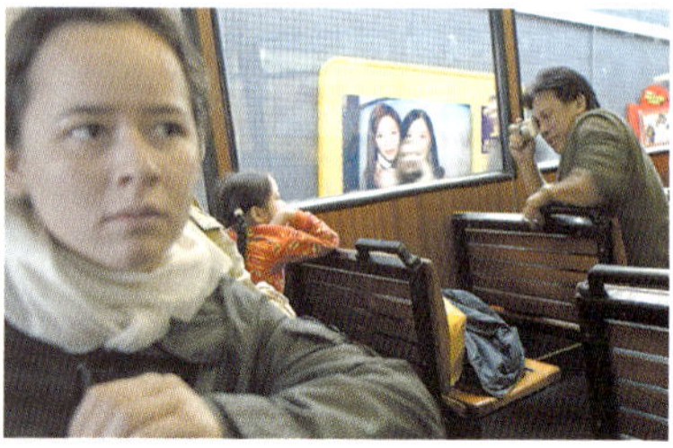

Blickfang
Das Hauptmotiv dieser Aufnahme in einer Straßenbahn in Hongkong ist der Mann, der seine Tochter fotografiert, aber die kameranahe Frau zieht den Blick auf sich. Als Nächstes fällt das Werbeplakat auf. Obwohl das Auge in vielen Richtungen über das Bild streift, werden alle Bildelemente durch die kräftigen, sich wiederholenden Umrisse im Inneren der Straßenbahn zusammengehalten.

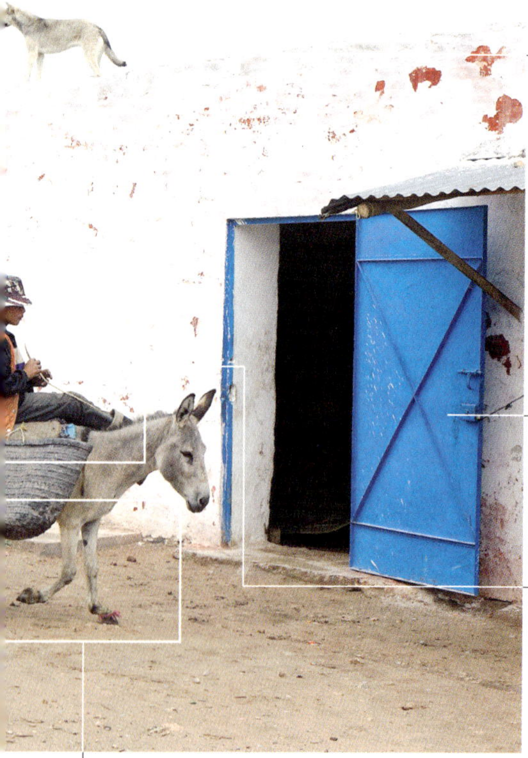

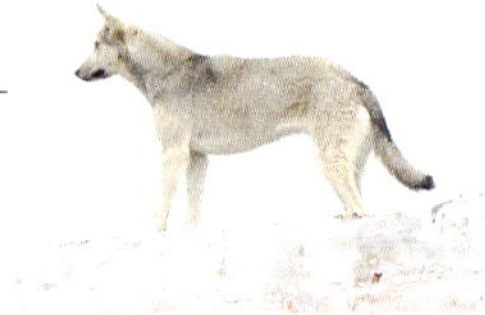

Gegengewicht
Der Hund belebt einen ansonsten leeren Himmel. Er war ursprünglich das Hauptmotiv, diente aber schließlich als ausgleichendes Gegengewicht zu Esel und Reiter.

Die drei ins Auge fallenden Rechtecke sind eine Komposition in der Komposition.

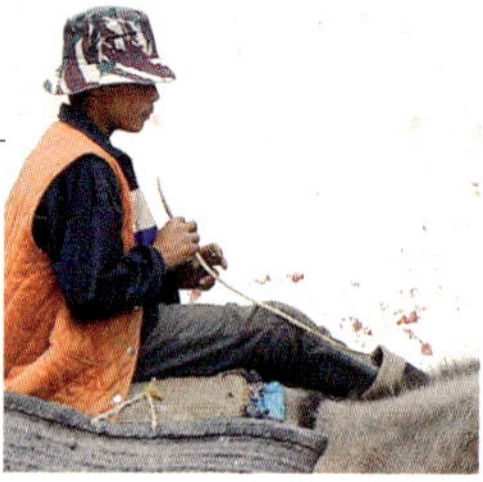

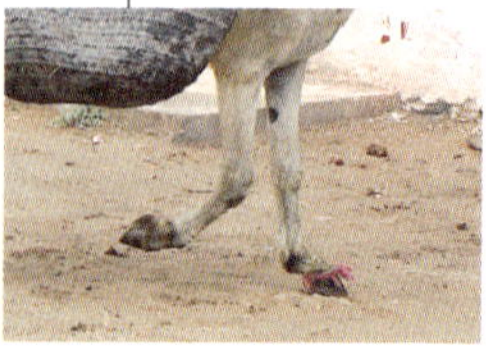

Timing
Selbst in der ruhigsten Szene kommt alles auf den richtigen Zeitpunkt an: Die Hufhaltung des Esels suggeriert das gemächliche Tempo des Lebens in Marokko.

Klare Umrisse
Das Profil von Reiter und Esel ist klar umrissen. Die nächste Aufnahme, die nur ein Drittel einer Sekunde später entstand und bei der der Kopf des Esels im Türrahmen zu sehen war, war weitaus schwächer.

Blickwinkel

Die Wirkung eines Fotos hängt nicht allein von Kamerablickwinkel und Brennweite ab, sondern auch von Ihrer persönlichen Sicht auf die Szene, die Sie vor sich haben, und davon, was Ihnen in diesem Moment auffällt. Lassen Sie Vorstellungskraft und Einfühlungsvermögen Ihren Blick und Ihre Schritte lenken, dann wird auch das nötige Quentchen Glück nicht fehlen.

IN BEWEGUNG BLEIBEN

Was Sie sehen, hängt von Ihrem Standort ab. So offensichtlich dies erscheinen mag, so oft wird es vergessen. Einige Fotografen verlassen sich auf die Perspektivkorrektur ihres Objektivs, andere glauben fälschlicherweise, dass eine andere Brennweite an ihrem Zoomobjektiv die Perspektive ändert. Das beste Zoomobjektiv sind die Füße, wie Ernst Haas *(s. S. 46)* sagte, was so viel heißt wie, zur Verbesserung der Komposition wechselt man besser den Standpunkt als die Brennweiteneinstellung.

ERFORSCHUNG DER PERSPEKTIVE

Aus technischen Gründen wurden in den Anfangsjahren der Fotografie die meisten Fotos in Augenhöhe aufgenommen: Die Kameras waren groß und sperrig und die Belichtung nahm so viel Zeit in Anspruch, dass die Kameras auf Gestellen, aus denen später Stative wurde, befestigt werden mussten. Erst mit der Einführung der ersten Kleinbildkamera, der Leica, und kompakter Rollfilmkameras wie der Rolleiflex begannen die Fotografen mit von der Standardposition abweichenden Standpunkten zu experimentieren und mit ungewöhnlichen Blickwinkeln ungewöhnliche Wirkung zu erzielen. Der erste Meister der »unkonventionellen« Perspektive war Alexander Rodtschenko *(s. S. 63)*, dessen Arbeiten allerdings eher Einfluss auf Filmregisseure wie Sergei Eisenstein ausübten als auf Fotografen.

Heute gibt es dank ultrakompakter Kameras – ganz zu schweigen von hochwertigen Fotohandys – keinen Grund mehr, wie angewurzelt an einem Ort zu stehen zu bleiben. Digitalkameras mit ihren ausklappbaren LCD-Bildschirmen bieten noch größere Bewegungsfreiheit. Selbst bei ausgestrecktem Arm lässt sich die Ausschnittwahl beurteilen. Durch diese technischen Fortschritte gibt es keine Ausrede mehr, die Perspektive nicht umfassend zu erforschen.

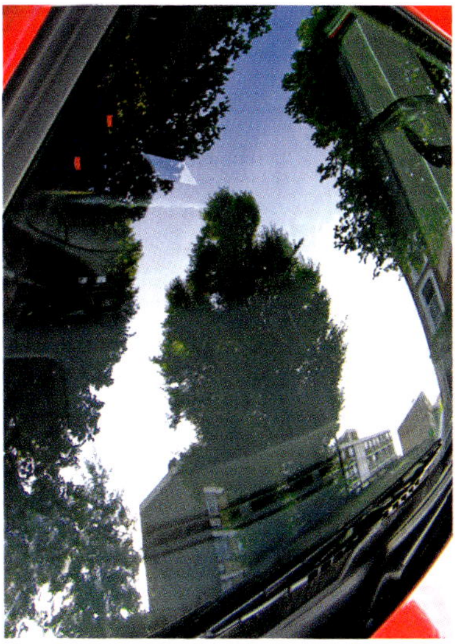

Spiegelungen
Spiegelungen verändern die Perspektive, denn der Betrachter sieht nicht nur die gespiegelte Szene, sondern auch die reflektierende Fläche, in diesem Fall die Fensterscheibe. Der rote Autolack rahmt den Bildausschnitt.

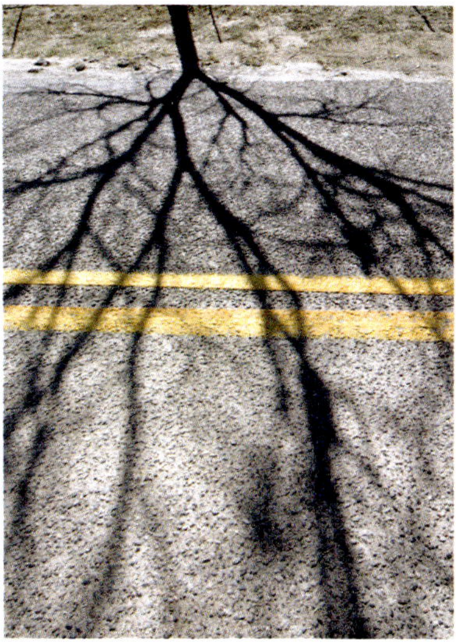

Schatten
Anstatt den Baum zu fotografieren, wurde der Schatten aufgenommen, der mit den Straßenmarkierungen und der Struktur des Asphalts konstratiert. So entstand die faszinierende Ansicht eines vertrauten Motivs.

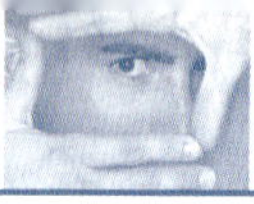

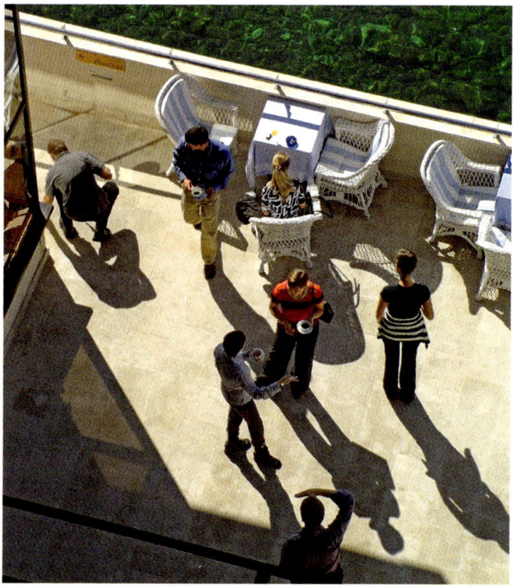

Blick von oben
Die ungewöhnliche Perspektive verwandelt vertraute Gegenstände in abstrakte Formen und lässt Gewöhnliches außergewöhnlich erscheinen. In Augenhöhe fotografiert, wäre dieses Motiv fantasielos. Von oben gesehen wirkt die Szene jedoch wie ein Tanz der Schatten, die sich parallel zu und gleichzeitig losgelöst von den Personen bewegen.

Mehrfach fotografieren
Komplexe Szenen aus bewegten Elementen *(unten)* kann man nicht immer auf Anhieb perfekt einfangen. Tun Sie es den Profis nach: abwarten, beobachten, weiterfotografieren.

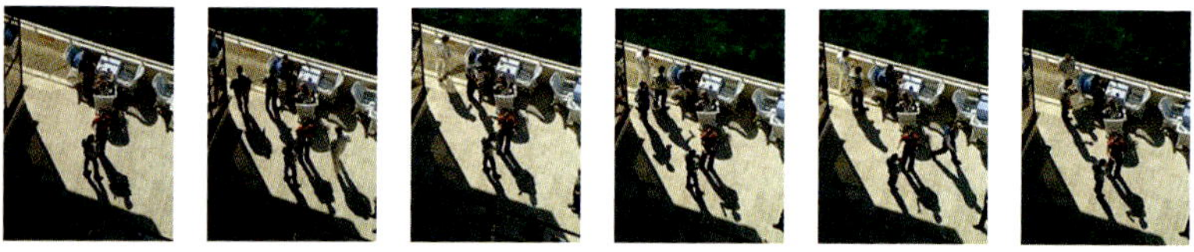

VON MEISTERHAND

Der indische Fotograf Raghubir Singh (1942– 1999) besaß ein untrügliches Gespür für Komposition. Wie sein Landsmann Raghu Rai *(s. S. 60/61)* konzentrierte auch er sich in seiner Arbeit voll und ganz auf sein Heimatland. Seine Veröffentlichungen machten ihn weltweit bekannt. Für eines seiner berühmtesten Bücher, das leider auch das letzte Projekt vor seinem Tod werden sollte, *A way to India,* fotografierte er das Land aus einem Ambassador heraus, dem am weitesten verbreiteten Auto in ganz Indien.
Mit seinem ganzen Können erforschte Singh die Möglichkeiten, die ihm die Konturen des Wagens und veränderliche Formen wie zum Beispiel eine unterschiedlich weit geöffnete Tür boten. Mit Hilfe der Türen, Fenster und Spiegel schuf er virtuose Bilder voller unkonventioneller Blickwinkel und überraschender Ansichten.

Raghubir Singh
Dieses Foto aus *A Way into India (unten)*, das in Rameshwaram, Tamil Nadu, entstand, ist eigentlich eine einfache Strandszene, die jeder hätte aufnehmen können. Der einfallsreiche Blickwinkel aus dem Inneren des Autos heraus verwandelt das Bild jedoch in ein formalistisches Spiel mit Linien, Farben und Umrissen.

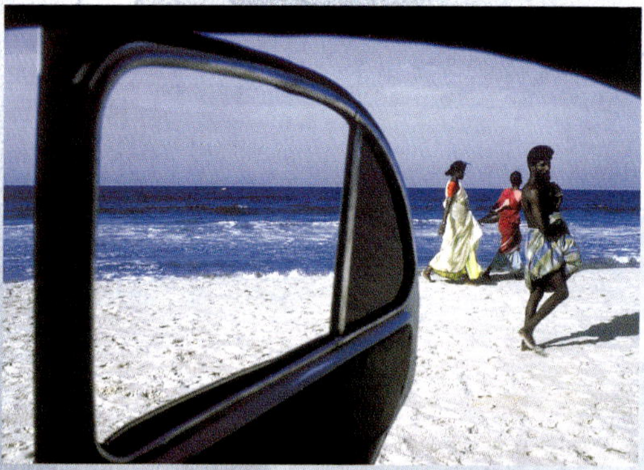

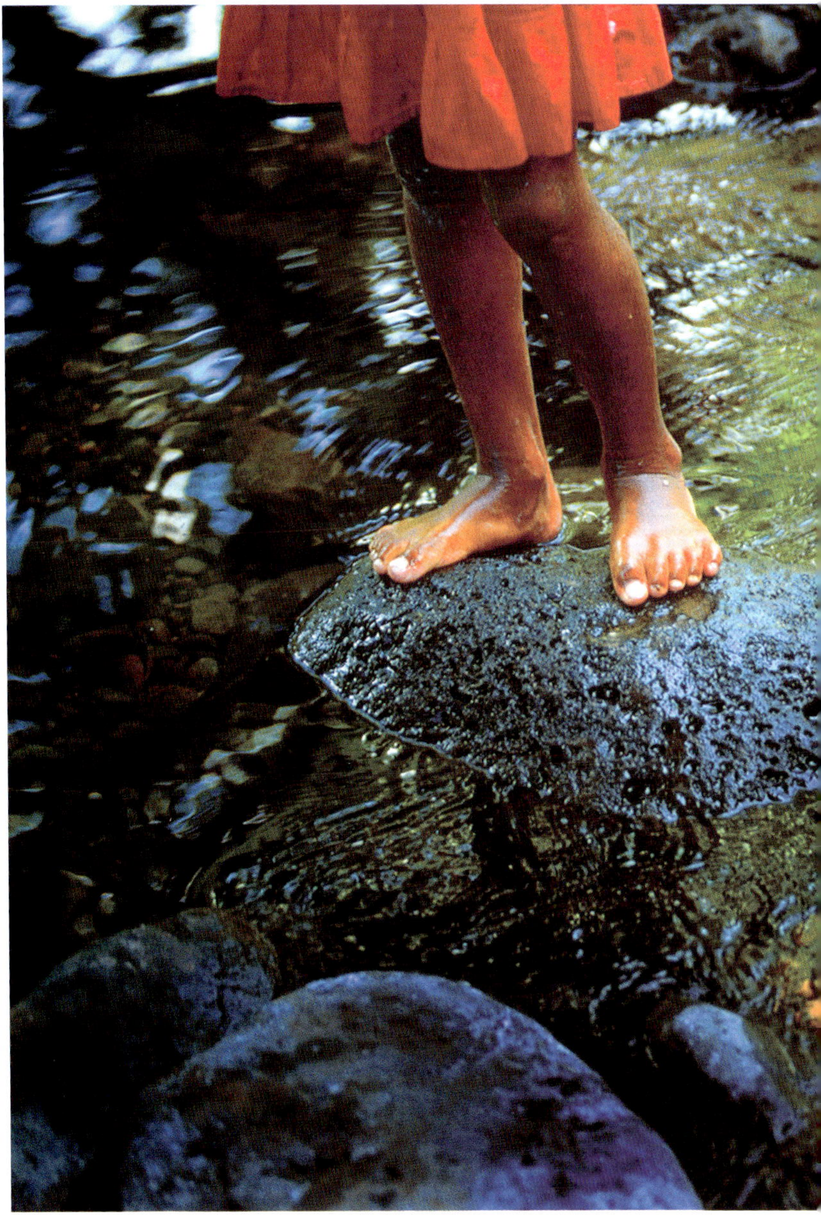

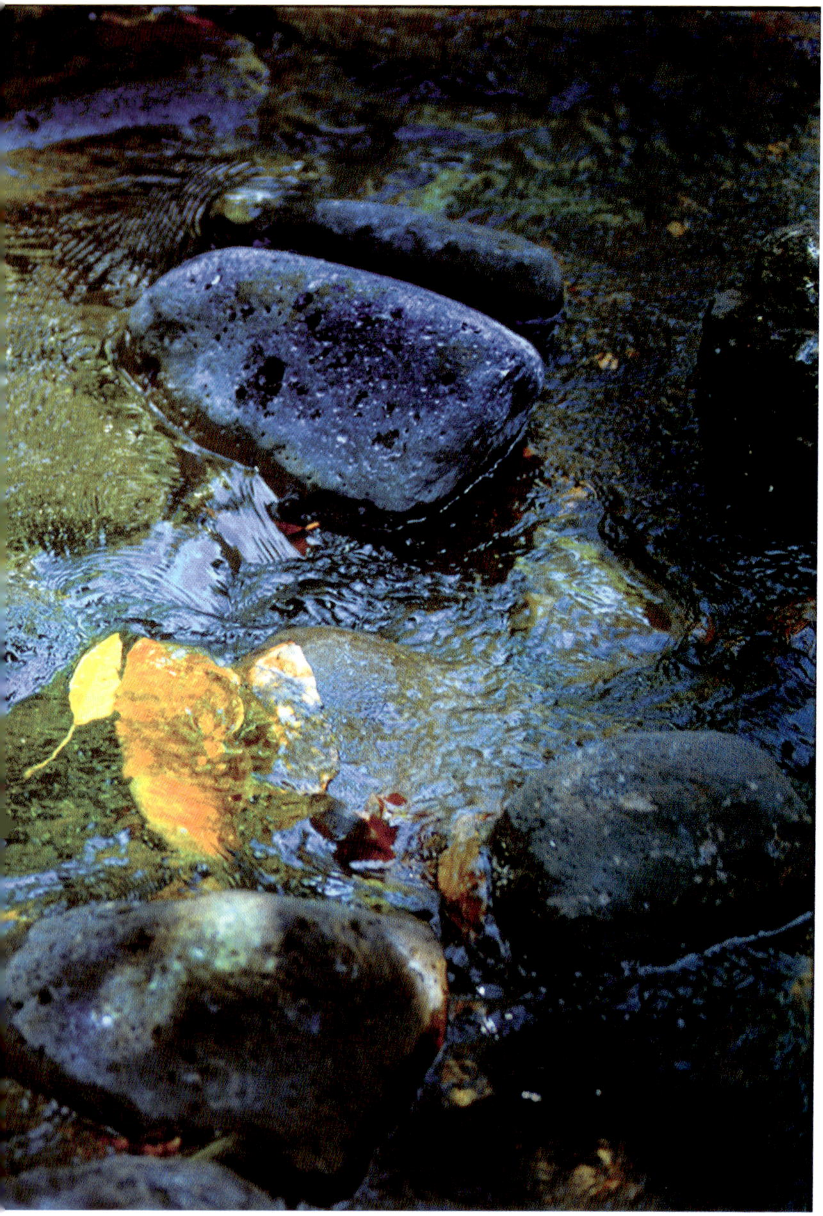

Taveuni, Fiji
Wesentlich interessanter als eine konventionelle Ganzkörperaufnahme ist dieses Bild. Neben den Füßen des Mädchens erkennt man die Beschaffenheit der bemoosten Steine, auf denen es steht. Die gelben Blätter bilden einen schönen Kontrast zum blauen Wasser.

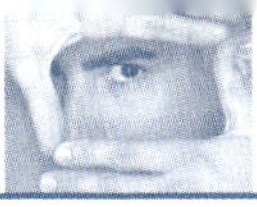

Farben

Es war Ernst Haas *(s. S. 46)*, der Farbe als Freude bezeichnete. Unser Eindruck von einem Objekt wird auch von seiner Farbe bestimmt, sie prägt die Atmosphäre einer Szene und kann unsere Reaktionen stark beeinflussen. Fotografieren in Farbe erfordert Sensibilität und Intuition. Lebhafte, brillante Farben schaffen Dramatik und Spannung, während gedämpfte Pastelltöne zumeist Ruhe und Harmonie vermitteln.

Farbe und Fotografie

In der Farbfotografie spielen drei Faktoren eine Rolle: erstens die Farbe, die das Motiv hat, zweitens die Lichtquelle und die Farbveränderung, die sie eventuell verursacht, und drittens der Betrachter, der die Farbe wahrnimmt, bzw. das Gerät, das die Farben aufzeichnet. Dabei können sich die Farben auf dem Foto, die tatsächlichen Farben des Motivs und die Wahrnehmung unserer Augen beträchtlich voneinander unterscheiden.

EIGENSCHAFTEN DER VERWENDETEN MATERIALIEN

Unabhängig vom verwendeten Material – Farbnegativ-, Diafilm oder Fotosensor – ist das Endprodukt Ergebnis eines technischen Prozesses und stellt unweigerlich einen Kompromiss zwischen dem, was möglich, bezahlbar und annehmbar ist, dar.

Wenn Sie die Vor- und Nachteile Ihrer Ausrüstung kennen, lernen Sie, wie man ihre Stärken nutzt und ihre Schwächen vermeidet. So geben manche Filme Rottöne sehr lebhaft wieder, können Grüntöne jedoch nur schlecht voneinander unterscheiden. Eine Verwendung solcher Filme zur Wiedergabe der Herbstfarben in Vermont, USA, oder einer chinesischen Neujahrsparade wäre kein Problem. Ein Foto von einem Garten im Frühling würde jedoch enttäuschend ausfallen. Digitalkameras unterscheiden helle, leuchtende Farben gut, bewältigen jedoch dunkle Motive und im Schatten liegende Bildelemente schlechter. Folglich kann man die hell gekleideten Gäste eines Sommerfests bedenkenlos mit einer Digitalkamera ablichten, während ein Motiv wie zum Beispiel Tiere in dunkelen Käfigen im Zoo weniger Erfolg versprechen.

VON MEISTERHAND

Die Bildbände des in Minnesota ansässigen Naturfotografen Jim Brandenburg haben viel zum neu erwachten Interesse am Wolf beigetragen, den der Mensch beinahe ausgerottet hat. Unzählige Tage harrte er in der bitteren Kälte der Arktis aus, um diese faszinierenden Wildtiere in ihrem Lebensraum zu fotografieren. Mit Ultraweitwinkelobjektiven und extremen Teleobjektiven setzt Brandenburg die Schönheit der Natur wirkungsvoll in Szene.

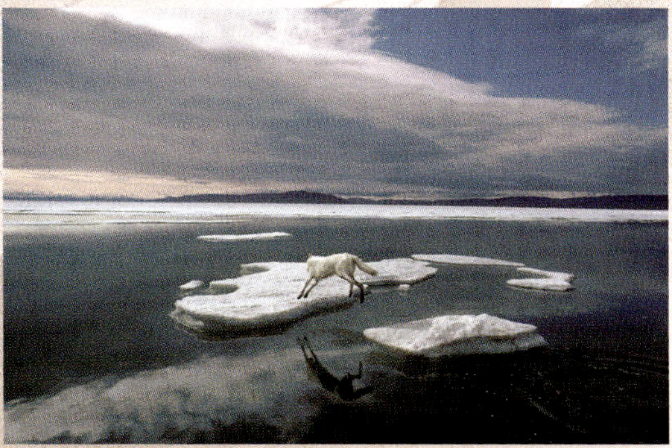

Jim Brandenburg
In diesem Foto aus *White Wolf* (*links*) bilden die Symmetrien der verschiedenen Spiegelungen und die kräftige Diagonale der Wolkenformation einen ausgezeichneten Rahmen für den Sprung des Wolfs, der sich exakt in der Bildmitte befindet. Die wenigen Farben der unwirtlichen arktischen Landschaft sind meisterhaft miteinander verwoben und die unterschiedlichen Farbschattierungen wirkungsvoll ausgenutzt.

AUSGEWOGENE FARBEN

Der Farbkreis ist eine Möglichkeit der Darstellung der Beziehungen zwischen den verschiedenen Farben. Komplementärfarben liegen einander gegenüber, während sich als ähnlich wahrgenomme Farben in unmittelbarer Nachbarschaft zueinander befinden. Dieses Modell hat allerdings den Nachteil, dass unberücksichtigt bleibt, dass Farben unterschiedlich stark wahrgenommen werden. Blautöne zum Beispiel wirken viel dunkler und kräftiger als Gelbtöne.

Die größte Harmonie erzeugen nebeneinander liegende Farben. So beruht die Wirkung von Fotos von Wüstenlandschaften vor allem auf dem Zusammenspiel der diversen Sand- und Rostfarben. Starke Kontraste wie Blau und Rot oder Violett und Grün wirken weniger ansprechend, weil das Auge ständig abgelenkt wird und keinen Ruhepunkt findet. Ein Foto mit Kontrastfarben darf daher nicht zu viele Bildelemente aufweisen. Suchen Sie stattdessen lieber nach grafischen Einzelheiten – fotografieren Sie zum Beispiel statt des gesamten Blumenbeets eine einzelne Blume.

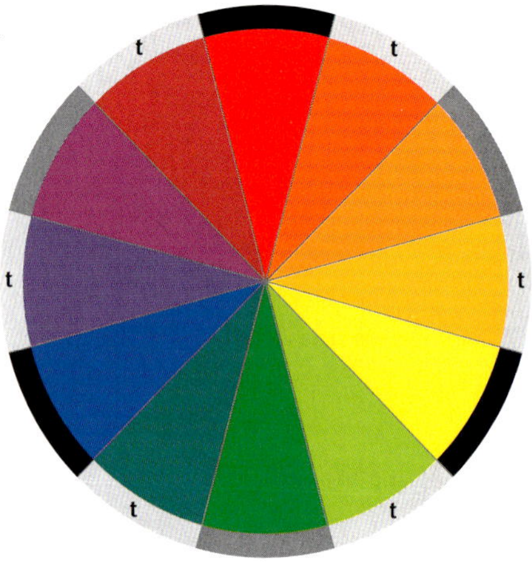

p = primär s = sekundär t = tertiär

Der Farbkreis
Der Farbkreis *(rechts)* ist das anschaulichste und wahrscheinlich auch das älteste Ordnungssystem für Farben. Seine Vorläufer in China reichen bis ins 6. Jahrhundert n. Chr. zurück. Er bildete die Grundlage für alle späteren Farbmodelle.

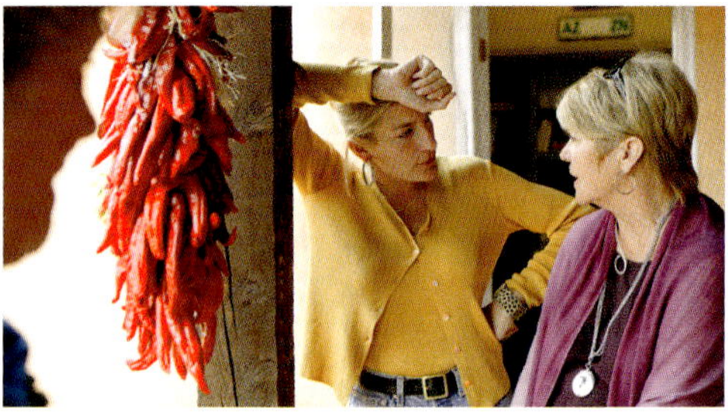

Benachbarte Farben
Auf diesem Schnappschuss zweier Frauen im Gespräch *(links)* betonen die vorherrschenden warmen Erdfarben und das Rot der Chilischoten die emotionale Wärme der Szene. Für Ausgewogenheit sorgt jedoch der Kontrast zwischen der blauen Jeans und dem violetten Oberteil.

Kontrastfarben
Auf den ersten Blick erscheinen die Farbkontraste, die vielen verschiedenen Umrisse und ihre Verteilung sowie die Spiegelungen auf der Wasseroberfläche überladen *(rechts)*. Eine Erhöhung der Kontraste und Verstärkung der Farbsättigung vermag jedoch die einzelnen Bildelemente vor dem neutralen Hintergrund wirkungsvoll zur Geltung zu bringen.

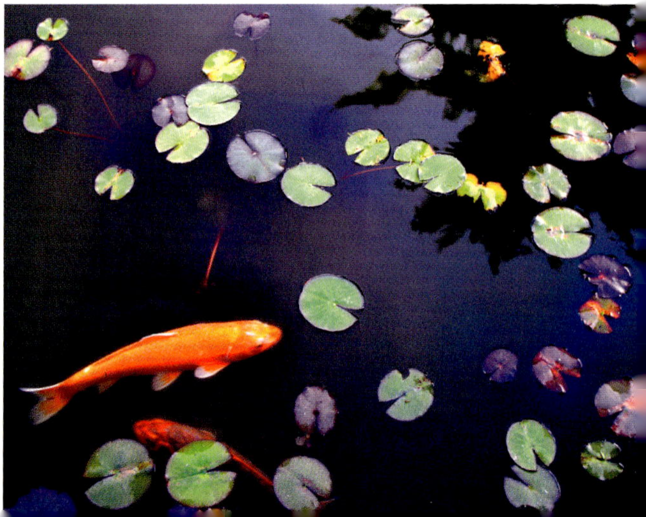

Die Arbeit mit Farben

Bei den Farben unterscheidet man verschiedene Farbtöne, die bestimmten Wellenlängen des Lichts zugeordnet werden, wie Magenta, Violett usw. Farbtöne wiederum werden je nach ihrer Sättigung in unterschiedlichen Schattierungen wahrgenommen. So kann Rot hellrot, bräunlich oder dunkelrot erscheinen. Beim Fotografieren und Drucken ist die Farbpalette, die aufgezeichnet und wiedergegeben werden kann, sehr begrenzt. In der Farbfotografie muss man daher die Fähigkeit entwickeln, sich eine Szene in den Farben vorzustellen, die auf der Fotografie zu sehen sein werden.

BELICHTUNG AUF DIE FARBEN

Die Farbenvielfalt und unterschiedlichen Helligkeiten in diesem Motiv, einem Gewürzladen in Marrakesch, Marokko, sind schier endlos. Das größte Problem für den Fotografen besteht darin, dass nur die Farben auf dem Ergebnis korrekt, das heißt, mit einer Helligkeit, die der wahrgenommenen Szene entspricht, wiedergegeben werden, die innerhalb des Belichtungsspielraums des Films oder Sensors liegen.

In unterbelichteten Bereichen entstehen Silhouetten, deren dunkle Farben die aktiven Partien rahmen.

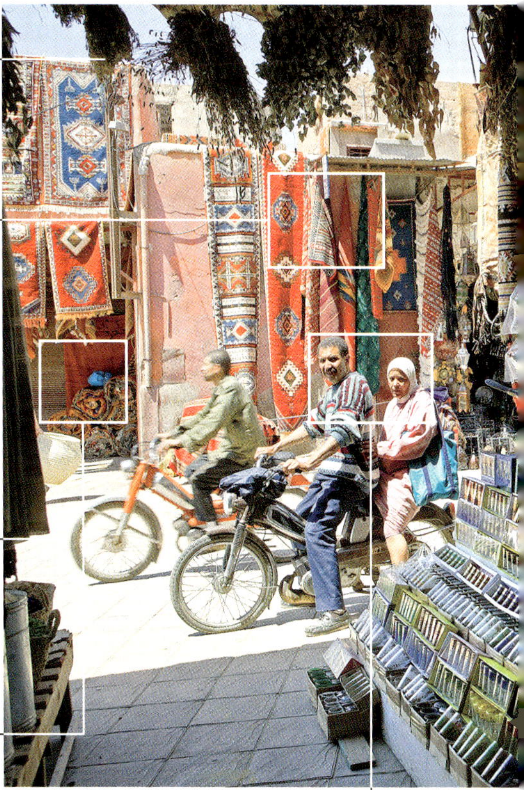

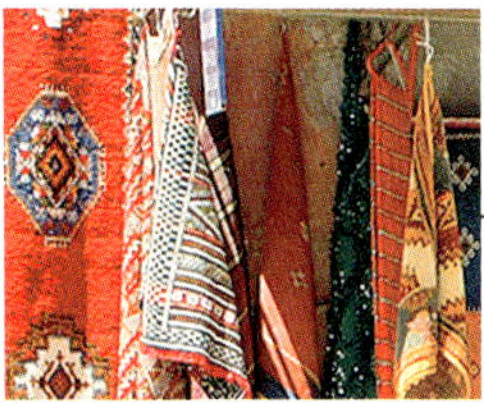

Farben in den Mitteltönen
Farben in der Mitte der Helligkeitsskala werden am genauesten aufgezeichnet und weisen die stärkste Sättigung auf.

Im vollen Sonnenlicht liegende Bereiche werden überbelichtet und weisen fast gar keine Farben auf.

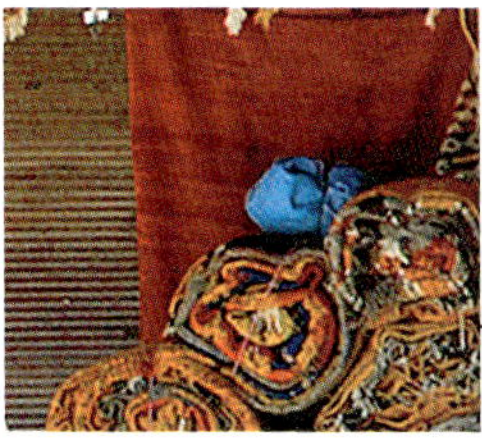

Out-of-Gamut
Farben wie Tiefviolett und Dunkelblau, die mit dem Auge wahrgenommen, aber im Druck nicht akkurat wiedergegeben werden können, liegen außerhalb des Farbraums oder Gamut des Druckers.

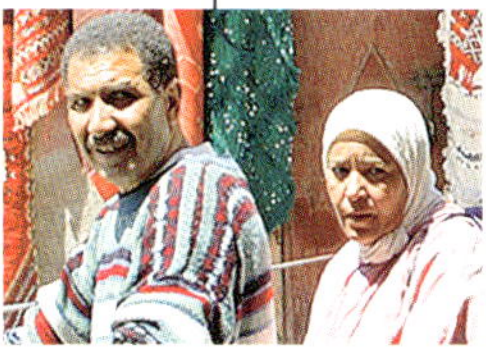

Hauttöne
Im Allgemeinen belichtet man Hauttöne wie Mitteltöne. Hier wurden sie leicht überbelichtet, damit einige Details im Inneren des Ladens sichtbar werden.

DIGITALE BESCHREIBUNG VON FARBEN

Früher wurden Farben durch Farbton, Sättigung und Helligkeit beschrieben. Heute gibt es verschiedenen Farbmodelle, bei denen eine Farbe darüber definiert wird, aus welchen Anteilen an Grundfarben sie sich zusammensetzt. Auf LCD-Bildschirmen werden sämtliche Farben aus den drei additiven Grundfarben Rot, Grün und Blau hergestellt. Dazu stehen je 256 (0–255) Rot-, Grün- und Blaustufen zur Verfügung. Jede Farbe enthält einen bestimmten Anteil Rot, Grün und Blau. Reines Blau wird im so genannten RGB-Modus folglich als 0:0:255 bezeichnet. Beim Druck verwendet man die subtraktive Farbmischung: Die Druckfarben sind CMYK: Cyan (Türkis), Magenta (Pink), Gelb und Schwarz.

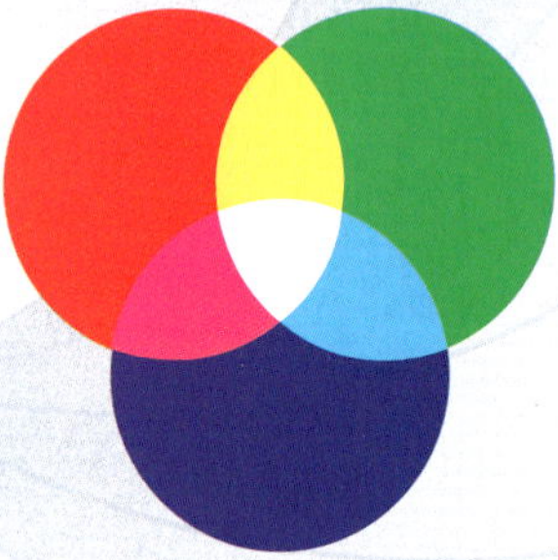

Additive Farbmischung
Eine Mischung von rotem, grünem und blauem Licht unterschiedlicher Intensität ergibt das gesamte Farbenspektrum, von den reinen Farben bis zu Weiß und Schwarz (bei Abwesenheit von Licht).

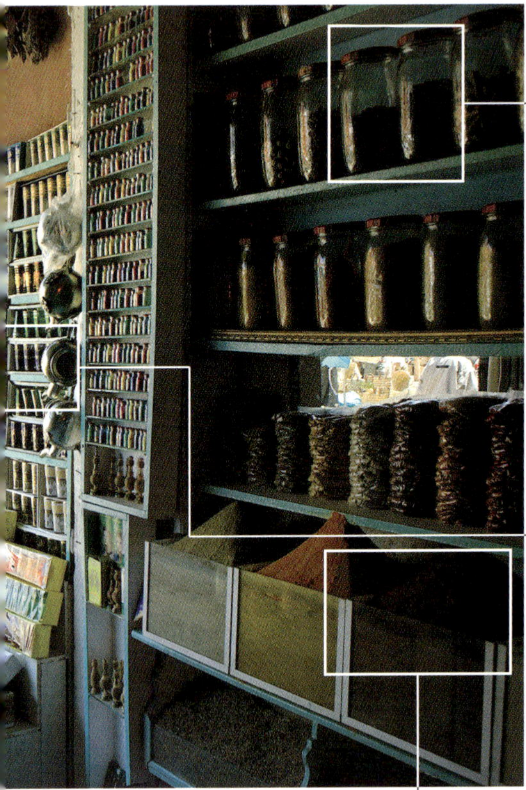

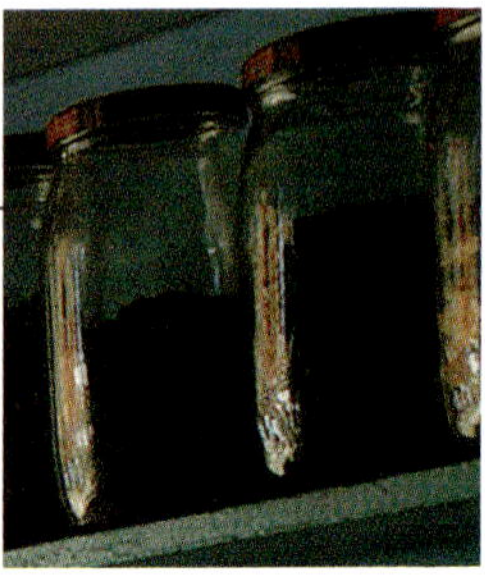

Dunkle Farben
In Schattenpartien mit Zeichnung gibt es wenige unterschiedliche Farben, nur angedeutete Farbtöne, die jedoch ausreichen, um Struktur und einige Details zur Geltung zu bringen.

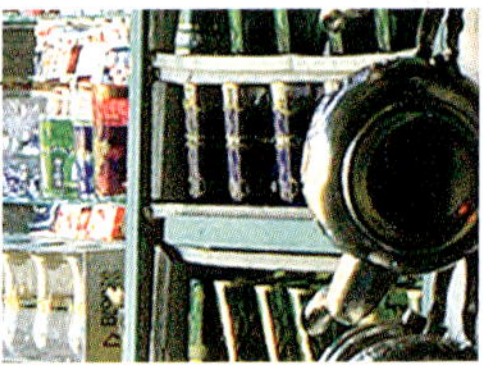

Kontrastfarben
Bei großen Helligkeitsunterschieden und vielen Farben auf engstem Raum ist Farbgenauigkeit weniger wichtig. In der Digitalfotografie sind der Farbrichtigkeit durch die Schwierigkeit, aus einem kleinen Bereich präzise Daten zu ziehen, Grenzen gesetzt.

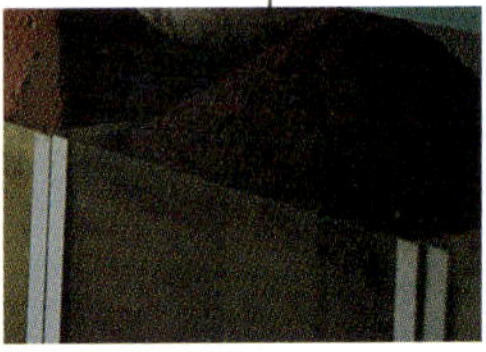

Maximale Dunkelheit
In sehr dunklen Bereichen werden gar keine Farben aufgezeichnet, obwohl das Auge Farben wahrnimmt. Bei dem Versuch, die Helligkeit digital zu erhöhen, entstehen nur graue Partien.

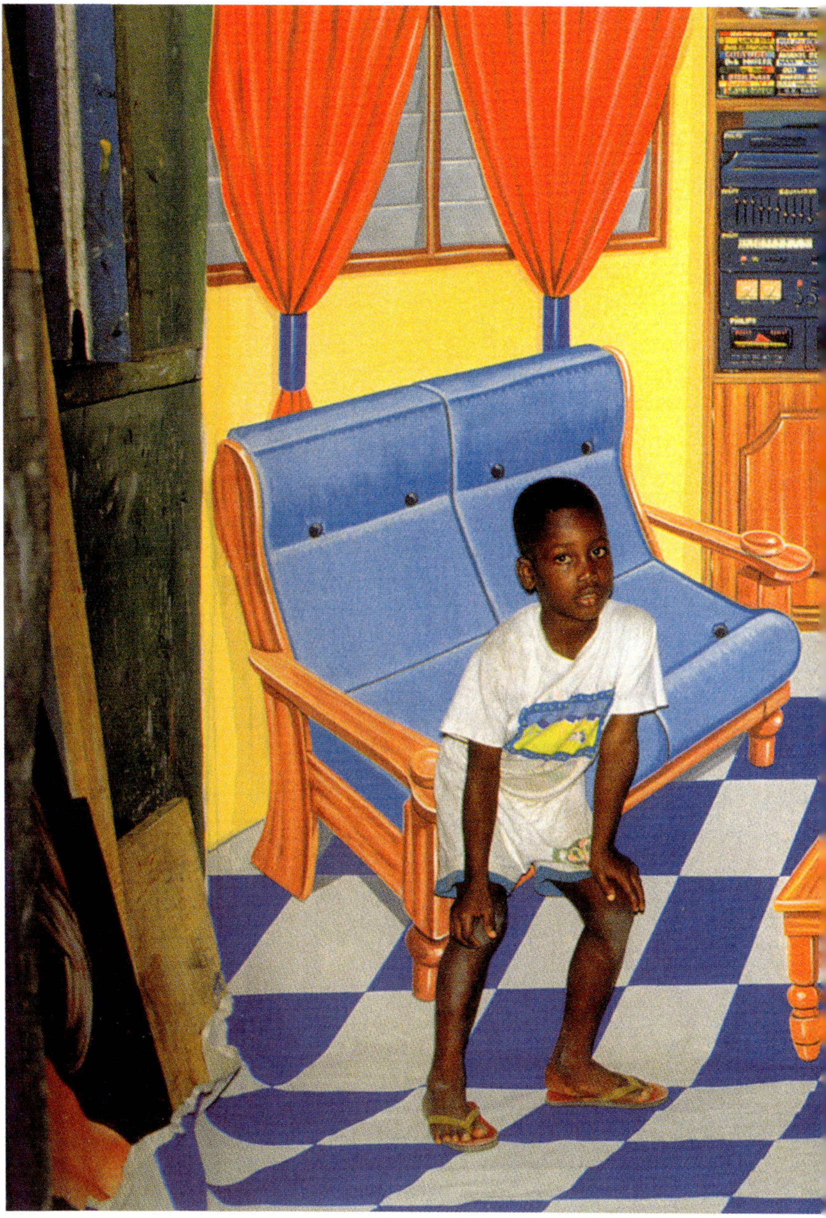

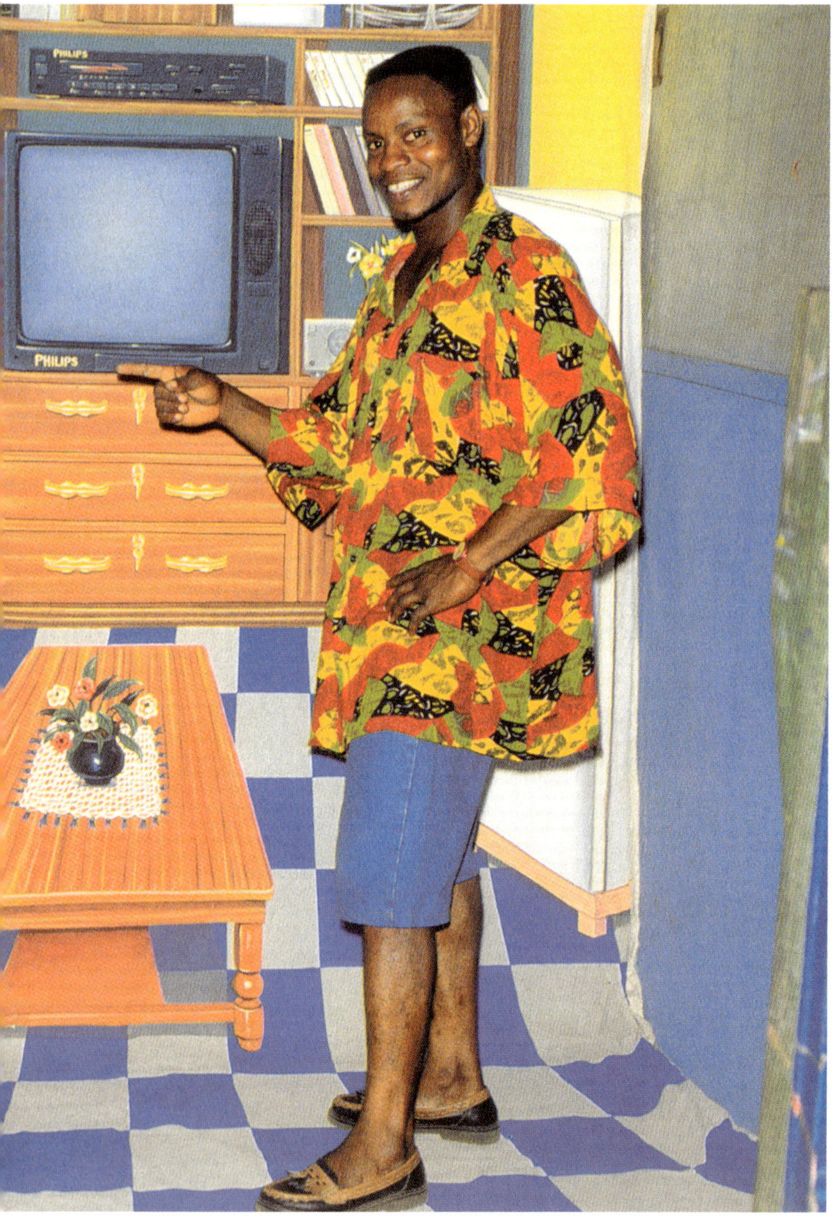

Porträt, 1996
Die mit handgemalten Fotokulissen inszenierte Porträtserie des 1958 in Ghana geborenen Fotografen Philip Kwame Apagya war in zahlreichen Ausstellungen in Europa, Amerika und Afrika zu sehen.

Schwarzweiß

Die Schwarzweißfotografie ist eine Arbeitsweise bzw. Aufzeichnungsart, bei der die Helligkeitsverteilung der Szene in Grauwerten dargestellt wird; Farbinformationen gehen dabei verloren. Bei der Komposition eines Schwarzweißbildes wird die Erforschung der Tonwertunterschiede und der räumlichen Beziehungen der Bildelemente zum zentralen Thema.

Vorteile von Schwarzweiß

Was bewegt heutige Fotografen dazu, in ihren Bildern auf Farbe zu verzichten? Viele Fotografen ziehen die Arbeit in Schwarzweiß der Farbfotografie vor, weil sie den abstrakten Charakter der Bilder schätzen. Farbe empfinden sie als Ablenkung. Es kommt hinzu, dass Schwarzweißfilme wesentlich weniger kosten als Farbfilme. Auch in technischer Hinsicht bietet das Material gewisse Vorteile: Ein Schwarzweißfilm verzeiht Fehlbelichtungen eher als ein Farbfilm, so dass man in vielen verschiedenen Beleuchtungssituationen wirkungsvolle Bilder machen kann. Zu guter Letzt sind konventionelle und digitale Schwarzweißfotos archivfester als Farbbilder.

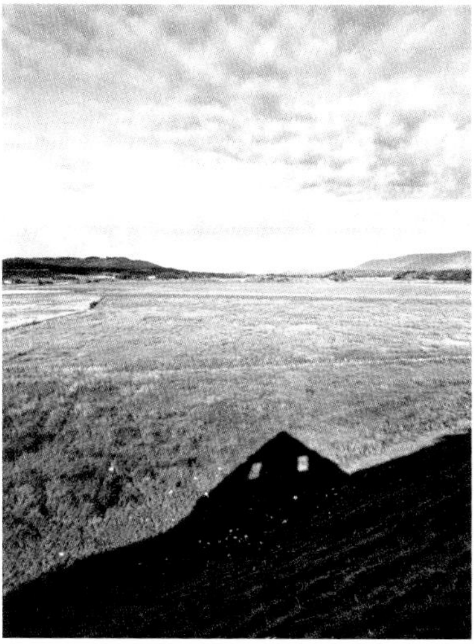

Schatten und Landschaft
Auf einem Farbfoto hätten das grüne Gras und der blaue Himmel *(oben)* bildbeherrschend gewirkt, in SW aber der Schatten der Ruine.

Nebliger Morgen
Die Original-Szene *(unten)* wies eine Fülle von Grün- und Brauntönen auf, aber im Vordergrund der SW-Aufnahme steht der Lichteinfall.

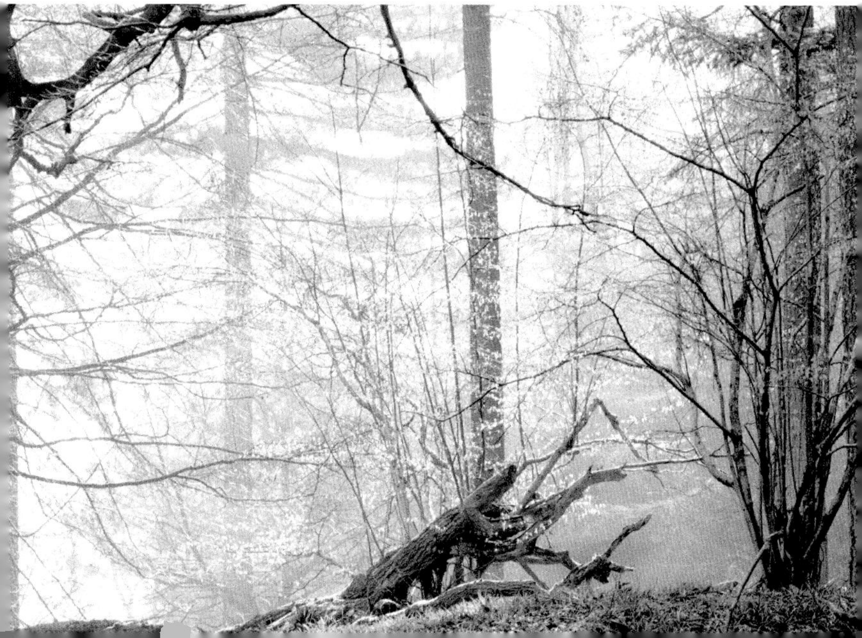

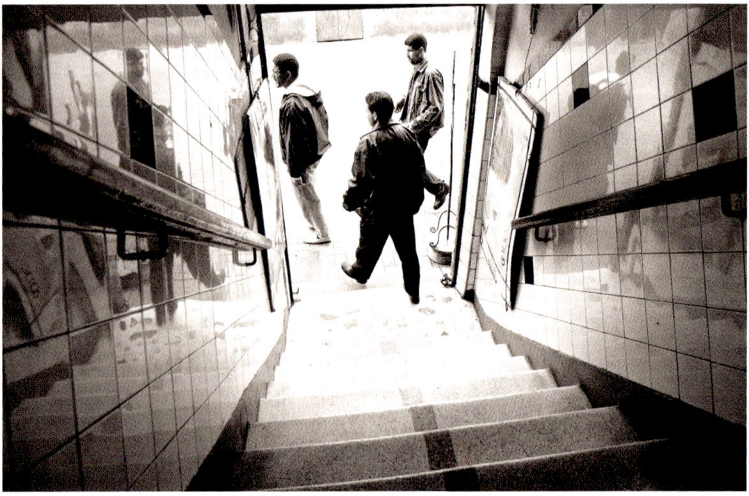

Komposition in Schwarzweiß
Bei einer einfachen und ausdrucksstarken Komposition wie bei diesem Bild eines Restauranteingangs in Marokko *(oben)* kann Farbe im besten Fall unwichtig sein. Schlimmstenfalls wirkt sie störend.

HELLIGKEIT

In der Farbfotografie spielen sowohl die Wellenlänge (Farbton) als auch die Intensität (Helligkeit) des Lichts eine Rolle. Bei der Arbeit in Schwarzweiß kann die Helligkeit je nach Farbe schwanken oder aber trotz unterschiedlicher Farben gleich bleiben. Drei Wiedergabemöglichkeiten beziehen sich auf diesen Aspekt der Schwarzweißfotografie: monochrom, also einfarbig, »in Grauskala«, einer Palette von Grauwerten, und Schwarzweiß, das heißt, aus Grautönen zwischen Schwarz und Weiß aufgebaut.

CHARAKTERISTIKEN DER SCHWARZWEISS-FOTOGRAFIE

Der gängigste Schwarzweißfilm ist der panchromatische Film *(s. S. 129)*, der für alle sichtbaren Wellenlängen des Lichts sensibilisiert ist. Die Empfindlichkeit des Films schwankt jedoch leicht, je nach Farbton. In der Regel reagieren Schwarzweißfilme weniger empfindlich auf Grün als auf Blau und empfindlicher auf Blau als auf Rot. Daher werden sattgrüne Landschaften häufig enttäuschend dunkel und dunkelblauer Himmel heller als erwartet wiedergegeben. Dunkle, schattige oder sehr helle Situationen bewältigen Schwarzweißfilme, insbesondere chromogene Filme *(s. S. 129)*, weitaus besser als Digitalkameras. Für viele macht das Korn der Schwarzweißfilme den Reiz der Schwarzweißfotografie aus. Der Kodak Tri-X, ein Film mit feinstem Korn und hoher Empfindlichkeit, spielte seit Capa *(s. S. 38/39)* eine wichtige Rolle in der Geschichte der Fotografie.

FILMEMPFINDLICHKEIT UND RAUMBELEUCHTUNG

Kunstlichtlampen reduzieren die effektive Empfindlichkeit von Schwarzweißfilmen. Raumbeleuchtung ist meist schwächer als Tageslicht und weist einen geringen Blau- und Grünanteil auf, weshalb sie auf Farbbildern orange aussieht. Deshalb muss eine geringere Empfindlichkeit eingestellt oder die Belichtung um etwa zwei Drittel bis zu einer Blendenstufe erhöht werden. Je röter das Licht, desto größer die erforderliche Korrektur. Bei Verwendung eines Films mit ISO 400/21° sollten Sie bei der Arbeit bei hellem Licht 250/19° und bei schwachem Licht ISO 200/18° einstellen.

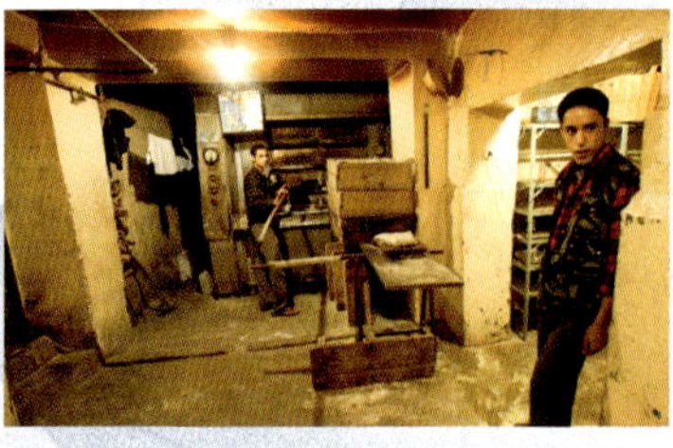

Glühlampen
Das schwache, gelbrote Licht in dieser Bäckerei in Marrakesch, Marokko, ist eine typische Situation, in der man Schwarzweißfilme stärker belichten muss, um ein gutes Ergebnis zu erzielen.

Digitale Tonung

Mit der Tonung von Schwarzweißfotos wollte man in den Anfangsjahren der Fotografie das Fehlen von Farbe kompensieren. Einer der bliebtesten Farbtöne war Sepia, ein dunkles Rotbraun. Die Sepiatonung ist wahrscheinlichste das älteste fotografische Verfahren, das bis heute Anwendung findet. Eine Reihe von Digitalkameras bieten eine Betriebsart »Sepia«.

DIE ÄNDERUNG DER FARBDATEN

Bei der konventionellen Tonung wird das Silber gebleicht, bis es durchsichtig oder hell wird und chemisch aktiv ist. Dann kann es durch andere, farbige Metalle oder Verbindungen ersetzt werden. Dieses Prinzip – erst bleichen, dann färben – spielt auch in der Farbfotografie eine wichtige Rolle. In der Digitalfotografie ist das Tonen von Bildern eine Kleinigkeit. Eine Möglichkeit ist es, die Abbildung zu entfärben, sie wird dann grau wiedergegeben. Im Dialogfeld »Farbbalance« *(s. S. 166)* kann die Aufnahme anschließend durch Anpassung der Farbtonregler getont werden. Eine andere digitale Methode ist der Modus »Duplex«, der in komplexeren Softwares zur Verfügung steht.

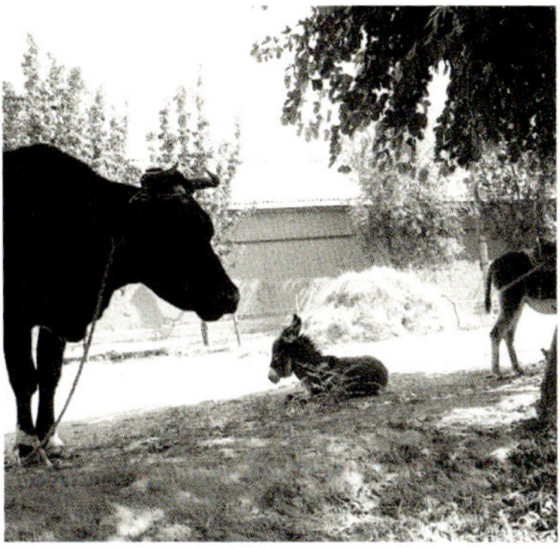

Schwarzweißoriginal
Diese Aufnahme von Kühen auf einer Weide wurde in Samarkand, Usbekistan, auf Schwarzweißfilm aufgenommen und eingescannt.

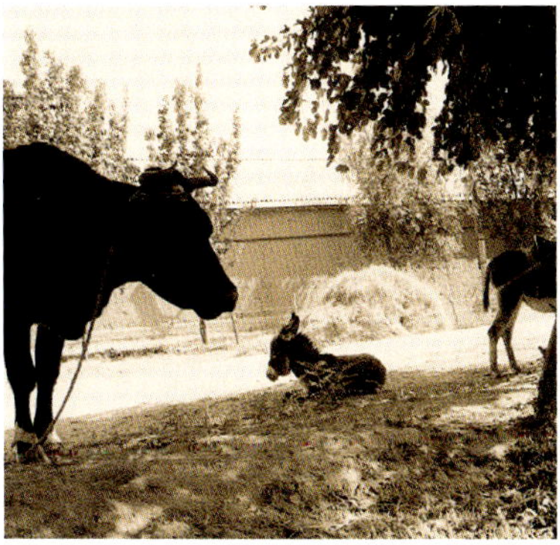

Sepiatonung
Mit vielen Bildbearbeitungsprogrammen, wie hier mit Photoshop, kann die Aufnahme im Handumdrehen sepiagetont werden.

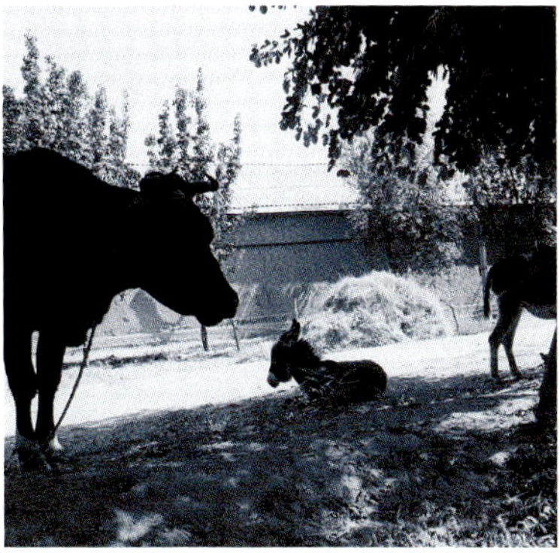

Blaues Duplex-Bild
Ein Duplex-Bild wird mit zwei Farben gedruckt. Die relative Verteilung der Farben, hier Blau und Schwarz, lässt sich steuern, so dass eine Farbe die Schatten und die andere die Lichter einfärbt.

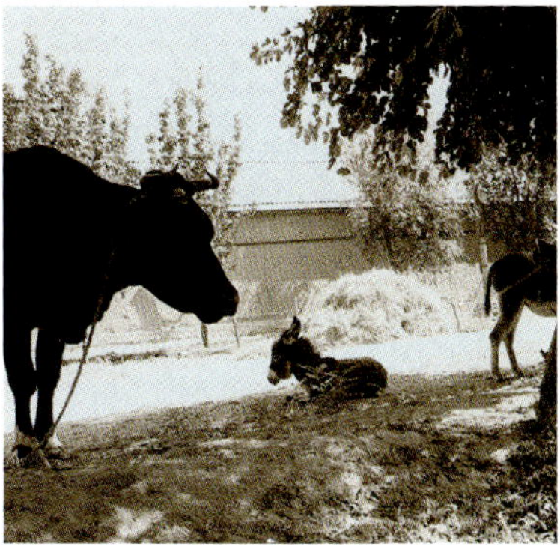

Triplex-Bild
Beim Triplex-Verfahren kommen drei Farben zum Einsatz. Hier wurden die hellen Partien intensiv blau und die Schatten gelb gefärbt. Zum Ausgleich der beiden Farbtöne wurde Schwarz hinzufügt.

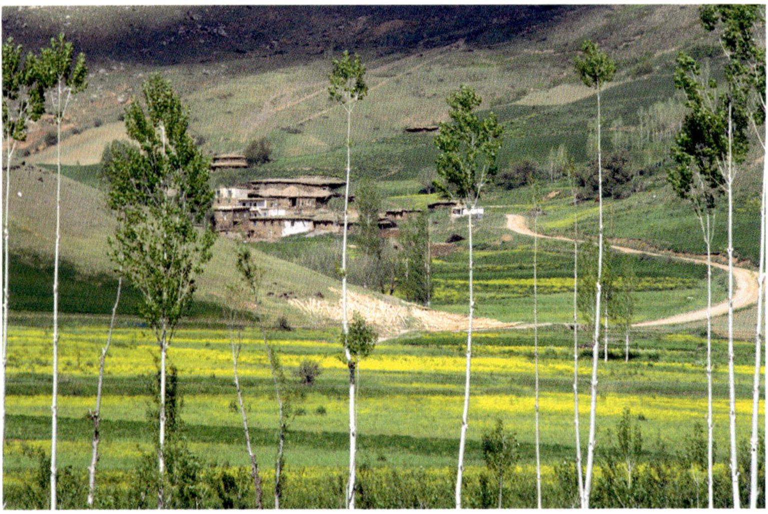

STEUERUNG DER GRAUWERTE

Ein Farbbild kann auf unterschiedliche Arten in ein Schwarzweißfoto verwandelt werden. Bei der Entfärbung im Dialogfeld »Farbton/Sättigung« wird die Funktionsweise von Schwarzweißfilmen imitiert, indem alle Farben gleich behandelt und ihre Helligkeit direkt in Grauwerte umgewandelt wird. So werden Grün, Rot oder Blau eventuell als exakt derselbe Grauwert wiedergegeben. Eine bessere Steuerung ermöglicht der Kanalmixer, der durch die Nachahmung des Effekts von Farbfiltern ein Graustufenbild schafft, auf dem Farben unterschiedlich wiedergegeben werden. So kann zum Beispiel blauer Himmel fast schwarz erscheinen, wie bei Verwendung eines Rotfilters mit Schwarzweißfilm, oder Grün eine besondere Leuchtkraft bekommen, wie durch einen Gelbfilter.

Original
Diese Landschaft im Nordosten der Türkei ist reich an Grüntönen. Doch durch die kräftigen Linien, die Bäume und Straße bilden, könnte dieses Foto auch in Schwarzweiß eine gute Wirkung entfalten.

SCHWARZWEISSES DIGITALFOTO

Die Aufnahme eines Digitalfotos in Schwarzweiß ist keineswegs ein Widerspruch und bietet gewisse Vorteile. Erstens ist ein Graustufenbild nur ein Drittel so groß wie ein entsprechendes Farbbild, was Speicherplatz auf der Karte spart und die Geschwindigkeit der Digitalkamera erhöht. Zweitens weisen SW-Ausdrucke eine weitaus bessere Qualität auf als farbige. Wenn Sie also von vorneherein ein schwarzweißes Bild wünschen, ist es sinnvoll, dieses in der Betriebsart »Schwarzweiß« zu fotografieren.

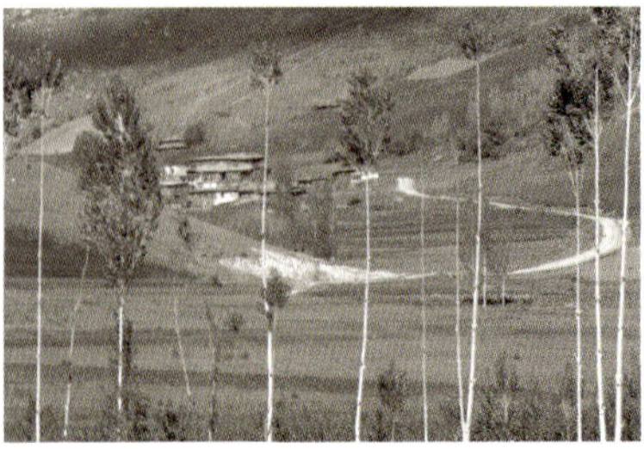

Einfache Konvertierung in Schwarzweiß
Eine einfache Entfärbung führt zu einem sehr grauen Bild. Bei der Umwandlung in ein Graustufenbild bleiben mehr Helligkeitsunterschiede erhalten, aber der Gesamteindruck ist trotzdem recht kontrastarm.

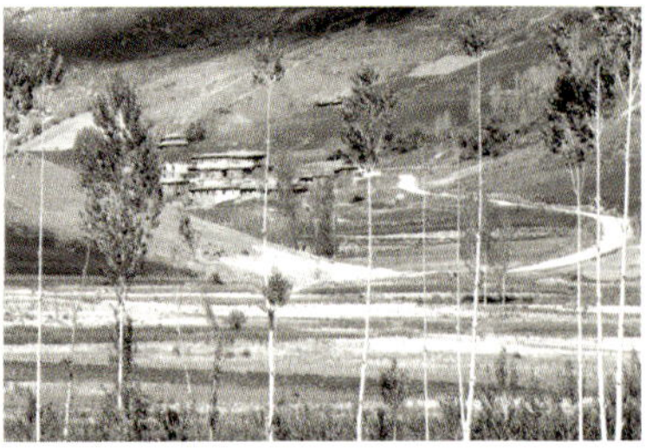

Konvertierung mit dem Kanalmixer
Mit dem Kanalmixer wurde die rote Farbe verstärkt, mehr Grün hinzugefügt und das Blau abgeschwächt. Das Ergebnis zeigt eine kontrastreiche Landschaft, die dem Farbbild in ihrer Intensität ähnlich ist.

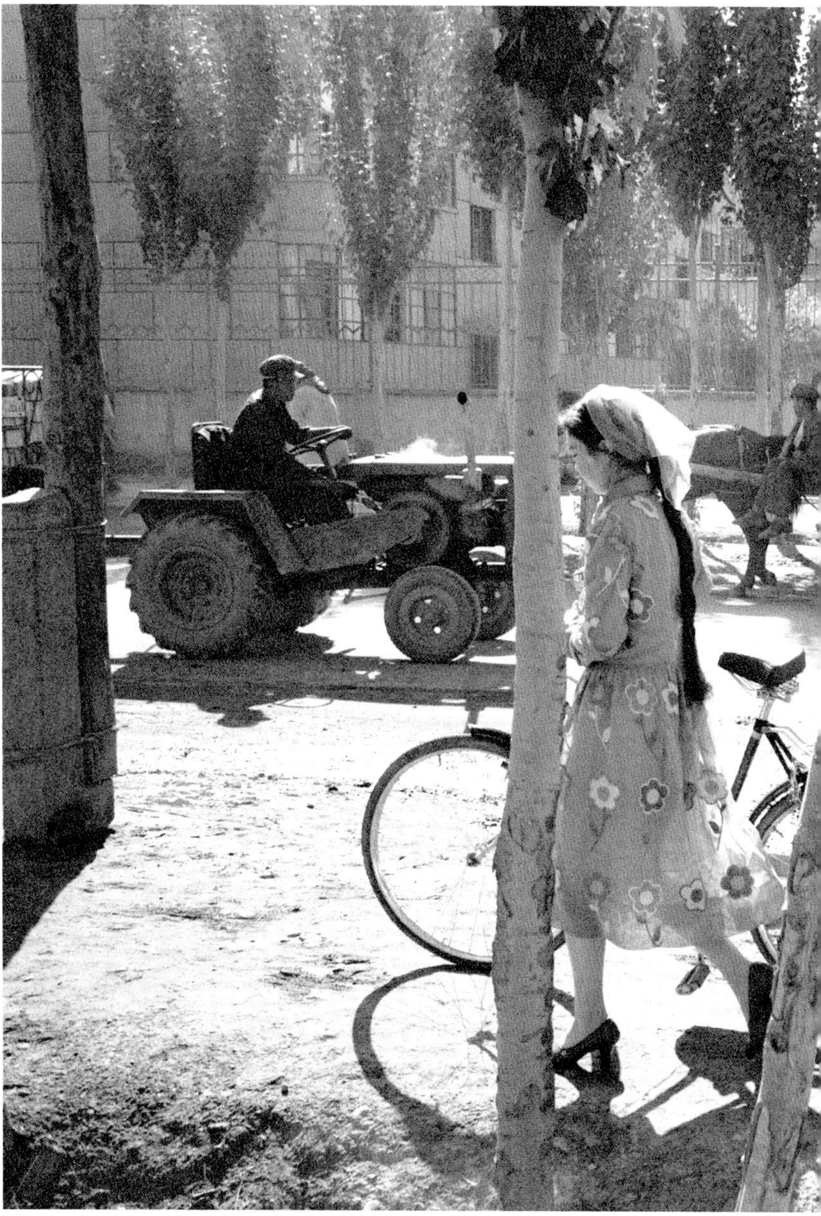

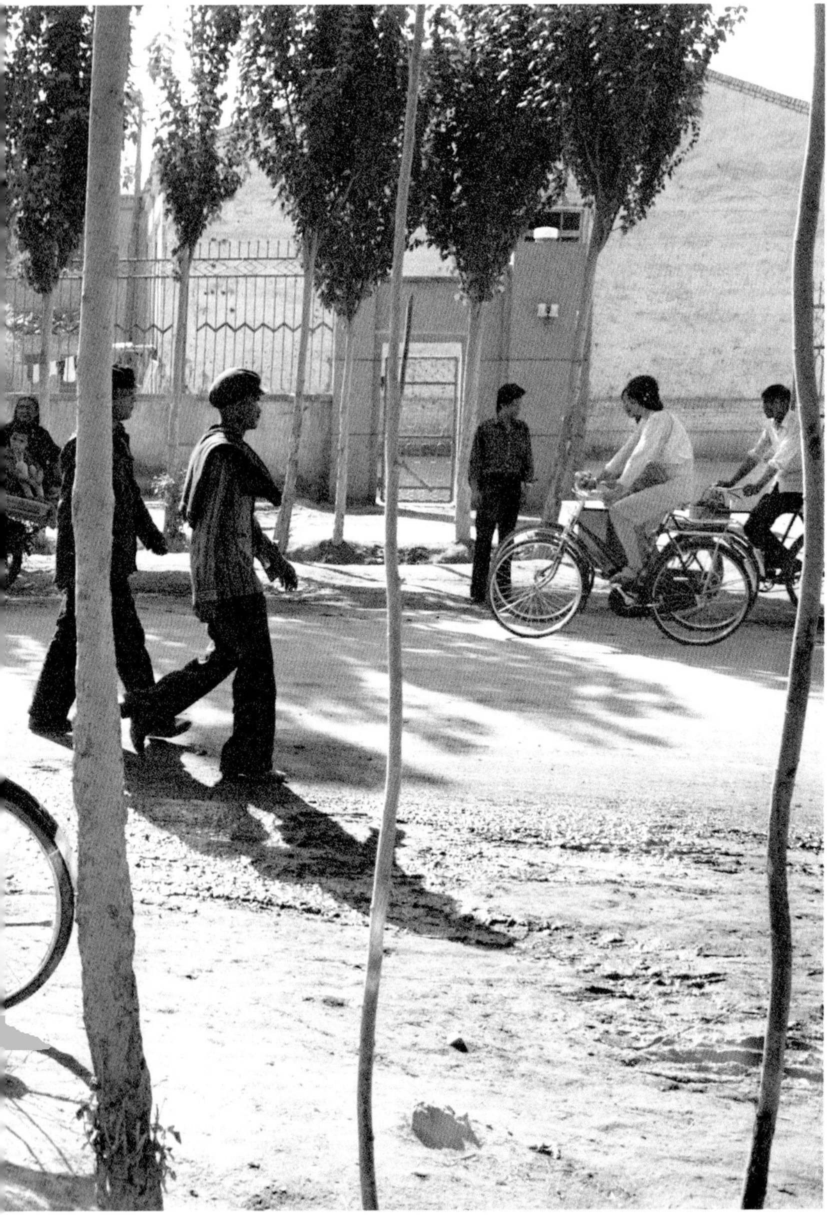

Kashgar, Xingiang, China
Schwarzweißaufnahmen wie diese geschäftige Straßenszene machen die Bedeutung von Lichtern und Schatten, von Details, Kontrast und Tonwertumfang in der Fotografie deutlich.

Licht

»Wo Licht ist, kann man fotografieren«, erklärte Alfred Stieglitz *(s. S. 65)*. Und Ernst Haas *(s. S. 46/47)* ergänzte später: »Jedes Licht ist gutes Licht.« Beide Aussagen weisen darauf hin, dass jede Beleuchtungssituation fotografisch genutzt werden kann und dass es so etwas wie eine ideale Beleuchtung nicht gibt. Die Lichtqualität fügt den räumlichen Merkmalen einer Aufnahme eine weitere Dimension hinzu. Außerdem schafft die Modellierung der Konturen und Strukturen eines Motivs mit Licht emotionale Tiefe.

Lichtarten

Wie die Meister der Fotografie uns gelehrt haben, hängt das Gelingen eines Fotos nicht von den Beleuchtungsbedingungen ab, dennoch sei die Frage gestattet: Bei welcher Art von Licht fällt das Fotografieren leichter? Im Allgemeinen ist die Arbeit bei hohem Beleuchtungskontrast zwischen hellen und dunklen Bereichen schwieriger als bei flachem Licht. Eine besonders flache Ausleuchtung, bei der sich die Helligkeiten der dunklen und hellen Partien kaum unterscheiden, ist jedoch, aus anderen Gründen, ebenfalls eine Herausforderung.

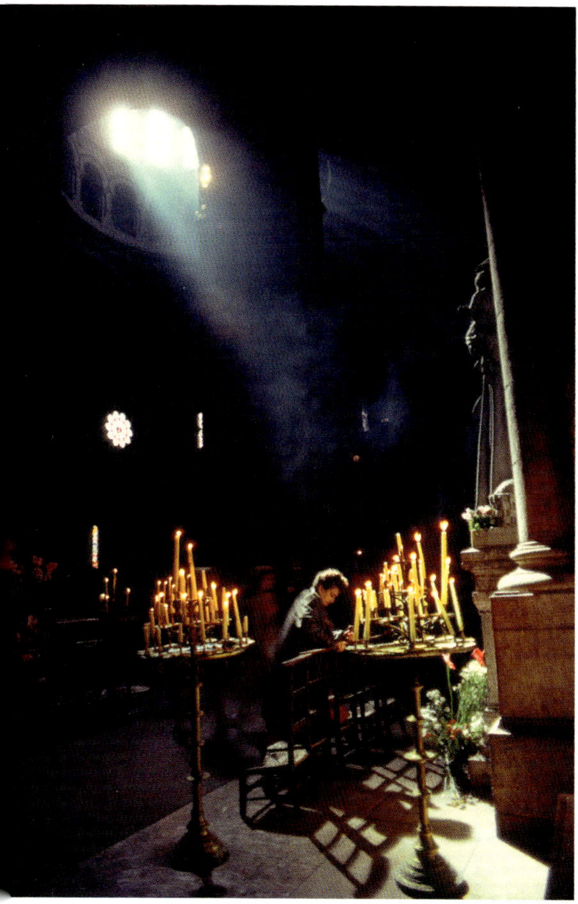

KONTRASTREICHE BELEUCHTUNG

Auf Bildern mit hohem Hell-Dunkel-Kontrast können großflächige Schattenpartien eine gute Wirkung erzielen, falls die bildwichtigen Teile korrekt belichtet sind. Bei Diafilmen kann man auf die hellen Bereiche belichten und die dunklen Partien zur Bildgestaltung nutzen. Zur Bewahrung der Zeichnung ist es bei Digitalfotos und Farbnegativfilmen besser, auf die Schatten zu belichten und die hellen Bereiche erst bei der Nachbearbeitung zu verstärken.

HELLES LICHT

Wer an sonnigen Tagen zur Kamera greift, ist von den Ergebnissen häufig enttäuscht. Helle Bereiche wirken ausgefressen, während die Schatten dunkel zulaufen, da der Sensor oder Film den großen Helligkeitsumfang nicht bewältigen kann.

Extreme Beleuchtung
Bei dieser Aufnahme in Sacre Cœur, Paris, wurden bei der Belichtung die von der Sonne ausgeleuchteten Partien angemessen, so dass die unbeleuchteten Bereiche dunkel blieben.

VON MEISTERHAND

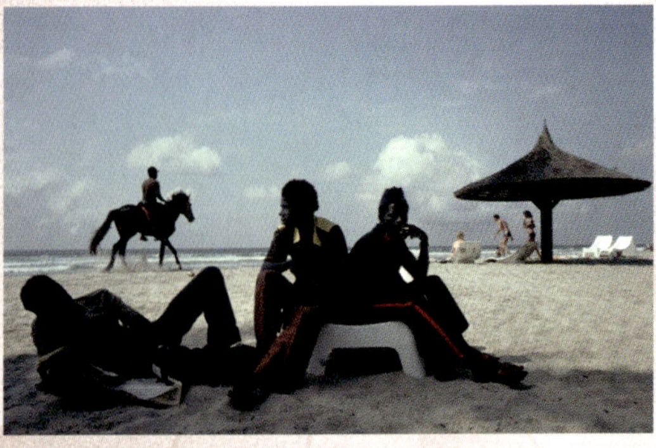

Alex Webb
Eine solche Aufnahme eines tropischen Strands im vollen Sonnenlicht und mit dunkelhäutigen Personen scheint eine fotografische Unmöglichkeit. In *Ivory Coast (oben)* zeigt Webb, wie man die Situation handhabt und Bilder voller Licht, Farben und Formen machen kann.

Das Markenzeichen von Alex Webb (geb. 1952) ist die wirkungsvolle Nutzung des extremen Beleuchtungskontrasts in den Tropen. Durch die Belichtung auf die hellen Partien sorgt Webb für gesättigte Farben von Objekten und Menschen in praller Sonne. Dies führt zu einer schwarzen Abbildung der Schatten, die fast gar keine Zeichnung mehr aufweisen. Gekonnt setzt Webb die entstehenden Halbsilhouetten bei der Bildkomposition ein.

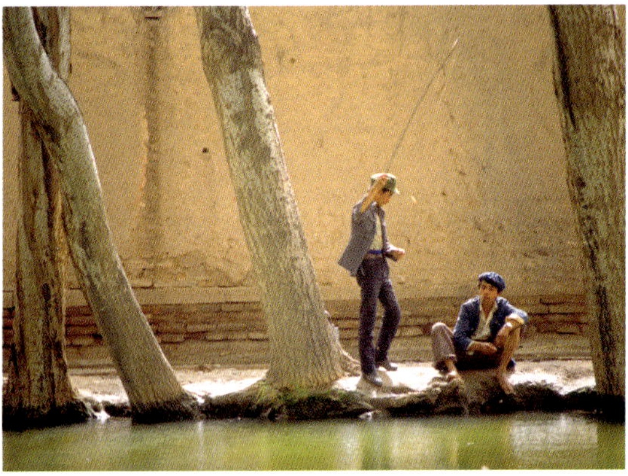

Geringer Kontrast
Unter freiem Himmel, bei flachem Licht wird eine Szene gewissermaßen voll ausgeleuchtet. Daraus resultieren ein geringer Kontrast und fast gar keine Schatten. Auf diesem Bild, aufgenommen in Kaschgar, China, hat das flache, weiche Licht fast alle Konturen, Muster und Maserungen beseitigt, so dass die Wirkung des Bildes ausschließlich auf Struktur und Komposition beruht.

FLACHES LICHT

An trüben Tagen fungieren die Wolken zwischen Sonne und Motiv als gigantische Streuscheibe, so dass der gesamte Himmel als Lichtquelle dient. Dieses scheinbar nicht sehr viel versprechende Wetter kann ein Segen für Fotografen und Filmemacher sein, denn aufgrund des geringen Kontrastumfangs gibt es quasi keine Belichtungs- und Beleuchtungsprobleme, während das flache Licht die Farbsättigung fast immer erhöht. Mit seiner großen Palette von Mitteltönen leuchtet es die Szene aus, ohne aufzufallen, und verschafft dem Fotografen eine größere Kontrolle über die Bildgestaltung.

Weiches und hartes Licht
Weiches Licht *(rechts)* trifft aus vielen Einfallswinkeln auf das Motiv und reduziert die Schatten. Bei kontrastreicher Beleuchtung *(ganz rechts)* wird das Motiv aus einer Richtung beleuchtet, so dass die ausgeleuchteten Partien strahlend hell und die Schatten schwarz erscheinen.

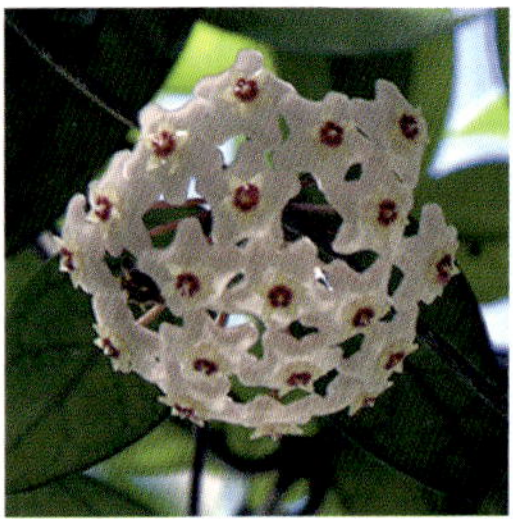

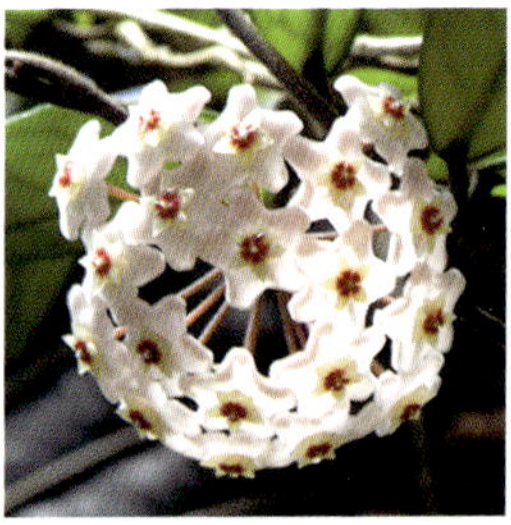

Zusätzliche Beleuchtung

Künstliche Beleuchtungssysteme sind ein großer Fortschritt in der Fotografie. Sie haben die Wahl: Ein eingebautes Blitzgerät bietet besten Tragekomfort und Bedienungsfreundlichkeit, führt aber zu wenig zufriedenstellenden Ergebnissen. Ein mit der Kamera verbundenes, seitlich angeordnetes Blitzgerät (entfesselter Blitz) vereint praktischen Nutzen mit weitaus besseren Ergebnissen. Tragbare Beleuchtungsgeräte, die entweder Blitzlicht oder Dauerlicht liefern, bieten ein Höchstmaß an Qualität und Kontrolle, sind jedoch teuer und sperrig.

ELEKTRONENBLITZ

Die Position der winzigen Lichtquelle eines eingebauten Blitzgeräts – direkt neben dem Objektiv – und ihre Größe resultieren in einer kontrastreichen Beleuchtung, die das Motiv unzureichend modelliert und harte Schatten erzeugt. Ein Aufsteckblitz auf der Kamera oder in seitlicher Position arbeitet die Formen des Motivs besser heraus. Streuscheiben sorgen für weicheres Licht und verbessern die Ergebnisse weiter.

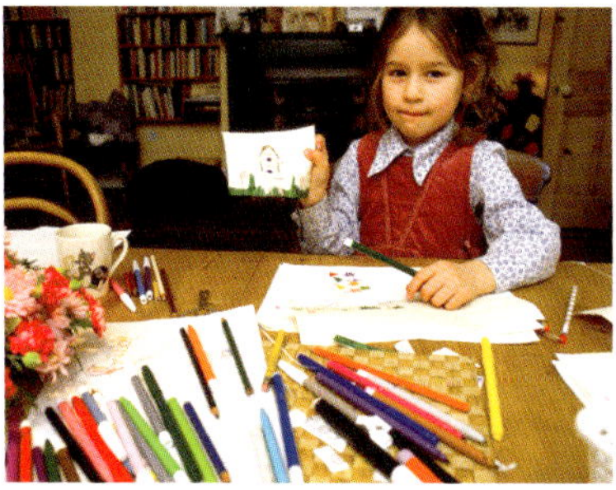

AUFHELLBLITZ

Bei Tageslicht bzw. bei zu starkem Licht erzielt ein Blitzgerät paradoxerweise eine besonders gute Wirkung. Sie können es bei hellem Sonnenlicht zur Aufhellung der Schatten oder zur Ausleuchtung im Dunkeln liegender Bildpartien verwenden, als würden Sie eine Taschenlampe darauf richten. Auch bei Sonnenuntergangs- oder Dämmerungsaufnahmen mit dunklem Vordergrund kann Blitzlicht eine Hilfe sein.

Aufhelllicht
Blitzlicht in Innenräumen führt häufig zu überbelichteten Gesichtern vor einem dunklen Hintergrund. Bei dieser Aufnahme *(links)* wurden Zeichnung und Farben mit Hilfe einer großen Blende bewahrt.

Ausleuchtung von dunklen Bildpartien
Zu viel Blitzlicht hätte bei dieser Aufnahme im düsteren Regenwald auf Fiji *(links)* die dunkle, nasskalte Stimmung zunichte gemacht. Ein einzelner, auf den Farn im Vordergrund gerichteter Lichtstrahl hellte die Szene jedoch auf, ohne unnatürlich zu wirken.

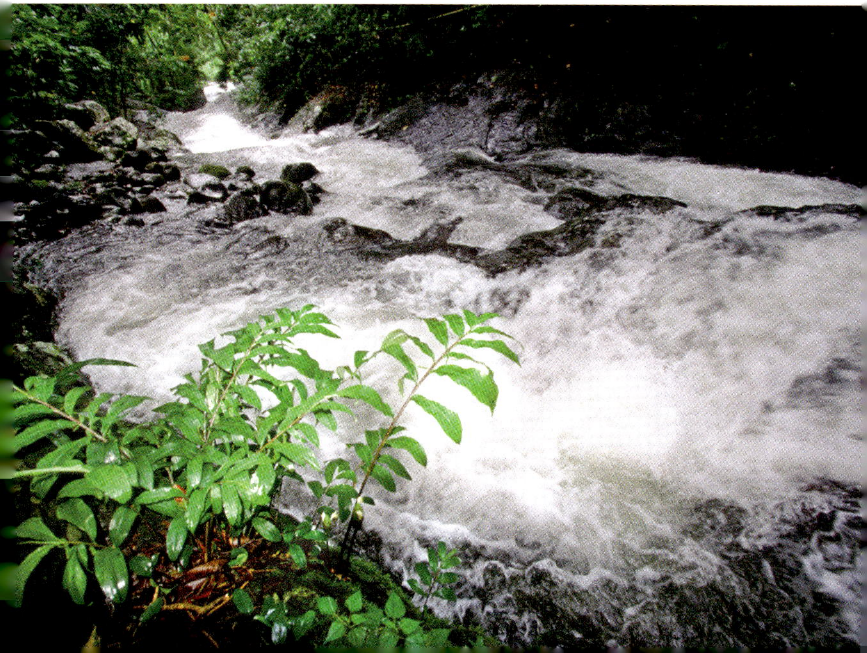

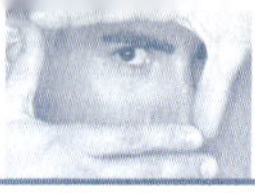

ROTE AUGEN

Bei weit geöffneten Pupillen und direkter Einstrahlung des Blitzlichts aus geringer Entfernung entsteht der Rote-Augen-Effekt, der sich aus der Beleuchtung der Netzhaut ergibt und bei schwachem Licht, das heißt, wenn die Pupillen am weitesten geöffnet sind, besonders ausgeprägt ist. Man vermeidet diesen Effekt, wenn das Blitzgerät möglichst weit von der Kamera entfernt aufgestellt wird. Eine andere Methode ist der Vorblitz vor der eigentlichen Aufnahme, die jedoch aufgrund der resultierenden Verzögerung dazu führen kann, dass Sie den entscheidenden Moment verpassen. Rote Augen können auch mit Hilfe der Bildbearbeitungssoftware beseitigt werden.

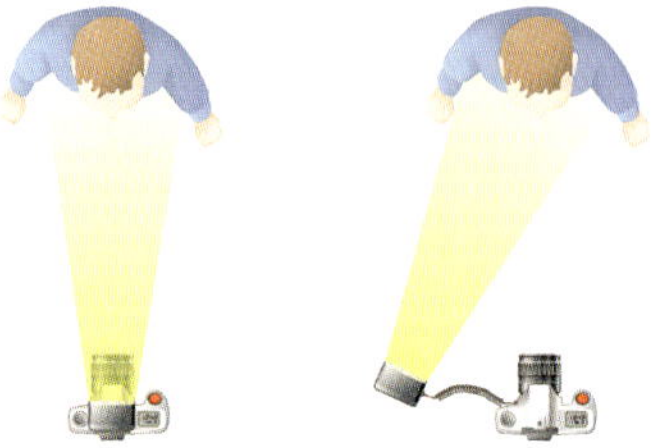

Aufsteckblitz **Entfesseltes Blitzgerät**

Abstand des Blitzgeräts
Bereits ein im Abstand von etwa 15 cm von der Kamera bzw. dem Objektiv angeordnetes entfesseltes Blitzgerät löst in der Regel das Problem des Rote-Augen-Effekts.

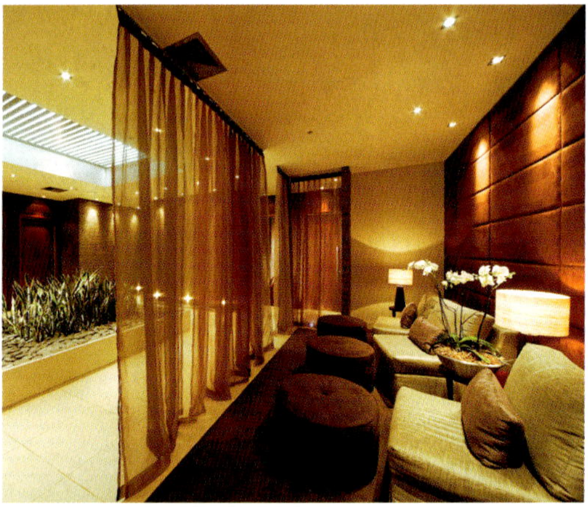

INNENRÄUME

Tragbare Beleuchtungsgeräte wie fokussierbare Dedolight-Leuchten, Fotolampen, Lampenstative und Lichtformer, zum Beispiel Klappenvorsätze, leisten bei Innenaufnahmen gute Dienste. Zur Aufhellung von dunklen Ecken und zum Ausgleich zwischen dunklen und hellen Bereichen sind sie unverzichtbar.

Aufhellung der Schatten
Bei dieser Aufnahme des Empfangsbereichs eines Schwimmbads wurden drei Dedolight-Leuchten eingesetzt.

VON MEISTERHAND

Sein Studium am Massachusetts Institute of Technology schloss der in in Albanien geborene Fotograf Gjon Mili (1904–1984) 1927 ab. Er erkannte das künstlerische Potenzial der Erfindung seines Kommilitonen Harold Edgerton *(s. S. 99)*, der das Stroboskop entwickelte, ein Gerät, das in kurzen, regelmäßigen Abständen starkes Blitzlicht ausstrahlt. Mili nutzte das Stroboskop zur Zerlegung der Bewegungen von schnellen Objekten. Dadurch wurde es möglich, den Schwung eines Golfspielers oder die Rotation eines Hubschrauberrotors eingehend zu studieren.

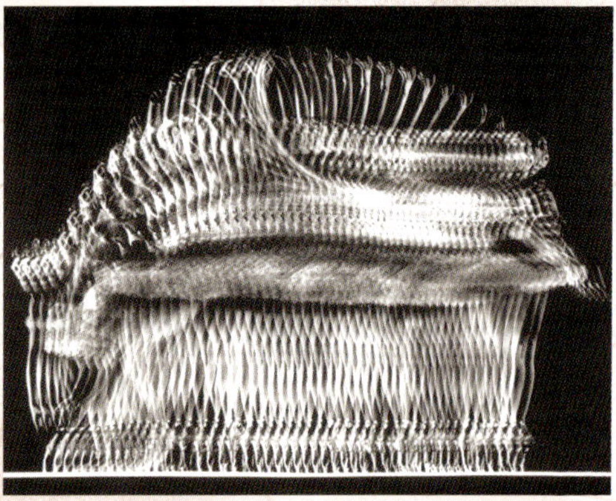

Gjon Mili
In diesem Bild der Ballerina Alicia Alonso, die einen *pas de bourée courru* ausführt, eine sehr schnelle Laufbewegung auf Spitzen in Tippelschritten, verbinden sich körperliche Anmut, künstlerische Vision und wissenschaftliche Analyse.

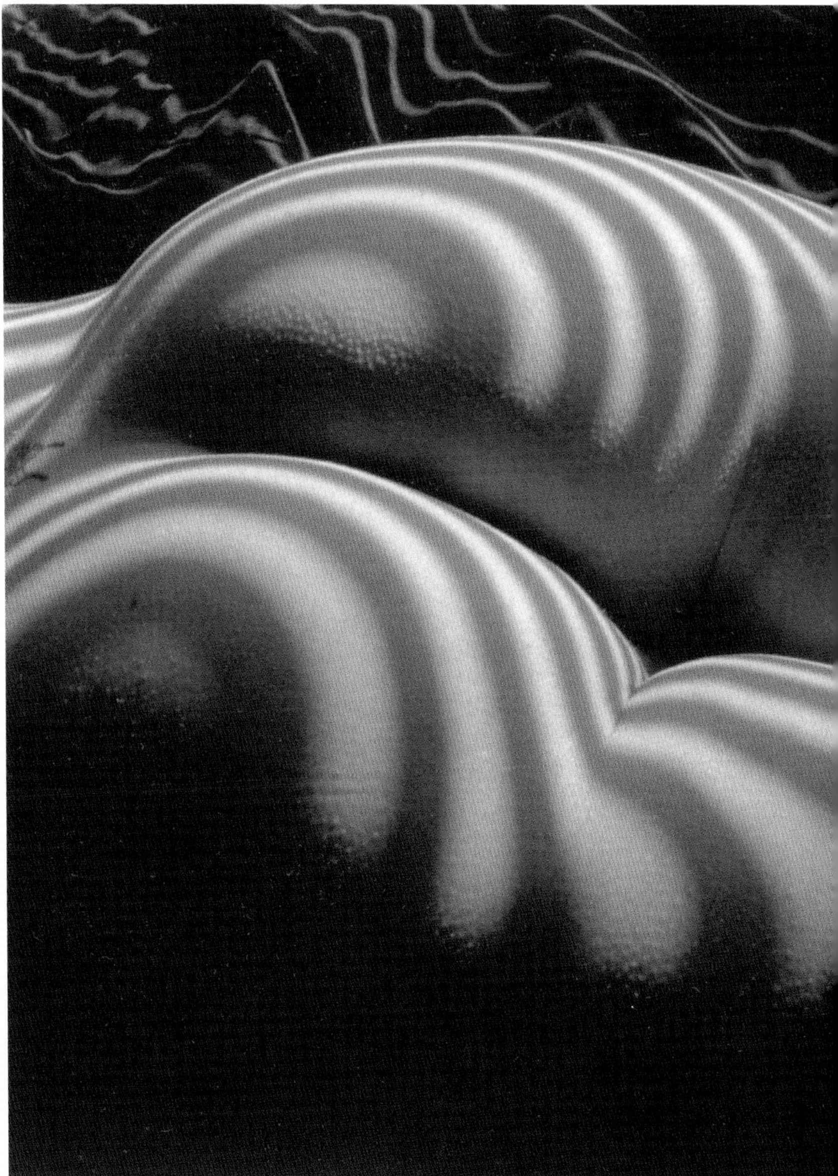

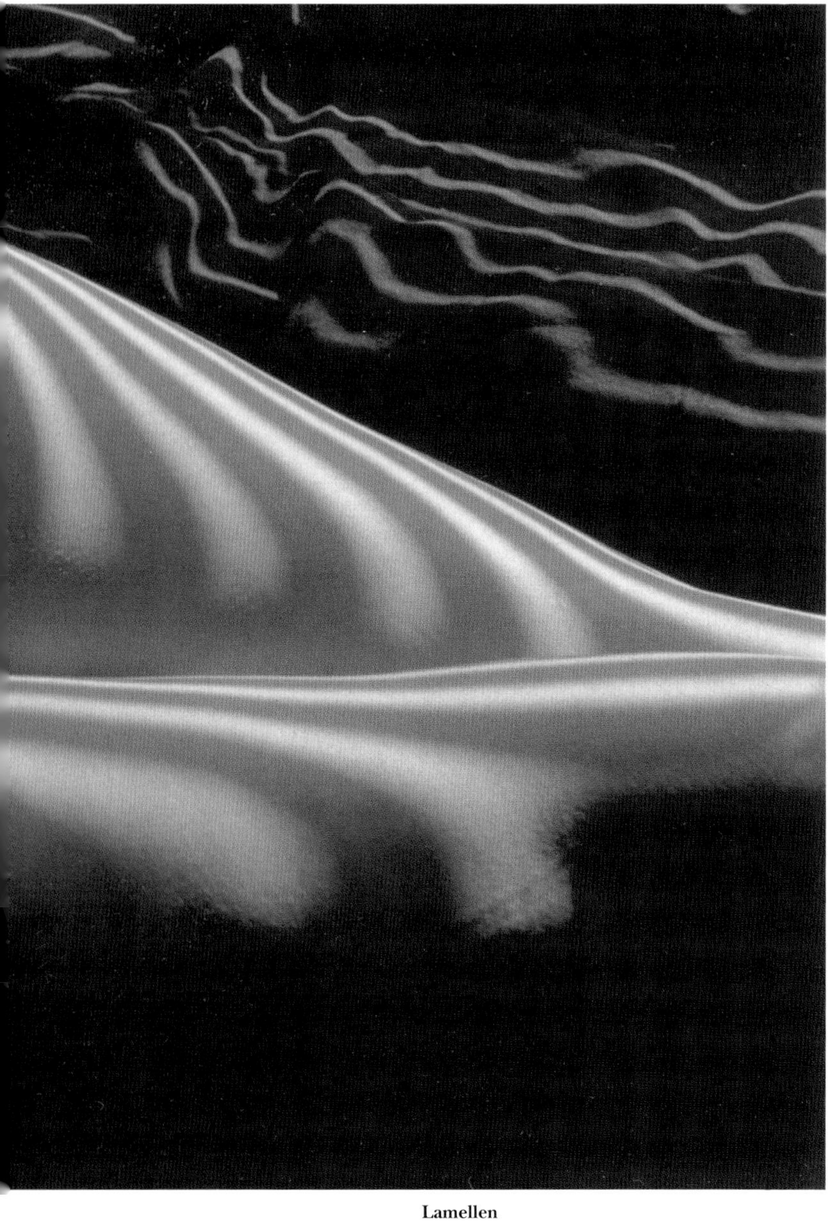

Lamellen
Der 1934 in Frankreich geborene Fotograf Lucien Clergue ist ein vielgepriesener Aktfotograf. Dieses Bild gehört zu einer Serie, bei der Schatten auf den nackten Körper des Modells projiziert wurden.

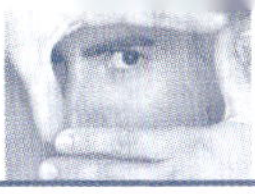

Belichtungssteuerung

Belichtungssteuerung gehört zu den Grundvoraussetzungen einer guten Bildqualität, die mit der korrekten Belichtung steht und fällt. Leider gibt es jedoch keine Methode, die unter allen Umständen eine richtige Belichtung garantiert. Faktoren wie Lichtintensität und Filmempfindlichkeit spielen zwar eine Rolle, aber die Belichtungseinstellung hängt ganz entscheidend von der gewünschten Bildwirkung ab.

Die richtige Belichtung

Zu einem Ergebnis, das Ihrer Vorstellung entspricht, führt in der Regel jene Belichtungseinstellung, bei der die Mitteltöne Ihres Motivs (zum Beispiel Gras an einem bewölkten Tag) als Mittelgrau wiedergegeben werden, das heißt, einem Wert genau in der Mitte zwischen Tiefschwarz und Reinweiß entsprechen. Folglich entfallen die hellen und die dunklen Töne gleichmäßig auf die Bereiche zu beiden Seiten der Mitteltöne.

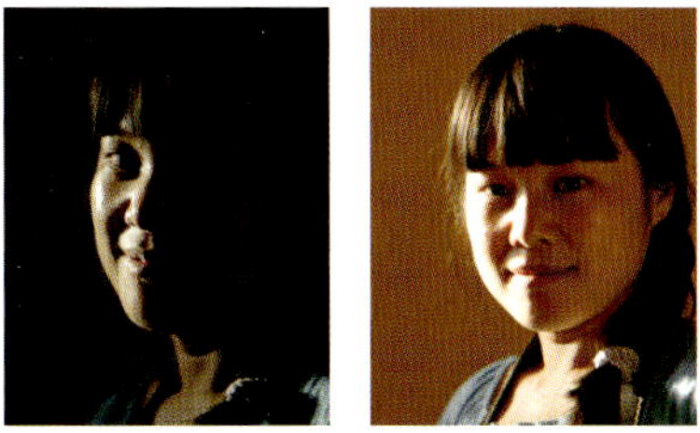

Belichtung auf die Lichter und Schatten
Belichtung auf die hellen Bereiche *(links)* führt zu einer zu dunklen Abbildung der Partien im Schatten. Belichtung auf die unbeleuchteten Bereiche *(rechts)* ergibt ein natürlicheres Ergebnis.

EINSTELLUNG DER MITTELTÖNE

Damit helle Bereiche gut durchgezeichnet sind, müssen Sie unterbelichten, das heißt, für die Mitteltöne einen niedrigeren Wert als Mittelgrau einregeln. Dies führt zu einer dunkleren Abbildung mit Verlust der Detailzeichnung in den Schatten. Wenn die Zeichnung in den Schatten erhalten bleiben soll, müssen Sie überbelichten, also einen höheren Wert einregeln. Auf dem helleren Bild geht die Zeichnung in den Lichtern verloren.

Low-key-Aufnahme
Die Unterbelichtung um zwei Blendenstufen bringt die Linien des Körpers, dessen Umrisse nur angedeutet werden sollen, voll zur Geltung.

UNTER- UND ÜBERBELICHTUNG

Man kann absichtlich eine Unter- oder Überbelichtung herbeiführen, um bestimmte Effekte zu erzielen, zum Beispiel bei der Wirkung der Farben oder der Komposition einer Szene. Bei extremer Unterbelichtung entstehen stimmungsvolle, dunkle Low-key-Aufnahmen, auf denen es keine helleren Töne als die Mitteltöne gibt und die Farben besonders intensiv wirken. Wenn Sie eine Aufnahme um einige Blendenstufen überbelichten, erhalten Sie ein High-key-Ergebnis, das strahlend und lichtdurchflutet erscheint. Kein Tonwert einer High-key-Aufnahme ist dunkler als Mittelgrau, und die Farben scheinen fein und hell.

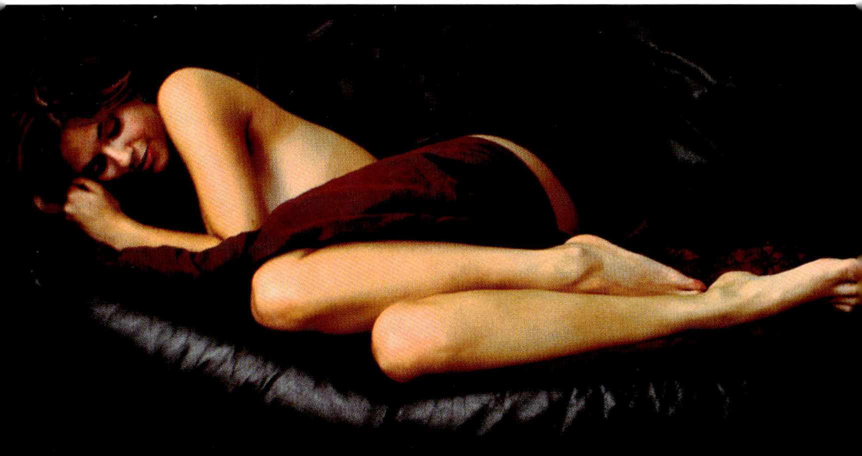

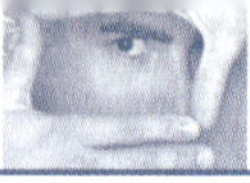

DIE BELICHTUNG

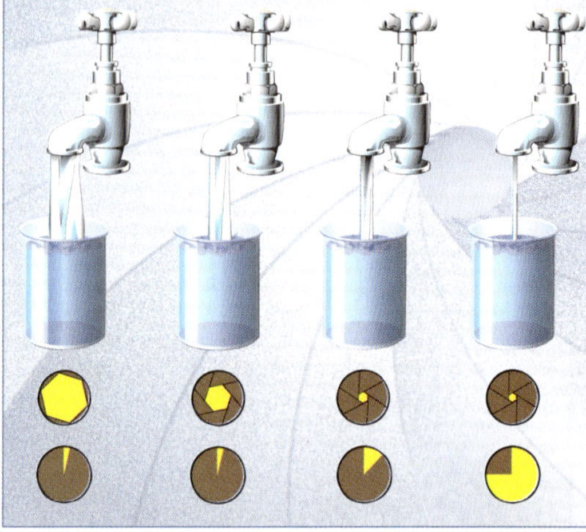

Die Belichtung hängt von der Verschlusszeit (Belichtungsdauer) und von der Blende ab, die die Menge des einfallenden Lichts regelt. Wie man einen Wasserhahn wenig bzw. voll aufdrehen kann, um einen Behälter langsam oder schnell zu füllen, bleibt die Belichtung trotz einer Änderung der Blende gleich, wenn die Verschlusszeit entsprechend angepasst wird. Wählt man eine kleinere Blende, benötigt man eine längere Verschlusszeit.

BELICHTUNGSREIHE

Zur Erstellung einer Belichtungsreihe – eine Standardmethode der Profis – werden zusätzlich zu der Aufnahme mit Belichtungsautomatik zwei Fotos mit Werten über bzw. unter den von der Kamera berechneten gemacht. In der Regel sollte der Unterschied eine halbe Stufe betragen, aber zu Übungszwecken eignet sich eine Stufe oder mehr besser. Sie werden feststellen, dass die Werte Ihrer Kamera nicht immer optimal sind. Bei kontrastreichem Licht erzielt man mit Unterbelichtung oft einen dramatischeren, farbenfrohen Effekt. Bei gestreutem Licht oder Motiven mit hellen Farben wirkt möglicherweise ein überbelichtetes Bild besser.

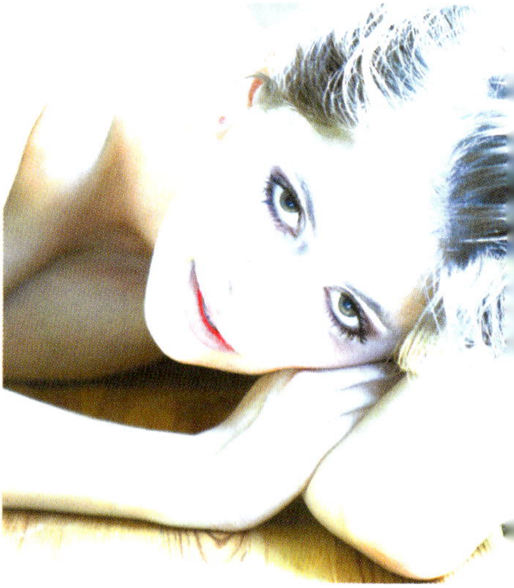

High-key-Aufnahme
Durch die Überbelichtung um vier Blendenstufen wirkt dieses Porträt *(rechts)* modern und hell, auch die Farben in den Schatten sind sichtbar.

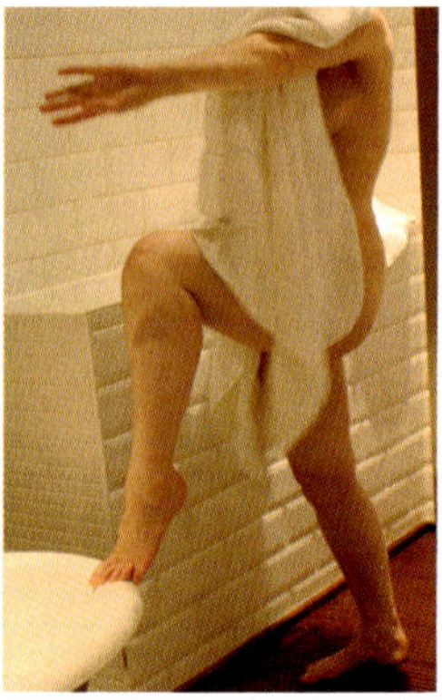

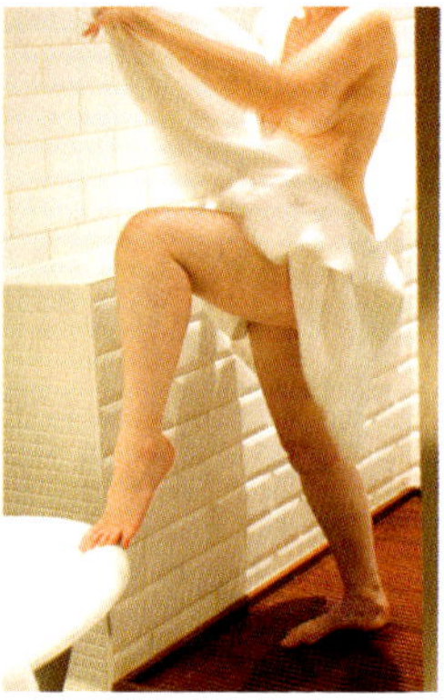

Belichtungskorrektur
Bei der zu dunklen Aufnahme *(ganz links)* erscheinen die weißen Bereiche schmutzig-grau, die Hauttöne erdfarben. Der für Kunstlicht typische Gelbstich reduziert die Farbbrillanz. Eine stärkere Belichtung *(links)* führt zu einem lebhafteren Ergebnis. Die weißen Bereiche sind weiß und die Hauttöne strahlen. Zur neutralen und trotzdem warmen Wiedergabe der weißen Töne und zur Beseitigung des Gelbstichs wurde per Bildbearbeitung die Farbbalance verändert *(s. S. 166)*.

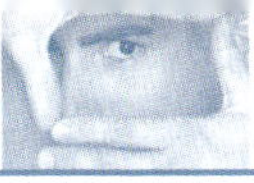

Belichtungsmessung

Die Belichtungsautomatik moderner Kameras analysiert große Datenmengen und vergleicht sie mit gespeicherten Informationen, um die geeignete Blende und Verschlusszeit zu ermitteln. Diese »intelligenten« oder »evaluativen« Systeme arbeiten meist korrekt. Wenn man sich jedoch immer darauf verlässt, lernt man nie, wie man die Ergebnisse eventuell noch verbessert.

GEGENLICHTAUFNAHMEN

Bei Sonnenuntergang versammelte sich auf dem größten Platz in Marrakesch, Marokko, eine große Mengenmenge, um hier eine Gauklertruppe zu beobachten. Ihre Darbietungen kamen am besten im Gegenlicht zur Geltung, das heißt, bei hinter dem Motiv stehender Sonne und mit langen Schatten im Vordergrund. In einer solchen Situation ermittelt die Belichtungsautomatik aufgrund des extremen Kontrastumfangs möglicherweise falsche Ergebnisse. Daher empfiehlt es sich in so seinem Fall, mit der mittenbetonten Messung der Kamera die Mitteltöne anzumessen und die gespeicherten Werte als Belichtungseinstellung für die Gesamtaufnahme zu verwenden.

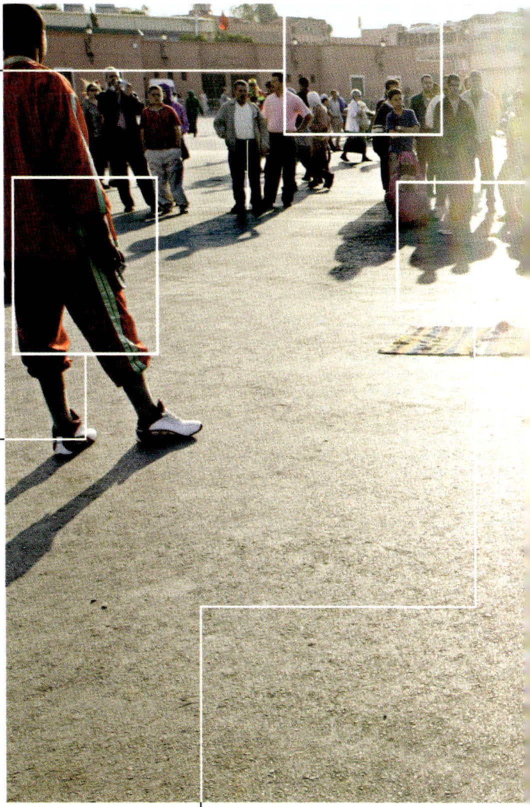

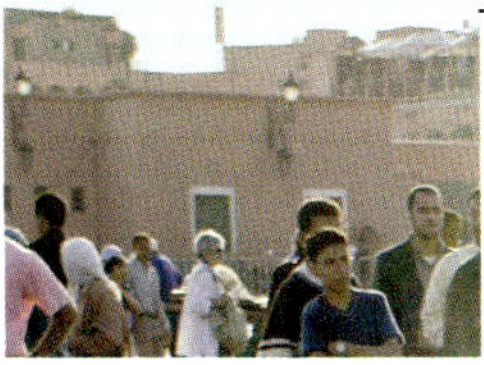

Ausgefressene Lichter
Der Himmel rund um die Sonne wird immer nahezu weiß erscheinen, unabhängig von der Belichtungseinstellung.

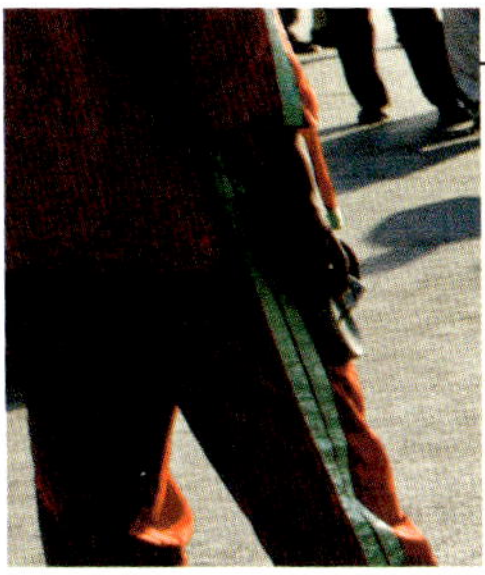

Farben in den Schatten
In bildwichtigen Bereichen sollten die Farben wenigstens noch zu erahnen sein. Andernfalls wirkt die Gesamtaufnahme trotz technisch korrekter Belichtung zu dunkel. In schwierigen Fällen ist vielleicht eine zusätzliche Beleuchtung oder eine Verstärkung der Farben am Computer erforderlich.

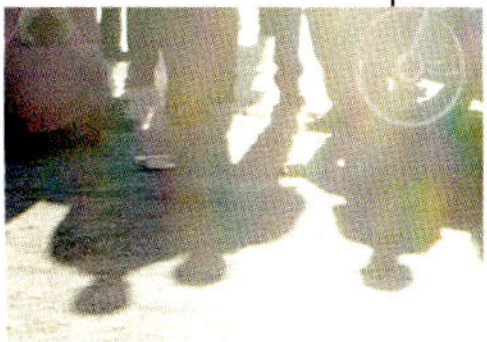

Streulicht
Dieser Teil der Aufnahme wirkt besonders hell, die Ursache ist Streulicht – unerwünschtes Licht, das von Reflexionen im Inneren des Objektivs verursacht wird und als Fremdlicht auf den Sensor trifft.

BELICHTUNGSÄNDERUNGEN

Den Umgang mit der Belichtungsmessung erlernt man durch die Aufteilung einer Szene in Helligkeitswerte. Falls Ihre Kamera eine Spotmessung ermöglicht, bei der nur drei bis fünf Prozent des Motivs angemessen werden, können Sie die optimale Belichtung für die verschiedenen Bildbereiche ermitteln. Sie werden sehen, welch große Wirkung eine kleine Änderung auf die Wiedergabe der Details haben kann. Die Szene unten ist für die Belichtungsautomatik schwer zu bewältigen, denn die tief stehende helle Sonne kann zu starker Unterbelichtung führen.

Auswertung der Szene unten
Die »0« ist der Helligkeitswert der Szene, der nach normaler Entwicklung oder Verarbeitung die Mitteltöne ergibt. Die unterschiedlichen Zahlen bezeichnen in Abständen von einer Blendenstufe hellere (+) oder dunklere (-) Tonwerte.

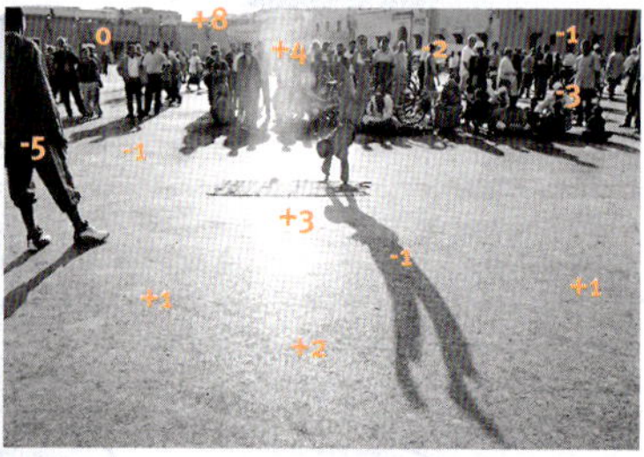

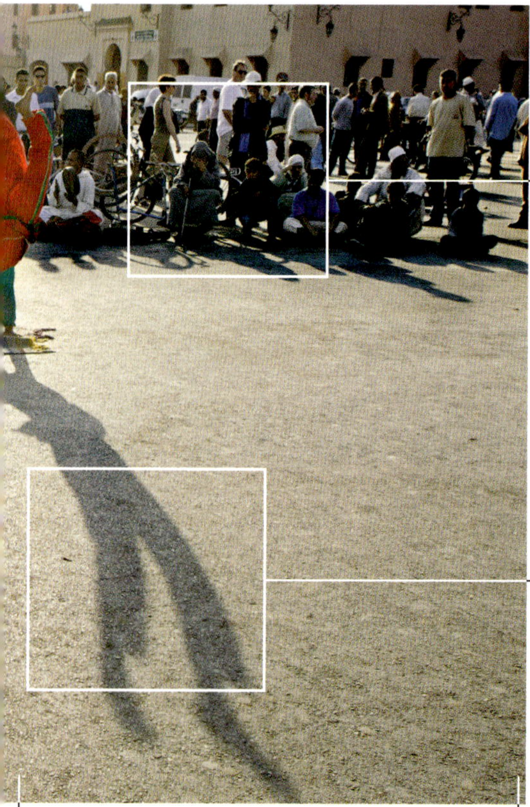

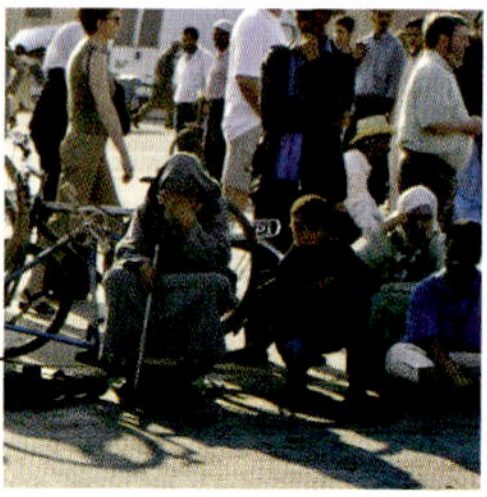

Dunkle Bereiche
Obwohl Hauttöne und Kleidung normalerweise die Mitteltöne eines Bildes darstellen, führt eine Belichtung auf die Menschenmenge in diesem Fall zu einer Überbelichtung und einer zu hellen Gesamtaufnahme, weil dieser Bereich im Schatten liegt.

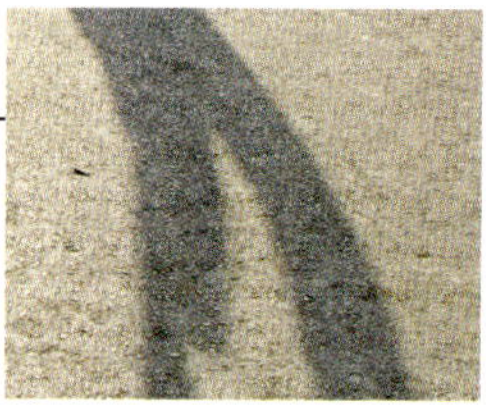

Zu helle Schatten
Einer der Effekte von Streulicht *(s. links)* ist die Reduzierung des Kontrasts durch die Aufhellung der Schatten. Der Schatten des Akrobaten, ein bildwichtiger Bereich, war aufgrund des Streulichts zu hell. Eine leichte Nachbelichtung mit Hilfe der Bildbearbeitungssoftware sorgt für eine dunklere Abbildung.

In schwierigen Beleuchtungssituationen sollten Sie bei der Belichtung die mittleren Grauwerte anmessen, in diesem Fall den Boden.

Die Ecken dieser extremen Weitwinkelansicht sind dunkler als die Bildmitte. Dieser »Lichtabfall« wird von den schräg einfallenden Sonnenstrahlen verursacht.

Die Belichtungszeit

Bei der Belichtungssteuerung liegt in den meisten Situationen das Hauptaugenmerk darauf, dass die Zeit-Blenden-Kombination zu einem gut belichteten, scharfen Foto führt. Die Verschlusszeit entscheidet jedoch nicht nur über die Menge des auf das Aufnahmemedium treffenden Lichts. Sie bestimmt auch über die Art der Wiedergabe von Bewegungen – ein Motiv in Bewegung kann eingefroren oder verschwommen abgebildet werden.

WIEDERGABE VON BEWEGUNGEN

Bei kurzen Verschlusszeiten werden Bewegungen eingefroren und Details klar definiert abgebildet. Bei langen Belichtungszeiten werden Motivbewegungen unscharf wiedergegeben. Je schneller die Bewegungen und je länger die Belichtungszeit, desto ausgeprägter die Unschärfe. Dieser Effekt wirkt realistisch, da auch unser Auge Bewegung unscharf wahrnimmt. Das Ausmaß der Bewegungsunschärfe bestimmt über die Schärfe der Gesamtaufnahme. Eine verschwommene Abbildung erreichen Sie mit Belichtungszeiten wie 1/15 s, eine geringe Unschärfe entsteht bei Verschlusszeiten wie 1/1000 s.

Lange Belichtungszeit: im Regen
Die Kamera war noch auf eine lange Belichtungszeit eingestellt, als diese Frauen in einem heftigen Sturm in Tadschikistan an der Kamera vorbeiliefen *(unten)*. Der Effekt vermittelt die Eile, mit der sie vor dem Regen flüchten.

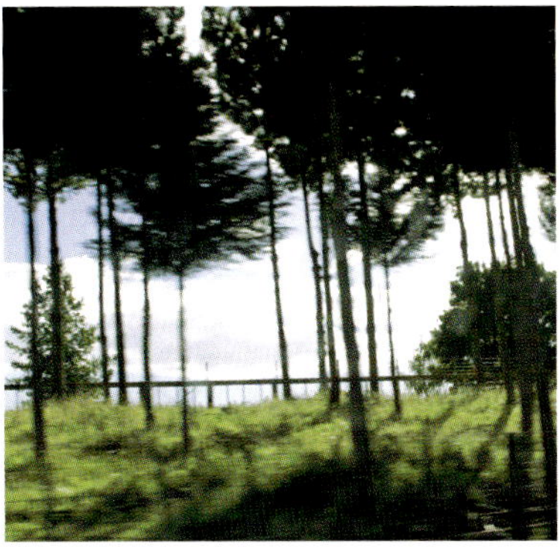

Kurze Belichtungszeit: Aufnahme aus dem fahrenden Auto
Bei besonders schnell bewegten Motiven wie dieser »vorbeirasenden« Landschaft *(oben)* bleiben Bewegungsunschärfen auch bei einer extrem kurzen Belichtungszeit erhalten.

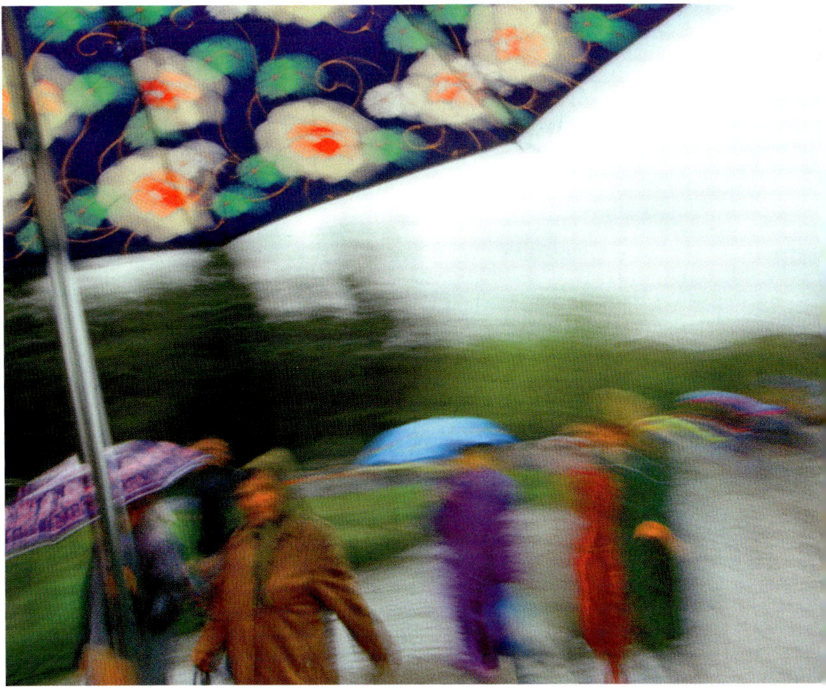

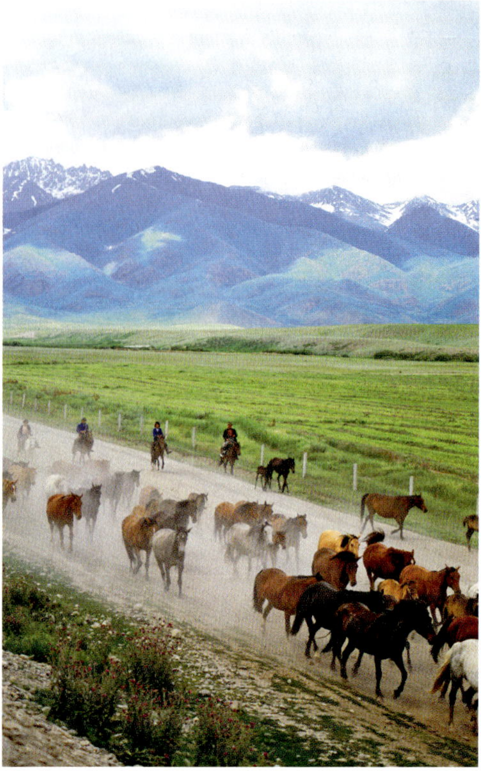

BLENDEN- UND ZEITAUTOMATIK

Bei der Belichtung muss die Notwendigkeit einer kurzen Verschlusszeit gegen die Notwendigkeit einer Blendeneinstellung abgewogen werden, die ausreichende Schärfentiefe und optische Korrektion gewährleistet. Mit der Blenden- und Zeitautomatik kann man entweder Blende oder Belichtungszeit vorgeben und den Ergänzungswert von der Kamera berechnen lassen. Die Blendenautomatik wird verwendet, wenn es auf eine kurze Belichtungszeit ankommt, zum Beispiel beim Einfrieren von Bewegungen. Die Zeitautomatik wird gewählt, wenn eine größere Schärfentiefe gefragt ist und die Verschlusszeit keine so große Rolle spielt.

Lange Belichtungszeit
Während der Vorbereitung zu einer Landschaftsaufnahme in Kirgisistan *(links)* liefen plötzlich diese Pferde die Straße entlang auf die Kamera zu. Eingestellt wurde eine für maximale Schärfentiefe erforderliche Blende.

Einfrieren von Bewegungen
Motive, die sich in Ihrer Nähe befinden und sich sehr schnell durch das Bildfeld bewegen, verlangen kürzeste Verschlusszeiten – 1/2000 s oder kürzer –, um die Bewegungen einzufrieren. Wenn das Objekt langsamer oder weiter entfernt ist und auf Sie zukommt, sollten Sie eine Belichtungszeit um 1/125 s wählen. In der Tabelle links werden Richtwerte aufgeführt, mit denen Sie experimientieren können.

MOTIV	RICHTUNG DER MOTIVBEWEGUNG		
	Richtung Kamera	Durch das Bildfeld (90° zur Kamera)	Diagonal (45° zur Kamera)
Fußgänger	1/30 s	1/125 s	1/60 s
Jogger	1/60 s	1/250 s	1/125 s
Fahrradfahrer	1/250 s	1/1000 s	1/500 s
Pferd im Galopp	1/500 s	1/2000 s	1/1000 s
Auto bei 50 km/h	1/250 s	1/1000 s	1/500 s
Auto bei 160 km/h	1/1000 s	1/4000 s	1/2000 s

Verschlusszeit und Abstand
Um diesen Zug bei einer Geschwindigkeit von 161 km/h aus einer Entfernung von 15 m zu fotografieren und die Bewegung einzufrieren, ist eine Verschlusszeit von 1/4000 s oder kürzer erforderlich. Bei einem Abstand von über 100 m muss die Belichtungszeit nur noch bei 1/500 s oder kürzer liegen. Für mehr Schärfe sollten kürzere Zeiten eingeregelt werden.

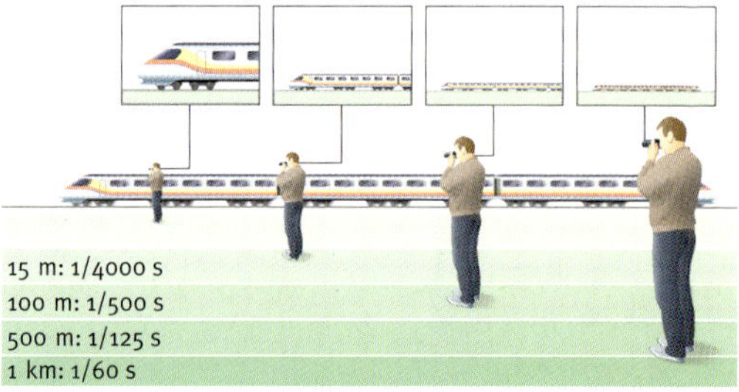

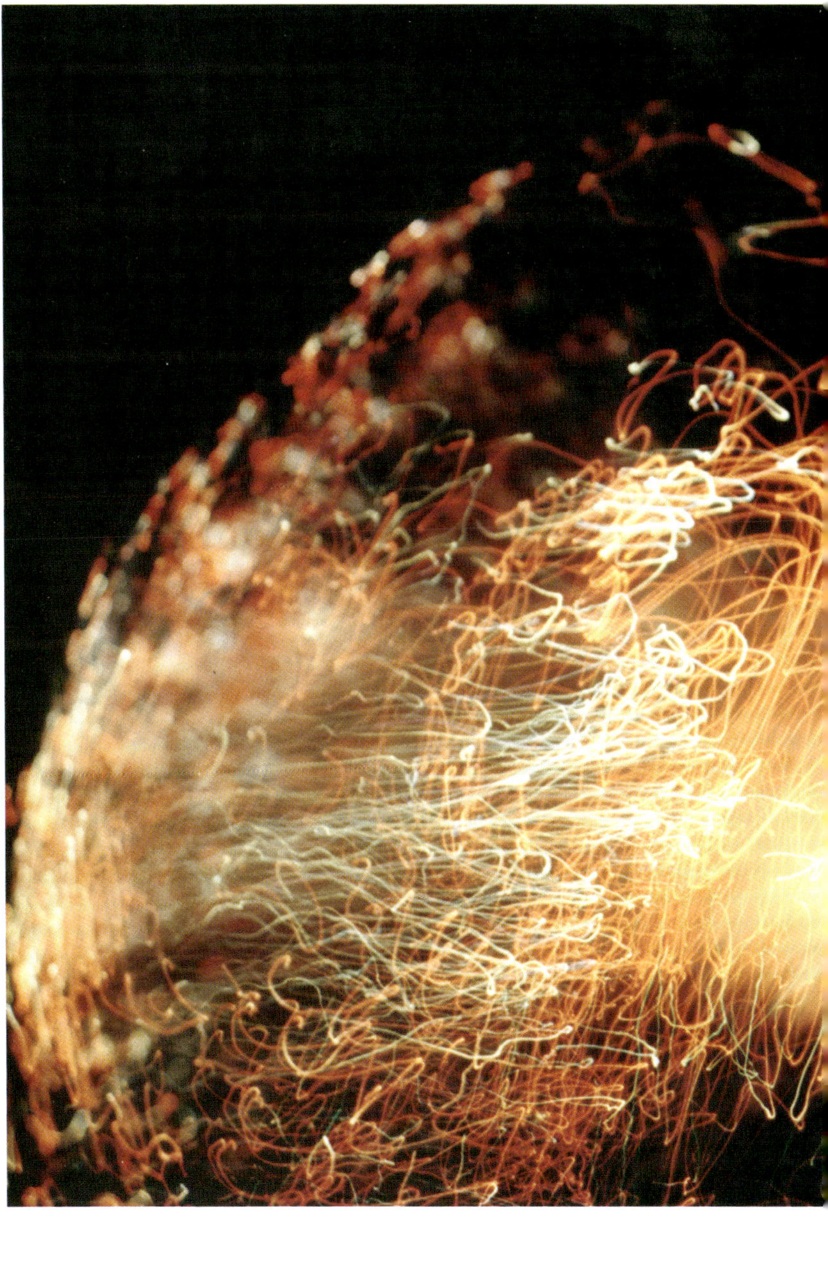

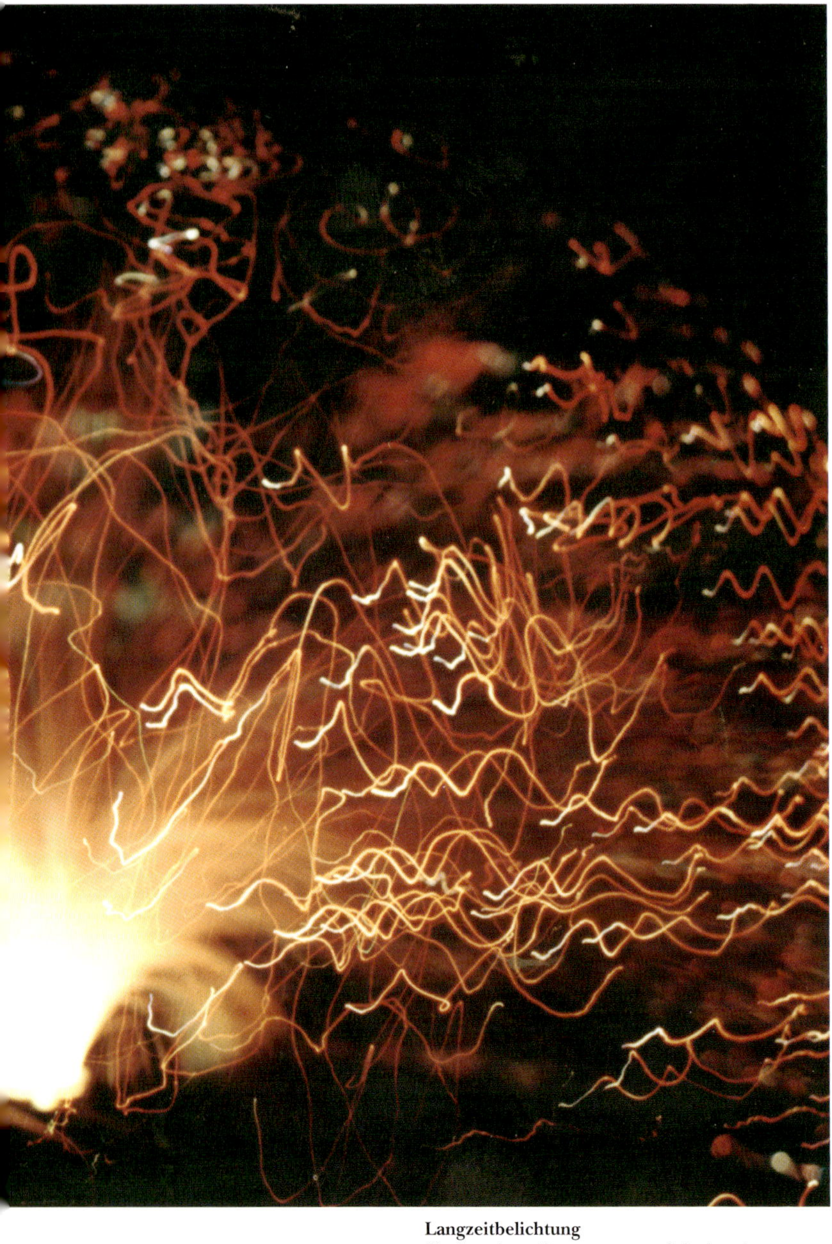

Langzeitbelichtung
Ein Foto kann Bewegungen auf einzigartige Art und Weise festhalten. Hier wurden mit Hilfe einer Langzeitbelichtung die Wege aufgezeichnet, die das Licht in Glasfaserleuchten zurücklegt.

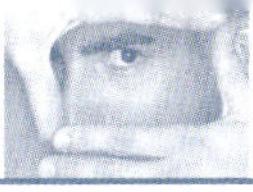

Objektive

Das Objektiv ist das Auge der Kamera. Es überträgt das Gesehene auf den Film oder Sensor und steuert dabei, welche Bildelemente scharf erscheinen und wie viel von der Szene erfasst wird. Verschiedene Brennweiten bilden die Welt unterschiedlich ab und können unsere fotografische Vision umsetzen, einschränken oder erweitern.

Die Brennweite

Die Brennweite bezeichnet den Abstand zwischen dem Objektivmittelpunkt und seinem Brennpunkt bei Einstellung auf Unendlich. Je länger die Brennweite, umso kleiner der Bildwinkel und umso größer der Abbildungmaßstab. Stellen Sie sich vor, Sie schauen durch ein Loch in einem Zaun. Wenn Sie Ihr Auge direkt an das Loch bringen, sehen Sie die Szene davor wie bei einer Weitwinkelansicht. Wenn Sie aus größerer Entfernung durch das Loch schauen, sehen Sie einen kleineren Ausschnitt und das Bild wird kleiner. Wenn Sie sich dieses Bild nun so groß vorstellen wie die Weitwinkelansicht, werden die Details, die Sie durch das Loch sehen, größer – auf diese Weise funktioniert das Teleobjektiv.

NORMALBRENNWEITEN

Der Bildwinkel eines Normalobjektivs entspricht ungefähr dem Sehwinkel des Auges, es produziert keine besonderen Effekte. Früher waren alle KB-Kameras mit einem 50-mm-Normalobjektiv ausgestattet, heute sind variable Brennweiten Standard. Die Arbeit mit einem Normalobjektiv ist jedoch eine ausgezeichnete Übung, denn der Fotograf kann sich auf die Komposition konzentrieren – er muss genauer hinschauen und eventuell den Standort wechseln.

VERGLEICH DER ANSICHTEN

Mit einem Teleobjektiv aufgenommene Bilder unterscheiden sich extrem von Weitwinkelaufnahmen. Die Unterschiede zeigen sich am deutlichsten bei Bildern, bei denen das Hauptmotiv die gleiche Größe aufweist. Stellen Sie den weitesten Winkel ein und ordnen Sie Ihr Motiv im Sucher an. Anschließend regeln Sie die längste Brennweite ein. Um das Motiv in gleicher Größe darzustellen, müssen Sie für die zweite Aufnahme den Abstand zum Motiv beträchtlich vergrößern, was zu einem völlig anderen Blickwinkel führt. Diese Veränderung der Perspektive macht deutlich, weshalb die Auswahl des Objektivs von so entscheidender Bedeutung ist.

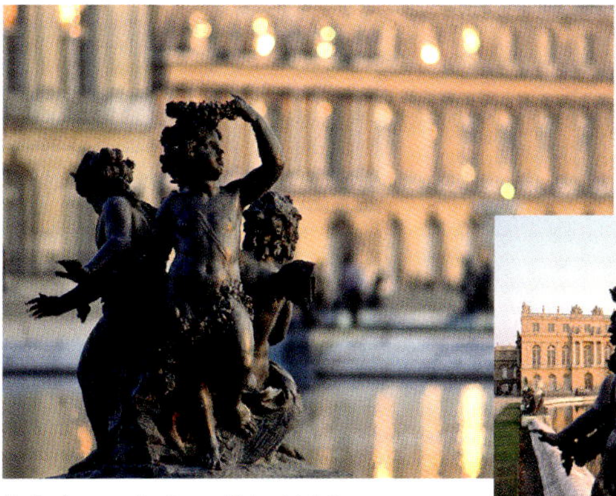

Aufnahme mit einem Teleobjektiv
Eine lange Brennweite rückt entfernte Objekte in dieselbe Bildebene wie kameranahe. Das 200-mm-Objektiv für das KB-Format lässt das entfernte Gebäude, Schloss Fontainebleau in Frankreich, nah an der Skulptur erscheinen. Das Schloss ist unscharf, weil es außerhalb des begrenzten Schärfentiefebereichs liegt.

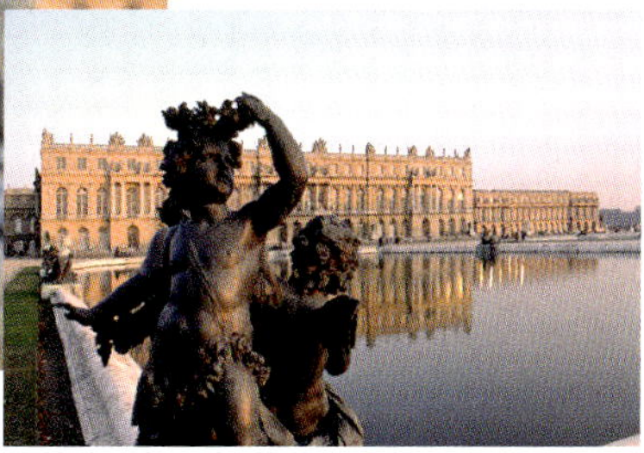

Aufnahme mit einem Weitwinkelobjektiv
Mit seiner kurzen Brennweite – 21 mm für das KB-Format – lässt das Weitwinkelobjektiv das Gebäude weit entfernt erscheinen. Die große Schärfentiefe wird auch anhand der relativen Schärfe des Gebäudes deutlich.

BILDWINKEL

Das Diagramm unten zeigt, wie sich der Bildwinkel mit der Brennweite ändert: Bei längerer Brennweite verkleinert sich der Bildwinkel und umgekehrt. Der Bildwinkel wird anhand der Bilddiagonale gemessen und nicht anhand der Bildbreite, wie man erwarten könnte. Wenn Sie Festbrennweiten wie 24 mm, 50 mm oder 180 mm verwenden, ergeben sich Bildsprünge. Einer der Vorteile von Zoomobjektiven liegt im stufenlosen Brennweitenwechsel, was für die Komposition hilfreich ist. Viele Zoomobjektive an Kompaktkameras ändern die Brennweite allerdings auch in Stufen.

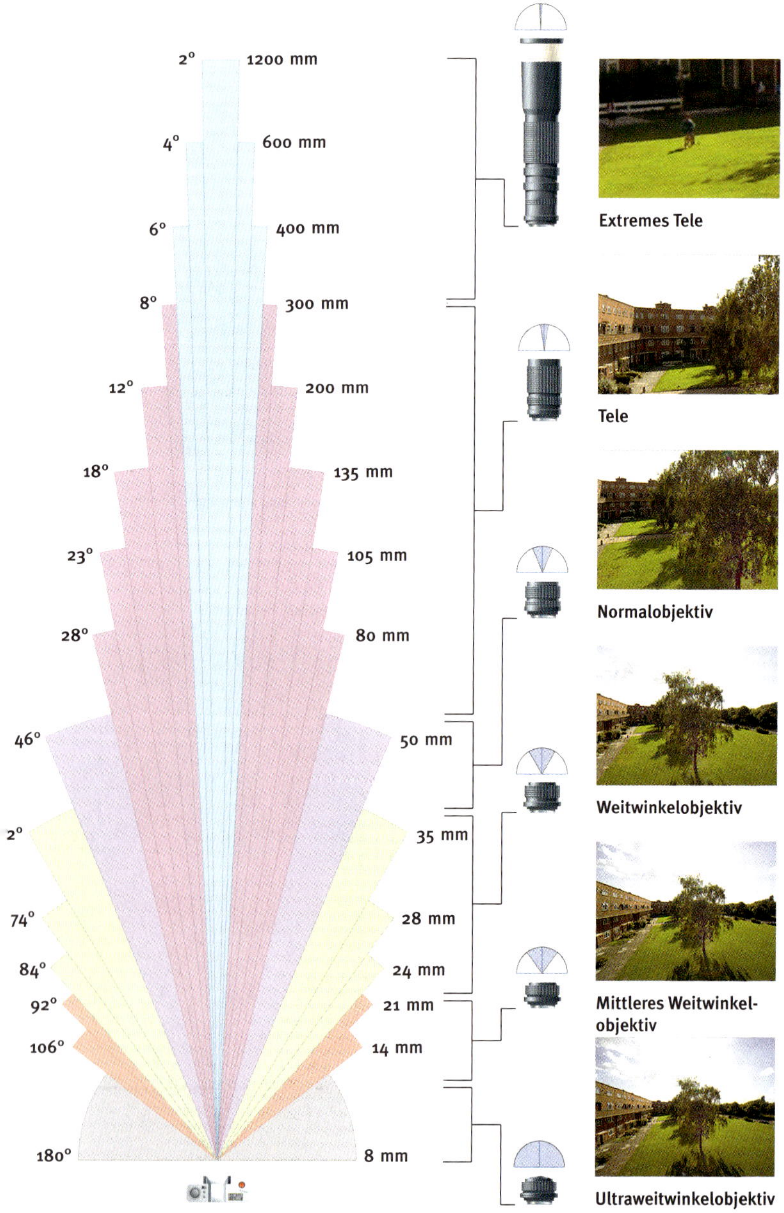

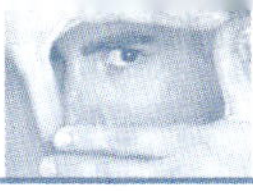

Scharfeinstellung und Schärfentiefe

Die besten Autofokus(AF)-Systeme stellen weitaus schneller und präziser scharf als es manuell möglich wäre. Selbst die fortschrittlichsten Kameras können jedoch die Schärfentiefe nicht steuern. Da die Schärfentiefe grundlegende Auswirkungen auf die Wiedergabe des Motivs auf dem Foto hat, ist hier der kreative Beitrag des Fotografen und technisches Verständnis für Objektivblende, Brennweite und Arbeitsabstand gefragt.

METHODEN DER SCHARFEINSTELLUNG

Moderne Autofokussysteme arbeiten auch bei schwachem Licht, stellen aber eventuell auf den falschen Bereich der Szene scharf. Die manuelle Scharfeinstellung verleiht dem Fotografen eine größere kreative Kontrolle, ist jedoch in manchen Situationen zu langsam. Außerdem braucht man eine gute Sehstärke. Visieren Sie das wichtigste Bildelement mit dem zentralen AF-Messfeld an, aktivieren Sie den Autofokus und halten Sie den Knopf gedrückt, um den Ausschnitt vor dem Auslösen endgültig festzulegen.

Mit zunehmender Brennweite erhöht sich die Notwenigkeit einer präzisen Scharfeinstellung. Bei Teleobjektiven sollte man dem System etwas Zeit lassen, da die Schärfentiefe viel geringer ist und die technischen Einschränkungen die Effizienz des AF-Systems herabsetzen.

Geringe Schärfentiefe
Bei voller Blende und langer Brennweite werden die Blumen im Vordergrund unscharf abgebildet *(unten)* und in eine bunte Farbabstraktion verwandelt, die das Hauptmotiv, eine junge Braut in Usbekistan, umrahmt.

VERREISSEN DER KAMERA

Wie perfekt Sie auch immer scharfeinstellen – jede Bewegung des Objektivs während der Aufnahme reduziert die Schärfe. Zur Verwendung eines Zoomobjektivs bei längster Brennweite benötigen Sie entweder ein Stativ oder eine Verschlusszeit von 1/250 s oder weniger (bei Brennweiten von 200 mm).

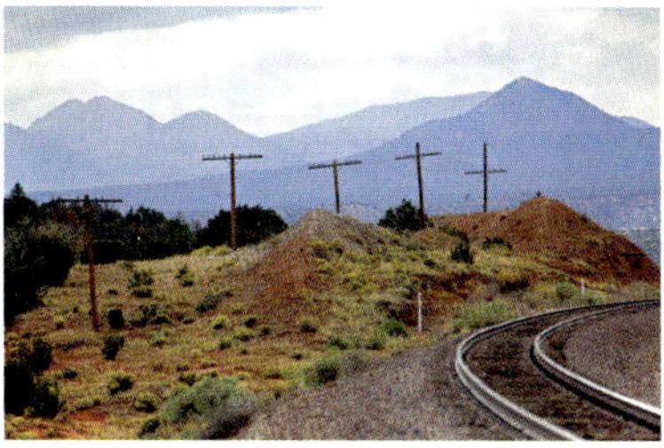

Große Schärfentiefe
Bei Aufnahmen von weit entfernten Objekten scheint die Schärfentiefe unendlich, selbst bei langen Brennweiten. Bei diesem mit einem 400-mm-Objektiv aufgenommenen Bild *(oben)* sind die Hügel ebenso scharf abgebildet wie die Telegraphenmasten.

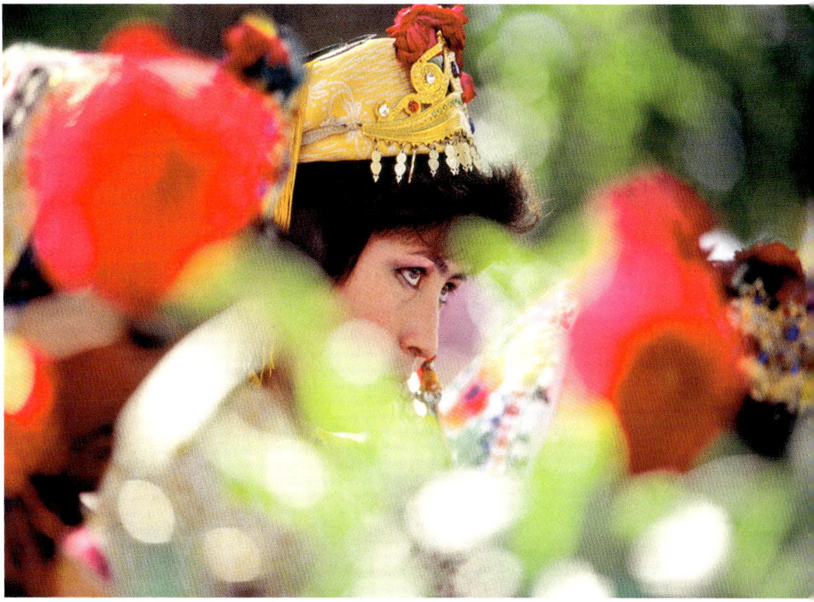

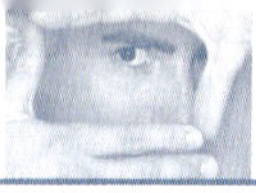

DIE SCHÄRFENTIEFE

Wenn Sie Ihre Kamera auf einen Mann richten, der sich Ihnen aus größerer Entfernung nähert und das Objektiv auf einen Punkt in einem Abstand von 3 m vor Ihnen einstellen, wird der Mann zunächst unscharf und dann immer schärfer abgebildet. An einem gewissen Punkt erscheint er perfekt scharf; wenn er diesen Punkt jedoch überschritten hat, erscheint er wieder zunehmend unscharf. Eine geringe Schärfentiefe bedeutet einen kleinen Bereich, in dem der Mann scharf erscheint. Schon nach kurzer Strecke erscheint er wieder unscharf. Umgekehrt bedeutet eine große Schärfentiefe, dass der Mann über eine größere Wegstrecke scharf abgebildet wird. »Unschärfe« ist natürlich ein subjektiver Begriff und hängt von der Betrachtungsweise, der Wahrnehmung des Betrachters und vom gewünschten Effekt ab.

Veränderung der Schärfentiefe
Die drei Diagramme unten zeigen, wie die Schärfentiefe je nach Blende, Einstellentfernung und Brennweite variiert.

Änderung der Blende (bei 70-mm-Objektiv, eingestellt auf 10 m)

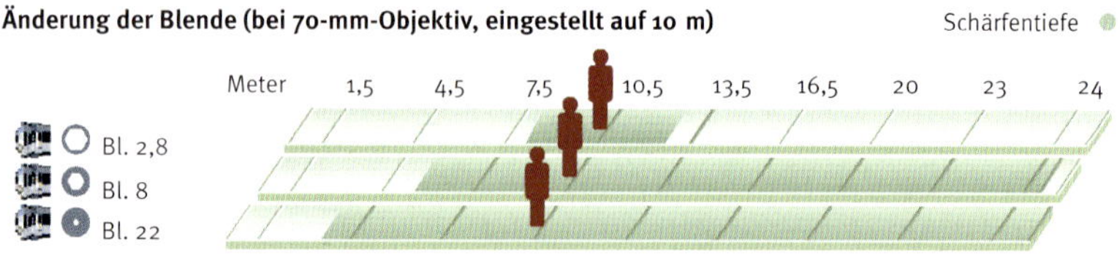

Änderung der Einstellentfernung (mit 70-mm-Objektiv bei Bl. 8)

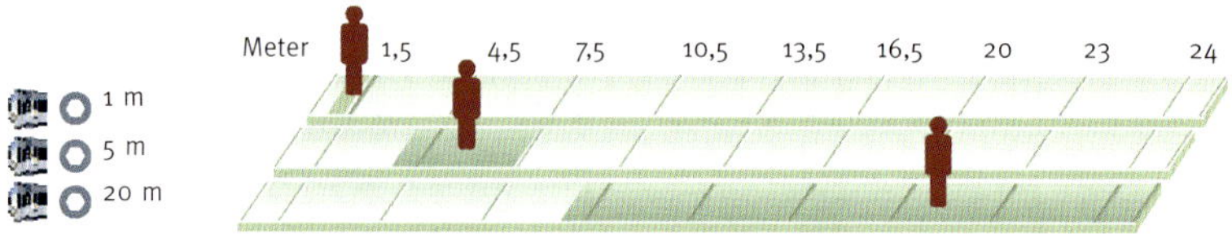

Änderung der Brennweite (bei Bl. 8 und einer Einstellentfernung von 10 m)

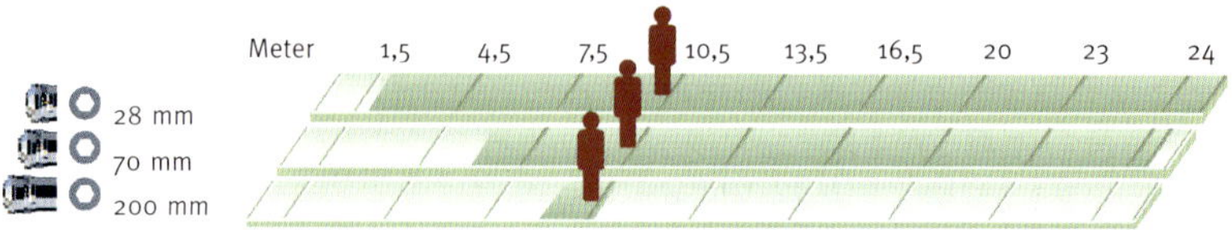

STEUERUNG DER SCHÄRFENTIEFE

Das wichtigste Werkzeug zur Steuerung der Schärfentiefe ist die Blende. Eine kleinere Blende erzeugt eine größere Schärfentiefe, eine größere reduziert sie. Aber auch andere Faktoren haben Einfluss auf die Schärfentiefe. Sie kann auch durch Erhöhung der Einstellentfernung, das ist der Abstand zwischen Brennebene und Motiv, Verringerung der Brennweite bzw. Verwendung eines Weitwinkelobjektivs oder Einsatz eines kleineren Formats oder Sensors gesteigert werden. Weniger Schärfentiefe erreichen Sie mit einer großen Blende und weniger Abstand zum Motiv oder mit einem Teleobjektiv.

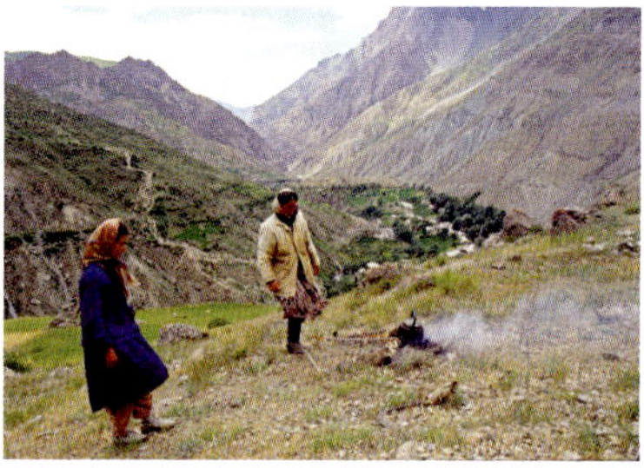

Ausgedehnter Schärfentiefebereich
Bei Verwendung eines Weitwinkelobjektivs, eingestellt auf mittlere Entfernung und Blende, wird jedes Bildelement scharf abgebildet.

Filter und Spezialeffekte

Angesichts der Leichtigkeit, mit der mit Bildbearbeitungsprogammen Effekte erzielt werden können, mögen Filter vor dem Kameraobjektiv altmodisch erscheinen. In der Praxis sind sie jedoch immer noch der einfachste Weg zur Umsetzung von Spezialeffekten. Man braucht keinen Computer, und falls Sie digital arbeiten, können Sie das Ergebnis direkt nach der Aufnahme prüfen.

Entwicklung von Spezialeffekten

In den 1960er-Jahren suchten Fotografen nach neuen Ausdrucksmöglichkeiten. Spezialeffekte und Tricks spielten in der Aufnahmetechnik eine wichtige Rolle. Die SLR, die eine präzise Beurteilung der Effekte vor der Aufnahme auf Film ermöglichte, war ein wichtiges Werkzeug. Kunststofffilter für jede Kombination von Kamera und Objektiv kamen auf den Markt und boten eine Vielzahl von Möglichkeiten und Tricks, von Kaleidoskop-Effekten bis zur Abbildung heller Bildpartien in allen Farben des Regenbogens. Selbst heute lassen sich viele Effekte, wie Doppelbelichtungen, Sterneffekte und Verzerrungen, einfacher mit der Kamera oder mit Filtern erzielen als mit der Bildbearbeitungssoftware.

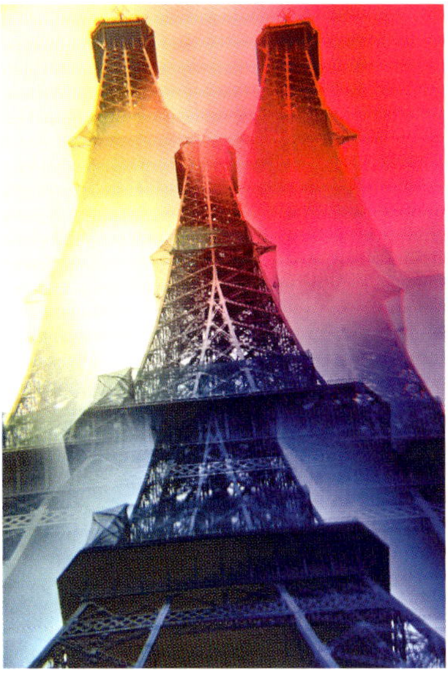

Farbige Prismen
Dieses Bild wurde mit einem flachen Prismafilter und einem Regenbogenfilter aufgenommen. Das Prisma teilt das Bild in mehrere Teile, die jeweils unterschiedlich gefärbt werden.

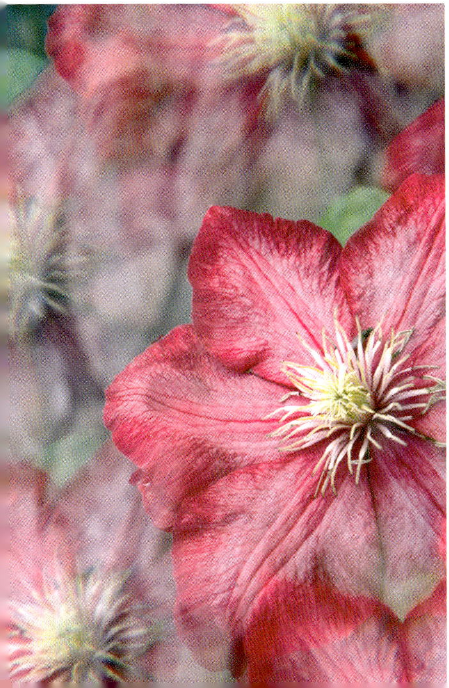

DIE ARBEIT MIT FILTERN

Der Effekt von Filtern hängt von der Blende und von der Brennweite des Objektivs ab. Im Allgemeinen ist ihre Wirkung bei kleineren Blenden und kürzeren Brennweiten stärker, Weichzeichnungsfilter sind allerdings bei voller Blende am effektivsten. Üblicherweise ist die Objektivblende zur Betrachtung des Motivs weit geöffnet. Um den Effekt eines Filters beurteilen zu können, müssen Sie das Objektiv jedoch auf die Arbeitsblende abblenden. Die Abbildung erscheint Ihnen möglicherweise sehr dunkel, aber Ihre Augen müssen sich erst anpassen, bevor Sie das Bild wirklich beurteilen können.

Mehrfachprisma
Ein Mehrfachprisma ermöglicht die mehrfache Wiedergabe eines Motivs mit partieller Überlagerung der Teilbilder. Es eignet sich besonders bei grafischen Umrissen, wie bei dieser Klematis.

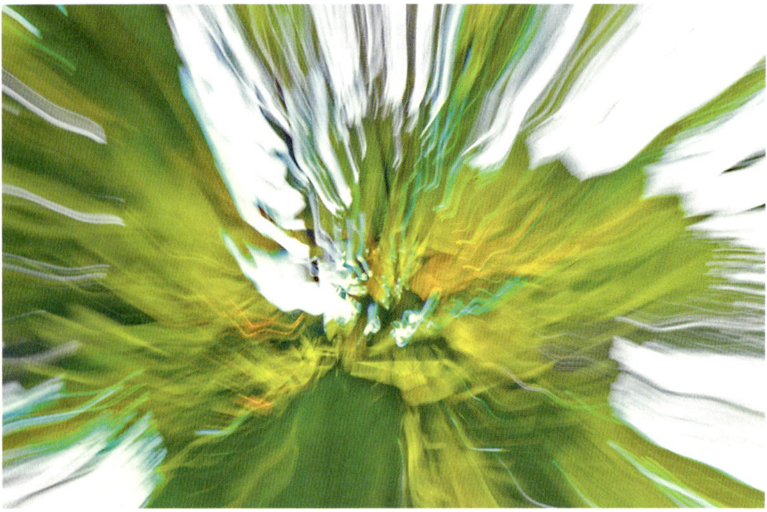

Zoomeffekt und lange Belichtungszeit
Wird die Brennweiteneinstellung eines Zoomobjektivs während einer längeren Belichtung verändert, entstehen unvorhergesehene Effekte, wie bei dieser Aufnahme eines Baums.

SPEZIALEFFEKTE MIT DER KAMERA

Auch ohne Filter lassen sich Effekte erzielen. So können Sie zum Beispiel bei einer SLR während einer längeren Belichtung die Zoomeinstellung verändern und dadurch einen Explosionseffekt erreichen. Eine Variante dieses Effekts, die selbst mit einfachen Kameras möglich ist, ist die Aufnahme von bewegten Lichtquellen bei Langzeitbelichtung, wobei Lichtstreifen entstehen. Eine weitere Möglichkeit ist die Aufnahme von mehreren Bildern auf ein und dasselbe Filmstück, die Mehrfachbelichtung.

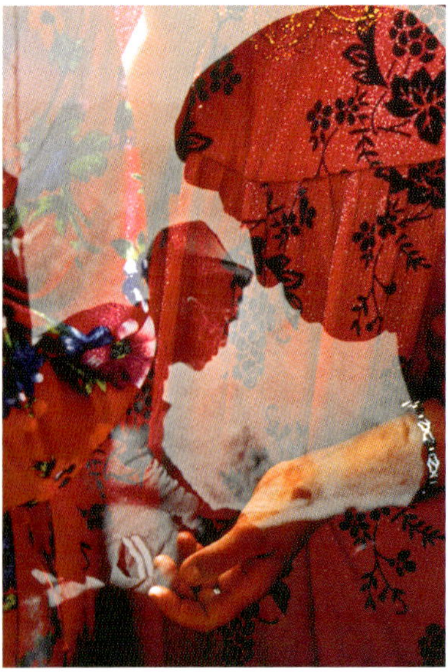

Doppelbelichtung
Für dieses Bild wurde ein Filmstück zweimal belichtet: Erst wurden die Silhouetten der Männer aufgenommen, dann das farbenprächtige Kleid einer tadschikischen Frau.

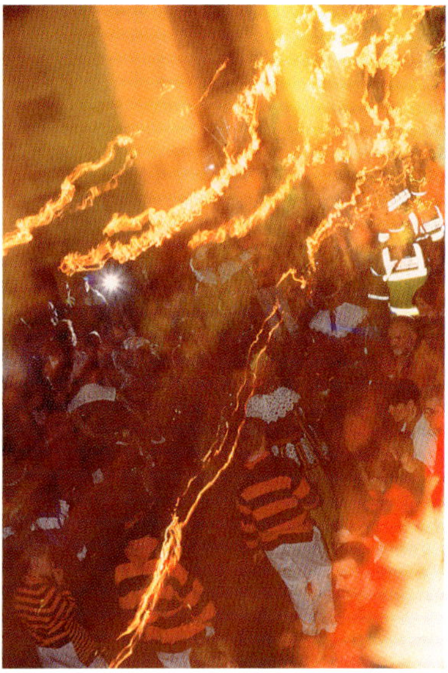

Lange Belichtungszeit
Durch eine Belichtungszeit von mehreren Sekunden entstehen Lichtspuren, während andere Bildelemente durch das Blitzlicht eingefroren werden.

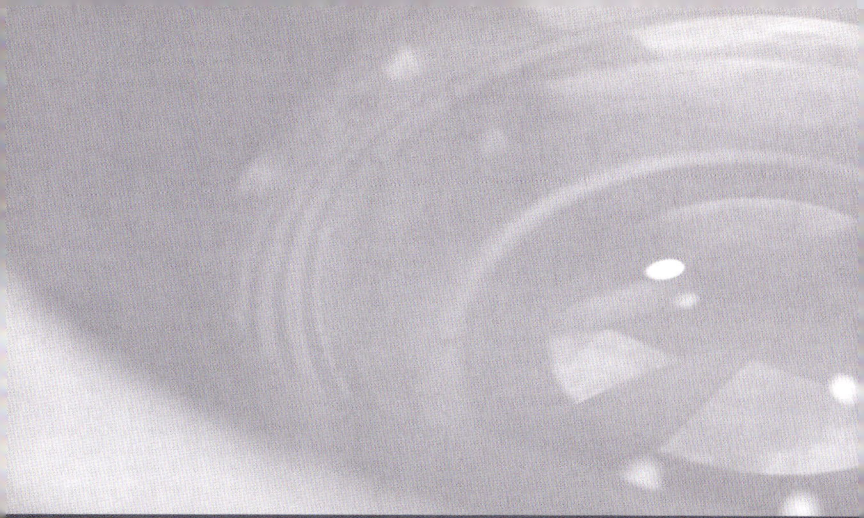

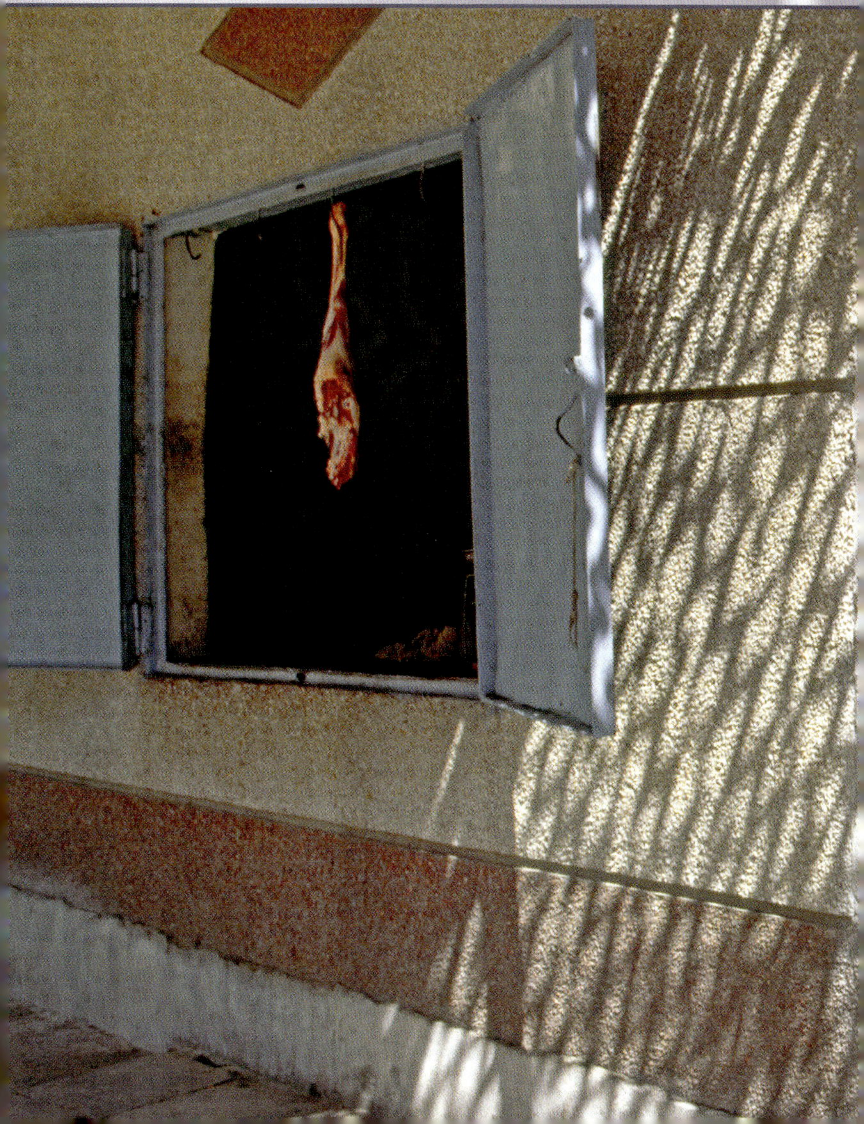

ERFOLGREICH FOTOGRAFIEREN

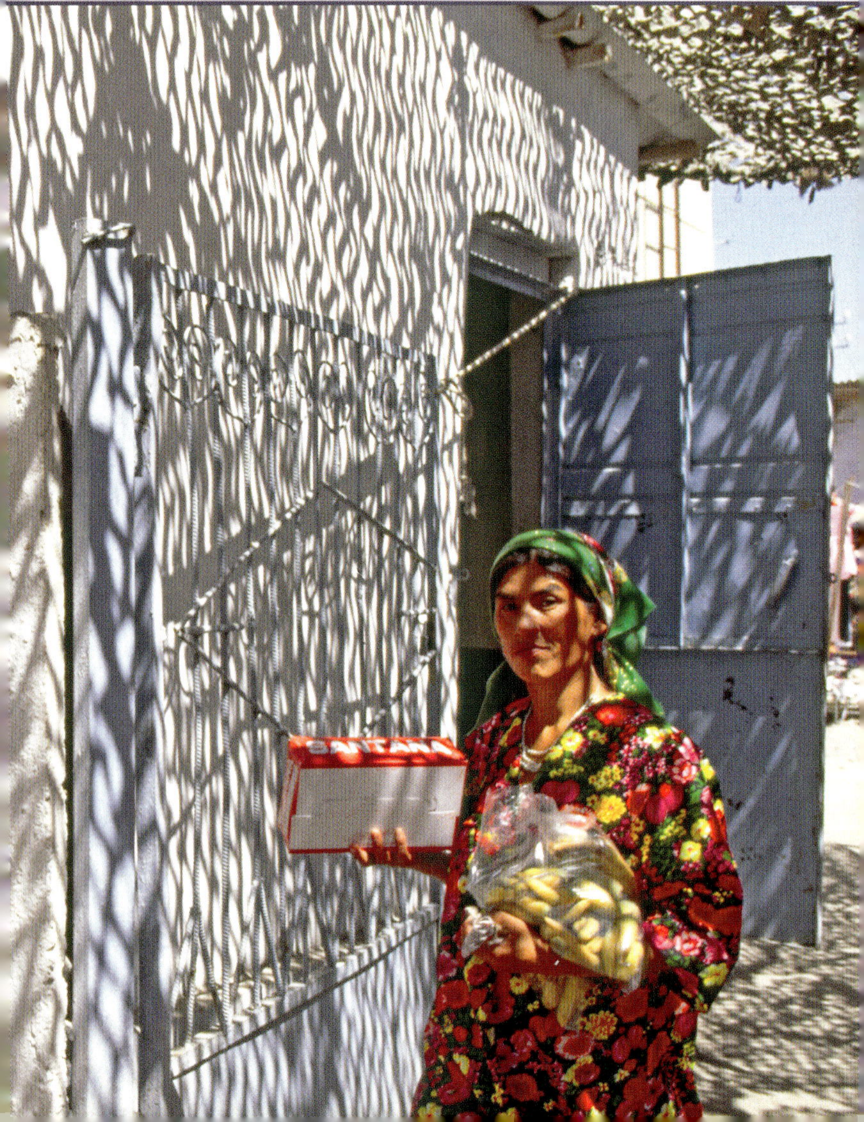

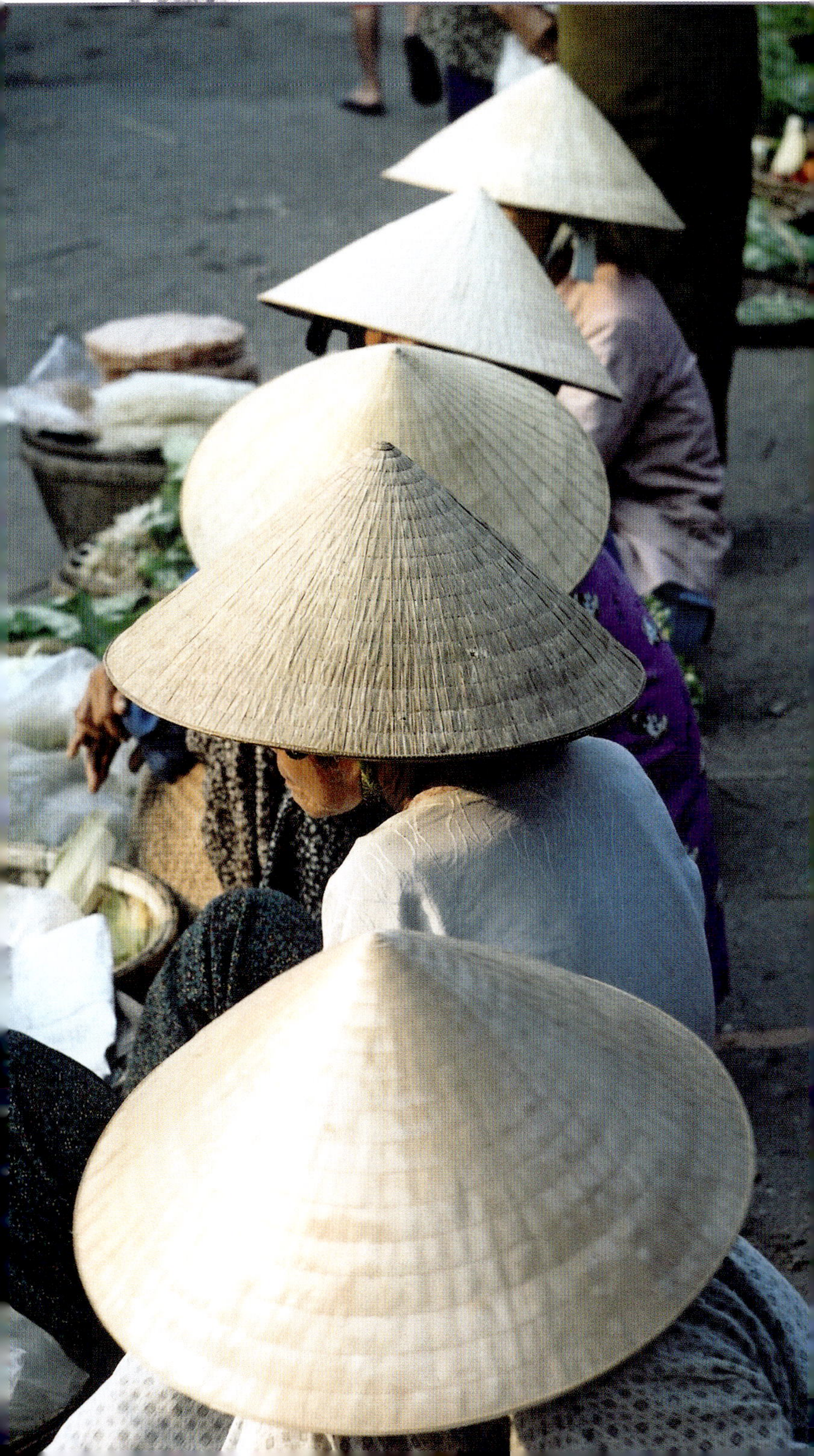

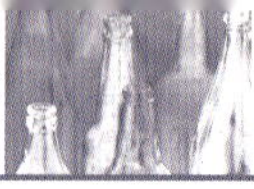

EINE ERFAHRUNG TEILEN ALLE FOTOGRAFEN, UND SIE IST ERSTAUNLICH SIMPEL: GANZ GLEICH, OB SIE IN DEN ENTLEGENSTEN WINKELN DER WELT ODER VOR DER EIGENEN HAUSTÜR, UNTER WIDRIGSTEN BEDINGUNGEN ODER IN DER INTIMEN ATMOSPHÄRE EINES STUDIOS FOTOGRAFIEREN – FOTOGRAFIE BEDEUTET HARTE ARBEIT.

Der französische Fotograf Robert Doisneau (1912–1994) gab einmal zu bedenken: »Wenn ich wüsste, wie man ein gutes Bild macht, würde ich jedes Mal eins machen.« Alle großen Fotografen haben jedoch eines gemeinsam: Sie glauben an die Existenz einer visuellen Wahrheit und daran, dass sich diese mit vollkommener Klarheit wiedergeben lässt. Und sie geben nicht auf, bevor es ihnen gelungen ist, ihre Imagination in eine Fotografie umzusetzen. Wie der Schriftsteller Mark Twain sagte: »Man kann seinen Augen nicht trauen, wenn die Vorstellung unklar ist.«

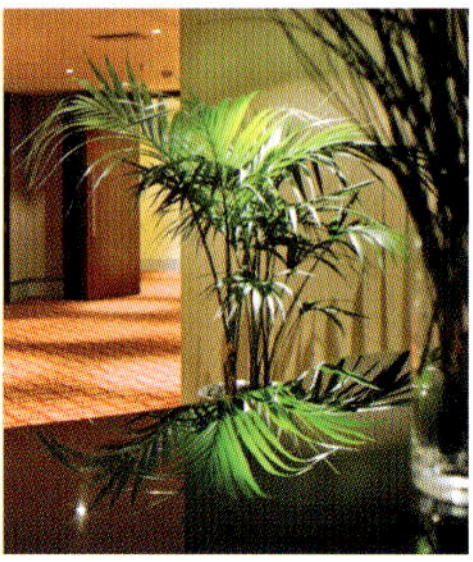

Formen
Die asymmetrische Pflanze und die geometrischen Linien der Lobby ergänzen sich.

Aus diesem Grund beobachten und reagieren Fotografen ununterbrochen auf ihre Umgebung. Auf der Suche nach visueller Wahrheit bewundern sie die Schönheit und auch die Hässlichkeit dieser Welt. Das ist eines der Geheimnisse der Fotografie. Das Licht ist ein Geschenk, durch das wir die Welt sehen können, und gute Fotografen wissen dieses Geschenk für ihre Zwecke zu nutzen.

Die moderne Technik hat viele mechanische Prozesse der Fotografie vereinfacht: Scharfeinstellung und Belichtung erfolgen heute automatisch. Einige Digitalkameras machen sogar eine Reihe von Bildern und wählen dann die beste Aufnahme aus. Übrig bleiben die kreativen Seiten der Fotografie, wobei auch Scharfeinstellung und Belichtung manuell gesteuert und kreativ genutzt werden können. Sobald Sie die entsprechende Technik beherrschen, haben Sie auch die Möglichkeit, bewusst »falsche« Werte einzustellen, um bestimmte Effekte zu erzielen.

Kreativität bedeutet auch, immer auf der Suche nach neuen Möglichkeiten zu sein. So kann zum Beispiel eine Kompositionsregel absichtlich außer Acht gelassen werden, um ein gewöhnliches Motiv einmal anders darzustellen. Anstelle von Bildern, die Blumen in voller Blüte zeigen, könnte eine Studie verwelkter Pflanzen entstehen. Betrachten Sie einen Abzug einmal nicht als Endergebnis, sondern behandeln Sie ihn wie ein Zwischenprodukt: Fotografieren Sie Bil-

Kreativer Blickwinkel
Nicht ihre Erzeugnisse, sondern die Strohhüte der Marktfrauen interessierten den Fotografen; das Ergebnis nähert sich der Abstraktion.

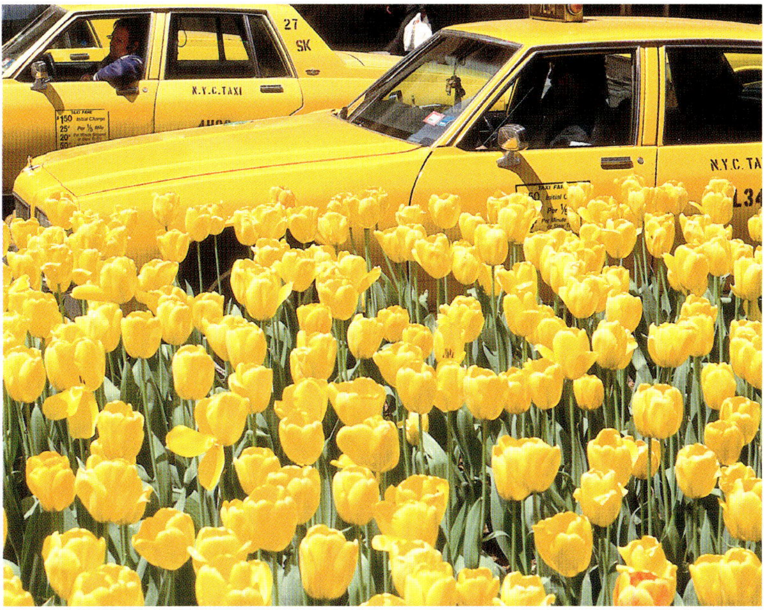

der, die auf Bildern liegen, etc. Sie sollten stets das Ziel verfolgen, Ihren eigenen Weg zu finden. Innovation ist dabei kein Muss, die Welt bietet ständig neue Motive, neue Sichtweisen und neue fotografische Möglichkeiten. Aber was auch immer Sie motiviert – um Ihren persönlichen Stil entwickeln zu können, müssen Sie die grundlegenden Techniken meistern, wie ein Musiker, der sein Instrument beherrscht, etwas von Musiktheorie versteht und mit verschiedenen Musikrichtungen vertraut ist.

In der Fotografie ist die Beherrschung von Techniken, wie zum Beispiel der Steuerung der Schärfentiefe, von unschätzbarem Wert, ganz gleich, ob Sie ein Reisefoto oder ein Porträt aufnehmen. Ähnlich ist es mit einer Reihe weiterer, nicht unbedingt fotografischer, Fertigkeiten, die Sie in den verschiedensten Situationen weiterbringen. Es mag überraschend klingen, aber, wer Kinder fotografieren will, kann vom Fotojournalismus lernen, und wenn Sie eine Hochzeit oder ein Geburtstagsfest fotografieren, wenden Sie die gleichen Methoden an wie bei Aufnahmen von größeren Veranstaltungen wie einem Straßenkarneval oder einer Demonstration. Dieses Kapitel behandelt einige dieser Genres und es macht Vorschläge, wie Sie Ihren fotografischen Erfahrungshorizont erweitern können. Die Umsetzung erfordert weder zusätzliche Geräte noch finanziellen Mehraufwand, zum Teil dreht es sich dabei um ganz einfache Dinge wie genaueres Hinsehen, geduldiges Abwarten oder die lohnenswerte Mühe, den Standort ein weiteres Mal zu wechseln.

Farbkleckse
Das intensive Gelb der Tulpen korrespondiert mit den vorbeifahrenden Yellow Cabs, was die Gegenüberstellung von Natur und Zivilisation zuspitzt.

Matemwe, Sansibar
Die Kühe, die sich am Strand niedergelassen haben, sind ein amüsanter Störfaktor in dieser vertrauten Ansicht eines tropischen Paradieses.

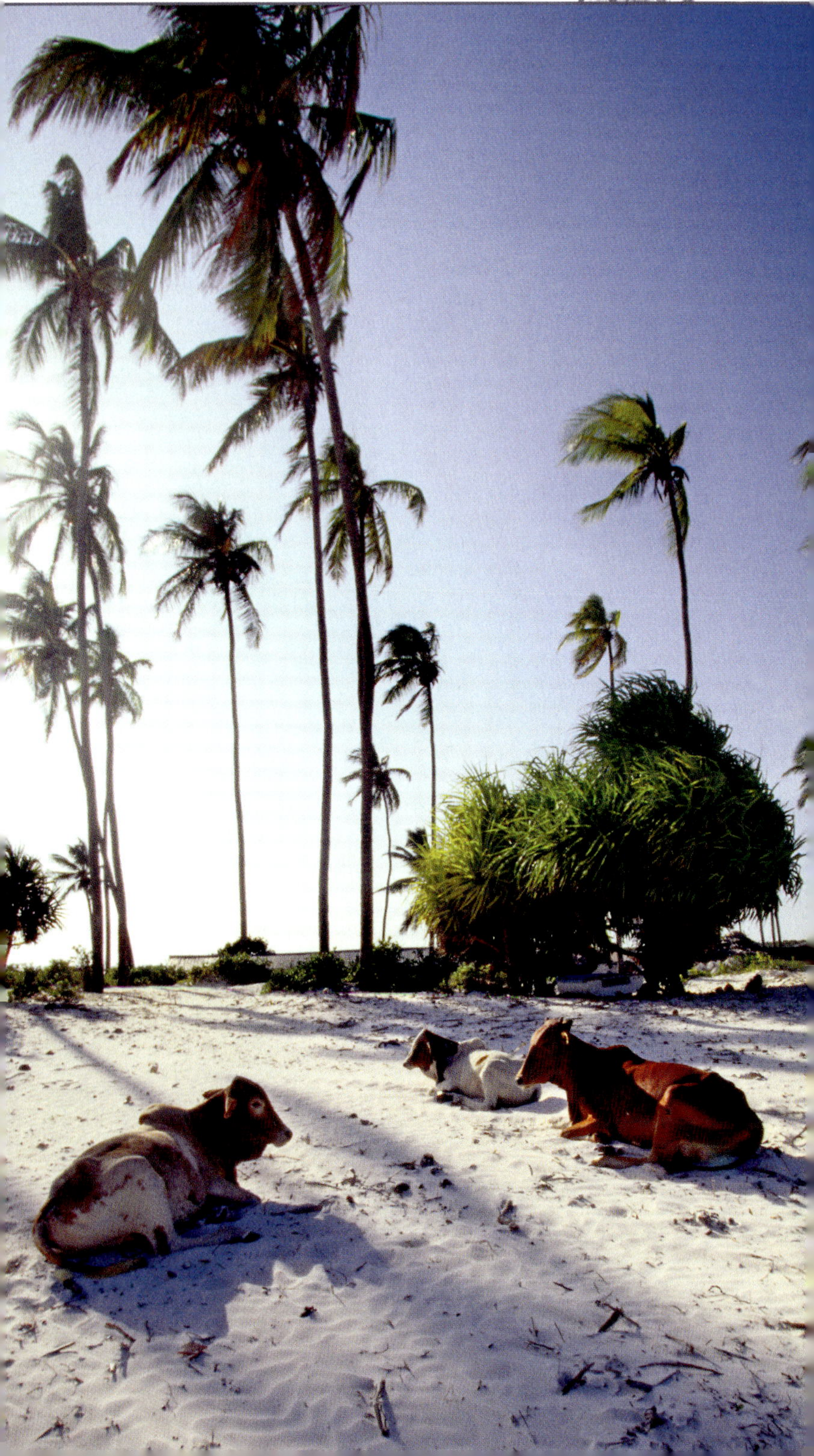

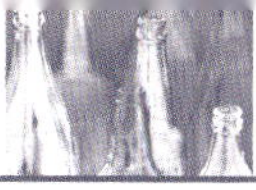

Porträts

Ein Porträt ist nur selten ein naturgetreues Abbild. Fast immer soll damit eine Aussage über das Modell gemacht werden. Folglich kommt es bei der Porträtfotografie darauf an, das Äußere und den Charakter der Person in ein Verhältnis zueinander zu setzen. Einfühlungsvermögen und Geschick im Umgang mit einem unter Umständen kamerascheuen Modell sind dabei oft wichtiger als fotografische Fertigkeiten.

Vorbereitung der Aufnahme

Porträts müssen nicht im Studio gemacht werden und man braucht auch kein im konventionellen Sinne schönes Modell. Suchen Sie sich ein interessantes Gesicht in einer Menschenmenge und erklären Sie der Person, warum Sie sie fotografieren möchten. Zeigen Sie ihr frühere Arbeiten. Sobald das Modell zur Zusammenarbeit bereit ist, geht es um technische Faktoren wie Hintergrund, Beleuchtung und Perspektive, von denen die Wahl des Objektivs abhängt.

HINTERGRUND

Im Allgemeinen sind strukturierte Hintergründe ohne störende Details, zum Beispiel eine Natursteinmauer, für Porträts bestens geeignet. Bei unvermeidbaren unansehnlichen Hintergründen stellen Sie auf das Modell scharf und bilden den Hintergrund mit Hilfe einer großen Öffnung zur Verringerung der Schärfentiefe verschwommen ab. Alternativ dazu können Sie das Bild später mit der Bildbearbeitungssoftware anpassen.

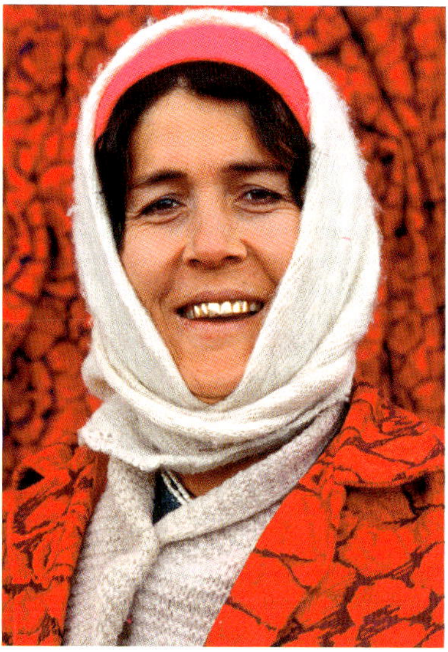

Passender Hintergrund
Der Mantel der Frau passt zum Hintergrund. Ohne den rosafarbenen Schal um ihren Kopf, der dem Foto Lebendigkeit verleiht, wäre der Effekt allerdings zu bildbeherrschend.

VON MEISTERHAND

Die Arbeiten der großen Porträtfotografen weisen viele unterschiedliche Stile und Methoden auf. Die Engländerin Madame Yevonde (1893–1975), eine Pionierin der Farbfotografie, wurde berühmt für ihre »Goddesses-Serie«, für die sie in den 1930er-Jahren Damen der Londoner Gesellschaft in fantastischen Kostümen als griechische und römische Göttinnen fotografierte.

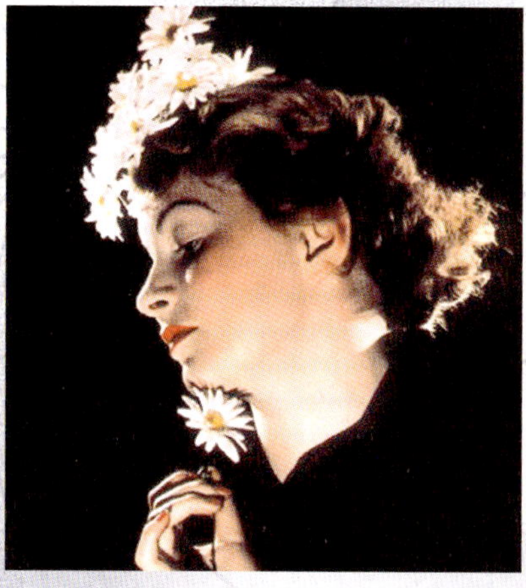

Madame Yevonde
Mit dem Vivex-Verfahren verlieh Yevonde ihren Fotos jene Künstlichkeit, die auch *Miss Susan Bligh as Calipso (rechts)* aus dem Jahr 1935 kennzeichnet. Von ihr stammt der Ausspruch: »Wenn wir schon in Farbe fotografieren, dann sollten wir doch, um Himmels willen, ein Feuerwerk der Farben zeigen und keine blässlichen Handkolorationen.«

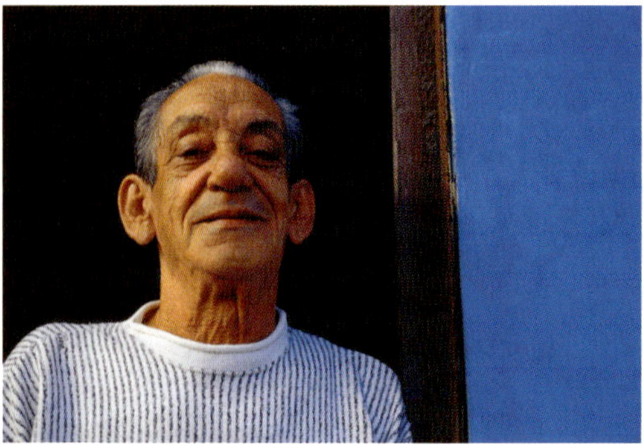

Außermittige Anordnung
Das Modell muss nicht in der Bildmitte angeordnet sein oder direkt in die Kamera schauen. Eine außermittige Anordnung kann eine Komposition beleben. Hier bringt der Blick herab auf die Kamera die Persönlichkeit des Mannes zum Vorschein.

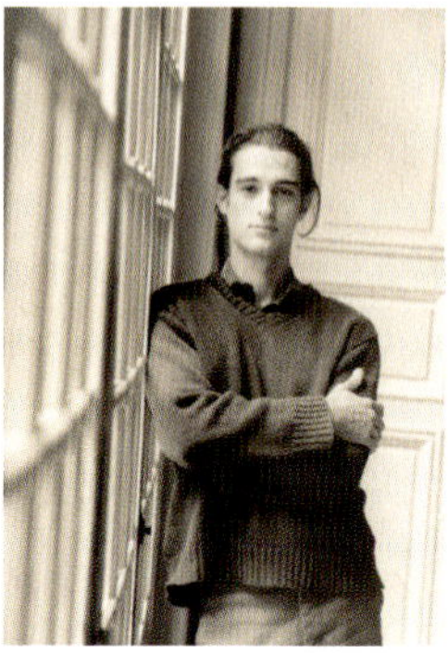

Fluchtlinien
Eine Komposition mit zusammenlaufenden Fluchtlinien lenkt den Blick des Betrachters auf das Modell.

BELEUCHTUNG

Weiches Licht, das den Hauttönen schmeichelt, ist nicht die einzige Beleuchtungsmöglichkeit. Ein hartes Spotlicht hinter dem Motiv erzeugt einen Lichtsaum um das Modell herum und schafft einen ätherischen Effekt. Ein ebenfalls gerichtetes, aber weicheres Licht beseitigt Schatten und sorgt für großflächige gleichmäßige Tonwerte auf dem Gesicht. Auch seitlich oder von oben einfallendes Licht ist für Porträts geeignet, lediglich die Beleuchtung von unten ist schwierig, da sie schnell dämonisierend wirkt. Die einzige Lichtquelle, die garantiert zu unansehnlichen Ergebnissen führt, ist das eingebaute Blitzgerät der Kamera: Das resultierende harte Licht mit Schlagschatten ist wenig schmeichelhaft.

Digitale Bildbearbeitung
Mit dem gekonnten Einsatz von Bildbearbeitungssoftware kann man eine durchschnittliche Aufnahme in ein außergewöhnliches Porträt verwandeln.

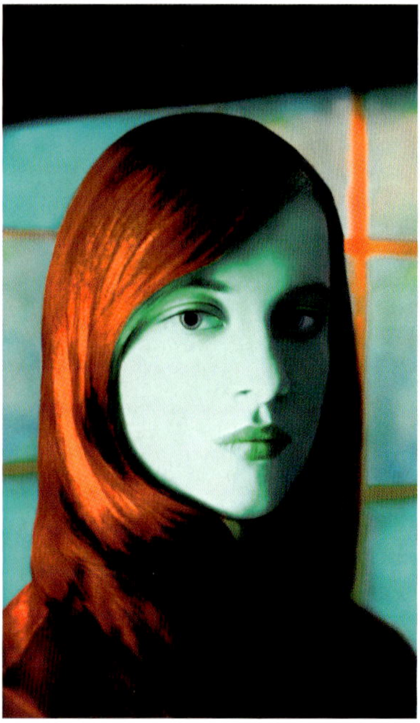

PERSPEKTIVEN

Porträts können aus allen möglichen Perspektiven aufgenommen werden, je nach dem gewünschten Effekt. Die meisten Fotografen entscheiden sich jedoch für das Kopf- und Schulterporträt. Dazu liefern längere Brennweiten (70–105 mm für das KB-Format oder Entsprechendes) die besten Ergebnisse.

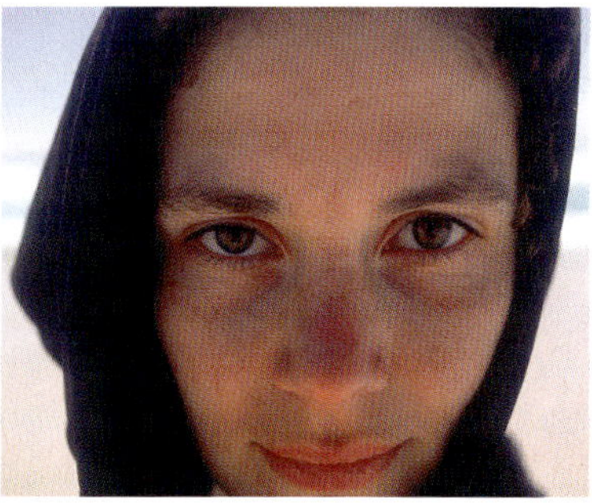

Scharfeinstellung auf die Augen
Fesselnde Porträts entstehen, wenn nicht das gesamte Gesicht gezeigt und die Schärfe auf die Augen gelegt wird. So wird der faszinierendste Teil des Gesichts wirkungsvoll in Szene gesetzt.

Auswertung eines Porträts

Die größte Aufmerksamkeit wird einem Porträt zuteil, auf dem die fotografierte Person in einer interessanten Komposition, mit ansprechender und angemessener Beleuchtung und ausreichender Bildschärfe zu sehen ist. Das Modell kann dabei zum größten Problem werden: Manche Menschen lassen sich gerne fotografieren und wissen ganz genau, wie sie auf dem Foto aussehen möchten; andere sind befangen. Sie können oder wollen nicht stillsitzen oder verstecken ihr Gesicht. Hier ist Geduld gefragt.

AUFBAU EINER BEZIEHUNG

Auf einem Volksfest in Kirgisistan gewann ich das Vertrauen dieses Falkners, indem ich ihm mit großem Respekt begegnete. Ich durfte um ihn herumgehen und bat ihn, sich in verschiedene Richtungen zu drehen, bis er vom harten Licht richtig beleuchtet wurde. Als der Mann sich entspannte, wurden gewisse Charakterzüge sichtbar. Eine unerwartete Bereicherung war der Falke, der seinen Flügel ausstreckte und zutraulich auf den Kopf des Falkners legte. Diese anrührende Geste dauerte nur wenige Sekunden. Ich hatte jedoch alles vorbereitet und konnte den entscheidenden Moment festhalten.

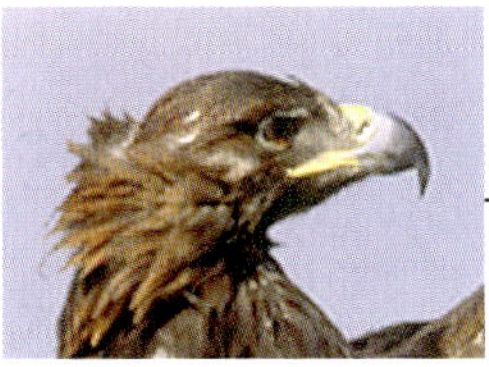

Die Arbeit mit Tieren
Porträts von Menschen sind schwierig genug, aber die Arbeit mit Tieren ist eine Herausforderung. Das perfekte Profil des Goldadlers mit seinem spitzen Schnabel ist ein echter Gewinn für die Aufnahme.

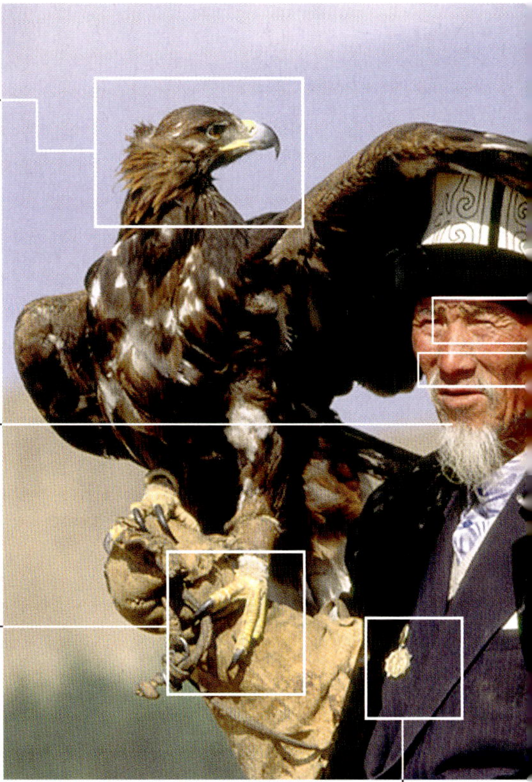

Ein neutraler Gesichtsausdruck ist für Porträts am besten geeignet, denn er wirkt natürlich und nicht verkrampft oder übertrieben.

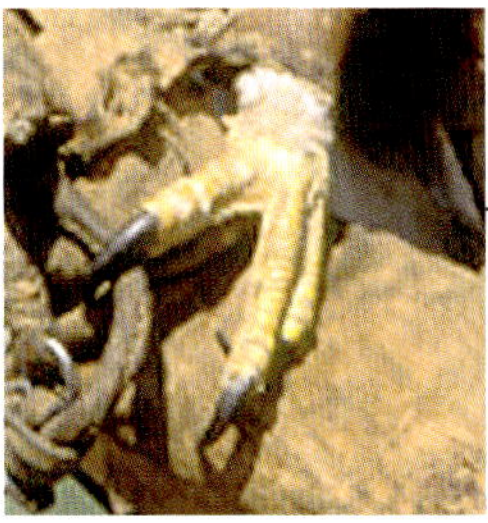

Scharf abgebildete Details
Das wichtigste Bildelement ist zwar das Gesicht, aber auch andere Details wie die behandschuhte Hand und die Klaue des Falken vermitteln dem aufmerksamen Betrachter etwas über die Person.

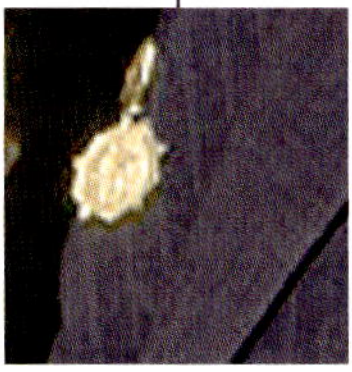

Visuelle Akzente
Kleinigkeiten können viel aussagen. Das Sonnenlicht spiegelt sich in einem Militärorden. Damit wird etwas über die Vergangenheit des Modells erzählt. Es lohnt sich immer, auf solche Details zu achten, denn sie fügen interessante Bildelemente hinzu.

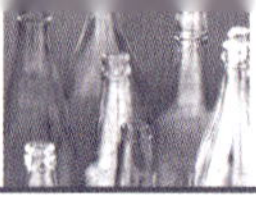

DIE RICHTIGE UMGEBUNG

Hier gönnt sich ein Ladenbesitzer in seinem Gewürzladen in Marrakesch, Marokko, eine Pause. Ein Porträt gelingt dann, wenn das Modell entspannt ist. Überlassen Sie die Wahl des Standorts daher zunächst ihm. Ermöglichen Sie sich und Ihrem Modell eine gemeinsame Erfahrung. Kümmern Sie sich nicht allzu sehr um die Beleuchtung – so manches gelungene Porträt wurde nur mit einer Glühbirne ausgeleuchtet.

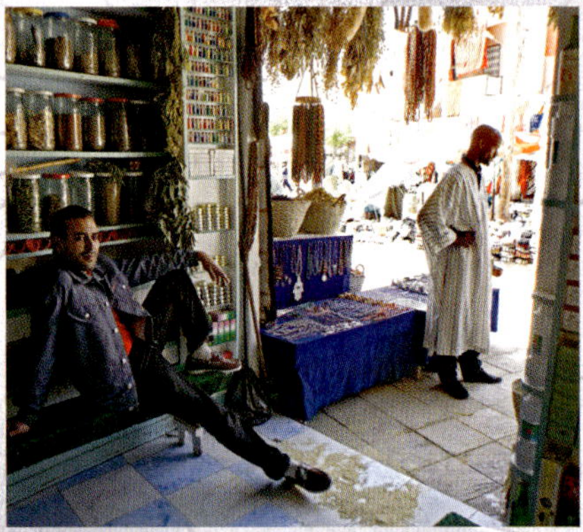

Doppelporträt
Auch zwei oder mehr Menschen können auf einem einzigen Foto porträtiert und in ihrem Lebens- oder Arbeitsumfeld gezeigt werden.

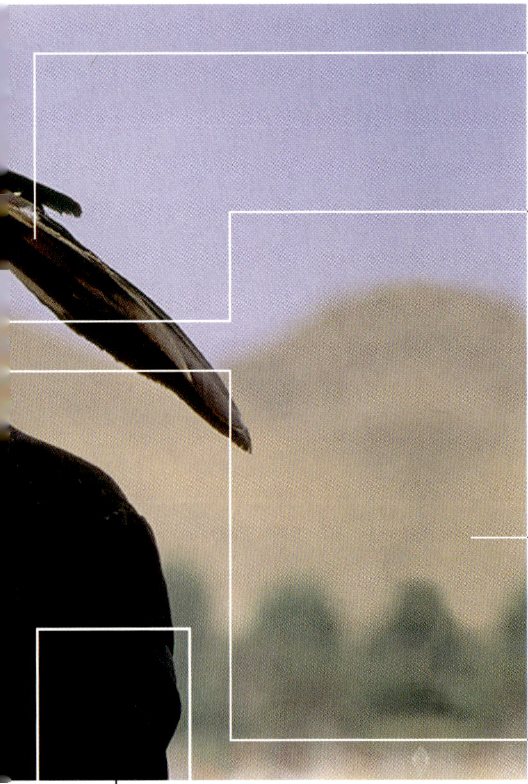

Die überraschende Flügelbewegung des Adlers führt zu einer ungewöhnlichen Komposition.

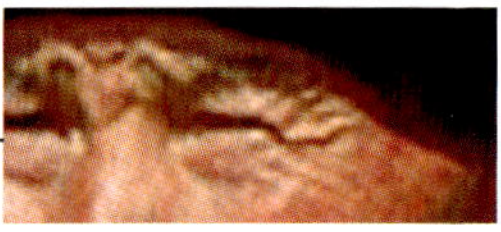

Vermeidung zu starker Schatten
Schatten auf dem Gesicht sollten vermieden werden, insbesondere bei in der Sonne stehenden Modellen. Die Augen dürfen auf keinen Fall im Schatten liegen. Das helle Sonnenlicht zwang den Mann leider dazu, die Augen zusammenzukneifen.

Rechts vom Motiv blieb etwas zu viel Platz, aber mit einer großen Blende und der langen Brennweite des Zoomobjektivs konnte der Hintergrund ansprechend unscharf abgebildet werden, so dass er nicht stört.

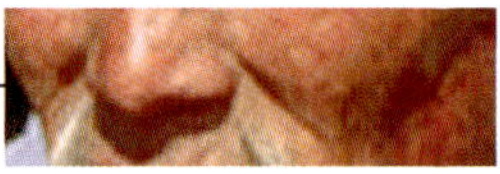

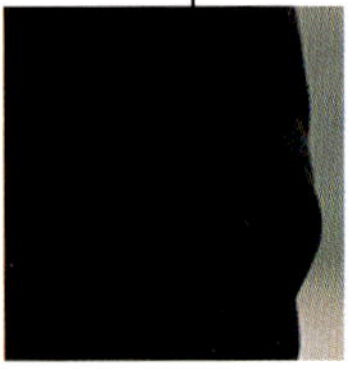

Betonung der Zeichnung in den Schatten
Große, dunkle Schattenpartien sollten etwas Zeichnung aufweisen. Bei Bedarf können Sie sie später mit der Bildbearbeitungssoftware verstärken, denn die Belichtung sollte auf das Gesicht abgestimmt sein.

Nasenschatten
Der Schatten der Nase betont deren Form. Hier wurde das Gesicht nach sorgfältiger Beobachtung mit genau dem richtigen Nasenschatten fotografiert, nämlich so, das dieser den Mund nicht berührt.

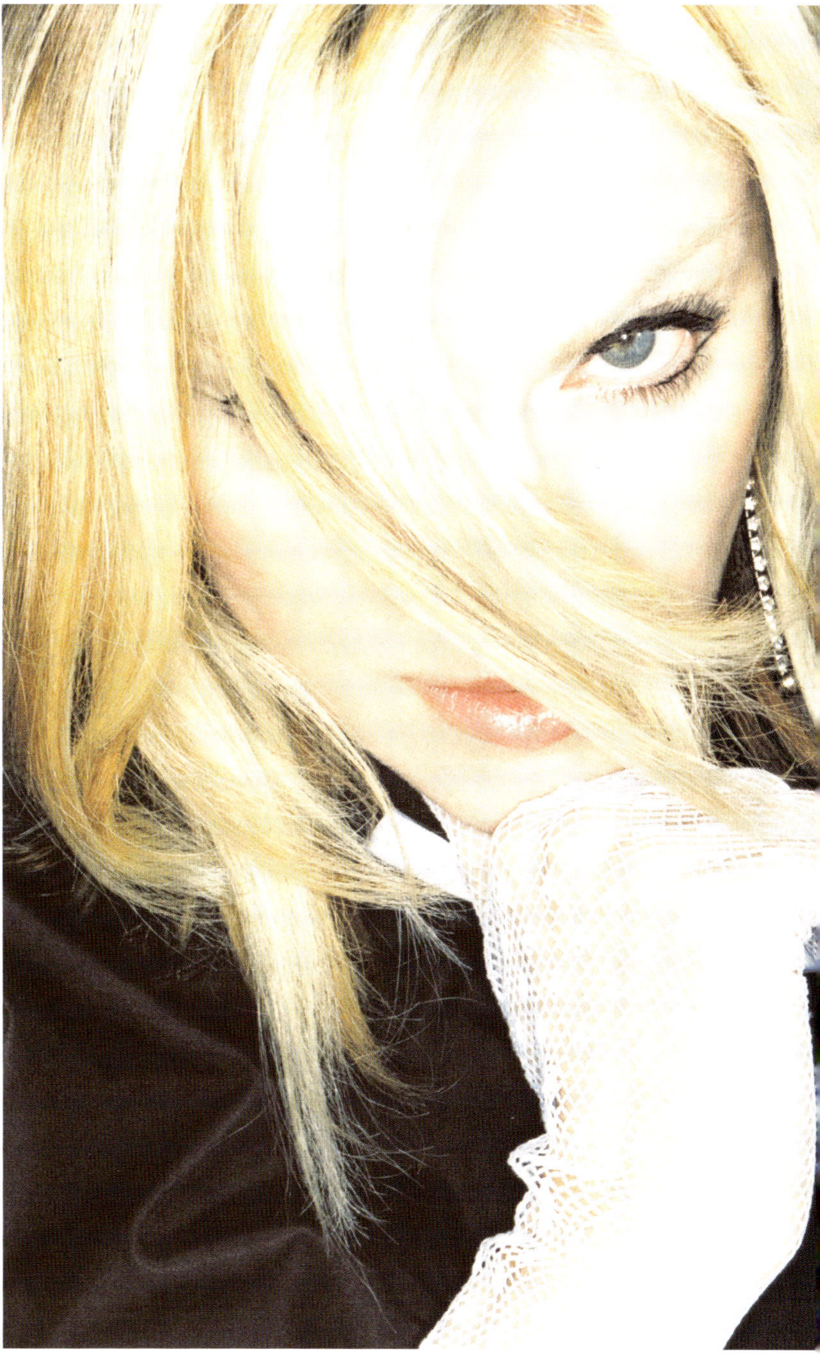

Dynamisches Porträt
Eine blonde Haarsträhne, ein durchdringender Blick und ein flatterndes Halstuch machen die dramatische Komposition dieses Porträts Madonnas von Regan Cameron aus.

Tiere

Tierfotografie ist ein schwieriges Feld, da sich Tiere ständig bewegen, oft scheu sind und schnell die Flucht ergreifen. Die besten Naturfotografen verbringen einen Großteil ihres Lebens mit der Beobachtung der Tierarten, die sie fotografieren. Aber auch mit weniger Aufwand ist es möglich, die Tiere in Ihrer Umgebung zu fotografieren.

Tiere im heimischen Umfeld

Haustiere sind gute Fotomotive, denn man kann nah herangehen, ohne sie zu verschrecken. Sie können aber auch einen Tierpark besuchen oder wild lebende Tiere in Ihrer Umgebung aufspüren. Wald- und Wasservögel leben überall, wo es einen kleinen Park oder ein Gewässer gibt. Kleintiere sind auch auf Friedhöfen und Spielplätzen zu finden. In der Stadt gibt es viele Vögel, aber auch einige Säugetiere wie Füchse oder Marder, die wenig Scheu vor Menschen haben, leben hier. Lernen Sie durch Beobachtung die Gewohnheiten der Tiere kennen: Viele Vögel sammeln sich in der Dämmerung vor der Nachtruhe auf einem bestimmten Baum, und Säugetiere laufen immer wieder dieselbe Strecke ab, was man an Löchern in Hecken und Fellbüscheln an Zweigen erkennen kann.

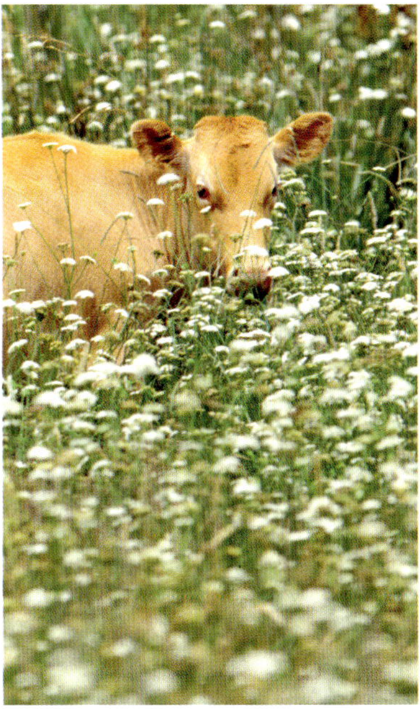

Schärfentiefe
Eine geringe Schärfentiefe führt den Blick von den unscharfen Blumen im Vordergrund zum scharf abgebildeten Kopf der Kuh, hinter dem die Blumen langsam wieder verschwimmen.

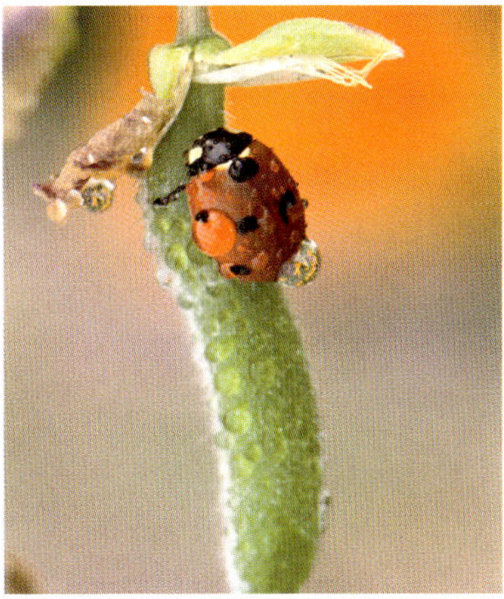

Nahfotografie
SLRs und Digitalkameras ermöglichen Nahaufnahmen von kleinsten Tieren und Insekten. Da die Schärfentiefe in diesem Fall sehr begrenzt ist, müssen Sie sorgfältig scharfeinstellen.

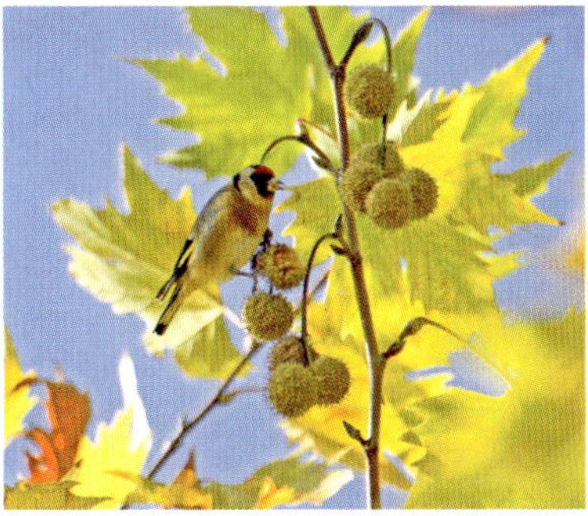

Der entscheidende Moment
Um einen auf einem Ast sitzenden Vogel gut zu fotografieren, muss man ihn beobachten und viele Bilder machen. Dieses Fotos war das beste aus mehr als einem Dutzend Aufnahmen.

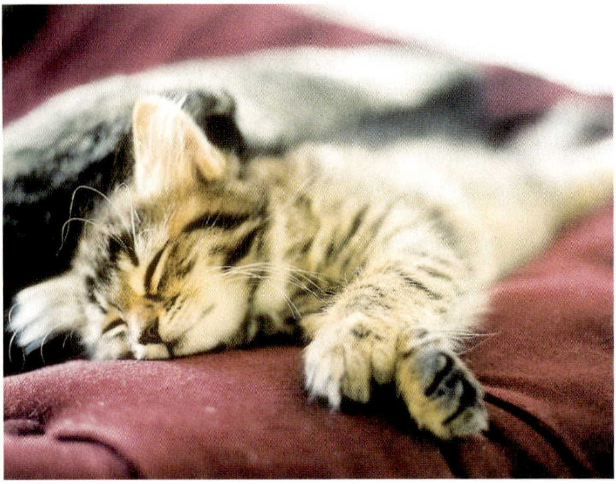

Schläfriges Kätzchen
Ein schlafendes Haustier ist für den Naturfotografen ein einfaches Motiv. Wenn Sie Kamera und Stativ am bevorzugten Schlafplatz des Tiers aufstellen, können Sie das vorhandene Licht bestmöglich nutzen. Das gleiche Prinzip gilt, wenn Sie auf die Pirsch nach Wildtieren gehen. Je mehr Sie über ihre Verhaltensweisen wissen, desto natürlichere Bilder werden Ihnen gelingen.

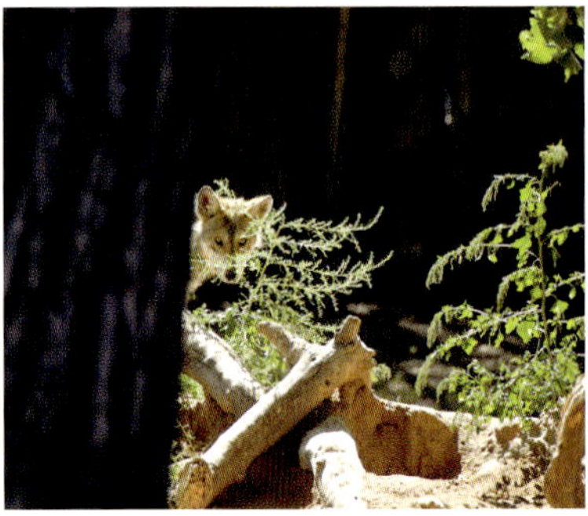

Charakterstudie
Den Maschendrahtzaun, der das Gehege des Wolfs *(oben)* umgab, ließ ich durch Verwendung eines Objektivs mit einer effektiven Brennweite von 600 mm verschwinden.

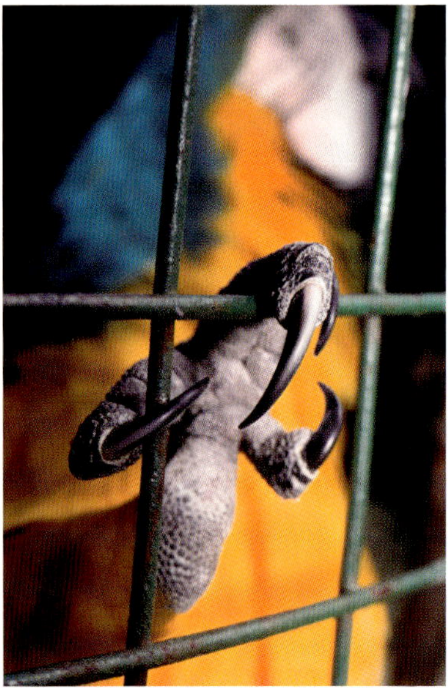

Verschiedene Blickwinkel
Mit den Naheinstellungen Ihrer Kamera können Sie nach ungewöhnlichen Blickwinkeln und aussagekräftigen Details suchen, wie den Krallen dieses Aras *(rechts)*.

TIERGEHEGE UND NATURSCHUTZGEBIETE

Viele Tierparks und Naturschutzgebiete sind mittlerweile Forschungszentren, die ihre Aufgabe darin sehen, vom Aussterben bedrohte Tierarten zu schützen. Es ist zwar keine Freude, diese Tiere in Gefangenschaft zu sehen, aber mit Ihrem Besuch leisten Sie immerhin einen Beitrag zum Naturschutz. Achten Sie bei der Bildgestaltung darauf, dass die künstliche Umgebung möglichst verborgen bleibt. Wie in freier Wildbahn müssen Sie eventuell einige Zeit warten, bis sich das Tier zeigt. Vermeiden Sie einen Besuch während der Stoßzeiten, die Tiere fühlen sich von zu vielen Menschen vielleicht gestört und ziehen sich zurück.

DER RICHTIGE MOMENT

Ganz gleich, ob Sie ein Tier zu Hause, in freier Wildbahn oder in einem Zoo fotografieren – Sie brauchen Geduld, Ausdauer und ein gutes Reaktionsvermögen. Gute Naturfotografie zeigt den Charakter des Tiers, ebenso wie ein Porträt die Stimmung und Persönlichkeit eines Menschen widerspiegelt. Aus diesem Grunde benötigt man Einfühlsamkeit und Kenntnisse des Verhaltens des Tiers, damit man seine Bewegungen voraussehen und den entscheidenden Augenblick erahnen kann. Ein Tier wartet nicht geduldig, bis Sie Ihre Geräte aufgestellt haben. Verfolgen Sie also seine Bewegungen und machen Sie so viele Bilder wie möglich.

Auf Safari

Eine Safari bietet naturgemäß die besten Gelegenheiten für außergewöhnliche Tierfotos. Wildparks und Naturreservate sind auf die Unterstützung durch Touristen angewiesen. Im Gegenzug haben sie eine Fülle von fotografischen Motiven und unvergesslichen Eindrücken zu bieten. Bereiten Sie sich auf den Besuch in der Wildnis optimal vor: Nehmen Sie genügend Brennweite mit – die längste, die Geldbeutel und Marschgepäck gestatten.

AUSWAHL DER KAMERA

Für Aufnahmen von Tieren in der Natur sind filmbasierte Kameras besser geeignet als digitale SLRs. Häufig schlagen sich Staub oder Luftfeuchtigkeit auf dem Sensor einer D-SLR nieder, sobald Sie das Objektiv wechseln. Staub kann auch den Betrieb von elektrischen Verbindungen und Back-up-Geräten wie tragbaren Festplatten beeinträchtigen, und nicht überall gibt es einen Stromanschluss, um die Akkus aufzuladen. Traditionelle Kameras bieten in diesem Fall mehr Qualität und Zuverlässigkeit zu geringeren Kosten. Hinzu kommt, dass Farbnegativfilme das helle Licht in vielen Safariparks besser bewältigen. Wo kein Internetzugang zur Verfügung steht, sind auch solche Vorteile von Digitalfotos wie die Möglichkeit des sofortigen Versands per E-Mail hinfällig.

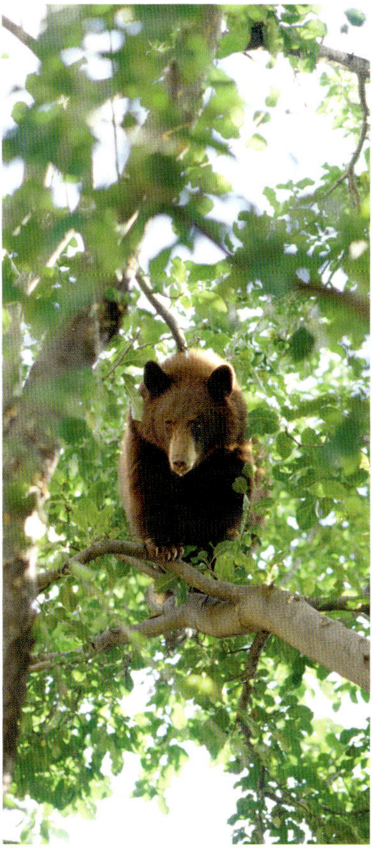

Selektive Ausschnittwahl
Für eine Nahaufnahme war der Bär zu weit entfernt. Doch das Hochformat mit dem Tier in der Bildmitte hebt das Motiv wirkungsvoll heraus.

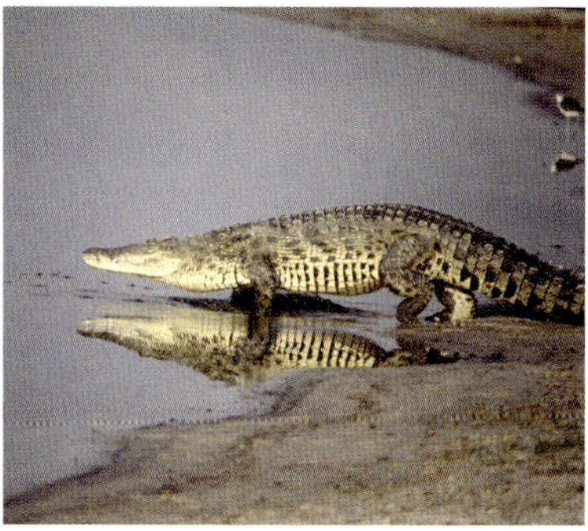

Spiegelbild
Das klar umrissene Spiegelbild weist darauf hin, dass das Gewässer sehr still ist, was die schleichenden Bewegungen des Krokodils betont.

AUSWAHL DES OBJEKTIVS

Auf Safari sehen Sie die Tiere meist aus größerer Entfernung, so dass Sie den Abstand zwischen Kamera und Motiv mit Hilfe einer langen Brennweite überbrücken müssen. Bei großen Tieren wie Elefanten oder Giraffen reichen 200 mm aus. Bei kleineren Tieren ist eine Brennweite von mindestens 400 mm notwendig. Und für extreme Nahaufnahmen ist sogar ein 600-mm-Objektiv erforderlich, das jedoch schwer und sperrig ist. Wählen Sie Ihr Objektiv nach Art der Aufnahme und der fotografierten Tierart aus.

Lange Brennweiten sind leider teuer. Für eine einmalige Reise sollten Sie daher eventuell in Erwägung ziehen, Objektive zu leihen. Eine kostengünstige Alternative zum Objektivverleih sind langbrennweitige Zoomobjektive wie das Canon 100-400 mm oder das Sigma 50-500 mm.

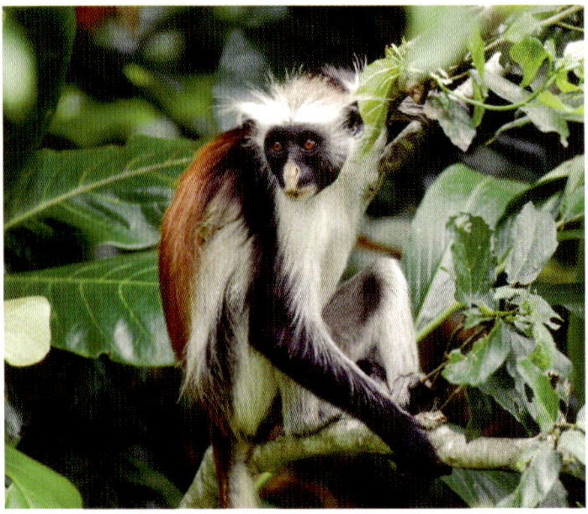

Aus nächster Nähe
Naturparks wie das Jozani-Reservat für den Roten Stummelaffen in Sansibar ermöglichen Nahaufnahmen von Tieren, die normalerweise sofort flüchten würden.

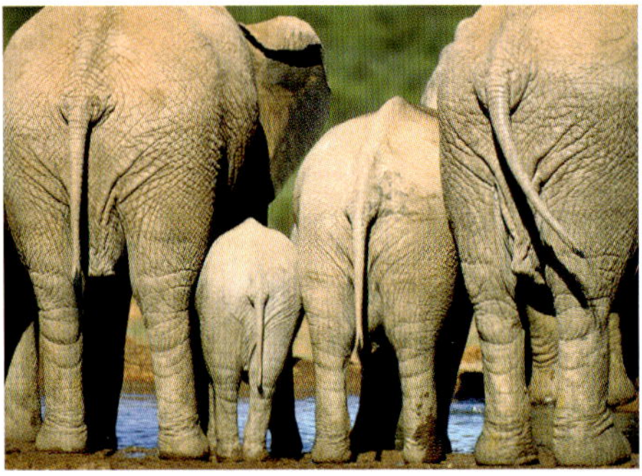

Ungewöhnliche Ansichten
Ungewöhnliche Perspektiven eröffnen ungewöhnliche Ansichten. Selbst bekannte Motive können, einmal anders fotografiert, überraschend neu sein.

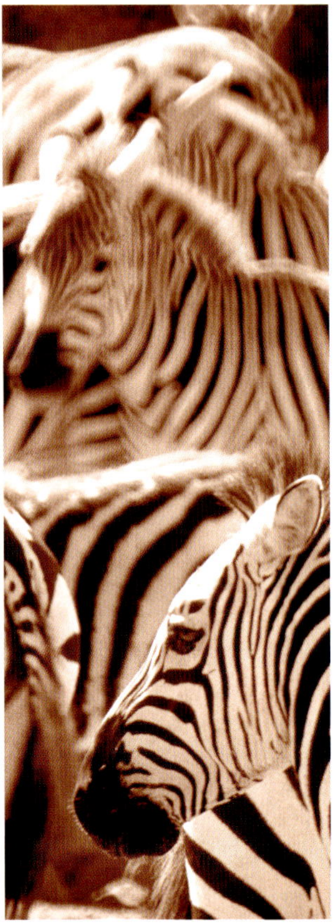

Einfangen von Details
Setzen Sie ein besonderes Merkmal des Tieres in Szene, zum Beispiel das gestreifte Fell der Zebras.

STABILISATIONSVERFAHREN

Verwacklungsunschärfen nehmen im Verhältnis zur effektiven Brennweite (efl) des Objektivs zu und werden besonders bei Aufnahmen aus einem fahrenden Auto heraus zu einem Problem. Bildstabilisatoren gleichen dies durch ein bewegliches Linsensystem oder Verschieben des Sensors aus.

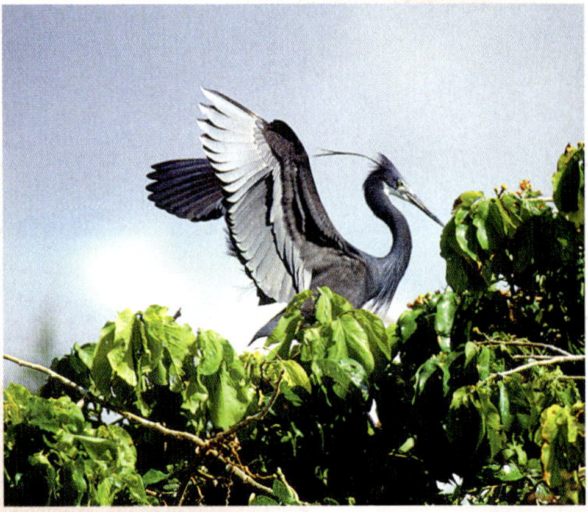

Bildstabilisierung
Dieses Bild wäre ohne Bildstabilisator nicht denkbar gewesen. Ich fotografierte von einem Kanu aus, das auf und nieder schaukelte.

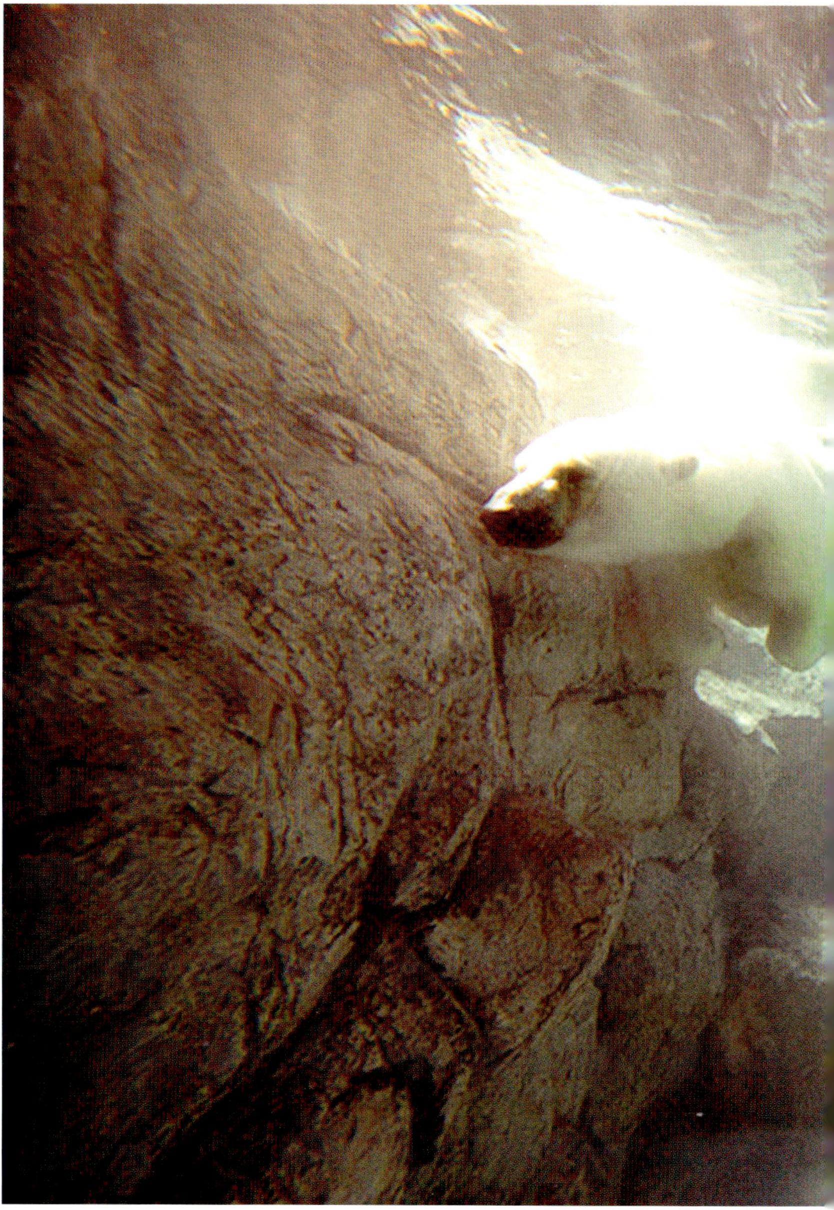

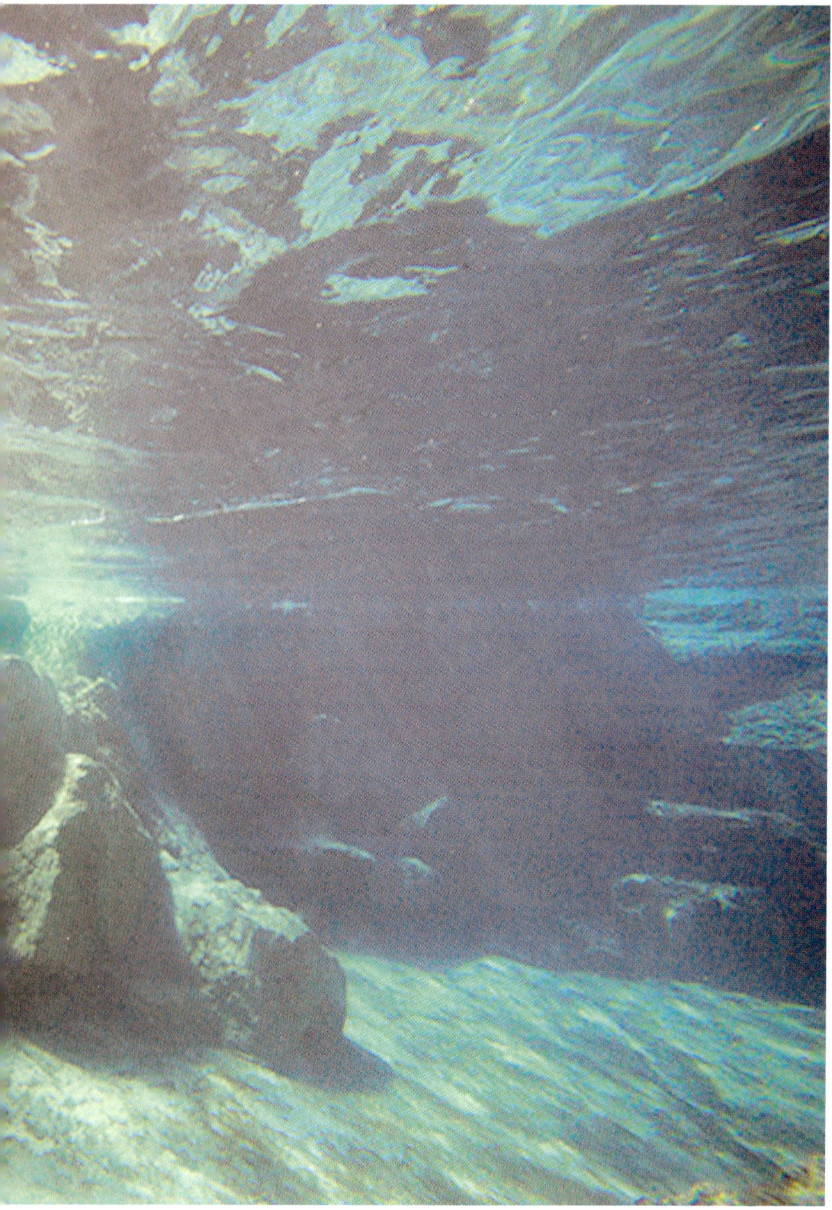

Eisbär
Um einen Eisbär in natürlich scheinender Umgebung zu fotografieren, müssen Sie nicht ins eiskalte Polarmeer springen. Gehen Sie stattdessen in den Zoo. Ein Weitwinkelobjektiv gibt die Farben von Wasser oder Felsen hervorragend wieder und erleichtert die Scharfeinstellung – hier schwamm der Bär sehr schnell durchs Wasser.

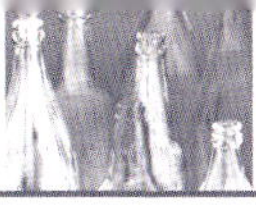

Veranstaltungen

Es gibt Ereignisse, die möchten wir gerne in Erinnerung behalten. Die Fotografie ist eine Möglichkeit, Erinnerungen zu bewahren, aber viel zu selten gelingt eine Aufnahme, die unsere Gefühle im jeweiligen Augenblick wahrhaft widerspiegelt. Dynamik und Atmosphäre auf einem statischen Bild einzufangen, darin besteht die Herausforderung.

Vorgehensweise

Ihr Ziel entscheidet über Ihre Vorgehensweise. Wenn Sie vor allem die Menschen zeigen möchten, die anwesend waren, werden Sie sich auf Porträtaufnahmen konzentrieren. Wünschen Sie hingegen eine objektive, möglichst lückenlose Berichterstattung, werden Sie den Anlass aus jedem erdenklichen Blickwinkel und so umfassend wie möglich dokumentieren.

FESTLEGUNG DER MOTIVE

Wenn Sie, ganz allgemein, interessante Momente einfangen möchten, sollten Sie nicht nur den Anlass selbst, sondern auch Vor- und Nachbereitung festhalten. Wenn Sie eine Geschichte erzählen wollen, sollten Sie darauf achten, dass alle anwesenden Personen auf Film gebannt werden, da sie die zentrale Rolle spielen werden. Wenn Sie mit einer Digitalkamera arbeiten, löschen Sie niemals voreilig Bilder. Selbst weniger gelungene Aufnahmen können bei späterer Betrachtung unerwartetes Potenzial entwickeln.

AUSRÜSTUNG

Ein Zoomobjektiv mit mittlerer Weitwinkel- bis mittlerer Teleeinstellung, das heißt von 35–80 mm, ist ideal. Vorsicht mit Ultraweitwinkelobjektiven (weniger als 24 mm für das KB-Format), Objekte bzw. Personen am Bildrand werden verzerrt abgebildet.

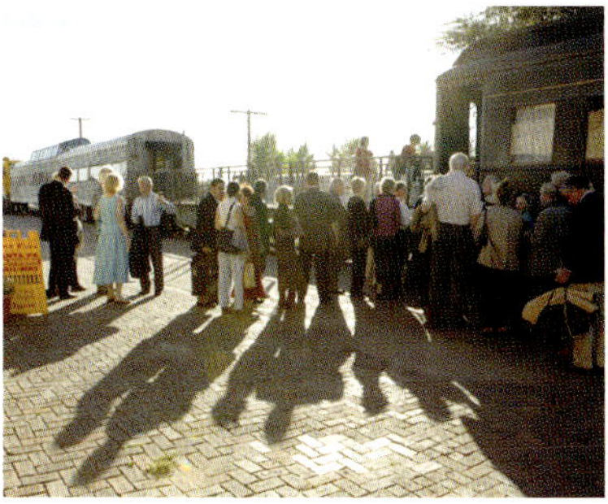

Beginn der Geschichte
Das erste Bild zeigt die Gäste, wie sie in den historischen Zug einsteigen. Die langen Schatten gleichen die Komposition aus.

Ein hilfreiches Zubehör bei Veranstaltungen in geschlossenen Räumen ist ein Blitzgerät mit Schwenkreflektor, der in den Zubehörschuh gesteckt wird, eine Schiene mit elektrischen Kontakten auf der Oberseite der meisten Kameras. Durch Neigen des Reflektors können Sie das Blitzlicht auf die nächste Wand richten und mit indirektem Licht fotografieren. Der resultierende Leuchtwinkel ist größer und die Ausleuchtung dadurch weicher als bei direktem Blitzlicht.

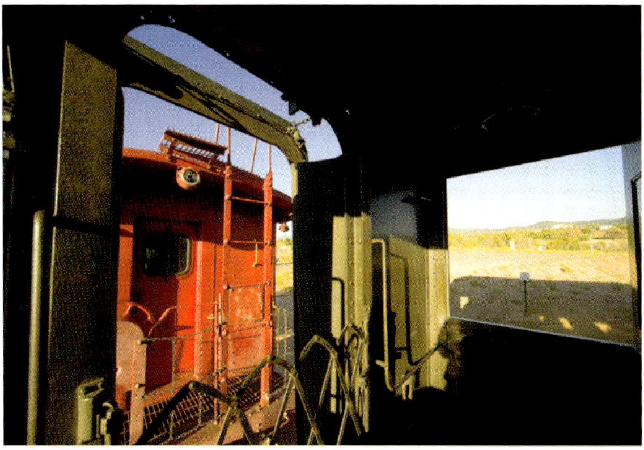

In Szene gesetzt
Um auch die Zugfahrt selbst, die die Gesellschaft am späten Nachmittag durch eine bäuerliche Landschaft führte, zu dokumentieren, wartete ich, bis Fahrtrichtung, Sonnenstand und Landschaft so zusammenpassten, dass dieses Bild mit seiner ansprechenden Kombination aus Licht, Schatten und Farben möglich wurde.

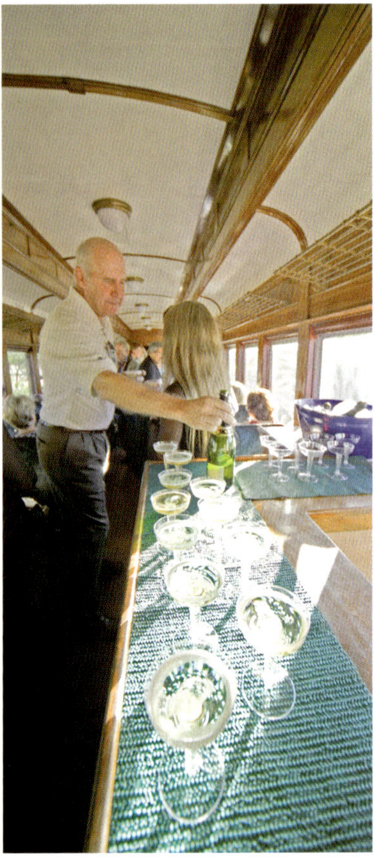

Die Vorbereitungen
Während die Gäste in aller Ruhe das Kommende erwarten, muss der Fotograf seine Arbeit tun. Eine extreme Weitwinkelansicht verzerrt die Gesichter an den Bildrändern, weshalb Sie den Ausschnitt sorgfältig wählen müssen.

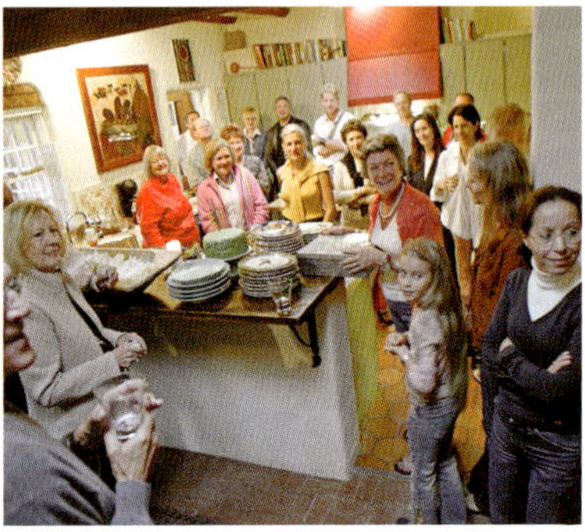

Die Party
Der Höhepunkt der Feierlichkeiten war eine Geburtstagsparty. Um das Eintreffen vor Ort festzuhalten, stellte ich die Kamera auf den größten Bildwinkel, das heißt die kürzeste Brennweite, ein und hielt sie über meinen Kopf, um so viele Menschen wie möglich ins Bild zu bekommen.

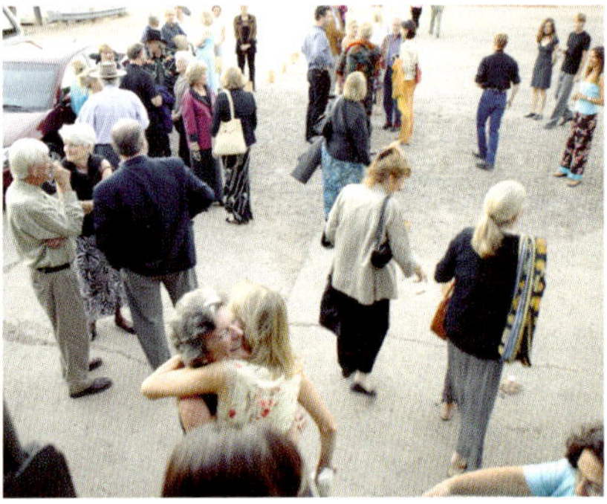

Am Ende des Tages
Bei der Verabschiedung musste ich mich entscheiden, ob ich die aussteigenden Gäste vom Bahnsteig oder vom Zug aus fotografieren wollte. Aufgrund des erhöhten Standpunkts entschied ich mich für Letzteres.

VON MEISTERHAND

Die Spanierin Cristina Garcia Rodero (geb. 1949) dokumentiert Fiestas und religiöse Feste in ihrer Heimat. Genaue Kenntnis der zelebrierten Riten und viel Erfahrung im Fotografieren von Massenveranstaltungen sprechen aus ihren Arbeiten, vor allem aber tiefe Menschlichkeit.

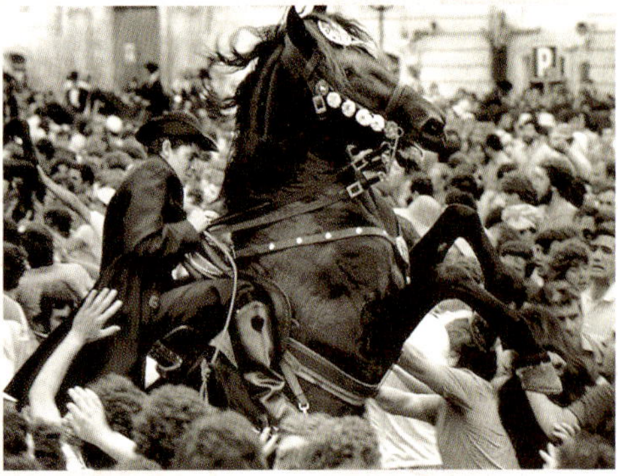

Cristina Garcia Rodero
Rodero arbeitet hauptsächlich in Schwarzweiß – eine überzeugende Form der Reduktion, vor allem bei farbenfrohen Fiestas.

Auswertung eines Veranstaltungsfotos

Familienalben sind vollgestopft mit Fotos, die besondere Anlässe wie Geburtstage, Hochzeiten, Abschlussfeiern und andere Festlichkeiten dokumentieren. Einem geschickten Fotografen sollte es gelingen, nicht nur einzelne Aspekte einer Veranstaltung zu zeigen, sondern das Ereignis insgesamt darzustellen. Dazu muss man unbedingt wissen, wann und wo welcher Programmpunkt stattfindet. Besorgen Sie sich einen Ablaufplan und überlegen Sie im Vorfeld, welche Situationen Sie fotografieren möchten.

DAS AUFMACHERFOTO

Wollen Sie Ihre Arbeit gut machen, werden Sie auf das Mitfeiern verzichten müssen. Um den wichtigsten Moment einer Veranstaltung nicht zu verpassen, dürfen Sie die Kamera niemals aus der Hand legen. Bei Sichtung der Fotos, die ich auf einer Hindu-Hochzeit gemacht hatte, stach das Foto unten hervor. Es enthält alle visuellen Elemente, die ein Aufmacherfoto braucht: Farbenpracht, Lebendigkeit, Dynamik und eine bildmittige Anordnung der Braut, umgeben von Gratulanten. Dieses Foto zeigt den Geist der Veranstaltung – eine fröhliche Feier mit Familie und Freunden.

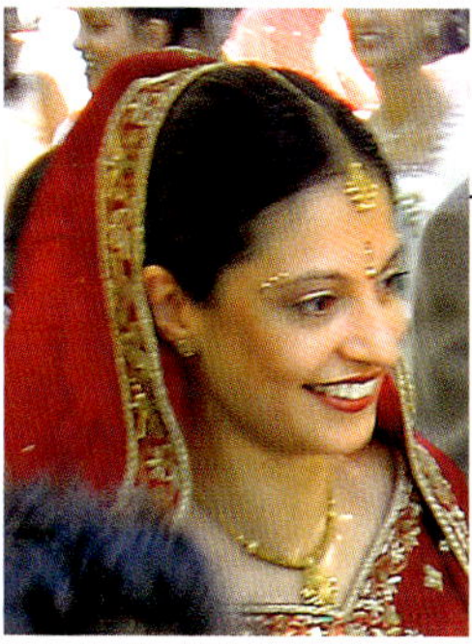

Anvisieren des Motivs
Durch Verfolgung der Braut mit der Kamera stellte ich sicher, dass sie scharf abgebildet wurde, während andere Personen verschwommen erscheinen. So wurde sie zum bildbeherrschenden Element.

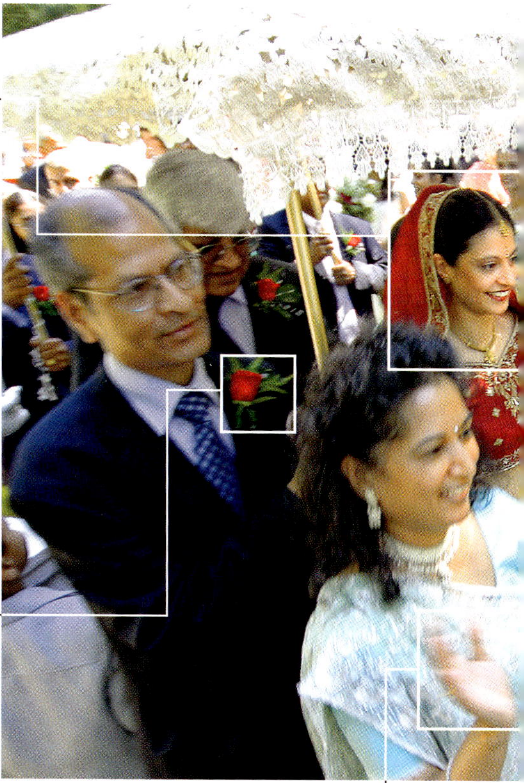

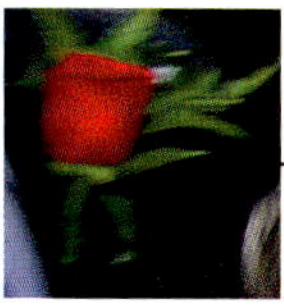

Einfangen von visuellen Akzenten
Bunte Farbkleckse wie diese rote Rose im Knopfloch beleben und strukturieren die Aufnahme. Das Element wiederholt sich auf dem Bild in einem Bogen von links bis ganz rechts.

Steuerung der Schärfentiefe
Die Belichtung war auf maximale Schärfentiefe abgestimmt. Dies führte zu Bewegungsunschärfen. Solange die wesentlichen Bildelemente scharf erscheinen, ist dies jedoch akzeptabel und kann den Eindruck von Dynamik vermitteln.

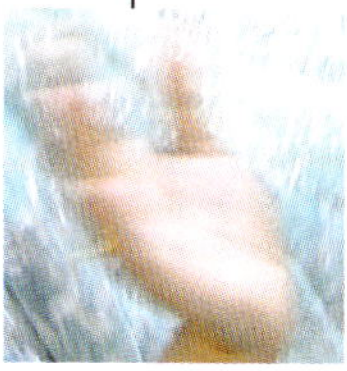

GRUPPENFOTOS

Gruppenfotos sind bei Veranstaltungen geradezu zwingend. Sie müssen jedoch weder gestellt noch steif wirken. Sobald die Gruppe vollzählig ist, ermuntern Sie sie zu Blödeleien wie Luftsprüngen etc., oder erzählen Sie einen Witz. Arbeiten Sie schnell, der entscheidende Moment ist schnell vorüber.

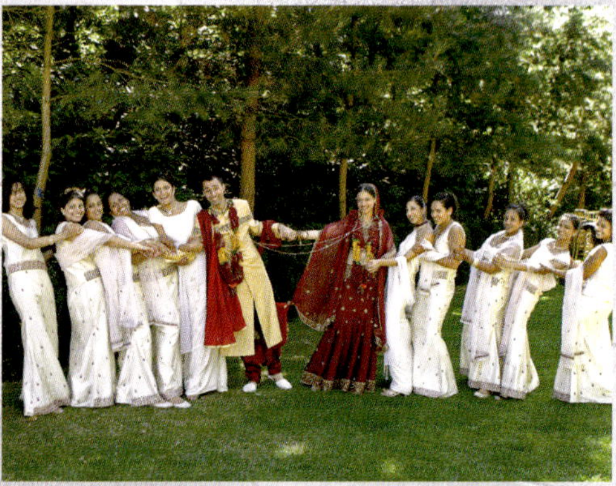

Tauziehen
Tauziehen um das Brautpaar. So entstand eine herzliche, humorvolle Aufnahme der Hochzeitsgesellschaft.

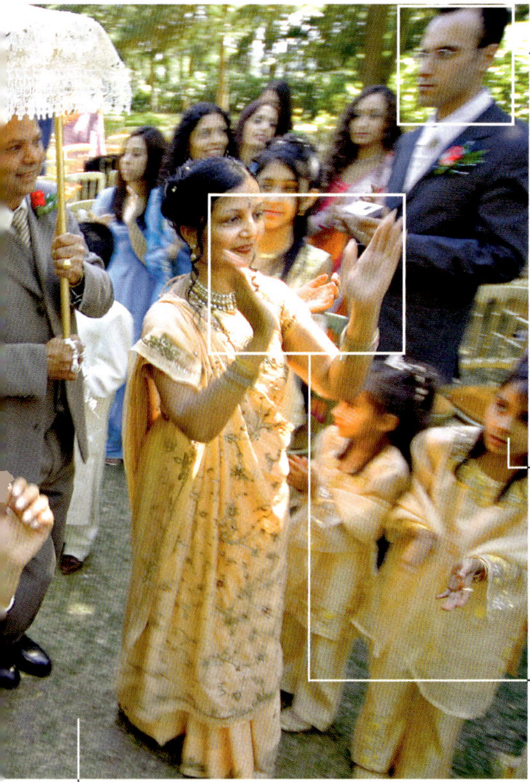

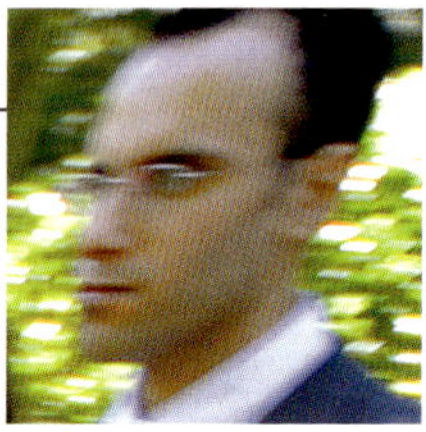

Weitwinkelaufnahmen
Mit Weitwinkelobjektiven werden Objekte oder Personen am Bildrand eventuell verzerrt abgebildet. Der Kopf dieses Mannes erscheint eiförmig. Ordnen Sie das Motiv nach Möglichkeit nicht direkt am Bildrand an.

Vermeiden Sie abgeschnittene Gesichter am Bildrand, wie in diesem Fall versehentlich geschehen.

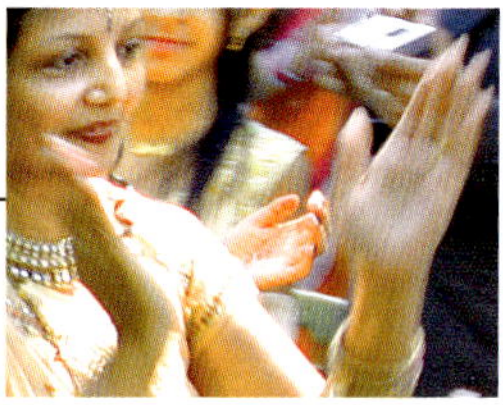

Ruhige Bildpartien sind wichtig für die Struktur. Dennoch sollten diese Bereiche nicht zu groß geraten. Wenn sie zu sehr ins Auge stechen, können Sie die Wirkung mit Hilfe der Bildbearbeitung, zum Beispiel durch Nachbelichten, mildern.

Zeitplanung
Diese Handbewegung im richtigen Moment einzufangen, erfordert höchste Präzision bei der Auslösung. Wer seine Kamera noch nicht gut genug kennt, muss die Auslöseverzögerung abschätzen.

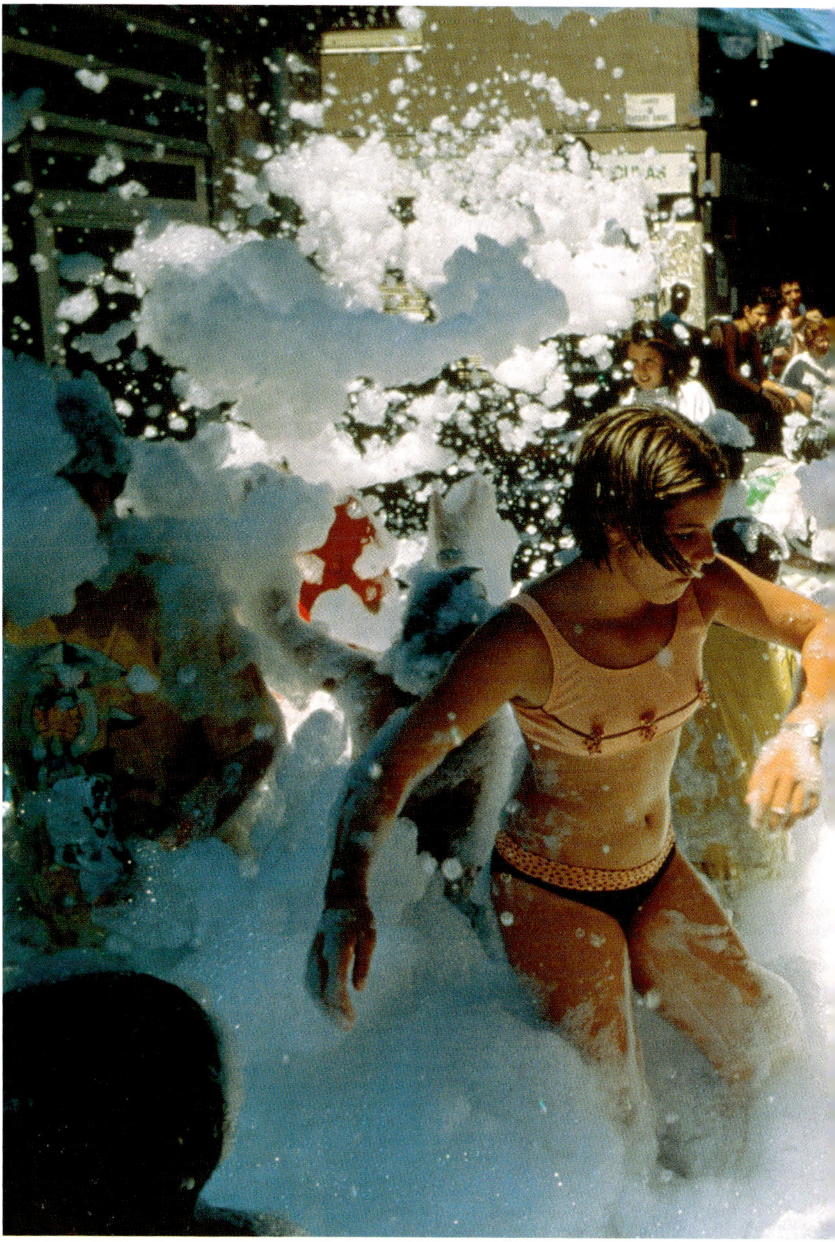

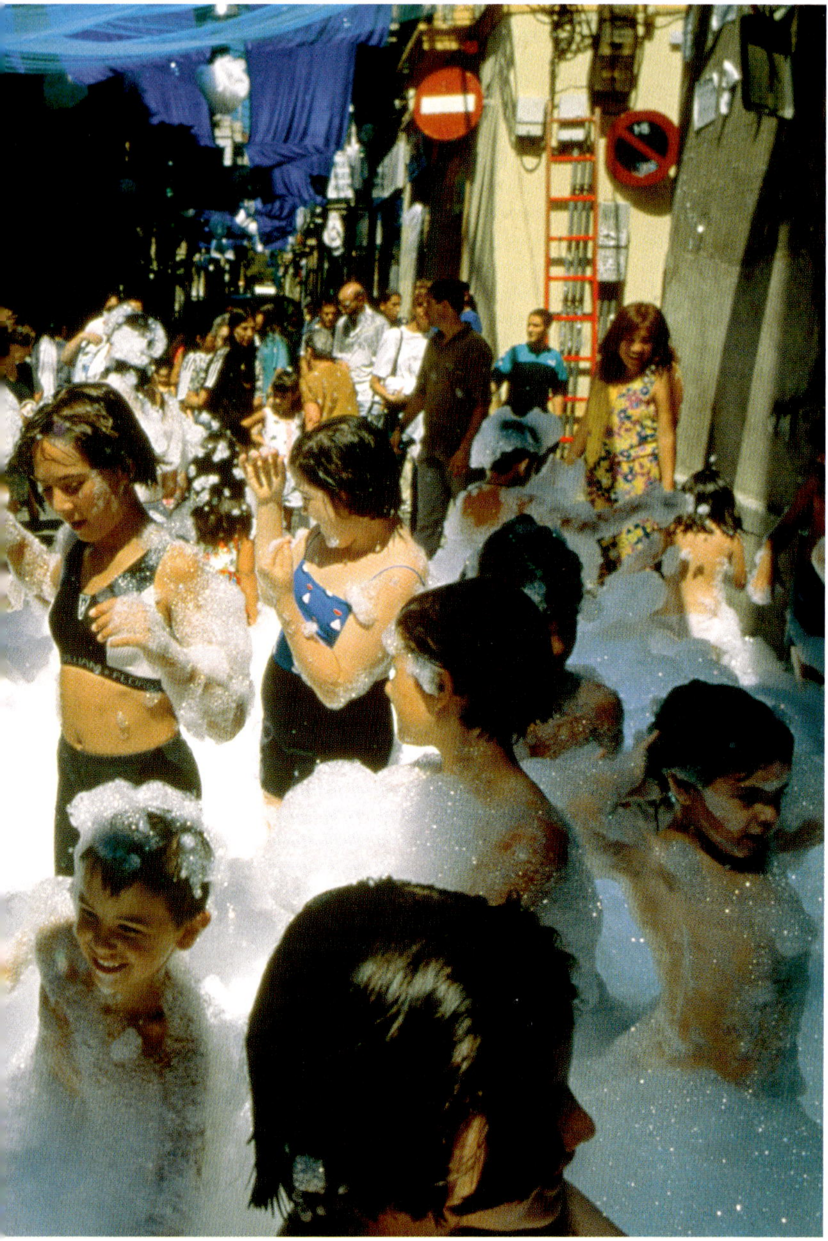

Kinder beim Spiel im Schaumbad
Dieses Foto, das 1997 von dem Amerikaner David Alan Harvey (geb. 1944) in Barcelona aufgenommen wurde, zeigt Event-Fotografie im besten Sinne. Die Aufnahme vermittelt Spaß und Lebensfreude und weist bunte, im hellen Licht leuchtende Farben auf.

Dokumentarfotografie

Trotz ihrer herausragenden Bedeutung in der Geschichte der Fotografie ist die Dokumentarfotografie schwer zu definieren. Der Begriff vereint viele Arbeitsmethoden und Verwendungszwecke, von der Firmenfotografie über den Enthüllungsjournalismus bis zur Foto-Story. Was gute Dokumentarfotos gemeinsam haben, ist die realitätsgetreue Darstellung »echter« Situationen und »echter« Menschen.

Merkmale der Dokumentarfotografie

Die Dokumentarfotografie unterscheidet sich durch eine Reihe von Merkmalen von anderen Genres. Ein häufiges, wenngleich nicht zwingendes Kriterium ist die politische Motivation des Fotografen. Im Vergleich mit ähnlichen Fachgebieten gibt es technische Unterschiede; Dokumentarfotos beanspruchen in der Regel mehr Zeit und Aufwand als aktuelle Nachrichtenbilder. Mit Ausnahme von Firmenfotos oder künstlerischen Dokumentaraufnahmen sollten die Bilder weder gestellt noch anderweitig bearbeitet werden.

AUSWAHL EINES PROJEKTS

Sie müssen nicht weit reisen, um lohnenswerte Motive zu finden. Der Schlüssel zum Erfolg liegt nicht in einem unbekannten oder außergewöhnlichen Thema, sondern in der Art und Weise der Interpretation eines Aufnahmegegenstands. Einige der besten Dokumentarfotos stellen alltägliche Motive aus neuer Sicht dar, wie auf dieser Baustelle. Andere, wie die Bilder gegenüber, ermöglichen einen Blick hinter die Kulissen.

Vieldeutige Perspektive
Weil alle Bildelemente getrennt voneinander, aber scharf abgebildet wurden *(unten)*, gibt es in diesem Bild keine eindeutige Perspektive.

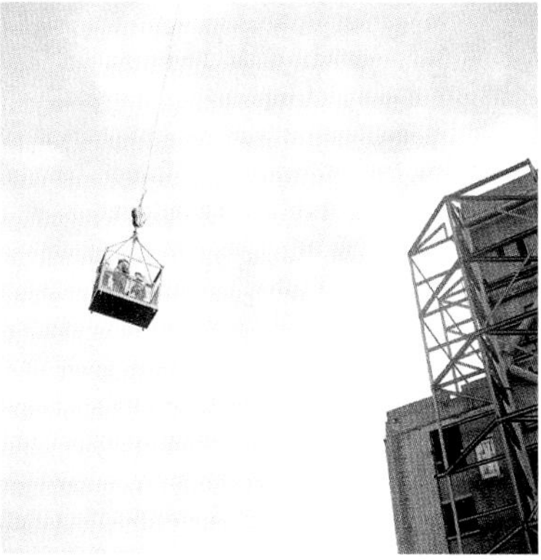

Spannung schaffen
Die winzige Kabine und die durch das Fehlen vertikaler Linien angedeutete Bewegung *(oben)* wecken Höhenangst.

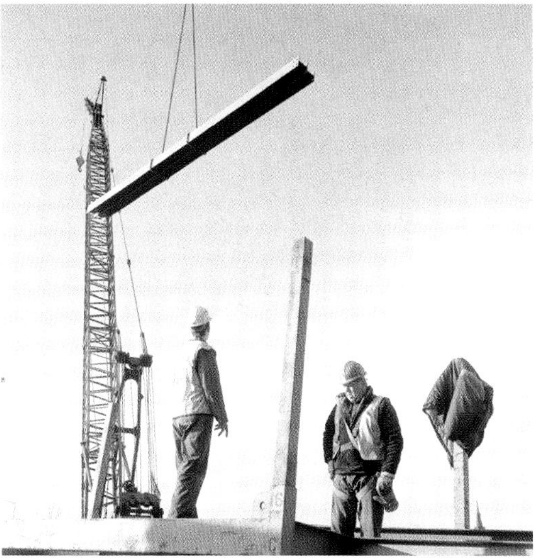

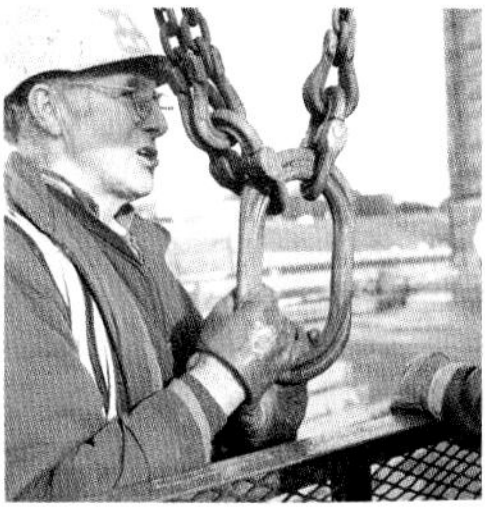

Gegenüberstellung
Mit direkten Gegenüberstellungen wie der eines Mannes mit einer Stahlkette *(oben)* erreichen Sie entschiedene Bildaussagen.

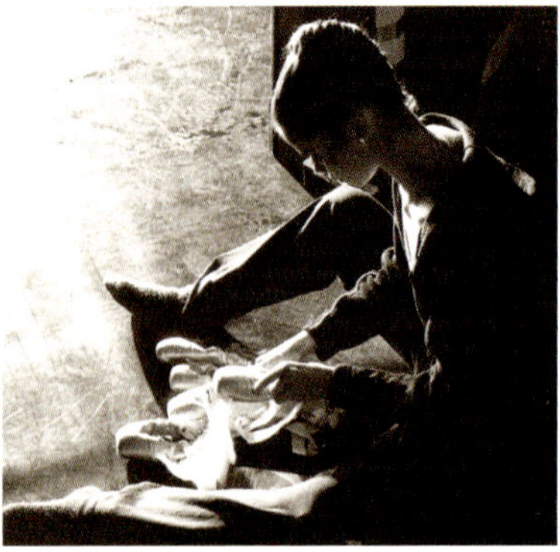

Chiaroscuro-Beleuchtung
In dieser Studie einer Ballerina hinter den Kulissen wird das Motiv durch die dramatische Beleuchtung auf helle und dunkle Umrisse reduziert.

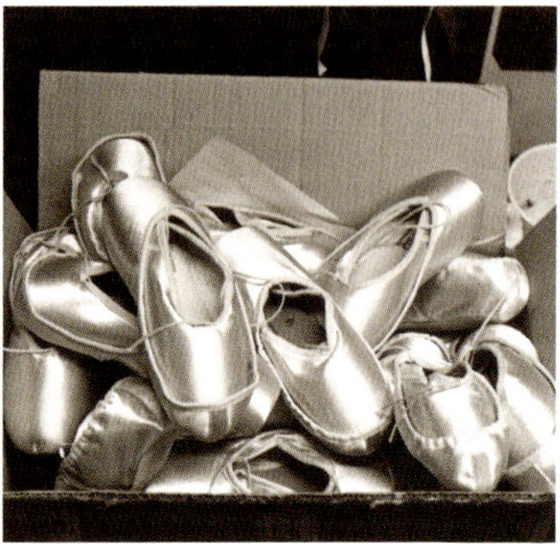

Bildaussagen
Die besten Dokumentarfotos brauchen keinen Titel, um das Motiv zu benennen. Diese Aufnahme beschreibt »Ballett« klarer als Worte, und zwar in jeder Sprache.

DIE WERKZEUGE

Zwar fotografieren einige wenige Dokumentarfotografen auch digital, aber die Mehrzahl der Bilder wird konventionell aufgenommen. Einer der Hauptgründe dafür ist die Messsucherkamera Leica M, die Lieblingskamera der Dokumentarfotografen seit ihrer Einführung im Jahr 1954. Sie eignet sich bestens für eine möglichst unauffällige Arbeit, auch bei schwachem Licht und mit Weitwinkelobjektiv. In der Dokumentarfotografie werden die meisten Bilder mit Brennweiten von 24 mm bis 50 mm aufgenommen, und diese Objektive können mit einer Messsucherkamera optimal scharfeingestellt werden. Das bevorzugte Medium ist der Schwarzweißfilm, teilweise aufgrund seiner Vergangenheit als Zeitungsfilm, aber auch, weil Schwarzweiß die Bildwirkung vereinfacht und eine Situation sehr direkt zu vermitteln vermag.

Diskretion
Eine Voraussetzung in der Dokumentarfotografie ist leises und unauffälliges Arbeiten. Bei der Aufnahme unten hätte der Fotograf die Tänzerinnen auf keinen Fall stören dürfen.

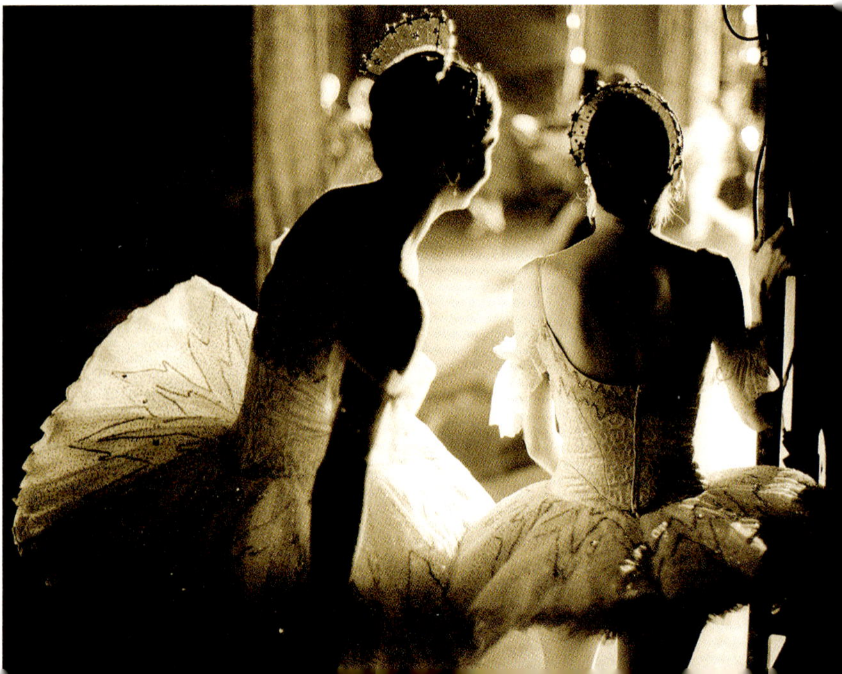

Entwicklung einer Foto-Story

Mit einem Dokumentarfoto erzählt man eine Geschichte, über die, wenn überhaupt, erst wenige nachgedacht haben, oder die einem vertrauten Thema einen neuen Aspekt abgewinnt. Das Bild soll den Betrachter überraschen und fesseln, vielleicht sogar schockieren. Dazu muss das Foto interessant gestaltet werden, eine in sich geschlossene Logik und Überzeugungskraft besitzen.

IDEENSAMMLUNG

Sobald Ihr Thema feststeht, müssen Sie einen roten Faden finden. Auf einer Reise nach Zentralasien wollte ich heimische Nahrungsmittel fotografieren. Ich holte Erkundigungen über die Bedeutung von Fleisch ein und suchte anschließend nach einem Aufhänger, der über das Thema des Fleischessens hinausging. Es ergaben sich drei Ansätze: Der Fleischverzehr war wichtiger Bestandteil von Festivitäten; Menschen und Tiere lebten im Alltag eng zusammen; es wurde mehr Fleisch verzehrt als produziert, was zu einer gesellschaftlichen Krise zu führen drohte. Dieser letzte Strang versprach die beste Geschichte, da die Bedeutung von Fleisch im Leben der Bevölkerung deutlich würde und man möglicherweise eine Diskussion über den Fleischverzehr in Gang bringen könnte.

BEBILDERUNG

Denken Sie daran, dass Sie jeden Aspekt Ihrer Geschichte aus allen möglichen Blickwinkeln fotografieren. In meinem Fall umfasste das Menschen, Tiere, die Zubereitung und den Verzehr von Nahrungsmitteln. Fotografieren Sie nur vorgefundene Motive, keine gestellten Situationen. Greifen Sie so wenig wie möglich ein, sondern nehmen Sie am Leben der Menschen teil, ohne zu stören. Niemand soll bemerken, dass Sie an einer Geschichte arbeiten.

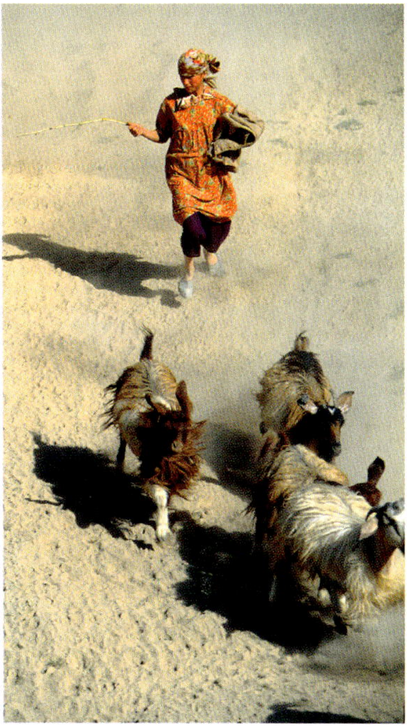

Junge Schäferin
Das Aufmacherfoto sollte das Thema der Geschichte zusammenfassen – das Verhältnis der jugendlichen Bevölkerung zu ihrem wachsenden Bedarf an einem immer knapper werdenden Nahrungsmittel.

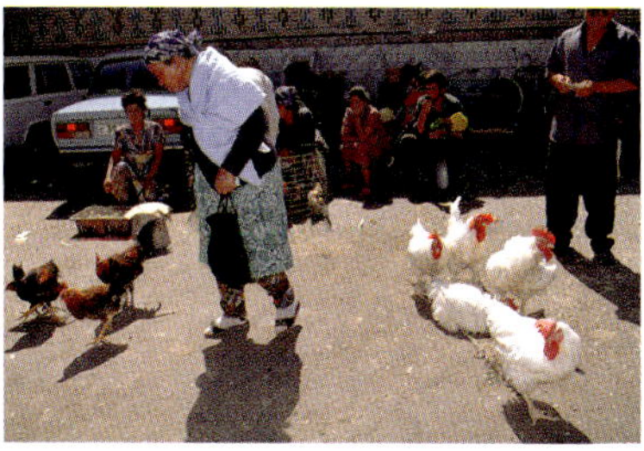

Auf dem Markt
Ich besuchte einen Hühnermarkt. Das Bild, das ich dort machte, wies einige interessante Elemente auf, aber sein Beitrag zur Geschichte war unklar. Ich hielt es in Reserve.

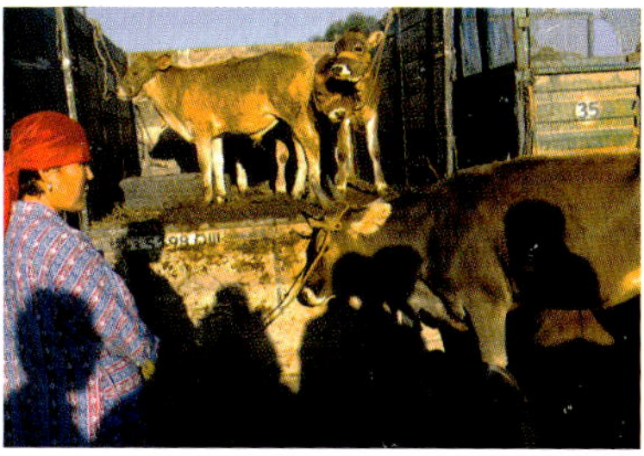

Viehmarkt
Einen direkteren Bezug zum Thema hatte ein Viehmarkt. Ich wählte einen ungewöhnlichen Ausschnitt und stellte die Verkäuferin der Kälber den Käufern gegenüber, die nur als Schatten sichtbar sind.

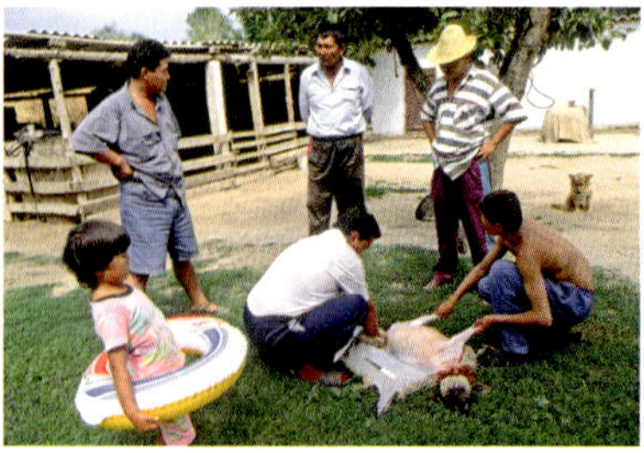

Lebensmittelzubereitung
Das Schlachten von Tieren ist zwar ein grausamer Anblick, gehört jedoch zum täglichen Leben. Das Bild wird durch den Hund abgerundet, der sich nur mit Mühe beherrscht.

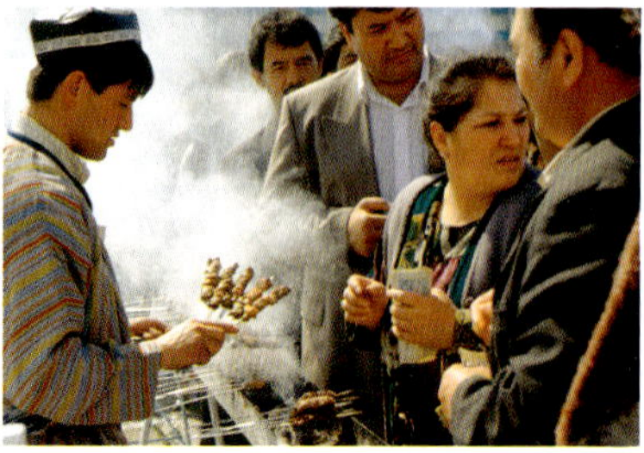

Am Grill
Die Rauchschwaden sind ein attraktiver Blickfang, die Anspannung, die den Menschen ins Gesicht geschrieben steht, verhinderte jedoch, dass das Foto in die engere Wahl kam.

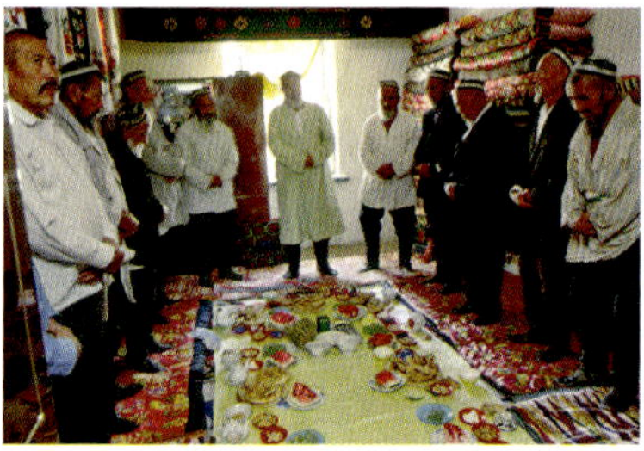

Hochzeitsbankett
Essen ist ein wichtiger Teil aller Festivitäten in Zentralasien. Hier bedanken sich die Dorfältesten, ehe sie sich auf einer traditionellen islamischen Hochzeit zum Festmahl niederlassen.

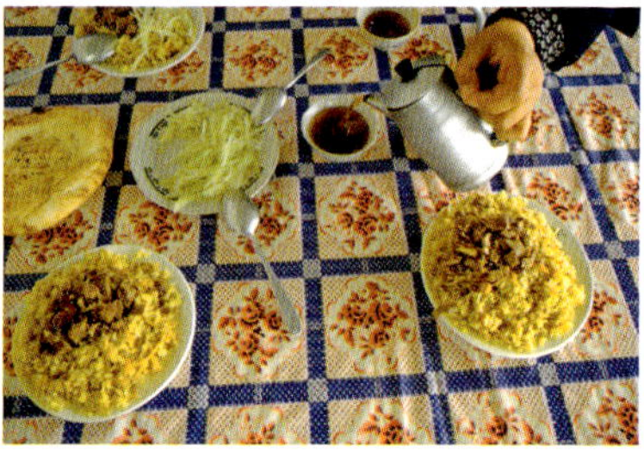

Einfache Mahlzeit
Zu einer einfachen Mahlzeit wie der, die hier serviert wird, gehört auch der Tee. Stellen Sie für die Geschichte wesentliche Details im Kontext dar.

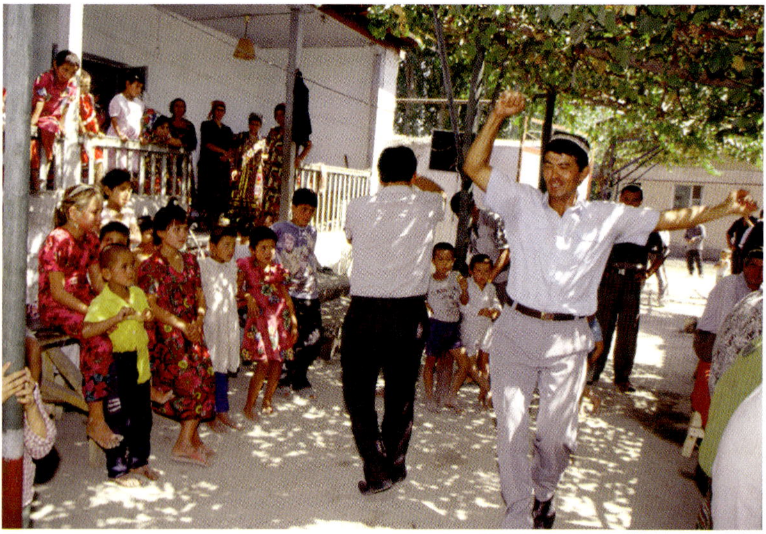

Tanz und Gesang
Diese Aufnahme fasst die Freude und die festliche Stimmung am Ende der Hochzeitsfeierlichkeiten zusammen. Bei einer Bildreportage werden Sie immer wieder vor allem auf solche Fotos zurückgreifen, die Sie an die Menschen vor Ort erinnern. Hier wurde trotz des hellen Sonnenlichts zur Aufhellung der Schatten ein Blitzgerät eingesetzt.

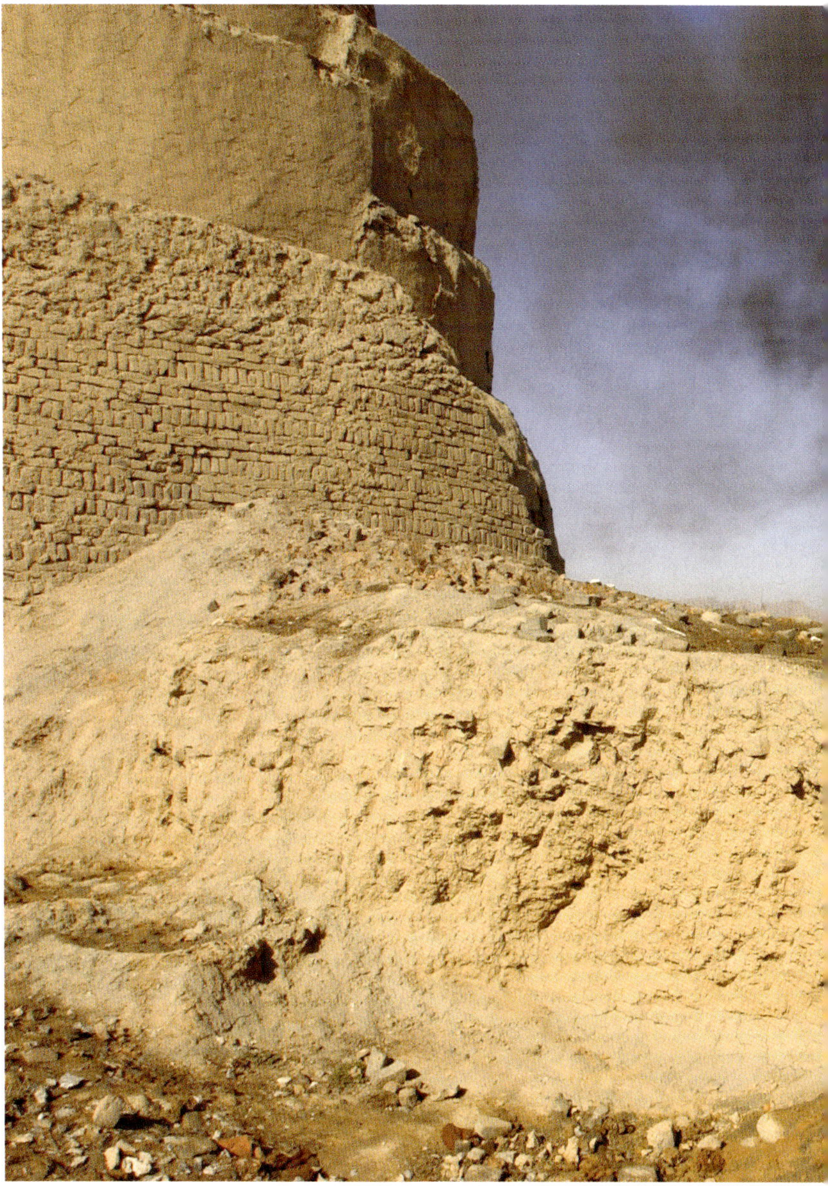

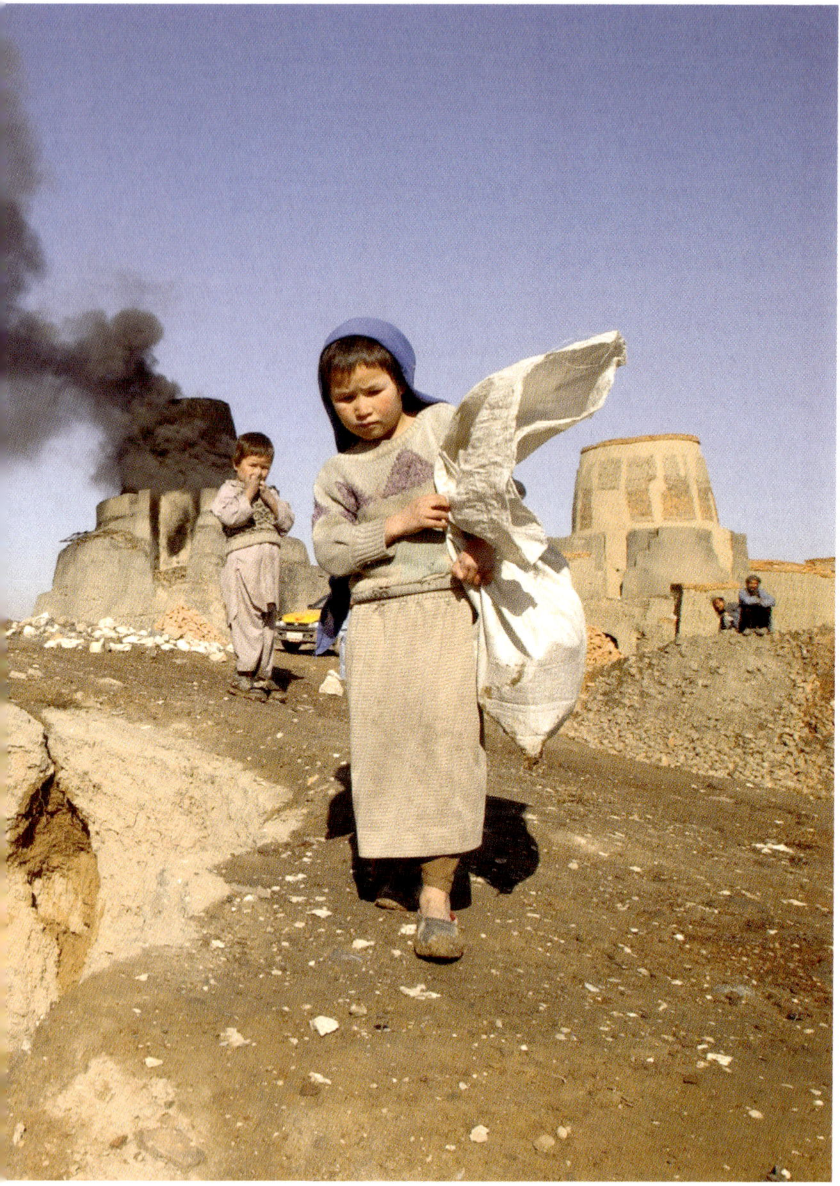

Verlorene Unschuld
In Kabul, Afghanistan, suchen Kinder nach Holzresten. Dieses Bild wurde vom chinesischen Fotografen Chien-Min Chung aufgenommen, der für seine Dokumentarserie über Kinderarbeit in Afghanistan mit dem Award of Excellence von Pictures of the Year International ausgezeichnet wurde.

Kinder

In den Anfangsjahren der Fotografie waren Aufnahmen von Kindern extrem schwierig, denn ein Kind konnte während der langen Belichtungszeiten nur schwer stillsitzen. Heute gehören Kinder zu den beliebtesten und häufigsten Fotomotiven – und stellen als solche trotz moderner Fototechnik immer noch eine Herausforderung dar.

Besondere Anforderungen

Die Kinderfotografie ist ein hervorragendes Übungsfeld für Fotojournalisten. Ein unwilliges Kind davon zu überzeugen, für ein Foto zu posieren, kann ebenso mühsam sein wie das Überwinden einer Polizeibarrikade. Kinder lassen sich leicht ablenken und sind häufig zu müde oder zu aufgedreht, um zu kooperieren. Geduld, Verständnis, Reaktionsvermögen und eine gute Technik sind gefragt.

DAS KIND UND DIE KAMERA

Manche Kinder sind beim Anblick der Kamera sofort bereit mitzumachen, so dass Sie ohne Umschweife mit dem Fotografieren beginnen können. Wenn ein Kind jedoch schüchtern oder kamerascheu ist, müssen Sie zuerst sein Vertrauen gewinnen. Erst nachdem es sich an die Kamera und eventuelles Zubehör gewöhnt hat, entspannt es sich und benimmt sich natürlich. Lassen Sie es durch den Sucher schauen, drücken Sie gemeinsam ein paar Knöpfe oder lassen Sie sich sogar von ihm fotografieren. So fühlt sich das Kind wohl und arbeitet mit Ihnen zusammen. Ein Tipp: Bei Verwendung einer konventionellen Kamera sollten Sie mit leerer Kamera fotografieren, bis sich das Kind an das Geräusch des Verschlussablaufs und Filmtransports gewöhnt hat.

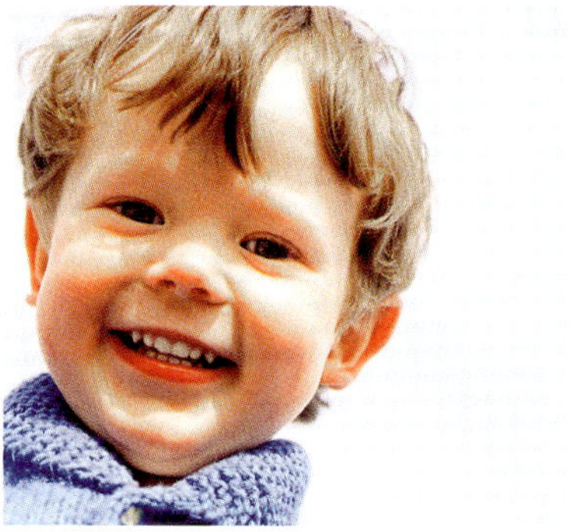

Auf Augenhöhe
Wir sind daran gewöhnt, Kinder von oben zu sehen. Die Kleinen mögen es, wenn sich der Fotograf auf ihre Augenhöhe begibt und belohnen ihn mit einem breiten Lächeln.

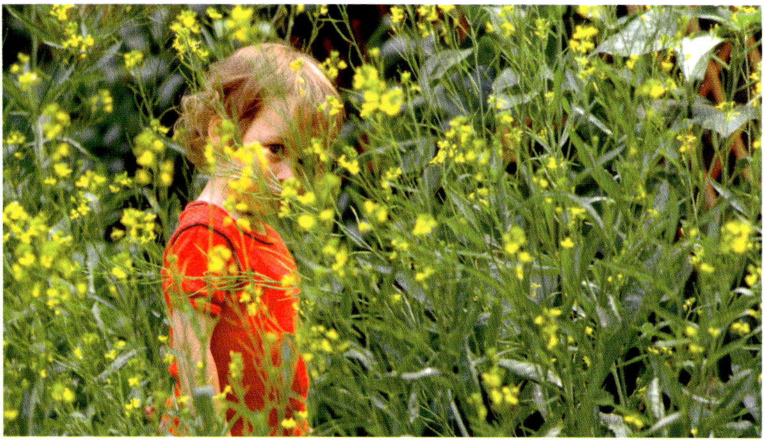

Einfangen von Stimmungen
Lächeln und Fröhlichkeit sind nicht zwingend für ein gelungenes Kinderfoto. Hier wurde mit dem leicht geneigten Kopf und dem vorwurfsvollen Blick eine andere Stimmung eingefangen. Das Geheimnis dieser Aufnahme ist die präzise Scharfeinstellung auf die Augen des Kindes.

CHARAKTERSTUDIEN

Bei Studioaufnahmen gelingt es nur selten, den Charakter eines Kindes wiederzugeben. Für Fotos, die Persönlichkeit und Individualität zeigen, ist Spontaneität eine Grundvoraussetzung.

Kinder sind eine echte Bewährungsprobe für AF-Systeme. Stellen Sie das Objektiv manuell ein und behalten Sie den Aufnahmeabstand bei. Wenn Sie eine formatfüllende Abbildung wünschen, verwenden Sie eine lange Brennweite (135 mm oder mehr). Denken Sie bei der Arbeit mit einer Digitalkamera daran, dass die volle Ausnutzung des Zooms zu einer kleineren maximalen Öffnung führt, die in längeren Belichtungszeiten, Bewegungsunschärfen und langsamerer Reaktion des Autofokus resultiert.

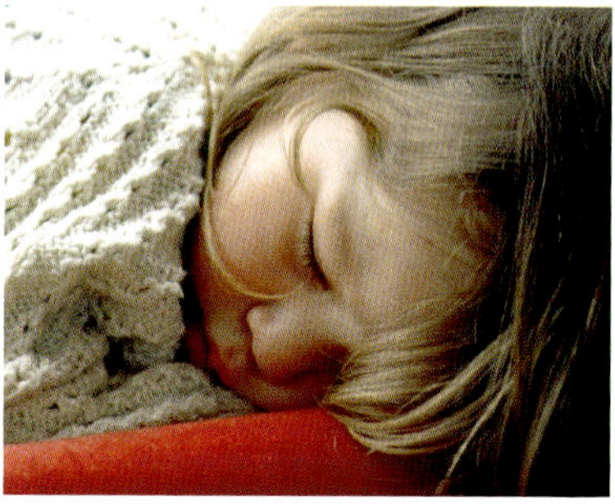

Schlafendes Kind
Ein friedlich schlafendes Kind ist ein wunderschöner Anblick. Stellen Sie beim Fotografieren die längste Brennweite ein und gehen Sie so nah wie möglich heran.

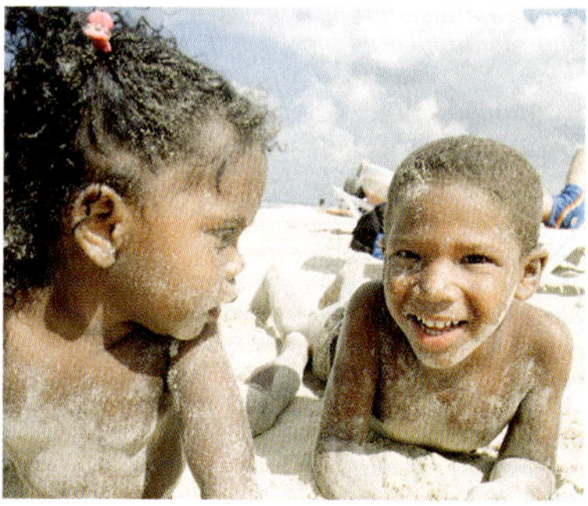

Ruhepause nach dem Spielen
Falls die Kinder zu wild herumtoben, als dass Sie noch mit der Kamera folgen könnten, warten Sie ab, bis sie sich zu einer Ruhepause niederlassen.

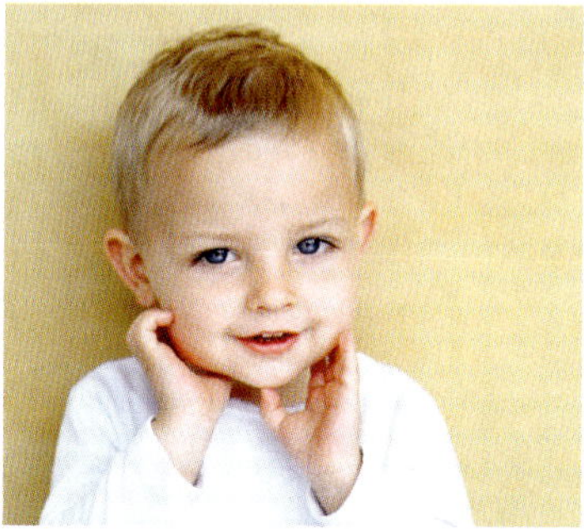

Fotos von schüchternen Kindern
Auf manche Kinder wirkt der Anblick der Kamera furchteinflößend. Hier machen der unsichere Gesichtsausdruck und die Geste des Jungen den Charme der Aufnahme aus.

VON MEISTERHAND

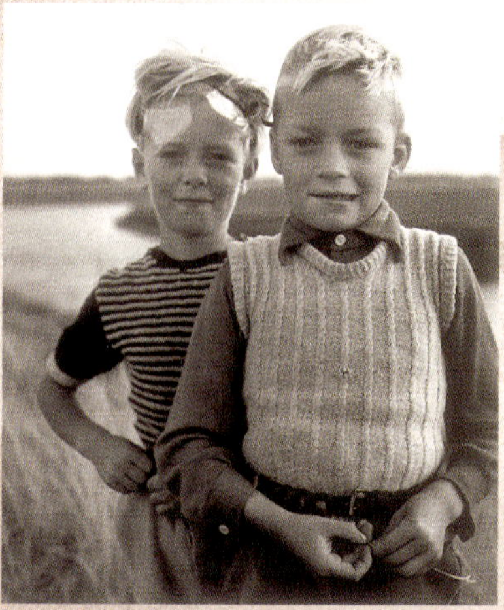

Die Holländerin Emmy Andriesse (1914–1953) studierte von 1935 bis 1937 Fotografie an der Kunstakademie in Den Haag und begann eine erfolgreiche Karriere in der Kinder-, Mode- und Werbefotografie sowie im Fotojournalismus. Während der Besetzung der Niederlande durch die Nationalsozialisten ging die jüdischstämmige Fotografin in den Untergrund. Sie dokumentierte den »Hungerwinter« im Jahr 1944 und die Befreiung der Niederlande 1945. Andriesse starb mit nur 39 Jahren an Krebs.

Emmy Andriesse
Die Ereignisse des Zweiten Weltkriegs änderten die Haltung der Fotografin, die ihre in der Tradition von August Sander stehende Kinderfotografie berühmt machte, zu ihrer Arbeit grundlegend.

Auswertung eines Kinderfotos

Ein Kinderporträt muss nicht jedem gefallen, der es sieht. Es kann eine einfühlsame, ganz persönliche Studie sein, die nur für den Fotografen und das Motiv von Bedeutung ist. Kinderfotos halten in der Regel private Momente fest. Sie werden zu Rückblenden, die das geliebte Kind von allen seinen Seiten zeigen und Erinnerungen an die Vergangenheit bzw. an die eigene Kindheit wecken oder auch nur ein Gefühl der Zärtlichkeit.

EIN MOTIV SUCHEN

Wie so häufig in der Fotografie sind auch in der Kinderfotografie Wachsamkeit und eine allzeit griffbereite Kamera gefragt. Wenn der richtige Moment da ist, müssen Sie Ihre fotografischen Fertigkeiten sofort abrufen können: Ausschnittwahl, Scharfeinstellung, Belichtung. Achten Sie auf einen ausreichenden Aufnahmeabstand und legen Sie die Schärfe auf die Augen. Das Kind auf dem Bild unten wartete auf seinen Auftritt bei einer Parade in Bischkek, Kirgisistan. Ich dachte zuerst an eine Nahaufnahme, aber dann schien mir wegen der vielen Rosatöne ein größerer Ausschnitt durchaus attraktiv.

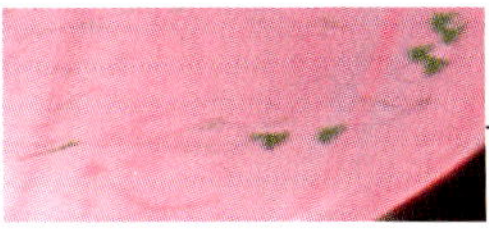

Anordnung des Ballons
Der Ballon bewegte sich im Wind, so dass ich darauf achten musste, genau in dem Moment auf den Auslöser zu drücken, als er direkt über dem Kopf des Jungen stand.

Unscharfe Bereiche
Mit einer langen Brennweite können Sie Hintergrunddetails unscharf abbilden, um das Hauptmotiv zu betonen.

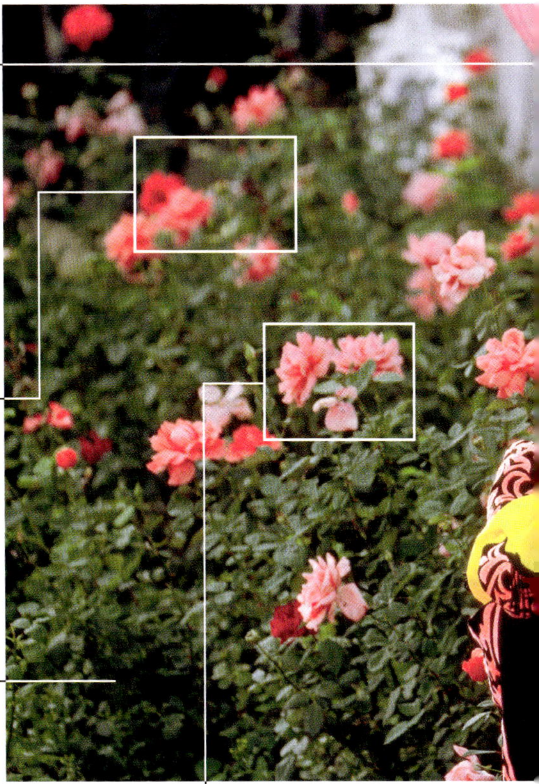

Rücken Sie auch Bereiche mit geringem Kontrast und dunklen Farben ins Bild, um die Aufnahme mit verschiedenen Bildelementen ausgewogen zu gestalten.

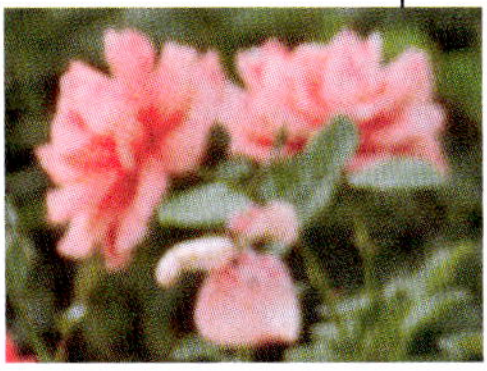

Details
Details, deren Schärfe zum Hauptmotiv hin zunimmt, lenken die Aufmerksamkeit auf das Gesicht des Jungen. Auch die Wiederholung der Farbe Rosa unterstützt die Komposition.

UNKONVENTIONELLER BILDAUSSCHNITT

Die Versuchung, das Kind in der Bildmitte anzuordnen, ist groß. Andere Kompositionen können jedoch ebenso wirkungsvoll sein, wenn nicht sogar passender, denn sie spiegeln die unvorhersehbaren Bewegungen, die Kindern eigen sind, und zeigen damit etwas von ihrem Wesen.

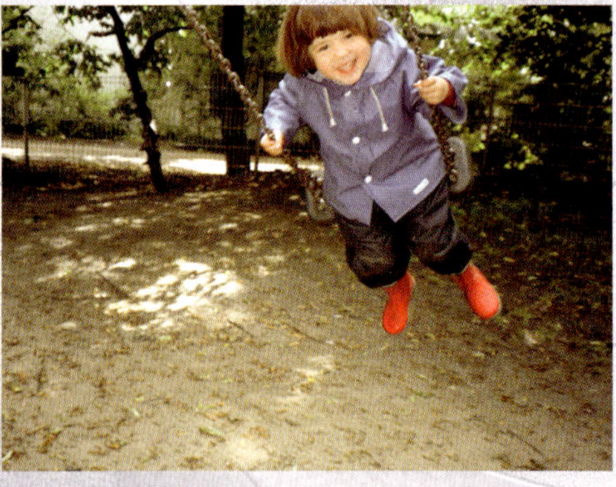

Kind auf der Schaukel
Durch die Auslöseverzögerung wurde das Kind am Bildrand abgebildet, was allerdings zu einem dynamischen Foto führte.

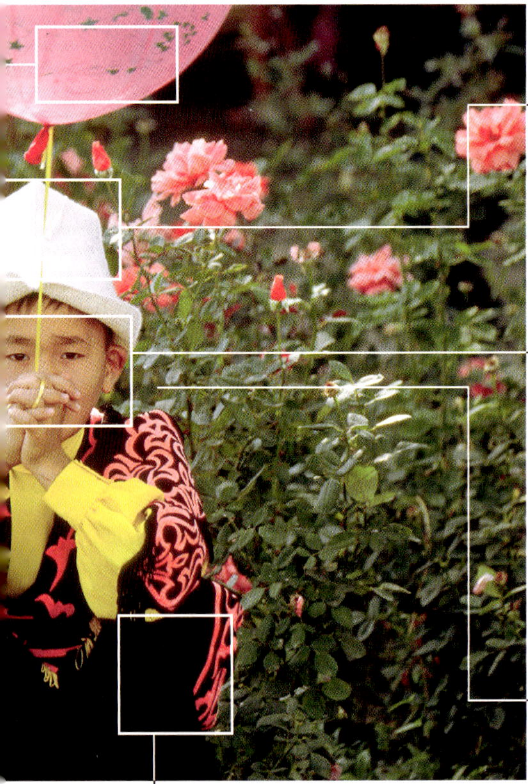

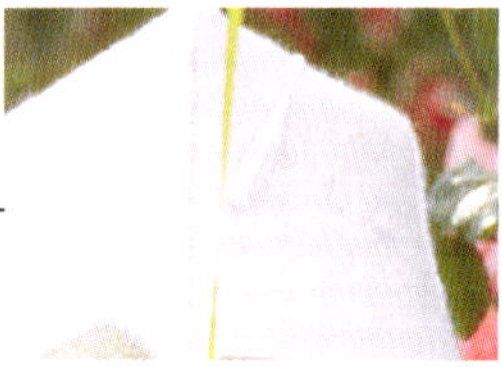

Korrektur der Helligkeit
Die Belichtung auf das Gesicht führt zu einer zu weißen Abbildung des Huts, der digital abgedunkelt wurde.

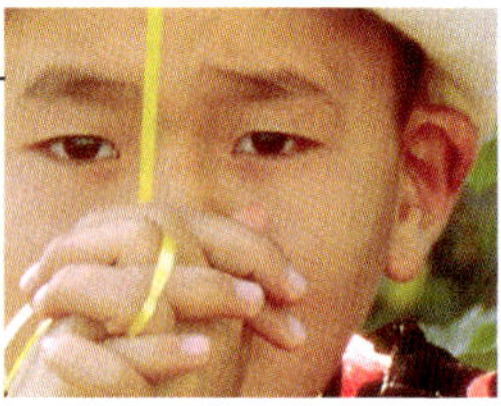

Scharfe Abbildung der Augen
Bei Porträts muss die Schärfe unbedingt auf den Augen liegen, es sei denn, Sie beabsichtigen einen speziellen Effekt.

Die Reflexion des Lichts von den Blättern verursacht einen unangenehmen Grünstich auf der Haut, den man nach Möglichkeit vermeiden sollte.

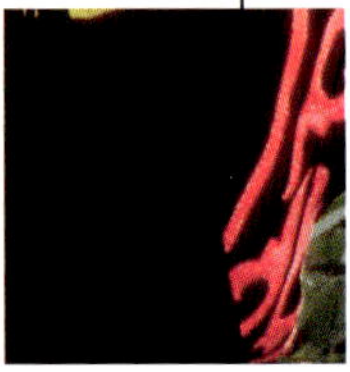

Bereiche ohne Zeichnung
Das Fehlen von Zeichnung in dieser Bildpartie fällt angesichts der vielen anderen Details nicht ins Gewicht. Das Interesse des Betrachters wird ganz auf Gesicht und Jacke des Kindes sowie die Rosen gelenkt.

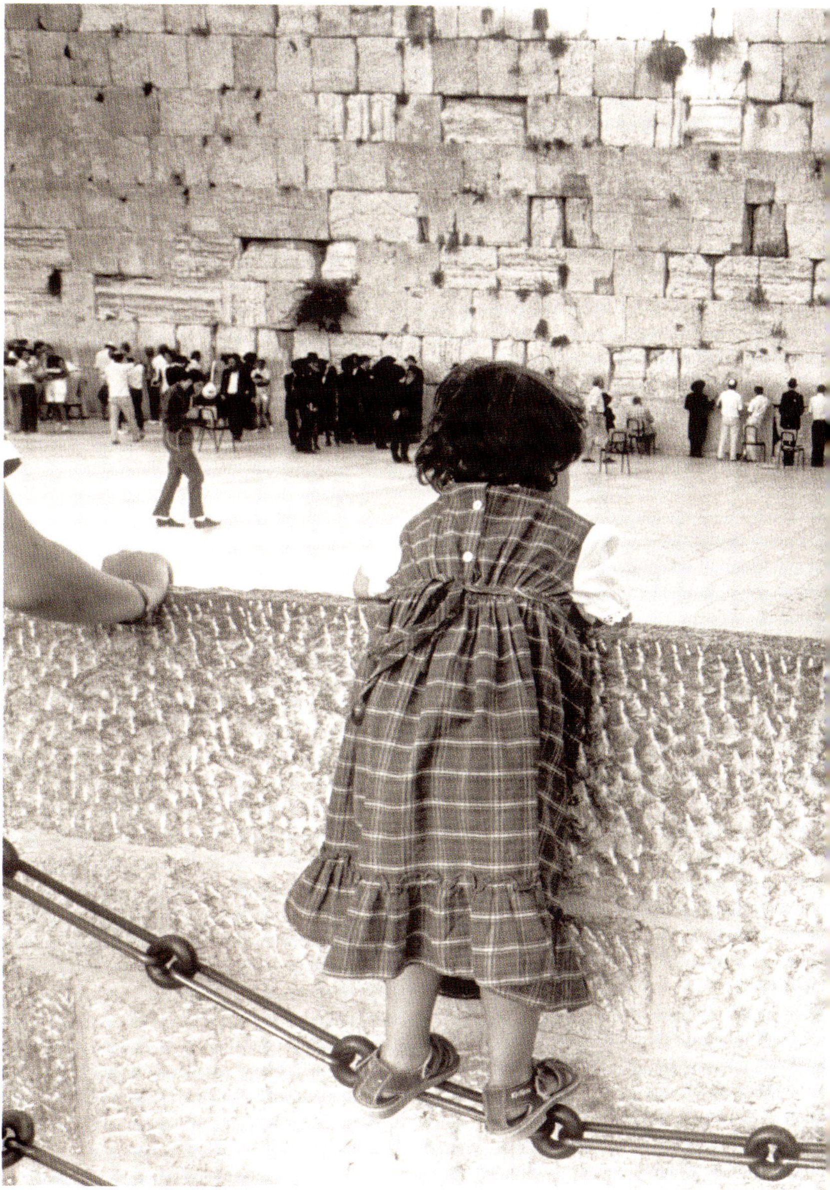

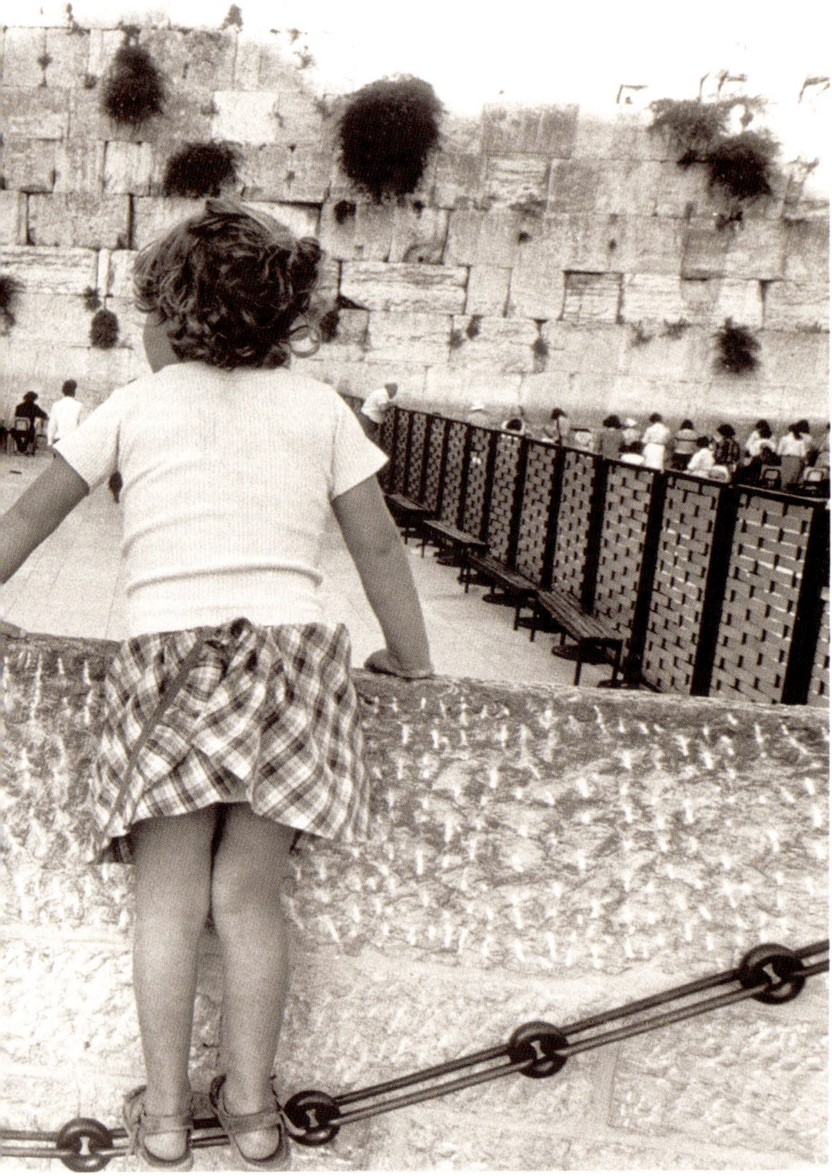

Klagemauer, Jerusalem
Zwei Mädchen beobachten die Betenden an der Klagemauer in Jerusalem von einem Aussichtspunkt aus, den nur Kinder betreten dürfen – der Zaun rechts trennt Männer und Frauen. Aufgenommen 1985 von dem israelischen Fotografen Micha Bar-Am (geb. 1930).

Auf Reisen

Die Reisefotografie war schon immer eine Domäne der Amateure. Die Zahl der Touristen steigt und viele von ihnen haben einen Fotoapparat im Gepäck. Ein gelungenes Reisefoto erfordert jedoch etwas mehr als einen Sonnenuntergang, eine Kamera in der einen Hand und einen trockenen Martini in der anderen. Es kostet mitunter Mühe, zur richtigen Zeit am richtigen Ort zu sein und Ansichten mit dem gewissen Etwas einzufangen.

Die Reisefotografie

Nur wenige Orte dieser Welt sind bislang den Kameras entgangen, und viele Sehenswürdigkeiten wurden bereits millionenfach abgelichtet. Bei der Reisefotografie steht der Fotograf vor der Herausforderung, einfallsreiche Bilder aufzunehmen, während er gleichzeitig mit häufig extremen Bedingungen zurecht kommen muss.

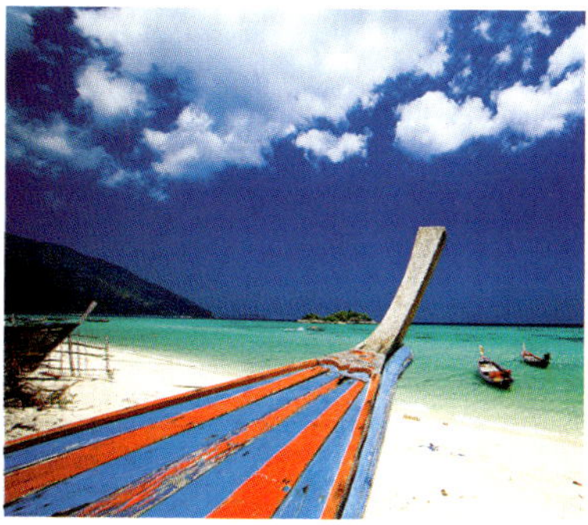

Details im Vordergrund
Der farbenfrohe Bootsbug im Vordergrund vermittelt den Eindruck von Räumlichkeit und das Gefühl, als befände man sich an Ort und Stelle.

ORIGINALITÄT

Um ein besonderes Foto aufzunehmen, sollten Sie nicht den Schauplatz selbst, sondern die Idee dieses Ortes bzw. das, was Sie mit ihm verbinden, beschreiben. Ein gutes Reisefoto vermittelt einen Eindruck davon, wie es

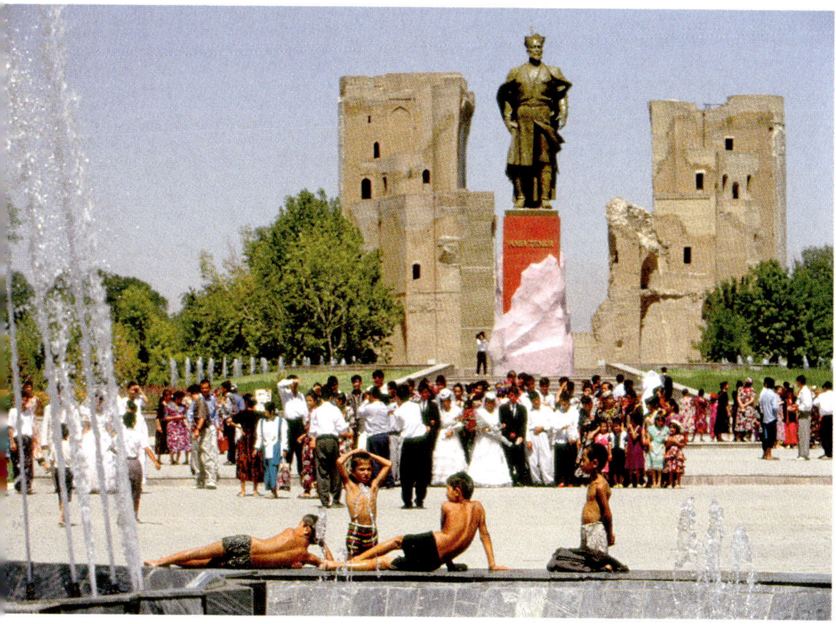

Verwirrende Größenverhältnisse
Dieses in Usbekistan aufgenommene Foto hat einiges zu bieten – das Timuriden-Monument im Hintergrund, die Hochzeitsgesellschaft im Mittel- und die Jungen in lässigen Posen im Vordergrund. Bildbeherrschend ist die Statue, deren Größe den Betrachter irritiert.

sich anfühlt, unterwegs zu sein. Deshalb dokumentieren Sie eine Szene als außenstehender Beobachter, indem Sie zum Beispiel Familien bei einer Party am Strand oder einen Touristen beim Einkauf im Basar darstellen. Reiselust, Abenteuergeist, die Freude, ferne Länder zu entdecken – das sind die Grundlagen der Reisefotografie. Ein Gedanke, den Sie beherzigen sollten.

WARTUNG DER AUSRÜSTUNG

Kontrollieren Sie Ihre Ausrüstung – insbesondere die Objektive – bei jeder Gelegenheit und reinigen Sie sie bei Bedarf. Besonders wichtig ist dies bei Verwendung einer D-SLR und regelmäßigem Objektivwechsel, da Staub- und Schmutzpartikel schnell ins Gehäuse eindringen. Im Idealfall sollte der Sensor jeden Tag gereinigt werden. Mit tragbaren Festplatten vermeiden Sie Datenverluste, Filmpatronen können bei Bedarf im Hotelkühlschrank gelagert werden, um die Qualität des Materials zu erhalten.

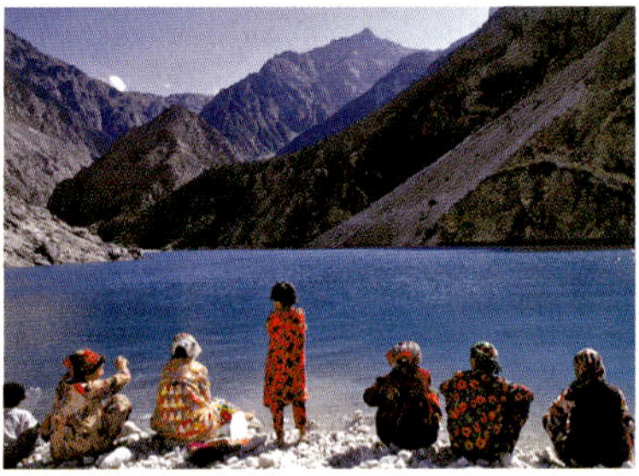

Sorgfältige Komposition
Diese Pilgerstätte in Usbekistan ist an sich bereits ein malerischer Ort. Aber das geduldige Warten hat sich gelohnt: Diese Gruppe von Menschen hätte auch mit Anweisungen kaum besser angeordnet werden können.

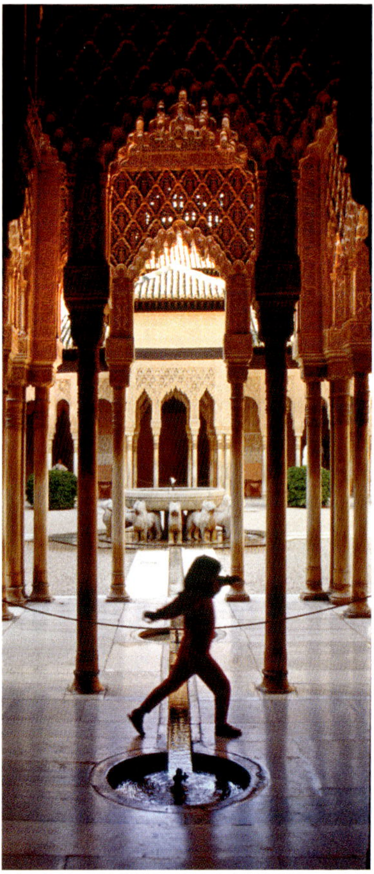

Warten auf den richtigen Moment
Die Alhambra in Spanien ist ein weltberühmtes, viel fotografiertes architektonisches Meisterwerk. Hier belebt ein kleiner Besucher, der die Weitläufigkeit der Räume genießt, eine klassische Ansicht. Geduld zahlt sich häufig aus!

VERÖFFENTLICHUNGSRECHTE

Wenn Sie Ihre Bilder veröffentlichen wollen, sind Sie zur Fairness verpflichtet. Sollen die Fotos kommerziell genutzt werden, müssen Sie mit jeder fotografierten Person die Übertragung der Nutzungsrechte vereinbaren *(s. S. 309)*.

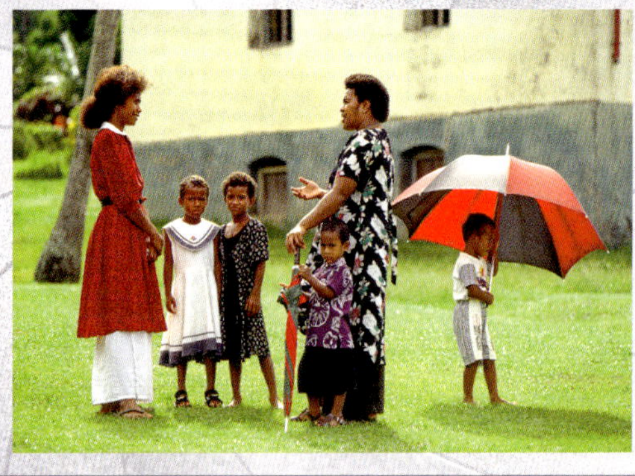

Abbildung der Gesichter
Da die Gesichter der Menschen erkennbar sind, darf ein Bild wie dieses nicht ohne einen unterzeichneten Modell-Vertrag veröffentlicht werden.

Auswertung eines Reisefotos

Einige Reisefotos sind einfach nur faszinierende Aufnahmen eines fotogenen Schauplatzes, andere erzählen dem Betrachter etwas über das Leben in einem fremden Land. Ein Bild, das sich abheben will von der breiten Masse an Reisefotos, muss allerdings das gewisse Etwas haben. Informationsvermittlung reicht dazu nicht aus. Gelungene Reisefotos zeichnen sich durch Farbenvielfalt und Individualität, gutes Timing und technische Perfektion aus.

DER ENTSCHEIDENDE AUGENBLICK

Dieses Bild vermittelt Informationen über das Leben in Marrakesch, Marokko, und lässt ahnen, was ein Besucher dieser Stadt zu erwarten hat. Außerdem wurde der Zeitpunkt der Aufnahme so gewählt, dass ein stimmungsvolles Licht eingefangen und die Aktivitäten der Menschen und ihr Umgang miteinander gezeigt werden konnte. Die mittlere Weitwinkeleinstellung des Zoomobjektivs stellte sicher, dass Personen am Bildrand nicht verzerrt wiedergegeben wurden. Daraufhin hieß es beobachten und warten, bis die Positionen und Aktivitäten der Menschen ein geschlossenes Muster ergaben – der entscheidende Moment, in dem unabhängige Teile sich in eins zusammenfügen.

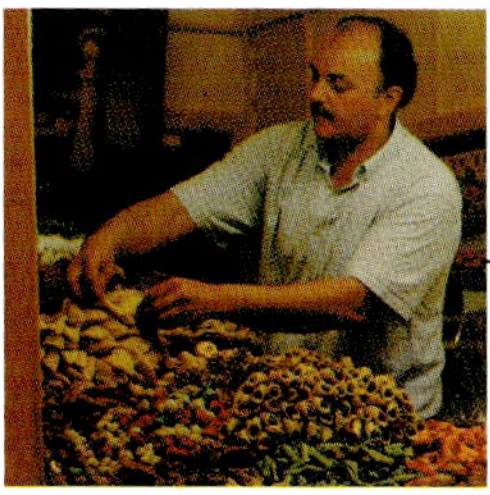

Aktivitäten beobachten
Dieses Bild zeigt die für einen Markt typischen Aktivitäten – Kaufen und Verkaufen.

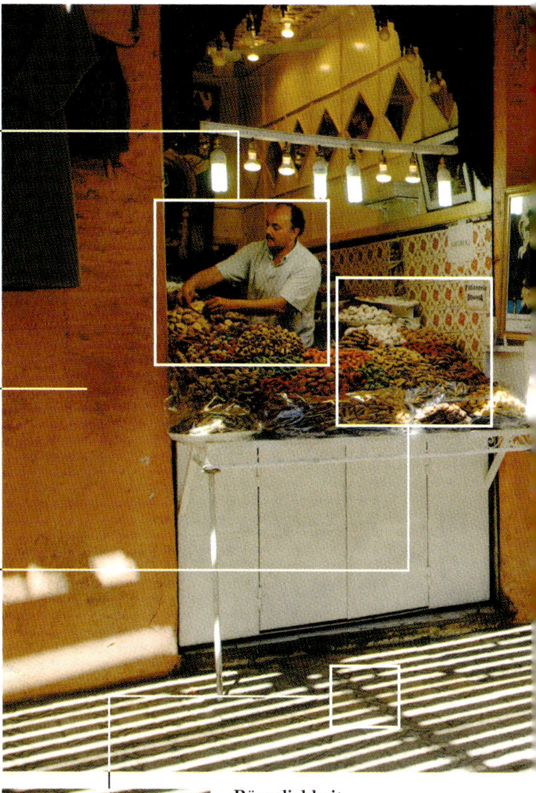

Die warmen Farben der Wand liegen auf der Farbpalette nebeneinander.

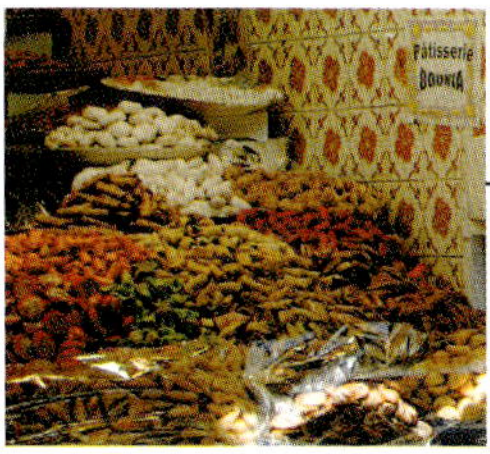

Farbenpracht
Die vielen Farben machen den besonderen Reiz orientalischer Märkte aus. Die große Bandbreite exotischer Farbtöne von Rot bis Grün ist ein Fest für die Sinne.

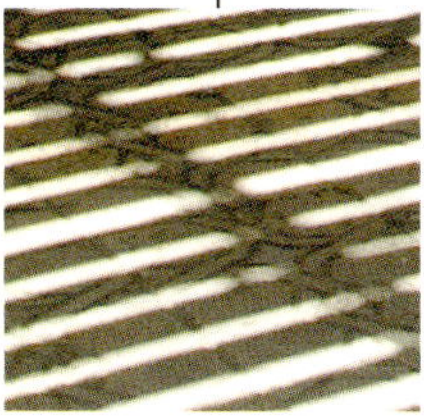

Räumlichkeit
Die kräftigen Diagonalen aus Licht und Schatten führen den Blick durch das Bild und tief in die Szene hinein und schaffen so den Eindruck eines lebendigen Raums. Sie verwandeln außerdem den ansonsten schmucklosen Boden in ein attraktives Bildelement.

BLICKKONTAKT

Fotos von Menschen, denen Sie auf Ihrer Reise begegnen, sind interessanter, wenn das Modell direkt in die Kamera schaut. Man erkennt daran, dass Sie eine Beziehung zu der fotografierten Person aufgebaut haben und nicht einfach ein unbeteiligter Beobachter, oder schlimmer noch, ein Störenfried waren, der sie bei einer Tätigkeit unterbrochen hat. Der Betrachter wird das Bild ansprechender finden und sich am Geschehen beteiligt fühlen.

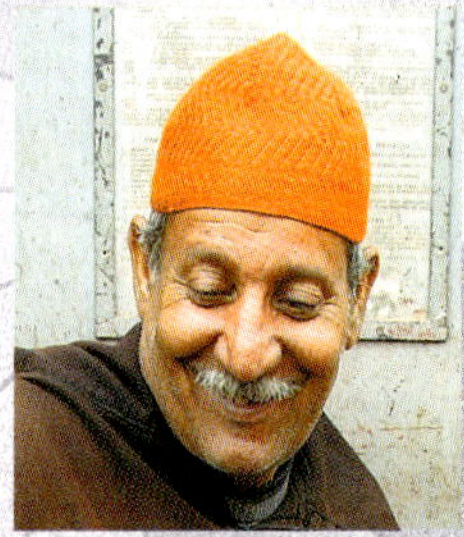

Kein Blickkontakt
Der Mann lächelt zwar, aber der fehlende Blickkontakt weist darauf hin, dass er sich bei der Aufnahme unwohl fühlte.

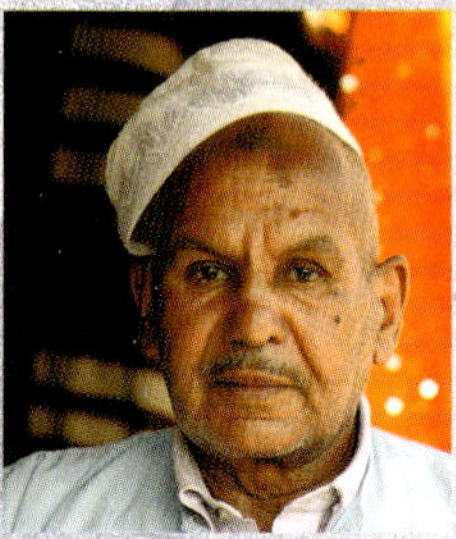

Direkter Blickkontakt
Dieser Mann lächelt nicht, zeigt aber durch den Blick in die Kamera, dass er sich der Anwesenheit des Fotografen bewusst ist.

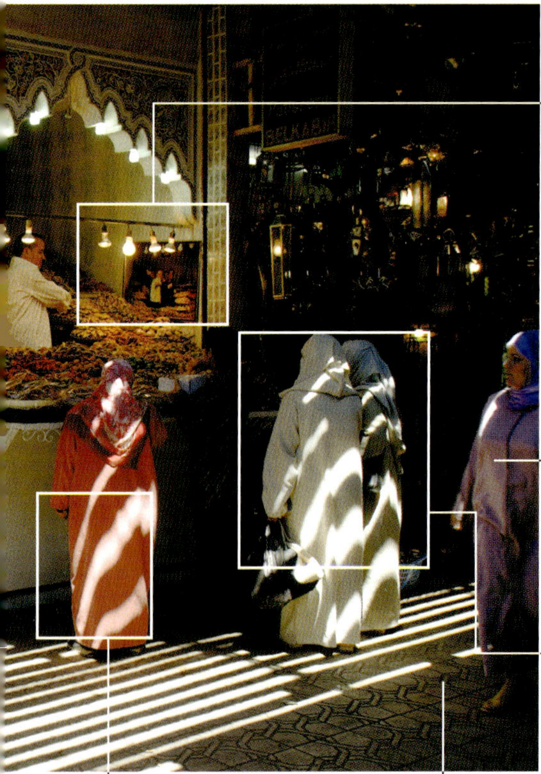

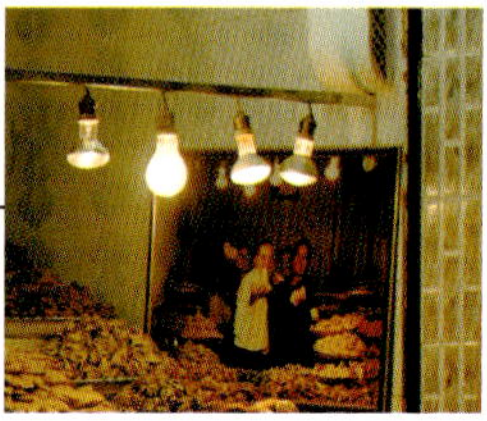

Perfekte Schärfe
Das erste Kriterium des Betrachters bei der Beurteilung der Qualität einer Aufnahme ist die Schärfe. Verschwommene Bilder werden sofort abgelehnt, wenn es keinen guten Grund für die Unschärfe gibt.

Die eingefangene Bewegung dieser Frau führt den Blick in die Szene hinein.

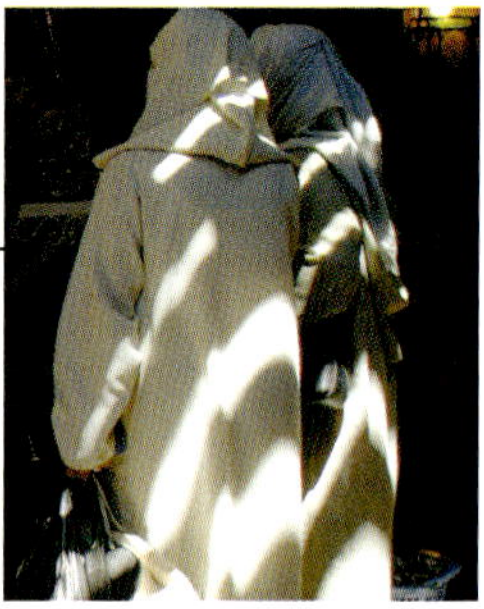

Weißabgleich
Wenn die Weiß- und Grautöne wie hier wenig andere Farbtöne enthalten, kann das Auge alle Farben auf dem Bild korrekt wahrnehmen.

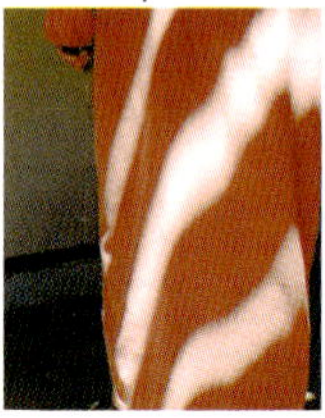

Tonwertabstufung
Der nahtlose Übergang der Tonwerte ist ein untrügliches Zeichen für eine korrekte Belichtung. Hier wurde der sanfte Verlauf der rosa Töne perfekt eingefangen.

Durch die korrekte Belichtung wurde die Zeichnung in den Schatten wiedergegeben.

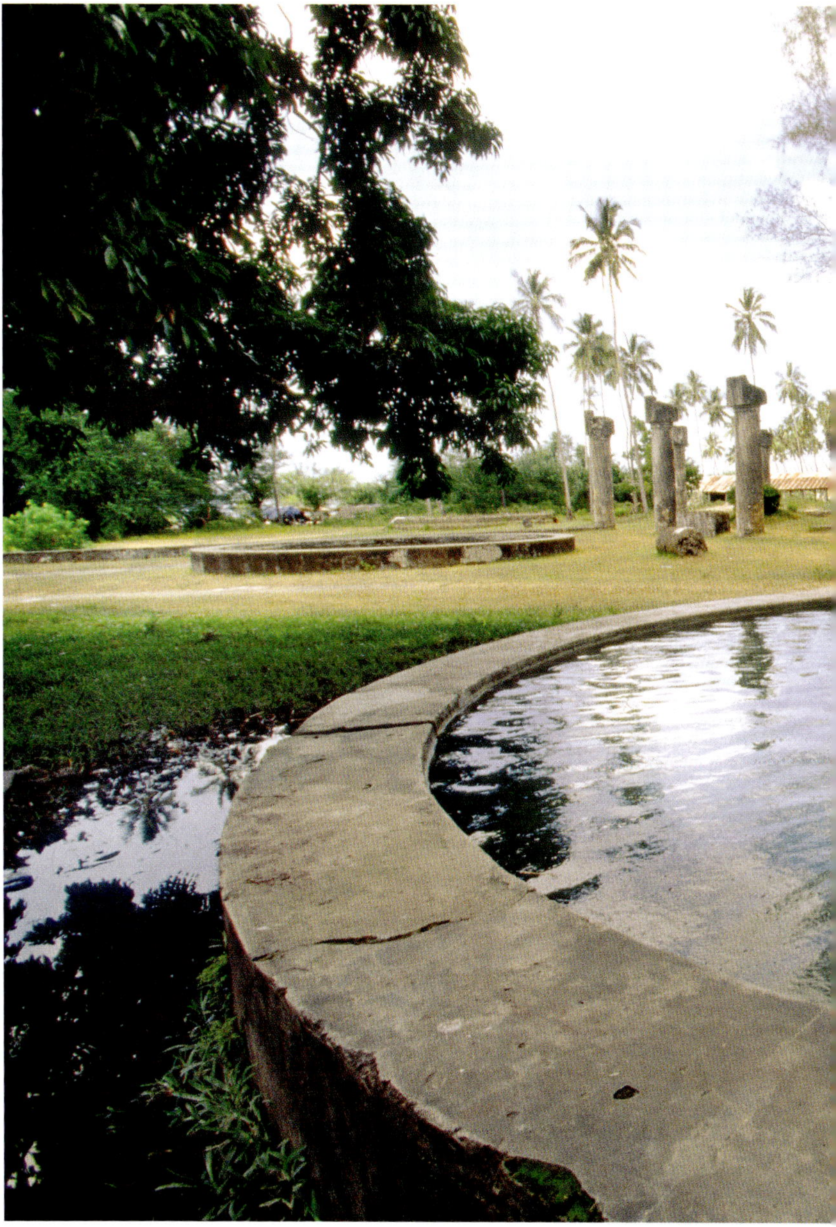

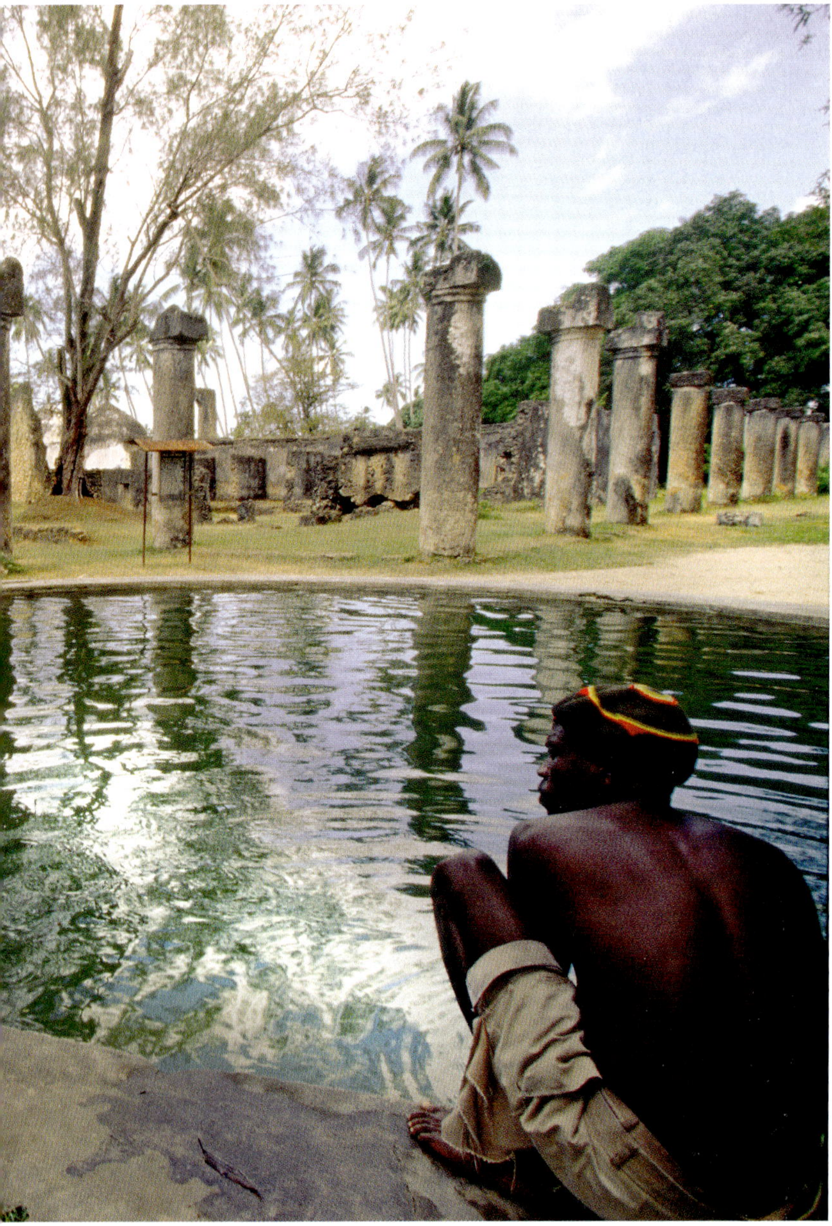

Unguja Island
Damit die Vertikalität der Säulen im Hintergrund erhalten blieb, wurde das Objektiv bei dieser Weitwinkelansicht horizontal ausgerichtet. Das auf Film aufgenommene Original wurde eingescannt und die Wasserfläche im Vordergrund aufgehellt, um die Tonwerte auf den Himmel abzustimmen.

Landschaften

Landschaften sind als fotografisches Motiv immer gefragt. Sie mögen auf den ersten Blick passiv, statisch und berechenbar erscheinen, sind in Wahrheit aber launische, anspruchsvolle Motive. So kann Ihr Vorhaben jederzeit durch das Gelände, das Licht oder das Wetter vereitelt werden. In der Landschaftsfotografie sind Schnappschüsse von sich zufällig darbietenden Ansichten ebenso häufig wie sorgfältig geplante Aufnahmen.

Licht

Ein Landschaftsfotograf scheint den Unbilden der Witterung hilflos ausgeliefert. Entweder ist der Himmel zu bewölkt und trübe oder zu hell und strahlend. Der gefeierte Gebirgsfotograf Galen Rowell drückte es so aus: »Ich nehme mir eigentlich nie vor, eine Landschaft zu fotografieren ... zuallererst denke ich immer an das Licht.« Denken Sie daran, dass die kreative Nutzung des Lichts ein Schlüssel zum Erfolg in der Fotografie ist, und lassen Sie sich von der vorgefundenen Beleuchtungssituation inspirieren.

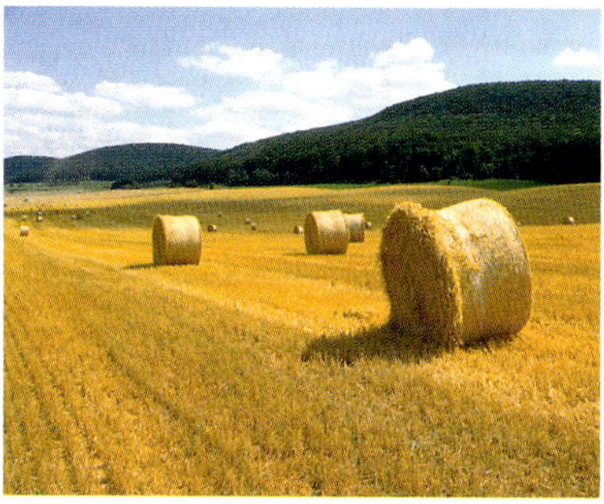

Fluchtpunkte
Zusammenlaufende Linien wie die Furchen auf der Heuwiese vermitteln einen Eindruck von Entfernung. Die außermittige Anordnung der Bildelemente belebt die Komposition.

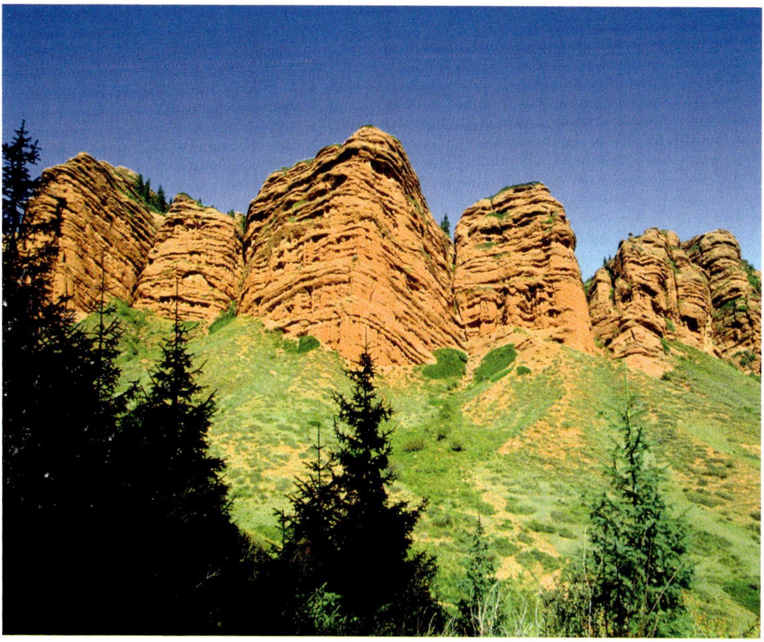

Schwindelnde Höhen
Diese Sandsteinfelsen in der Nähe von Issyk-Kul, Kirgisistan, wurden von unten fotografiert, wodurch die Energie, die das Bild durchströmt, von unten nach oben, Richtung Himmel, geleitet wird. Die Komposition, die der Regel der Bilddrittelung folgt, ist sehr ausdrucksstark.

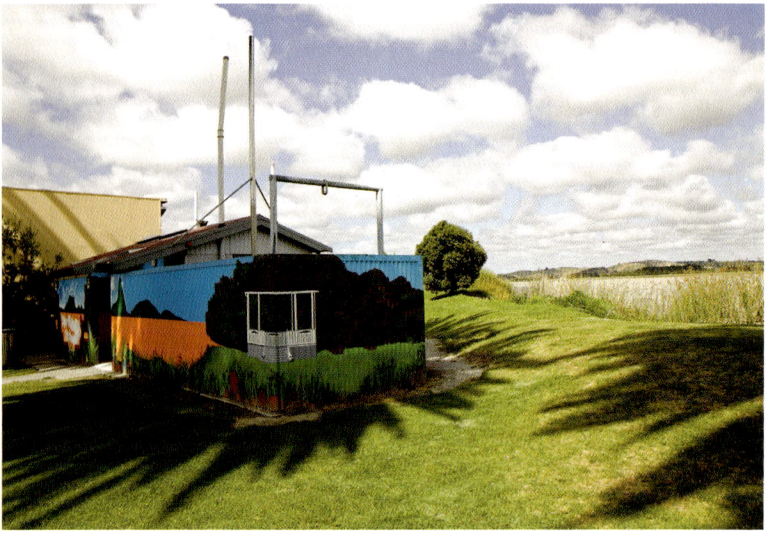

Warten auf das richtige Licht
Wenn Sie beim Anblick eines Motivs sofort auf den Auslöser drücken, sind Sie später vielleicht enttäuscht. Beobachten Sie, wie sich die Szene mit dem Licht verändert. Hier wartete der Fotograf, bis die Schatten aus dem Haus hervorzutreten schienen.

TRICKS UND KNIFFE

Die Wirkung von Landschaftsfotos lässt sich schon mit einfachen Tricks steigern, zum Beispiel mit extremen Formaten; eine Panoramaaufnahme *(s. S. 126)* kann eine gewöhnliche Landschaft in einen außergewöhnlichen Anblick verwandeln. Ein weiteres »Berufsgeheimnis« sind Spiegelungen zur Schaffung interessanter Details auf einem ansonsten unauffälligen Bild. Denken Sie daran, dass die Proportionen zwischen Himmel und Erde variieren können. Sie können sich auf den Vordergrund konzentrieren und den Himmel auf einen schmalen Streifen reduzieren oder aber einen dramatischen Effekt erzielen, indem Sie die Weite des Himmels betonen.

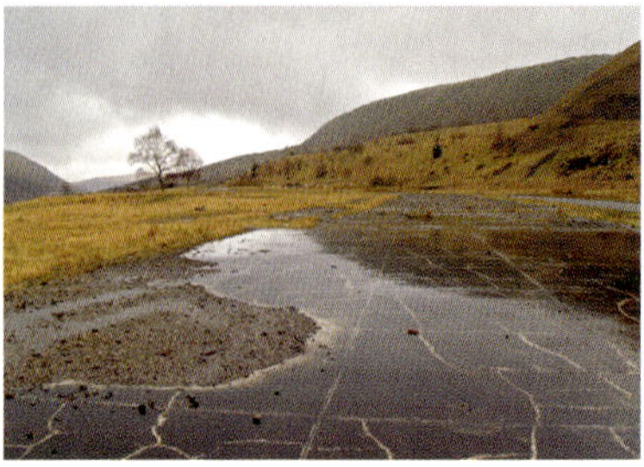

Öffnung in den Wolken
Hier wartete der Fotograf ab, bis die Wolken im Hintergrund heller wurden und die Bäume am Horizont umrahmten. So wurde auch der Vordergrund mit etwas reflektiertem Licht ausgeleuchtet.

VON MEISTERHAND

Das Licht und die Landschaften am Mittelmeer haben viele Künstler inspiriert. Die faszinierenden Bilder, die Franco Fontana (geb. 1933) von seinem Heimatland Italien macht, sind weltweit veröffentlicht und ausgestellt worden.

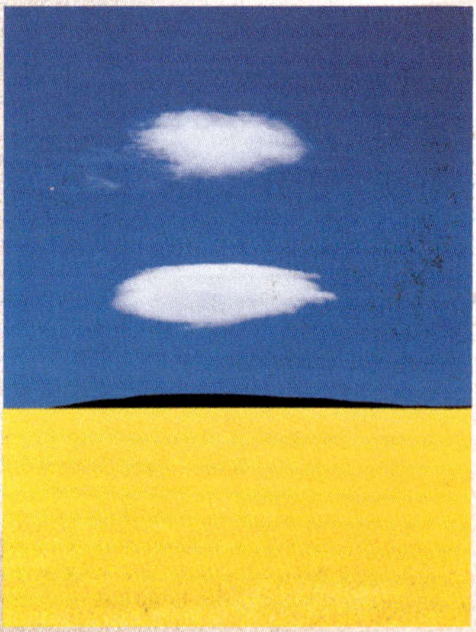

Franco Fontana
Diese klassische Landschaftsaufnahme, Italien 1978, ist charakteristisch für Fontanas nüchternen, grafischen, vermeintlich schlichten Stil. Sie zeigt die perfekte Beherrschung von Perspektive, Farbe, Beleuchtung und Komposition.

Auswertung eines Sonnenuntergangsfotos

Sonnenuntergänge sind ein unwiderstehliches Motiv. In den Anfangsjahren der Farbfotografie waren sie schwer zu fotografieren, da die Objektive nicht vor Reflexen geschützt waren. Mit heutigen mehrschichtvergüteten Objektiven können Sonnenuntergänge scheinbar problemlos aufgenommen werden. Das Ergebnis fällt jedoch häufig enttäuschend aus, da die Belichtung aufgrund der großen Helligkeitsunterschiede eine besondere Schwierigkeit darstellt.

BELICHTUNG UND VORDERGRUND

Ein häufiger Fehler bei der Aufnahme von Sonnenuntergängen ist Unterbelichtung, die zu einer zu dunklen Abbildung der Schattenpartien mit wenig oder gar keiner Zeichnung führt. Deshalb sollten Sie bei der Belichtung den wichtigsten Teil der Szene anmessen – dies ist oft der Bereich im rechten Winkel zur Sonne. Auch interessante Bildelemente im Vordergrund dürfen in der Komposition nicht fehlen. Bei der Belichtung der Sonnenuntergangsszene unten, die in Süd-Wales fotografiert wurde, maß ich den goldenen Sand im Vordergrund an und rückte auch Details wie die Fußabdrücke und Spiegelungen im nassen Sand, einen kleinen Bach, Felsen, dunkle Schatten und Seetang ins Bild.

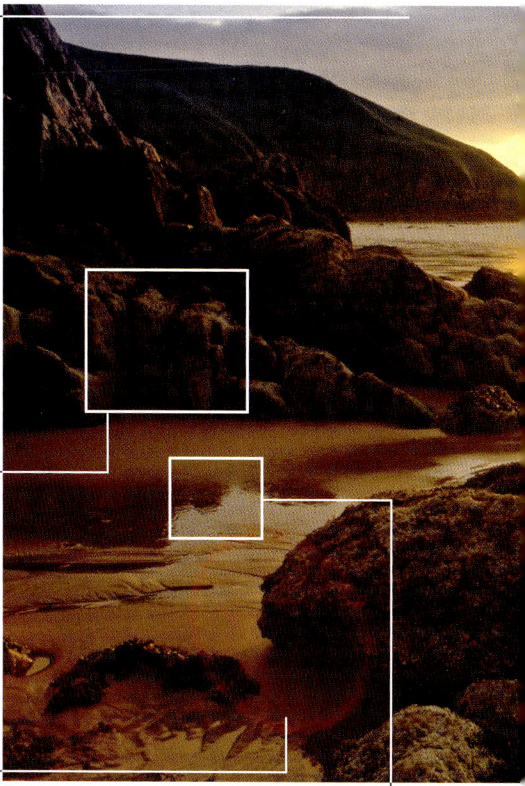

Bei einer Belichtung auf den Strand kann der Himmel zu hell erscheinen. Hier wurde er bei der Bildbearbeitung abgedunkelt.

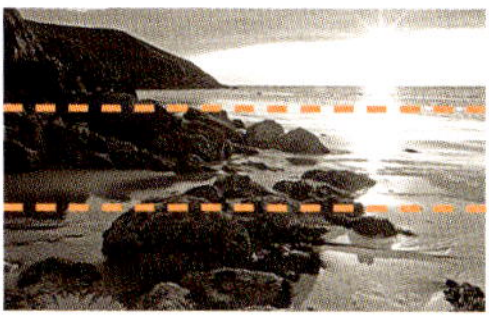

Bildgestaltung
Der Horizont wurde in klassischer Position, das heißt im oberen Drittel angeordnet, was zu einer ausgewogenen Komposition führt. Er muss unbedingt gerade sein.

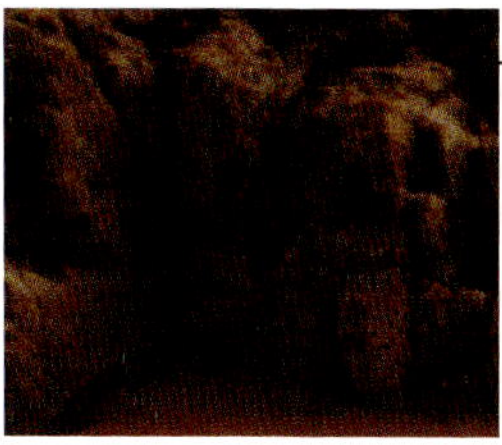

Hinzufügung von Zeichnung
Da die Schatten unbedingt Zeichnung aufweisen sollten, ist eventuell eine Verstärkung am Computer notwendig.

Dieser Blendenfleck wurde durch Reflexionen im Inneren des Objektivs verursacht.

Außermittige Bildelemente
Stellen Sie sicher, dass auch in »ruhigen« Bildbereichen ein interessantes Spiel von Licht und Schatten oder andere Effekte vorhanden sind.

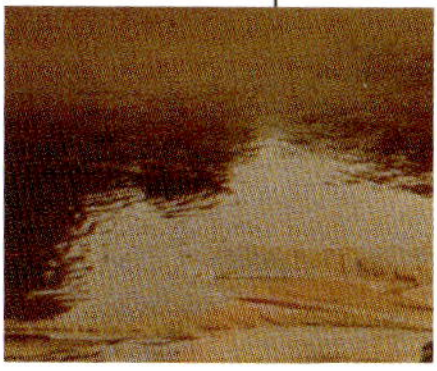

EINSATZ VON VERLAUFFILTERN

In Zeiten ohne digitale Bildbearbeitung konnte die Helligkeit des Himmels ohne Beeinträchtigung des Vordergrunds nur mit Hilfe eines Verlauffilters reduziert werden, dessen Farbdichte bis zum Rand zunimmt. Leider verursachen diese Filter bei im Bild sichtbarer Sonne häufig Reflexe, und ihr Effekt hängt auch von Brennweite und Blende ab. Die Verwendung liefert jedoch eine gute Ausgangsbasis für eine spätere Bildbearbeitung.

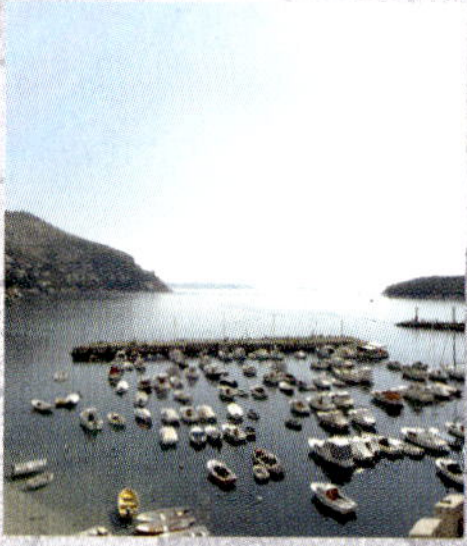

Ohne Filter
Auf dieser Weitwinkelaufnahme ohne Filter erscheint der Himmel hell und farblos.

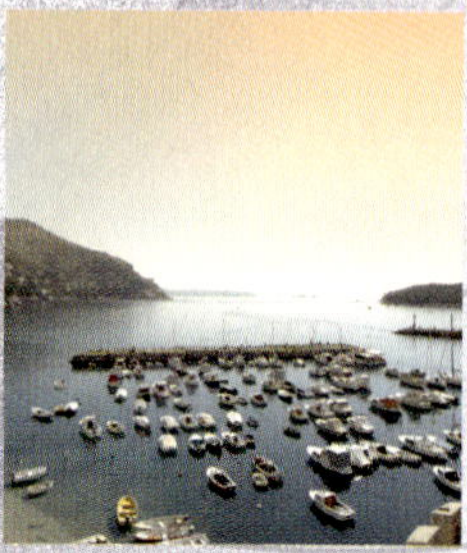

Mit Tabakfilter
Ein braunes Verlauffilter fügt warme Farbtöne im andernfalls zu hellen, bleichen Himmel hinzu.

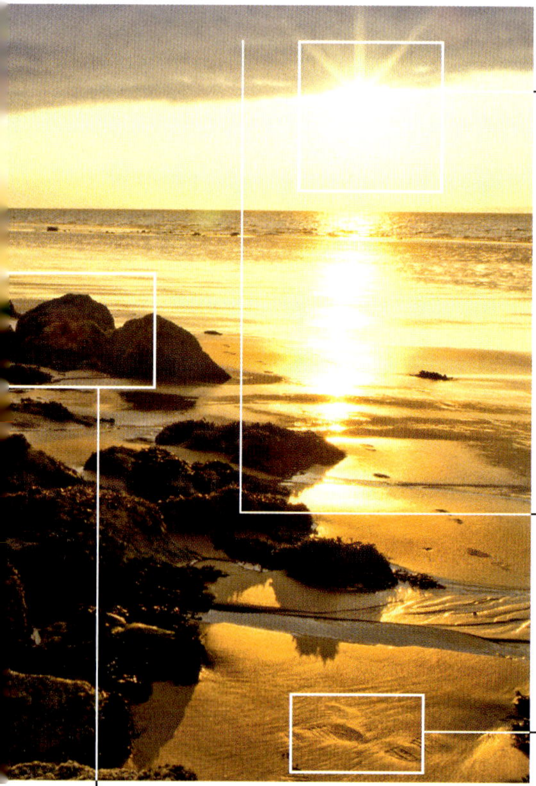

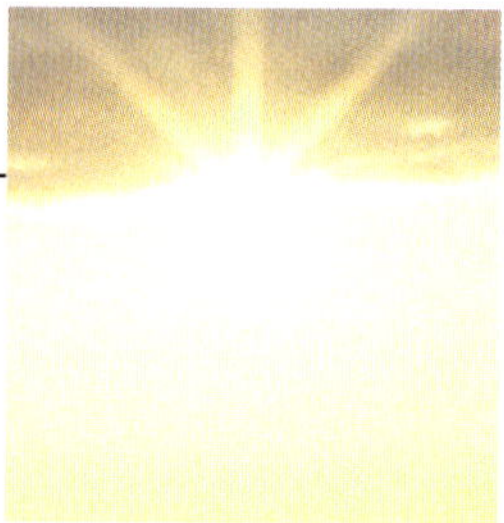

Zügiges Arbeiten
Selbst in der Landschaftsfotografie ist der richtige Zeitpunkt ausschlaggebend. Hier wurde mit der Auslösung gewartet, bis die Sonne gerade eben, aber noch nicht vollständig durch die Wolke schien, was zuviel Überstrahlung verursacht hätte.

Beim Fotografieren auf Film können Sie den Helligkeitsumfang der Szene mit einem Verlauffilter reduzieren, um den Himmel dunkler wiederzugeben.

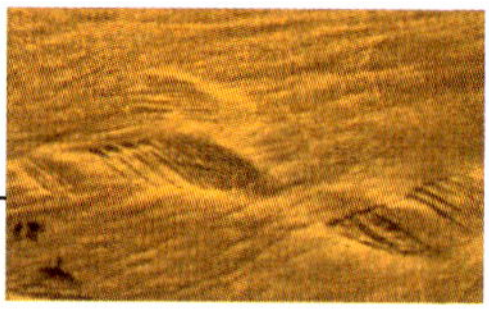

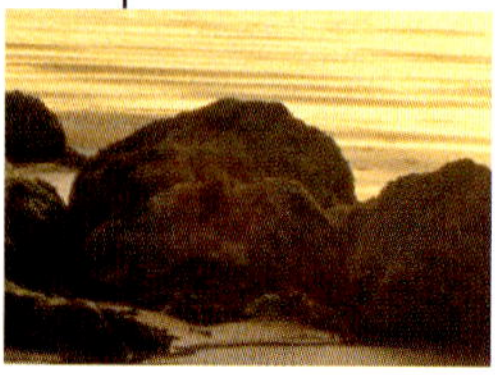

Kamerastandpunkt
Die Perspektive wurde so gewählt, dass die Silhouetten der Felsen in der Bildmitte vor einem klaren Hintergrund scharf wiedergegeben wurden.

Belichtungsmessung
Die eingeregelte Belichtung stellte eine präzise, gesättigte Farbwiedergabe in den Mitteltönen sicher.

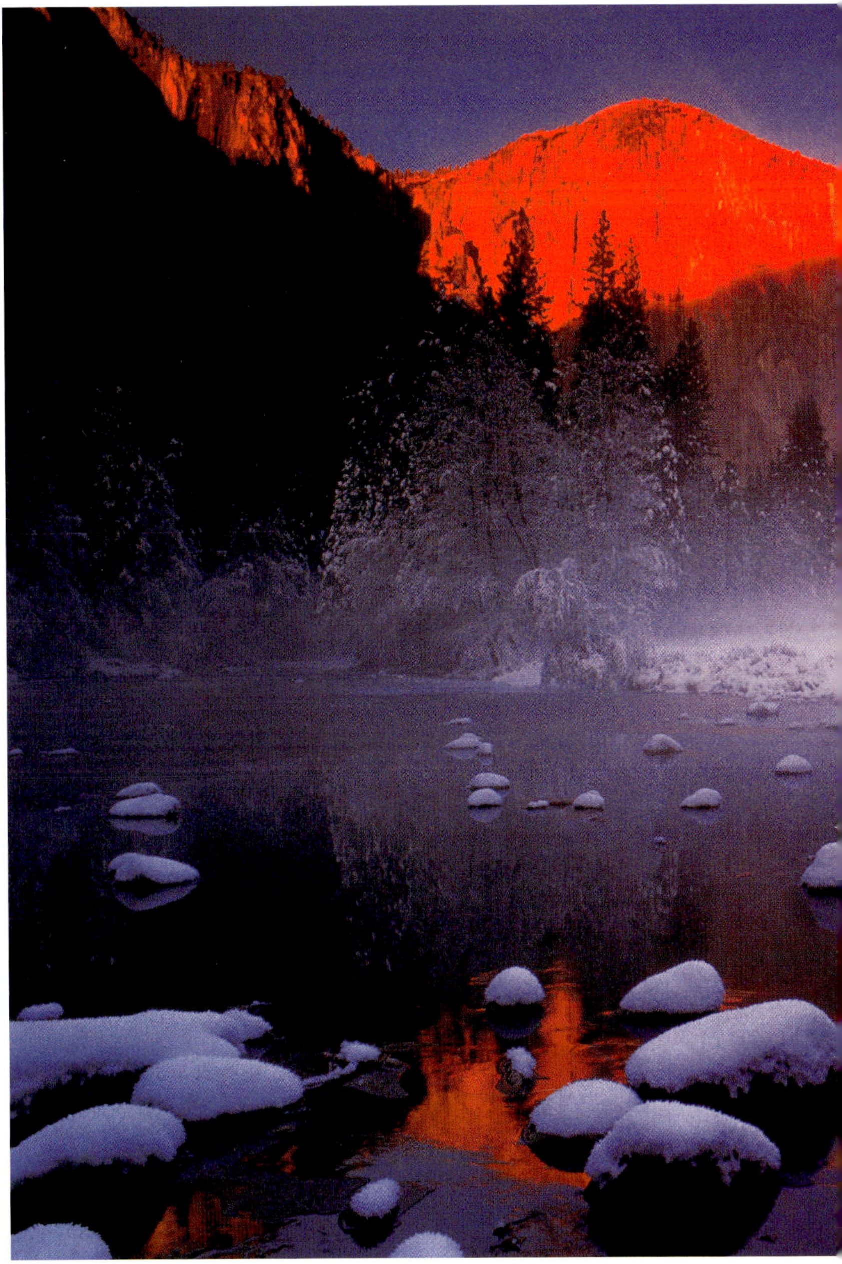

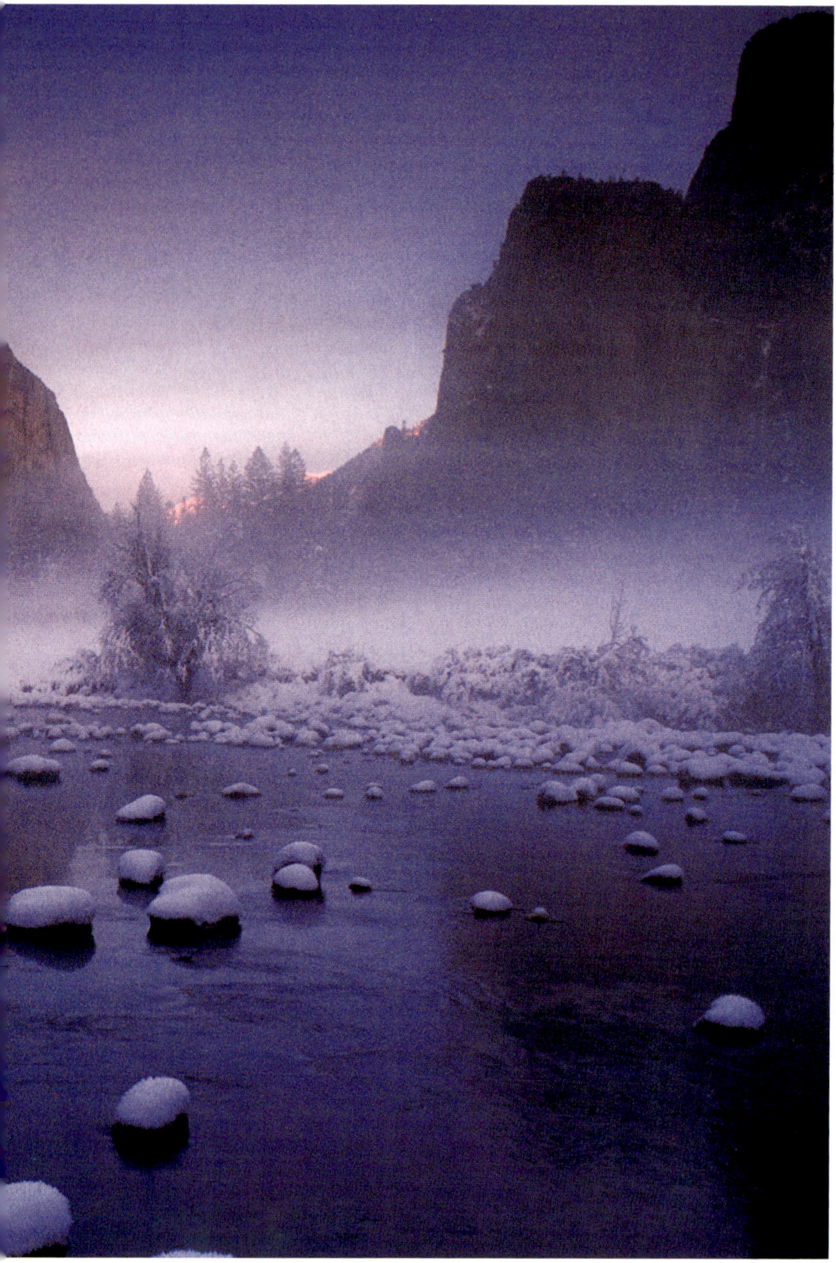

El Capitan und der Merced River im Winter
Auf diesem Bild von Galen Rowell (1940–2002) wird der steile Granitfelsen von El Capitan im Yosemite-Nationalpark, Kalifornien, von der untergehenden Sonne rotglühend ausgeleuchtet. Das Licht spiegelt sich im dunklen Wasser des Merced River.

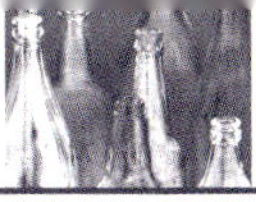

Pflanzen und Gärten

Es ist nicht verwunderlich, dass die Natur ein so beliebtes Fotomotiv ist. Pflanzen, Blumen und Gärten bieten eine Fülle von Formen, Farben und Kompositionen. Aber auch ein so perfekter Aufnahmegegenstand erfordert harte Arbeit. Um außergewöhnliche Bilder zu machen, muss sich technisches Können mit Vorstellungskraft paaren.

Blumen und Pflanzen

Die Kunst der Pflanzenfotografie besteht im Umgang mit der geringen Schärfentiefe bei Scharfeinstellung auf den wesentlichen Teil des Motivs. Es ist jedoch auch Kreativität gefragt. Experimentieren Sie mit verschiedenen Standpunkten, Kompositionen und Beleuchtungsbedingungen.

DIE ARBEIT IM FREIEN

Ein Spaziergang durch einen im Sonnenschein liegenden Garten mag noch so schön sein, für die Pflanzenfotografie sind diese Bedingungen alles andere als ideal. Helles Sonnenlicht lässt beleuchtete Bereiche extrem hell und im Schatten liegende Partien sehr dunkel erscheinen. Der resultierende hohe Kontrast ist für eine angemessene Wiedergabe der Farben von Pflanzen ungeeignet. Außerdem muss das Motiv aufgrund der längeren Belichtungszeit und geringen Schärfentiefe absolut regungslos bleiben, was nur bei Windstille möglich ist. Ein leicht bewölkter Himmel und eine relative Windstille sind die besten Voraussetzungen – es geht aber auch anders.

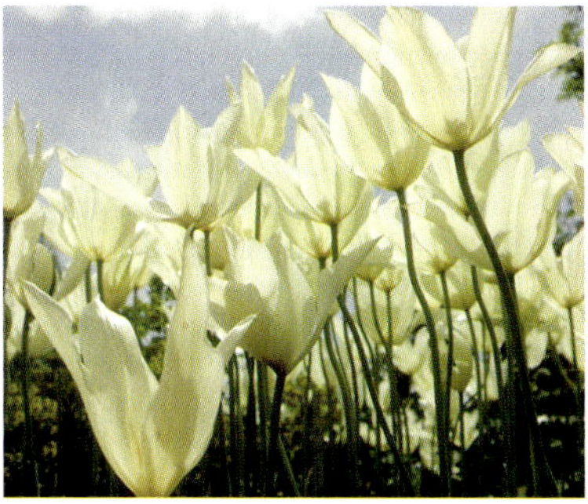

Gegenlicht
Blumen mit durchscheinenden Blütenblättern kommen aus einem niedrigen Winkel bei Gegenlicht besonders gut zur Geltung.

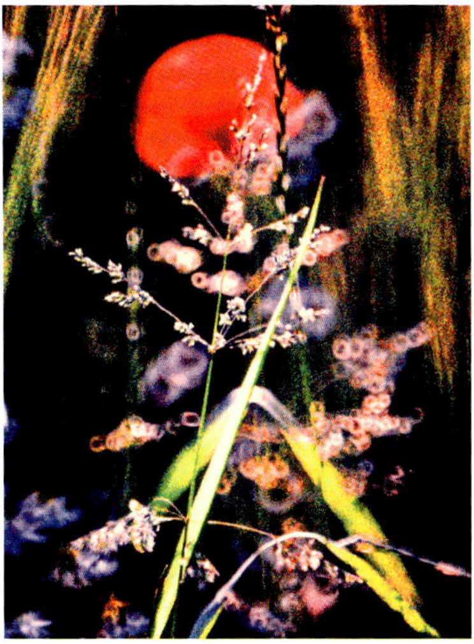

Gemäldeartiger Effekt
Eine impressionistische, teilweise unscharfe Ansicht wie diese erweckt den Eindruck, als schaukelten die Blumen im Wind.

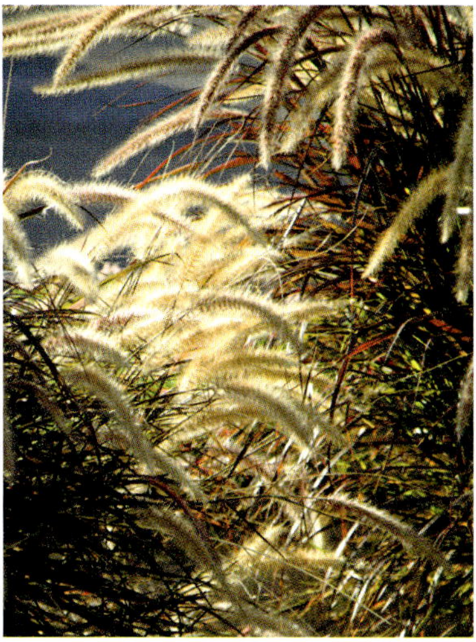

Betonung von Strukturen
Das starke Sonnenlicht, das diese Gräser ausleuchtet, lässt die Zeichnung verschwinden und betont die weiche, pelzige Struktur der Halme.

NAHAUFNAHMEN

Bei Nahaufnahmen verringert sich die Schärfentiefe sehr schnell, bei formatfüllenden Aufnahmen ist sie nur noch einen Finger breit. Sie können entweder eine Digitalkamera mit kleinem Sensor verwenden oder bei der Arbeit mit einer konventionellen Kamera die Zeitautomatik nutzen und die Blende manuell einregeln. Wählen Sie die größte Blendenzahl für die kleinste Blende, etwa Bl. 8 anstatt Bl. 4. Das verlängert die Belichtungszeit, erhöht aber das Risiko von Kameravibrationen, weshalb Sie ein Stativ einsetzen sollten. Alternativ können Sie die Makro- oder Naheinstellmöglichkeit der Kamera nutzen.

Zoomobjektive wie das Canon 100–400 mm oder das Sigma 50–500 mm sind nicht zu schwer und liefern sehr gute Ergebnisse. Da direktes Blitzlicht für Pflanzenfotos zu hart ist, verwenden Sie besser einen Schwenkreflektor, um die Blume indirekt zu beleuchten.

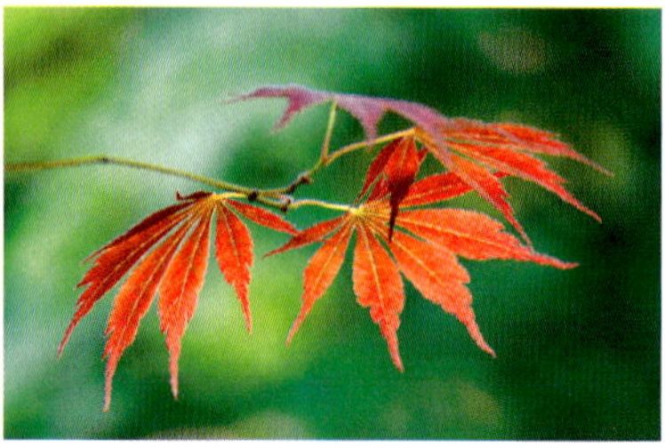

Freistellen von Details
Die längste Brennweite eines Zoomobjektivs ist für Nahaufnahmen bestens geeignet. Hier war es ein 100–400-mm-Objektiv bei 400 mm.

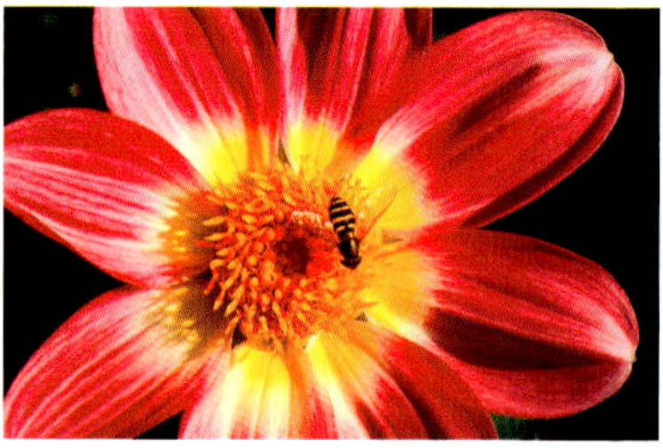

Makroobjektive
Blumen gehören zu den schönsten Motiven für Nahaufnahmen. Mit Makroobjektiv und Stativ können Sie winzige Details einfangen.

DIE ARBEIT IN INNENRÄUMEN

Aufgrund der mitunter schwierigen Bedingungen im Freien bevorzugen viele Pflanzenfotografen die Arbeit im Studio. Es sind allerdings keine komplexen Studioaufbauten nötig, ein Tisch, ein einfacher Hintergrund und eine gute Lichtquelle, zum Beispiel ein großes Fenster, genügen. Ein großer Vorteil: In einem geschlossenen Raum gibt es keine Luftbewegungen, so dass Sie unter Verwendung eines Stativs gestochen scharfe Bilder machen können.

Formatfüllende Abbildung
Wenn Sie in einem Innenraum fotografieren *(rechts)*, können Sie Ausschnitte wählen, die im Freien schwierig wären.

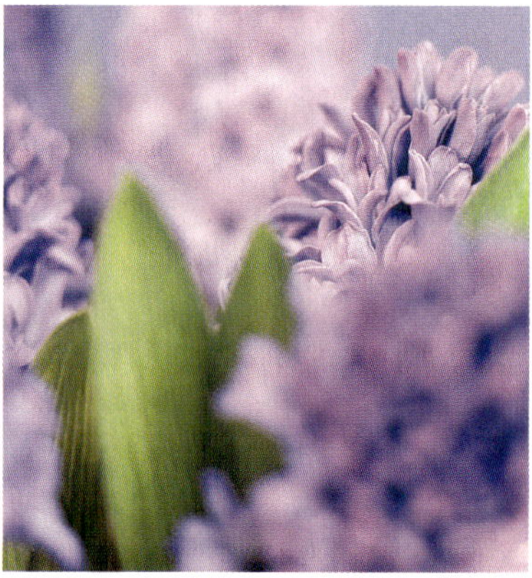

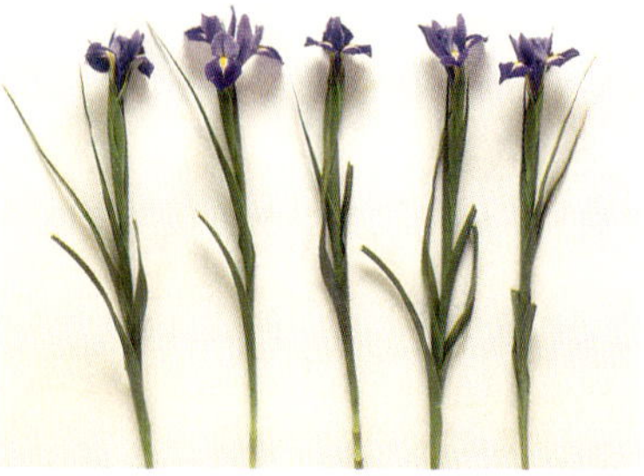

Pflanzenstudie
Diese Aufnahme von auf weißer Pappe ausgelegten Blumen, die von oben fotografiert wurden, hat Ähnlichkeit mit botanischen Studien.

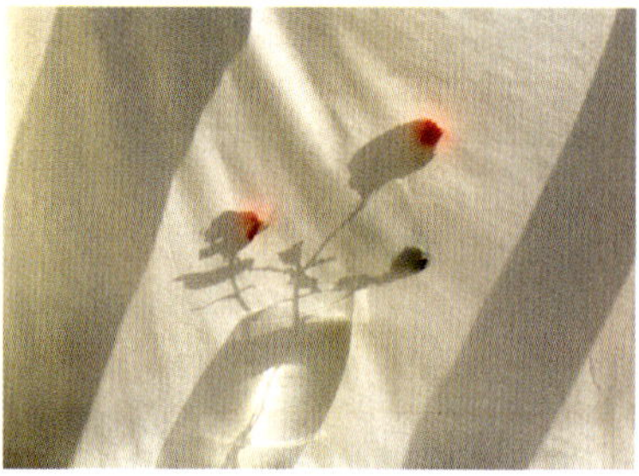

Abstraktion
Ein Stück Musselin fungiert als Rückprojektionsleinwand für eine ungewöhnliche, abstrakte Ansicht von Rosen in einer Glasvase.

Die Atmosphäre eines Gartens

Gartenumgebungen reichen von weitläufigen Parklandschaften mit architektonischen Details und Aussichtspunkten bis zu Privatgärten, die je nach Platz, Mitteln und Geschmack höchst individuell angelegt sein können. Die Herausforderung für den Fotografen besteht nicht nur darin, eine präzise, ansprechende Abbildung zu schaffen, sondern Blickwinkel zu finden, die sogar einen Betrachter überraschen, der den Ort sehr gut kennt.

HERANGEHENSWEISEN

Mehr als alle anderen Location-Fotos sollte ein Gartenfoto den *genius loci* – den Geist des Ortes – einfangen, der ihn von allen anderen Gärten unterscheidet. Diese besondere Atmosphäre tritt möglicherweise nur zu bestimmten Jahreszeiten, bei bestimmten Beleuchtungsbedingungen oder bei Betrachtung aus einem speziellen Blickwinkel zu Tage. Sie sollten den Garten unvoreingenommen betreten, langsam durch ihn hindurchschlendern und ihn aus verschiedenen Perspektiven betrachten. Vielleicht müssen Sie die Lichtverhältnisse am späten Nachmittag abwarten. Probieren Sie unterschiedliche Formate aus, das typische Querformat ist nicht unbedingt für jedes Motiv geeignet.

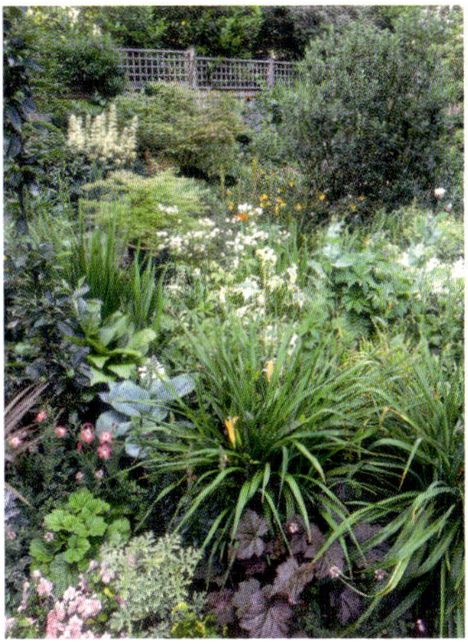

Wilde Gärten
Eine Weitwinkelansicht aus leicht erhöhter Perspektive zeigt Details und betont die Vielfalt des dicht bepflanzten Gartens.

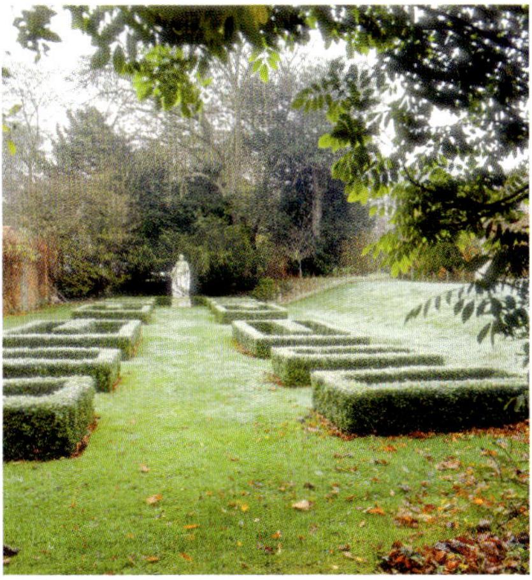

Geometrische Gärten
Diese Anlage verlangt eine die Form betonende Aufnahme. Das quadratische Format und die Hecken führen den Blick zur Skulptur in der Bildmitte.

GENEHMIGUNGEN UND ZUTRITT

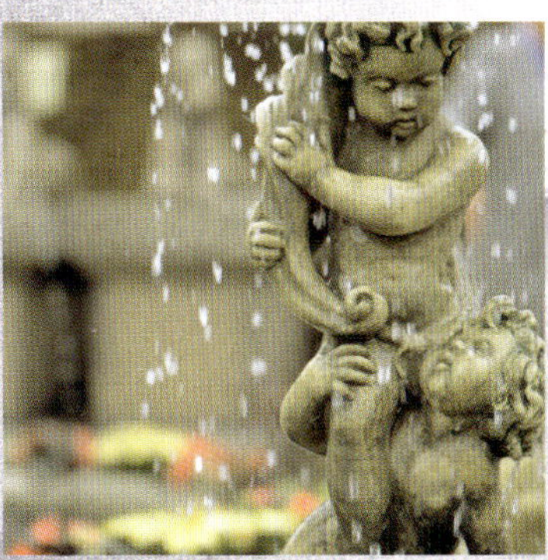

Viele Gartenbesitzer sind sich der Tatsache bewusst, dass ihre Anlagen auch eine Einnahmequelle darstellen. Wenn Sie Ihre Bilder veröffentlichen oder Abzüge verkaufen möchten, ist es ratsam, vor dem Fotografieren die Genehmigung des Eigentümers einzuholen. Falls Sie bezüglich Ihrer Rechte und Pflichten genauer Bescheid wissen möchten, sollten Sie fachkundigen Rat einholen.

Zierelemente
Dieses Bild wurde auf der Blumenmesse in Chelsea, England, aufgenommen, wo Amateurfotografie gestattet ist, professionelle Fotografen jedoch eine Genehmigung brauchen.

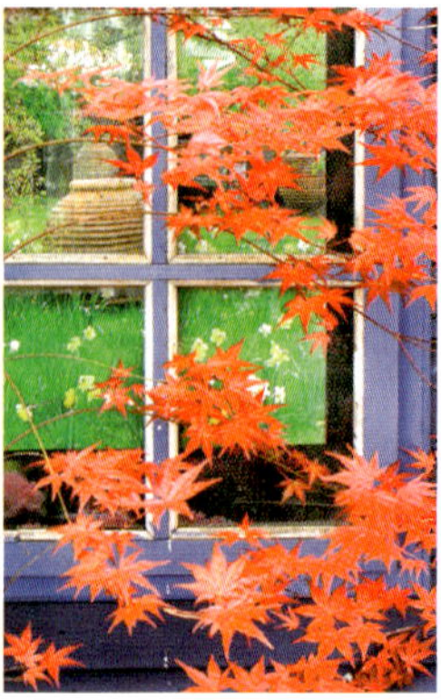

Farbkontraste
Man muss nicht den gesamten Garten zeigen, um einen Eindruck von seiner Farbenpracht und architektonischen Details zu vermitteln.

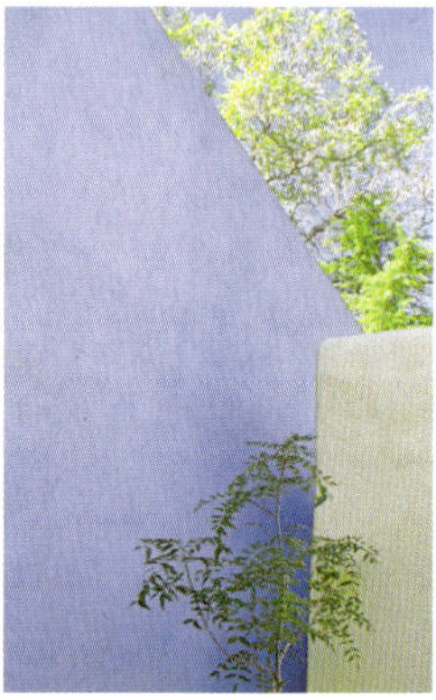

Reduzierte Komposition
In diesem Garten sind Einfachheit und Modernität zum obersten Prinzip erhoben. Beim Fotografieren wurde derselbe Ansatz verfolgt.

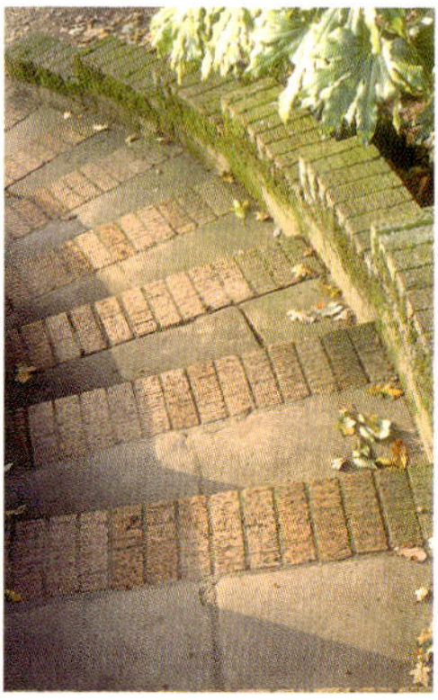

Zufällige Muster
Bei sorgfältiger Ausschnittwahl kommen auch Details wie die Pflasterung und die Form dieser Treppe zur Geltung.

KAMERASTANDPUNKTE

In der Gartenarchitektur geht es um Perspektiven. Dies ist einer der Gründe, warum Gärten ein so beliebtes Fotomotiv sind. Doch die wahllose Aufnahme aller sich bietenden Ansichten ist wenig erfolgversprechend. Eine Ansicht kann in einem bestimmten Licht langweilig und in einem anderen faszinierend wirken. Eine kleine Änderung des Standpunkts – in der Hocke oder auf einer Bank stehend – kann den Unterschied zwischen einem durchschnittlichen Bild und einem Blickfang ausmachen.

Ein bestimmter Standpunkt ist möglicherweise nicht immer zugänglich, weshalb ein Zoomobjektiv zur Ausschnittwahl unverzichtbar ist. Bei Weitwinkelaufnahmen von Bäumen oder architektonischen Details sollten Sie die Kamera gerade ausrichten – also nicht nach vorn oder hinten neigen –, um stürzende Linien zu vermeiden.

Aufnahmen bei Nacht

Ein Garten bei Nacht ist ein magischer Ort. Verwenden Sie ein Stativ und regeln Sie wegen der Farben eine lange Belichtungszeit ein.

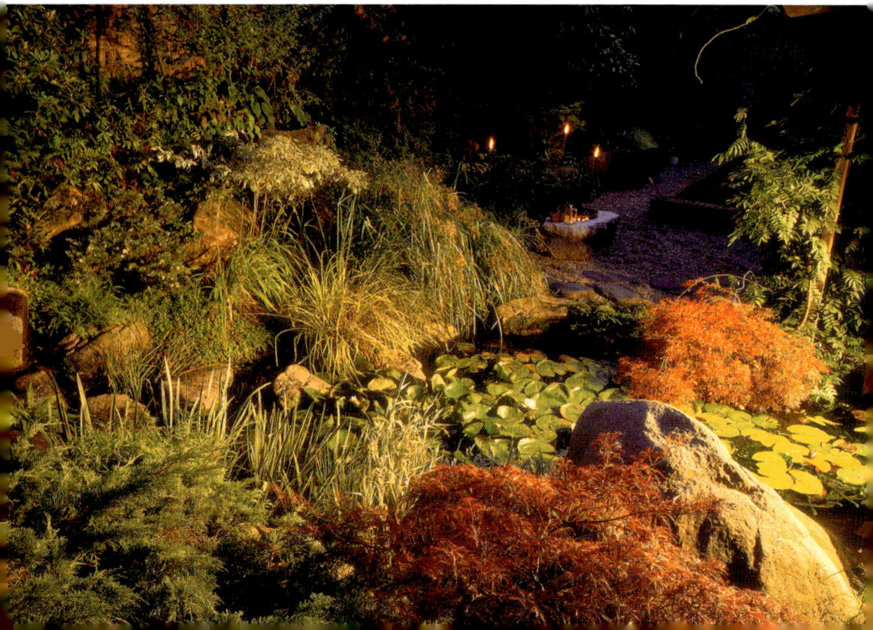

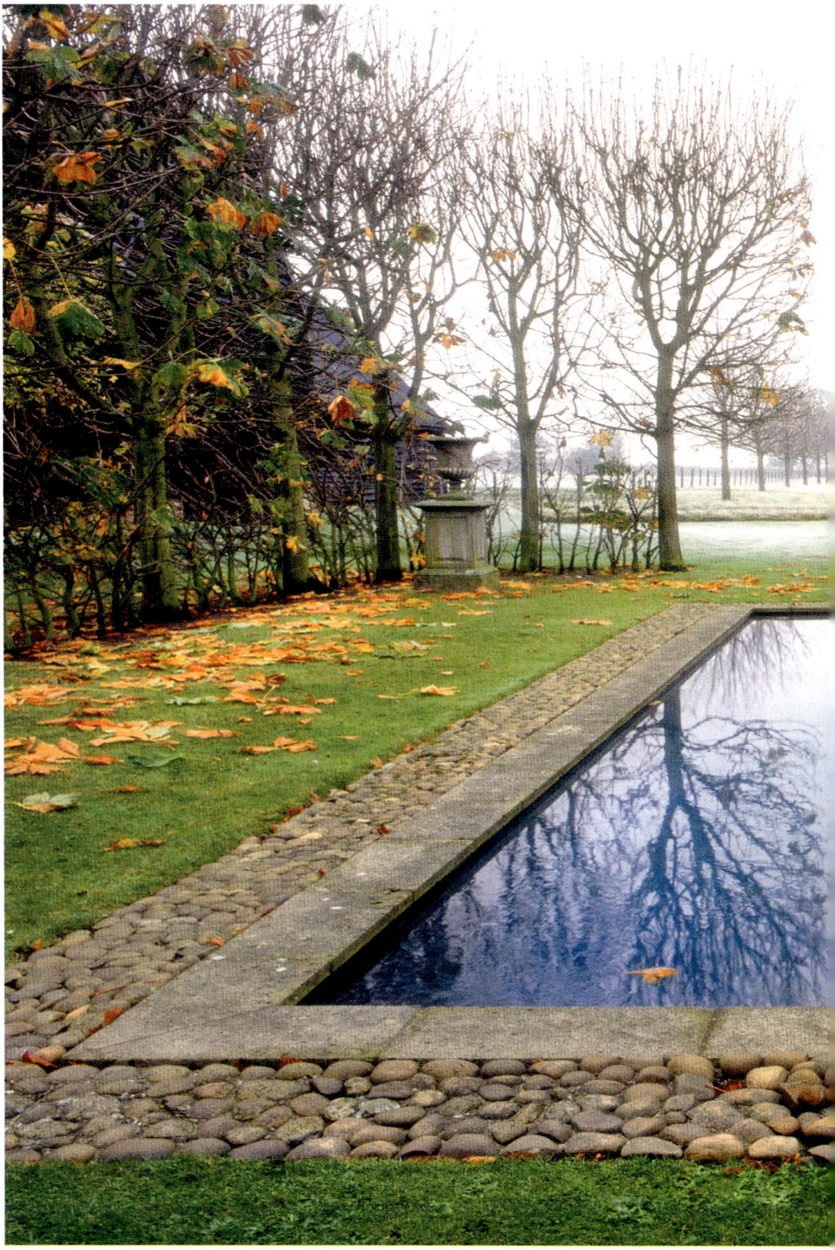

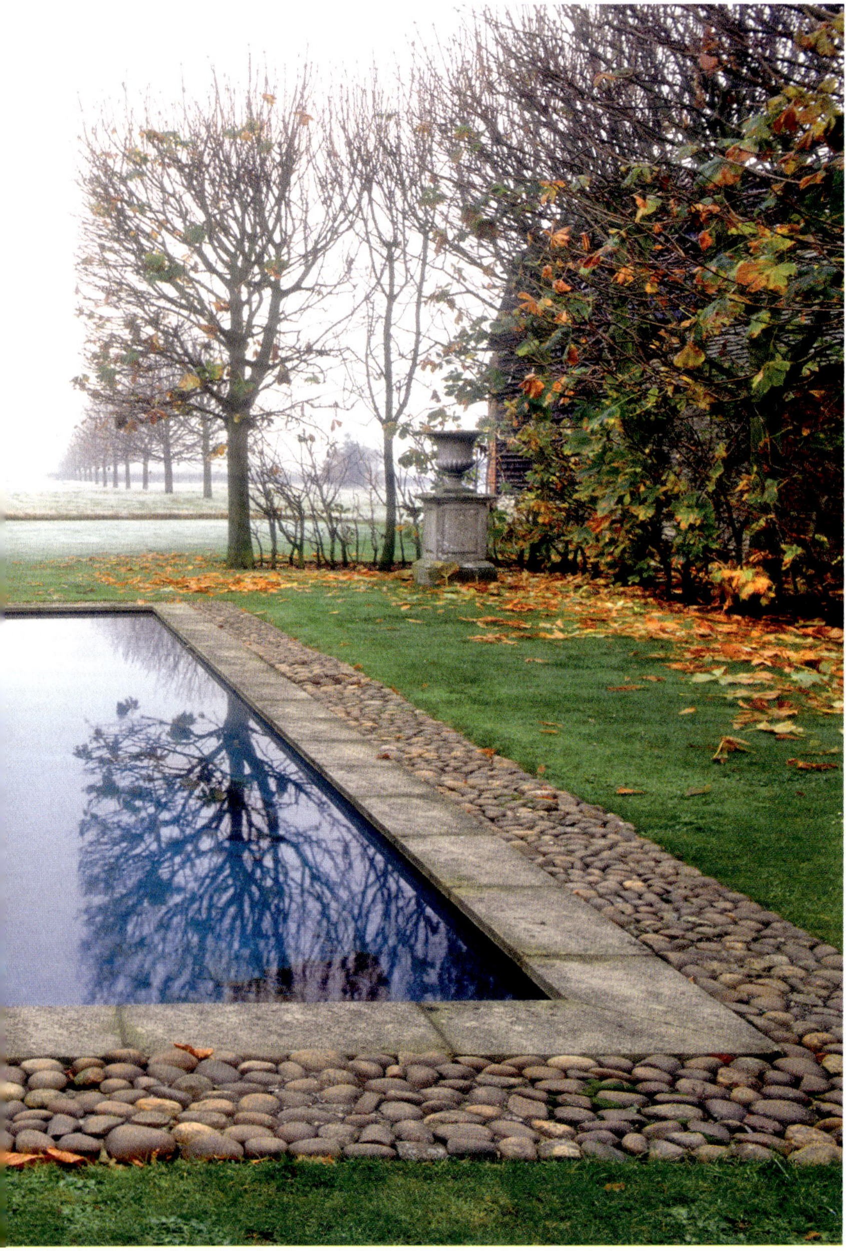

Symmetrischer Garten
Die auf wenige Linien reduzierte Einfachheit dieses Gartens mit dem spiegelnden Wasserbassin und den zusammenlaufenden Baumreihen kommt am besten auf einer ebenso eleganten und symmetrischen Aufnahme zur Geltung.

Aktaufnahmen

In der Fotografie geht es vielfach um die Darstellung von Schönheit. Zwischen dem menschlichen Körper und der Kamera besteht seit jeher eine besondere und temperamentvolle Beziehung. An Modellen herrschte zu keiner Zeit Mangel, und die Vielfalt der Darstellungsformen ist schier grenzenlos, aber die Aktfotografie birgt immer noch Potenzial für Weiterentwicklungen und Innovationen.

Beleuchtungsbedingungen

Das beste Licht für Aktaufnahmen ist weich und gestreut, da bereits eine geringe Überstrahlung eine Überbelichtung der helleren Teile eines hellhäutigen Körpers verursacht. Bei dunkler Haut ist die Situation noch unkontrollierbarer. Schatten verlieren die Zeichnung, während die Kurven des Körpers das Licht reflektieren, was zu einer Überbelichtung der Aufnahme führt. Folglich fällt die Arbeit bei möglichst weichem Licht mit minimalen Schatten am leichtesten. Meisterfotografen wie Lucien Clergue zeigen allerdings, dass in Ausnahmesituationen auch helles Sonnenlicht zum Einsatz kommen kann.

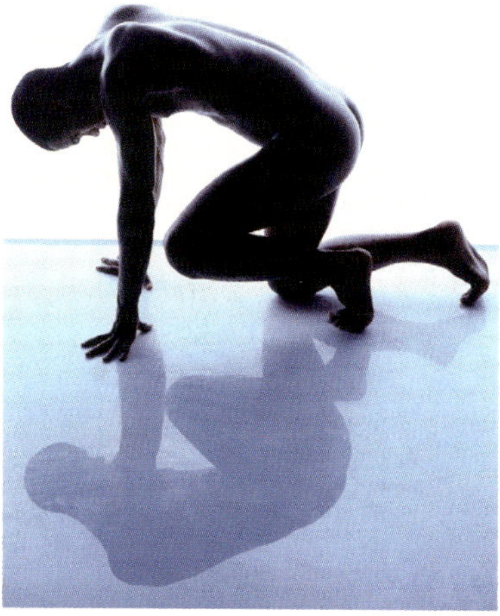

Formenstudie
Eine einfache Beleuchtung setzt Umrisse dieses sportlichen Körpers wirkungsvoll in Szene. Die Spiegelung sorgt für Dynamik.

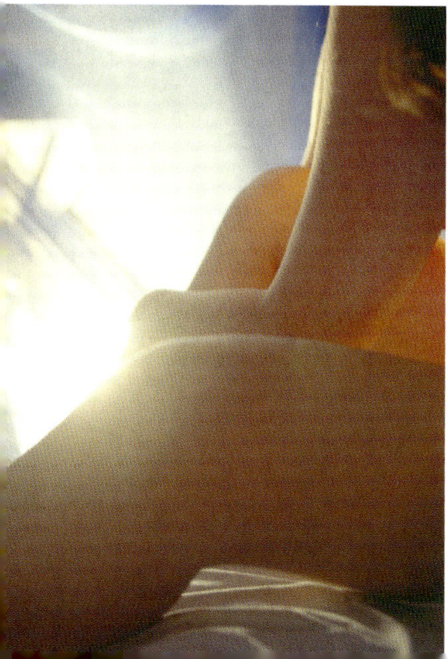

Körper im Gegenlicht
Der Körper wurde an den Bildrand gerückt, im Mittelpunkt der Aufnahme stehen Licht und Atmosphäre.

KOMPOSITION

Zu den gelungsten Aktdarstellungen gehören solche, die der Gesamtdarstellung eine Teilansicht in mehr oder weniger abstrakter Komposition vorziehen. Die Körperhaltung des Modells wirkt weniger gekünstelt oder gestellt als bei Ganzkörperaufnahmen. Wenn auch Sie sich auf die Darstellung eines Teils des Körpers beschränken wollen, verwenden Sie am besten ein mittleres Teleobjektiv (70–135 mm). Damit verhindern Sie einen zu geringen Aufnahmeabstand und eine verzerrte Abbildung der kameranahen Körperteile.

ZUSAMMENARBEIT

Ihr Modell muss sich unbedingt wohl fühlen. Teilen Sie ihm mit, was Sie erreichen wollen, und lassen Sie Ihrem Modell die Freiheit, sich in die Pose hineinzufühlen. Bei Verwendung einer Digitalkamera können Sie die Aufnahme gemeinsam mit dem Modell betrachten, das schafft Vertrauen.

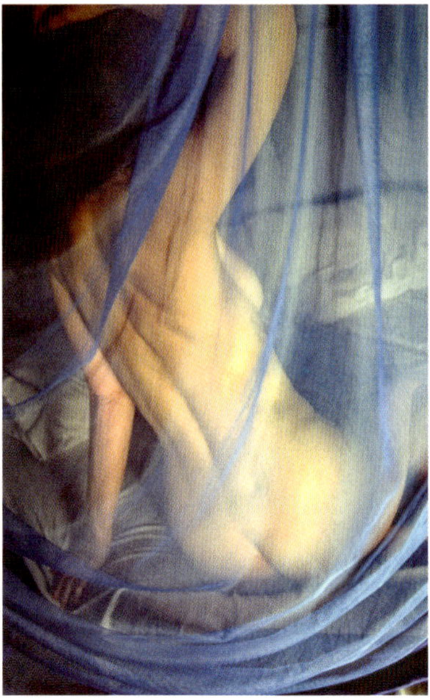

Blaues Streufilter
Die blaue Farbe bildet einen ansprechenden Kontrast zu den Hauttönen, und durch die Scharfeinstellung auf den Körper legt sich das Netz wie ein weicher Schleier über die Haut.

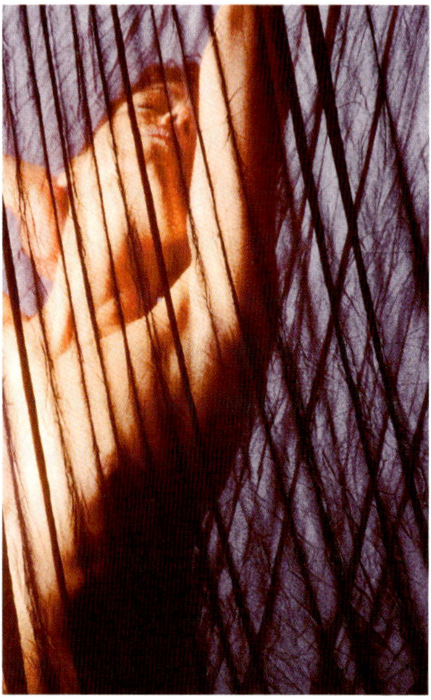

Träumerischer Effekt
Auch hier wurde das Licht mit Hilfe eines Netzes gestreut. Die kräftigen Diagonalen, die auf den Körper projiziert wurden, haben einen abstrahierenden, ätherischen Effekt.

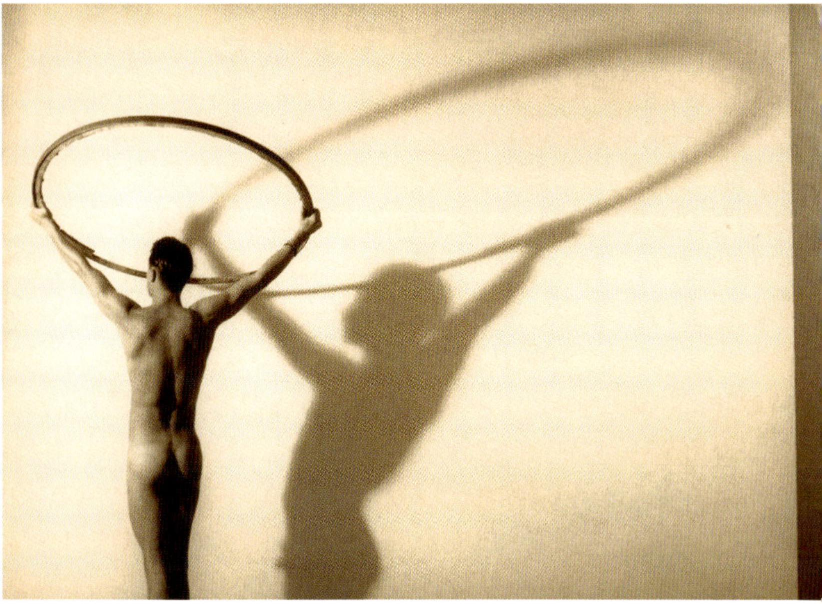

Requisiten
Bei dieser Aktaufnahme ist der Schatten von ebensolcher Bedeutung wie der Körper. Der Reifen hat Symbolcharakter, der Betrachter assoziiert Olympia und sportliche Leistungen. Auch mit einfachen Requisiten erreicht man eine große Wirkung.

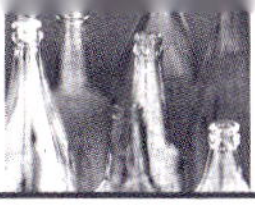

Das Fotoshooting

Eine Aktaufnahme muss sorgfältig vorbereitet werden: Sorgen Sie für eine gute Beleuchtung und schaffen Sie eine entspannte Atmosphäre für das Modell. Während der Sitzung sollten Sie so viele Fotos wie möglich machen. Fotografieren Sie aus unterschiedlichen Perspektiven und Abständen und variieren Sie die Pose des Modells, um möglichst viel Material zu sammeln.

UNTERSCHIEDLICHE EFFEKTE

Nutzen Sie verschiedene Objektiveinstellungen zum Erreichen unterschiedlicher Effekte – variieren Sie die Brennweite, den Punkt der Scharfeinstellung und die Blende. Bei flachem Licht können Sie mit Überbelichtungen experimentieren; bei kontrastreicher Beleuchtung eine Unterbelichtung probieren. Wenn Sie eine Digitalkamera verwenden, können Sie – bei höchstmöglicher Qualität – den Weißabgleich variieren. Hauttöne profitieren immer von der bestmöglichen Tonwertqualität, für die eine hohe Auflösung bei der Aufzeichnung Voraussetzung ist. Weitere Möglichkeiten sind Weichzeichnungs- oder Wischeffekte durch Verwendung von Weichzeichnern oder Streuscheiben. Außerdem sollten Sie sowohl im Quer- als auch im Hochformat fotografieren. Sie sollen später bei der Auswahl der Bilder aus dem Vollen schöpfen können.

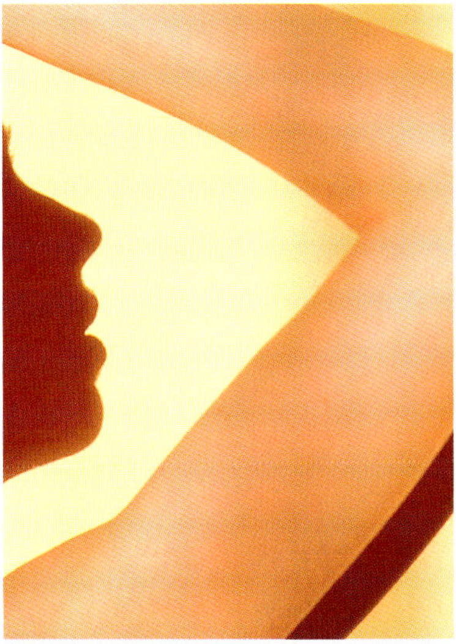

Schatten
Ein teilweise oder auch völlig im Schatten liegendes Gesicht kann sehr wirkungsvoll sein, wenn es zum Beispiel, wie hier, auf seine sanft geschwungenen Konturen reduziert wird.

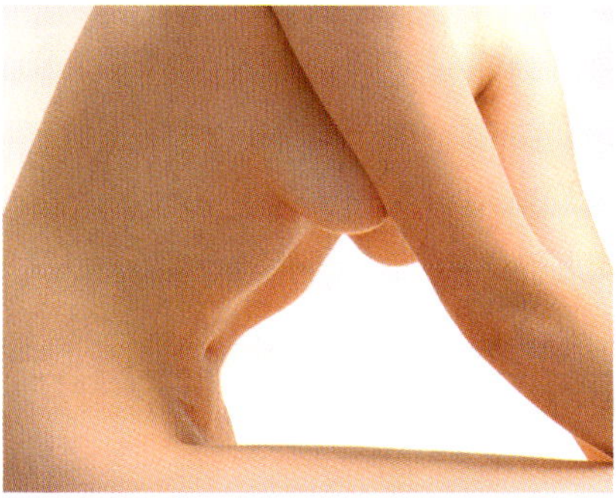

Weniger ist mehr
Sinnliche Kurven und Hautbeschaffenheit kommen auch dann zur Geltung, wenn nicht mehr entblößt wird als notwendig bzw. in vielen Gesellschaften akzeptabel ist.

GESETZESLAGE

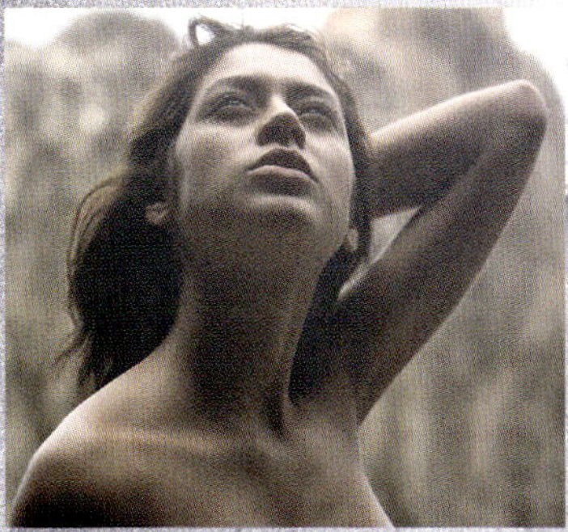

In manchen Ländern ist Aktfotografie verboten. Wenn Sie im Ausland arbeiten wollen, sollten Sie die Gesetzeslage kennen. Verbote gelten möglicherweise nicht nur an einem – wenn auch menschenleeren – Strand, sondern eventuell auch im Hotelzimmer.

Vorsichtsmaßnahmen
Sie vermeiden Aufsehen, wenn Sie vor Sicherheitskontrollen etc. die Speicherkarte aus der Kamera entfernen. Ein Beamter, der den Betrieb der Kamera prüft – was bei hohen Sicherheitsanforderungen üblich ist –, könnte die Aufnahmen zu Gesicht bekommen. Im besten Fall ist es unangenehm, im schlimmsten droht eine Vernehmung.

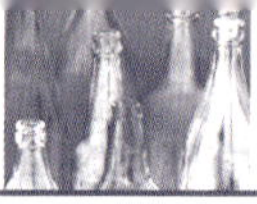

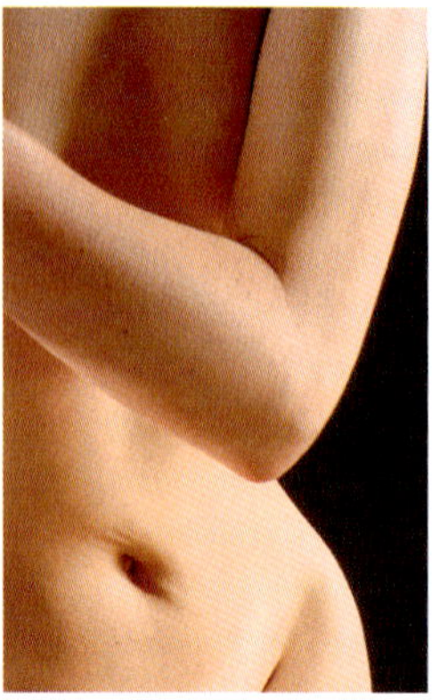

Weiche Beleuchtung
Kontrastarmes oder weiches Licht ist erforderlich, um subtile Hauttöne und Tonwertabstufungen angemessen wiederzugeben.

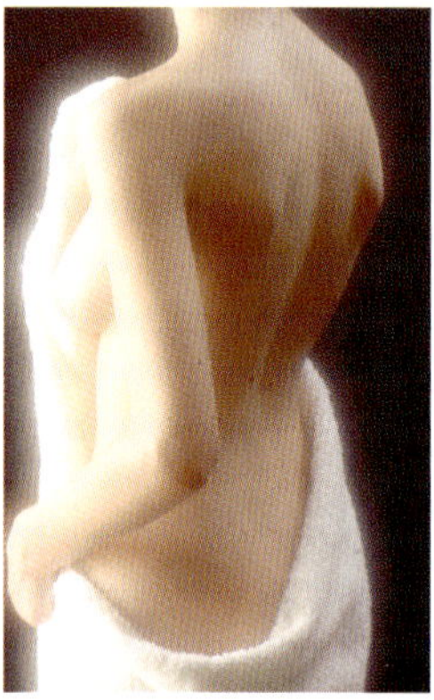

Gestreutes Licht
Weichzeichnung mit Filtern, Spezialobjektiven oder Bildbearbeitungssoftwares verleiht einem Aktfoto eine zarte, poetische Wirkung.

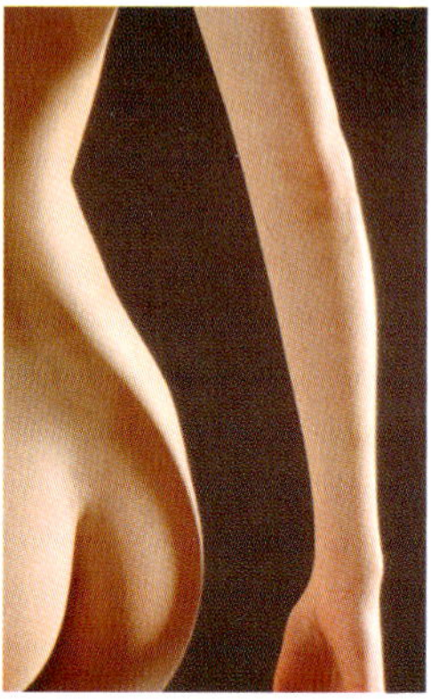

Licht und Schatten
Wenn es weniger auf Tonwerte und weiche Übergänge als auf die Darstellung von Umrissen und Linien ankommt, ist hartes Licht das richtige.

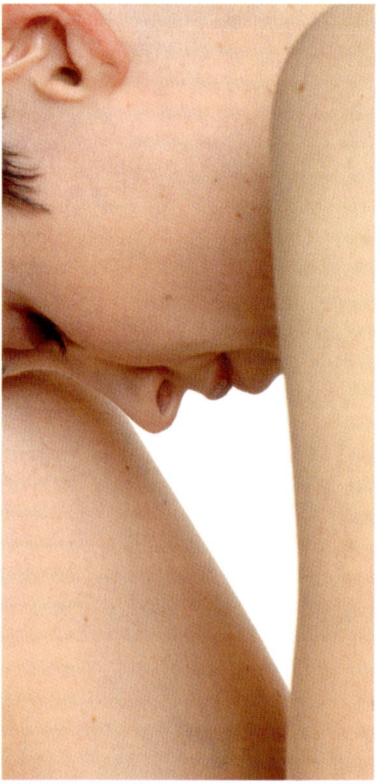

Gesichtsausdruck
Unerfahrene Modelle neigen dazu, zuviel zu lächeln, während Profi-Modelle oft zu ernst schauen. Der beste Gesichtsausdruck ist der, der vermittelt, dass sich das Modell wohl fühlt.

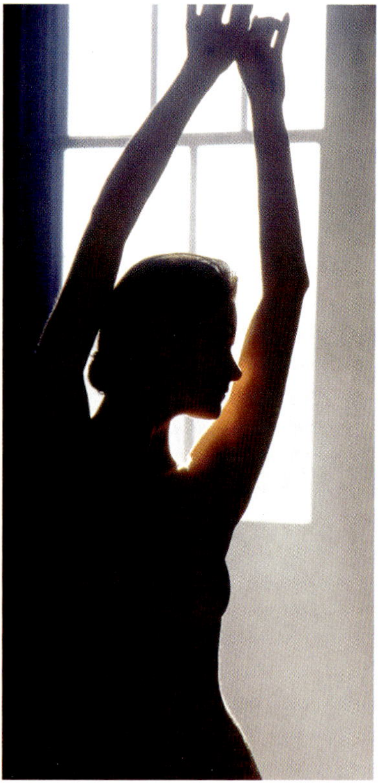

Silhouette im Gegenlicht
Wenn Sie Ihr Modell als Silhouette vor einer starken Lichtquelle wie einem Fenster fotografieren, muss die Pose die Umrisse des Körpers deutlich sichtbar machen.

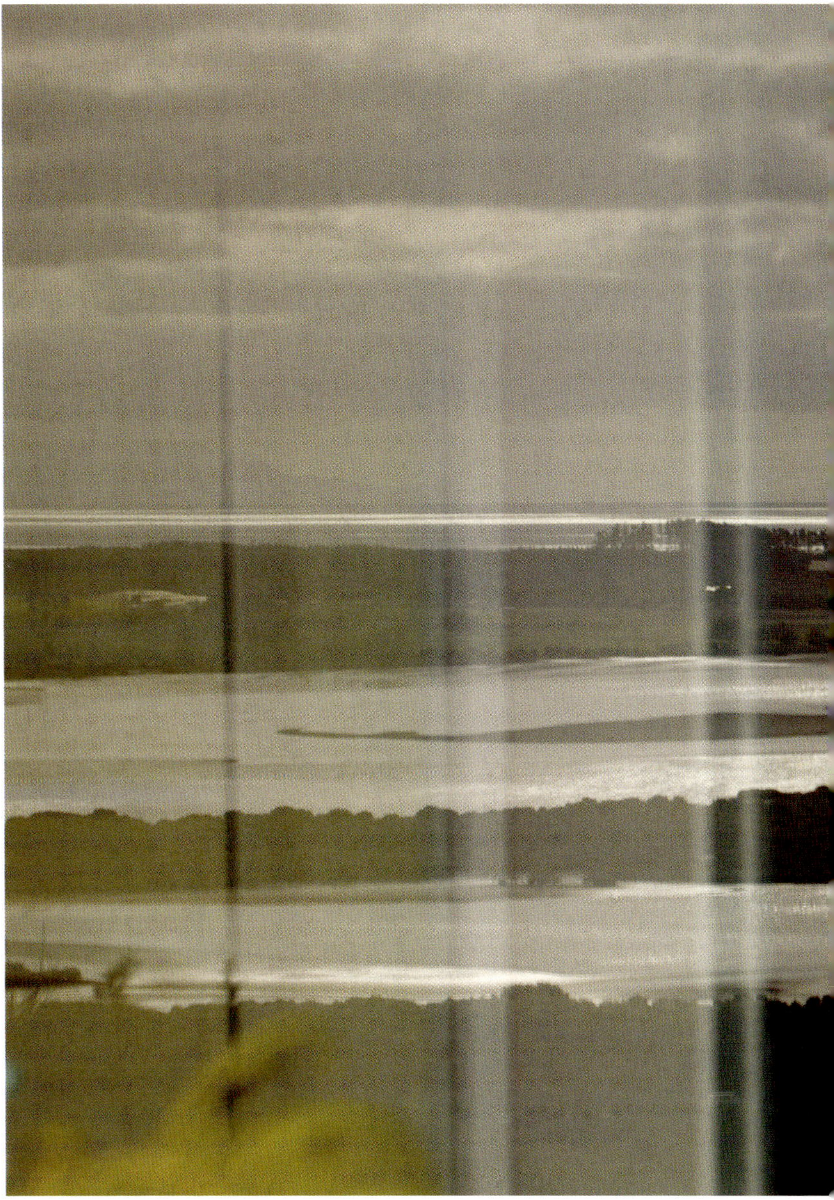

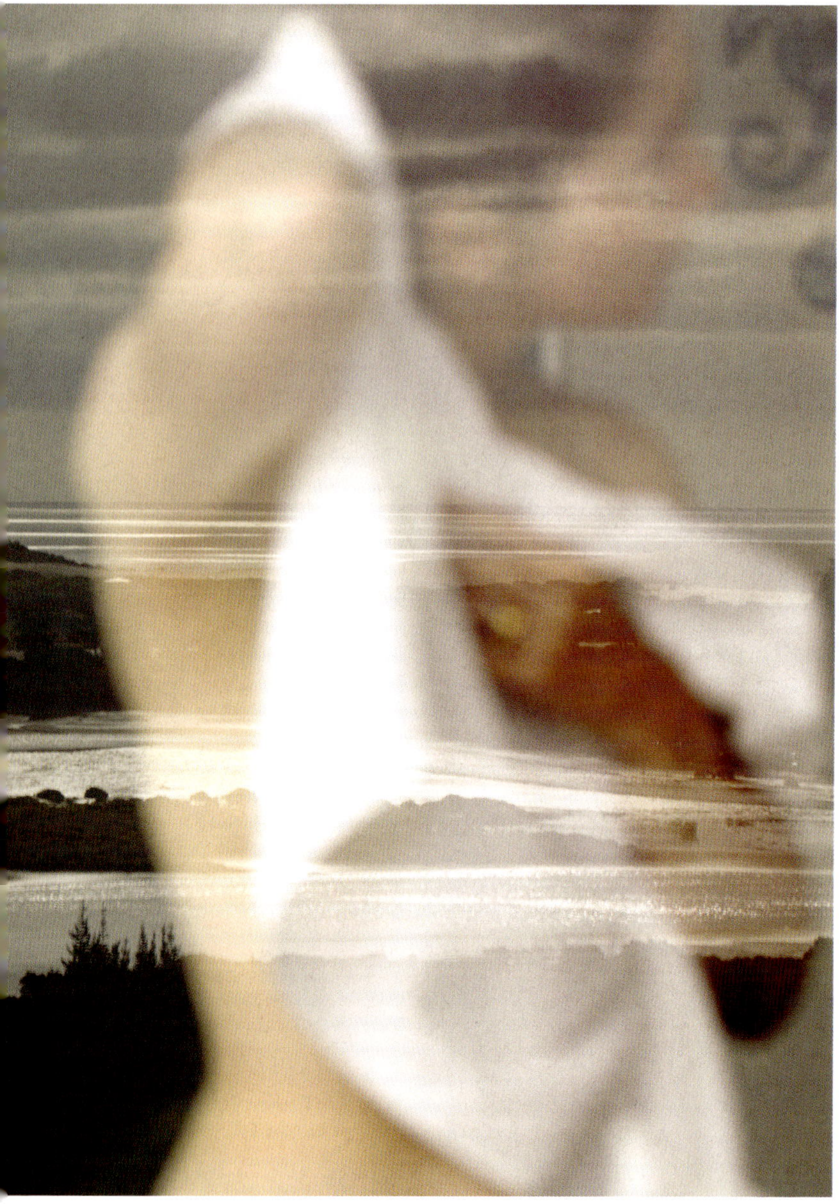

Gespiegelte Landschaft
Eine beeindruckende Ansicht der Mungawai Heads, Neuseeland, spiegelt sich in dem Panoramafenster, hinter dem das Modell für die Kamera posiert.

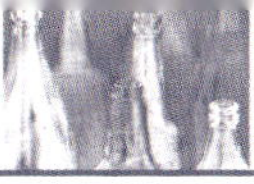

Architektur

Aufnahmen von Gebäuden und Innenräumen scheinen auf den ersten Blick eine einfache Aufgabe zu sein, weil das Motiv statisch ist. Sie stellen den Fotografen aber in Wahrheit vor große technische Herausforderungen und erfordern visuellen Einfallsreichtum. Aber die Mühe lohnt sich: Eine gute Architekturaufnahme schafft in einem zweidimensionalen Medium eine neue Interpretation der dreidimensionalen Vision des Architekten.

Porträt eines Gebäudes

Man kann die Architekturfotografie durchaus als Porträt eines Gebäudes bezeichnen: Sie müssen es ebenso kennen lernen wie ein menschliches Modell. Dazu sollten Sie bei Außen- wie bei Innenaufnahmen zunächst ein wenig herumwandern, um ein Gefühl für die Größe, die Formen und den Raum zu bekommen. Zwei wichtige Aspekte der Architekturfotografie sind das Licht und die räumliche Aufteilung. Eine weiche Beleuchtung in Form von gerichtetem, schräg einfallendem Sonnenlicht ist für die Darstellung von Strukturen und Formen gut geeignet. Mit den Linien von Wänden, Fenstern, Gängen etc. können Sie Räumlichkeit schaffen.

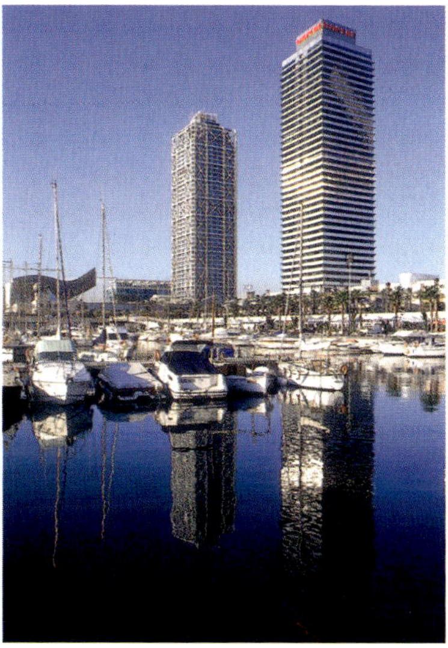

Statische Komposition
Die lineare Komposition und die kräftigen vertikalen Linien auf diesem Foto betonen das Exklusive der Marina in Barcelona *(oben)* und die Ruhe, mit der sie daliegt.

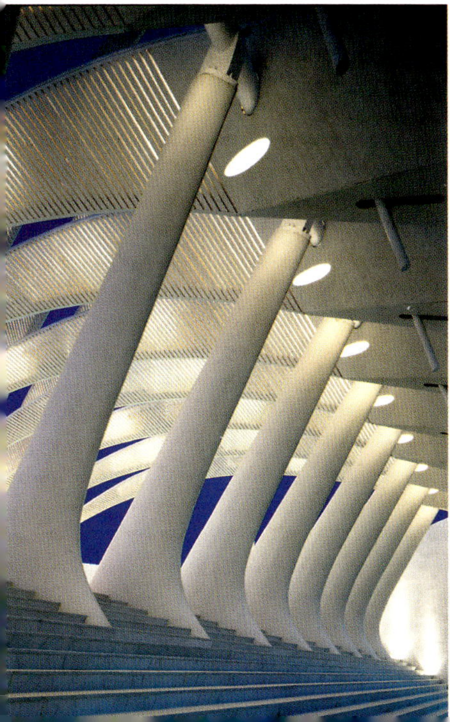

INTERESSENSGEBIETE

Mit wachsendem Interesse an der Architekturfotografie werden Sie vielleicht eine besondere Neigung zu einem architektonischen Detail entwickeln: die Wasserspeier mittelalterlicher Kirchen, Verzierungen von Hauseingängen in Afrika oder die bäuerliche Architektur in den Alpen. Ein besonderes Interesse wird dazu führen, dass Sie mehr über einen bestimmten Schauplatz erfahren möchten als ein gewöhnlicher Besucher. Unabhängig davon, welches Fachgebiet Sie wählen, ist es wichtig, diese Informationen zu sammeln. Bildbearbeitungsprogramme bieten die Möglichkeit, sie mit der Bilddatei zu verbinden. Dadurch wächst der Wert Ihrer Fotosammlung als Materialquelle.

Lineare Komposition
Das Foto von einem Weltausstellungspavillon lebt von der rhythmischen Wiederholung der Linien; die Größenverhältnisse bleiben unklar.

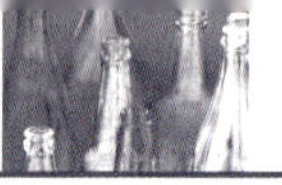

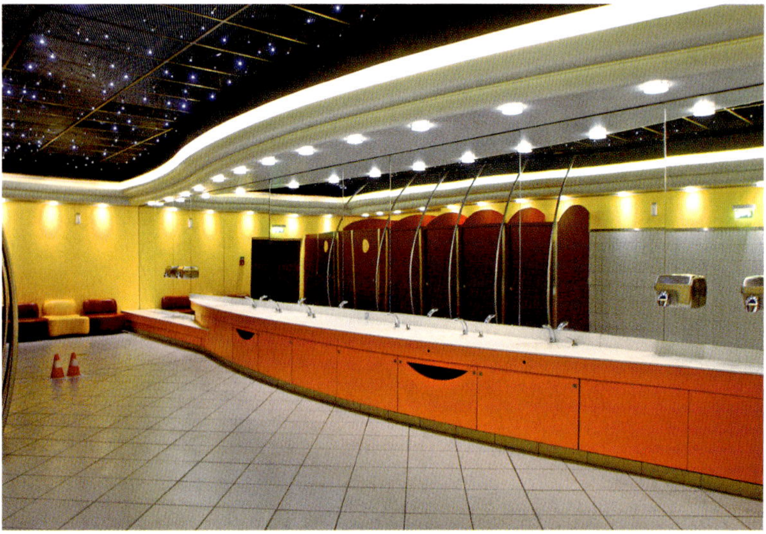

Moderner Innenraum
Diese öffentliche Toilette in der Normandie, Frankreich, *(oben)* ist ein Beispiel dafür, dass man überall auf ein unerwartetes Fotomotiv stoßen kann. Mit Hilfe eines Weitwinkelobjektivs an einer gerade ausgerichteten Kamera wurde der Raum wirkungsvoll in Szene gesetzt.

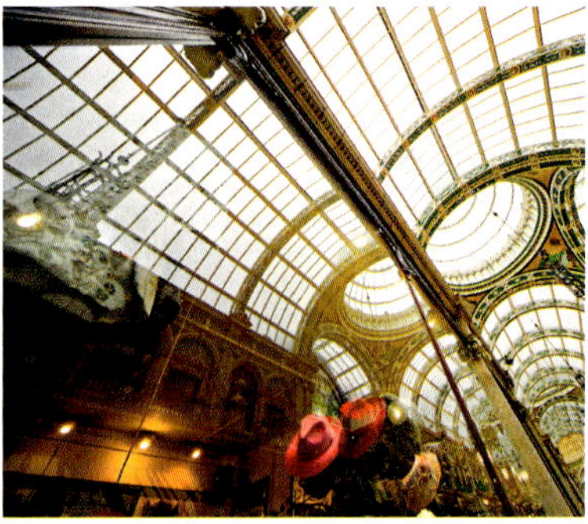

Spiegelungen
Hier *(links)* wurde aus niedrigem Blickwinkel fotografiert, um durch die Spiegelungen des Glasdachs in den Schaufenstern einen Eindruck von Licht und Raum zu schaffen.

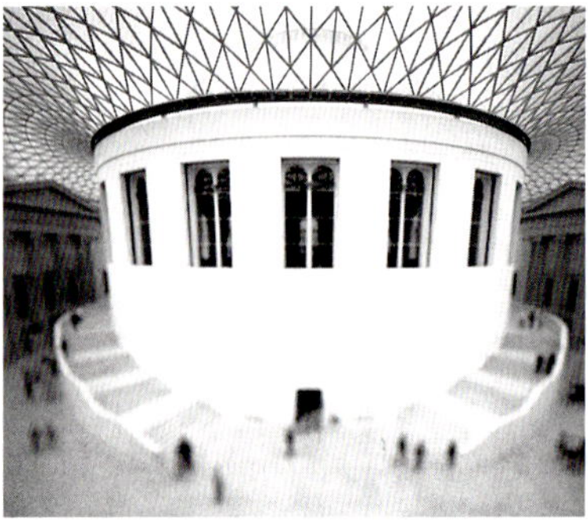

Symmetrische Komposition
Die Treppe im British Museum ist ein Beispiel für eine streng symmetrische Form. Das Bild wird belebt durch die zufällige Verteilung der Personen im Raum.

VON MEISTERHAND

Moderne Architektur bietet unzählige Möglichkeiten für faszinierende Abstraktionen. Der britische Architekturfotograf Richard Bryant, der ein Stipendium des Royal Institute of British Architects erhielt, erhob diesen Ansatz zur Kunstform.

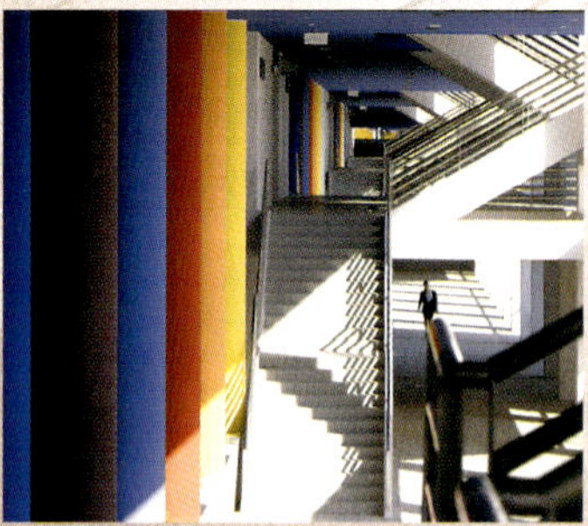

Richard Bryant
Durch Licht, Farbe und grafische Elemente wird der Blick des Betrachters geführt. Die Person auf der Treppe vermittelt einen Eindruck von den Größenverhältnissen.

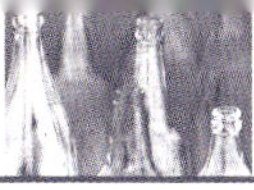

Auswertung einer Architekturaufnahme

Bei der Beurteilung eines Architekturfotos sollten Sie sich stets die Frage stellen, ob die Aufnahme dem Architekten gefallen würde. Vermittelt sie die Absichten des Architekten? Erfasst sie den Stil des Gebäudes? Bringt das Licht die Strukturen und die räumliche Aufteilung bestmöglich zur Geltung? Vermeiden Sie übertriebene Größenverhältnisse und irreführende räumliche Darstellungen und konzentrieren Sie sich auf präzise Details.

STÜRZENDE LINIEN

Bei Aufnahmen von großen Gebäuden wie dieser Kathedrale muss sichergestellt werden, dass vertikale Linien gerade bleiben. Man wird in der Regel das Objektiv nach oben neigen müssen, um auch die Spitze des Baus ins Bild zu rücken. Bei nach oben geneigter Kamera wird jedoch der untere Teil vergrößert, so dass die vertikalen Linien nach oben hin zusammenzulaufen scheinen. Dieser Effekt kann mit einem Shift-Objektiv vermieden werden: Die Kamera bleibt horizontal ausgerichtet, auch wenn das Objektiv zur Abbildung des gesamten Gebäudes nach oben geneigt wird. Das Problem lässt sich auch mit Hilfe von Bildbearbeitungssoftware lösen.

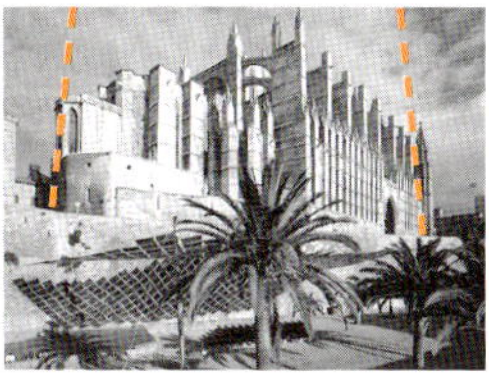

Sa Seu, Palma de Mallorca
Durch die nach oben geneigte Kamera entstanden stürzende Linien. Ich vergrößerte den oberen Teil der Abbildung später digital.

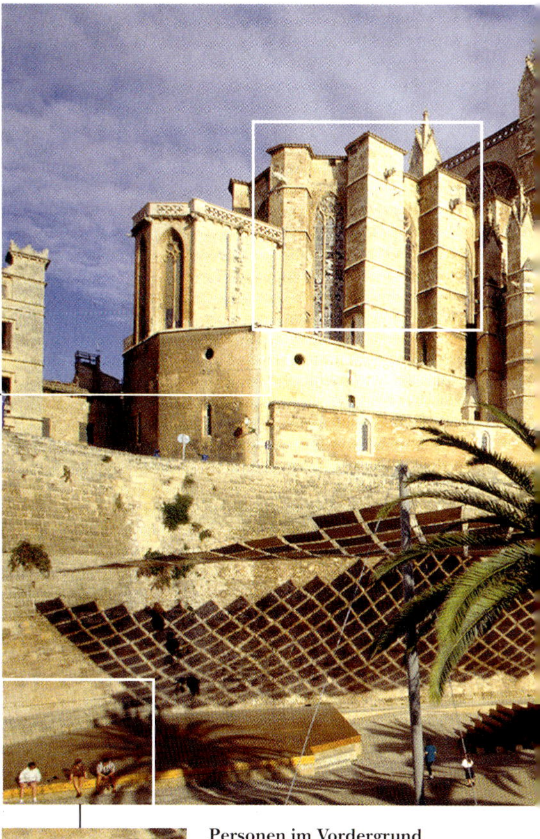

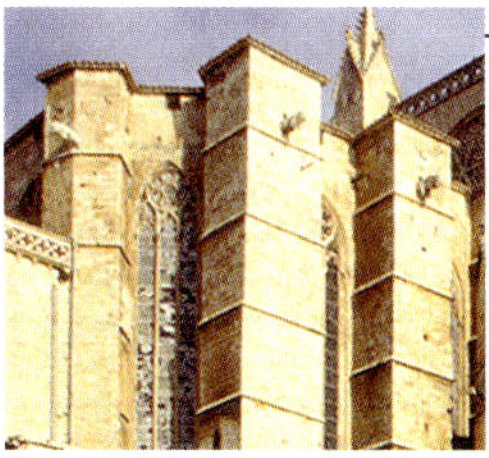

Sonnenlicht
Eine Ausleuchtung der Fassade des Gebäudes in einem Winkel von 45° ist ideal, weil sie die Struktur der Mauer betont. Ich wählte einen seitlichen Kamerastandpunkt, um die Schatten und hellen Bereiche wirkungsvoll auszunutzen.

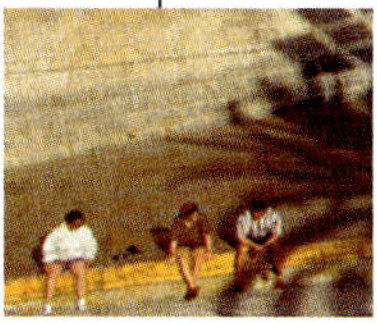

Personen im Vordergrund
Die Abbildung von Personen kann hilfreich sein, um einen Eindruck von den Größenverhältnissen zu geben.

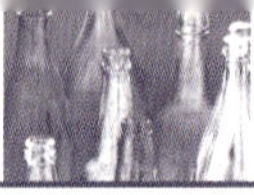

GENEHMIGUNG UND ZUTRITT

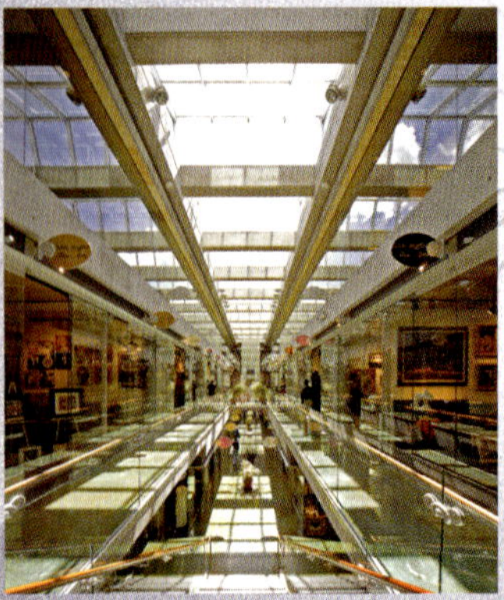

Ob in historischen Bauwerken oder in modernen Einkaufspassagen – vor der Aufnahme müssen Sie Ihr Zutrittsrecht klären. Bei alten Gebäuden können Sie bei den Behörden nachfragen, ob Fotografieren erlaubt ist. In Einkaufszentren, Restaurants etc. befinden Sie sich auf Privatgelände und können jederzeit vom Eigentümer aufgefordert werden, den Ort zu verlassen. Wenn Sie sich jedoch diskret verhalten und niemanden stören, wird kaum jemand etwas einzuwenden haben.

FOTOS IN EINEM EINKAUFSZENTRUM
Die Glas- und Metallkonstruktionen und die symmetrischen Muster und geraden Linien moderner Einkaufspassagen sind ausgezeichnete Fotomotive. Verwenden Sie eine Kompaktkamera mit einem echten Weitwinkelobjektiv (28 mm) und arbeiten Sie zügig und leise.

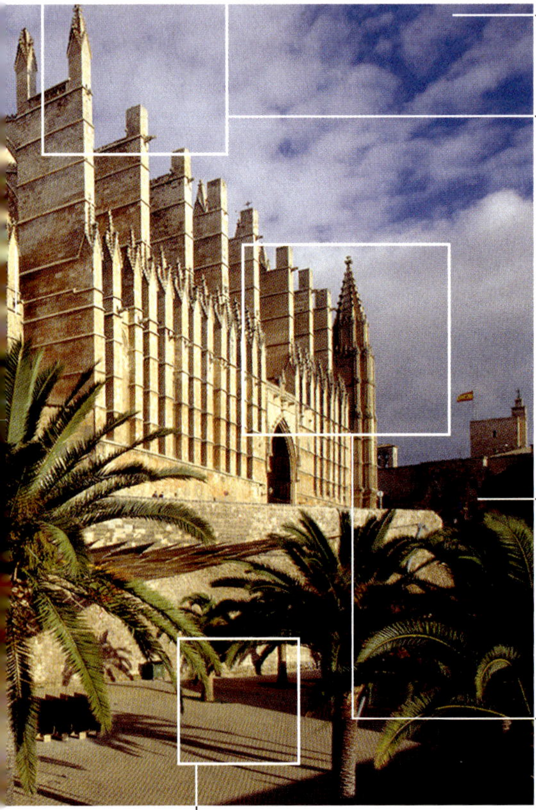

Leichte Bewölkung ist für Architekturfotos optimal. Hier scheinen die Wolken über dem Gebäude auseinanderzudriften.

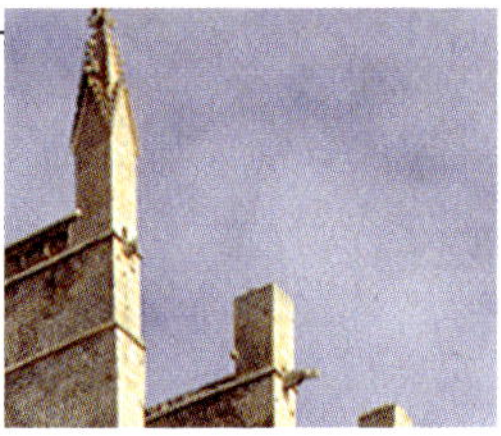

Großzügige Ausschnittwahl
Ein Gebäude muss »Raum zum Atmen« haben. Hier ging durch eine nachlässige Ausschnittwahl eine Turmspitze verloren.

Bei hellem Sonnenlicht sollten Sie für eine Zeichnung in den Schatten sorgen. Tiefschwarze Bildpartien können die Bildwirkung zerstören.

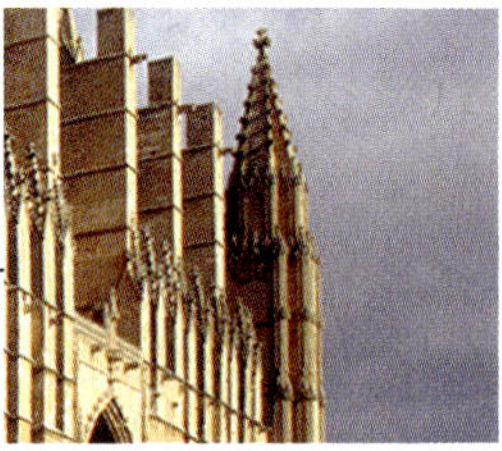

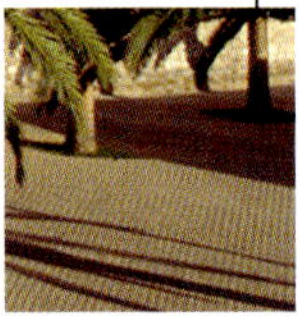

Vermeidung von Moiré
Bei Aufnahmen mit der Digitalkamera können sich feine Muster wie diese Pflastersteine mit dem regelmäßigen Raster des Sensors überlagern, die resultierenden Verzerrungen bezeichnet man als Moiré-Effekt.

Steuerung der Schärfentiefe
Bei Verwendung eines Weitwinkelobjektivs bei kleiner Blende (Bl. 11) ist der Schärfenraum sehr groß, er erstreckt sich vom Gebäude bis zur kameranahen Palme.

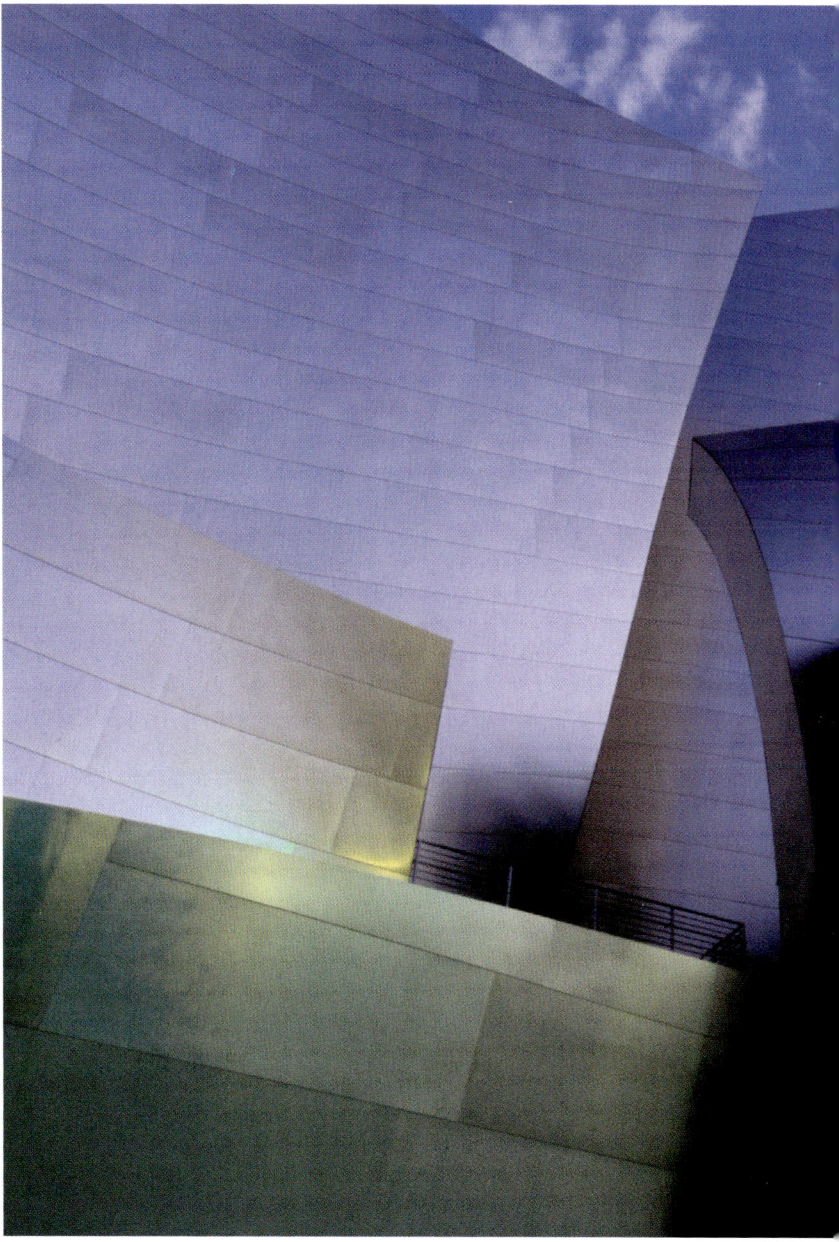

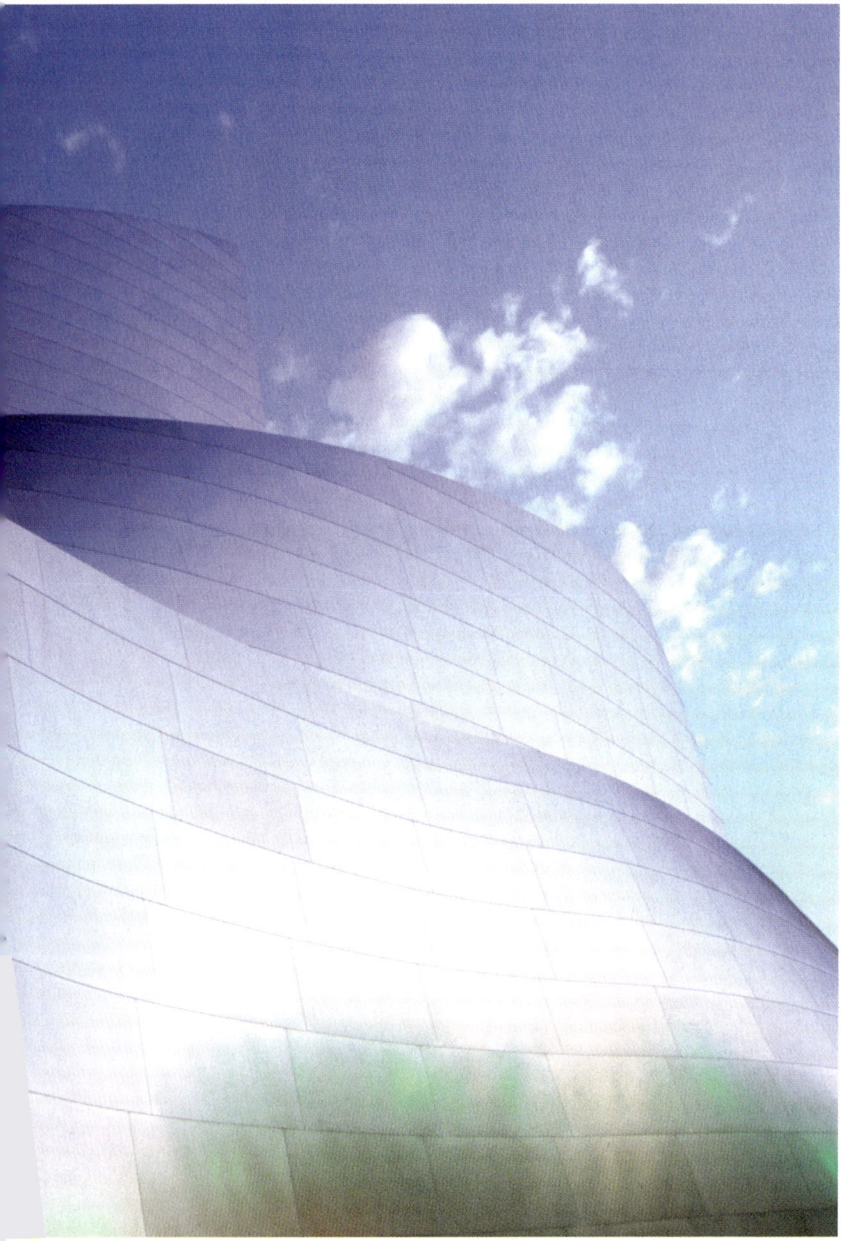

Guggenheim, Bilbao
Durch einen einfachen Bildausschnitt hat der Fotograf die gewölbten Linien und spiegelnden Flächen dieses Gebäudes zurückhaltend, aber wundervoll in Szene gesetzt.

Kunstfotografie

Für manche mag der Begriff »Kunstfotografie« ein Oxymoron sein – eine widersprüchliche Verbindung von Gegensätzen. Aber die Fotografie vermag sehr wohl über ihre Tradition als Handwerk hinauszuwachsen. Fotografie als Kunstform umfasst von der konzeptuellen Fotografie bis zur Abstraktion eine Reihe unterschiedlicher Ansätze und Gestaltungsformen.

Fotografie als Kunstform

Die Kunstfotografie deckt ein breites Spektrum ab, das von Kunstdrucken bis zu Collagen reicht. Als Kunst gelten vor allem solche Arbeiten, die über die reine Ästhetik und technische Perfektion hinausgehen und hinter denen ein formulierbares Anliegen steht. Sie stehen dabei im Gegensatz zu rein beobachtenden Bildern. Permanenz und Einzigartigkeit gehören zu den Wesenszügen der Kunstfotografie.

Morgenlicht
Ein Foto wird durch seinen Inhalt und die Intention des Fotografen zur Kunst. Hier *(unten)* abstrahiert sich das auf ein Bett fallende Licht zu einer rein formalen Bildkomposition.

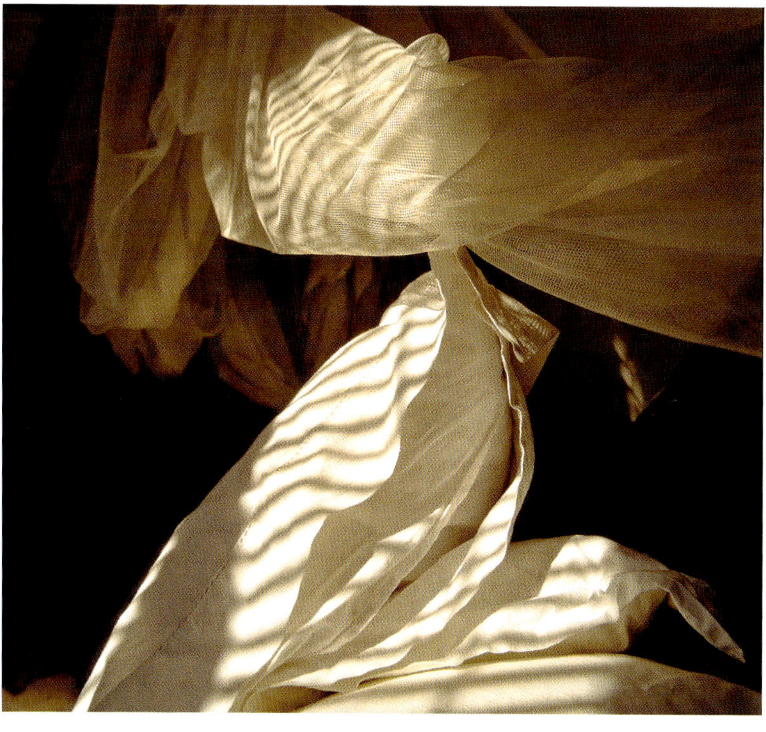

THEMENWAHL
Ein einziges Thema kann Anregungen für eine lebenslange Beschäftigung mit selbigem liefern. Ein persönliches Projekt wäre zum Beispiel die Beobachtung eines bedeutungsvollen Ortes, der in verschiedenen Beleuchtungssituationen und zu unterschiedlichen Zeiten fotografiert wird. Wer ein sachliches Thema vorzieht, mag sich der Erforschung des Lichts, das durch ein Fenster fällt und die Gestalt der Gegenstände im Raum verändert, widmen. Das experimentelle Zusammenführen dreidimensionaler Objekte und zweidimensionaler Bilder bietet einen Ansatz zur Auseinandersetzung mit unserer Vorstellung von der Wirklichkeit.

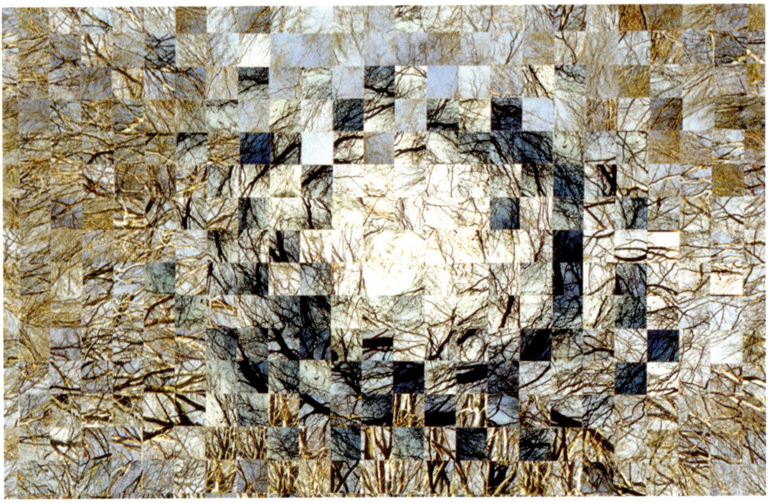

Kunstdruck als Montage
Mehrere Bilder eines Baums vor blauem Himmel wurden in Quadrate zerschnitten und in einer Collage neu zusammengesetzt, die ein einzigartiges Kunstobjekt darstellt.

KREATION EINES KUNSTOBJEKTS

Die Aufnahme ist oft nur der erste Schritt auf dem Weg zum Kunstobjekt. Der künstlerische Prozess führt möglicherweise zu einer Art Weiterverarbeitung. Ausdrucke oder Vergrößerungen können durch die Verwendung eines besonderen Papiers einzigartige Qualität bekommen. Einige Künstler bearbeiten ihre Abzüge mit Bleichmittel oder Farbe oder durch Ansengen etc. Sie können ihre Arbeiten auch signieren und nummerieren.

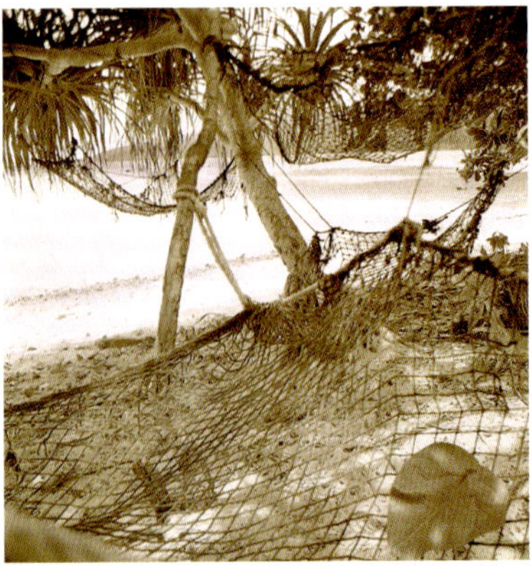

Kunstfotos auf Reisen
Die Kunstfotografie muss nicht auf die Arbeit im Studio beschränkt bleiben. Diese Szene auf Taveuni Island, Fiji, zeigt Linien, Licht und Strukturen.

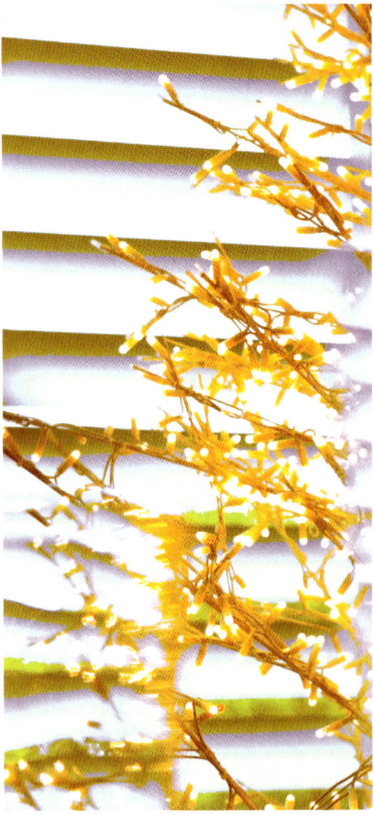

Optische Effekte
Die Kunstfotografie bietet Spielraum für Experimente. Hier wurde eine Weihnachtsbeleuchtung verzerrt und farbenfroh durch eine Glasvase hindurch fotografiert.

Entwicklung einer Serie

In der Kunstfotografie haben sich gewisse Arbeits- und Präsentationsmethoden etabliert, darunter die Erstellung von Fotoserien zu einem bestimmten Thema, hervorgegangen aus der in der bildenden Kunst üblichen gemeinsamen Veröffentlichung von Lithografien oder Gravüren mit ähnlichen Motiven. Bis heute ist es nicht unüblich, dass die Arbeiten, die ein Künstler in einer Ausstellung zeigt, thematisch verknüpft sind.

BESCHÄFTIGUNG MIT EINEM THEMA

Die Zusammenstellung einer Serie von Bildern, die zwar miteinander verbunden sind, sich jedoch genügend voneinander unterscheiden, damit das Interesse des Betrachters nicht erlahmt, erfordert Geschick. Bei der Wahl des Themas kommt es nicht auf Originalität an, aber Sie müssen von Ihrer Idee überzeugt sein.

Machen Sie sich auf Schwierigkeiten gefasst wie zeitliche und finanzielle Einschränkungen und auch auf Unzulänglichkeiten der eigenen Vorstellungskraft. Bleiben Sie bei der Beschäftigung mit dem Thema flexibel, ohne Ihre Idee aus den Augen zu verlieren, zum Beispiel wenn Sie zu dem Stichwort »die Leere der Großstadt« einen Platz fotografieren wollen: Rücken Sie vereinzelte Menschen ins Bild, um die Seelenlosigkeit des Ortes zu betonen, oder fotografieren Sie den Platz menschenleer.

AUSWAHL DER BILDER

Die Bildredaktion ist wichtiger Bestandteil der Produktion einer Serie. Legen Sie dazu die Bilder um sich herum aus oder betrachten Sie sie wiederholt am Computer. Erlauben Sie den Fotos, sich selbst auszuwählen – einige werden Sie langweilen, zu anderen werden Sie immer wieder zurückkehren.

Die Bilder unten wurden für eine Serie aufgenommen, die sich mit der Annahme beschäftigt, dass der Schatten ebenso wahrhaftig ist wie das Objekt, das ihn wirft. Die Frage ist, welche Bilder lassen sich am besten kombinieren und vermitteln die Idee am wirkungsvollsten?

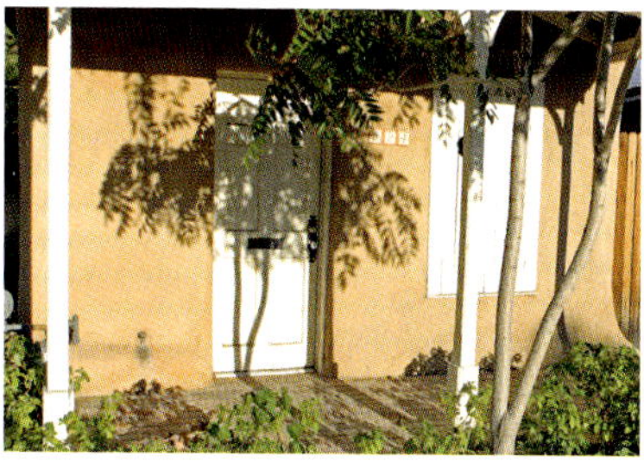

Schatten auf einer Veranda
Der bildbeherrschende Schatten des Baums scheint den Eingang zu versperren. Dieses Bild kam in die erste Wahl.

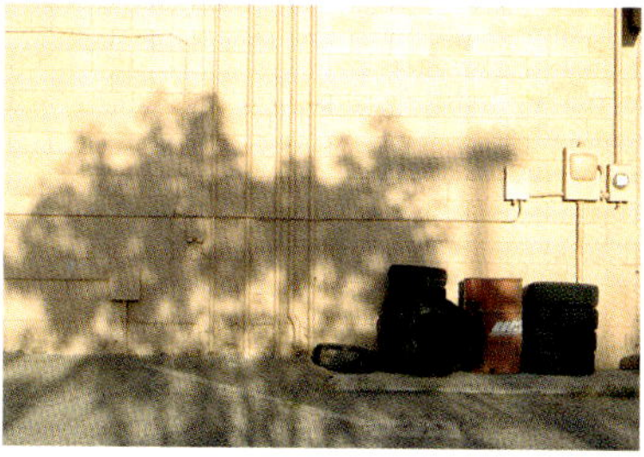

Schatten und Reifen
Der Schatten an der Wand, eine unscharfe Silhouette, bildet einen Kontrast zur schmutzigen Garagenwand. Das Bild kam in die erste Wahl.

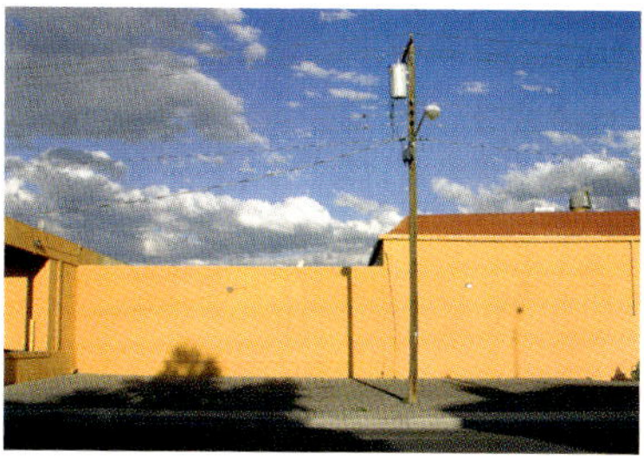

Schatten auf der Straße
Der Kontrast zwischen Wand und Himmel ist gut, aber der Schatten als Bildelement fast nicht zu sehen. Das Bild kam in die zweite Wahl.

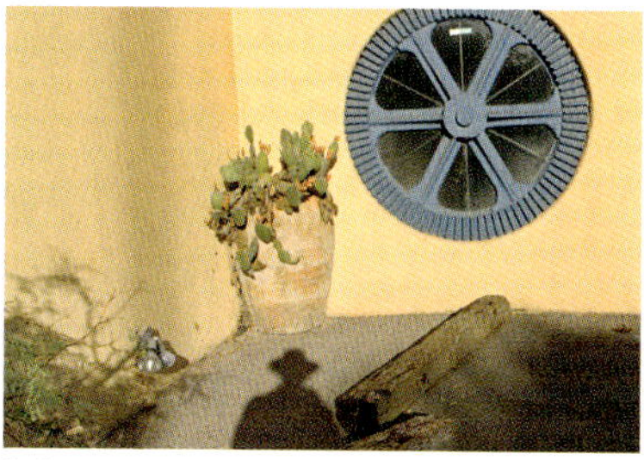

Selbstporträt als Schatten
Mein Schatten könnte im Rahmen der Serie andeuten, dass der Fotograf weniger wahrhaftig ist als sein Schatten. Das Bild wurde verworfen.

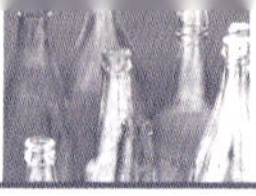

HOCH- ODER QUERFORMAT

Hoch oder quer? Eine wichtige Entscheidung ist die Wahl des Formats. Während man das Hochformat als klassisches Porträtformat bezeichnen kann, haben Landschaftsaufnahmen in der Regel ein Querformat – seien Sie also ruhig ein wenig unkonventionell und wagen Sie Landschaften im Hochformat oder experimentieren Sie bei Porträtaufnahmen einmal mit dem Querformat.

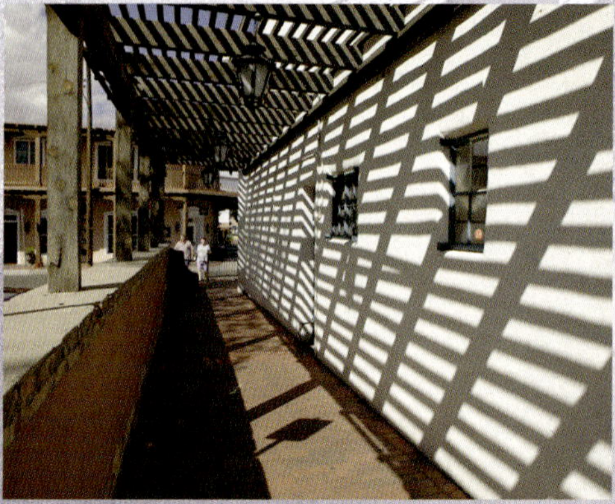

Querformat
Bilder mit einer horizontalen Hauptachse vermitteln den Eindruck von Raum und Bewegung. Der Bildbeschnitt am oberen und unteren Rand kann eine dramatische Stimmung erzielen.

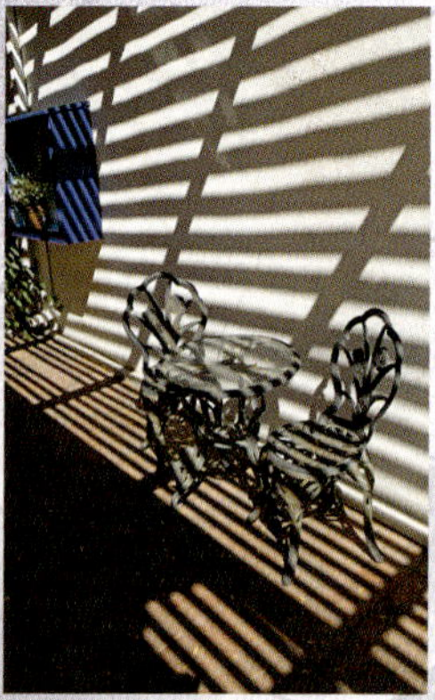

Hochformat
Motive, die ein Querformat nahelegen, im Hochformat zu fotografieren ist einen Versuch wert.

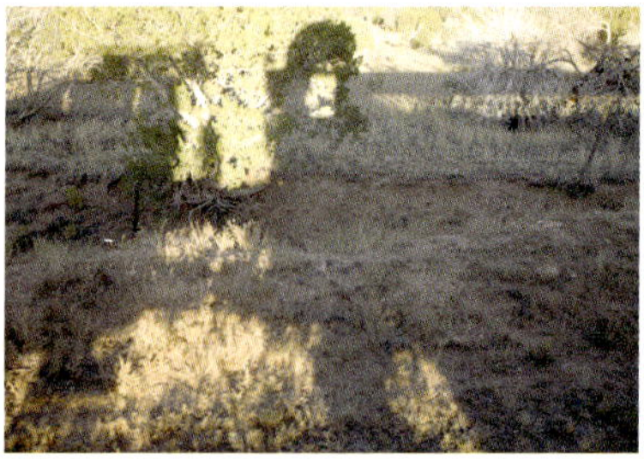

Schatten eines Zugs
Der fahrende Zug wirft einen Schatten. Das Bild ist jedoch weder fesselnd noch vermittelt es eine klare Botschaft und wurde daher verworfen.

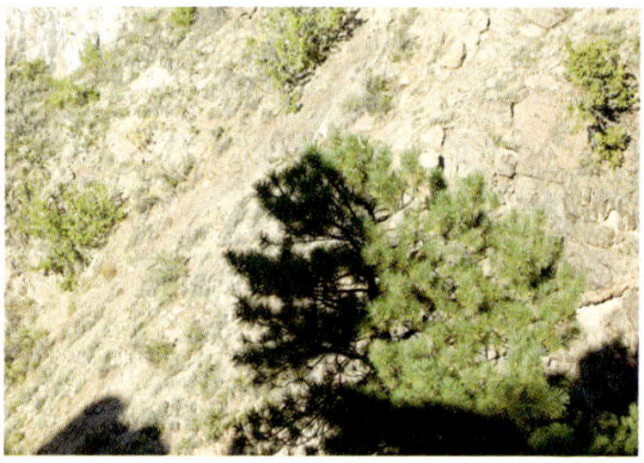

Schatten eines Baums
Der Schatten verleiht dem Baum mehr Gewicht. Die Bildaussage stimmt jedoch nicht mit der Projektidee überein. Verworfen.

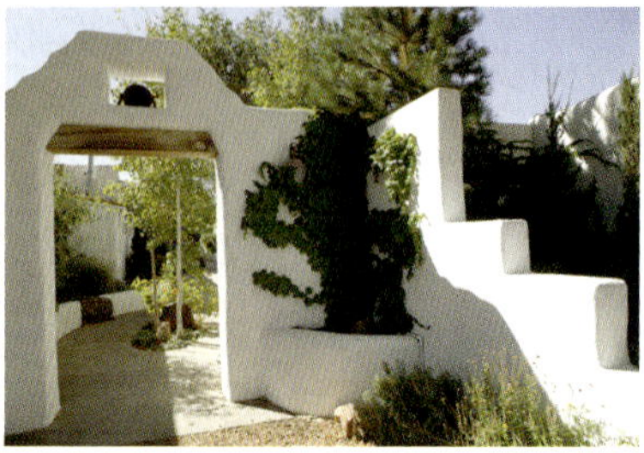

Schatten an einer Mesa-Wand
Dieses Bild mit den weißen Wänden und ansprechenden Linien sagt leider nichts über die Bedeutung des Schattens aus. Es wurde verworfen.

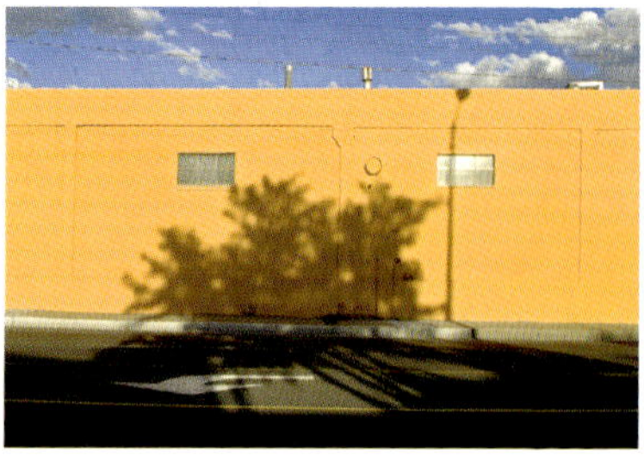

Schatten über der Straße
Mit seinen dynamischen Formen und Farben ist dieses Bild ganz klar ein Kandidat für das Projekt – es wurde angenommen.

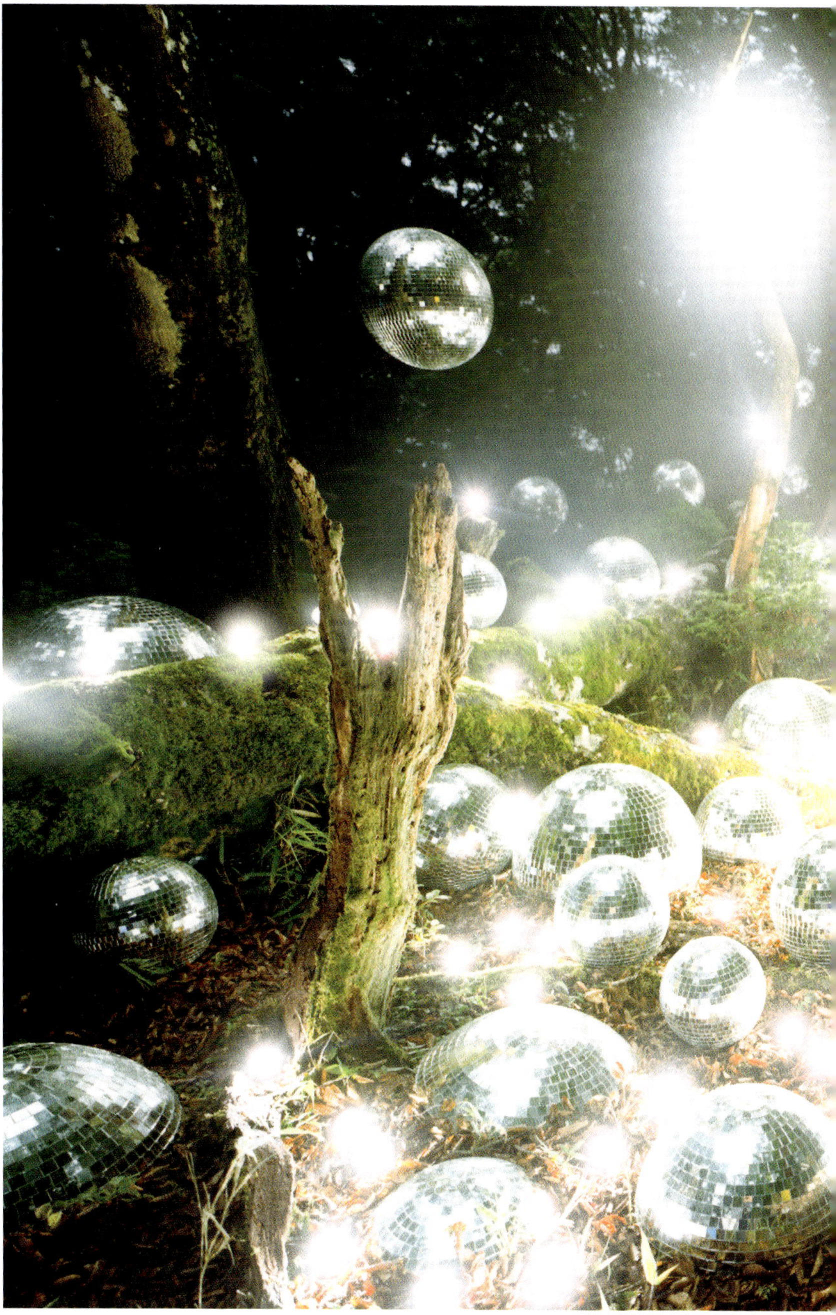

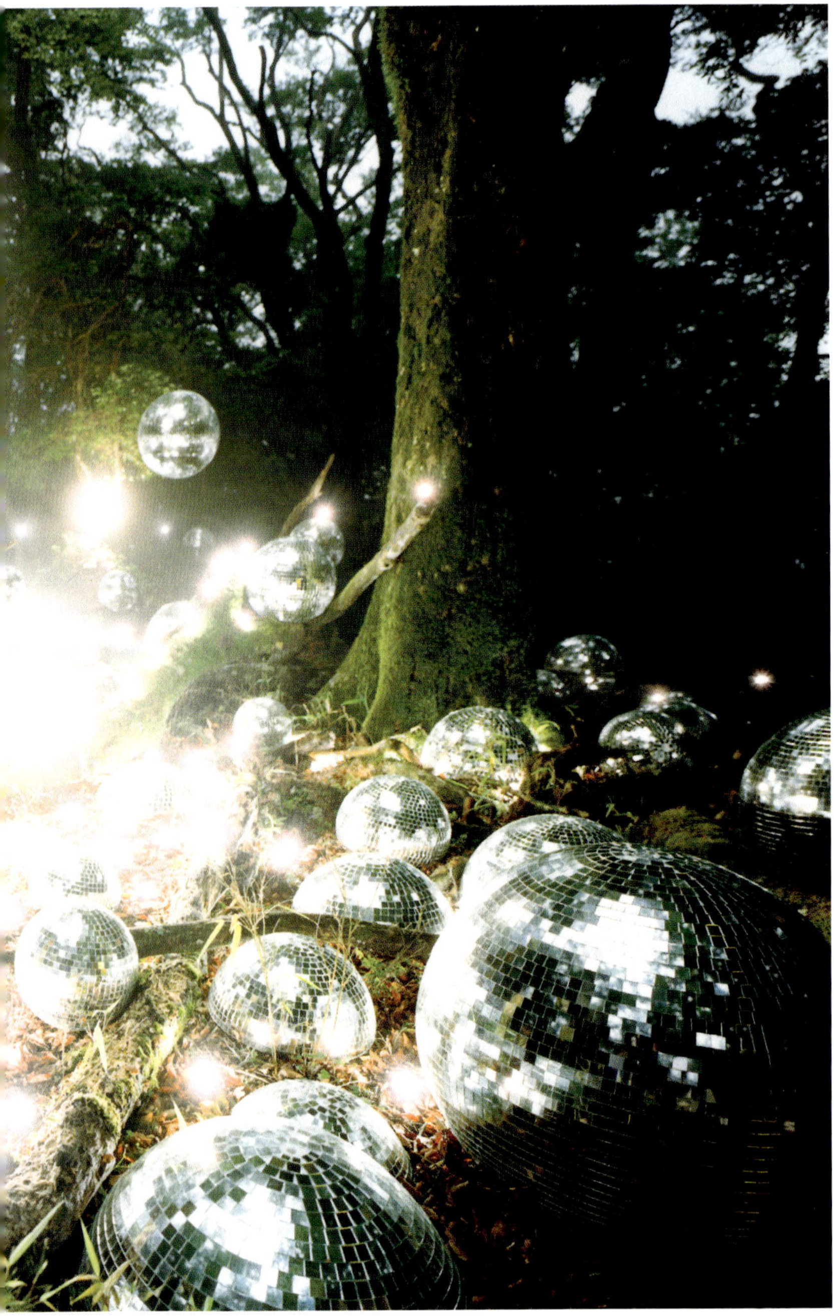

Ätherische Landschaft
Der japanische Kunstfotograf Hiroshi Nomura arbeitet häufig mit Stroboskop-Beleuchtung. Hier leuchtete er eine Installation aus Spiegelkugeln in einem Wald mit kurzen Lichtblitzen aus. Das Bild wurde später digital bearbeitet.

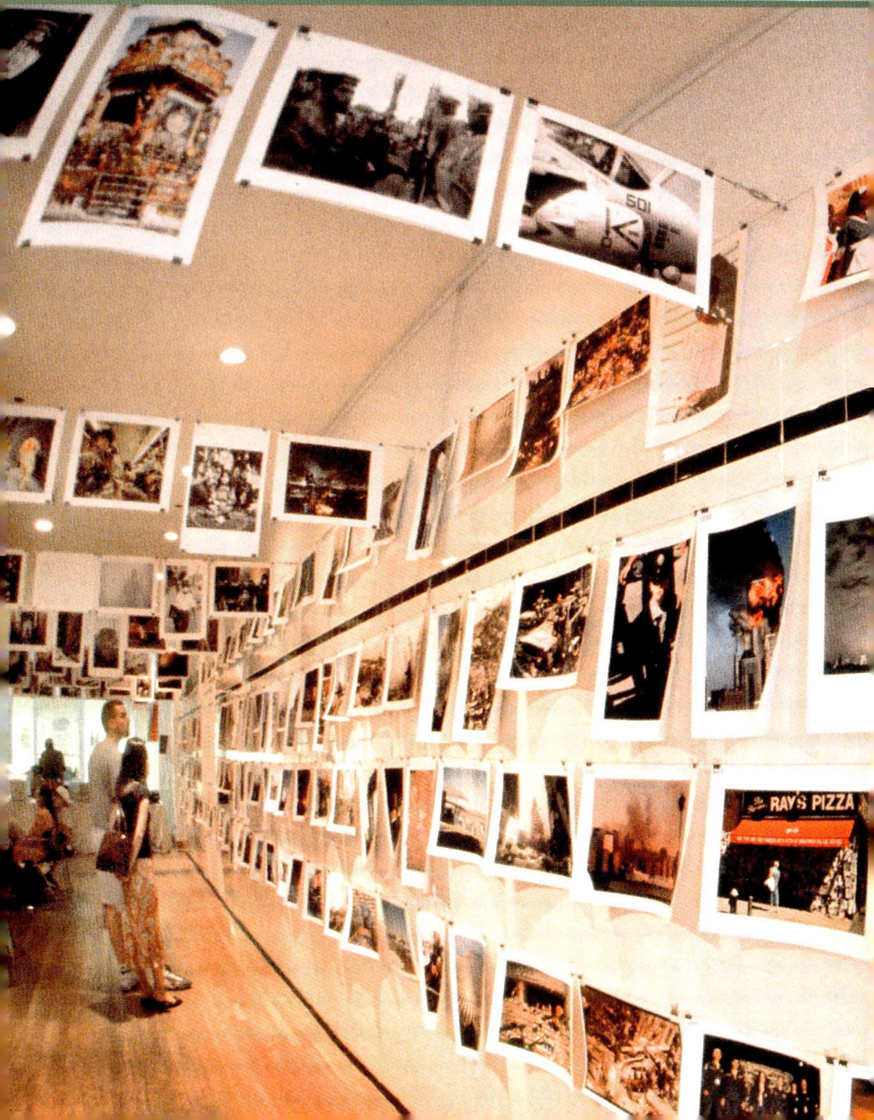
RAY'S PIZZA

DER SCHRITT IN DIE ÖFFENTLICHKEIT

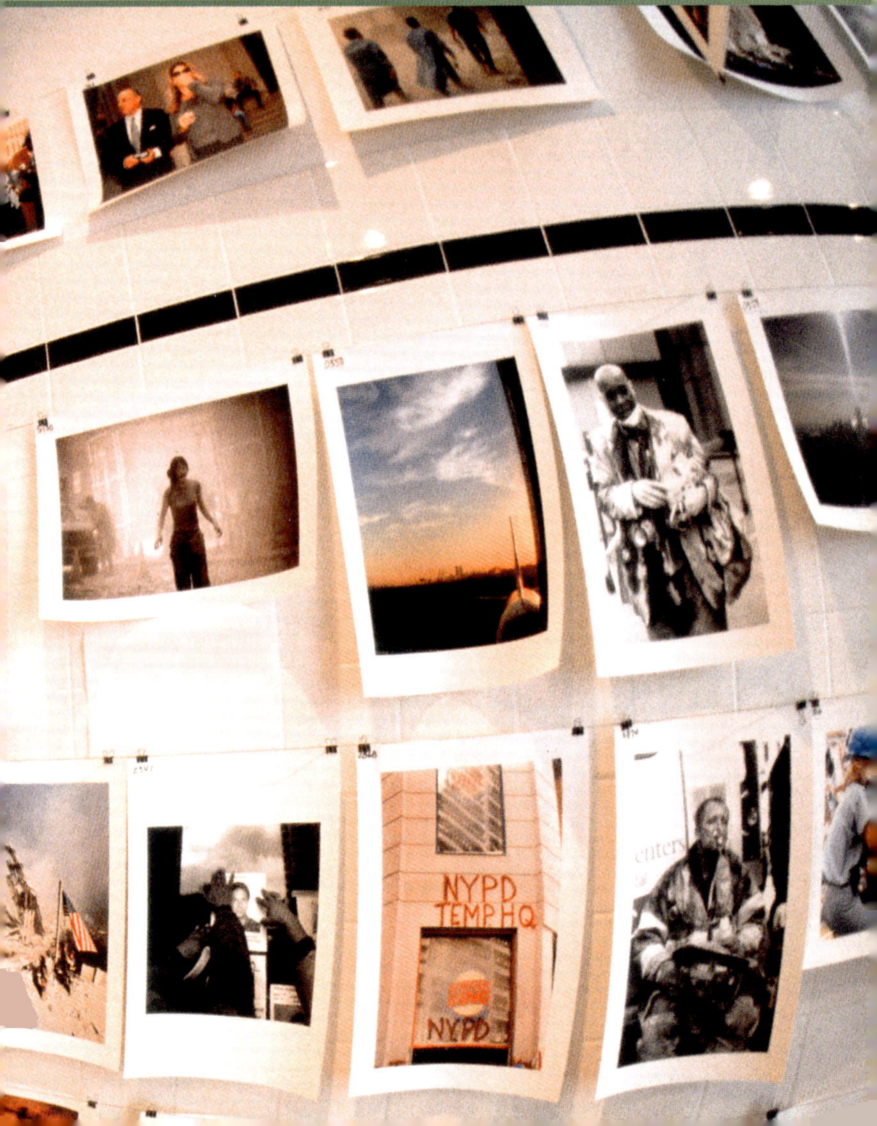

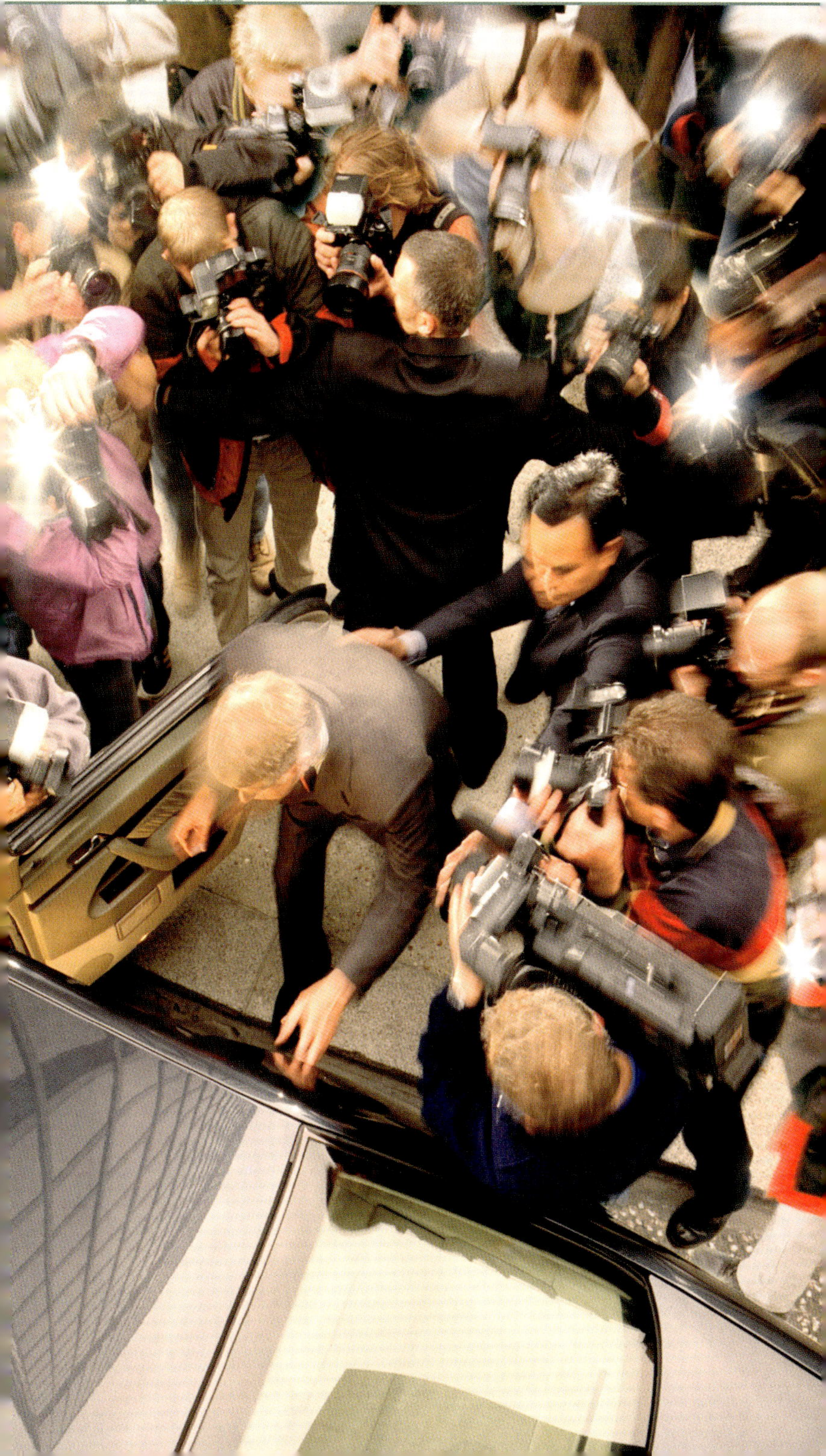

DIE BANDBREITE UND VIELFALT EINER TÄTIGKEIT ALS BERUFSFOTOGARF GEHÖRT ZU DEN REIZVOLLSTEN ASPEKTEN DER FOTOGRAFIE, WOBEI DIE ARBEIT IM RAMPENLICHT SCHILLERND UND NERVENAUFREIBEND ZUGLEICH IST. ES GIBT JEDOCH VIELE ANDERE WEGE, UM MIT BILDERN AN DIE ÖFFENTLICHKEIT ZU TRETEN.

Als professioneller Fotograf erfolgreich zu sein, erfordert ohne Zweifel kompromissloses Engagement, wenn nicht sogar Besessenheit, Arbeitseifer, kreatives Talent und eine Portion Glück. Sie können jedoch auch ohne solche Ambitionen auf vielerlei Art und Weise mehr Befriedigung aus Ihrem Hobby ziehen. Die Fotografie bietet einige Beschäftigungsmöglichkeiten, vom Zeitungs- und Zeitschriftenfotograf bis zur freiberuflichen Arbeit für Privat- und Geschäftskunden, aber die Konkurrenz ist in allen Bereichen groß. Wenn Sie ein spezielles Interessengebiet wie Segeln, Archäologie oder Theater haben, können Sie sich spezialisieren. Damit reduzieren Sie zwar die Konkurrenz, aber auch die Nachfrage ist geringer.

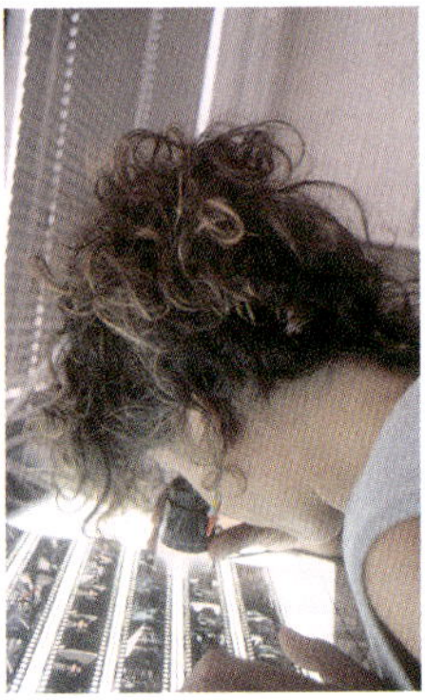

Prüfen von Bildern
Kenntnisse der technischen Aspekte der Fotografie sind für das Verbessern Ihrer Fertigkeiten unverzichtbar.

Auch wenn Sie nicht daran denken, ausschließlich als Fotograf zu arbeiten, können Sie mit Ihren Bildern unter Umständen Geld verdienen. Um das Selbstbewusstsein zu haben, Ihre Tätigkeit in Rechnung zu stellen, müssen Sie Ihr Vertrauen in die eigene Arbeit stärken. Dieses gewinnen Sie, indem Sie so häufig und so viel wie möglich fotografieren. Sie müssen die Welt ständig und immer wieder wie durch ein Objektiv hindurch betrachten, um zu lernen, das Leben mit dem Auge des Fotografen zu sehen. Wir alle haben schon einmal eine schöne oder lustige Szene beobachtet und es bereut, keine Kamera zur Hand zu haben. Je mehr Sie sich mit Fotografie beschäftigen, desto mehr potenzielle Motive werden Sie entdecken und würdigen, wie etwa die vergessene Ecke eines Gartens, eine menschenleere Gasse oder die Schatten auf einer Wand.

Sie können Ihr Vertrauen in Ihre fotografischen Fertigkeiten weiter stärken, indem Sie einen Workshop besuchen. Die Kurse finden häufig an interessanten Orten statt und werden von Profis geleitet. Allerdings wäre es Wunschdenken, anzunehmen, dass eine Schulung, ja selbst ein dreijähriges Uni-

Pressefotografie
Die Paparazzi mögen die bekannteste Berufsgruppe sein, es gibt jedoch noch viele andere Tätigkeitsfelder für Fotografen.

versitätsstudium ausreicht, einen großen Fotografen aus Ihnen zu machen.

Die eingehende Betrachtung von Bildern ist für Ihre Weiterentwicklung ganz besonders wichtig – nehmen Sie ein Foto nie als selbstverständlich hin. Lernen Sie so viel wie möglich über ein Bild. Eine Möglichkeit ist, nicht zuerst das Hauptmotiv zu betrachten, sondern am Rand zu beginnen und sich dann langsam zum zentralen Gegenstand vorzuarbeiten. Auf die gleiche Art und Weise hören Musiker den Bass einer Komposition heraus. Wenn Sie nur auf die Melodie achten, entgeht Ihnen eventuell der darunterliegende Bass. Bei der Betrachtung von außen nach innen erkennen Sie die Struktur der Aufnahme und können sie anschließend weitergehend analysieren, indem Sie technische Qualitäten wie Schärfentiefe, Brennweite, Tonwertumfang und Farben prüfen.

Mit wachsender Erfahrung und erweiterten Kenntnissen werden Sie auch erkennen, wie lohnenswert die Betrachtung, Erforschung und Würdigung der Werke großer Fotografen ist – und auch, wie hilfreich dabei Informationen über den Hintergrund des Fotografen und des Motivs sind. Stellen Sie die journalistischen Standardfragen: Was, wann, wer und warum? Was ist das Thema des Fotos? Wann wurde es aufgenommen? Wer hat fotografiert und wer könnte seinen Stil beeinflusst haben? Warum wurde es gerade auf diese Art aufgenommen und nicht anders?

Dieses Kapitel enthält Informationen, die Ihnen bei Ihrer Weiterentwicklung als Fotograf nützlich sein sollen. Im Anschluss finden Sie ein Glossar der Fachbegriffe und ein Verzeichnis von Internetadressen, Fotoverbänden und Foto-Wettbewerben.

Probestreifen und Abzüge
Nebeneinander aufgehängte Probestreifen und Abzüge *(rechts)* ermöglichen einen Vergleich – und sind gleichzeitig ein ansprechendes Fotomotiv.

Foto-Kurse
Viele Foto-Workshops finden auf dem Land statt. Hier spricht der Fotograf Ben Edwards über seine eigenen Arbeiten.

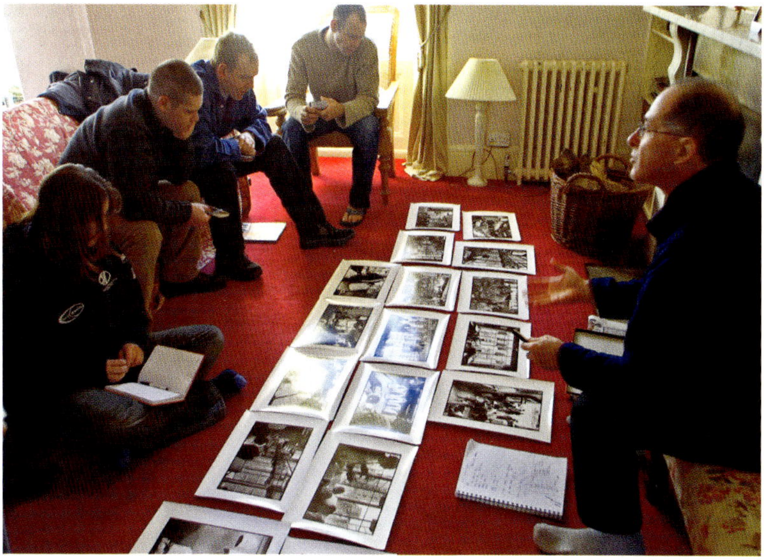

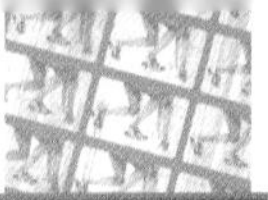

Fotografie als Beruf

Die Arbeit als Profi-Fotograf gehört zu den erfüllendsten Tätigkeiten, die man sich vorstellen kann. Schließlich werden Sie für etwas bezahlt, das Ihnen Spaß macht. Viele Menschen streben daher eine Karriere als Berufsfotograf an. Schulen und Universitäten bilden jedes Jahr viel mehr Fotografen aus, als der Markt aufnehmen kann. Über Ihre Zukunft entscheidet, ob Sie sich von diesen Aussichten abschrecken oder anspornen lassen.

Art der Ausbildung

Eine Ausbildung zum Fotografen können Sie im Rahmen eines Studiums oder einer Lehre machen. Autodidaktisch erworbene Kenntnisse können Sie als Assistent eines Berufsfotografen ausbauen. In Deutschland ist »Fotograf« keine geschützte Berufsbezeichnung. Im Ausland ist jedoch möglicherweise ein Qualifikationsnachweis erforderlich, um sich als solcher zu bezeichnen.

AUS- UND WEITERBILDUNG

Ein Studiengang oder eine Lehre im Bereich Fotografie wird mit einem Diplom oder Examen als Fotograf oder Foto-Designer abgeschlossen und dauert drei bis vier Jahre. Nicht nur die Praxis, sondern auch Kunsttheorie ist Gegenstand der Ausbildung. Beim Studium liegt der Schwerpunkt tendenziell auf der Theorie, eine Lehre verspricht mehr Praxis.

Eine weitere Möglichkeit ist der Besuch von Kursen und Seminaren. Die Inhalte werden komprimiert und oft von Experten vermittelt. Um diese Art von Crash-Kurs bestmöglich zu nutzen, sollten Sie gleich nach Ihrer Rückkehr das Gelernte weiter anwenden, denn schnell erworbene Kenntnisse geraten auch schnell wieder in Vergessenheit. Intensivkurse decken in der Regel nur einen Teilbereich ab – Landschaften, Porträts, die digitale Bildbearbeitung etc. Falls Sie es sich finanziell leisten können und Zeit genug haben, ist die Teilnahme an speziellen Kursen dieser Art selbstverständlich lohnend.

BEWERBUNG UM EINEN STUDIENPLATZ ODER EINE LEHRSTELLE

Die Bewerbung um einen Studienplatz oder eine Lehrstelle erfordert einige Vorbereitung, denn Sie müssen bestimmte Zulassungsvoraussetzungen erfüllen. Zu den Bewerbungsunterlagen gehört in jedem Fall eine Bildmappe. Für Interessierte finden Studienberatungen mit Schwerpunkt Mappenberatung statt. Informieren Sie sich vor einer Aufnahmeprüfung bzw. einem Bewerbungsgespäch über das Studium bzw. den Ausbildungsplatz – die Dozenten bzw. Ausbilder werden es zu schätzen wissen. Falls im Rahmen eines Studiengangs Fächer behandelt werden, mit denen Sie nicht vertraut sind, wie zum Beispiel Medientheorie, sollten Sie sich vor der Bewerbung vergewissern, ob Ihr Interesse an diesen Fächern groß genug ist. Auch die Finanzierung des Studiums sollten Sie sorgfältig planen, da es zeitintensiv ist.

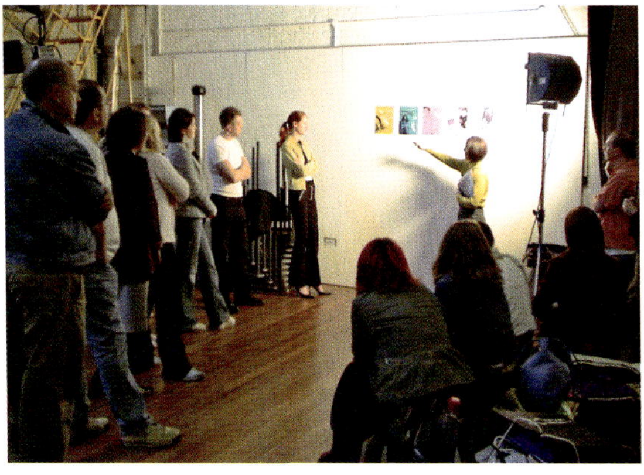

Kritische Beurteilung
Beim Studium oder in einem Intensivkurs lernen Sie Gleichgesinnte kennen; Ihre Arbeiten unterliegen der hilfreichen, aber auch kritischen Beurteilung durch Ihre Kommilitonen.

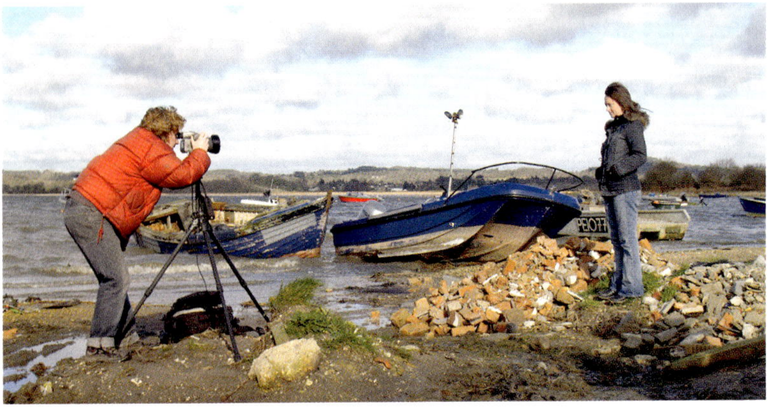

DIE ARBEIT ALS ASSISTENT

Die Grundvoraussetzung für eine Karriere in der Fotografie wird bereits vom Assistenten gefordert: Flexibilität. Wenn Sie über eine Vielfalt von – wenngleich nicht unbedingt völlig ausgereiften – Fertigkeiten verfügen, sind Sie in einer besseren Position als ein Fotograf mit nur einer besonders hoch entwickelten Fertigkeit. Sie verbessern Ihr Können sehr viel schneller, wenn Sie während Ihrer Assistenzzeit kontinuierlich Bedienungsanleitungen, Bücher und Fachzeitschriften lesen, um Ihre praktischen Erfahrungen zu ergänzen. Sie sollten außerdem darauf achten, über aktuelle kulturelle Entwicklungen, nicht nur im Bereich Fotografie, informiert zu sein. Der Umgang mit Computern und Standard-Bildbearbeitungssoftwares wie Adobe Photoshop sollte Ihnen vertraut sein. Viele Profis betrauen Ihre Assistenten mit verwaltungstechnischen und kreativen Arbeiten am Computer.

Fotografieren unter allen Bedingungen
Von einem Profi erwartet man unabhängig von der Situation und vom Wetter stets hervorragende Ergebnisse. Bei den Aufnahmen oben war es bitterkalt und stürmisch und die Lichtverhältnisse wechselten ständig.

UNTERNEHMERGEIST

Während Ihrer Tätigkeit als Assistent sollten Sie nicht nur die künstlerischen, sondern auch die geschäftlichen Aspekte der Fotografie kennen lernen: Wie behauptet man sich im harten Konkurrenzkampf? Lernen Sie, wie man in künstlerischer und technischer Hinsicht höchsten Anforderungen gerecht wird und seinen Kunden professionelle Dienste leistet. Nehmen Sie Ihre Verpflichtungen ernst und erscheinen Sie pünktlich zu Verabredungen, halten Sie ständigen Kontakt zum Kunden und halten Sie sich an zugesagte Budgets und Fristen. Das Vertrauen, das Sie auf diese Weise aufbauen, zahlt sich in Form von Folgeaufträgen aus.

VERKAUF VON ABZÜGEN

Der Verkauf eines Abzugs ist häufig der erste Schritt auf dem Weg in die Berufsfotografie. Falls jemand eines Ihrer Bilder kaufen möchte, sollten Sie ihm einen Abzug in allerhöchster Qualität liefern. Lassen Sie Ihre Bilder von einem professionellen Farb- oder Schwarzweißlabor entwickeln, wenn Sie selbst kein Dunkelkammerexperte sind. Informieren Sie das Labor, dass die Abzüge für den Verkauf bestimmt sind, und verlangen Sie Papier von höchster Archivfestigkeit. Digitalfotos können Sie mit einem entsprechenden Tintenstrahldrucker selbst ausdrucken.

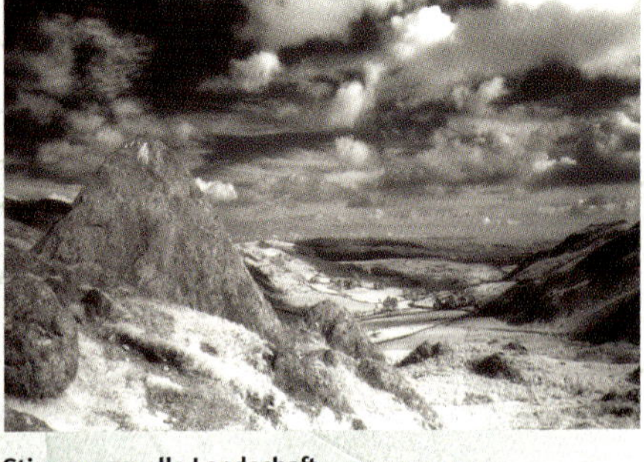

Stimmungsvolle Landschaft
Für Landschaftsfotos wie dieses gibt es immer einen Markt. Schwarzweißaufnahmen sind archivfester und verblassen nicht so schnell wie Farbfotos.

Gewerbliche Fotografie

Weltweit stehen Millionen von Bildern zur Verfügung, die zu Publikationszwecken in Printmedien oder auf Webseiten oder für den persönlichen Bedarf erworben werden können. Zwar scheint der Markt gesättigt, aber die Nachfrage wächst weiter. Ob für Computerspiele, Mobiltelefone, Bildschirmschoner oder Grußkarten – Bilder werden überall gebraucht.

Fotografie für Bildarchive

Der Begriff »Archivfoto« beschreibt Bilder im Bestand von Bildagenturen, die Nutzungsrechte für Fotos an Verlage, Zeitungen, Fernsehanstalten usw. verkaufen. Große Bildarchive verwalten Millionen von Bildern – ihre Sammlungen wachsen wöchentlich um Hunderte von Fotos an. Viele Agenturen verwahren Fotos ganz unterschiedlicher Kategorien, von Mode- über Zeitungs- bis zu Lifestyle-Aufnahmen. Andere haben sich auf ein bestimmtes Fachgebiet spezialisiert, wie zum Beispiel Dampfloks, Gärten und Blumen oder Kunstdrucke.

ZUSAMMENARBEIT MIT BILDAGENTUREN

Um Bilder bei einer Bildagentur unterzubringen, müssen sie höchstmögliche technische Qualität (*s. S. 310/11*) aufweisen und zum Stil oder Themengebiet der Agentur passen. Ihre Fotos sollten nicht nur individuell und originell gestaltet sein, sondern auch ein beliebtes Motiv zeigen. Besuchen Sie die Webseiten von einigen Top-Agenturen wie Corbis, Getty oder Mauritius, um einen Eindruck von der Art der Bilder zu gewinnen, die diese Agenturen vertreiben.

Der Ablauf sieht folgendermaßen aus: Sie reichen bei der Agentur eine Sammlung von etwa 100 Bildern ein. Bei Eignung werden einige Bilder ausgewählt, wahrscheinlich etwa 15, und in die Kollektion aufgenommen. Falls Vervielfältigungsrechte für eines Ihrer Bilder verkauft werden, erhalten Sie einen Teil des Honorars – normalerweise 50 Prozent oder weniger, falls weitere Agenturen zwischengeschaltet sind –, sobald die Zahlung bei der Agentur eingegangen ist. Der Vorteil besteht darin, dass die Bilder immer wieder verkauft werden können. Je mehr die Agentur verdient, desto mehr verdienen Sie selbst.

AUFNAHMEN FÜR EIN BILDARCHIV

Digitale Dateien müssen häufig eine Größe von mindestens 50 MB aufweisen und gewissen, je nach Agentur unterschiedlichen Standards entsprechen.

Als Archivfotograf sollten Sie einen kompromisslos geschäftsorientierten Ansatz verfolgen. Das Ziel besteht meist in einer maximalen Verkäuflichkeit und Archivfestigkeit Ihrer Bilder. Fotos, die in der Werbung Verwendung finden, bringen gutes Geld ein. Mit einem immer wieder veröffentlichten Bild kann man ein Vermögen verdienen. Ein Foto von einem Händedruck kann zur Illustration einer Reihe von Themen dienen, von der Werbung bis zur Firmenbroschüre. Ein Schnappschuss von einem durch eine Landschaft fahrenden Lastwagen hat eventuell mehr redaktionelles Potenzial und Einsatzmöglichkeiten als ein Foto von einer malerischen tropischen Landschaft.

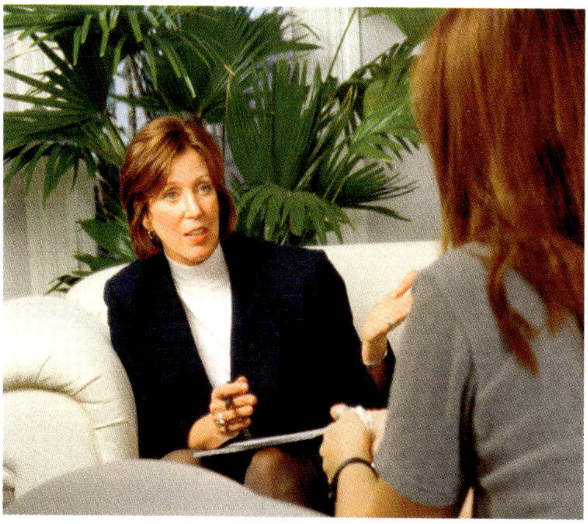

Vielzweckfoto
Das Motiv scheint nicht sehr spannend, aber für ein solches Bild gibt es unzählige – gut bezahlte – Verwendungszwecke.

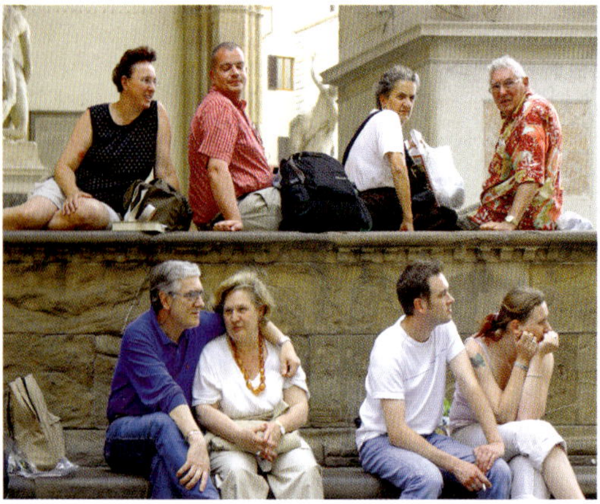

Touristen
Die Gesichter dieser Touristen in Florenz, Italien, sind klar erkennbar. Das Foto entstand auf einem öffentlichen, mit vielen Menschen gefüllten Platz, weshalb die abgebildeten Personen nicht um eine Genehmigung gebeten wurden. Hätte man das Bild jedoch zum Beispiel für die Werbeanzeige einer internationalen Kreditkarte verwenden wollen, hätte man mit allen Beteiligten einen Modell-Vertrag abschließen müssen.

LIZENZIERUNG

Bei der Lizenzierung wird zwischen lizenzpflichtigem (RM: rights-managed) und – irreführend – lizenzfreiem (RF: royalty-free) Bildmaterial unterschieden. Bei einem RM-Foto zahlt der Kunde für jede Nutzung der Aufnahme. Der Fotograf kann Nutzungsbeschränkungen festlegen, zum Beispiel das Verbot der Ausschnittänderung. Bei RF-Fotos bezahlt der Kunde ein höheres Honorar für eine Sammlung von Bildern, die er beliebig oft verwenden kann. Der Markt für solche Sammlungen ist riesig. Millionen von Bildern zu jeder Art von Thema werden in dieser Form angeboten. Ein Verkauf Ihrer Bilder an Verleger von RF-Sammlungen lohnt sich erst ab einer gewissen Menge, da Sie die Fotos einmalig verkaufen und kein weiteres Honorar für die Verwendung erhalten.

MODELL-VERTRÄGE

Ein Modell-Vertrag besteht in der Regel aus einer schriftlichen Vereinbarung zwischen dem Fotografen und dem oder den Modellen, die es dem Fotografen erlaubt, diese Bilder gegen ein zu vereinbarendes Honorar zu verwenden. Viele Agenturen akzeptieren heute nur noch solche Bilder, bei denen ein Modell-Vertrag geschlossen wurde. Bei Aufnahmen von Menschenmengen, bei denen keine Person klar erkennbar ist oder deutlich im Mittelpunkt steht, ist eine solche Genehmigung normalerweise nicht notwendig.

Typische Archivfotos
Alle unten gezeigten Bilder können problemlos verkauft werden. Gemeinsame Merkmale sind Farbenpracht, technische Perfektion, ein klares Thema und eine international verständliche Botschaft.

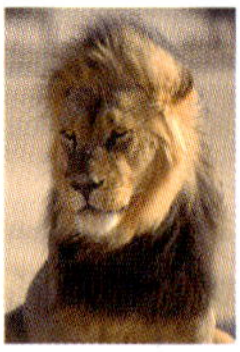
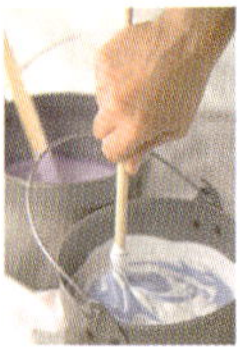
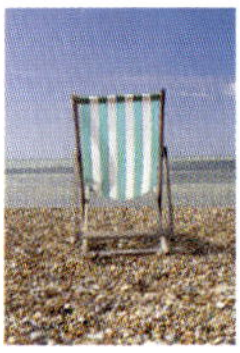
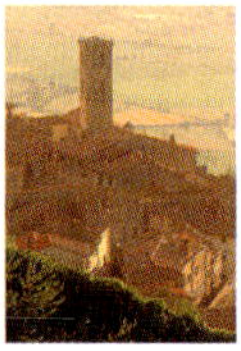
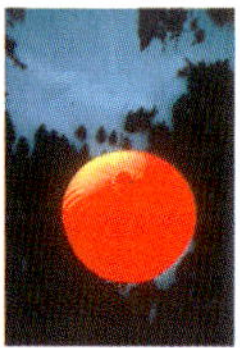
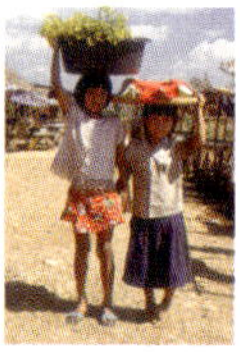
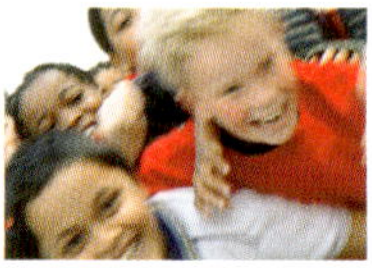
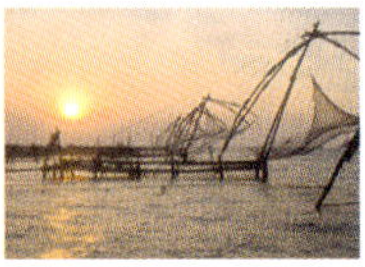
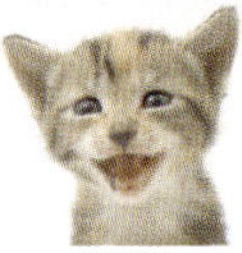
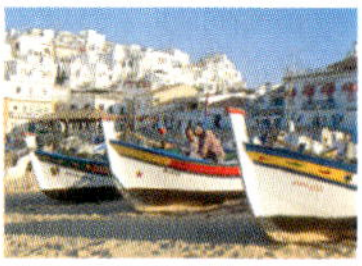
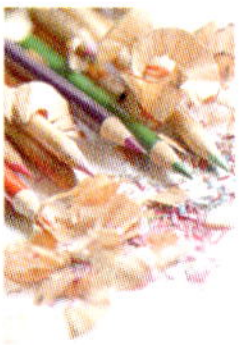
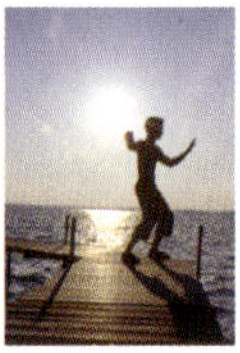
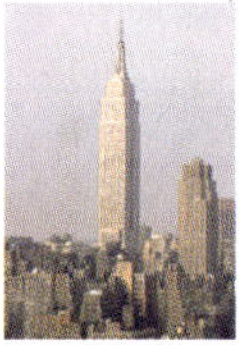
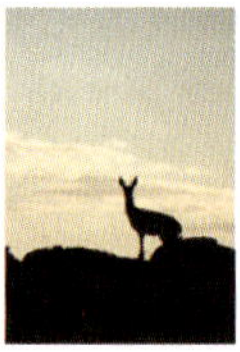
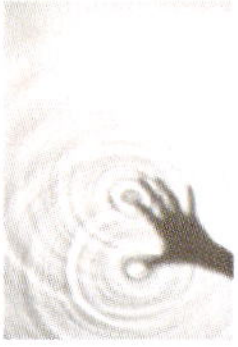
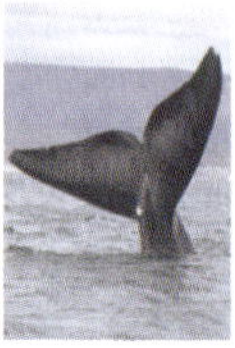

Sicherstellung der Bildqualität

Mit jedem Blick auf ein Foto prüfen Sie – bewusst oder unbewusst – seine Qualität. Wir alle werden jeden Tag mit Hunderten von Bildern konfrontiert, die wir, während wir sie sehen, innerlich beurteilen; ein Vorgang also, der bereits automatisch abläuft. Mit wachsenden Ambitionen wird Ihnen der so genannte erste Blick nicht mehr genügen, und Sie werden ein Foto anhand von bestimmten Kriterien bewusst analysieren wollen.

QUALITÄTSKRITERIEN

Die Masse an hochwertigen Fotos in Zeitschriften, Prospekten und auf Plakaten hat unseren kritischen Blick geschärft. Eine effiziente Methode, ein Foto auf professionelle Weise zu analysieren, ist die Betrachtung vom Bildrand hin zur Mitte des Bildes. Dadurch nehmen Sie auch solche Bereiche wahr, die ansonsten vernachlässigt werden. Die Hauptkriterien für eine gute Bildqualität sind allen an visueller Kunst Interessierten ein Begriff, zu ihnen gehört die Bildschärfe: Wichtige Details sollten klar definiert und nicht verschwommen sein. Auch die Belichtung darf weder zu stark noch zu schwach ausfallen. Die Farben müssen wirklichkeitsnah sein und dürfen weder zu lebhaft noch zu schwach erscheinen. Neutrale Farben wie Grau oder Weiß sollten auch neutral wiedergegeben werden. Schließlich muss der Kontrast stimmen. Farbabstufungen sollten natürlich wirken, mit nahtlosen Übergängen zwischen den einzelnen Nuancen.

MANGELHAFTE BILDQUALITÄT

Die Bildqualität kann von einer Reihe von häufig auftretenden Problemen beeinträchtigt werden, die ein professioneller Fotograf unbedingt vermeiden muss, es sei denn, er verfolgt eine klar erkennbare Absicht.

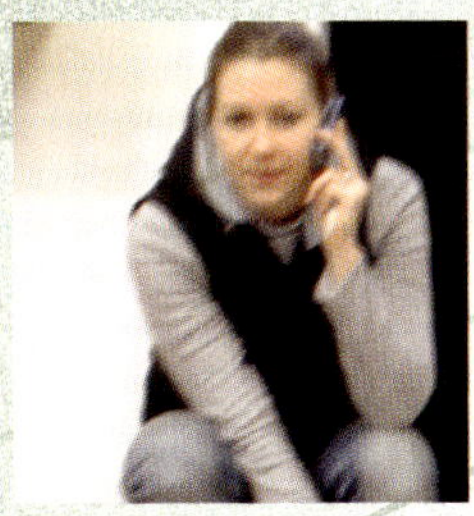

Verreißen der Kamera
Sind Bilder aufgrund von Kameravibrationen unscharf, stabilisieren Sie die Kamera mit einem Stativ oder einer Unterlage.

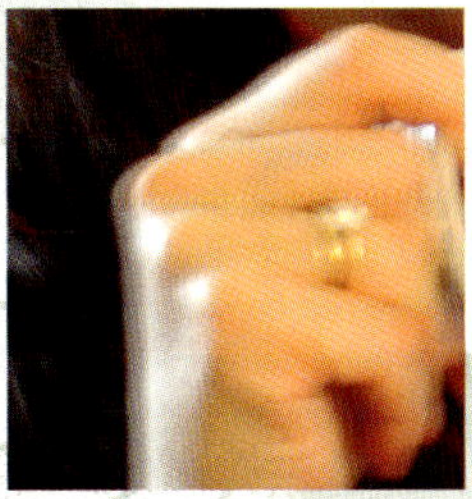

Objektbewegungen
Bewegungen, die zu verwackelten Bildern führen, werden durch feste Posen und eine kürzere Verschlusszeit vermieden.

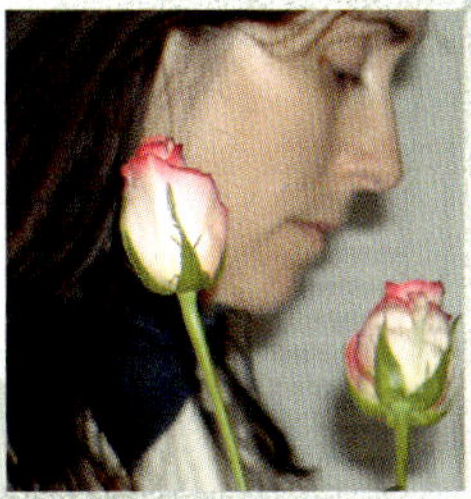

Mangelnde Scharfeinstellung
Ist das Hauptmotiv unscharf, andere Details jedoch scharf abgebildet, lässt das auf unzureichende technische Kontrolle schließen.

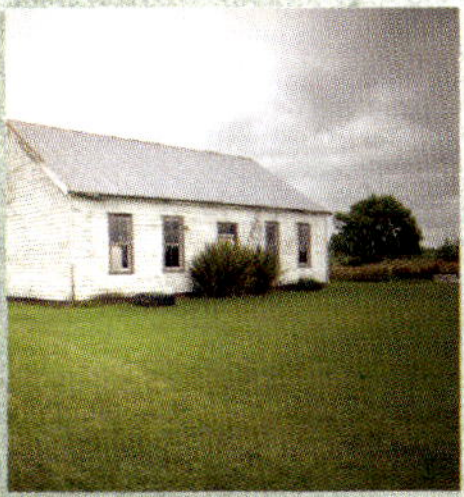

Lichtabfall
Eine ungleichmäßige Bildfeldausleuchtung weist auf die Verwendung von minderwertigen Objektiven oder Kameras hin.

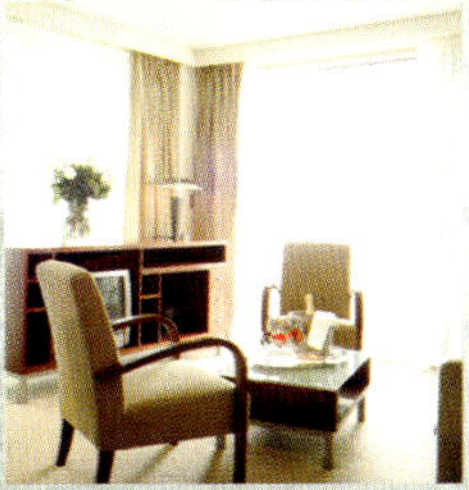

Ausgefressene Lichter
Bei der Belichtung wurden die Mitteltöne angemessen, ohne das Fensterlicht einzukalkulieren, die Folge sind zu helle Lichter.

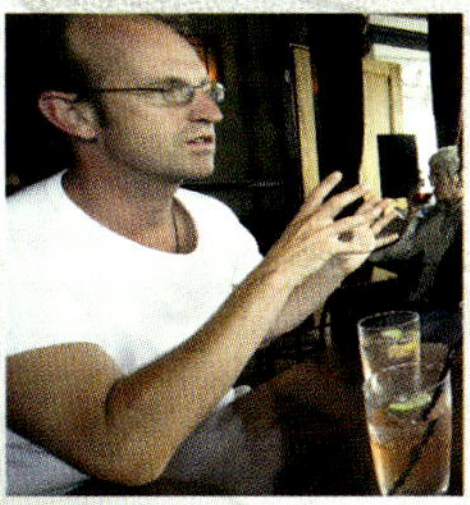

Weitwinkelverzerrungen
Verzichten Sie auf Weitwinkelobjektive, damit klar definierte Umrisse wie Gesichter etc. nicht verzerrt abgebildet werden.

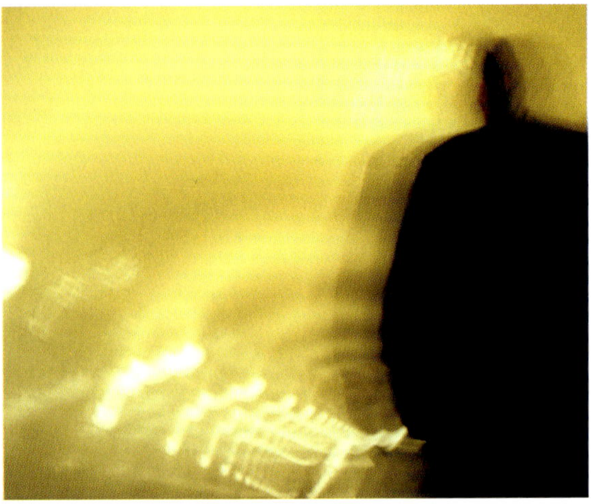

Gewollte Unschärfe
Wie alle Regeln können auch technische Richtlinien aus gegebenem Anlass außer Acht gelassen werden. Dieses Bild weist starke Unschärfen aufgrund von Kameravibrationen und Objektbewegungen und einer ungenauen Scharfeinstellung auf. Diese technischen »Mängel« lenken jedoch nicht von der Bildaussage ab, vielmehr wurden sie bewusst eingesetzt, um ein Gefühl von Entfremdung in der Großstadt zu vermitteln.

PRE-FLIGHTING

Innerhalb von nur wenigen Jahren hat sich die Arbeit mit Digitalfotos zur gängigen Praxis entwickelt. Im Idealfall sollte der Empfänger die Dateien vor der Nutzung nicht mehr bearbeiten müssen. Digitale Dateien müssen daher vor der Abgabe geprüft werden, man nennt das »Pre-Flighting«. Die Dateien sollten folgende Kriterien erfüllen:

- Sie sollten in einer Größe von 100 % ausgedruckt werden können.
- Sie sollten zweckentsprechend und konsequent benannt sein, zum Beispiel in Übereinstimmung mit der Seitenzahl oder in der Reihenfolge ihrer Anzeige auf einer Website.
- Sie sollten nicht mehr Daten als notwendig, das heißt, keine überflüssigen Details wie Ebenen, Pfade oder Sonderfarben enthalten.
- Sie dürfen keine Mängel wie zum Beispiel Staubflecken aufweisen.
- Das Format muss mit den vom Kunden verwendeten Systemen kompatibel sein. Das gängigste Format ist TIFF RGB, gespeichert als 24-Bit-Komprimierung.
- Sie sollten zur präzisen Farbwiedergabe Arbeitsabläufen mit Farbmanagement entsprechen, das heißt, das richtige Profil haben.

File Information

Name:	DSC00239.JPG	Pixels:	3072 x 2304
Camera date:	10/03/2005 2:27:43 pm	Image size:	20.25 MByte
Modified date:	10/03/2005 2:27:44 pm	Resolution:	72.00
File size:	2.74 MByte	Size:	108.4 * 81.3 cm
Type:	JPEG	Colour:	RGB
Full path:	/Volumes/Big Disk/Pictures/Sony P200		
Content:			

Bildbeschriftung
Solche Standardinformationen enthalten technische Daten, das Datum und die Uhrzeit der Aufnahme. Sie erleichtern die Suche nach dem Bild im Computer-System.

INTEGRATION VON BILDINFORMATIONEN

Agenturen und Bildarchive verlangen zunehmend die Integration von Metadaten in die Bilddateien. Dabei handelt es sich um Informationen über das Bild und nicht um die Bilddaten selbst. Sie müssen in die Bilddatei eingebettet werden und sollten folgende Details enthalten:

- Ihren Namen und Ihre Adresse sowie Ihre Telefonnummer mit nationaler und internationaler Vorwahl, Ihre E-Mail-Adresse und eventuell die URL Ihrer Webseite
- Informationen wie Titel des Fotos, Ort und Zeitpunkt der Aufnahme, gegebenenfalls den Anlass, die Namen deutlich erkennbarer Personen und eine Beschreibung des Fotos in Stichworten
- weitere Details, wie Urheberrechtshinweis, Informationen zu Modell-Verträgen und eventuellen Nutzungsbeschränkungen

AUTOMATISIERUNG

Die Ergänzung dieser Informationen kann aufwändig sein. Die Verwaltung eines ganzen Archivs erfordert eine Spezialsoftware. Bei einer Reihe von digitalen Bildverwaltungssoftwares wie Fotoware Fotostation, Extensis Portfolio oder iView MediaPro können viele Informationen per Knopfdruck hinzugefügt werden. Für bestimmte Anwendungsgebiete wie Nachrichten- oder Zeitungsfotografie sollten Ihre Metadaten den Formaten des IPTC (International Press Telecommunications Council) entsprechen. Details finden Sie unter www.iptc.org.

Analyse eines zum Verkauf geeigneten Fotos

Fast jedes Foto ist verkäuflich – man muss nur den richtigen Käufer finden. Der Trick besteht darin, Bilder aufzunehmen, die so vielen Anforderungen wie möglich gerecht werden. Technische, grafische und inhaltliche Qualitäten müssen klar zu Tage treten.

FLEXIBLER INHALT

Ein ansprechendes Motiv ist der beste Ausgangspunkt für ein Bild, das man verkaufen möchte. Wenn die Aufnahme darüber hinaus die Möglichkeit bietet, verschiedene Ausschnitte zu wählen und auch grafische Bildelemente beinhaltet, die sich nutzen lassen, erhöht sich ihr Verwendungspotenzial beträchtlich. Machen Sie so viele Aufnahmen wie möglich, erst später erkennt man, welches das beste und flexibelste Foto ist. Falls die Zeit ausreicht, sollten Sie auch eine Belichtungsreihe *(s. S. 215)* erstellen. Das Foto unten, das Dhaus – landestypische Segelschiffe – beim Einlaufen in einen Hafen in Sansibar zeigt, kann aufgrund vieler möglicher Ausschnitte, der sauberen Anordnung der Bildelemente und der klar definierten Formen auf vielerlei Arten genutzt werden.

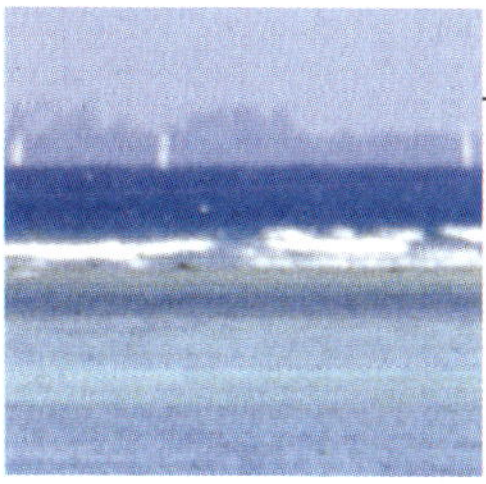

Nutzung von Tonwerten und Farben
Tiefblaue Bereiche lassen sich auf dem Bildschirm gut darstellen, das Ausdrucken ist allerdings schwieriger. Dieses Bild hängt jedoch nicht von einer präzisen Farbwiedergabe ab, auch in Schwarzweiß würde es eine gute Bildwirkung erzielen.

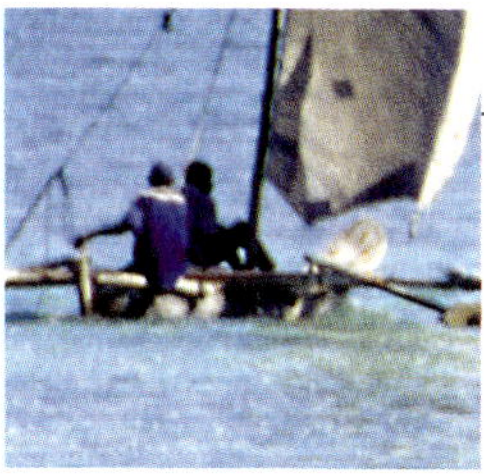

Fehler bei der Bildgestaltung
Der Fotograf hat den Ausschnitt versehentlich zu weit nach rechts gerückt, so dass am rechten Bildrand zu viel Platz bleibt, während das Boot ganz links abgeschnitten ist. Wählen Sie zur Vermeidung solcher Probleme den Ausschnitt großzügig.

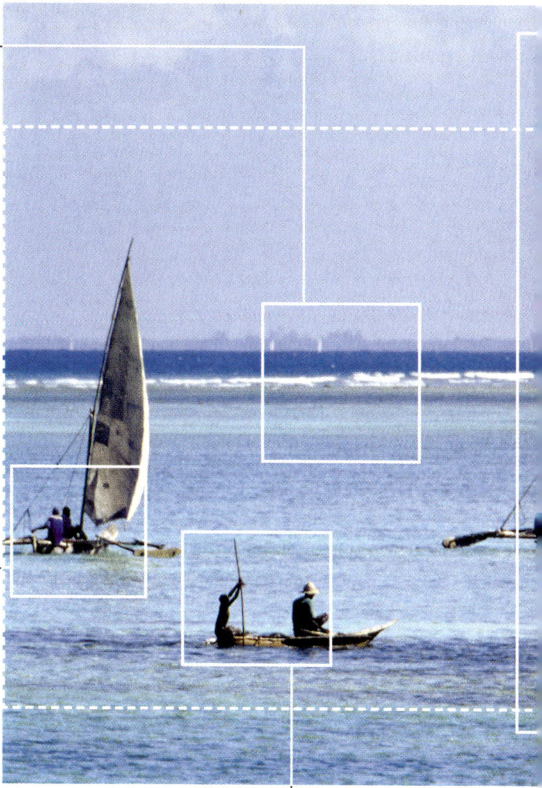

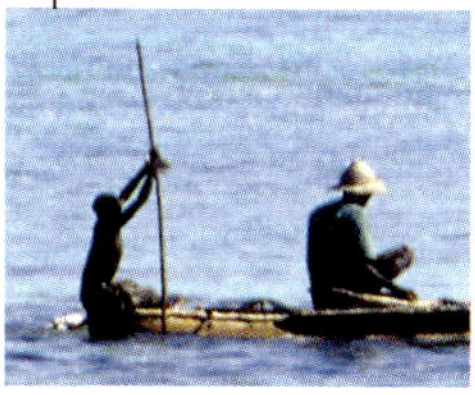

Höhepunkt der Spannung
Ein scharf beobachtender Fotograf kann den entscheidenden Moment einfangen. Hier vermittelt der Junge, der den Kahn durch Abstoßen der Stange fortbewegt, Dynamik und Energie.

FORMATE MIT SPITZENQUALITÄT

Das bevorzugte Format, das eine hochwertige Reproduktion garantiert, ist das Mittelformat eines 120er Rollfilms mit einer Größe von 6 x 4,5 cm bis 6 x 9 cm. Es eignet sich für Grußkarten und Kalender ebenso wie für Doppelseiten in Zeitschriften. Noch besser geeignet sind größere Formate wie 10 x 12,5 cm. Auch das Kleinbildformat kann verwendet werden, es setzt jedoch besonders sorgfältiges Arbeiten voraus.

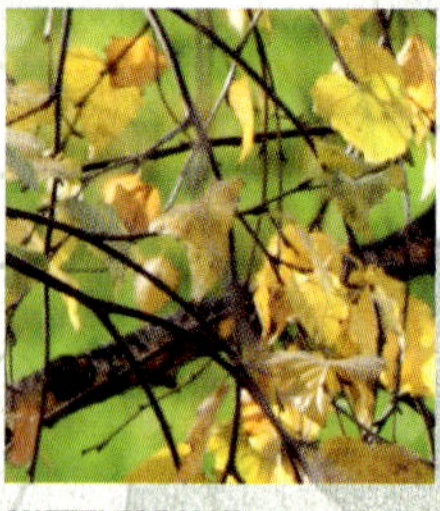

MITTELFORMAT
Die Nahaufnahme, die einer Vergrößerung des Fotos auf eine Breite von 1 m entspricht, weist eine feine Zeichnung auf.

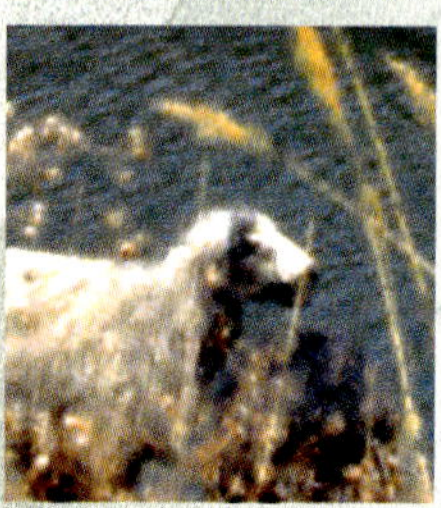

KB-FORMAT
Der Scan eines KB-Dias, der ebenfalls dieser Vergrößerung entspricht, weist nicht genügend Zeichnung auf.

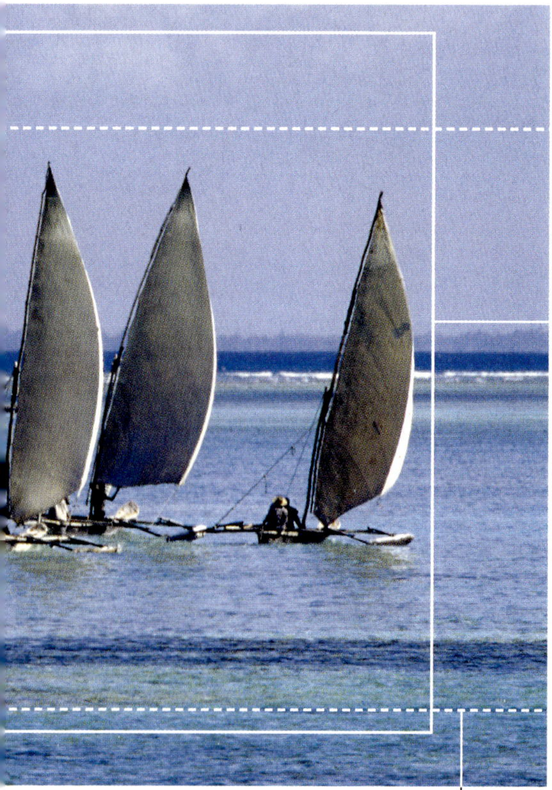

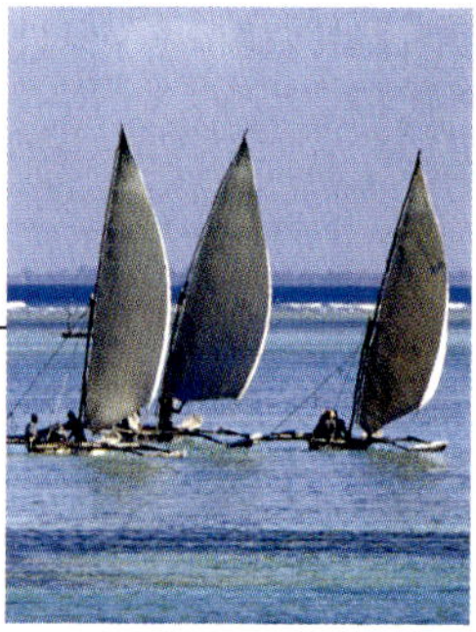

Hochformat
Dieses Hochformat zeigt einen Ausschnitt, auf dem die drei Dhaus isoliert dargestellt sind. Die kräftigen horizontalen Linien des Horizonts und der dunkle Farbstreifen des tieferen Wassers tragen zur Strukturierung des Bildes bei.

Panorama-Ausschnitt
Der breite Panorama-Ausschnitt ist für Grußkarten und Kalender besonders beliebt. Kompositionen mit genügend Platz für eine solche Ausschnittänderung können nützlicher sein als Fotos mit dicht gedrängten Bildelementen.

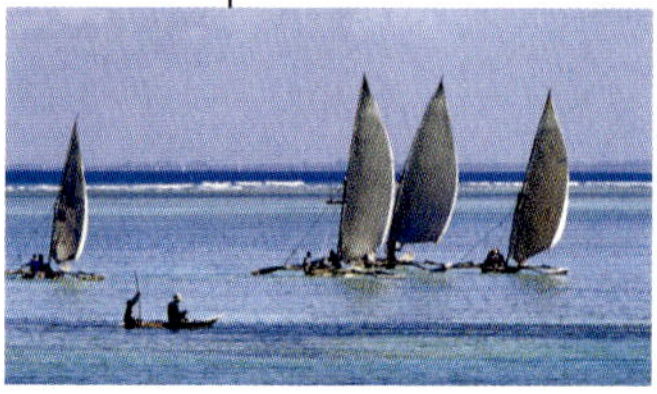

Zusammenstellung eines Portfolios

Ein Portfolio ist eine Zusammenstellung Ihrer Arbeiten, die Sie bei der Bewerbung um eine Stelle oder einen Auftrag vorlegen. Tragen Sie nicht einfach Ihre besten Bilder zusammen, sondern wählen Sie diejenigen aus, die zu dem Auftrag passen, um den Sie sich bewerben. Die Kunst der Bildredaktion besteht in der genauen Auswahl der Fotos.

Bildredaktion

Ein Bild ist nur in Bezug auf einen bestimmten Zweck das »beste«. Bei der Bildredaktion prüfen Sie jedes Foto und schätzen seine Eignung für das beabsichtigte Ziel ein.

AUSWAHL DER BILDER

Sie möchten ein Portfolio mit Reisefotos zum Thema »Menschen bei der Arbeit« zusammenstellen. Sichten Sie Ihre Bilder und suchen Sie mögliche Kandidaten heraus, wie die Fotos rechts. Bei der zweiten Durchsicht sortieren Sie Aufnahmen aus, die nicht ganz genau zum Thema passen, wie die lächelnde Frau und die Kinder zwischen den Booten (oberste Reihe) oder die bunten Tücher (unterste Reihe). Anhand dieser Auswahl (unten) treffen Sie dann die endgültige Wahl.

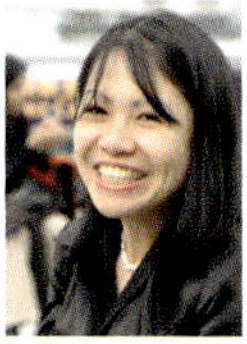
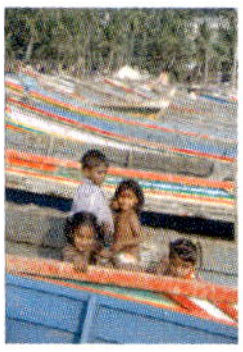
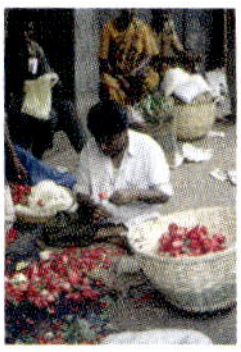
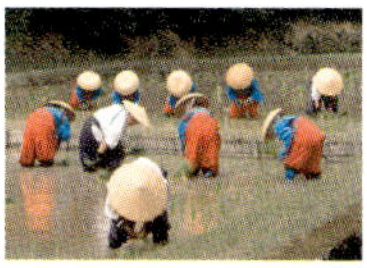
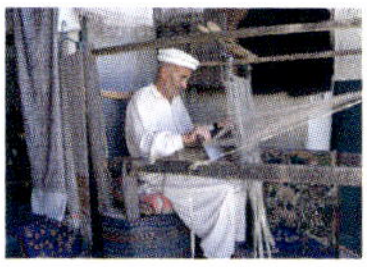
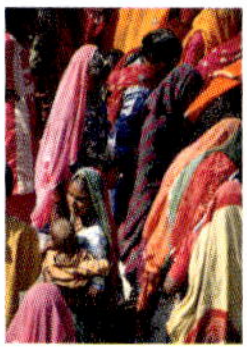
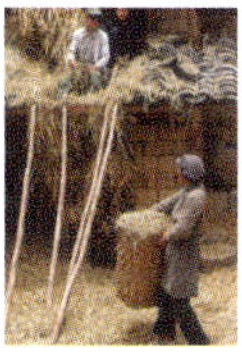
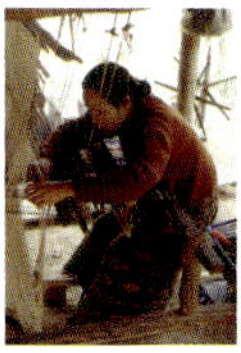

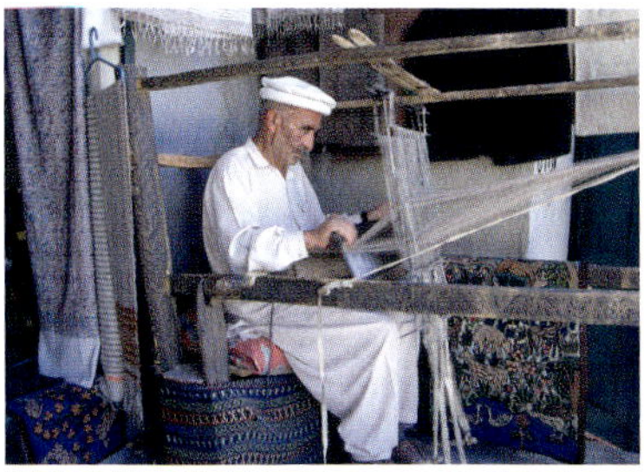

Weber in Karimabad, Pakistan

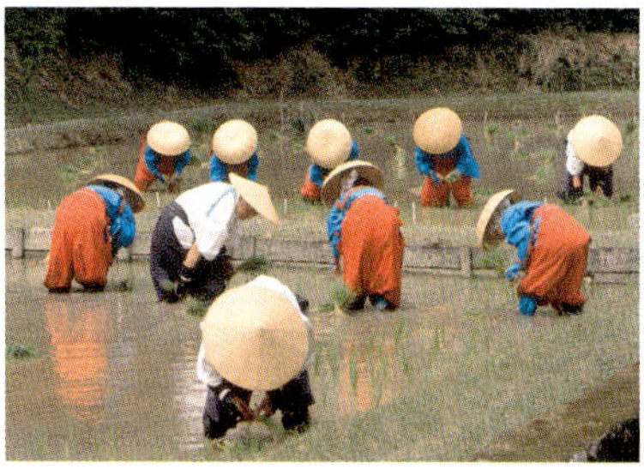

Frauen bei Reisernte in Fushimi, Japan

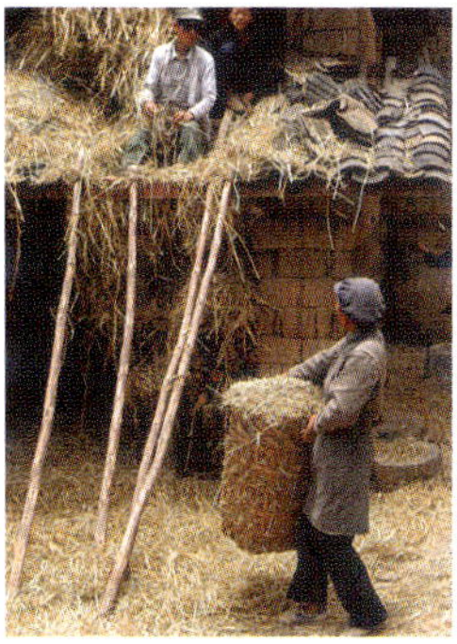

Männer mit Heuballen, Laos

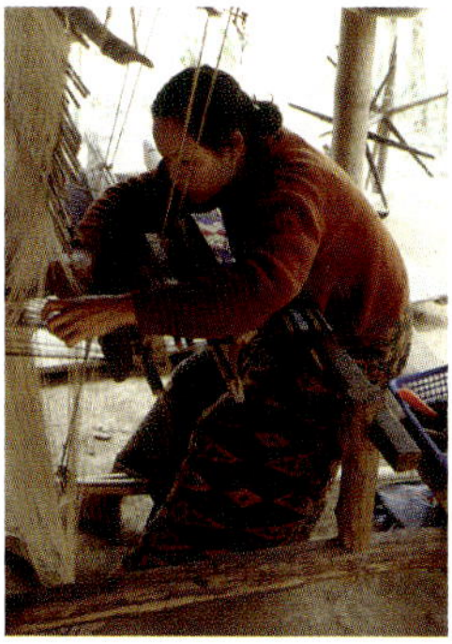

Weberin in Mung-Xai, Laos

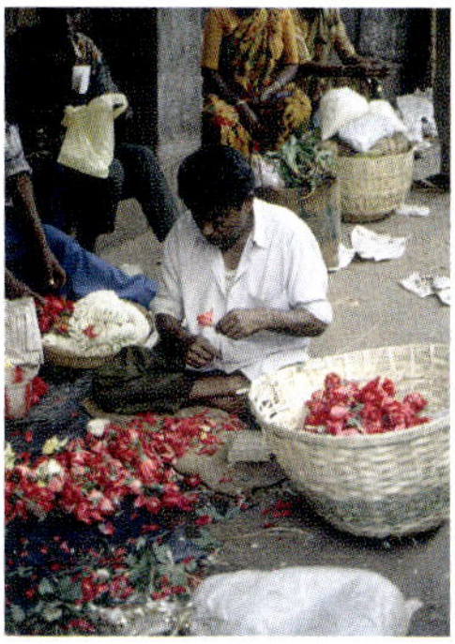

Blumenhändler in Mysore, Indien

GESAMTWIRKUNG

Im Laufe der Bildredaktion fallen die schwächeren Bilder nach und nach raus. Mit jedem Schritt verringert sich die Anzahl der Aufnahmen, aber übrig bleiben wird eine ausdrucksstarke, fein abgestimmte Auswahl. An diesem Punkt sollten Sie die Gesamtwirkung prüfen. Beachten Sie zum Beispiel, dass der Mann am Webstuhl (links) sehr blau wirkt. Die Farbbalance muss also eventuell geändert werden, damit das Bild besser zu den anderen passt. Dann fällt Ihnen vielleicht auf, dass die Größenverhältnisse aufgrund ähnlicher Aufnahmeabstände identisch sind. Sie sollten also vielleicht noch Fotos aus nächster Nähe oder aus größerer Entfernung hinzunehmen, technische Perfektion immer vorausgesetzt.

PRÄSENTATION IHRES PORTFOLIOS

Ihr Portfolio sollte nur die Art von Bildern enthalten, die auch bei dem betreffenden Auftrag gefragt sind. Blumenfotos machen keinen Sinn, wenn Sie sich als Dokumentarfotograf bewerben wollen. Zeigen Sie genügend Bilder, damit man Ihr Talent erkennen kann, aber nicht mehr – zu viele Fotos weisen auf mangelndes Selbstbewusstsein hin. Erklären Sie Ihre Bilder nur auf Nachfrage und lassen Sie Ihrem Gegenüber Zeit zur eingehenden Betrachtung. Auch Ihr Auftreten spielt eine Rolle. Tragen Sie angemessene Kleidung und bleiben Sie immer höflich. Hinterlassen Sie einen guten Eindruck. Ihre Arbeiten werden dieses Mal vielleicht abgelehnt, aber möglicherweise wollen Sie zu einem späteren Zeitpunkt andere Bilder einreichen. Vergessen Sie nie, Ihre Kontaktadresse zu hinterlassen.

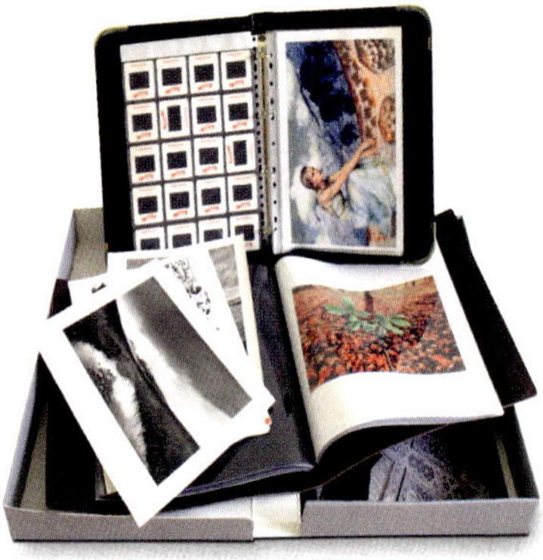

Portfolios
Ein Portfolio kann aus losen Papierbildern, Fotos oder Dias in Sichthüllen bestehen. Entscheiden Sie je nach Auftrag und Kunde, welche Präsentationsmethode die geeignete ist.

PRÄSENTATIONSMETHODEN

Die Präsentationsmethode, die zu jedem Anlass passt, gibt es nicht. Im Idealfall besitzen Sie unterschiedliche Portfolios, die Sie auf unterschiedliche Art präsentieren können, zum Beispiel auch aufgezogene Papierbilder für Galerien und Großformatdias für Werbeagenturen.

METHODE	VORTEILE	NACHTEILE
Lose Papierbilder	Flexibel, bequem, kostengünstig, zur Sichtung der Bilder optimal	Papierbilder nehmen leicht Schaden und können formlos wirken
Aufgezogene Papierbilder	Gute Präsentation, Schutz der Bilder durch Passepartouts, nicht zu teuer	Portfolio ist schwer, bei großen Abzügen darüber hinaus unpraktisch und sperrig
Gerahmte Dias	Kostengünstig, geringes Gewicht, unaufwändige Zusammenstellung	Ohne Leuchtpult schwer zu sichten, für Details Lupe oder Vergrößerungsglas notwendig
Kunststoffhüllen	Preiswert, Schutz für die Bilder	Abzüge sind nicht deutlich sichtbar
Großformatdias	Eindrucksvoll und professionell, nicht zu sperrig	Sehr kostspielig in der Herstellung, ohne Rahmung zerbrechlich
CD	Sehr günstig, Möglichkeit der Präsentation und Organisation von vielen Bildern	Computer erforderlich, evtl. langsam, Kompatibilitätsprobleme möglich
Laptop	Für Laptopbesitzer günstig, problemlose Verwaltung und Änderungen gemäß Kundenwünschen	Präsentation nur für eine oder zwei Personen gleichzeitig möglich, Bildqualität evtl. nicht optimal

Ausstellungen

Mit dem Anwachsen Ihres Archivs entsteht vielleicht der Wunsch, Ihre Bilder einer breiteren Öffentlichkeit zu zeigen. Dazu müssen Sie sich nicht unbedingt an eine Agentur oder eine Galerie wenden, Ausstellungen lassen sich auch in Schulen, anderen öffentlichen Gebäuden oder Restaurants organisieren. Und vielleicht können Sie sogar den ein oder anderen Abzug verkaufen.

Planung Ihrer Ausstellung

Die Auswahl der Bilder für eine Ausstellung hängt vom Ausstellungsort und von der Wirkung, die Sie erzielen möchten, ab. Die Auswahlkriterien sehen ähnlich aus wie bei der Zusammenstellung eines Portfolios: Qualität hat höchste Priorität. Die Fotos müssen nicht unbedingt alle das gleiche Thema behandeln, aber sie sollten auf eine geschlossene Art und Weise präsentiert werden.

VORAUSPLANUNG

Kommerzielle Galerien planen ihre Veranstaltungen in der Regel mindestens ein Jahr im Voraus, aber in einer Stadtbücherei oder Schule bekommen Sie möglicherweise auch kurzfristig einen Termin. Finden Sie heraus, ob Ihre Ausstellung in eine Veranstaltungsreihe mit Konzerten oder Lesungen etc. eingebunden werden kann. Einfallsreichtum ist gefragt – ein Ort wie ein Bahnhof oder eine Bushaltestelle oder die Passage eines Einkaufszentrums ist für manche Fotos besser geeignet als eine Galerie, bzw. die Tatsache, dass Ihre Fotos dort ausgestellt werden, kann einen Ort in eine Galerie verwandeln. Eventuell müssen Sie sich Gedanken über die Beleuchtung Ihrer Bilder machen. An einem öffentlichen Ort sind Ihre Möglichkeiten diesbezüglich allerdings begrenzt. Daher sind große Abzüge, die auch aus größerem Abstand betrachtet werden können, am besten geeignet.

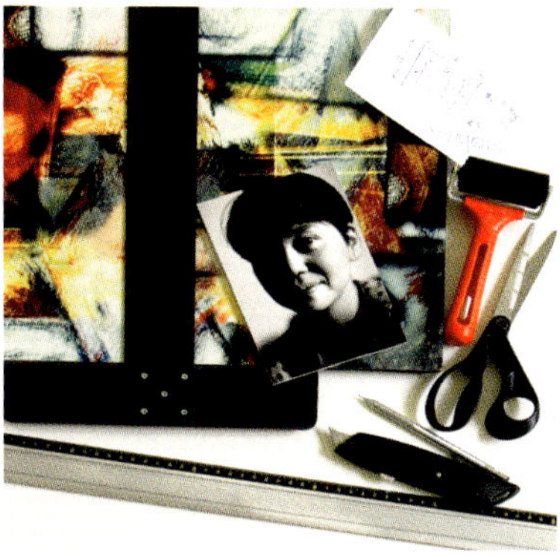

Ausstellungsmaterialien
Die meisten für eine Ausstellung notwendigen Materialien und Werkzeuge kosten nicht viel und sind überall erhältlich.

BUDGETPLANUNG

Organisieren Sie die beste Ausstellung, die Sie sich leisten können – allerdings ohne sich finanziell zu ruinieren. Erstellen Sie eine Liste aller Dinge, die Sie benötigen, und halten Sie sie stets auf dem neusten Stand. Der größte Posten sind normalerweise die Kosten für das Vergrößern und Aufziehen der Fotos. Aber auch Visitenkarten, Prospekte zur Ankündigung der Ausstellung, Getränke und Häppchen für die Vernissage und kleine Geschenke als Dankeschön für Helfer sollten eingeplant werden. Solche Extras tragen zum Erfolg einer Ausstellung bei.

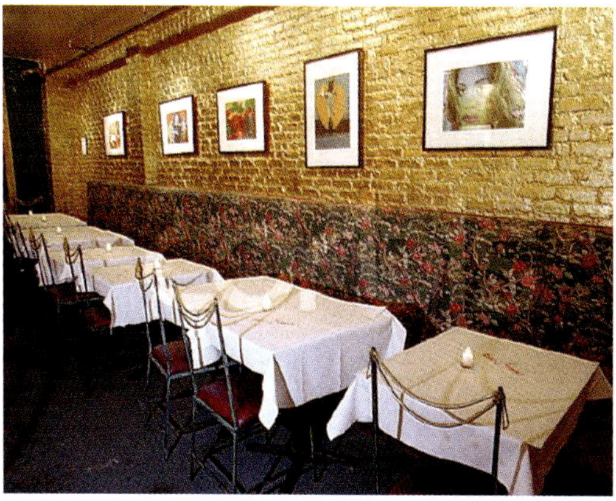

Restaurant als Galerie
Bars und Restaurants eignen sich ausgezeichnet zur Präsentation von Bildern. Sie sind auch ein guter Ort, um Fotos zu verkaufen.

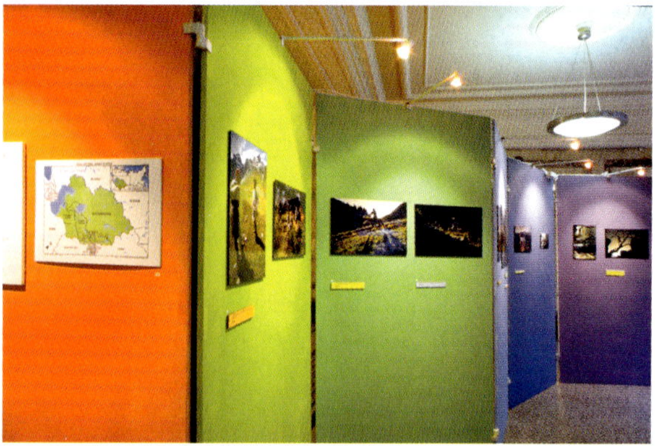

Einrichtung der Räumlichkeiten
Orte wie diese Eingangshalle können mit Hilfe von frei stehenden Trennwänden in Ausstellungsräume verwandelt werden. Bei dieser Ausstellung wurden die Wände, passend zum Thema »Zentralasien«, in verschiedenen Farben gestrichen.

SPONSOREN

Zur finanziellen Unterstützung können Sie nach Sponsoren suchen. Allerdings müssen Sie sich auch die Frage stellen, welchen Vorteil Ihr Geldgeber aus der Ausstellung ziehen kann. Wenn Sie die Verhandlungen mit den Worten beginnen: »Ich kann Ihnen versichern, dass der Name Ihrer Firma in der Presse genannt werden wird«, so ist dies weitaus erfolgversprechender als der Satz: »Ich brauche Geld für eine großartige Ausstellung.« Dienstleistungen und Naturalien, zum Beispiel mietfreie Ausstellungsräume, Fotopapier, Scan-Services oder Filmentwicklung und selbst Getränke sind leichter aufzutreiben als Geld. Fragen Sie rechtzeitig an, auch andere Leute müssen ihre Budgets im Voraus planen.

LETZTE SCHRITTE

Sobald die Räumlichkeiten feststehen, sollten Sie eine Skizze anfertigen und die Bilder in der Reihenfolge einzeichnen, in der Sie sie hängen wollen. Dies trägt zur Entstehung einer geschlossenen Präsentation bei. Vergessen Sie nicht, dass dies Ihre Chance ist, sich und Ihre Arbeiten bekannt zu machen – Schüchternheit ist hier fehl am Platz. Laden Sie alle Menschen ein, die Sie kennen – und die anderen auch. Geben Sie Pressemitteilungen an regionale Zeitungen, Radio- und Fernsehsender heraus sowie an Fotofachzeitschriften. Wenn der große Tag kommt, bedanken Sie sich bei der Eröffnung für die Hilfe, die sie bekommen haben, denn sie war sicherlich ebenso wichtig wie die finanzielle Unterstützung durch Ihren Sponsor.

ERSTELLEN EINER WEBSEITE

Die effizienteste, kostengünstigste und in technischer Hinsicht noch nicht einmal schwierigste Art der Präsentation Ihrer Bilder ist eine Webseite. Die Nutzung solcher Webseiten, auf denen die Bilder verschiedener Fotografen ausgestellt werden, ist vielfach kostenlos, und die Eintragung erfordert nur einige wenige Mausklicks. Die Investition in eine persönlichen Webseite lohnt sich dennoch auf jeden Fall.

Die meisten Bildbearbeitungssoftwares können automatisch Webseiten erstellen. Sie wählen die Farben, das Layout und das Design und fügen den Text hinzu. Das Speichern Ihrer Webseite gehört zum Service Ihres Internet Service Providers (ISP). Nach Erstellen der Webseite befolgen Sie die Anweisungen des ISP, um die Dateien auf den Server zu laden. Geben Sie all Ihren Freunden, Bekannten und geschäftlichen Ansprechpartnern die URL Ihrer Webseite bekannt, so dass sie von überall auf der Welt auf Ihre Bilder zugreifen und sie in aller Ruhe betrachten können.

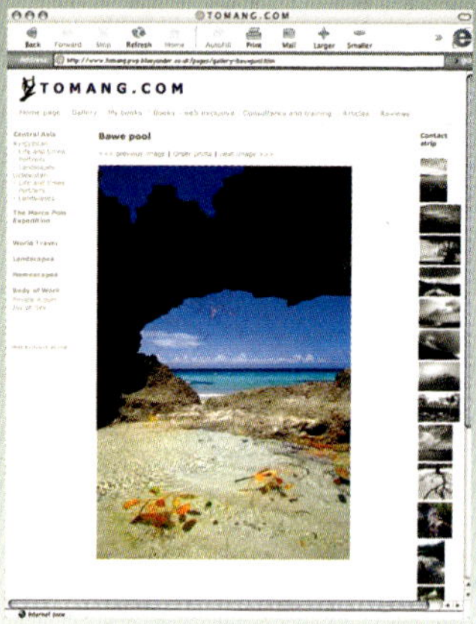

Persönliche Webseite
Eine Webseite mit schlichtem Design, neutralen Farben und wenig Text eignet sich am besten zur Präsentation Ihrer Bilder.

Problemanalyse

In der konventionellen Fotografie ergeben sich die häufigsten Probleme aus einer falschen Belichtung oder Fehlern bei der Filmentwicklung bzw. beidem. In der Digitalfotografie können die Probleme vielfältiger Natur *(s. S. 320/21)* sein, wobei Druckerprobleme *(s. S. 322)* eine Untergruppe bilden. Die vorgeschlagenen Lösungen sollen eine Wiederholung nach Möglichkeit verhindern.

PROBLEME BEI DER SW-ENTWICKLUNG UND -VERGRÖSSERUNG

Im Folgenden geht es um Belichtungs- und Entwicklungsfehler. Auf den zweiten Blick werden Sie feststellen, dass einige Mängel unter bestimmten Umstände in einen Vorteil verwandelt werden können. Andere Probleme – wie Schwärzungsfahnen oder Belichtungsschleier – sind dagegen Verarbeitungsfehler und müssen auf jeden Fall vermieden werden.

PROBLEM	ANALYSE	LÖSUNG
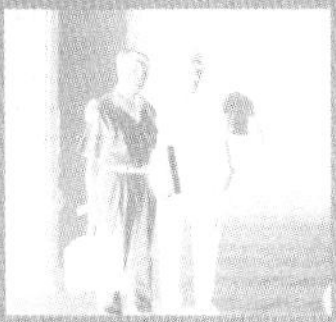 **Kontrastarmes Negativ**	Das Negativ ist sehr dünn und weist selbst in den hellen Partien (Lichtern) eine geringe Dichte auf. Zurückzuführen auf eine Kombination aus Unterbelichtung und Unterentwicklung, durch die sich die Dichte in den Lichtern nicht ausreichend aufbauen konnte.	Maximal belichten, insbesondere bei geringem Motivkontrast. In Zweifelsfällen zur Belichtung Bereiche anmessen, die etwas dunkler sind als die mittleren Grautöne. Gemäß den Anweisungen zur Verdünnung, Bewegung der Dose und Temperatur entwickeln.
 **Dünnes Negativ**	Das Negativ ist dünn und weist wenig Zeichnung in den Mitteltönen, aber eine angemessene Dichte in den Lichtern auf. Zurückzuführen auf eine Unterbelichtung in Kombination mit einer korrekten bzw. ausreichenden Entwicklung.	Schattenpartien mit wichtigen Details maximal belichten. Bei diesem Bild führte der helle Hintergrund zu einer Unterbelichtung des Gesichts des Mädchens. Eine Verlängerung der Entwicklung kann etwas von der Zeichnung in den Schatten retten.
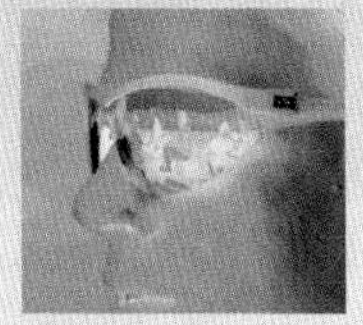 **Flaues Negativ**	Die Dichte in den Lichtern scheint korrekt, dennoch wirkt das Bild flau und kontrastarm. Zurückzuführen auf eine Kombination von korrekter Belichtung und Unterentwicklung, die zwar ausreichte, um die Dichte in den Lichtern aufzubauen, nicht aber für eine Kontraststeigerung.	Negativ mit Blick auf den gewünschten Kontrast beim Vergrößern entwickeln. Der Kontrast ist eine Frage des persönlichen Geschmacks. Zur Verringerung des Kontrasts bei Negativen mit kontrastreichen Szenen kann eine Unterentwicklung hilfreich sein.
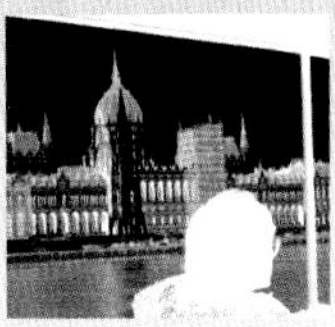 **Kontrastr. Negativ**	Korrekte Belichtung und Überentwicklung in der Dunkelkammer führen zu einem sehr kontrastreichen Negativ. Die Lichter erscheinen tiefschwarz und die Mitteltöne sehr dunkel, so dass eine gute Vergrößerung schwer fallen wird.	Zum Ausgleich des hohen Kontrasts beim Vergrößern ein weiches Papier (mit geringem Kontrast) verwenden. Zur Vermeidung dieses Problems Negative mit kontrastreichen Szenen leicht unterentwickeln. Auf jeden Fall Überentwicklung vermeiden.
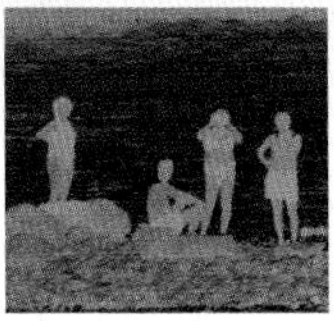 **Tiefes Negativ**	Bild weist schlechte Zeichnung in den Schatten, aber insgesamt eine hohe Dichte auf. Zurückzuführen auf eine Kombination aus Unterbelichtung, die zu einem Verlust der Zeichnung in den Schatten führte, und Überentwicklung, aus der die Gesamtdichte resultiert.	Korrekte Belichtung und Entwicklung sind ratsam. Bei schwachem Licht kann aber auch eine Unterbelichtung und anschließend eine forcierte Entwicklung, die so genannte Push-Entwicklung, angebracht sein.

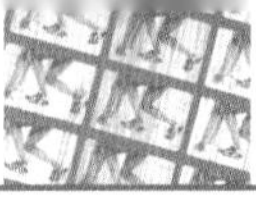

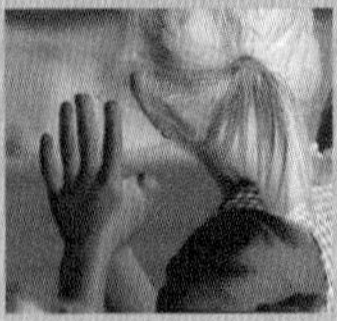 **Flaues, tiefes Negativ**	Ein relativ kontrastarmes oder flaues Negativ, das jedoch insgesamt eine normale oder sogar hohe Dichte aufweist, ist wahrscheinlich das Ergebnis von Überbelichtung und Unterentwicklung.	Bei hohem Beleuchtungskontrast führt eine maximale Entwicklung nicht unbedingt zu dem besten Ergebnis. Während der Aufnahme stärker belichten, um später reduziert zu entwickeln – Pull-Entwicklung genannt – und damit den Negativkontrast zu verringern.
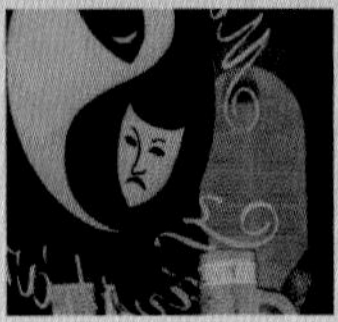 **Sehr dichtes Negativ**	Sehr dichte, kontrastreiche Negative resultieren aus Überbelichtung und Überentwicklung. Eine gute Vergrößerung solcher Negative ist nahezu unmöglich; sie lassen sich auch nicht gut scannen.	Kombination von Überbelichtung und Überentwicklung grundsätzlich besser vermeiden. In Extremfällen kann die Gesamtdichte mit Hilfe von Bleichbädern verringert werden. Mit einem Trommelscanner lässt sich die Bildqualität ebenfalls verbessern.
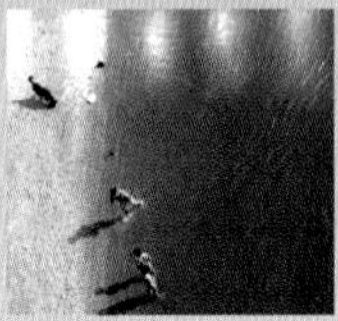 **Schwärzungsfahnen**	Das Negativ weist eine erhöhte Dichte auf, dem Muster der Perforationslöcher des Films entsprechend. Zurückzuführen auf übermäßige Bewegung, durch die der Entwickler ständig durch die Perforationslöcher fließt und für eine teilweise stärkere Entwicklung sorgt.	Weniger bewegen bzw. die Dose während der Bewegung vollständig umdrehen, nicht hin und her schütteln. Alternativ dazu Spirale drehen oder Entwickler umrühren.
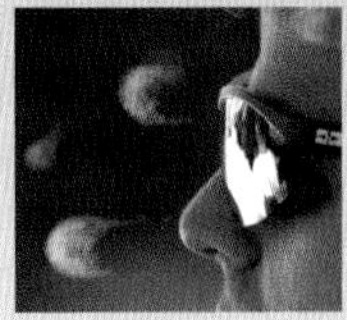 **Trockenflecken**	Unregelmäßige sichelförmige oder runde helle Flecken auf einer Vergrößerung werden normalerweise von Kalkrückständen von hartem, kalkhaltigem Wasser verursacht, das auf dem Film trocknet.	Sauberen Film am Ende der Filmentwicklung in Netzmittel tauchen, überschüssiges Wasser sanft entfernen und Film zum Trocknen aufhängen. Wasser nach Möglichkeit mit Abstreifzange abstreifen.
 **Röntgenschleier**	Bereiche, die durchsichtig sein sollten, weisen über den gesamten Film die gleichen Muster auf. Ursache ist die Gepäckdurchleuchtung am Flughafen etc. Beim Frachtgepäck ist die Dosis der Röntgenstrahlen weitaus stärker als für das Handgepäck.	Belichtete und unbelichtete Filme immer im Handgepäck mitführen. Filme nie im Frachtgepäck verstauen. Keine Bleischutzbeutel benutzen, denn die Sicherheitskräfte werden die Strahlendosis erhöhen, um diese zu durchdringen.
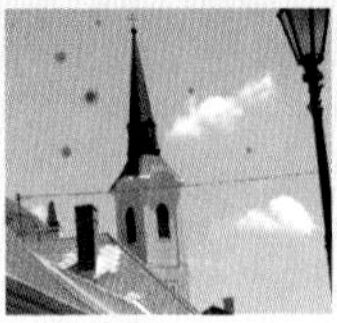 **Luftbläschen**	Über den Film verstreute schwarze oder graue Punkte, manchmal in der Mitte dunkler. Ursache: Beim Einschütten des Entwicklers wurden Luftbläschen eingeschlossen, was die Entwicklung an dieser Stelle verlangsamt und zu einer Verringerung der Dichte geführt hat.	Nach dem Einfüllen des Entwicklers Dose schließen und prüfen, ob der Deckel fest verschlossen ist; dann Dose fest auf den Tisch schlagen, um eventuelle Luftbläschen vom Film zu lösen.
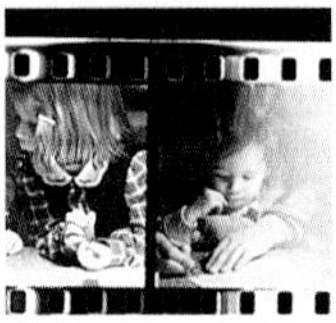 **Belichtungsschleier**	Einige Partien am Bildrand sind weiß. Bei Farbfilmen treten in diesem Fall eventuell unregelmäßige Farbstreifen auf. Der Film ist »verschleiert«, das bedeutet, vor der Entwicklung ist Licht auf den Film gefallen.	Filme nicht dem Sonnenlicht aussetzen und nicht bei direktem Licht einlegen. Im Freien, bei Sonnenschein, zum Einlegen des Films mit dem Rücken zur Sonne drehen.

HÄUFIGE PROBLEME BEI DIGITALFOTOS

Die Probleme bei der Digitalfotografie lassen sich in zwei Kategorien unterteilen: Es gibt Fehler, die aus Bedienungsfehlern oder Fehlfunktionen der Geräte, auch des Scanners, resultieren, und die so genannten Artefakte, die auf die digitale Technik und ihre Grenzen bzw. die der Weiterverarbeitung eines Digitalfotos zurückzuführen sind. Zu Artefakten gehören Moiré-Effekte, Blockartefakte und Tontrennung.

PROBLEM	ANALYSE	LÖSUNG
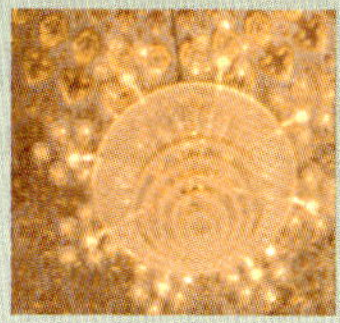 **Unscharfer Scan**	Das eingescannte Bild scheint unscharf und weist nicht genügend Zeichnung auf. Eventuell wirken die Farben verwaschen und laufen ineinander. Ursache: Der Scanner hat nicht richtig fokussiert.	Nach Möglichkeit Scanner manuell fokussieren. Oder das Rähmchen des Dias erneuern, damit es möglichst flach aufliegt, und erneut scannen. Falls ein solcher vorhanden ist, das Dia zum Scannen in Glashalter stecken.
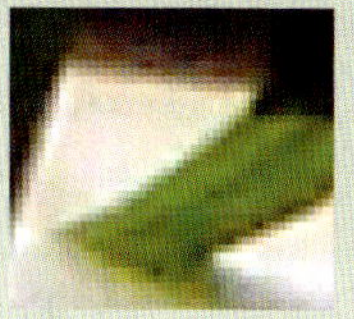 **Aliasing**	Schräge Linien und Details scheinen gezackt. Zeichnung geht verloren, scharfe Kanten sind nicht klar definiert. Ursache: Die Auflösung bei der Aufzeichnung – mit Scanner oder Digitalkamera – reichte nicht aus, um die Details vollständig zu definieren.	Auflösung von Kamera oder Scanner erhöhen. Wenn dieses Ergebnis aus einer Erhöhung der Bildgröße resultierte, haben Sie die Bildgröße wahrscheinlich etwas zu stark erhöht.
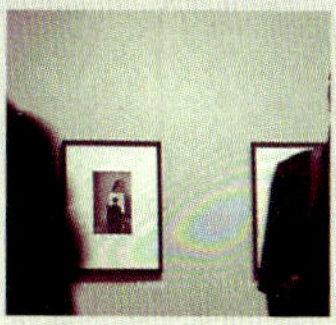 **Newton'sche Ringe**	Es treten einzelne oder mehrere vielfarbige konzentrische Kreise oder Muster auf. Diese »Newton'schen Ringe« werden durch Luft zwischen Scanner und Original verursacht, die wie ein Prisma wirkt.	Dias beim Scannen in einen Rahmen stecken, so dass sie das Glas des Scanners nicht berühren. Beim Scannen von Negativen aus einem Blatt Papier ein Fenster ausschneiden und Negativstreifen darauf legen. Prüfen, ob das Glas vollständig trocken ist.
 **Moiré im Ausdruck**	Beim Scannen eines Ausdrucks erscheint ein Punktmuster, das möglicherweise verschwindet, wenn die Datei in einer anderen Größe ausgedruckt oder betrachtet wird. Ursache: Konflikt zwischen Druckraster des Ausdrucks und Pixelstruktur des Scanners.	Original leicht drehen – etwa um 5° – und erneut scannen. Falls das Muster immer noch da ist, etwas mehr drehen und scannen. Alternativ Auflösung ändern und nochmals scannen. Einstellung suchen, bei der das Muster verschwindet.
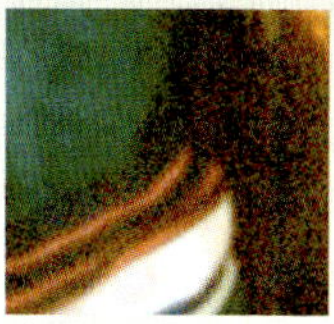 **Pixelrauschen**	Dunkle Partien eines mit einem Scanner oder einer Digitalkamera aufgezeichneten Fotos sind mit dunkleren und helleren Punkten gesprenkelt. Dieses Pixelrauschen ist darauf zurückzuführen, dass das System die dunklen Bereiche nicht präzise darstellen kann.	Um die Zeichnung in den Schatten sichtbar zu machen, Scanner aufrüsten. Bei der Digitalkamera niedrigste Empfindlichkeit und höchste Qualität einstellen oder eine hochwertigere Kamera verwenden.
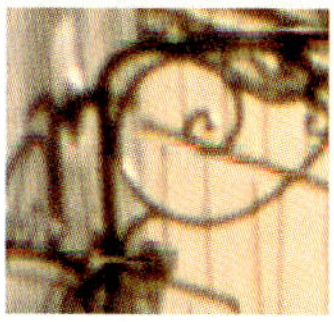 **Jitter-Effekt (Zittern)**	Scans weisen gezackte Linien mit falschen Farben auf oder Details, die an der falschen Stelle positioniert zu sein scheinen. Dieses Phänomen ist nur bei starker Vergrößerung sichtbar und wird durch ungleichmäßige Scankopf-Bewegungen verursacht.	Original um 180° drehen und erneut scannen. Falls das Problem wieder auftritt, ist der Scanner entweder defekt oder leistungsschwach. Scanner reparieren lassen oder durch ein hochwertigeres Gerät ersetzen.

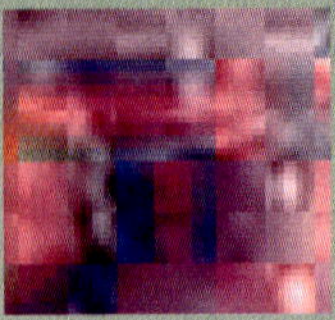 **JPEG-Artefakte**	Das Bild scheint sich bei Betrachtung aus geringerem Abstand aus Blöcken in ähnlichen Farben zusammenzusetzen, die die Details verdecken oder abdunkeln. Es handelt sich um JPEG-Kernels oder Pixelgruppen zur Bildkomprimierung.	Bei der JPEG-Komprimierung zur Verringerung der Dateigröße die höchste Qualität einstellen, die zur gewünschten Dateigröße führt. Oder die höchste Komprimierung wählen, die keine sichtbaren Artefakte verursacht.
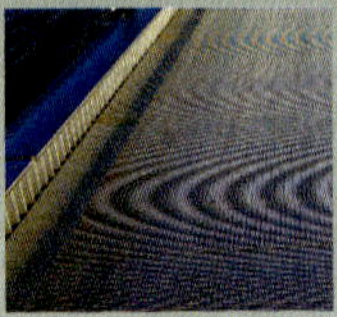 **Moiré am Bildschirm**	Unregelmäßige Muster wie konzentrische Kreise oder wellenförmige Striche laufen quer über das Bild. Ab einer bestimmten Vergrößerung verschwinden diese Muster. Sie sind auf einen Konflikt zwischen dem Raster des Motivs und dem des Monitors zurückzuführen.	Das Bildschirm-Moiré hat keinen Einfluss auf den Ausdruck, das Bild kann also ausgedruckt werden. Wenn die Ausgabe jedoch auf den Bildschirm erfolgen soll, müssen Sie evtl. die Auflösung ändern. Versuchen Sie, das Bild um 5° bis 15° zu drehen oder leicht weichzuzeichnen.
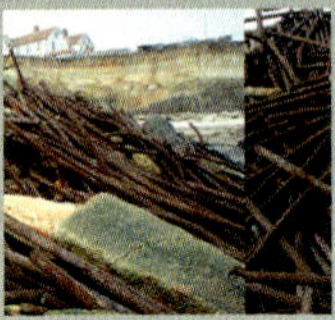 **Dateifehler**	Es dauert länger als gewöhnlich, bis die Datei geöffnet wird, und das Bild entspricht nicht dem Thumbnail oder es erscheint falsch zusammengesetzt, wie hier. Ursache: Die Datei ist beschädigt und Daten fehlen oder können nicht gelesen werden.	Dieses Problem ist auf ein fehlerhaftes Speichermedium oder auf eine Inkompatibilität zwischen Digitalkamera und Speichermedium zurückzuführen. Alle Daten sichern und möglicherweise fehlerhafte Karte oder Laufwerk austauschen.
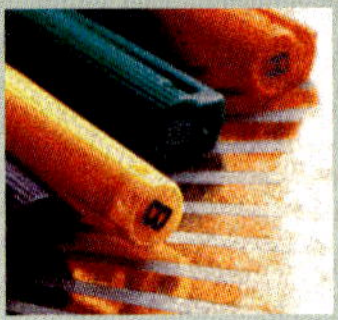 **Unzureichende Daten**	Die Bilder weisen ungleichmäßige Farbflächen auf, weil nicht genügend Daten zur Wiedergabe des Motivs zur Verfügung stehen – es gibt viele Lücken und Löcher in den Daten.	Falls es sich um einen Scan handelt, mit höherer Auflösung erneut einscannen. Falls das Foto mit einer Digitalkamera aufgenommen und bearbeitet wurde, zum Original zurückkehren und erneut beginnen. Die Datenmenge des Originalbildes kann nicht erhöht werden.
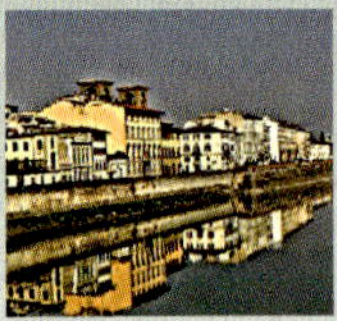 **Scharfzeichnung**	Das Bild weist helle Ränder an den Kanten, so genannten Lichtsäume, harte Details und wenige oder gar keine Unschärfen auf. Kleine Punkte erscheinen als scharf definierte Quadrate. Ursache: Das Bild wurde mit dem Filter »Unscharf Maskieren« zu stark scharfgezeichnet.	»Unscharf Maskieren« sparsam und erst als letzten Schritt der Bildbearbeitung einsetzen. Falls Sie das Foto für einen Auftraggeber bearbeiten, verwenden Sie den Filter »Unscharf Maskieren« nur auf ausdrücklichen Wunsch des Kunden.
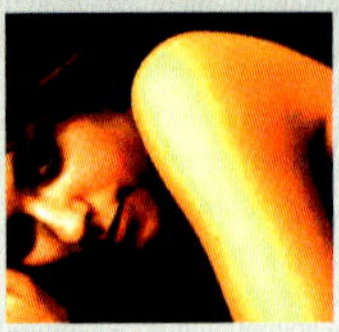 **Tontrennung**	Übergänge zwischen Farbtönen oder Tonwerten erscheinen stufig und weisen plötzliche Änderungen der Farbe oder Dichte auf. Ursache: Aufgrund niedriger Auflösung oder übermäßiger Bildbearbeitung gibt es nicht genügend Bilddaten, um nahtlose Übergänge zu erzeugen.	Eine realistische Wiedergabe von Hauttönen erfordert eine maximale Auflösung. Bild mit maximaler Auflösung aufzeichnen. Übermäßige Bearbeitung wie extreme Änderungen des Kontrasts, der Belichtung oder der Farbbalance vermeiden.
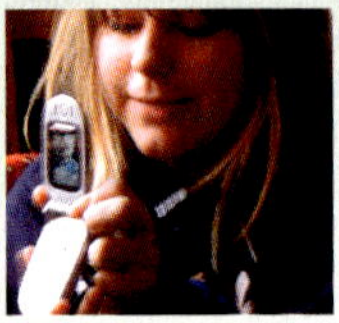 **Zugelaufene Schatten**	Die Schatten scheinen plötzlich und ohne dunklere Übergangsbereiche zuzulaufen und weisen keine Zeichnung auf. Dies ist auf die Art und Weise der Verschlüsselung von Helligkeitsinformationen durch einfache Scanner und Digitalkameras zurückzuführen.	Schattenpartien reichlich belichten und gleichzeitig eine Überbelichtung der helleren Partien vermeiden. Hochwertigere Scanner oder Digitalkameras verwenden. Nach Möglichkeit Bilder von Digitalkameras als RAW- und nicht als JPEG-Dateien bearbeiten.

DRUCKERPROBLEME

Druckerprobleme lassen sich grob in drei Kategorien unterteilen: Fehlerhafte Kommunikation oder Inkompatibilität zwischen Drucker und Computer oder Software, Druckerfehler und Inkompatibilität zwischen Drucker und Ausgabemedium.

PROBLEM	ANALYSE	LÖSUNG
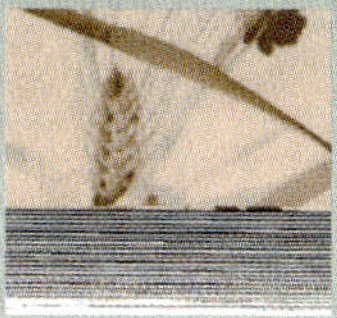 **Blackout**	Der Drucker funktioniert, druckt aber plötzlich ungleichmäßige Farbzeilen aus, oder die Farbbalance ändert sich. Möglicherweise haben Drucker oder Computer nicht mehr genügend Speicherkapazität, eine oder mehrere Farbpatronen sind leer oder die Düsen sind verstopft.	Bei der Arbeit mit großen Dateien Computer während des Druckens nicht für andere Aufgaben in eventuell geöffneten Programmen verwenden. Reinigungsprogramm des Druckers laufen lassen oder Tintenpatronen auswechseln.
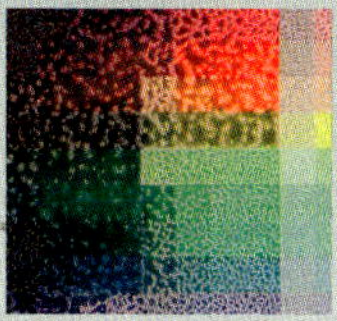 **Flüssigkeitsinseln**	Die Tinte bildet Flüssigkeitsinseln auf der Oberfläche des Papiers und trocknet nicht. Ursache: Sie benutzen ein Papier, das ungeeignet oder mit Ihrem Drucker nicht kompatibel ist.	Beim erstmaligen Gebrauch nur das vom Druckerhersteller empfohlene Papier verwenden. Mit etwas Erfahrung können Sie auch andere Papiersorten ausprobieren. Fotopapiere sind für Tintenstrahldrucker meist ungeeignet.
 **Sinnlose Zeichen**	Der Drucker gibt, möglicherweise über viele Seiten, sinnlose Zeichenfolgen aus. Eventuell haben Sie die falsche Datei an den Drucker übertragen, oder der Drucker ist abgestürzt und versucht vergeblich, ein Bild zu rekonstruieren.	Drucker abschalten, einige Sekunden warten und wieder einschalten. Möglicherweise müssen Sie die Spool-Datei löschen (siehe Druckeranleitung). Prüfen, ob zum richtigen Kommunikationsport gesendet wird.
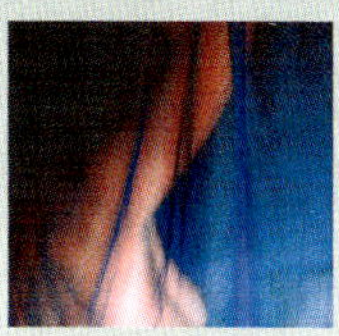 **Schlechter Ausdruck**	Gleichmäßig gefärbte Bereiche erscheinen ungleichmäßig, weisen Lücken, Streifen oder Linien auf. Ursache können ein schlechter Drucker, verstopfte Düsen, Farbpatronen oder Papier von geringer Qualität oder eine Kombination aus allen drei Faktoren sein.	Drucker auf Qualität, nicht auf Geschwindigkeit einstellen. Mattes oder strukturiertes Papier verwenden. Tintenpatronen des Herstellers benutzen, leere Tintenpatronen nicht wiederauffüllen. Hinzufügen von Störungen per Bildbearbeitung kann das Ergebnis verbessern.
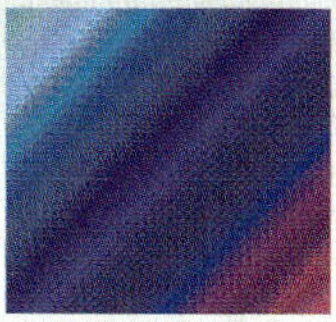 **Gerasterte Farben**	Das Bild scheint aus feinen, in Streifen angeordneten Farbmustern zu bestehen. Es ist gerastert, das heißt, einige Farben werden in Mustern dazu genutzt, eine größere Farbpalette zu simulieren.	Drucker auf Halbton und nicht auf gerasterte Farben und Grafik oder Posterdruck einstellen.
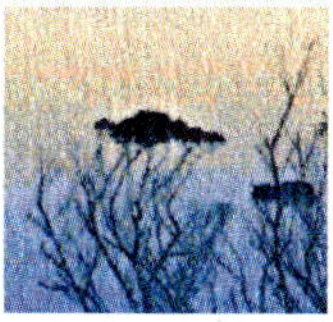 **Schlechte Zeichnung**	Feine Details verschwommen und schlecht zu unterscheiden. Feine Farbverläufe streifig oder übergangslos. Ursachen: Der Drucker ist auf eine niedrige Auflösung eingestellt, die Bildgröße ist zu klein für die Ausgabegröße oder Sie bedrucken die falsche Seite des Papiers.	Drucker auf höchste Qualität einstellen. Bildgröße verwenden, die für die Ausgabegröße geeignet ist. Für Ihren Drucker geeignetes Papier mit glatter oder glänzender Oberfläche verwenden und richtig einlegen.

Glossar

In der Fotografie gibt es eine Vielzahl von Begriffen für Geräte und Methoden. Nicht alle hier aufgeführten Termini kommen häufig vor, aber Kenntnisse in der Fachsprache sind auf jeden Fall nützlich.

Abwedeln Verfahren, mit dem beim Vergrößern die Belichtung von Bildpartien, die sonst zu dunkel würden, durch partielles Fernhalten des Lichts verringert wird. Gleicher Effekt mit digitaler Bildbearbeitung möglich.

Additive Farbmischung Kombination sogenannter Lichtfarben zu einer neuen Farbe. Dabei genügen die drei Grundfarben Blau, Rot und Grün zu Herstellung aller anderen Farben. Die Addition der drei Grundfarben ergibt Weiß.

AF (Autofokus) Automatische Scharfeinstellung.

Analog Aufzeichnungssystem, bei dem die Werte, anders als bei digitalen Systemen, stufenlos variabel sind.

Anhang Digitale Datei, die an eine E-Mail angehängt wird.

Anti-Aliasing Kantenglättung in der digitalen Bildbearbeitung. Beseitigt Treppeneffekte, speziell an schrägen Kanten oder Farbübergängen.

APS (Advanced Photo System) Filmformat für Kompaktkameras und SLRs, das einige praktische Vorteile bietet.

Arbeitsblende Blendenstufe, mit der eine Aufnahme belichtet wird. Kann manuell gewählt oder von der Kameraautomatik eingestellt werden.

Artefakt Störende Muster oder Fehler auf einem Digitalfoto, die auf das Aufzeichnungsverfahren zurückzuführen sind.

Aufhellen Indirekte Beleuchtung der vom Hauptlicht erzeugten Schatten mit einer weiteren Lichtquelle oder einer Reflexfläche.

Auswahlwerkzeuge In der digitalen Bildbearbeitung Werkzeuge zum Auswählen bestimmter Bildbereiche.

Back-up Sicherungskopie einer digitalen Datei.

Belichtung Licht trifft auf lichtempfindliches Material in der Kamera – Film oder Sensor – und erzeugt eine Abbildung. Dabei kann die Lichtmenge durch eine Änderung der Objektivblende oder der Verschlusszeit variiert werden.

Belichtungsautomatik Einstellung der Kamera, bei der Verschlusszeit und Blende automatisch gewählt werden.

Belichtungsmesser Instrument zum Messen der Intensität von Licht. Berechnet die Zeit-Blenden-Kombination, die für eine korrekte Belichtung erforderlich ist.

Belichtungsreihe Bei schwierigen Belichtungsverhältnissen wird sicherheitshalber zusätzlich zu der Aufnahme mit der vermutlich richtigen Belichtung ein unter- und ein überbelichtetes Foto aufgenommen.

Betriebssystem Software, die die Hardware des Computers steuert und Dateien verwaltet.

Bikubische Interpolation Interpolationsmethode, bei der der Wert eines neuen Bildpunkts aus den Werten von acht angrenzenden Pixeln berechnet wird.

Bilineare Interpolation Interpolationsmethode, bei der der Wert eines neuen Bildpunkts aus den Werten der vier angrenzenden Pixel (links, rechts, oben und unten) berechnet wird.

Blende Verstellbare Öffnung im Objektiv zur Regulation der einfallenden Lichtmenge. Die Größe der Blendenöffnung wird ebenfalls als Blende bezeichnet (s. auch Blendenzahl).

Blendenautomatik Betriebsart der Belichtungsautomatik, bei der der Benutzer die Verschlusszeit einregelt und die Blende automatisch eingestellt wird.

Blendenreflexe Bei ungünstigen Lichtverhältnissen spiegelt sich die Blende an der Linsenoberfläche wider, wodurch sie auf dem Film abgebildet wird.

Blendenstufe Genormter Wert der Blendenreihe, wobei die nächstgrößere Blendenstufe jeweils eine Halbierung und die nächstniedrige eine Verdoppelung der auf den Film treffenden Lichtmenge bedeutet.

Blendenzahl Auf dem Blendenring ablesbarer Wert, der die Größe der eingestellten Blendenöffnung im Verhältnis zur Brennweite angibt.

Blitzlichtgerät Gerät zur Erzeugung eines sehr kur-

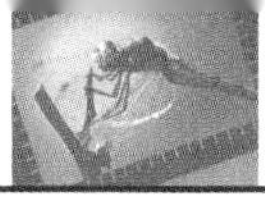

zen Lichtstrahls von hoher Intensität.

Bluetooth Kurzstreckenfunkstandard, der die kabellose Kommunikation zwischen Geräten unterschiedlicher Hersteller ermöglicht sowie die Verbindung zwischen Peripheriegeräten und Computer.

BMP (Bit MaP) Windows-Dateiformat zur Speicherung von Bilddaten.

Brennweite Abstand zwischen dem Mittelpunkt eines Objektivs und seinem Brennpunkt bei Einstellung auf Unendlich. Üblicherweise in Millimetern angegeben.

Byte Standardmaßeinheit für die Größe von Dateien.

CC(Colour Correction)-Filter Farbkorrekturfilter für den Ausgleich von kleinen Farbstichen durch das Aufnahmelicht.

CCD-Sensor (Charge Coupled Device) Bildsensor in Digitalkameras, der das auf ihn treffende Licht in elektrische Signale umwandelt.

CD-R (Compact Disc-Recordable) CD-Typ für die Speicherung von Daten.

CD-ROM (Compact Disc Read Only Memory) CD-Typ, bei dem der Inhalt gelesen, aber nicht verändert werden kann.

CD-RW (Compact Disc-Rewritable) Wiederbeschreibbarer CD-Typ.

CMYK-Farbmodell Subtraktives Farbmodell für den Farbdruck auf Papier. Die Grundfarben sind Cyan, Magenta und Gelb (Yellow) sowie Schwarz (Black; wobei der Buchstabe K gewählt wurde, da B im Englischen bereits für Blue/Blau steht).

ColorSync Geschütztes Farbmanagementsystem.

Compositing Bildbearbeitungstechnik, bei der zwei oder mehr Fotos zu einem Bild zusammengeführt werden.

Dateiformat Richtlinie, die definiert, wie Dateien intern strukturiert werden. Verbreitete Bilddateiformate sind TIFF, JPEG, GIF.

Deckkraft In der digitalen Bildbearbeitung Maßstab für die Erkennbarkeit einer Ebene durch eine oder mehrere andere Ebenen hindurch.

Digitale Bildbearbeitung Veränderung der Merkmale eines Digitalfotos am Computer mit Hilfe von Bildbearbeitungssoftware.

Display LCD-Bildschirm an einer Kamera zur vorübergehenden optischen Darstellung von Daten.

dpi (dots per inch) Anzahl der Punkte, die von einem Ausgabegerät angesteuert oder gedruckt werden können. Standardmaßeinheit für die Auflösung des Geräts.

DSC (Digital Stills Camera) Digitalkamera.

D-SLR (Digital Single Lens Reflex) Digitale Spiegelreflexkamera.

Duplex Fotomechanisches Druckverfahren mit zwei Farben zur Verbesserung des Tonwertumfangs. Option der Bildbearbeitungssoftware zur Simulation eines Zweifarbdrucks.

Durchlichtaufsatz Scanner-Zubehör zum Scannen von Dias.

Durchsichtssucher Sucher, bei dem das Motiv durch eine optische Vorrichtung betrachtet wird.

DVD (Digital Versatile Disc) CD-Rom-ähnlicher Datenträger mit hoher Speicherkapazität.

DX-Kodierung System der Kennzeichnung von KB-Filmpatronen mit Informationen zur Filmempfindlichkeit und Länge des Filmes, die von der Kamera gelesen werden können.

Ebene In der digitalen Bildbearbeitung können zur Veränderung einzelner Bildelemente Fotos in verschiedene, übereinander liegende Ebenen getrennt werden. Das Original kann als Hintergrundebene geschützt werden. Mit dem Befehl »Auf Hintergrundebene reduzieren« werden mehrere Ebenen (wieder) zu einer einzigen Hintergrundebene verbunden.

Elektronischer Sucher LCD-Bildschirm im Okular, der die Sicht durch das Kameraobjektiv zeigt.

Entfernungsvoreinstellung Methode der Scharfeinstellung vor der endgültigen Festlegung des Ausschnitts.

EPS (Encapsulated PostScript) Dateiformat für Grafiken.

EV (Exposure Value) Lichtwert (LW), der bei unterschiedlichen Zeit-Blenden-Kombinationen die gleiche Belichtung ergibt.

EVF Electronic Viewfinder s. elektronischer Sucher.

Farbbalance Intensität der Farben einer Aufnahme in Relation zueinander.

Farbe Eine durch Licht bestimmter spektraler Beschaffenheit ausgelöste Wahrnehmung. Wird definiert durch den Farbton, die Sättigung sowie die Helligkeit.

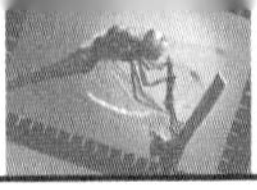

Färben Hinzufügen von Farben zu einem Graustufenbild ohne Veränderung der ursprünglichen Helligkeitswerte.

Farbmanagement System zur Koordination und Überwachung der Farbausgabe aller Geräte einer Reproduktionskette.

Farbraum Farbpalette, die von einem Ausgabegerät oder Vervielfältigungssystem wiedergegeben werden kann, zum Beispiel der RGB-Farbraum für Monitore oder der CMYK-Farbraum für Drucker.

Farbstich Gleichmäßige oder partielle Abweichung in der Farbwiedergabe, die vor allem in den dichteren Bereichen auftritt.

Farbtemperatur In Grad Kelvin ausgedrückte Maßeinheit zur Bestimmung der Farbe des Lichts. Ein Sonnenuntergang hat etwa 3000 °K, normales Mittagslicht liegt bei etwa 5500 °K.

Filmempfindlichkeit In ISO angegebene Lichtempfindlichkeit des Films.

Filter Vorsatz vor das Kameraobjektiv, meistens zur gezielten Farbveränderung. Bestandteil von Bildbearbeitungsprogrammen, die bestimmte Effekte ermöglichen, zum Beispiel Verzerrungen.

FireWire (IEEE 1394, ILink) Serielles Bus- und Schnittstellensystem für Computer-Peripheriegeräte, zum Beispiel für die Datenübertragung zwischen Computer und Digitalkamera. Arbeitet mit hoher Geschwindigkeit.

Flash Speichermedium für Digitalkameras.

Fotomontage Zusammensetzen verschiedener Aufnahmen zu einem neuen Bild.

Freistellen Bildbearbeitungstechnik, bei der man das Bild zur Verbesserung der Komposition oder zur Gewinnung eines anderen Formats an den Rändern beschneidet. Auch die Beseitigung unerwünschter Bildpartien ist mit dem Freistellwerkzeug möglich.

Füllmethode Bildbearbeitungstechnik, die über die Interaktion einer Ebene mit den darunterliegenden Ebenen entscheidet.

Füllwerkzeug Auch »Farbeimer« genanntes Werkzeug der Bildbearbeitungssoftware, das Farbe in einen bestimmten Bereich der Abbildung »gießt«.

Gamma-Wert Tonwertumfang eines Bildes. Die Gammakorrektur ist ein Verfahren zur Korrektur der Helligkeit und Kontraste in der Bildschirmdarstellung.

Gamut Derjenige Teil aller Farben, den ein Ausgabegerät, zum Beispiel ein Bildschirm oder Drucker, darstellen kann

Gegenlicht Direkt von vorne kommendes Licht, das den Aufnahmegegenstand von der Kamera aus gesehen auf der Rückseite beleuchtet.

Gepixelt Beschreibung einer digitalen Datei, deren einzelne Bildpunkte klar erkennbar sind.

GIF (Graphics Interchange Format) Lizenziertes, hoch komprimiertes Dateiformat für die Datenfernübertragung. Speichert mit verlustfreier Kompression.

Grauskala Maßeinteilung für die Farben der Graureihe zwischen Schwarz und Weiß.

Großformat Maße eines Negativs (oder Ausdrucks), das größer ist als die gängigen Aufnahmeformate Kleinbildformat und Mittelformat.

Hot-plugging Anschließen bzw. Entfernen von Geräten aus Bus- und Schnittstellensystemen, wie zum Beispiel FireWire, bei laufendem Betrieb.

IEEE 1394 s. FireWire

ILink s. FireWire

Image Enhancement Bildverbesserung durch Veränderung einer oder mehrerer Merkmale eines Fotos, zum Beispiel Erhöhung der Farbsättigung oder Schärfe.

Interpolation In der digitalen Bildbearbeitung Hinzurechnen von Füllpixeln zum Erzeugen einer höheren Bildauflösung. Durch Interpolation erhält man keine neue Bildinformation, das Bild verliert oft an Schärfe. Die Bildqualität wird dabei immer verschlechtert.

Irisblende Verstellbare Blende zum Vergrößern oder Verkleinern der Blendenöffnung. Mit dem Blendenring am Objektiv oder auf elektronische Art und Weise verstellbar.

ISO Maßeinheit für Filmempfindlichkeit.

IS-Objektiv Objektiv mit integriertem Bildstabilisator, der Kameraerschütterungen korrigiert, so dass auch ohne Stativ die Bildschärfe gewährleistet ist.

IX (Information Exchange) Bezeichnung für die Normen der Datenspuren, die bei APS-Filmen einen Datenaustausch zwischen Kamera, Film und verarbeitendem Labor ermöglichen.

JPEG (Joint Photographic Experts Group) Standard

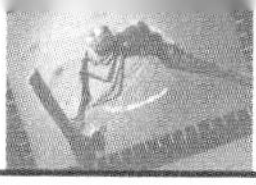

zur Bildkompression zum Zwecke der Reduzierung der Dateigröße. Verlustbehaftete Komprimierung.

Kanal Ein von der Bildbearbeitungssoftware verwendeter Datensatz zur Definition der Farbe oder Maske.

Klonwerkzeug Bildbearbeitungswerkzeug zum Kopieren eines Teils eines Fotos und Einfügen an anderer Stelle oder in ein anderes Foto.

Komprimierung Reduzieren der Datenmenge einer digitalen Datei durch Veränderung der Datenkodierung. LZW (Lempel-Ziv-Welch-Algorithmus) ist ein verlustfreies Komprimierungsverfahren, das die Größe der Datei ohne Verlust von Informationen reduziert. Bei Verfahren, die die Größe der Datei reduzieren, wobei jedoch Informationen verloren gehen, spricht man von verlustbehafteter Komprimierung.

Kontrastumfang Unterschied zwischen der hellsten und der dunkelsten Stelle eines Bildes. Hängt von verschiedenen Faktoren ab, zum Beispiel von der Belichtung und der Entwicklung.

Korn Kleine Silber- oder Farbpartikel, aus denen sich eine Fotografie zusammensetzt.

LCD (Liquid Crystal Display) Flüssigkristallanzeige. Die meisten Digitalkameras haben ein LCD-Display.

Lichter Die hellsten Bereiche einer Abbildung.

Löschen Beseitigung eines Teils eines Fotos oder einer elektronischen Datei aus einem Verzeichnis.

lpi (lines per inch) Maßeinheit für die Auflösung bei der fotomechanischen Reproduktion.

Makro Naheinstellung ohne Vergrößerung des Motivs.

Malwerkzeuge Bildbearbeitungswerkzeuge zum Auftragen von Farben.

Manuelle Belichtung Belichtungseinstellung von Hand.

Maske In der Bildbearbeitung dienen Masken dazu, Bereiche in Ebenen vor einer Bearbeitung zu schützen und Teile eines Bildes ein- oder auszublenden.

MB (Megabyte) Eine Million Byte. Maßeinheit für Computerdaten.

Megapixel Eine Million Pixel. Maßeinheit für die Leistungsfähigkeit von Digitalkameras, die wiederum von der Auflösung des Sensors abhängig ist.

Mehrfeldmessung Belichtungsmesssystem, das das Bildfeld in mehrere Messzonen teilt und zur Ermittlung der letztendlichen Belichtung verschiedene Belichtungsmessungen durchführt.

Memory Stick USB-kompatibles tragbares Speicherlaufwerk von Sony.

Messsucher Einstellsystem, bei dem zwei Bilder derselben Szene aus leicht unterschiedlichem Blickwinkel im Sucher zu sehen sind. Mit dem Einstellring des Objektivs werden die beiden Bilder übereinandergeschoben. Wenn sie sich vollständig überlappen, ist die Scharfeinstellung korrekt.

Mittenbetonte Integralmessung Belichtungsmessung, bei der vorwiegend die Bildmitte berücksichtigt wird.

Mitziehen Aufnahmetechnik bei bewegten Objekten, bei der die Kamera so geschwenkt wird, dass das Objekt im Sucher bleibt. Verstärkt den Eindruck von Bewegung: Das Objekt wird scharf abgebildet, während der Hintergrund verwischt erscheint.

Moiré Durch die Überlagerung regelmäßiger Raster, zum Beispiel Motivstruktur und Struktur des Aufnahmesensors, verursachtes störendes Interferenzmuster aus abwechselnden hellen und dunklen Streifen oder Farben mit unterschiedlichen Phasen, Richtungen oder Häufigkeiten. Kann auch beim Scannen gedruckter Vorlagen entstehen.

Monochrom Einfarbig. Ein monochromes Bild kann gefärbt werden.

Motordrive Zubehör oder Leistungsmerkmal einer Kamera zum automatischen Filmtransport nach jeder Aufnahme.

Nachbelichten Zusätzliche Belichtung einzelner Bildpartien beim Vergrößern, die sonst zu hell wiedergegeben würden. Gleicher Effekt per digitaler Bildbearbeitung möglich.

Nahlinse Vorsatzlinse für Nahaufnahmen mit normalen Objektiven.

ND(Neutraldichte)-Filter Filter zur Reduzierung der einfallenden Lichtmenge, zum Beispiel um bei guten Lichtverhältnissen einen hochempfindlichen Film verwenden zu können.

Normalobjektiv Ein Objektiv, dessen Bildwinkel ungefähr dem des menschlichen Auges entspricht.

Die Brennweite entspricht annähernd der Formatdiagonalen.

Objektmessung Die gängigste Belichtungsmessmethode, bei der das vom Motiv reflektierte Licht gemessen wird.

Offenblitz Blitztechnik, bei der sich der Kameraverschluss vor der Blitzauslösung öffnet.

Optischer Sucher Ein Sucher, der das Motiv durch ein optisches System und nicht auf einem Monitor anzeigt.

Out-of-gamut Derjenige Teil aller Farben, den ein Ausgabegerät, zum Beispiel ein Bildschirm oder Drucker, nicht darstellen kann.

Palette In der digitalen Bildbearbeitung eine Reihe von Werkzeugen, Farben oder Rahmen. Bandbreite von Farben auf einer Abbildung.

Panorama Ansicht einer Szene mit einem sehr großen Bildwinkel. Mit schwenkbarem Objektiv oder einem extremen Weitwinkelobjektiv aufgenommen.

Passiver Autofokus Autofokustyp, der die Schärfe der Abbildung analysiert.

Peripheriegerät Ein mit dem Computer verbundenes Gerät wie Drucker, Monitor, Scanner oder Modem, das durch Senden bzw. Empfangen von Daten mit ihm kommunizieren kann.

PICT Grafisches Dateiformat für Mac OS.

Pinsel In der digitalen Bildbearbeitung Werkzeug zum Auftragen von Effekten wie Farbe, Unschärfe, Abwedeln, Nachbelichten etc.

Pixel Vom englischen »picture element«. Kleinster darstellbarer Bildpunkt eines digitalen Bildes. Dabei kann die Datenmenge, die zu seiner Darstellung erforderlich ist, unterschiedlich groß sein.

Pixelwiederholung Interpolationsmethode, bei der der Wert des neuen Pixels vom nächstgelegenen Pixel übernommen wird.

Plug-in Anwendungssoftware, die einem bereits installierten Computerprogramm ein Funktionselement hinzufügt. Für verschiedene Programme erhältlich.

Polarisationsfilter (Polfilter) Vorsatzfilter, der Reflexionen auf nichtmetallischen Oberflächen, zum Beispiel Wasser, vermeidet und für kräftige Bildfarben sorgt. Wird häufig zur dunkleren Abbildung des Himmels verwendet.

ppi (points per inch) Maßeinheit für die Anzahl der vom Scanner pro Zeile erfassten oder aufgelösten Punkte.

Prädiktiver Autofokus Autofokustyp, der die Geschwindigkeit eines bewegten Objekts vorausberechnet, um die Schärfe im Moment der Auslösung einzustellen.

Pull-Entwicklung Starke Belichtung des Films, gepaart mit einer reduzierten Entwicklung zur Erzeugung von Negativen mit geringem Kontrast.

Push-Entwicklung Schwächere Belichtung des Films, gepaart mit einer gesteigerten Entwicklung zur Erzeugung von Negativen mit besonders hohem Kontrast.

RAM (Random Access Memory) Arbeitsspeicher des Computers, den dieser für jene Daten benötigt, mit denen er im Moment arbeitet, und der einen viel schnelleren Zugriff erlaubt als andere Speichersysteme. RAM ist ein flüchtiger Speicher, das heißt, sein Inhalt geht beim Abschalten des Computers verloren.

Randlosdruck Leistungsmerkmal hochwertiger Drucker. Abbildung wird bis an

Rasterung Drucktechnische Methode zur Darstellung von Halbtonvorlagen wie Fotos als Raster aus Farbpunkten unterschiedlicher Größe.

Rauschen Störstrukturen im Bild, die den Informationsgehalt verringern.

Retusche Bearbeitung eines Negativs, Dias oder Papierbildes mit Bleichmitteln, Farben oder Pigmenten.

RGB(Rot, Grün, Blau)-Farbmodell Additives Farbmodell, mit dem Digitalkameras, Scanner und Monitore Bilder darstellen bzw. aufzeichnen.

Sabattier-Effekt Dunkelkammereffekt. Ein anentwickeltes Negativ oder Positiv wird diffus nachbelichtet und dann ausentwickelt. Dadurch entsteht eine teilweise Umkehrung der Tonwerte.

Scannen Umwandlung einer Vorlage in eine digitale Abbildung durch die Erzeugung einer Datei.

Scanvorschau Schnellansicht des Fotos oder Gegenstands, der gescannt werden soll, bei niedriger Auflösung, um ggf. den Bildausschnitt des Scans erneut festzulegen.

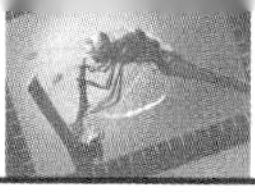

Schärfentiefe Maß für den Bereich einer Aufnahme, der zwischen dem kameranächsten und dem -entferntesten, scharf abgebildeten Punkt liegt, und angemessen scharf erscheint.

Schlagschatten Grafischer Effekt in der digitalen Bildbearbeitung, bei dem ein Objekt über einer Fläche zu schweben scheint und einen unscharfen Schatten wirft.

Schwärze Bereich einer Abbildung ohne Farben, weil dort das Licht zum größten Teil oder gänzlich absorbiert wurde.

Selektive Schärfe Durch eine bestimmte Scharfeinstellung werden einige Teile des Motivs scharf, andere unscharf abgebildet.

Selektivmessung Messmethode, bei der nur ein – meist mittiger – Teil des Motivs angemessen wird.

Skalierung Änderung der Auflösung oder Dateigröße einer Abbildung.

SLR (Single Lens Reflex) Spiegelreflexkamera; Kameratyp, bei dem der Fotograf genau dasselbe Bild im Sucher sieht, das auch auf dem Film oder Sensor erzeugt wird.

Sonnenblende Objektivzubehör zur Verhinderung von Lichteinfall und zum Schutz vor Regen.

Streulicht Licht ohne geordneten Strahlenverlauf.

Streuscheibe Zubehör, das das Licht streut und dadurch für weiches Licht sorgt.

Systemvoraussetzungen Spezifikation zur Definition der Mindestkonfigurierung der Geräte und der Version des Betriebssystems, die zum Öffnen und Betreiben bestimmter Anwendungssoftwares oder Geräte notwendig ist.

Teleobjektiv Objektivtyp mit Brennweiten, die länger sind als die Baulänge des Objektivs. Lässt entfernte Objekte größer erscheinen.

Thumbnail Miniaturversion einer Abbildung mit geringer Auflösung zur Vorschau.

TIFF Weitverbreitetes digitales Bildformat.

Tontrennung Bildbearbeitungstechnik. Drastische Reduktion der Farben bzw. Farbtöne eines Fotos. Im Labor und am Computer möglich. Kann auch der unerwünschte Effekt einer zu starken Nachbearbeitung sein.

Treiber Von einem Computer zur Steuerung von Peripheriegeräten wie Scanner, Drucker oder Laufwerken für Wechselspeichermedien verwendete Software.

Treppenstufeneffekt Gezahnte, grobe oder stufenartige Wiedergabe einer glatten Kante.

TTL (Through the Lens)-Messung Messsystem, bei dem das Licht durch das Aufnahmeobjektiv gemessen wird.

Umgebungslicht Vorhandenes Licht, das nicht vom Fotografen gesteuert werden kann.

Unendlich Bei Einstellung des Objektivs auf Unendlich fallen die Lichtstrahlen parallel ins Objektiv ein.

Unterbrecherbad Chemische Lösung, die die Entwicklung stoppt.

USB (Universal Serial Bus) Standardschnittstelle für den Anschluss von Peripheriegeräten wie Digitalkamera, Drucker etc. an einen Computer.

USM (Unscharf maskieren) Bildbearbeitungstechnik zur Scharfzeichung eines Bildes.

UV-Filter (Ultraviolettfilter) Objektivfilter, der kein UV-Licht durchlässt.

Verlauffilter Objektivfilter, dessen Farbdichte verlaufend zunimmt. Häufig zur Dämpfung eines hellen Hintergrunds bei Farbaufnahmen eingesetzt. Reduziert den Kontrast.

Vignettieren Bildbearbeitungstechnik, bei der die Bildränder mit weichem Übergang nach Schwarz oder Weiß verlaufen.

Warmtonfilter Objektivfilter zur Verstärkung der Gelbfärbung einer Aufnahme. Gibt hellen Motiven eine schöne Färbung.

Weichzeichner Objektive oder Objektivvorsätze, die durch Lichtstreuung eine leicht diffuse Bildwiedergabe verursachen.

Weißabgleich Der gesamte Farbraum des Bildes wird so weit gestreckt, bis der hellste im Bild vorkommende Ton weiß ist.

Weitwinkelvorsatz Objektivvorsatz zur Vergrößerung des Bildwinkels eines Objektivs.

Zeichnung Erkennbare Bildstrukturen. Helle Bildteile ohne Zeichnung bezeichnet man als »ausgefressen«, dunkle als »abgesoffen«.

Zeitautomatik Betriebsart der Belichtungsautomatik, bei der die Verschlusszeit automatisch eingestellt wird.

Zoomobjektiv Objektivtyp, bei dem die Brennweite ohne Änderung der Schärfe variiert werden kann.

Adressenverzeichnis

Folgende Auswahl von Adressen, die für einen Fotografen von Nutzen sein können – von technischer Hilfe über Kaufberatung bis zu Berufsvereinigungen, Fotowettbewerben und Galerien –, ist als Ausgangspunkt gedacht, wenn Sie weitere Informationen zum Thema Fotografie suchen.

NÜTZLICHE WEBSEITEN

NEUIGKEITEN, INFORMATIONEN UND PRÜFBERICHTE

www.adf.de
Webseite des Arbeitskreises Digitale Fotografie e. V. (ADF). Mit ausgesuchten Themen zur Digitalfotografie, Dokumentationen von einschlägigen Symposien, Marktübersicht sowie Bildgalerie.

www.digit.de
Online-Magazin der Fachzeitschrift *digit*. Mit Textberichten, speziellen Fotothemen, Technikinformationen, Glossar, Workshops.

www.digitalkamera.de
Das Online-Magazin rund um die Digitalfotografie. Mit Testberichten, Tipps für richtiges Fotografieren, Fotolexikon, Händleradressen, digitalen Workshops und Diskussionsforum.

www.fotoinfo.de
Informationen, Adressen und Termine für die Fotografie-Szene in Deutschland, der Schweiz und Österreich, mit den Schwerpunkten Workshops und Fotoreisen, fotografische Ausbildung und Fotowettbewerbe.

www.fotoline.ch
Online-Magazin der Schweizer Fachzeitschrift *fotointern*. Mit Informationen rund um die Themen Fotografie und digitales Bild, unter anderem Lexika zur Labortechnik.

www.foto-net.de
Lexikon-ähnliche Webseite, die Informationen über technische und gestalterische Fragestellungen bereitstellt.

www.fotos.de
Alles zum Thema Foto im Internet. Daneben bietet die Webseite eine Digitalkamera-Suchmaschine sowie Fotosuche im Internet.

www.image-scene.de
Webseite der Fachzeitschrift *image-scene*. Mit Fachbeiträgen, Testberichten, Basis- und Insider-Wissen zur digitalen Fotografie.

www.photographie.de
Das offizielle Organ des Deutschen Verbandes für Fotografie e. V. (DVF). Online-Magazin der Fachzeitschrift *Photographie* für internationale Fotografie und Digital Imaging. Praxisorientierte Berichte, Knowhow, Portfolios, Porträts, News sowie ein umfangreicher Magazin-Teil über Neuheiten, Online-Workshops und Testberichte.

TECHNISCHE INFORMATIONEN

Technische Information gibt es im Internet in Hülle und Fülle, aber die Zuverlässigkeit schwankt stark. Beginnen Sie eine Recherche daher immer auf der Webseite Ihres Geräte- oder Software-Herstellers. Die folgenden Webseiten sind ebenfalls informativ.

Digitale Fotografie

www.ivent.de
Seminare, Workshops, Beratung für Bildbearbeitung, digitale Fotografie, Webdesign, Bilddatenbanken und Druck.

www.photodo.com
Ausgefallene Webseite, unter anderem mit einer Fülle von detaillierten Objektiv-Tests.

www.stiftung-warentest.de
Gegen Online-Bezahlung können Testergebnisse abgerufen werden; daneben auch kostenlose Testberichte.

www.whatdigitalcamera.com
Englands führende Fachzeitschrift für Digitalfotografie stellt auf ihrer informativen, immer aktuellen Webseite zahlreiche Berichte und Testergebnisse als Downloads zur Verfügung und bietet darüber hinaus einen Chat-Room. Nur in englischer Sprache.

Drucken

www.druckerchannel.de
Informationen, ausführliche Testberichte, News und Workshops für Drucker und Zubehör.

www.publish.de
Das Internetportal für Druckvorstufe, Cross-

Media-Publishing, Druck und Weiterverarbeitung. Die Webseite bietet unter anderem einen Webguide mit Links zu Herstellern.

Unterwasserfotografie

www.tonno.ch
Webseite mit zahlreichen Informationen zur Unterwasserfotografie; daneben Links zu einschlägigen Webseiten.

www.unterwasserfoto.com
Zusammenstellung wichtiger Themen zur analogen und digitalen Unterwasserfotografie, Übersicht über Gehäuse- und Kamerahersteller sowie Zubehör.

Webdesign

www.4websites.de
Ein Webwork-Magazin mit zahlreichen Tipps zur Erstellung einer eigenen Webseite.

www.drweb.de
Übersichtliche, mit Informationen, lesenswerten Artikeln und vielen Tipps ausgestattete Webseite für Einsteiger wie Profis.

Online-Bildbearbeitung

www.bilderservice.de
Die Webseite gibt Tipps und Anleitungen zur Online-Bearbeitung im Corel Design Center.

www.myimager.com
Englischsprachige Webseite, auf der kostenlos Bilder für die eigene Webseite ohne eigenes Bildbearbeitungsprogramm online bearbeitet werden können.

Portfolio-Seiten

www.bilder-dienste.de
Webseite erstellt eine täglich aktualisierte Übersicht von ausgesuchten Online-Fotoservice-Anbietern; daneben technische Informationen sowie Preisvergleiche.

www.pixelnet.de
Neben Online-Entwicklung können registrierte Mitglieder ein Fotoalbum ins Netz stellen, zu dem auch Dritte eine Zugangsberechtigung erhalten können.

Panoramas

www.panphoto.de
Überblick über die Möglichkeiten der digitalen Panoramafotografie. Praktische Tipps zu Aufnahme und Bearbeitung; daneben Hinweise zu Techniken, Softwares sowie Links und Galerie.

Fotojournalismus

www.berufsfotografen.de
Informationen zur professionellen Fotografie.

www.digitaljournalist.org
Erstklassige englischsprachige Webseite mit hervorragenden Artikeln führender Fotografen.

www.foto8.com
Webseite für die Präsentation der Arbeiten junger Fotojournalisten.

www.freelens.de
Webseite des Vereins für Fotojournalismus e. V.

www.reportage.org
Englischsprachiges Online-Magazin für Fotojournalismus.

www.robgalbraith.com
Webseite des »Gurus« des digitalen Fotojournalismus, Rob Galbraith. Mit technischen Informationen und zahlreichen Links; daneben News und Sofware-Upgrades.

Urheberrecht

www.bildkunst.de
Webseite der Verwertungsgesellschaft Bild-Kunst zur Wahrung unter anderem der Urheberrechte von Fotografen.

www.kunstrecht.de
Informationen um und Erläuterung des Urheberrechts, unter anderem für den Bereich Fotografie.

www.fotorecht.de
Informationssammlung mit den Schwerpunkten Urheber-, Internet- und Bildnisrecht.

www.ige.ch
Webseite des Eidgenössischen Instituts für Geistiges Eigentum, unter anderem mit News zur aktuellen Gesetzeslage in der Schweiz.

www.mediafon.net
Ein Rechtsberatungsservice der Dienstleistungsgewerkschaft ver.di für Selbstständige in Medienberufen, der auch telefonisch genutzt werden kann; ergänzt durch www.ratgeber-freie.de.

www.tilj.com
Das Internet Law Journal veröffentlicht auf dieser Webseite eine exzellente und immer aktuelle Zusammenstellung aller das Internet betreffenden Rechtsfragen und Gesetzesänderungen. Nur in englischer Sprache.

Musterverträge und Formulare

www.formblitz.de
Elektronischer Formulardienst, der im PDF-Format allgemeine wie spezielle Musterverträge, Erklärungen etc. aus verschiedenen Geschäftsbereichen kostenlos zum Herunterladen anbietet; unter anderem findet sich ein Fotomodell-Mustervertrag sowie Webseite-Erstellungsvertrag.

www.freelens.de
Auf der Webseite des Vereins der Fotojournalisten e. V. finden sich im Serviceteil ein Model-Release-Vertrag und ein Produktionsvertrag. Alle Musterverträge können heruntergeladen werden.

INFORMATIONEN FÜR BEHINDERTE FOTOGRAFEN

www.computer-fuer-behinderte.de
Das Ingenieurbüro von Dr. Seveke bietet Spezialanfertigungen für alle Arten von Behinderungen, zum Beispiel Bildschirmvergrößerungen, Sprachausgabe und -eingabe, Tastatur und Peripheriehilfen.

www.ocg.at
Die Österreichische Computer Gesellschaft fördert die Entwicklung neuer Informationstechnologien für behinderte Menschen.

WEBSEITEN DER HERSTELLER

Viele internationale Hersteller führen für jedes Vertriebsgebiet eine eigene Webseite. Ein Besuch der Seiten außerhalb Ihrer Region kann sich lohnen, denn Qualität und Umfang der Information können sich unter Umständen erheblich unterscheiden.

Apple
www.apple.com
Computer, Monitore, Audio

Belkin
www.belkin.com
Verbindungen und Ports, Kartenlesegeräte

Canon
www.canon.de
Kameras, Objektive, Zubehör, Digitalkameras, Drucker und Scanner

Casio
www.casio-europe.com/de
Digitalkameras

Contax siehe Kyocera
Digital- und Filmkameras, Scanner

Epson
www.epson.de
Drucker, Digitalkameras, Scanner, Herunterladen von Treibern

Formac
www.formac.com
Bildschirme, Speicher- und Digitalisierungslösungen

Fuji
www.fujifilm.de
Digital-, Film- und Mittelformatkameras

Hasselblad
www.hasselblad.de
Mittelformatkameras mit Objektiven und Zubehör

Heidelberg
www.heidelberg.com
Scanner, Schriftschnitte, Farbsoftware

Hewlett-Packard
www.hp.com
Drucker, Ink-jet-Papiere, Scanner, Digitalkameras, Computer

Jobo
www.jobo.com
Digitale Kamerarückteile, Dunkelkammerausrüstung und anderes Zubehör

Kodak
www.kodak.com
Digital- und Filmkameras, Filme, Drucker

Konica
www.konica.com
Digital- und Filmkameras

Kyocera
www.kyocera.com
Digital- und Filmkameras

LaCie
www.lacie.com
Festplatten und Medienanzeigen

Leica
www.leica-camera.de
Kameras, Objektive und Zubehör

Lexar
www.lexar.com
Speicherkarten und Lesegeräte für Digitalkameras

Lexmark
www.lexmark.com
Drucker

Microtek
www.microtek.com
Scanner

Minolta
www.minolta.com
Kameras, Objektive und Zubehör, Digitalkameras, Filmscanner

Nikon
www.nikon.com
Kameras, Objektive und Zubehör, Digitalkameras, Filmscanner

Olympus
www.olympus.com
Kameras und Objektive, Digitalkameras, Drucker, Wechselspeichermedien

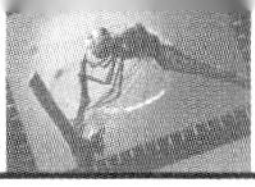

Panasonic
www.panasonic.com
Digitalkameras und elektronische Geräte

Pentax
www.pentax.com
Kameras und Objektive, Digitalkameras, Mittelformatkameras und Objektive

Ricoh
www.ricoh.com
Digitale und konventionelle Kameras

Rollei
www.rollei.de
KB-Kompaktkameras mit Autofokus und Digitalkameras, hervorragende Mittelformatkameras und Objektive

Samsung
www.samsung.com
Digitalkameras und Handy-Kameras

SanDisk
www.sandisk.com
Speicherkarten, Fotobetrachtungsgeräte, Kartenlesegeräte

Sigma
www.sigmaphoto.com
Digitale SLR-Kameras und Objektive

SmartDisk
www.smartdisk.com
Festplatten und Medienlesegeräte

Sony
www.sony.com
Digitalkameras, Computer, Zubehör, Geräte

Toshiba
www.toshiba.com
Digitalkameras und elektronische Geräte

Umax
www.umax.com
Scanner

CLUBS UND VERBÄNDE

DEUTSCHLAND

ADF Arbeitskreis digitale Fotografie e.V.
Vereinssitz
Schwarzwaldstraße 4
79102 Freiburg/Brsg.
Geschäftsstelle
Talstraße 1A
D-79102 Freiburg/Brsg.
Tel. 0049/(0)761/705 88 35
Fax 0049/(0)761/881 45 23
mail@adf.de
www.adf.de
Als Non-Profit-Organisation verfolgt der ADF die Förderung der digitalen Fotografie und digitalen Bildbearbeitung durch Seminare, Veranstaltungen sowie mit der Durchführung von Tests und Untersuchungen von Produkten zur digitalen Fotografie.

architekturbild e.v.
Marquardtstraße 33
D-70186 Stuttgart
architekturbild@netic.de
www.architekturbild-ev.de
Verein zur Förderung der fotografisch-künstlerischen Auseinandersetzung mit der gebauten Umwelt, 2003 gegründet. Lobt Europäischen Architekturfotografie-Preis aus.

AWI Arbeitskreis Werbe-, Mode-, Industriefotografie
Geschäftsstelle
Doreen Leifheit
Hohenzollernstraße 10
D-80801 München
Tel. 0049/(0)8038/
86 95 62
Fax 0049/(0)8038/
86 95 63
info@awi-online.de
www.awi-online.de
Der Verein für professionelle Werbe-, Mode- und Industriefotografie versteht sich als Netzwerk für die Belange seiner Mitglieder.

BFF Bund Freischaffender Foto-Designer e.V.
Postfach 750330
70603 Stuttgart
Tuttlinger Straße 95
D-70619 Stuttgart
Tel. 0049/(0)711/47 34 22
Fax 0049/(0)711/47 52 80
info@BFF.de
www.bff.de
Der Berufsverband für freiberufliche Fotografen und Hochschullehrer veranstaltet internationale Kongresse, vergibt einen Förderpreis und führt eine eigene Fachbuchreihe.

Das BildForum e.V.
C 4/10
D-68159 Mannheim
Tel. 0049/(0)621/293 21 38
hansjoachim.nierentz@mannheim.de
www.dasbildforum.de
Der 1993 gegründete Verein versteht sich als Forum für Fotografie, zur Förderung des Ansehens und des Stellenwerts von Fotografie als Kulturgut sowie als ein Medium der Kunst und der internationalen Verständigung.

Centralverband Deutscher Berufsfotografen
Frankenwerft 35
D-50667 Köln
Tel. 0049/(0)221/
207 04 66
Fax 0049/(0)221/
207 04 45
www.cvphoto.de
Unterstützt seit 1904 die im Handwerk organisierten Betriebe und vertritt deren Interessen auf wirtschaftlicher und politischer Ebene. Die Dachorganisation von Landesinnungsverbänden und Innungen in Deutschland wird von diesen sowie von Einzel- und Gastmitgliedern getragen.

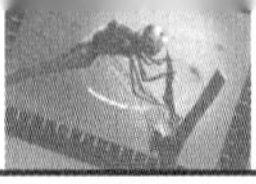

DGPh Deutsche Gesellschaft für Photographie e.V.
Geschäftsstelle
Ulrike Friedrichs
Rheingasse 8–12
D-50676 Köln
Tel. 0049/(0)221/
9 23 20 69
Fax 0049/(0)221/
9 23 20 70
dgph@dgph.de
www.dgph.de
Die DGPh versteht sich als ideelle Organisation, die sich vorrangig für die kulturellen Belange der Fotografie und verwandter Bildmedien einsetzt, und bildet ein offenes Forum mit öffentlichen Veranstaltungen zu gesellschaftlich relevanten und aktuellen Fragen.

Deutscher Verband für Fotografie e.V.
Postfach 2913
D-76016 Karlsruhe
g.holzmann@t-online.de
www.dvf-fotografie.de
Das deutsche Forum für künstlerische Fotografie, nationale und internationale Fotoausstellungen und Fotoseminare. Versteht sich als Botschafter Deutschlands in der FIAP *(Fédération Internationale de l'Art Photographique)*. Verbandszeitschrift ist die *Photographie*.

FFA Fördergemeinschaft Fotografische Ausbildung e.V.
Geschäftsstelle
Jürgen Volkmann
Promenade 7a
D-33604 Bielefeld
Tel. 0049/(0)521/243 66
0049/(0)521/650 04
Fax 0049/(0)521/672 61
info@ffa-ev.de
www.ffa-ev.de
Richtet sich an alle in der Ausbildung befindlichen Fotografen, Fotodesigner und Assistenten ohne Unterscheidung der Ausbildungswege. 1984 gegründet. Veranstaltet jedes Jahr im März in Bielefeld ein Fachsymposium zu aktuellen Themen der Berufsfotografie.

FreeLens – Verein der Fotojournalistinnen und Fotojournalisten e.V.
Steinhöft 5
D-20459 Hamburg
Tel. 0049/(0)40/
30 06 64-0
Fax 0049/(0)40/
30 06 64-20
post@freelens.com
www.freelens.com
Setzt sich für die Interessen dieser Berufsgruppe ein. Seinen Mitgliedern bietet die Webseite Informationen zu Honorar, Steuern und Versicherungen, Vertragsvorlagen, aber auch eine Vermarktungsplattform. 1995 gegründet.

OSTKREUZ Agentur der Fotografen GmbH
Greifswalder Straße 216
D-10405 Berlin
Tel. 0049/(0)30/
47 37 39 30
Fax: 0049/(0)30/
47 37 39 39
mail@ostkreuz.de
www.ostkreuz.de
Die Agentur wurde 1990 von sieben Fotografen in Berlin gegründet und gehört zu den bekanntesten Agenturen Deutschlands. Bietet ein breites Themenspektrum an Auftrags- und Eigenproduktionen in den Bereichen Porträt, Reportage, Landschaft, Architektur, Panorama, Reise, Mode und Stills.

PIC Professional Imagers Club
Geschäftsstelle
Reinhard Fittkau
Flugplatz B 32
D-77933 Lahr
Tel. 0049/(0)7821/
95 53 20
Fax 0049/(0)7821/
45 60
vorstand@pic-verband.de
www.pic-verband.de
Freiwillige Vereinigung von Fotografen, Fotodesignern, Fotolabors, Werbeagenturen, Unternehmen der grafischen Industrie, der Computer-, Multimedia, Prepress- und Druckbranche. Fördert Kommunikation und Erfahrungsaustausch zwischen Anwendern, Herstellern und Anbietern von digitaler Technik für die Bereiche Fotografie, Grafik-Design, Druckvorstufe, Druck und Multimedia.

ÖSTERREICH

UN Photo Club, V.I.C.
Wagramerstraße 5
A-1400 Wien
Postfach 600
Tel. 0043/(0)1/260 26
p.un@iaea.org
www.unphotoclubvienna.org
Club für Angestellte der in Wien ansässigen UN-Organisationen mit regelmäßigem Angebot an Workshops, Fotoreisen, Ausstellungen und Wettbewerben.

Verband Österreichischer Amateurfotografen Vereine
Bauernmarkt 9/3/1/IX
A-1010 Wien
Tel. 0043/(0)1/535 91 71
voeav@chello.at
www.voeav.org
Dachorganisation, die jährlich Staatsmeisterschaften wie regionale Wettbewerbe auslobt. Umfangreiche Sammlung nationaler und internationaler Links.

SCHWEIZ

Fotostiftung Schweiz
Grüzenstraße 45
CH-8400 Winterthur
Tel. 0041 (0)52/234 10 30

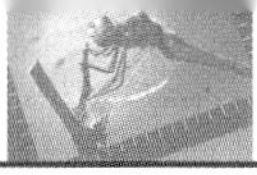

Fax 0041 (0)52/234 10 40
info@fotostiftung.ch
www.fotostiftung.ch
Die Stiftung setzt sich für die Erhaltung, Erschließung und Vermittlung von fotografischen Werken ein. Sie organisiert Ausstellungen, publiziert und unterstützt das aktuelle Fotoschaffen.

Schweizer Berufsfotografen
Postfach 320
CH-9006 St. Gallen
www.swissphotographers.org
www.sbf.ch
Verband von Individualisten in den Bereichen Werbe- oder Mode-, Industrie- oder Architekturfotografie, Bildjournalismus, Porträtfotografie.

Schweizerischer Verband für die Fotografie
Geschäftsstelle
Peter Aemmer
Grüdstraße 61
CH-3125 Toffen
Tel. 0041/(0)31/819 22 84
e-p.aemmer@bluewin.ch
www.photosuisse.ch
Photo Suisse ist die Dachorganisation von Fotointeressierten der Schweiz. Neben vielen kulturellen und technischen Informationen organisiert Photo Suisse auf nationaler Ebene jährlich Wettbewerbe. Links zu vielen europäischen Landesverbänden.

ISFL Interessengemeinschaft Schweizerischer Foto-Lieferanten
Postfach 7039
CH-8023 Zürich
Tel. 0041/(0)44/215 99 66
Fax 0041/(0)44/215 99 77
info@isfl.ch
www.isfl.ch
Die Interessengemeinschaft Schweizerischer Foto-Lieferanten ist eine Non-Profit-Branchenorganisation der Hersteller und Herstellervertreter (Großimporteure) von Kameras, Filmen und verwandter Produkte in der Schweiz. Sie organisiert Messen, namentlich die Fachmesse »Professional Imaging«.

vfg Vereinigung fotografischer GestalterInnen
Postfach 1269
CH-8021 Zürich
info@vfgonline.ch
www.vfgonline.ch
Die Vereinigung fotografischer Gestalter und Gestalterinnen beschäftigt sich mit kreativer Berufsfotografie. Sie fördert und diskutiert die professionelle Fotografie in allen Bereichen und schreibt Wettbewerbe aus.

CLUBS UND VERBÄNDE INTERNATIONAL

FIAP International Federation of Photographic Art
www.fiap.net
FIAP ist eine internationale Föderation nationaler fotografischer Verbände für die künstlerische, Ausstellungs- und Wettbewerbsfotografie, die über 85 nationale Verbände und fast eine Million einzelner Fotografen vertritt.

PSA Photographic Society of America
3000 United Founders Blvd., Suite 103
Oklahoma City
OK 73112-3940
USA
Tel. 001/405/843 14 37
Fax 001/405/843 14 38
www.psa-photo.org
Der internationale Club für Amateure und Profis gibt ein monatliches Magazin heraus und bietet ein großes Angebot an Fotowettbewerben, Seminaren, Lernprogrammen und diversen Online-Diensten.

Royal Photographic Society
Fenton House
122 Wells Road
Bath BA2 3AH
GB
Tel. 0044/(0)1225/46 28 41
Fax 0044/(0)1225 44 86 88
www.rps.org
Die Gesellschaft bietet Lehrveranstaltungen und Wettbewerbe für ihre Mitglieder an.

FOTOGALERIEN, SAMMLUNGEN UND MUSEEN

DEUTSCHLAND

Galerie Arndt & Partner
Zimmerstraße 90/91
D-10117 Berlin
Tel. 0049/(0)30/283 37 38
www.arndt-partner.de
Das Programm der 1994 gegründeten Galerie Arndt & Partner findet internationale Anerkennung. Die Webseite bietet zahlreiche weiterführende Informationen.

Berlinische Galerie
Alte Jakobstraße 124–128
D-10969 Berlin
Tel. 0049/(0)30/
78 90 26 00
www.berlinischegalerie.de
Das Landesmuseum für moderne Kunst, Fotografie und Architektur verfügt über eine große Fotosammlung von frühen Berliner Daguerreotypien bis zu zeitgenössischen Arbeiten. Ein Schwerpunkt ist die Fotografiegeschichte der DDR.

C/O Berlin
Linienstraße 144
D-10115 Berlin
Tel. 0049/(0)030/
28 09 19 25
info@co-berlin.com
www.co-berlin.de
C/O Berlin versteht sich als kulturelles Forum für Foto-

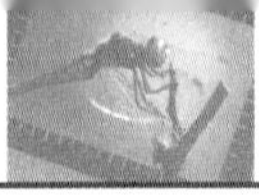

grafie, mit dem Ziel, seine Projekte ohne staatliche Förderung und jenseits wirtschaftlicher Interessen zu entwickeln. Präsentiert international renommierte Fotografie-Ausstellungen.

Galerie Kicken Berlin OHG
Linienstraße 161A
D-10115 Berlin
Tel. 0049/(0)30/
28 87 78 82
Fax 0049/(0)30/
28 87 78 83
kicken@kicken-gallery.com
www.kicken-gallery.com
International anerkannte Galerie für künstlerische Fotografie. Nahezu alle großen Namen von den Anfängen im 19. Jahrhundert bis in die Gegenwart sind vertreten. Schwerpunkte liegen im 20. Jahrhundert, besonders bei der deutschen und tschechischen Avantgarde der 1920er- und 1930er-Jahre. Weitere Bereiche: die Subjektive Fotografie, die Modefotografie und die konzeptuellen Positionen der Gegenwartsfotografie. Ausführliche Informationen zu Ausstellungen, Künstlern und selbst verlegten Editionen auf der Webseite.

Museum Folkwang Essen
Fotografische Sammlung
Goethestraße 41
D-45128 Essen
Tel. 0049/(0)201/
884 51 00
Fax 0049/(0)201/
884 51 30
www.museum-folkwang.de
Der Schwerpunkt der Fotografischen Sammlung liegt im 20. Jahrhundert, aber speziell in den Bereichen Porträt, Architektur und Landschaft verfügt die Sammlung auch zum 19. Jahrhundert über sehenswerte Werke. Die Sammlung ist international orientiert mit besonderer Konzentration auf die 1920er-Jahre, die Nachkriegszeit und auf zeitgenössischen Arbeiten. Thematisch liegt ihr Schwerpunkt auf der Porträt- und Architekturfotografie, der Geschichte der Bildberichterstattung und der künstlerischen Fotografie.

Deichtorhallen Hamburg
Haus der Photographie
D-20095 Hamburg
Tel. 0049/(0)40/32 10 3-0
Fax 0049/(0)40/
32 10 3-230
mail@deichtorhallen.de
www.deichtorhallen.de
Die Deichtorhallen zeigen regelmäßig bedeutende Fotoausstellungen. Die Webseite dokumentiert vergangene und laufende Ausstellungen. Kernstücke des »Hauses der Photographie« bilden die weltbekannte Sammlung F. C. Gundlach sowie das Bildarchiv des Nachrichtenmagazins *Der Spiegel*.

Sprengel Museum
Hannover
Kurt-Schwitters-Platz
D-30169 Hannover
Tel. 0049/(0)511/
16 84 38 75
Fax 0049/(0)511/
16 84 50 93
www.sprengel-museum.de
Seit 1994 sammelt das Sprengel Museum auch Fotografie. Die übersichtlich aufgebaute Webseite informiert über laufende Ausstellungen. Seit 2000 richtet das Sprengel-Museum die Preisverleihung des Spectrum-Preises für Internationale Fotografie der Stiftung Niedersachsen aus.

Galerie Daniel Buchholz
Daniel Buchholz &
Christopher Müller
Neven-DuMont-Straße 17
D-50667 Köln
Tel. 0049/(0)221/257 49 46
Fax 0049/(0)221/25 33 51
post@galeriebuchholz.de
www.galeriebuchholz.de
Die Webseite informiert über laufende und vergangene Ausstellungen zu Fotografie und Multimediakunst mit fotografischen Aspekten.

Agfa Photo-Historama
Museum Ludwig
Bischofsgartenstr. 1
D-50667 Köln
Tel. 0049/(0)221/
22 12 61 65
Fax 0049/(0)221/
22 12 41 14
info@museum-ludwig.de
www.museenkoeln.de/
museum-ludwig
1955 erwarb das Unternehmen Agfa die Sammlung Stenger, eine der größten privaten Fotosammlungen der Welt, und ergänzte sie mit einer einzigartigen Kamerasammlung. Seit 1986 befindet sich die Sammlung im Museum Ludwig in Köln. Eines der wenigen Fotomuseen, in dem Fotogeschichte und Fototechnikgeschichte gleichermaßen vertreten sind.

Van der Grinten Galerie
Schaafenstraße 25
D-50676 Köln
Tel. 0049/(0)221/
739 29 36
Fax 0049/(0)221/
660 68 30
art@vandergrintengalerie.de
www.vandergrintengalerie.de

Galerie Thomas Zander
Schönhauserstraße 8
D-50968 Köln
Tel. 0049/(0)221/
934 88 56
Fax 0049/(0)221/
934 88 58
mail@galeriezander.com
www.galeriezander.de

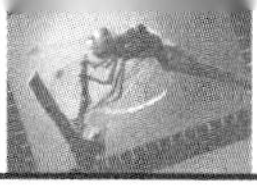

Fotogalerie mit Schwerpunkt auf künstlerischer Street Photography und New Topographics sowie Avantgarde seit der Pop-Art-Generation.

ÖSTERREICH

Fotoforum West
Galerie
Adolf-Pichler-Platz 8
A-6020 Innsbruck
Tel. 0043/(0)512/
57 22 36
Fax 0043/(0)512/
57 22 36-4
info@fotoforumwest.at
www.fotoforumwest.at

Fotogalerie Wien
Verein zur Förderung künstlerischer Fotografie und neuer Medien
Währinger Str. 59
A-1090 Wien
Tel. 0043/(0)1/408 54 62
Fax 0043/(0)1/403 04 78
fotogalerie-wien@wuk.at

Galerie Faber
Brahmsplatz 7
A-1040 Wien
Tel. 0043/(0)1/505 75 18
Fax 0043/(0)1/505 75 18
office@jmcfaber.at
www.jmcfaber.at

Galerie Fotohof
Erhardplatz 3
A-5020 Salzburg
Tel. 0043/(0)662/
84 92 96
Fax 0043/(0)662/
84 92 96-4
fotohof@fotohof.at
www.fotohof.at

Österreichische Fotogalerie im Rupertinum
Wiener-Philharmoniker-Gasse 9
A-5010 Salzburg
Tel. 0043/(0)662/
80 42 25 41
Fax 0043/(0)662/
80 42 25 42-9
rupertinum@land-sbg.gv.at
www.fotonet.at/rupertinum

WestLicht.Schauplatz für Fotografie
Westbahnstraße 40
A-1070 Wien
Tel. 0043/(0)1/522 66 36-0
Fax: 0043/(0)1/523 13 08
info@westlicht.com
www.westlicht.com
Neben einer ständigen, durch verschiedene Leihgeber ermöglichten, herausragenden Kamerasammlung zeigt die Galerie ein breites Spektrum an Ausstellungen zur künstlerischen Fotografie.

SCHWEIZ

Fotomuseum Winterthur
Grüzenstraße 44–45
CH-8400 Winterthur
Tel. 0041/(0)52/234 10 60
Fax 0041/(0)52/233 60 97
fotomuseum@fotomuseum.ch
www.fotomuseum.ch
Das Fotomuseum Winterthur wurde 1993 gegründet und widmet sich der Fotografie als Kunst und als Dokument. Es versteht sich einerseits als Repräsentationsraum für die Arbeiten von zeitgenössischen Fotografen, andererseits als klassisches Museum für die Meister des 19. und 20. Jahrhunderts. Daneben stellt das Museum kulturhistorische und soziologische Aspekte der angewandten Fotografie aus Industrie, Architektur, Mode usw. dar.

Scalo
Schifflände 32
8001 Zürich
Postfach 73
CH-8024 Zürich
Tel. 0041/(0)44/261 09 10
Fax 0041/(0)44/261 92 62
info@scalo.com
www.scalo.com
Die Scalo Galerie macht sich seit einigen Jahren um die Fotografie in Zürich verdient und zeigt Klassiker und Neuentdeckungen, oft mit Bezug zum Programm des Scalo Verlages. Die Webseite bietet knappe Informationen zum Galerieprogramm und zu laufenden Ausstellungen.

FOTO-WETTBEWERBE

Eine umfangreiche Liste mit detaillierten Informationen finden Sie unter www.fotowettbewerbe.de.

Internationale
Barnack Biennale
Gesellschaft für Fotografie e.V.
www.gff-foto.de/barnack
Findet jährlich statt, ist für jeden offen, mit Teilnahmegebühr, es werden Sachpreise vergeben. Die eingereichten Fotografien müssen drei verschiedene Themen zeigen. Ein Bild zum Thema »Landschaft« ist Pflicht – als Hommage an Oskar Barnack. Die beiden anderen Bilder müssen zwei weitere Themen bedienen, zum Beispiel Arbeitsleben, Architektur, Akt, Natur, Porträt, Sport, Schnappschuss, Stillleben.

Fotoforum Award
Freies Thema
Fotoforum
www.fotoforum.de
Findet alle zwei Monate statt, ist für jeden offen, für Abonnenten der Zeitschrift *fotoforum* entfällt die Teilnahmegebühr, es werden Geldpreise vergeben. Einsendung von maximal fünf Bildern zu einem ausgeschriebenen Thema. Die Bilder dürfen noch nicht in *fotoforum* veröffentlicht worden sein.

Register

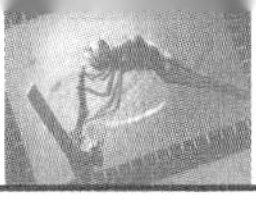

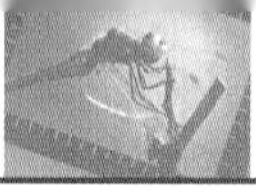

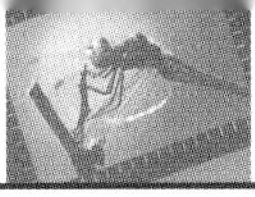

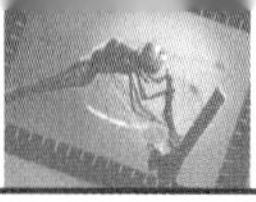

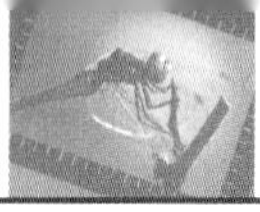

Dank und Abbildungsnachweis

Dank des Autors

Allen Mitgliedern des Teams bei Dorling Kindersley, insbesondere Nicky Munro und Jenisa Patel, möchte ich herzlich für ihre harte Arbeit an diesem anspruchsvollen Projekt danken. Auch den Foto-Redakteuren Carolyn Clerkin und Anna Bedewell gebührt mein Dank für ihre Beharrlichkeit, denn ohne sie hätten die großartigen Fotos in diesem Buch nicht gezeigt werden können.

Danken möchte ich auch Alice Hunter, Cicely Ang und Louise Ang für ihre Beiträge zu den Recherchen. Auch bei Ruth Silverman von Ruth Silverman Gallery, Berkeley, Kalifornien, und Fifty One Fine Art Photography, Antwerpen, bedanke ich mich für ihre Hilfe bei der Recherche.

Wie immer gebührt mein Dank Wendy für ihre Stärke, Unterstützung und Inspiration – dieses Buch ist ebenso ihres wie meines.

Dank des Verlags

Dorling Kindersley dankt folgenden Personen für ihre Hilfe bei der Entstehung der englischen Originalausgabe dieses Buches.
Redaktion: Corinne Asghar und Linda Martin
Grafik: Mark Cavanagh, Karen Self und Karen Constanti
Illustrationen: Patrick Mulrey
Korrektur: Constance Novis
Register: Chris Bernstein

Der Verlag dankt folgenden Firmen für die Genehmigung der Abbildung ihrer Produkte:
ACDSee, Adobe, Agfa, ArcSoft, Inc, Canon, Case Logic Europe, Corel, Cullmann, Epson, Extensis, Fuji Photo Film (UK) Ltd, Gossen, Hasselblad, ILFORD, Jessops, Konica, Minolta, LaCie, Leica Camera Ltd, Lexar Media Inc, Linhof and Studio Ltd, Manfrotto/DayMen International, Microtek, Minox GmbH, Nikon UK Ltd, Olympus, Pentax, Ricoh, Roxio – Division of Sonic Solutions, SANYO Europe Ltd, Sony UK Ltd, Tamron Europe GmbH, Tatung (UK) Ltd

Abbildungsnachweis

Der Verlag dankt folgenden Firmen, Agenturen und Fotografen für die Abdruckgenehmigung für ihre Bilder:

Abkürzungen:
o-oben, u-unten, r-rechts, l-links, m-mitte, d-darüber

2-3 FLPA – Images of Nature: Mitsuaki Iwago/Minden Pictures. **4** Zefa Visual Media: D. Cooper. **5** Flowerphotos: Dave Zubraski. **8** Getty Images: Joel Sartore (ur). **9** Dover Publications: (ml). Science & Society Picture Library: NMPFT (ul). **10-11** Getty Images: Panoramic Images (o). **12** Magnum: Bruno Barbey (u). **13** Sotheby's Picture Library, London: (om). **14** Magnum: Marc Riboud (om). Science Photo Library: NASA (um). **15** Malick Sidibe: Fifty One Fine Art Photography. **16** Getty Images: Ken Weingart. **17** Getty Images: Jim McIsaac. **18-19** Seapics.com: Doug Perrine. National Geographic Image Collection: Jerry Driendl Photography/Panoramic Images. **20-21** Corbis: Will Burgess/Reuters (u). **22** Corbis: Roger Ressmeyer. Getty: Photodisc Red/Geoff Manasse (Kolumnentitel). **23** Rex Features. **24** Magnum: Eve Arnold (um). N.H.P.A: Stephen Dalton (om). **25** Getty Images: Oscar Graubner/Time Life Pictures. **26** Corbis: Ansel Adams Publishing Rights Trust (u); Christopher Felver (ol). **27** Corbis: Ansel Adams Publishing Rights Trust (ol). Getty Images: Ansel Adams/National Archives/Time Life Pictures (ml). **28** Corbis: Keith Dannemiller (ol). The J. Paul Getty Museum, Los Angeles: Estate of Manuel Alvarez Bravo (u, mr). **29** The Estate of Diane Arbus, LLC (ur). Fraenkel Gallery, SF: The Estate of Gary Winogrand (mlu). Taka Ishii Gallery: (ol); Nobuyoshi Araki (mrd). **30** Getty Images: Bernard Gotfryd (ol). Magnum: Eve Arnold (u, ml). **31** Dover Publications: (ul). Réunion Des Musées Nationaux Agence Photographique: Felice Beato/Musée des arts asiatiques-Guimet,Paris (mrd). **32-33** Estate of Guy Bourdin/Art & Commerce Anthology: Guy Bourdin. **34** Estate of Guy Bourdin/Art & Commerce Anthology: (u, mru, ol). **35** Corbis: Bettmann (ol). Getty Images: Margaret Bourke-White/Time Life Pictures (ul, ur); Time & Life Pictures/Margaret Bourke White (ml). **36** Corbis: David Gallant (ml). Getty Images: Bill Brandt/Picture Post (mlu, ur). Réunion Des Musées Nationaux Agence Photographique: Bill Brandt Archive Ltd, London (mr). **37** Corbis: Stapleton Collection (ul, mru). Getty Images: Julia Margaret Cameron (ol). **38** Getty Images: Alfred Eisenstaedt/Time Life Pictures (ol). Magnum: Cornell Capa/Robert Capa (ul, ur). **39** Magnum: Cornell Capa/Robert Capa. **40** Corbis: Reuters (ol). Magnum: Henri Cartier-Bresson (u), (mr). **41** Magnum: Collection HCB/FRM (ul); Henri Cartier-Bresson (mr, o). **42** Valdir Cruz: (mrd). N.H.P.A: Elizabeth MacAndrew (mlu); Stephen Dalton (ul). Throckmorton Fine Art, New York: (ol). **43** Mit freundlicher Genehmigung von Dupain's Beaches by Jill White (Chapter & Verse, Sydney, 1999): (ur, mlu). National Geographic Image Collection: (ol); David Doubilet (mrd). **44** Corbis: Hulton-Deutsch Collection (ol). Getty Images: Alfred Eisenstaedt/Time Life Pictures (um, ml). **45** Getty Images: Ernst Haas (ol). Magnum: Elliott Erwitt (um, mrd). **46** Corbis: Ted Streshinsky (ol). Getty Images: Ernst Haas (ul). **46-47** Getty Images: Ernst Haas. **47** Getty Images: Ernst Haas (mr, ol). **48** akg-images: (ol); Heartfield Erbengemeinschaft/VG Bild-Kunst, Bonn and DACS, London 2005 (mrd). FLPA – Images of Nature: David Hosking (mlu); Eric Hosking (ul). **49** Eikoh Hosoe: Howard Greenberg Gallery, NYC (mrd, ol). Graciela Iturbide: (ur). Mauricio Rocha Iturbide: (mlu). **50** Corbis: André Kertész/Hulton-Deutsch Collection (u); André Ker-

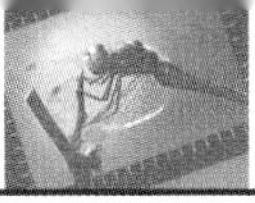

tész/Condé Nast Archive (mrd); Peter Turnley (ol). **51** FLPA – Images of Nature: Frans Lanting (ul, ur, mld). Frans Lanting Photography: (ol). **52-53** FLPA – Images of Nature: Frans Lanting/Minden Pictures. **54** Associated Press: John Froscauer (ol). Annie Leibovitz: nbpictures (ul, uml). **55** Magnum: Herbert List (ul, ur, ol). **56** Corbis: Leo Mason (u, ml). Leo Mason: (ol). **57** Corbis: Zen Icknow (ol). Don McCullin: (ul). V&A Images: Don McCullin (ur). **58** Magnum: Rene Burri (ol); Steve McCurry (ul, ur, mr). **59** Magnum: Susan Meiselas (ul, ur, ml, ol). 60 Greenpeace: (ol). **60-61** Magnum: Raghu Rai. **61** Magnum: Raghu Rai (ol, or). **62** akg-images: (ol). www.bridgeman.co.uk: Man Ray Trust/ADAGP, Paris/DACS, London 2005 (ur). Réunion Des Musées Nationaux Agence Photographique: Man Ray Trust/ADAGP, Paris/ DACS, London 2005 (ul). **63** Magnum: Bruno Barbey (mlu). Novosti (London): (ol). Sebastião Salgado: Amazonas/nbpictures (ur). Photo Scala, Florence: The Museum of Modern Art, New York/DACS 2005 (mr). **64** Bildarchiv Preußischer Kulturbesitz, Berlin: (ol). Corbis: Philip Gould (mlu). The J. Paul Getty Museum, Los Angeles: Die Photographische Sammlung/SK Stiftung Kultur – August Sander Archiv, Cologne: DACS, London, 2005 (mr). Magnum: W. Eugene Smith (ul). **65** Corbis: Bettmann (ol). The J. Paul Getty Museum, Los Angeles: Estate of Georgia O'Keeffe (ml). Science & Society Picture Library: (ul, ur). **66** Corbis: Miroslav Zajic (ol). Réunion Des Musées Nationaux Agence Photographique: CNAC/MNAM Dist. RMN/Adam Rzepka (ul, ur). **67** Réunion Des Musées Nationaux Agence Photographique: Shoji Ueda (mlu, mlu, mr). Uniphoto: (ol). **68** Ed van der Elsken. **68-69** Nederlands fotomuseum (u). **70** Getty Images: Andreas Feininger/Time Life Pictures. Stockbyte: (Kolumnentitel). **71** N.H.P.A: Stephen Dalton. **72** Archivi Alinari: Wanda Wulz (om). Getty Images: Adri Berger (ur). Science & Society Picture Library: NMPFT – Kodak Collection (um). **73** NASA: Goddard Space Flight Center. **74** Corbis: Bettmann (um). **75** akg-images: Société Française de Photographie (om). Science & Society Picture Library: NMPFT (ul). **76** Science & Society Picture Library: NMPFT (ur). Topfoto.co.uk: (md). **77** Science & Society Picture Library: Science Museum Pictorial (om, or). Topfoto.co.uk: Harlingue/Roger-Viollet (om). **78-79** Getty Images: William Grundy/London Stereoscopic Company. **80** Harry Ransom Humanitites Research Center, The University of Texas at Austin: Gernsheim Collection (um). Science & Society Picture Library: Science Museum (md). **81** akg-images: Archie Miles Collection, Coll. Archiv f. Kunst & Geschichte/ Archie Miles. (um). Corbis: Stapleton Collection/Peter Henry Emerson (o). **82** George Eastman House: (u). Science & Society Picture Library: NMPFT (om). **83** Corbis: Samuel Bourne/Historical Picture Archive (ul). Science Photo Library: Eadweard Muybridge Collection/Kingston Museum (o). **84-85** Corbis: Timothy H. O'Sullivan. **86** www.bridgeman.co.uk: Stapleton Collection, UK/Jacques Henri Lartigue © Ministère de la Culture – Frankreich/AAJHL (ur). Mary Evans Picture Library: (mr). popperfoto.com: (ml). **87** Corbis: Bettmann (or). Science & Society Picture Library: NMPFT – Kodak Collection (um). **88** Corbis: Bettmann (ur). Science & Society Picture Library: NMPFT (ml). **89** Corbis: Condé Nast Archive/Baron de Meyer (ur); Bettmann/Jacob August Riis (or). Getty Images: Lewis W. Hine/National Archives/Time Life Pictures (ol). **90-91** Archivi Alinari. **92** Oskar Barnack Archive/Leica Camera AG: (or). Getty Images: Erich Salomon (u). **93** akg-images: Hedda Walther (ur). Corbis: Dorothea Lange (ol); Hulton-Deutsch Collection (ul). **94** www.bridgeman.co.uk: El Lissitzky (um). Science & Society Picture Library: NMPFT (ml, om). **95** Corbis: Bettmann (ur). The J. Paul Getty Museum, Los Angeles: Edward Weston (ol). Science & Society Picture Library: NMPFT (ul). **96-97** Réunion Des Musées Nationaux Agence Photographique: Michele Bellot/Estate Brassai. **98** Getty Images: Michael Rougier/Time Life Pictures (or); Weegee (Arthur Fellig)/International Centre of Photography (ur). The Museum Of Modern Art, New York: (ml). **99** Magnum: Burt Glinn (ol). Science Photo Library: Professor Harold Edgerton (ur). **100** Magnum: David Hurn (um). NASA (ol). popperfoto.com: (or). **101** Getty Images: Larry Burrows/Time Life Pictures (ur); Ronald S. Haeberle/Time Life Pictures (or). **102-103** Getty Images: Lambert. **105** Canon (UK) Ltd: (ur). Corbis: Howard Sochurek (ol). NASA: Langley Research Center (mr). Science Photo Library: Edelmann (or). **106** akg-images: Gruner & Jahr (om). Getty Images: Neal Preston/Camera 5/Time Inc/Time & Life Pictures (ol); Tim Graham (um). **107** Steve Cavalier: (ol). Cindy Sherman: (or). Science Photo Library: Philippe Plailly (um). **108-109** Magnum: Abbas. **110** Apple: (m). Getty Images: Andrew Wong (ur). **111** Magnum: Chris Steele-Perkins (om). NASA: European Space Agency and H. E. Bond (ur). **112** Corbis: Channel Island Picture Agency (ol). Getty Images: Chung Sung-Jun (um). **113** Heather Barnett: (um, ml). Harry Borden: (ol). **114-115** Magnum: Ferdinando Scianna. **116-117** Getty Images: Joel Sartore (u). **118** Corbis: Lightscapes Photography, Inc. Alamy: Chris Ivin (ol). **120** Wendy Gray: (ur). **126** Jon Arnold: (ml). **140** Getty Images: AFP Photo/Jung Yeon Je (um, ur). **143** Rex Features. **148-149** Catherine McIntyre: Catherine MacIntyre (u). **184** Andy Mitchell. Image Source: (Kolumnentitel). **186** Getty Images: Ernst Haas (m). Andy Mitchell: (ul). Succession Raghubir Singh: (ur). **189** Magnum: Marc Riboud (ur). **193** Succession Raghubir Singh: (ur). **196** FLPA – Images of Nature: Jim Brandenburg/Minden Pictures (ul). **200-201** P.K Apagya/Fifty One Fine Art Photography: apagya. **209** Magnum: Alex Webb (ul). **212-213** Lucien Clergue. **220-221** Rajnikant Patel. **227** Andy Mitchell: (ur). **230** Jamie Jeeves. Getty: Photodisc Green/Jim Wehtje (Kolumnentitel). **234** Yevonde Portrait Archive: (ur). **235** Corbis: David H. Wells (ol). DK Images: Angus Beare Collection (ur). Getty: Photodisc Blue/Mel Curtis (or). Photolibrary.com: Workbookstock.Com Co/Op Service/Arwen Mills Roxann (ul). **238-239** Corbis: Regan Cameron. **240** Corbis: Stuart Westmorland (ul). **241** Getty Images: David Maitland (mr). Andy Mitchell: (ol). **242** Getty Images: John Kelly (ul). **243** Alamy Images: Papilio/Robert Pickett (or). Getty Images: Paul Souders (ml). **250-251** Magnum: David Alan Harvey. **252** Magnum: Peter Marlow (ul, ur, mr). **253** Jamie Jeeves: (ol, or). Patrick Baldwin: (um). **256-257** Panos Pictures: Chien-min Chung. **258** Zefa Visual Media: Masterfile/David Muir (mr). **259** Corbis: Tracy Kahn (ml). Prentenkabinet, University Library, University of Leiden, Niederlande: Emmy Andriesse (ul). Zefa Visual Media: Grace (mr). **261** Photolibrary.com: Plainpicture (or). **262-263** Magnum: Micha Bar Am. **264** Getty Images: Tim Thompson (or). **271** Franco Fontana: (ur). **274-275** Corbis: Galen Rowell. **276** DK Images: Jacqui Hurst (mr). **277** Getty Images: Richard During (or). **278** DK Images: Lindsey Stock (ul). **279** DK Images: Jacqui Hurst (or).**282** Corbis: Wartenberg/Picture Press (mrd). **283** Corbis: Julie Dennis Brothers (um). Pixtal: Christopher Gray (or). **284** Getty Images: Hans Neleman (ul). Pixtal: Christopher Gray (ml, mr). **285** Pixtal: Christopher Gray (ul, ur, om, ol, or). **288** Arcaid.co.uk: John Edward Linden (ul). **289** Arcaid.co.uk: Richard Bryant (ur). Millennium Images: Paul Freeman (ul). **292-293** Alamy Images: Ambient Images Inc/Larry Brownstein. **298-299** Getty Images: Hiroshi Nomura. **300-301** Alamy Images: Directphoto.org. **302** Getty Images: VCL/Spencer Rowell. InMagine: Image100 (Kolumnentitel). **303** Magnum: PG (m). **308** Getty: Photodisc Green (ul). **309** DK Images: Jerry Young Collection (mur). **311** Photolibrary.com: Plainpicture (ol). **316** Corbis: Kevin Fleming (ul).

Cover-Abbildungen: Vorderseite: Getty Images: Joel Sartore (mo); Courtesy of Canon (UK) Ltd (ul); Panoramic Images (o). **Rücken:** Getty Images: Frank Krahmer. **Rückseite:** Alamy Images: Ambient Images Inc. (lu); Getty Images: Bill Brandt (mro), Panoramic Images (o).

Alle übrigen Abbildungen © Dorling Kindersley.
Nähere Informationen unter www.dkimages.com.

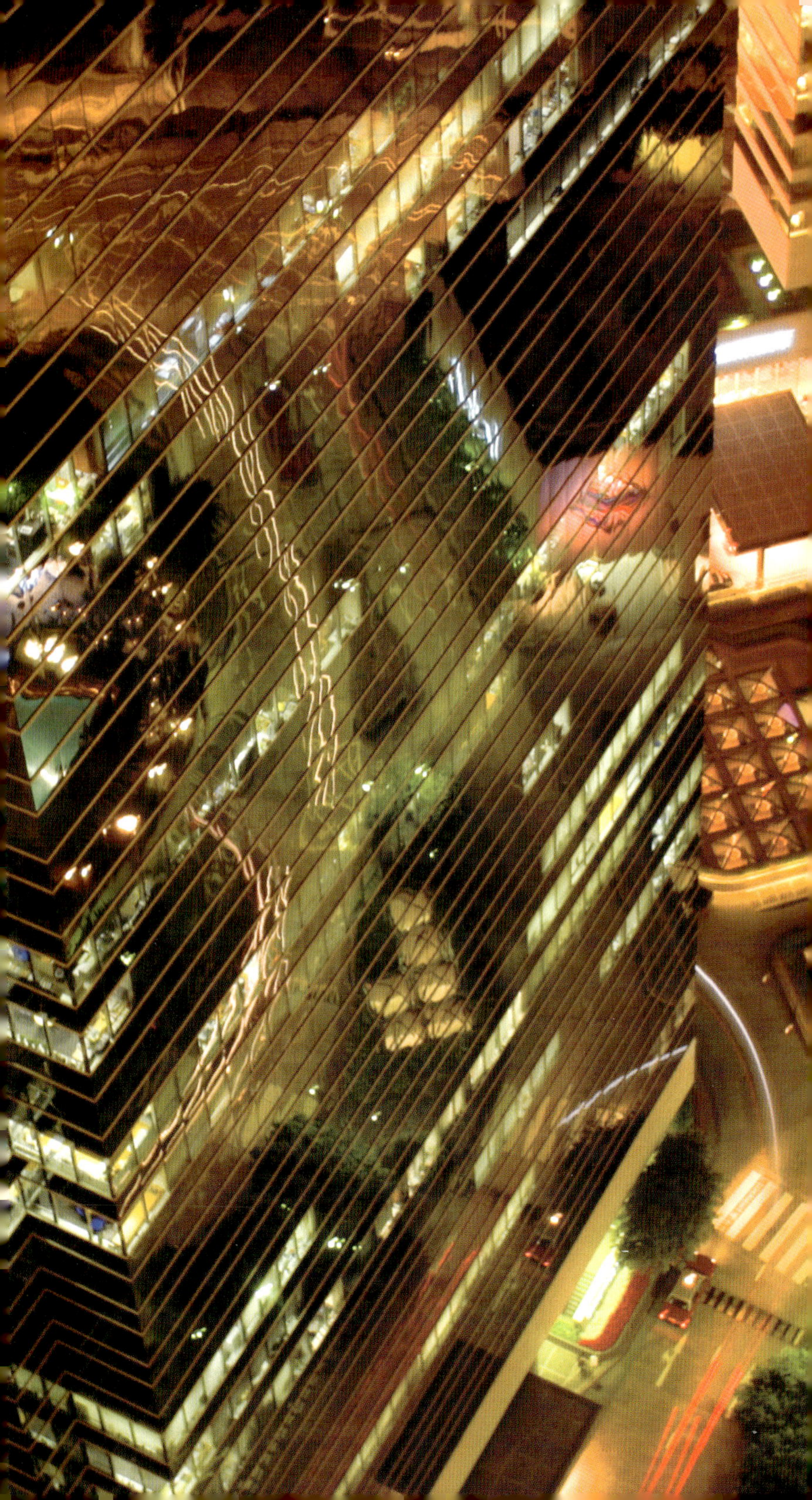

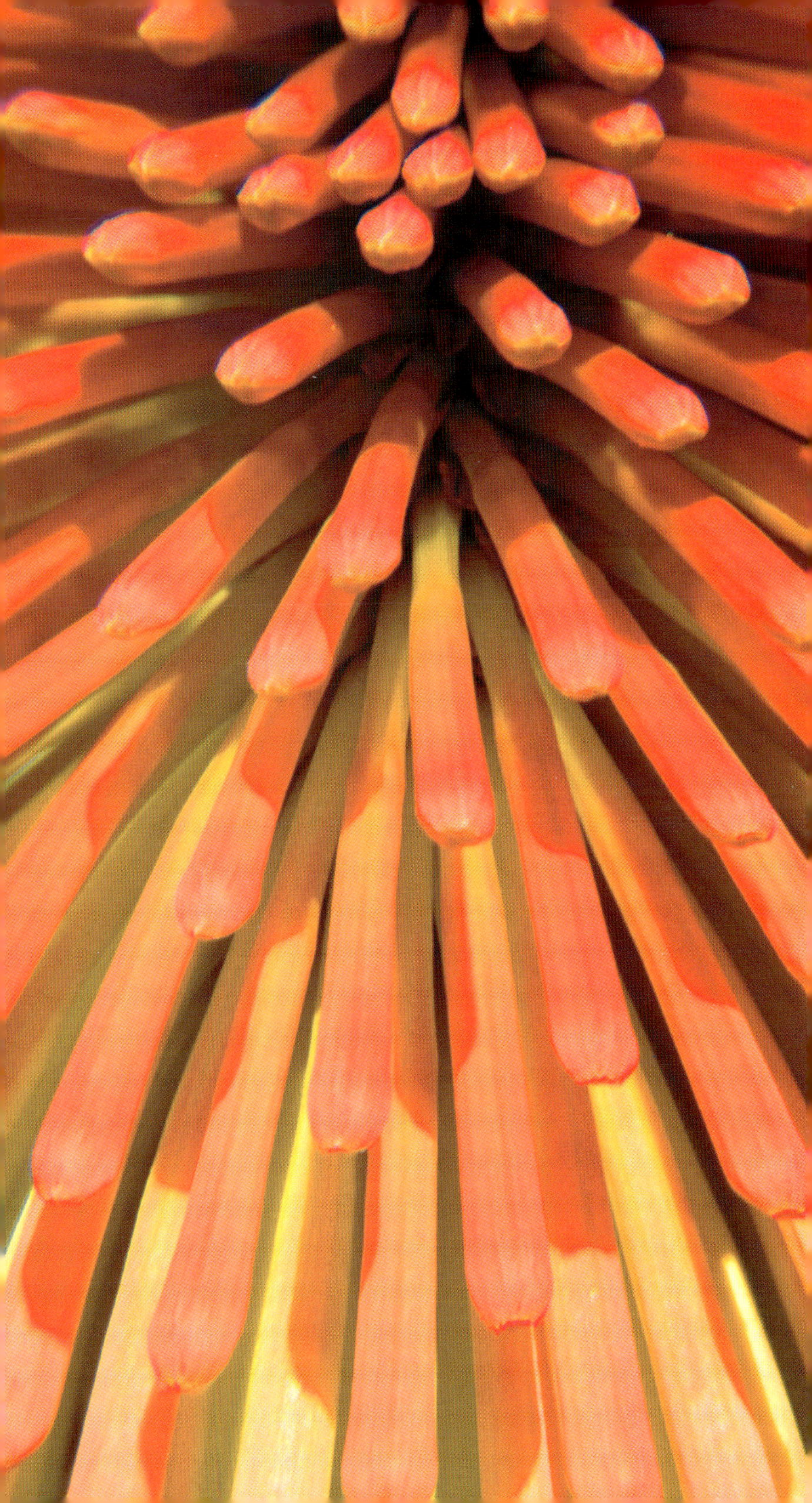

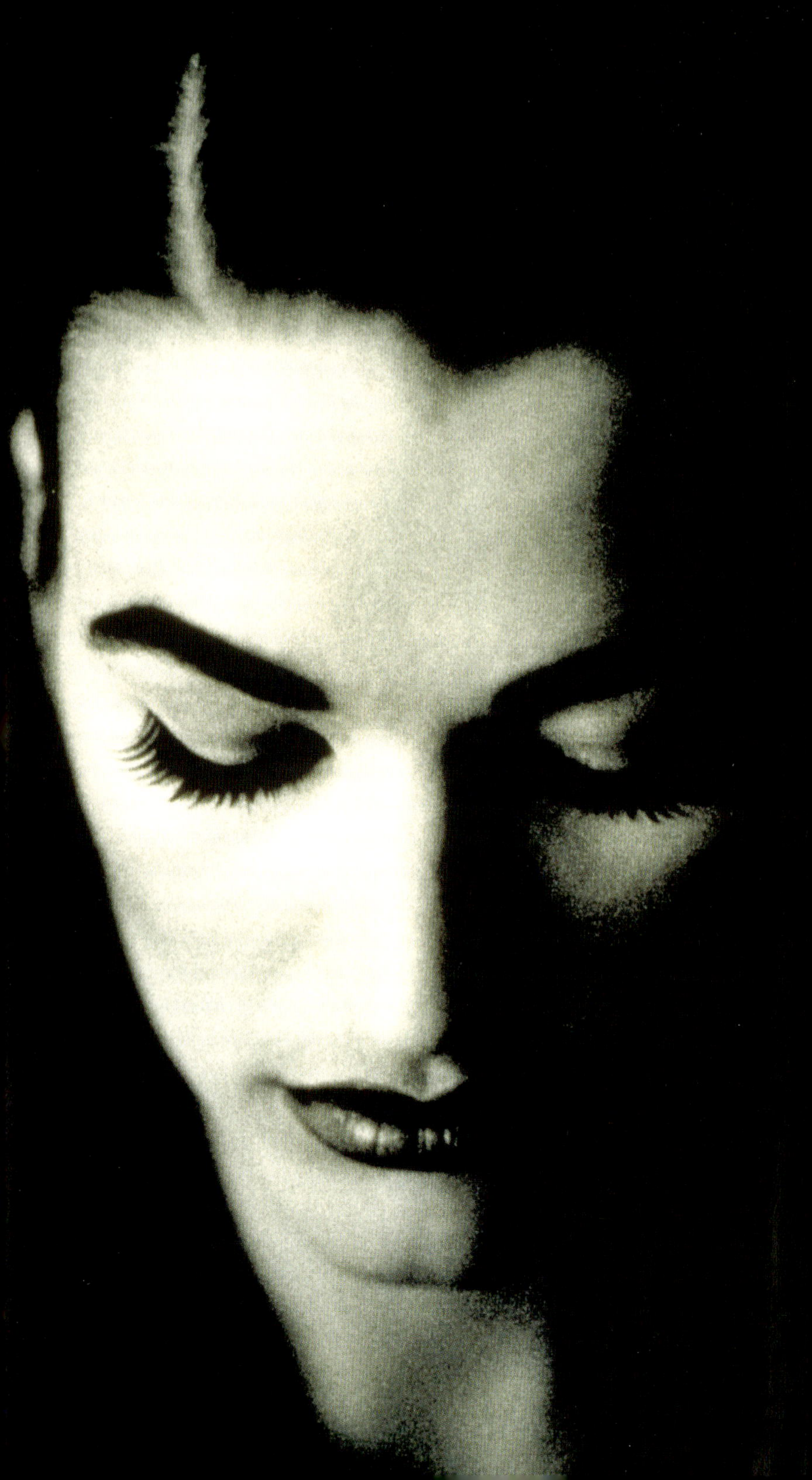

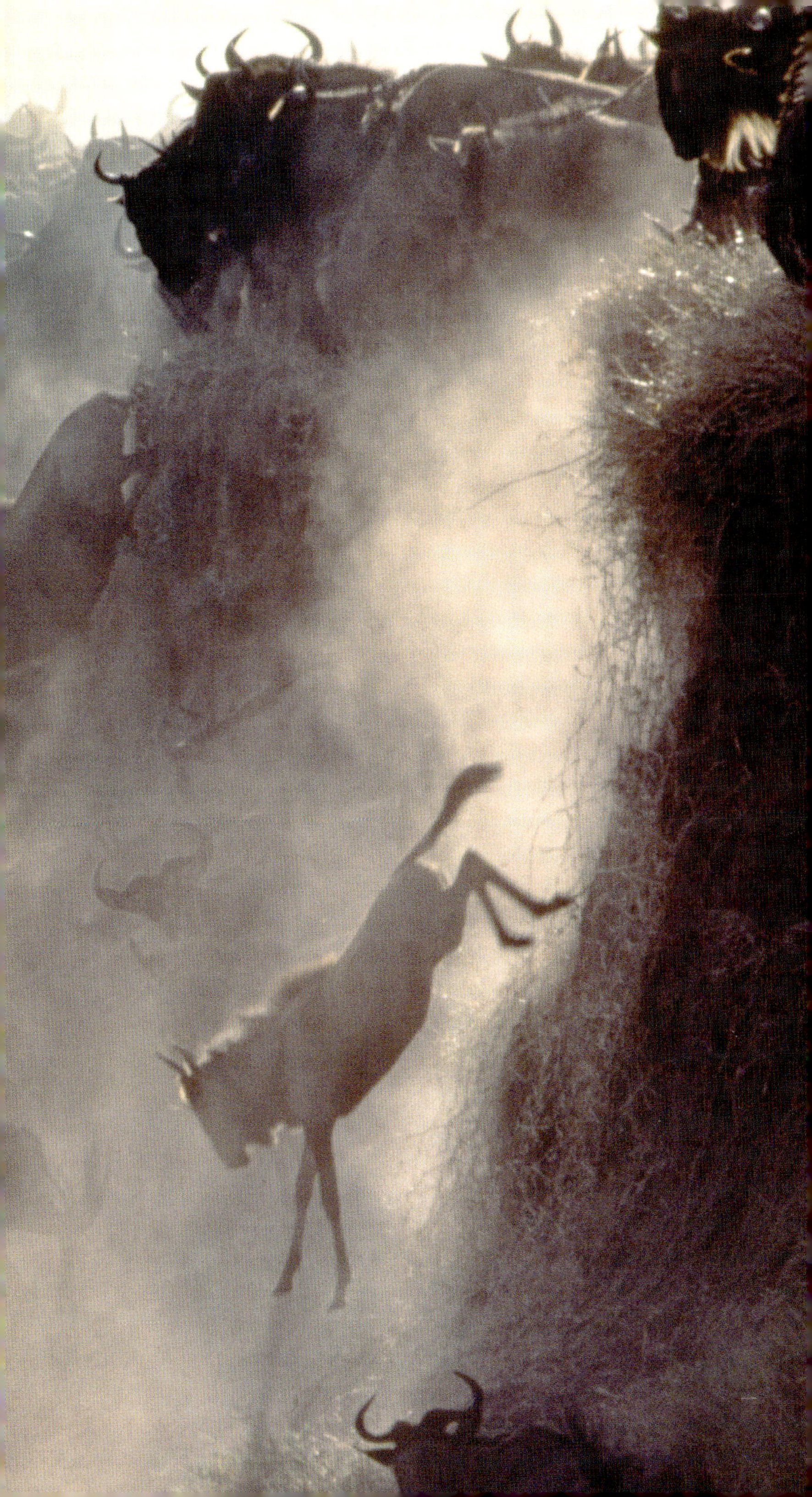

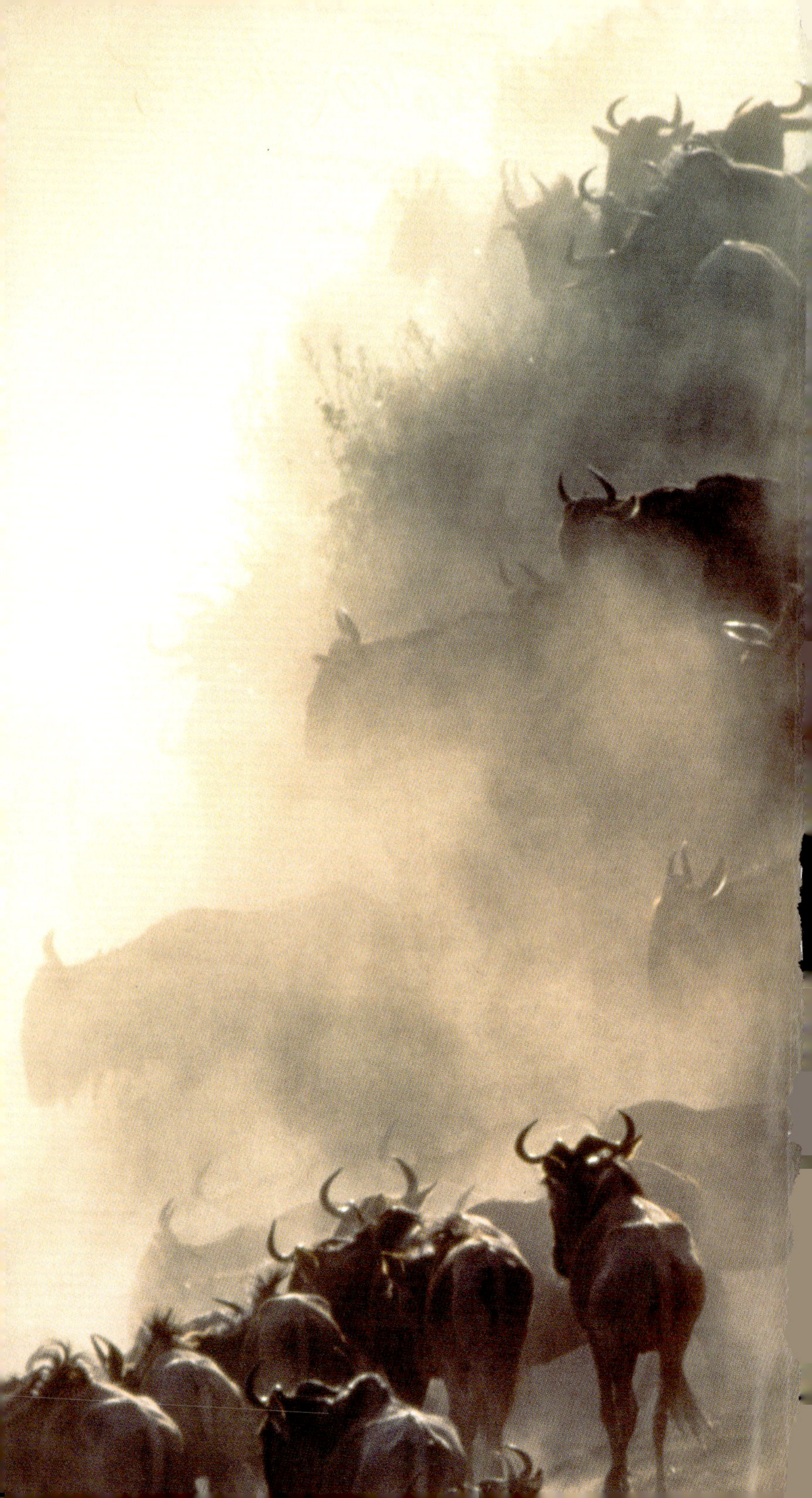

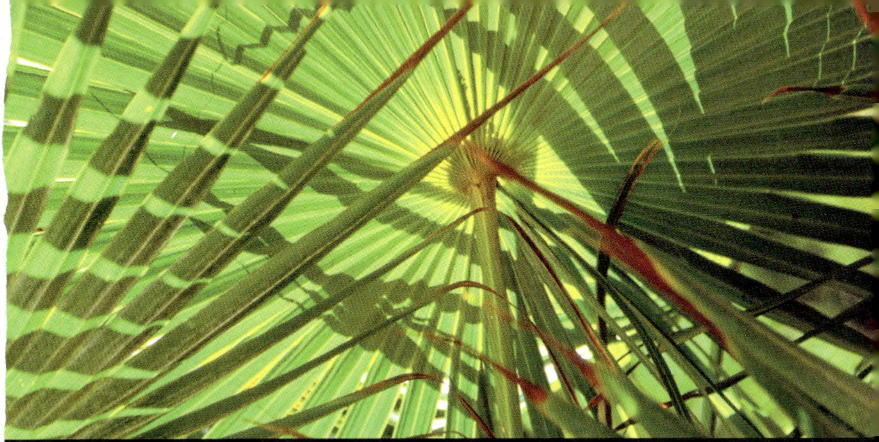

KOMPAKT & VISUELL

Fotografie

TOM ANG

DK

W0306010